"十三五"国家重点出版物出版规划项目

"中国共产党口述史"书系

新民主主义革命

——口述史——

曲青山　高永中　吴德刚　主编

中国人民大学出版社

·北京·

序

曲青山

中国共产党已走过一百年光辉历程。一百年来，党领导人民浴血奋战、百折不挠，创造了新民主主义革命的伟大成就；领导人民自力更生、发愤图强，创造了社会主义革命和建设的伟大成就；领导人民解放思想、锐意进取，创造了改革开放和社会主义现代化建设的伟大成就；领导人民自信自强、守正创新，创造了新时代中国特色社会主义的伟大成就。党和人民百年奋斗，书写了中华民族几千年历史上最恢宏的史诗。

1921年7月，在中华民族危亡之际，在中国人民和中华民族的伟大觉醒中，在马克思列宁主义同中国工人运动的紧密结合中，中国共产党应运而生。中国产生了共产党，这是开天辟地的大事变，中国革命的面貌从此焕然一新。

新民主主义革命时期，中国共产党领导人民经过28年的艰苦奋斗，以武装的革命反对武装的反革命，推翻帝国主义、封建主义、官僚资本主义三座大山，建立了中华人民共和国，实现了民族独立、人民解放，为实现中华民族伟大复兴创造了根本社会条件。

在新民主主义革命中，以毛泽东同志为主要代表的中国共产党人，把马克思列宁主义基本原理同中国具体实际相结合，对积累的一系列独创性经验做了理论概括，开辟了农村包围城市、武装夺取政权的正确革命道路，创立了毛泽东思想，为夺取新民主主义革命胜利指明了正确方向。

在新民主主义革命中，中国共产党弘扬坚持真理、坚守理想，践行初心、担当使命，不怕牺牲、英勇斗争，对党忠诚、不负人民的伟大建党精神，实施和推进党的建设伟大工程，努力建设全国范围的、广大群众性的、思想上政治上组织上完全巩固的马克思主义政党。

在新民主主义革命中，中国共产党进行了前赴后继的不懈奋斗，做出了巨大牺牲。党的许多卓越领导人、杰出将领、优秀战士，英勇地献出了宝贵的生命。正是千千万万先烈和全党同志、全国各族人民的长期牺牲奋斗，铸就了新民主主义革命的成功。

新民主主义革命的伟大胜利，彻底结束了旧中国半殖民地半封建社会的历史，彻底结束了极少数剥削者统治广大劳动人民的历史，彻底结束了旧中国一盘散沙的局面，彻底废除了列强强加给中国的不平等条约和帝国主义在中国的一切特权，实现了中国从几千年封建专制政治向人民民主的伟大飞跃，也极大改变了世界政治格局，鼓舞了全世界被压迫民族和被压迫人民争取解放的斗争。中国共产党和中国人民以英勇顽强的奋斗向世界庄严宣告，中国人民从此站起来了，中华民族任人宰割、饱受欺凌的时代一去不复返了，中国发展从此开启了新纪元。

习近平总书记指出，回望过往的奋斗路，眺望前方的奋进路，我们必须把党的历史学习好、总结好，把党的宝贵经验传承好、发扬好，铭记奋斗历程，担当历史使命，从党的奋斗历史中汲取前进力量。从20世纪80年代起，全国党史和文献部门为发挥党史以史鉴今、资政育人的作用，加强了党史资料的征集力度，采访了许多党的历史的亲历者、见证者，整理了不少口述资料和回忆录，为开展党史和文献研究、撰写党史和文献基本著作、做好党史和文献宣传工作打下了扎实基础。

口述资料和回忆录是重要的历史资料。它能够提供鲜为人知的历史细节，揭示历史文献背后的故事，解读历史人物的所思所想，强化历史资料的真实性和现实感，有效拉近历史与现实的距离，增强党史和文献研究成果的丰富性和生动性，提高研究成果的感染力、吸引力。为庆祝中国共产党成立100周年，我们在整理以往党史资料征集成果的基础上，编辑了《新民主主义革命口述史》。

《新民主主义革命口述史》一书，紧紧围绕新民主主义革命时期的重大事件、重要会议和重要人物，汇集了49位亲历者、见证者的口述资料和回忆录。他们的亲历亲闻、所感所悟，生动再现了新民主主义革命的风雨历程，从不同侧面反映揭示出历史事件的来龙去脉和真实面貌，以及重要党史人物的心路历程。他们的理想信念、革命精神、崇高风范在其中得到充分展现，有着弘扬主旋律、激发正能量，影响人、感染人、鼓舞人、教育人的独特价值。

《新民主主义革命口述史》一书，具有鲜明的理论性、思想性、史料性，兼具故事性、可读性、教育性，是广大党史和文献研究者深化新民主主义革命时期历史研究的重要参考资料，是广大党员、干部、群众了解新民主主义革命时期历史，坚定历史自信的重要学习读物。

习近平总书记强调："历史是最好的教科书"，"历史是最好的老师"，"中国革命历史是最好的营养剂"。我们相信，《新民主主义革命口述史》一书的出版，能够充分发挥好历史教科书、营养剂的作用，进一步帮助广大党员、干部、群众特别是青少年深入学习好中国共产党的历史、新中国的历史：充分认识新民主主义革命胜利、新中国成立的艰辛曲折和来之不易，自觉做到铭记历史、缅怀先烈，爱党爱国爱社会主义；充分认识学习历史的重要性和必要性，深刻领悟"两个确立"的决定性意义，增强"四个意识"、坚定"四个自信"、做到"两个维护"，以实际行动和优异成绩迎接党的二十大胜利召开。

目　录

中国共产党的发起和第一次代表大会的回忆

李 达

十月革命及五四运动后，工人阶级的阶级意识得到提高，马列主义的介绍、宣传与研究相当普遍，受俄国十月革命的先导作用，中国共产党成立的阶级基础、思想准备与国际声援等主观与客观条件，都已经具备了。

1920 年春，共产国际东方局派维经斯基来到北京（他的夫人同行）。据他说，东方局曾接到海参崴（今符拉迪沃斯托克）方面的电报，知道中国发生过几百万人的罢工、罢课、罢市的大革命运动，所以派他到中国来看看（他曾经在美国工作多年，说得一口流利的英语）。

他到北京以后，首先访问了以李大钊同志为首的许多进步人士，举行过几次座谈会，许多小资产阶级和资产阶级的知识分子也参加了座谈会。因为苏俄政府第一次对华宣言（废除帝俄政府与中国所订的不平等条约）刚传到中国，中国很多社会团体都表示热烈欢迎，所以一听到苏俄人要来北京，大家都感到特别高兴。维经斯基在几次座谈会上，报告了俄国十月革命以后的实际情况及对外政策。当时李大钊等同志同这位好朋友，很诚恳地交换意见，至于那些小资产阶级和资产阶级知识分子，他们只带着好奇心，参加了一两次座谈，以后就和他疏远了。和他经常接触的还有张太雷（因为他懂英文）、杨明斋（华侨，因为他在俄国东方大学读过书，懂俄文）两人。

经李大钊同志的介绍，维经斯基到了上海，访问了《新青年》、《星期评论》、共学社等杂志、社团的许多负责人，如陈独秀、李汉俊、沈玄庐及其他各方面在当时还算进步的人士，也举行过几次座谈，其经过也和在北京时一样，最初参加座谈的人还很多，以后就只有相信马克思列宁主义的人和维经斯基交谈了。由于多次的交谈，一些马列主义者，更加明白了苏俄和俄共（俄国共产党）的情况，得出了一致的结论——"走俄国人的路"。

这时候，成立中国共产党的事被列上了日程。维经斯基来中国的主要任务是联系，他不懂得什么理论，在中国看了看以后，说中国可以组织中国共产党，于是陈独秀、李汉俊、陈望道、沈玄庐、戴季陶等人就准备组织中国共产党。孙中山知道了这件事，骂了戴季陶一顿，戴季陶就没有参加组织了。当时在上海参加发起的人有陈独秀、李汉俊（在中国共产党成立大会以后退出）、陈望道（在中国共产党成立大会以后退出）、俞秀松、施存统（参加后去日本留学，后改名施复亮）、沈玄庐（于次年退出）、李达等。当时还曾起草了一个党章草案，由李汉俊用两张8行信纸写成，约有六七条，其中最主要的一条是"中国共产党用下列手段，达到社会革命的目的：一、劳工专政，二、生产合作"。我对于"生产合作"一项表示异议，陈独秀说："等起草党纲时再改。"

这个组织发起后，由陈独秀、李汉俊找关系，当时在全国各地发起组织共产党的有：在北京由李大钊、张太雷、邓中夏、张国焘、刘仁静、罗章龙、李梅羹等人负责，在武汉由陈潭秋、董必武、包惠僧等人负责（李汉俊本人也到达武汉），在广东由谭平山、陈公博、陈达材等人负责，在济南由王尽美、邓恩铭等人负责，在东京由施存统、周佛海等人负责，在湖南由毛泽东负责。另函约巴黎的朋友在巴黎组织。邵力子、沈雁冰是在党发起以后才加入的

（以后又都退出了）。截至 1921 年 6 月，共有 8 个中国共产党小组，巴黎小组与国内各小组当时的联系很欠缺。

成立共产党的会议是在新青年杂志社内召开的。在会上大家提供的关于工人运动的材料很少，第三国际的宣言和决议案在这次会议上也出现了。当时党的上海小组的工作分两部分：一是宣传工作，二是工运工作。宣传方面，决定把《新青年》作为公开宣传的机关刊物，从八卷一号开始。另行出版《共产党》月刊（16 开本，约 32 面），作为秘密宣传品。1920 年 11 月出了创刊号，这份刊物的内容主要是刊登第三国际和苏俄的消息，以及各国工人运动的消息。至于工运方面，在上海杨树浦组织了一个机器工会，由李中主持，此外还在上海小沙渡路筹组纺织工会，但未组成。

党的上海发起组，推陈独秀当书记。另外还成立了社会主义青年团，因为当时有许多青年离开学校和家庭来到上海找新青年杂志社想办法，所以上海共产党组织就把他们组织成了社会主义青年团。上海的团部设在华龙路渔阳里 6 号，两层两底的房子里，挂了"外国语学校"的招牌，团员有 20 多人，由维经斯基夫人教授俄文，团务由俞秀松主持。除上海外，北京、武汉、长沙也成立了社会主义青年团。

1920 年 11 月，孙中山邀约陈独秀去广州做教育厅厅长，陈把临时书记的职务交由李汉俊担任，《新青年》也交由他和陈望道主编，我负责编《共产党》月刊，这份杂志里的稿子主要由新青年杂志社提供。12 月，维经斯基回苏俄了。当时党的工作经费，每月仅需 200 大洋，大家却无力负担，因为当时在上海的党员大多没有职业，不能挣钱，搞工人运动没有钱不成。新青年杂志社在法租界大马路开了一家"新青年书社"，生意很好。李汉俊向陈独秀写信提议由"新青年书社"按月支 200 大洋做党的经费，陈独秀没有答应。还有陈独秀临去广州时，曾和李汉俊约定，《新青年》每编出一期，即付编辑费 100 大洋。后来李汉俊未能按月编出，该社即不给编辑费，因此李汉俊认定陈独秀私欲太重，大不满意。这是他两人之间冲突的起源。这时候党的经费是由在上海的党员卖文章维持的。往后因为经费困难，《共产党》月刊就停办了。

1921年2月，陈独秀起草了一个党章，寄到上海，李汉俊看到草案上主张党的组织采取中央集权制，对陈独秀甚不满意，说陈独秀要党员拥护他的个人独裁，因此李也起草了一个党章，主张地方分权，中央只不过是一个有职无权的机关。陈独秀看了李汉俊这个草案，大发雷霆，从广州来信责备我一顿，说上海的党员反对他，其实我当时并不知道这件事。从此以后，陈独秀和李汉俊两人之间的分歧愈来愈大。我觉得党才刚发起就闹起分裂来，太不像话。只得调停于两者之间，要大家加强团结，但李汉俊态度坚决，不肯接受调停，连书记也不做了，《新青年》也停刊不编了。他就把党的名册和一些文件移交于我，要我担任书记。我为了党的团结，只好接受了。李汉俊原是无政府主义者，后来看了考茨基的书才转变过来。他很想做"合法的"马克思主义者，主张参加资产阶级议会去宣传无产阶级的政见。他的本性原是一个热衷于利禄的人，所以在党的成立大会开过以后，他就跑到国民党去了。

1921年6月中旬，马林（荷兰人）和尼克尔斯基（俄国人）由共产国际派到上海来和我们洽谈了以后，他们建议我们应当及早召开中国共产党的全国代表大会，宣告中国共产党的成立。于是由我发信给各地党小组，请他们各派代表两人到上海开会。

我在黄埔军校的经历

徐向前

报考黄埔军校

1924 年 1 月，我告别父母，冒着风雪严寒，重返太原，谋求职业。走投无路的我，心情郁闷，时常踯躅街头。

幸好我哥哥在太原工作，有点社会关系。经他东奔西走，我找到了一个阳曲县小学教师的补缺。我正要去上任，又听说广州的国民政府要办军官学校，在上海招生。我哥哥认识一位姓郭的军官，答应保举我去应试，我即下决心考军校。随后，我又悄悄串联了几个同乡，一同去上海报考。

黄埔军校的招生是全国范围的，各省均分配了名额，上海考区是一个比较集中的点。国民革命政府设有办事处，负责招收北方的学生。

2 月，我和白龙亭、孔昭林、赵荣忠、郭树械等，乘车赴上海。途中，乘轮渡过长江，望着波浪滚滚的宽阔江面，不由想起了苏东坡"大江东去，浪淘尽，千古风流人物"的名句。我们踏上满目葱绿的南国土地，来到当时我国最大的城市——上海，又兴奋，又新奇，评说不已！

上海给我的强烈印象是：富人的天堂，穷人的地狱，贫富悬殊，有天壤之别。洋人、阔人衣着华丽，作威作福；苦力、贫民面黄肌瘦，当牛作马。上海完全是一幅花花绿绿和凄凄惨惨鲜明对照的不合理的社会图景。

黄埔军校招生的具体简章，我们到上海后才见到。应考的条件和手续颇严，规定了许多条。政治思想上要"了解国民革命须速完成之必要""无抵触本党主义之思想"，学历上要"旧制中学毕业"或相当程度之中学毕业，身体条件上要"营养状态良好""强健耐劳"及无肺病、花柳病、眼疾等。既有笔试，又有口试。笔试考作文、政治、数学，口试则考查学生对三民主义的了解程度及个人志趣、品格、判断力之类的。应考前，我们在美术学校一个姓赵的同乡家里复习功课。他家的兄弟俩，当我们的辅导老师，出了不少力。后来，听说他俩都成了反共的孙文主义学会的成员。在那个动荡的年代，力量分化甚快，也不奇怪。

这时，我们只是朦朦胧胧地想革命，投笔从戎，以身许国。知道孙中山是伟大人物，并不知道他创办黄埔军校的因由。

为什么要办黄埔军校？事后得知，由于孙中山搞了多年的革命，没搞出个名堂，所以渐渐悟出了一个道理：要走俄国人的道路。他对十月革命的胜利十分钦佩，曾致电列宁"愿中俄两党团结，共同斗争"。1921年，列宁和共产国际派出马林作为代表来到中国，在桂林与孙中山举行了秘密谈判。这次谈判，促进了孙中山做出改组国民党及与中国共产党合作的决定，更坚定了孙中山建立革命军队的信念。此后，中国国民党和中国共产党的合作，一步步加深。1923年8月，孙中山派出了由蒋介石、张太雷等4人组成的"孙逸仙博士代表团"，到苏联去考察党务和军事，并参观了苏联红军和一些军事院校。不久，在孙中山的领导下，国民党中央执行委员会通过了一项决定，建立陆军讲武堂，将之命名为"国民军军官学校"，由孙中山任校长。听说，苏联曾资助了孙中山一笔款子，要他搞出点儿名堂来。苏联同志对孙中山说，要搞一支革命的军队，靠旧军队是不行的。什么滇军、湘军、赣军、桂军、鄂军，都靠不住。于是孙中山下决心先办军校。原定的"国民军军官学校"还没开办，又改为成立"陆军军官学校筹备委员会"，委任蒋介石为筹备委员会委员长，并指定以黄埔岛上的旧水师学堂和陆军小学的旧址为校址。

周恩来同志曾讲过，孙中山之所以器重蒋介石，选派他筹办黄埔，原因有二：一是蒋介石是陈其美的徒弟，陈其美在孙中山组织中华革命党时，第一个宣了誓，按了手印，是忠实于孙中山的；二是1922年陈炯明炮轰总统府，孙中山跑到永丰舰上避难时，蒋介石在上海交易所做生意失意，跑到永丰舰上向孙中山表示，愿与孙中山共存亡。蒋介石骗了孙中山，孙中山一直被蒙在鼓里。

3月中旬，我们在上海环龙路1号进行了初考。考试前大家心情比较紧张，政治方面看了些报纸和书，还比较有底，作文也不怕，数理化就不行了。谁知，初试比较容易，这一关顺利通过。山西来应试的共有十来个人，都被录取了。接着招生委员会给每人发了一点儿路费，大概是十多块钱，要我们到广州参加复试。

我们十来个同乡，从上海乘火轮去广州，心潮像海浪般起伏不平。兴奋、担心、期待交织在一起，说不出是什么滋味。有的说：初试很容易，复试就不一样啦，考不上怎么办？有的说：那也不一定，革命救国，正需要我们年轻人！有的说：听说广州那边可以出国当苦力，考不上我们就借此机会去国外闯一闯。大家都是20来岁的年轻人，既热情又单纯，都有救国救民、积极向上的抱负，恨不得马上施展一番。5天的海上航行固然疲劳，却使我们饱览了海洋风光。辽阔的海面、无尽的波涛、跃起的旭日、翱翔的海燕，都成了大家抒情咏志的话题。我们未来的命运，似乎也像大海那样，广阔无垠而又深不可测。

在广州，我们下榻兴湖旅馆，准备复试。这里，革命气氛甚浓，同太原、上海迥若两个世界。大街小巷里的革命标语比比皆是。《广州国民报》天天刊登革命活动的消息，积极宣传三民主义。

孙中山大元帅的名声很大，人们都对他十分崇敬、仰慕。有一天，我们听说孙中山要在一个学校演说，就跑去听。头一次见到这个伟大人物，只顾看人，而他讲了些什么，倒没记住多少。接连听了三次，记得大意是讲三民主义、推翻帝国主义和封建主义在中国的统治、以俄为师、唤起民众、扶助农工等。我在太原国民师范读书时，听说过俄国十月革命，知道"里（列）宁"和"劳农政府"。孙中山明确表示要以俄为师，使我对这位革命领袖很钦佩，更坚定了考黄埔军校的决心。

复试是在广东高等师范学校进行的。政治试题不难，加之考前我们从报纸上看到一些文章，记了些术语，考的结果不错；作文也可以；数学因为没基础，几乎交了白卷。复试下来，有些人心里又凉了，每天蹲在小旅馆里，谈来谈去，不知命运如何。有人说考不上就去国外做苦力，或者是半工半读。当时都想去法国、苏联。

我们每天心神不定地等着。一天，忽然来了通知，想不到山西的十几个同乡全部被录取，大家十分高兴。国民党要搞军队，急需办这么个学校培养人才，报考的又多是热血青年，所以，能录取的尽量录取。孙中山要推进国民革命，当时特别重视吸收北方的学生。陕西的考生有于右任的保荐，也都被录取了。

紧张的学习和战斗生活

5月初，我们就踏上了四面环水的黄埔岛，开始了军校生活。

6月16日，黄埔军校正式举行了开学典礼。孙中山偕夫人宋庆龄乘江固号军舰来到岛上，先巡视了学堂和宿舍，又进大礼堂做了一个多小时的演讲。他的讲话精辟有力，通俗易懂，富有革命精神。他说："诸君要知道，中国的革命有了十三年，现在得到的结果，只有民国之年号，没有民国之事实。"相反，俄国的十月革命比中国革命晚6年，却大告成功。原因是俄国"革命一经成功，便马上组织革命军"。他明确指出："我敢讲一句话，中国在这十三年之中，没有一种军队是革命军。""我们今天要开这个学校，是有什么希望呢？就是要从今天起，把革命的事业重新来创造，要用这个学校内的学生做根本，成立革命军。诸位学生就是将来革命军的骨干。有了这种好骨干，成了革命军，我们的革命事业便可以成功。"他痛斥了陈炯明之流的假革命："中国此刻是民穷财尽，一般都是谋生无路，那些人在没有得志之先，因为生计困难，受了家室之累，都是说要来革命；到了后来稍为得志，便将所服从的什么革命主义都置之九霄云外，一概不理了。所以在二年之前，竟有号称'革命同志'的陈炯明军，炮攻观音山，拆南方政府的台。"孙中山在讲话中要求黄埔同学：从今天起立一个志愿，一生一世，都不存升官发财的心理，只知道做救国救民的事业。他特别强调：一个革命军人要有舍身精神，要不怕死。"我敢说革命党的精神，没有别的秘诀，秘诀就在不怕死。"

孙中山先生的这篇开学演说，中心内容是讲建立革命军的必要性和基本要求，是篇很好的讲话。当时对大家有很大的鼓舞，今天读起来仍十分亲切。

黄埔军校第一期录取了 470 人，开始是 4 个队，我在第一队。以后湖南讲武堂合并过来，又编了第五队和第六队。我们一个队140 多人，分为 9 个班。同学中各省的人都有。第一次上课是填表，集体加入国民党。大家毫无思想准备，想不到参加国民党的手续这么简单，一堂课下来，都成了清一色的国民党成员了。后来一些同学都把这件事当笑话说。

黄埔军校初期的组织，是以孙中山为校总理、蒋介石为校长、廖仲恺（后为汪精卫）为国民党党代表。军校在校部下设教授部、政治部、军需部、管理部和军医部。政治部主任开始是戴季陶，此人初次演讲就贩卖礼义廉耻、忠孝节义一套，因而学生轰他，不久便下了台。嗣后政治部主任换成了周恩来同志。在周恩来的主持下，军校的政治工作相当活跃，革命性、战斗性很强，有力激发了师生的革命热忱。后聂荣臻同志也到政治部任秘书，主管组织和宣传工作。军事总教官为何应钦，教授部主任为王柏龄、副主任为叶剑英同志。恽代英、萧楚女等同志，都任过军校的教官。

学校的课程很多，每天排得满满的。

政治教育是以革命理论和革命知识为主要内容。教材包括《三民主义》《国民革命概论》《帝国主义》《社会进化史》《各国革命史》《苏联研究》等。《三民主义》一书，系孙中山1924年初所著，已不同于过去的旧三民主义，而是发展为联俄、联共、扶助农工三大政策的新三民主义，被列为政治教育的首要教材。军校训令中还明确规定：社会主义、共产主义、马克思主义等书籍，本校学生均可阅读。这类书籍，在书亭上摆着，可以随便买。校刊《黄埔潮》《黄埔月刊》上的文章，也反映各种不同的政治见解。萧楚女就经常发表文章，文笔流畅、犀利，很吸引人。这些教材和书刊，使我对新三民主义、共产主义、俄国十月革命有了进一步了解。不过，那时我还分不清民主主义和共产主义的根本区别。

黄埔的军事课，主要是讲典范论和四大教程。教材有《步兵操典》《射击教范》《野外勤务》《战术学》《兵器学》《筑城学》《地形学》，另外还有《军制学》《交通学》《实地测图》。总之，从单兵动作到排连营在行军、宿营、战斗中的联络和协同，都依次循序实施。教官主要是两部分：一是日本陆军士官学校出来的，这是少数；二是保定军官学校出来的，这是多数。有时，苏联顾问也给学生讲课和做示范。

训练和一日生活很严格、紧张。天不亮就起床，穿衣服，打绑腿，紧急集合3分钟；出操回来赶紧跑厕所；吃饭限定10分钟，得狼吞虎咽；接着是上课，课后又出操；晚上是自习。操场紧靠珠江口，涨潮时操场里的水都漫过了脚，照样要出操。学生不准抽烟，我们抽烟的人只得偷着抽。一个学生发10个毫子（一种小银币），因为不准出黄埔岛，这点钱都花不完。

第一期开学不久，1924 年 9 月，爆发了第二次直奉战争。这是北洋军阀混战时期规模最大的一次战争。段祺瑞联合张作霖，反对直系的曹锟、吴佩孚。孙中山与段祺瑞、张作霖呼应，亲自率兵到韶关，准备北伐。计划先出江西，再取湖南，然后与滇、川、黔各路北伐军会师武汉，进窥中原，与段祺瑞、张作霖共平曹、吴。

孙中山虽然是大元帅，但在广州只有个大本营，没有多少部队。那时陈炯明在东江，已经准备推翻孙中山。赣军、湘军、滇军、豫军、桂军，各有自己的如意算盘，是靠不住的。当时我们山西有一支部队，也叫国民革命军，更不成样子。我们说笑话，它是官多于兵，兵多于枪，枪又多于子弹。孙中山当时认为可靠的，是黄埔这帮学生兵和教导团。

1924 年 9 月上旬，我们第一队作为孙中山的卫队，随他到了韶关，任务是放哨、警卫。这次随孙中山一起到韶关的还有宋庆龄，以及苏联顾问鲍罗廷和他的夫人、孩子。在韶关，我们住在一个山坡上，喝水很成问题，水又不干净，蚊子很多，几乎没有不生病的。

"双十节"那天，孙中山在韶关飞机场举行了"阅兵式"。"受阅部队"除樊钟秀部、吴铁城部，还有我们黄埔军校的学生。检阅完毕，孙中山做简短演讲，主要是讲北伐意义，号召参加的部队勇敢作战，彻底打败北洋军阀曹锟和吴佩孚。就在这天，广州城内发生了商团叛乱。广州商团军是在英帝国主义支持下的一支买办武装，与东江军阀陈炯明相勾结，趁孙中山和黄埔大部力量东出韶关之际，公开发动反革命叛乱，妄图推翻革命政府，胁迫孙中山下台。一时广州形势十分紧张，黄埔军校的师生又奉命回师广州，参加平叛。在平定商团叛乱的战斗中，黄埔生首次上战场，大家很勇敢，受到了锻炼，树立了军威。

1925 年 2 月，黄埔军校学生参加了第一次东征，打陈炯明。这时我已毕业，在入伍生第三期当排长。东征作战，周恩来同志参加了领导工作。东征军兵分几路，向敌进击，打遍了东江，直捣汕头。作战中，我们这支学生军与粤军许崇智部，担任右翼作战任务（左翼是滇军杨希闵部）。黄埔的学生可以说是人人奋战，个个争先，大显军威。当时，同学中有一个口号："不要钱，不要命，爱国家，爱百姓。"每天高唱着校歌："以血洒花，以校为家，卧薪尝胆，努力建设中华。"战场上，不少学生英勇献身。

相反，左翼的杨希闵部却按兵不动，保存实力，别有企图。东征部队经两个多月的作战，终于打垮了反动军阀陈炯明的3万多人，迫使其率残兵败将逃往福建。5月下旬，滇系军阀杨希闵和桂系军阀刘震寰将部队拉回广州，发动叛乱。东征军又回师广州平叛，全歼叛敌2万余人，收复了广州。所以说，黄埔军校的学生是在学习中斗争，在斗争中学习，"知行合一"，而不是关起门来"死读书，读死书"。正如当时一些人说的，第一期黄埔生多是热血青年，是从艰难困苦中奋斗出来的。这些学生和学校中的教导团，是东征作战和国民革命军的建军基干。没有黄埔的力量，就没有东征的胜利，就没有国民革命军。

毛泽东同志说过，蒋介石是靠办黄埔起家的。筹办黄埔开始，蒋介石并不理解孙中山的革命理想。听说蒋介石曾经提出辞去筹委会委员长的职务，还写了辞职书。孙中山当时一方面说不准他辞职，同时又想另选他人。蒋介石一想不对，又答应要干了。从这事不难看出，蒋介石既不了解孙中山的建军思想，又不忠实于孙文主义。

蒋介石这个人，有他的鬼名堂。黄埔军校开课以后，他每个星期都到学校来，除训话外，还要找十几个学生见面，谈上几句话。几乎所有的学生，都和蒋介石单独见过面，谈过话，当然见面谈话的时间有多有少。他坐在办公室，要学生站在他的门外，一个个叫进去问话。我们山西的十来个人，蒋介石都单独谈过话。记得他和我谈话时，一进门就问："你是什么地方人？"我说："山西人。"他又问："在家都干过什么?"我说："当过教员。"他边问边观察我们，时而很注意地听回答，时而又漫不经心，总是摆出有学问的派头。其实，蒋介石只是日本陆军士官学校的毕业生，到底学过多少东西，军事懂多少，天知道。因为学生多是些刚刚走向社会的青年人，当然不可能懂蒋介石那一套笼络人心的手段。许多人对蒋介石亲自找他们去谈话(虽是一般地问几句)觉得高兴和新奇。一些有见识的同学，说蒋介石有点儿装腔作势，但多数人对他还是满意的。蒋介石通过这种个别见面和谈话，认识了不少学生，也拉拢了不少人。后来，蒋介石嫡系部队里的许多将领，都是黄埔生。

黄埔军校，又是左派和右派、革命和反动激烈斗争的场所。

从我们入学起，两种力量就不断较量，并且越来越公开化、表面化。黄埔军校第一期学生，不少人是我党从各省秘密选派来的左翼青年，其中有不少人是党员、团员。

开学之后不久，"中共黄埔特别支部"成立，即积极领导进步青年开展斗争，反击右派分子。以共产党员蒋先云为代表的进步学生，发起了筹备成立"中国青年军人联合会"的活动。这个联合会，于1925年1月正式宣告成立。名义上是青年革命军人的组织，实际上是以周恩来同志为首的军校政治部联系青年军人的桥梁，是我们党对青年军人进行共产主义思想宣传的一种组织形式。当时我和一些同学都是筹备"中国青年军人联合会"的积极分子，一队的同学，也大都是该会的正式成员。

蒋先云是第一队的学生，湖南新田县人。1921年我党成立不久，他就加入了中国共产党，领导过安源工人大罢工。考入黄埔以后，他很注意学习、研究共产主义理论，我们常常看见他晚上还在灯下读书、看小册子。他斗争坚决，作战勇敢，头脑敏捷，堪称青年军人的榜样。连蒋介石都很赏识他的才干，要他当过秘书、警卫营长。他和我经常交谈，是我的良师益友。在一篇《东征归来》的文章中，他写下这样的话："革命军自有革命军的特色""革命军的头衔不是赠品""我们希望革命政府旗帜下的军人不要作假革命军"。北伐战争时他当团长，负了伤，坐着担架指挥冲锋，牺牲时年仅 28 岁。

在黄埔军校，我们紧紧团结在以蒋先云为首的"中国青年军人联合会"的旗帜下，不断地与国民党的右派和孙文主义学会中的反共分子做斗争。孙文主义学会，是假借学习孙中山的学说之名，实则与"中国青年军人联合会"相对抗的反动小集团，主要头目为贺衷寒、缪斌等，成员多系国民党右派。黄埔军校中这两个组织的斗争，越来越激烈。蒋介石和汪精卫先是亲自出面"调解"，到 1926 年 4 月，竟宣布这两个组织"自行"解散，停止活动。

"中国青年军人联合会"虽被迫解散，但它的影响扩展到滇、桂、湘军及所设的军官学校，会员曾发展到 2 000 多人。它所传播的为共产主义奋斗的思想，为广大的青年军人所憧憬。我们黄埔第一期的一些同学，之所以能成为共产党员，是与"中国青年军人联合会"的影响分不开的。后来，仅在鄂豫皖革命根据地和我一起工作的，就有陈赓、蔡申熙、许继慎、吴展等同志，另外，为人们所熟知的李之龙、左权、王尔琢、宣侠父、周士第等同志，也是黄埔第一期的。这些同志对我党我军的建设，都做出了积极的贡献。

1925 年 3 月 12 日，伟大的民主主义先行者孙中山先生在北京逝世，我们是在东征的路上从油印的报纸上得知这一消息的。知悉这位革命先行者去世，我们极为震惊和悲痛，不少人都哭了。孙中山逝世后，蒋介石就愈加肆无忌惮地控制黄埔。黄埔军校逐渐变成了蒋氏培植个人势力的工具。

在国民二军

孙中山先生逝世后不久，我即被调离黄埔，去河南冯玉祥部国民第二军工作。同去的还有和我一起考入黄埔的白龙亭、孔昭林、赵荣忠等人。

我们去河南国民二军工作，有两方面的原因。

一方面，是自己的要求。我们都是北方人，不习惯南方的生活，老早就有回北方的愿望。1924 年 9 月直奉战争爆发后，直系将领冯玉祥倒戈，回师发动政变，推翻了曹锟、吴佩孚的北洋政府，并与段祺瑞、张作霖组成由段祺瑞执政的"临时政府"，电邀孙中山大总统北上，共商统一大计。孙中山接受中国共产党的建议，发表《时局宣言》，然后北上。一时之间，"统一"在望，形势喜人。于是，我们几个山西老乡商量，想回北方去冯玉祥部工作。东征回师后，我们正式向校方提出了要求。

另一方面，蒋介石也想插手国民二军。蒋介石视军队如生命，历来是注意抓军权的。他野心勃勃，不仅要控制黄埔和国民革命军，还想着手"改造"冯玉祥部。我们的要求正中他的下怀。他当即批准我们去国民二军，还亲自召见了我们，说了些冠冕堂皇的勉励的话，要我们去后可以推荐一些青年人和学生来黄埔学习，以推进国民革命。蒋介石借革命以营私，我们当时识别不出来。批准我们去北方工作，我们心里是高兴的。

到了国民二军，我被分配在河南安阳的第六混成旅。先任教导营教官，后任参谋、第二团团副等职。旅长叫弓富魁，也是山西人。自 1925 年至 1926 年夏，我随这支部队辗转各地，度过了一年的时光。

国民二军，原系河南胡景翼的部队，胡曾跟随过孙中山，属冯玉祥系。冯玉祥倒戈推翻曹锟、吴佩孚政权后，与胡景翼、孙岳决定，将所部改称国民军，冯、胡、孙各直属部队分别编为国民一、二、三军。冯玉祥任国民军总司令兼第一军军长，胡景翼任副司令兼第二军军长，孙岳任副司令兼第三军军长。1925 年 4 月，胡景翼病逝，二军军长由师长岳维峻接任。我去的时候，岳维峻已开始大规模地扩充队伍，不到半年，即号称拥兵 20 万。

那时的军阀部队时兴易帜：把北洋军阀政府的五色旗换成国民

革命政府的青天白日旗，再改一改番号，就成为革命军了。实际上是有名无实，换汤不换药。我在第六混成旅，看到的多是些腐败现象。军队没有固定的军饷，靠各显"神通"，捞外快。贪污、吃空饷、抢老百姓的东西、糟蹋妇女的现象，司空见惯。与黄埔学生军的革命精神，不可同日而语。

在安阳，我除了从事军事工作外，还常到驻地附近的安阳中学去活动，同六河沟煤矿的工人也有接触。宣传三民主义、国民革命、打倒军阀列强，搞点儿军事训练，并陆续介绍了几十名青年学生去广东投考黄埔军校。后来我在东江搞游击战争，遇到一位姓郭的营长，就是这批人中的一个。安阳也有共产党的活动。安阳中学教员罗任一，是日本留学生，我认识他，常到他家里去，以后才知道他是共产党员。我印象最深的是五卅运动的群众大会。到会的有数万人，场面很大，上海来的青年学生发表了演说。目睹广大工人、学生、市民义愤填膺，一致奋起声援上海工人反抗帝国主义的动人情景，我深感民心不可侮，伟大的中华民族正处在新的觉醒中。

自从孙中山逝世后，各派军阀势力重新组合、角逐，所谓"统一"，早已化为泡影。在北方，以日本帝国主义支持的奉系军阀张作霖为主，联合被推翻的吴佩孚，于1925年下半年开始向冯玉祥的国民军进攻。新的军阀混战又爆发了。10月，浙江督办孙传芳发动浙闽苏皖赣五省联军讨伐张作霖，事先同冯玉祥约定：徐州以南之沪苏皖，由孙部攻取；徐州以北之山东、直隶，由冯部攻取。冯玉祥就把攻打山东的作战任务交给了国民二军的岳维峻。岳维峻扩兵号称20万，踌躇满志，胃口甚大，不仅要攻山东，还想夺取山西。在派兵进攻山东的同时，又做了攻打山西的部署。

1925年11月中旬，进攻山东的部队兵分两路，开始行动。一路以收编的原直系部队田维勤、王为蔚、陈文钊等师，假道徐州（已被孙传芳部占领）附近进攻鲁西；一路以国民二军为主力，在李纪才指挥下，由归德进攻鲁西。旬日之间，直下临城、菏泽、济宁等地，前锋部队抵近泰安。镇守山东的张宗昌大为恐慌，向吴佩孚、张作霖告急求援。经吴佩孚派人收买，田维勤、王为蔚、陈文钊被拉了过去，共同对付国民二军。同时，岳维峻派去进攻山西的部队，也被阎锡山部击败。吴佩孚、张作霖见岳军两头失利，即联合夹击国民军。国民军节节败退，岳维峻最后狼狈逃窜，被晋军抓获，当了俘虏。

这段过程中，我在第六混成旅二团当团副。旧军队里，团副是个有职无权的岗位，等于吃闲饭的，干不干没人管。我只是跟着部队行动，不参不谋，无所事事。当这个团占领德州后，岳军已开始溃败。二团来不及撤走，便开赴河北省保定、蔚州一带，会合冯军，与张作霖部作战。张作霖骑兵出多伦，抄后路将冯军击败。我们团被奉军截断退路，遂转战至广灵、灵丘、原平等地。敌人跟踪追击，部队士无斗志，无人指挥，四散溃逃。我和几个同乡便从原平回到了家乡。

俗话说，百闻不如一见。在国民二军的一年，我对军阀部队的骄奢腐败、横暴无道，以及军阀混战给人民带来的巨大灾难，有了实际感受，从而在认识上也大大前进了一步。我厌恶军阀部队，痛恨军阀混战，时时眷念黄埔时期的革命战友和战斗生活，决心仍然回南方去。

走上共产主义道路

1926 年 3 月至 5 月间，蒋介石为篡夺革命领导权，破坏国共合作，打击和排斥革命势力，一手炮制了中山舰事件和所谓《整理党务决议案》，南方的形势起了变化。那时候，我们正在河北与奉系军阀作战，故一无所知。

我从原平回到家乡，住了个把星期，就去北京，想找机会再回广东去。行前，我和一同回家的几个同乡商量，他们都不愿再出来，我就一个人走了。在北京，住在老乡家里，打听南方的消息。当时全国形势很乱，让人理不出个头绪来。北方是一个军阀之间时而混战、时而联合的场面，南方是一个国共两党又合作又斗争的场面，报纸上的消息一天一个样，甚至相互矛盾。有人劝我在北方的军阀部队里干，我婉言谢绝了。经天津到上海后，听说广东的国民革命军出师北伐，攻占了武汉，我更加坚定了去找革命队伍的决心。

1926年11月底，我从上海乘船抵武汉，见到了北伐军中的黄埔同学，十分高兴。武汉的革命气氛很感人，处处是"打倒列强，除军阀"的群众游行和集会，就像黄埔初期的广州一样。经同学介绍，我先去南湖学兵团当指导员，不久又被分配到黄埔军校武汉分校一队任少校队长。

武汉军校名声很大，号称"第二黄埔"。它是由黄埔军校政治科迁来组成的，办的是黄埔第六期，全称为"中央军事政治学校武汉分校"，校址在两湖书院。全校有男生近千人，女生近200人，男生住一个院，女生住一个院。校部设校务委员会，负责人为邓演达、谭延闿、恽代英、徐谦等。政治总教官为恽代英，教官有施存统、萧楚女等，总队长是杨树松。许德珩同志告诉我，他也曾在那里任过课。

这所军校，有不少老师和学生是共产党员、共青团员、国民党左派人士。军校又是在北伐战争的胜利高潮中成立的，直接担负着为革命战争培养军政干部的任务，因而革命性、战斗性、纪律性相当强，真正继承和发扬了黄埔军校的革命精神。军事课程主要讲解基础军事知识，操练基本动作。教官只管讲课，队长负责军事训练工作。政治教材有《三民主义》《社会进化史》《经济学大纲》等。日常生活正规、严格，按时作息，内务整洁，每周要擦枪，学生不经请假不准外出，男生和女生一个样。政治活动甚多，学生经常上街搞游行示威和演讲活动。在著名的武汉人民收回英租界的斗争中，军校师生是积极参加者，发挥了重要的战斗作用。蒋介石"四一二"反革命政变后，军校的男生、女生常去打野战，准备对付反革命力量的袭击。后来，不少学生加入了中国共产党，为共产主义英勇献身。参加广州起义的国民革命军第四军教导团，就是由武汉军校的干部、学员组成的。赵一曼、游曦等烈士，也是武汉军校女生队的学生。

蒋介石当然不会忘记抓军校、抓青年。他当时是北伐军总司令，并兼任武汉军校的校长。然而，由于军校里共产党的领导力量比较强，进步力量占优势，故蒋介石无可奈何，只不过是个"空头校长"罢了。蒋介石也到军校讲过话，张口就是"本校长"如何如何，唱的都是三民主义的高调，以孙中山先生的当然继承人自居。他甚至大言不惭地说："本校长向来是革命的，假如不革命，你们就一枪把我打死！"但他背信弃义，悍然发动"四一二"反革命政变，大肆屠杀革命者和群众。还有一次，蒋介石召集黄埔毕业生讲话，说了一通温情肉麻的话。说他自己去日本的时候，妈妈如何日夜想念他，又说：本校长对你们是慈母般的感情，也就像我妈妈对我一样。我们当时很反感，会后议论说，你这个校长，讲这些东西干什么哟！这件事说明，蒋介石有一套笼络人心的手段；同时又说明，底下对他并不那么信任。蒋介石到军校来过两次，没有达到控制军校的目的，以后就不来了。他在南京另开门面，也成立中央军事政治学校，实际上是不再承认武汉军校。这样更好，便于军校的进步力量放开手脚，开展工作。

在武汉军校的那个时期，是我一生中的重要转折期——从民主主义思想向共产主义思想转变的关头。

我在黄埔时集体加入了国民党。当时就有人劝我加入共产党，但我当时对共产主义缺乏深刻认识。来到武汉军校不久，又有同事问我：现在许多人加入了共产党，你呢？我说：我还没想好。他说：是不是不想做"跨党分子"？别清高了，跨党有何不好呀？其实，我不是清高，而是不明白跨党是怎么一回事。我以前曾幼稚地认为，一个人要么信仰这种主义，要么信仰那种主义，总不能"脚踏两只船"，同时信仰两种主义。后来才知道，国共合作时期的共产党员加入国民党，也并非是放弃自己的信仰，而是出于国共合作的需要。

究竟是三民主义好还是共产主义好？这已是我日思夜想的中心问题。形势所迫，不想不行。以前在黄埔时读过一些共产主义的书报，有点印象，但理解不了，也没认真思考过。经过几年的颠沛流离，耳闻目睹军阀混战、国民党腐败、人民遭殃等现象，我不得不想，而越想则越觉得三民主义不如共产主义，国民党不如共产党。

常来常往的一些共产党员，给了我很大启示和帮助。他们大多是黄埔同学或山西老乡，又是活跃分子，如樊炳星、杨德魁、吴展、李楚白、贺昌、程子华等，我们常聚谈。樊炳星是黄埔四期的学生，学经济科的。杨德魁是黄埔第三期毕业生，武汉工人纠察大队副大队长。李楚白在我们队里当司务长。吴展任过黄埔军校警卫营长，在武汉军校当队长。贺昌很早就加入了共产党，当时是中国共产主义青年团湖北省委书记，山西离石人。我当队长，薪水多些。每到发薪后，大家就让我请客，凑在一块儿，到饭馆吃点鱼呀、肉呀、鸡呀、蛋呀，改善改善生活，有时也到茶馆喝清茶。这种聚会，几乎每星期一次，无形中成了固定的联络形式。聚会时，各人都谈理想、谈志向、谈对人生和时局的看法，谈三民主义和共产主义、国民党和共产党的区别。兴之所至，各抒己见，有时甚至争得面红耳赤，像吵架似的。我不太爱讲话，听得多、说得少。但是，交谈和辩论，却使我获益匪浅。我原来对共产主义和共产党的一些模糊认识，逐步得到了澄清。

为了系统地了解共产主义，确定自己一生的奋斗道路，我还搜集和阅读了一些共产主义的书。

白天工作特别忙，就用晚上的时间看书。像列宁的《二月革命》《远方来信》《中国的民主主义和民粹主义》，布哈林的《共产主义 ABC》，李季的《通俗资本论》以及《社会进化论》和其他介绍俄国十月革命的小册子，我都如饥似渴地读来读去。我买了一箱子书，但因工作紧张，没有读完。

经过两三个月的思索、比较、学习和同志们的帮助，我对共产主义和共产党的认识有了新的飞跃，决心走共产主义道路，把自己的一生献给这个人类历史上最伟大、最美好、最壮丽的事业。

1927 年 3 月，经樊炳星和杨德魁介绍，上级批准吸收我正式加入中国共产党。樊炳星给我看了党章。记得党章上写了共产党的奋斗目标、组织原则等，印象最深的是共产党员要为共产主义流尽最后一滴血。入党后，我才知道恽代英、陈毅同志是军校党的负责人。有一天，我接到组织上的通知，去蛇山西面的粮道街中央机关开会。会议由孙永康主持，施存统讲了话，周恩来同志在会上做了关于政治形势的报告，还提到了打夏斗寅的问题。这是我入党后第一次聆听重要的政治报告。我为自己能够成为共产主义队伍中的一名战士而感到自豪和光荣。

回忆广州农民运动讲习所

张明远

    1925 年五卅惨案发生后，全国人民在我党的领导和推动下，掀起了波澜壮阔的反帝反封建大革命高潮。在北方，在以李大钊同志为首的中共北方区委的领导下，工人、农民、青年学生、妇女等群众运动和统一战线工作，有了蓬勃发展。北方区委为了培养各条战线的干部，先后派出大批革命青年到黄埔军官学校、西北军事干部学校、广州和武汉的农民运动讲习所和苏联及其他培训干部的部门学习，我就是这时被派到广州农民运动讲习所学习的。

    广州农民运动讲习所是在全国革命形势蓬勃发展、农民运动不断兴起的形势下，我党为了培训农运干部而举办的。在此之前，广东省农民协会在彭湃和阮啸仙等同志的主持下，已办了五期，主要是培训广东的农运干部（也有一部分是广西、湖南等地的学员）。第六期改为全国性的，隶属于国民党中央农民运动委员会（当时国共两党合作，这个委员会实际上由我党领导，毛泽东、林伯渠、萧楚女等同志均为该委员会委员），招收全国各地学员。中共北方区委选派了我（当时叫张金言）和解学海、韩永禄、王紫树、刘珠、张宗一、阎怀聘、石德山、马俊超（以上 9 人当时均为中共党员）、段汉章、阚家骅、谭雅谊、李景文、王成奎、马伯超、萧荫棠、孙士林、张风林、王锦、高波、孙洪儒、许庆昌等22人作为直隶省的学员，参加了这期学习。

我们一行 10 余人，于 1926 年 4 月初乘轮船首先到达广州，其他学员以后陆续到达。我们到达广州后，先住在一个公寓里，5 月初开学后即搬入农讲所，所址在旧番禺学宫。当时广州是全国革命中心和国民政府所在地，以两广为根据地，正在准备北伐战争。自国民党改组、国共两党合作以后，经过镇压广州商团武装叛乱、讨伐地方军阀陈炯明的东江战役和讨伐广西地方军阀杨希闵、刘震寰叛乱等斗争的胜利，尤其是在五卅惨案后，广州和香港广大工人群众所进行的将近一年的省港大罢工和组织武装纠察队，对香港实行严密封锁，给了英帝国主义以沉重打击，对支援前线、巩固和扩大革命根据地，起了巨大的作用。我们到达广州时，正值 3 月 20 日中山舰事件刚刚过去，以国民党右派为主的各种反革命势力在蒋介石的操纵和支持下，相当嚣张，对我党大肆造谣诬蔑、挑拨离间，进行破坏国共团结的种种活动。但当时革命情绪高涨，北伐战争即将开始，广大革命群众在我党领导和影响下，对反革命的各种破坏活动，给予了有力的还击。我们在参加广州各界庆祝五一国际劳动节大会（也可能是纪念沙基惨案一周年大会）和以后不久的北伐誓师大会游行示威时，亲眼看到进行反动宣传与捣乱的国民党右派分子犹如老鼠过街，遭到革命群众的痛打。

我们这一期有学员 300 多人，来自全国二十几个省。各省学员中，现尚有记忆的有陕西的萧益寿、李波涛、霍士杰、乔国桢，河南的许某（即晁哲甫，是党支部委员，同我在一个党小组过组织生活），湖南的王首道（当时叫王一芬）、谭金华，安徽的仇偶，云南的李为贵，还有一个叫赵同人的是当时学员中的活跃分子，记不得是哪个省的了。

农讲所由毛泽东同志担任所长，他当时是国民党中央宣传部部长。教育长萧楚女；教务部主任陆沉；事务部主任名字记不清了，任职期间因贪污被撤职。总队长赵自选，副总队长黄某，负责军事训练。总队下设相当于连的区队，有专职区队长。学习期间，学员均过严格的军事生活，睡双层床。除进行个人制式教练，以连、营为单位的操练和日夜岗哨值勤、夜间紧急集合、夜行军演习外，结业前还进行了打靶和野外战斗演习。关于党组织，全所成立一个支部，彭公达为专职支部书记。

为了培养我们成为献身于农民革命运动的干部，针对学员都是刚参加革命的青年，需要进行以农民问题为中心的革命启蒙教育这一情况，毛泽东同志对教学课程做了理论与实践相结合、主课与辅助课相结合的安排。这些课程和任课教员是：

中国农民问题、农村教育，由毛泽东同志担任，并讲授了"中国社会各阶级的分析"；

帝国主义论、中国民族革命运动、社会问题与社会主义，由萧楚女同志担任；

军事运动与农民运动，由周恩来同志担任，因工作忙，只讲授过一次；

广东海丰与东江农民运动、高要等地农民运动，分别由彭湃、周其鉴同志担任；

中国历史概要，由恽代英同志担任；

三民主义，由林伯渠同志担任，后因工作忙，先后由甘乃光、陈其瑗（当时均为国民党中央党部负责人）接任；

广东农民运动概况，由阮啸仙同志担任；

广东农民协会代表大会决议，由罗绮园担任；

中国政治状况，由彭述之（当时为党中央负责人，后来与陈独秀一起被开除出党）担任；

政治经济学概论，由陈启修（大学教授）担任；

中国职工运动，由李立三同志担任，只讲授过一次；

世界革命史，由张秋人同志担任；

　　合作社概论，由于树德担任；

　　统计学，由安体诚同志担任；

　　革命歌曲，由李一纯（女）同志教唱；

　　革命宣传画，教师姓名记不清了。

　　以上这些课程中，最受欢迎的是毛泽东、萧楚女、彭湃、周恩来、恽代英等同志所讲的课。

　　毛泽东同志讲课的主要特点是：从实际情况出发，运用革命理论和通俗易懂的语言，像谈家常一样阐述实际问题。例如，讲我国社会各阶级关系时，他用宝塔做比喻，把帝国主义比作塔顶，下面各层是军阀、官僚、地主、买办资产阶级、中产资产阶级等等。塔的最下层是塔的基础，是工农大众和小资产阶级。由于底层人民最受压迫，所以最需要革命。无产阶级是革命最彻底、最先进的阶级，但人数少，必须联合农民和其他革命力量。农民占全国人口80％以上，是革命的主力军。中国革命问题主要是农民问题，只要我们唤起广大农民，使农民和工人及其他劳苦大众一起，同压在他们身上的统治阶级进行斗争，塔的上层必然倒塌。他特别对农村的阶级关系做了详细的分析和讲解。在讲课过程中，他不断向学员提出问题，启发学员思考和回答问题，使我对农民是我国革命主力军、我党领导农民革命的重要意义等问题有了基本认识，确立了献身于农民革命运动事业的志愿与决心。

　　萧楚女同志是一位杰出的宣传教育家。他身患多种严重疾病（二期肺结核、"缠腰风"、高度近视等），并且腿有残疾，走路微跛，却以全部精力和满腔热情致力于教学工作，深受学员爱戴。他常把自己比作蜡烛，是给人照亮用的。他说："我活一天就要像蜡烛那样发一分光，为人民所用。"这样伟大的毫不利己、专门利人的共产主义人生观，对学员有很大的教育意义。他是我几十年来时常怀念的一位良师和学习榜样。

他讲课生动活泼，富有感染力，特别是讲辛亥革命、五四运动以及当时的五卅惨案和沙基惨案等现实斗争时，更是慷慨激昂。他详细地揭露并愤怒声讨了1925年6月23日英、法帝国主义在广州沙面租界炮轰游行到沙基的广大徒手群众和大量屠杀中国人民的罪行，热情赞扬和高度评价了五卅运动中，上海、广州、香港以及全国其他各地工人运动的巨大规模和伟大力量。听他讲课，如身临其境，使人激起对帝国主义的满腔仇恨，同时认识到工人阶级和革命人民的伟大力量。

彭湃同志主要讲他在海陆丰领导农民运动的亲身经历，介绍广东农民遭受帝国主义、军阀、地主压迫和剥削的苦难。讲述如何发动和组织农民协会、建立农民武装同地主阶级进行减租斗争和其他斗争；如何对农民进行阶级教育，瓦解地主阶级用封建迷信、封建宗族权等对农民的统治；等等。他没有泛泛地讲抽象理论，而是介绍他的切身革命经历，极受学员欢迎。他讲了许多生动感人的事例，有些至今让我记忆犹新。例如他介绍广东农民的苦难时，讲了"卖猪仔"的事例。广大贫苦农民由于遭受军阀、官僚、豪绅地主等的苛捐杂税、重租、高利贷及其他种种残酷压迫和剥削，每年有大批农民被迫把自己卖给地主抵债，地主以低价买去，再以高价卖给外国招华工的工头、人贩子，叫作"卖猪仔"。他们把这些卖身的农民，和猪仔一样看待，把他们运到澳大利亚和东南亚地区资本家开的农场、矿山做苦工、当奴隶。在招工头买这些农民时，由几个彪形大汉逐个挑选，其方法是，叫来一个就猛击几拳，打不倒或敢于反抗者就以较高的价钱买去，身体差的就以低价买去。这些人在被运送途中和做苦工期间，由于遭受各种残酷的非人待遇，过着牛马不如的生活，一批批地惨死在国外。

他还介绍了自己从事农民运动的经验。起初他身穿学生装，满口学生腔，找到一些农民，向他们宣传革命道理，他们听不懂，都以疑惧的表情看着他。他拿着笔记本问农民的生活情况时，农民都避而不答或答非所问，并很快走开了。后来他吸取教训，换上农民装，学讲农民话，跟着挑粪下田的农民一路拉家常、问疾苦，以各种方式逐渐和一些农民交上朋友，向他们宣传革命道理，并通过他们组织农民协会，进行减租斗争。

当他讲到如何引导和教育农民认识地主利用封建宗族关系进行掠夺与剥削时，举了这样一个例子：有一个区，姓罗和姓苏的人很多，传说他们是唐朝罗成与苏定方的后代。据小说讲，罗成是被苏定方害死的，两姓由此便成为世仇。在地主的挑动下，多年来不断发生械斗，其范围有时波及周围数十村。每次械斗，地主都从中进行掠夺与剥削，得到好处，而贫苦农民则遭到更大的苦难。农民运动发展起来以后，农民从减租斗争取得胜利的具体事实中受到了教育，认识到同姓的地主与农民不是一家，而两姓的农民都受两姓地主的压迫和剥削，从而消除了世仇，团结一致同地主、土豪、劣绅做斗争。

他还讲到另一事例：农会领导农民减租取得胜利后，群众说东江有两个"王"，一个是依靠帝国主义残害人民的军阀陈炯明，是帝国主义的走狗；另一个是彭湃，他带领穷人干革命，是使穷人不受苦难的领导人（陈和彭都是海丰县人）。在海陆丰一带的农民，凡认识彭湃同志的，都亲切地叫他湃哥或阿湃。有的群众要在庙里给彭湃塑像，他知道后，极力劝阻。有一些陈炯明的党羽是彭湃的同学，骂彭湃说："你们说陈炯明是帝国主义的走狗，但总比你当穷小子们的走狗好。"他听后讥讽地回答："我不给帝国主义当走狗，而是给受压迫的人当走狗。我能为穷人当走狗，使他们从穷困中解放出来，打倒帝国主义、封建军阀，这样的走狗是无上光荣的。"

以上事例反映了彭湃同志的革命人生观和为劳动人民解放事业贡献一切的崇高品德，他是我永远学习和怀念的良师。

周恩来同志担任的军事运动课，也非常受欢迎，使学员们认识到革命武装对于革命事业的重要性。由于他的工作太忙，只讲了一次就停了，大家都感到很遗憾。

恽代英同志讲历史课。这是我第一次听到要用历史唯物主义的观点看待历史。特别是他对鸦片战争、太平天国运动和义和团运动的讲述，使我印象颇深。

在学习期间，除课堂讲授外，农讲所还组织了一些课外学习和实践活动。

课外学习是结合讲授的主要课程阅读有关书刊，对一些重要论著和问题分组讨论。对毛泽东同志《中国社会各阶级的分析》一文，我们曾结合当时各阶级代表人物的表现进行了详细讨论。通过学习，我对革命首先要分清敌、我、友的重要性以及如何分清敌、我、友，有了初步领会。此外，还利用每星期一上午"总理纪念周"（是当时纪念孙中山的一种制度）的时间，由毛泽东、萧楚女同志或请校外的同志给学员做有关时事政治的报告、讲演。现能记起的有吴玉章、江浩、李求实等同志。

为了使学员们学习的理论与革命实践相结合，在快要结业时，毛泽东同志组织学员两次下农村参观，一次去曲江，一次去海陆丰。第二次是毛泽东同志亲自带队，事先做了充分准备。学员们按军事编制，有的学员被分配担任了各种服务工作。我担任卫生员，带了一些常备药品，如仁丹、十滴水和外伤用品等。行前领导做了战斗动员，然后大家乘船前往。由于船小，海上风浪大，颠簸得很厉害，不少学员晕船呕吐。我强忍着晕船之苦，照顾大家。下船后，毛泽东同志亲切地问我："你学过医吗？"我说："没有。"他又问我的出身和职业，我说是小学教员，在家也种过地。他赞扬说："你卫生员当得不错呀！"随后他又去和其他学员亲切交谈，给大家以鼓励。

在海丰，我们参加了一次全县农民自卫军和农会会员代表的万人大会（印象中是庆祝胜利大会），我第一次看到了农民运动的雄壮场面。我们还参观访问了公平镇和几个乡村，受到群众和农会干部的热烈欢迎和亲切接待。所到之处，都是一派革命景象。这和北方农村的苦难情景形成鲜明对照，使我坚定了一个信念：回去以后一定以这里为榜样，把家乡的农民发动起来。

此外，毛泽东同志还亲自进行调查研究，他召集并主持来自各省的学员开调查会，不能参加调查会的，都发给调查提纲。从阶级关系、农民负担到宗教社团、风俗习惯、歌谣谚语等等，都在调查之列。后来根据调查材料编辑出版了农民运动小丛书。

毛泽东同志对学员生活很关心，北方学员不习惯吃大米，他便专门为我们做面食。后来发现管事务的人贪污，便把他撤职查办了，让学员自己管理伙食；设了伙食委员，轮流值日。食堂除自办的伙食外，还常常到外边饭馆为大家订菜，以改善生活。

在党的生活方面，中共党员都编入党支部的各小组，按小组进行活动。每周开一次小组会，主要内容是传达、讨论支委会的工作安排和决定，学习党的基本知识和党章，开展批评与自我批评，等等。

在 1926 年 3 月 20 日中山舰事件以后，国民党右派的反革命活动日益嚣张，他们动员各种反动报刊对我党进行造谣和诽谤，挑拨国共两党关系，进行分裂、破坏活动。当时北伐战争已经开始，并且节节胜利，北伐军所到之处，工农群众革命运动蓬勃发展。在这一形势下，我党本应采取联合国民党左派，争取中间派，坚决打击右派的政策，但党中央在陈独秀的右倾错误领导下，未能这样做。而蒋介石则利用这一有利时机，在 1926 年 5 月 15 日至 22 日在广州举行的国民党二届二中全会上，提出所谓《整理党务决议案》，提案的要点是：国民党高级党部委员会中的执行委员中，共产党员不得占 1/3 以上，并不得担任中央各部部长；国民党员不得加入共产党；其他党派加入国民党者须报告其原来党籍；加入国民党的共产党员要把名单交给国民党。这个提案对右派的反共分裂破坏活动只字不提。显然，蒋介石这个提案的目的在于支持和发展右派，削弱左派，限制和打击我党，为其篡党夺权发动反革命政变做准备。当时我党在国民党中担任中央委员并参加这次会议的一些同志，如毛泽东、谭平山、林伯渠、江浩等，都反对这一提案，但中央在陈独秀的错误领导下，对提案做了重大让步。

毛泽东同志向学员们做了有关国民党这次会议的报告，揭露了国民党右派分裂、破坏国共团结的阴谋活动，指出蒋介石能否把国民革命进行到底，要看他今后的实际行动，现在还不能定论；张静江是有名的江浙财阀的军师、智囊，是蒋介石幕后出谋划策的人；段锡朋这个人很坏，曾任国民党中央的要职。同时他在报告中还谈道，在国民党的这次会议上，我党对蒋介石所提出的所谓《整理党务决议案》做了重大的让步。

为了使我党的同志了解党中央对国民党二中全会的政策精神，中共广东区委召开了一次广州各机关、团体、学校党的活动分子会。农讲所有十多人参加，我也去了。首先到毛泽东同志的住所，见到毛泽东和杨开慧同志。杨开慧同志带我们进入会场。这次会由毛泽东同志主持，中共广东区委负责人陈延年同志讲话。他讲话的主要内容是：国民党二中全会没有对右派分子进行批判和制裁，却通过决议对我党加以各种限制，对此，他非常气愤。国民党中央委员中的左派，有许多人反对蒋介石的提案，主张对右派给以严厉制裁，要求给予我党以支持。但我党中央没有采纳我党参加国民党中央的同志及国民党左派人士的意见，而是为了照顾大局，联合蒋介石，维护同国民党的团结，争取北伐战争的胜利，对蒋介石的提案做了重大让步。他个人认为，我党对蒋介石的提案让步有些过头，对蒋过于迁就。蒋介石不是左派，我党对他的一切错误言行，该批评的应当批评，对其权力应有所限制。我们害人之心不可有，防人之心不可无。根据中山舰事件后蒋介石的言行，我们应有所警惕。当然，中央既已决定，我们应当服从和执行。他的讲话虽然没有点名，但实际上是批评了陈独秀的右倾错误。

陈延年讲完后，毛泽东同志称赞并表示完全同意和支持陈延年同志的讲话。

听了讲话，我们才知道当时党中央内部、中央与下级之间对一些重大问题有不同意见的争论，但不理解争论的性质，所以多少有点诧异。后来才知道陈独秀犯了右倾机会主义错误，并且受到毛泽东、陈延年等许多领导同志的抵制。陈独秀实行家长制领导，压制不同意见，坚持右倾错误，使第一次国内革命战争遭到严重失败。

这一期学习于 1926 年 9 月初结业。时间虽然仅 4 个月，但我在思想上的收获却是非常宝贵的。我来学习之前，虽然参加了革命并入了党，但由于时间短，在革命的理论与实践方面，我的认识基本上还是一张白纸。这次学习，使我受到以马克思列宁主义理论为指导、以农民革命运动为中心、理论与实践相结合的多方面的革命启蒙教育。对马列主义基本知识，中国革命的性质、任务、革命对象、革命动力和革命的基本方针政策等方面，都有了一些初步认识。虽然这仅仅是开始，却使我对于一个共产党员应怎样培育为实现共产主义伟大理想而献身的高尚品德和人生观，对于应如何把革命理论与具体实践相结合等方面，有了遵循的方向，有了学习的榜样和鞭策自己的力量。

我们这一期学员结业后回到各地，投入大革命的洪流中。大部分同志都为革命事业做出了自己的贡献，很多同志在革命斗争中献出了宝贵的生命。

国民党改组前后和大革命的失败

吴玉章

一、国民党改组以前

国民党是在辛亥革命后，于 1912 年 8 月，由同盟会联合统一共和党、国民共进会、共和实进会、国民公党所组成的，目的是争国会选举的多数。其成分非常复杂，许多官僚、军阀、买办都被拉来入党。因为主张政党内阁，甚至不惜把袁世凯派的阁员都拉入国民党以做国民党的内阁，岂不滑稽！其政纲不仅把同盟会的平均地权取消，而且把男女平权取消，以至唐群英殴打宋教仁。第一次国会选举，国民党固然占了 2/3 的大多数，但因袁世凯操纵收买，连国民党想选一个议长都选不出来，不待二次革命、袁世凯解散，国民党早已破产了。

1913 年二次革命失败后，中山先生愤恨党员不服从他的命令，坚决要改国民党为中华革命党，以继承同盟会的精神来继续革命。这自然是他比黄兴、宋教仁等高明之处，但他只知道革命的党要有统一的意志、严格的纪律，却不知道要有思想的一致、目的的明确、行动的统一、党员对党任务的自觉态度做基础，才能实行铁的纪律；也不知道要有革命的理论，才能有革命的组织。革命的党、战斗的党，必须有坚强的核心做领导，必须是民主集中制，可是中山先生只要集中而不要民主，而且要党员绝对服从他个人，并要举行落后的会党式的打手模,这就引起了许多新旧党员的反对。至于革命理论方面,中华革命党只以实行民权、民生两主义为宗旨,目的在于反对袁氏的专制,此外再无更多的阐述,没有说明革命的性质、动力和前途,至多也不过是欧洲18、19世纪资产阶级民主革命的旧理论,在20世纪帝国主义时代对于中国这样的半殖民地半封建的国家的革命是不适合的。

中山先生在他数十年的革命斗争中,一直是一个很坚决的革命实行家。我自他创立同盟会以来就和他共同奋斗,是很佩服他的。但我们要"好而知其恶,恶而知其美",不歪曲事实,不阿其所好,才不至违背客观的真理。中山先生固然意志很坚强,他是代表革命的左派,但他所反对的几件事情,结果还是向右派让步,甚至和他们合作。如右派妥协的行动,第一件是黄兴在南京政府即开始与旧官僚及大绅士合作;第二件是包围孙中山让权袁世凯并政府北迁;第三件是孙、黄到北京和袁世凯筹商国是,协定什么内阁大纲八条;第四件是解散同盟会与几个非革命的政团合组国民党;第五件是向袁世凯要求组织袁派阁员都临时加入国民党的国民党内阁。这些妥协的责任,大部分固应归之右派,而左派的领袖中山先生为什么也尽量容纳右派的主张并与之合作呢?直到1913年,国民党完全失败,中山先生才公开指责党员不服从他的主张,才断然与黄兴派分裂,另组中华革命党。到了1919年又改名中国国民党,以别于从前的国民党,以实行三民主义为宗旨。

自民国成立以来,大家都认为革命没有成功,还须进行革命,但革命的目标是随时变换的。袁世凯专横称帝,则用"讨袁"或"护国"的口号;段祺瑞专横,国会解散,则用"护法"的口号,还有"讨徐""讨曹""讨吴""反直"等口号。最奇怪的是段祺瑞一手造成的张勋复辟,而他又在马厂誓师讨伐张勋;官僚徐世昌等称这一幕儿戏战为"再造共和",为"革命战争",革命的意义混乱了。这一时期,始而是北洋军阀为消灭南方革命势力,以维持国家统一为名而战，继而是北洋军阀与南方新兴军阀作战；随后北与北战，南与南战，或以为统一法纪而战，或以为省自治逐客军而战，由此演成军阀混战局面。而一般官僚政客、卖身议员，法统之战、制宪之争，闹得一塌糊涂，一般民众真不知何所为，不知如何才能找得一条中国的生路。

无论中华革命党还是中国国民党，中山先生在改组以前的政策，都是以军事行动为主，而轻视民众的力量，因为注重军事，故不惜与失意的军阀、官僚、政客联盟，不仅南方的陆荣廷、唐继尧、岑春煊等，就是北洋军阀段祺瑞、卢永祥、张作霖等也都曾与其合作过。而结果是中山先生不但受他们的侮弄欺骗，甚至连自己培植起来的陈炯明都直接叛变；就是他最亲信的陈英士，也不过是军阀而兼流氓政客罢了。因为轻视民众力量，所以他不仅不做民众宣传，不援助罢工工人，甚至连他的敌人吴佩孚屠杀京汉铁路工人，中山先生也未曾发过宣言来声罪致讨。对轰轰烈烈的五四运动，未曾表示拥护的意见，尽管这是打击他的敌人段祺瑞的。并且对于当时的北京学生会派来的代表，初中山先生拒绝接见，及见后反大加批评，这就模糊了革命的面目，失掉了革命阶级的立场，即便不为人痛恨，也已为人轻视。尤其是对于新文化运动及白话文的反对，违反了新时代的潮流，失掉了青年的信仰，国民党已为人所鄙弃、厌恶。因此，当时的内政外交如此混乱，军阀混战如此频仍，已无人想寄托革命之重任于中山先生和国民党。这并不是偶然的，是因为中山先生此时的三民主义，对于民族则旨在推翻清朝（所以中华革命党不要民族主义），而且有由家族发展到国族的糊涂思想。对于民权主义则要经过军政、训政时期才能实行宪政。把民众当阿斗而自己做诸葛亮，看不起民众，主张"行易知难"的唯心论。对于民生主义则反对马克思的阶级斗争学说，而以马克思为社会病理学家以他为社会生理学家的武断"学说"，以及常要郑重宣言保护外人生命财产、履行条约义务等，甚至还要联美或联日来革命，使人几乎不能认识中山先生是一革命的人了。这是由于他不承认马克思主义的科学的宇宙观和人生观。

但是，正如毛泽东同志所说"灾难深重的中华民族，一百年来，其优秀人物奋斗牺牲，前仆后继，摸索救国救民的真理，是可歌可泣的。但是直到第一次世界大战和俄国十月革命之后，才找到马克思列宁主义这个最好的真理，作为解放我们民族的最好的武器，而中国共产党则是拿起这个武器的倡导者、宣传者和组织者"（《改造我们的学习》）。中国共产党用马列主义的方法指出中国革命的前途，指出中国革命的性质是包含对内对外两个方面，是帝国主义时代半殖民地的国民革命（或称民族革命），而且是世界革命的一部分。我党提出革命的目标是打倒帝国主义及封建军阀，革命的动力是工人、农民、小资产阶级、民族资产阶级，而革命的领导要有列宁的布尔什维克的坚强的阶级先锋的党来做核心，与各革命阶级结成联合战线，只有这样才能获得胜利。这样一来，就为中国革命打开了一个新纪元，革命青年生气勃勃，尤其工人运动迎来高潮，如火如荼的罢工威力，震动了全国。

中山先生毕竟是一个革命家，看见了共产党这个新生的、蓬勃的革命力量，就想得其援助以振兴他的腐朽的国民党。我党也以为国民党有革命的传统，而且可以结成工农、小资产阶级及民族资产阶级的革命联盟，也愿意与国民党合作。经过我党代表和林伯渠同志与中山先生的接洽，同时苏俄的代表马林、越飞先后与中山先生联络，中山先生遂毅然"以俄为师"，并依靠工农广大的力量来进行革命，遂确定联俄、联共、扶助农工三大政策，重新以适合现状之要求来解释三民主义，以列宁的共产党的组织方式来改组国民党。当时国民党内许多人都反对，但中山先生愤然地说："你们都反对，我就一个人去加入共产党。"可见中山先生真有革命的精神，值得大家的尊敬。幸而这时有廖仲恺先生真正认识了改组的意义，他是诚心诚意赞助中山先生改组的第一人。1923年1月26日，中山先生与越飞共同发表宣言后，因越飞赴日养病，遂派仲恺先生与之同行，在日本热海花了一个月工夫，拟定了改组的一切计划。1924 年 1 月，国民党改组后第一次代表大会于广州举行，发表了有名的第一次全国代表大会宣言，这给了国民党以新的生命。

二、国民党改组以后，革命路线与反革命路线的斗争

自从中山先生改组国民党，国共合作达成以后，革命的动力就集中了；以反帝反封建军阀为对象，革命的目标确定了；以联俄、联共、扶助农工三大政策的三民主义为革命的原则，革命的理论正确了，推动了革命新局面的形成。

中共加入国民党时，就有"左"倾和右倾的两种错误思想。陈独秀领导的右倾思想，赞成加入国民党，同时主张"一切工作归国民党"，共产党不应该有什么独立的工作，甚至说"中国共产党早生了 5 年"。这无疑是取消主义的思想。同时有张国焘一派"左"倾的思想，则"反对在劳动群众中发展国民党的组织，主张工人应该在自己的政党旗帜之下参加民族革命，若加入资产阶级性质的国民党，便不免有混乱无产阶级思想的危险"。他们起初反对加入国民党，后来赞成，但要保留产业工人，不要加入国民党。这是一样的不了解与资产阶级争夺革命领导权的策略。

这两派主张的根本思想，都是机会主义的"二次革命"的理论。前一派认为现在是资产阶级民主革命，无产阶级应该帮助资产阶级，将来的社会主义革命，等到将来再说，所以甚至觉得共产党都可以取消。后一派则认为现在是资产阶级民主革命，我们固然应该参加，可是我们的任务是准备将来的社会主义革命，所以产业工人决不应该加入国民党中去受资产阶级思想的洗染。这两种思想认为资产阶级革命与社会主义革命有着万里之遥，而不知从资产阶级革命转变到社会主义革命的马列主义的路线。

因有这种机会主义路线，所以对资产阶级采取让步，要避包办

国民党之嫌。

1925 年冬产生西山会议派，同时民族资产阶级已有反动端倪，已经开始反对工人阶级斗争，极力控制共产党，而陈的路线乃认代表半封建势力的西山会议派为右派，而以戴季陶思想为中心的资产阶级为中派，采取向中派让步以孤立右派的策略，实际上对右派也一样让步。当时广东的党，一方面反映着阶级斗争的发展，另一方面在广东，国际代表鲍罗廷当时还能在一定程度上执行国际的指示，与广东党、与中央在许多问题上发生过争论。当时广东党的路线，一方面是发展群众的组织与斗争，另一方面是在国民党内采取不断地向右派进攻的政策。一般人叫它"剥笋政策"：平息了商团事变之后，马上肃清东江，削平刘、杨，又驱逐胡汉民、许崇智等。左派与共产党的势力一天天地发展起来，机会主义的中央却天天斥责广东太激进了，称广东的党破坏了中国民族革命联合战线。最值得记忆的一次争论，就是在国民党第二次大会以前，广东党坚决反对右派，把当时 9 个著名的右派领袖，如戴季陶、孙科等都驱逐出广东，并且准备在这次会议上把国民党造成左派与共产党联合的中央。可是当时中央的主张，却确实与广东相反，认为当时革命形势（郭松龄反奉失败后）在全国各处都受到了打击，因此必须向右派让步，以保持联合战线。于是广东驱逐出来的右派领袖孙科、叶楚伧、邵元冲等到了上海，中央却马上与他们实行"谈判"（1925 年 12 月），并订立了极可耻的条件：（1）共产党员在国民党各级党部指导机关中不得占超过 1/3 的人数；（2）由共产党中央命令广东党部延迟二次大会，等候这些右派领袖回到广东以后再开。于是这些右派领袖又回到广东参加二次大会。

二次大会胜利地完成了许多任务，但因中央的让步路线与张国焘的不正确领导，没有达到共产党占中央委员 1/3，及左派占 1/3 多和不要右派的目的，反而使右派占了 1/3 以上（15 人），左派反而比右派少了，这就使左派势孤而右派得势了。孙科、戴季陶等都为中委，而蒋介石利用他们来打击左派，戴、叶、张静江等与蒋勾结，孙文主义学会阴谋百出，于是三二〇事变（中山舰事件）发生了。

三二〇事变完全是蒋的阴谋，竟设一圈套把"中山"号军舰骗到黄埔，逮捕舰长李之龙，大捕共产党的党代表，监视苏联军事教官等（当李之龙因中山舰案被捕的消息传到此间时，我们因为李最近曾受留党察看的处分，以为他已加入反动派了。后来见报载中山舰案乃是李之龙受命于共产党的倒蒋"阴谋"，我们更觉得离奇，最后接恩来来信，才知道李之龙上了反动派的圈套）。蒋是极阴险狡诈的右派，而我们当时误认他为中派。

在这一事变中，广东党与中央又有不同的意见。第一个争论是事变的原因，广东党认为是"当进攻而没有进攻"的结果，中央则持相反意见，认为是"当退步而没有退让"的结果。第二个争论是对于三二〇事变的策略，广东党认为退出国民党就等于放弃群众、放弃革命的旗帜，应采取暂时让步，以保留在国民党内，同时积极准备新的进攻，以夺取领导权。另外上海有少数同志，认为三二〇事变是莫大耻辱，应立即退出国党。当时陈（独秀）却有第三种意见，就是有名的"办而不包，退而不出"，这话的意思就是说：三二〇事变是共产党的激进政策，是被想包办国民党的事逼出来的，所以以后只应"办而不包"，马上退出国民党是错的，但一定要向右派退让，所以只要"退而不出"——这是奴服资产阶级的机会主义的精神。

三二〇事变已经在事实上充分暴露了资产阶级的动摇与反革命的必然性。共产党经过这一事变，认识到应该更坚决地在政治上扩大自己的政治影响，积极争取小资产阶级群众，尤其要争取农民与士兵群众，使之团结在无产阶级周围，并切实批评资产阶级的动摇，积极领导群众斗争，准备自己的力量，以镇压不可避免的资产阶级反革命的到来，以夺取这一革命联盟到自己领导之下。广东省委当时对于与国民党关系的策略，虽然比中央的投降路线要正确些，但是对于扩大群众基础的工作也不十分坚决。北伐开始的时候，曾向中央提出这样的问题："在北伐过程中，到底是准备推翻蒋呢，还是拥护蒋？"广东是主张前者，可是中央答复："不是推翻蒋，也不是拥护蒋。"总之，这是"既然要联合战线，就应当自己让步"的机会主义原则在作怪，绝不懂得"要联合又要斗争"的原则。

这时联共中央认为："必须使右派退出，或开除他们出国民党。"然而，左派自己认错，让右派气焰更高，汪精卫出走，蒋更得势。5月15日，国民党二届二中全会，蒋主持，提出所谓《整理党务决议案》，并议决选举中央主席。（原来国民党改组是仿效联共的民主集中制。中山先生在众推他为总理时固辞。他在列宁逝世时很沉痛地说："政党之精神在党员全体，不在领袖一人。"他因列宁之死而触情感怀，似乎是预知他不能长久领导党员，而望能实行民主集中制。现又设主席，违反中山先生之意了。）西山会议的精神，一部分实现了，反动派还并不因此而骤然得势。孙科提禁止国民党有左右派之分的提案，遭否决。事前有"共产谣言"、军事暴动谣言、银行挤兑，但当时左派与共产党联盟很坚固，民众赞成左派，单此一案还不足以决定国民党中央之右倾，还有"团结革命分子与反动派等战斗"之宣言。这是表明蒋之势力不够大，还想借革命势力达到他的愿望。他是上海交易所的老板，最精于玩弄投机权术。所以北方军阀"反共""反赤"，蒋当时也是大骂他们。

三、北伐胜利与革命阶级的分化

1926年正月，国民党二次代表大会刚开，广西就拥护国民政府，两广统一了。随后贵州黔军两军参加国民革命军，湖南唐生智率军来归，这是革命军事力量的发展。

自五卅惨案发生以来，罢工风潮愈趋激烈，广州、省港罢工委员会成了国民政府的支柱，各地工人运动蓬勃发展。1926年五一召开的第三次全国劳动大会，有组织的工人已经有124.1万余人，这是革命的骨干。这是工人运动的大发展。

广东农民协会成立，声势已大振。湖南农民运动虽还在秘密时期，却使农民大大的革命化。这是农民运动的发展。

一年以来革命声势的扩大，胜于10年20年，而且革命反帝反封建军阀的口号，一针见血，大为全国人民所欢迎，大有箪食壶浆以迎王师之势。

北方军阀与帝国主义勾结，并想用什么约法、宪法之名来把持中国政权（他们想恢复所谓"国法"以与民众及中山先生所要的国民会议对抗。吴佩孚称护宪，使曹锟辞职，还有国会自动召集之说。这种贿选国会，军阀与英帝走狗居然想复活！张作霖另有企图，主张护法以与曹宪抗衡。他主张约法，依法召集新国会）。而时局变了，反革命与帝国主义就要用反共之名来把持政权。这时北方局势是吴佩孚、张作霖、段祺瑞奉日帝国主义等之命，联合向北京冯玉祥的国民军进攻，不但在"三一八"发生屠杀学生的惨案，而且以联军力量战胜了国民军。吴佩孚不能以武力在北方夺取完全政权，遂转向南方发展。他向南发展之第一步，是以实力援助湖南所有的反唐军队，驱逐唐生智出湖南。第二步便是联合湘、鄂、川、滇、黔、豫、赣、闽8省反动军队围攻两广，也说要四面围剿以根绝"赤祸"呢！

民众有打倒军阀和帝国主义的要求，革命根据地又有遭军阀围攻之危险，国民政府遂于1926年7月初出师北伐，以蒋介石为总司令。他在出师宣言中说："吴贼所资为号召者，厥为'讨赤'夫；'讨赤'乃帝国主义者用以对抗全世界被压迫民族，破坏全世界革命联合阵线之口号也！"蒋赞成北伐，是想利用革命达到他的企图，即向外取得地盘，并以军事力量限制革命的发展。

民众革命的力量是无坚不破的。尤其是国民革命军第四军张发奎部队，有共产党员叶挺等做先锋，军中大半为共产党员，与人民打成一片，成为人民的军队，往往兵未至而民众已蜂起，因而第四军与唐生智的第八军于10月初即攻克武汉。如此迅速，完全是军队革命的牺牲精神和广大工农群众援助的结果。革命浪潮极其迅速地使群众革命化了，成千上万工农卷入革命斗争，团结成突击的队伍。肃清中国封建残余的斗争，反对帝国主义奴役的斗争，无产阶级与资产阶级争夺领导权的斗争，日益带有极端残酷的性质，在1927年夏天，便达到了最高程度。

北伐初期，民族资产阶级还与革命工农和城市小资产阶级同道前进，这是全民联合战线的革命。因为资产阶级企图利用革命来达到自己的目的，这是国民党内右派反对左派激烈斗争的原因。当时我党也有广东路线与机会主义陈独秀的上海路线的斗争，广东路线是要我党党员与国民党左派亲密合作，以党的纪律打击右派向反革命走的道路，上海路线则是向右派妥协、投降。

中国大革命最激烈、最复杂的斗争时期，是革命发展到长江流域的时候。赤色工会不断发展壮大，吸收极多的店员、手工工人参加；农民协会只以湘鄂赣粤计算，发展将近1 000万会员；国民党左派运动有极大的发展；军队中也有力量。虽然这些发展大半属于自发的，可是前一阶段中，共产党加入国民党的政策，以及客观上革命势力的发展，使"取得国民党，取得国民革命，取得一般小资产阶级"的策略事实上部分得以实现，从而形成部分的革命势力。共产党以工农团体中的领导权之取得，而成为革命的先锋与主干。当时的任务，就在一面认清五卅惨案以来"中国无产阶级暂时还没有革命的领导权"（1926年12月《共产国际》杂志社论），一方面坚决地进一步取得政权与军权的领导权。这是革命发展到长江流域时的形势，中共中央便处在这种形势之前。

这时北方反革命的势力已不能阻止革命，帝国主义看见军阀不能做消灭革命运动的有效工具，于是用和平方法在民族革命势力中找寻它的同盟者，因此反革命的大资产阶级甚至军阀开始转变到国民政府方面，与国民党内的反动派勾结。反动分子又起而破坏革命联合战线，欲使革命转入反革命。蒋介石要党政机关设南昌，就是想指导机关尽入其军事独裁之掌握。蒋企图分裂国民党，在南昌成立新中央，并于2月在庐山召开军事会议，拉拢许多初加入国民党的旧式军人，和他们拜把换帖，结为兄弟。武汉革命的国民党在三中全会上打击了他这个企图，执行了正确的广东路线，于是国民党和国民政府有了一番新气象，革命势力又为之一振。

当北伐出师时，蒋为总司令，并亲率其第一军出江西，以为黄埔学生及精锐武器都在这一军，而此前打了许多胜仗，因此这次一定也是所向无敌。殊不知此前之所以打胜仗，一方面是因为共产党员英勇奋斗做了模范，另一方面是因为与工农群众结合，组成了不可抗的军队。自三二〇事变后，共产党员被驱逐或陷害了，所谓蒋的心腹大都骄奢淫逸，腐败不堪，并与工农为敌，因而处处打败战。江西久攻不下。而第四军张发奎部有叶挺等共产党员做骨干，与第二、第三、第六、第七、第八等军一样，不仅有共产党员，还保存着革命作风，与群众运动相结合，所向无敌。1926年10月，张发奎等即攻下武汉，现在第二、第六两军又攻下南京。蒋于迟迟攻下南昌后，见武汉政府势力完全统治了长江流域，三中全会又取消了他的党、政、军总揽大权，遂决心背叛革命。中国革命狂风般地发展引起了阶级力量之分化。蒋到了上海，帝国主义慑于革命势力的发展壮大，知道蒋对革命路线不满，正好利用他处在革命内部来分化革命力量，遂勾结蒋以图打倒革命。果然蒋借口开赴前线，下命令调二十六师离开上海，却于上海附近把忠于革命的军官换成了自己的亲信，又重新开回上海来举行对工人进行大屠杀。蒋之背叛革命，在南京成立政府，表明资产阶级畏惧工人运动，退出了革命，产生了民族反革命的中心，国民党右派与帝国主义互相妥协来反对革命，投入世界帝国主义所领导与组织的反动营垒中去了。中国革命分裂为两个政府、两支军队、两个中心：武汉革命的中心与南京反革命的中心。

汪精卫于 1927 年 4 月初到上海，向右派哭诉道："我也是反共的。不过方法不同，我此次到武汉去必有所表现，我们是殊途同归。"汪奉了秘密使命，自告奋勇地于 4 月 10 日到了武汉，我党奉行机会主义的陈独秀也同时到了武汉，这就便利了他们危害革命。当时武汉的国民党也做了很多错误的事：第一是 4 月 3 日至 4 日，张发奎出发到南京去巩固革命的军队，既上船又调回，理由是不要太迫近上海，以免与帝国主义发生直接冲突，革命须向西北发展，以实行所谓"西北路线"。如果第四军到了南京，或者南京不至为叛徒所据，成为反革命的中心，那么革命发展的前途当又是另一种形势，革命或不至失败。第二是应不为汪精卫"左"的内奸面目所欺骗，及毅然反抗陈独秀机会主义的投降路线，而实行更向前发展的工农革命运动，巩固工农群众组织，以作为工农革命民主政权的坚实基础，来进行更坚决的反帝反封建军阀的生死斗争。共产党应与革命的国民党亲密合作，肃清国民党右派，把国家的一切政权集中在革命的没有右派分子的国民党手里，以保持共产党与国民党左派的革命联盟。共产党员在和革命的国民党员在一个队伍中斗争的时候，必须比任何时候更应该保持自己的独立性，而不随他们动摇，或者做他们的尾巴。但是当时恰恰违反了这个革命路线，更不知汪精卫的内奸政策而迷惑于他的革命词句，把一切政权都交给他，他在讨蒋和第二次誓师北伐的演词中都表现他"左"的面目，麻痹了一般人（共产党也在内）的警惕性。但事实是很显然的，这就是武汉一面下令讨蒋，一面便已下令"讨共"。讨蒋和查办湘、鄂、赣各省所谓"过激"言论行为的特别委员会组织的决议，差不多是同日同时的［4 月 19 日下令讨蒋，4 月下旬即组织特委以"制裁违反本党（国民党）主义政策的言论行动"］。

1927 年 5 月中旬，北伐军正在艰苦战斗的时候，许克祥在长沙就举行马日事变，屠杀共产党员和工农群众。同时夏斗寅、杨森叛军自宜昌向武汉进攻，夏斗寅已到距离武昌15千米的纸坊，杨森到汉口附近的蔡甸，情势危殆，反革命以为可以扑灭革命之火了。但叶挺率中央军校的子弟兵一击，就把他们打得落花流水。正要乘胜进攻长沙，却被汪精卫严厉制止，说夏部已归唐生智收编，长沙事变要和平解决。而陈独秀也随汪之后极力压迫革命，汪说农民运动过火，陈也说农民运动过火；汪说工人不应该占领工厂，陈也说工人不应该占领工厂；汪说童子团胡闹，陈也照样这么说，甚至解散纠察队，自动缴械。何键在汉阳兵工厂发表反共宣言，反革命分子闹得乌烟瘴气。而其他一些地方革命怒潮则空前高涨，有组织的工人已有350万，有组织的农民已有1 000万。特别是湖南的农民运动最有力量，农民协会成了农村的政权机关，打倒土豪劣绅，有些地方农民自动插标，分配土地。而最值得注意的是乡间治安从来没有这样有秩序、这样平静过，不仅没有乞丐、流氓，而且有夜不闭户、道不拾遗的现象。人民安居乐业，无不劳动之人，这如何不引广大人民来拥护革命呢？被驱逐的土豪劣绅都跑到武汉来"诉苦"、造谣、诬蔑，汪精卫就将其作为资本，大骂革命破坏统一、破坏政府法令。陈独秀则发出许多制止工农运动的命令，大骂过火。唯恐不能倾长江之水以淹息这革命熊熊之焰！帝国主义则尽力封锁，使武汉经济恐慌，并造什么裸体跳舞、禁穿长衣等谣言。革命和反革命的斗争十分尖锐。5月底，北伐军攻下郑州，革命势力已发展到黄河流域，革命将由第二阶段发展到第三阶段，殊不知反革命已经准备好了埋葬革命。郑州攻下不几天，6月5日至6日，汪精卫和几个党政要人就到郑州，与冯玉祥开会。这个会议的中心问题就是如何反共，但他们秘而不宣。6月19日，我在国民党中央党部接到冯玉祥密电，说已完成了到徐州与蒋会面的使命。我质问汪精卫，他还坚决地说："谁派他去？他造谣。"

　　分共的谣言一天比一天厉害，到了7月15日分共的前一夜，汪召集国民党要人在他的寓所开讨论分共的会议。孙夫人宋庆龄闻此消息，痛哭且不愿出席，托陈友仁代述她的意见，坚决要国民党继续总理的联俄、联共、扶助农工的三大政策，绝对反对执行与三大政策相反的政策，力言总理对于这政策的决心与临终的谆谆告诫，如果违反这个政策，称不得是总理的信徒。陈友仁也代为争论，斗争得很激烈。在一般人的幻想中汪精卫是孙中山先生的信徒，一定不主张分共。哪里知道，在这会上汪主张分共最力。谁是中山先生的忠实信徒、谁是中山先生的叛徒，这时才揭晓了。但汪于15日正式决议分共后，还要掩盖他的内奸面目，大呼反共同时还要反蒋。胡汉民作文讥讽他："反共犹须反蒋，则联共尚须倒汪，天下滑稽之事，宁有过于此耶？"胡先生太老实、太落后了，怎能了解新时代流氓和戏子所玩的新花样呢？汪伪装反蒋的最后一幕，不久也就收拾起来，与南京反革命的政府合流。由国共两党合作发起的大革命，就这样宣告失败了。

汪精卫的叛变表明上层小资产阶级又退出了革命。这时共产党还想同左派的革命的国民党用革命的武装力量以维持革命的胜利，于1927年8月1日，以叶挺、贺龙两军在南昌起义，这是一个英勇的继续革命的开端。可惜在机会主义者谭平山不正确的政治指导之下，继续革命缺乏切实的行动。没有用力组织群众，武装农民。柔和的政纲特别是柔和的土地政纲，不能动员群众。只在汕头、汤坑军事一失利，继续革命就完全失败了。这又一次给革命以教训。保留下来的工农武装战士编为工农红军，就是我们红军的基础。这以后，国民党已完全成了反革命的旗帜，中国大革命时期从此完结，中国革命转到工农联合更深入的土地革命的苏维埃阶段。

井冈岁月今忆

欧阳毅

1997 年是井冈山革命根据地建立 70 周年。每当回首那段难忘的岁月，我总是心潮起伏，不能自已。随着岁月的流逝，健在的井冈山老战士已不多了，我有责任尽可能地回忆那一段峥嵘岁月的片段，作为留给后人的精神财富。

一、第一次见到"毛师长"

我第一次见到毛泽东是在井冈山。那时，指战员们对他的称呼不是早期大家习惯的"毛委员"，也不是后来全党全军都习惯的"毛主席"，而是除了井冈山战士之外都很陌生的"毛师长"。

1928 年 4 月 20 日前后，萧克率领宜章独立营在资兴县东南 15 千米至 20 千米的龙溪洞地区与毛泽东率领的秋收起义部队会合了。我们是湘南暴动部队中最先与毛泽东部队会合的。萧克头一件事就是打听毛泽东是否在这支部队里。他首先遇到的是连长陈毅安，陈连长说毛泽东正在这里迎接宜章独立营，随后便领着我们十几个人去见毛泽东。走了几千米路，遇见了师部派来的通讯员，他又把我们领到前面村落有几间铺子的小街上，并大声喊道："宜章独立营来了!"

铺子两边跑出许多人来欢迎我们，萧克迫不及待地问："毛师长在哪里?"

一个同志指着人群中一位身材魁梧、满脸笑容的人对他说:"这就是毛师长!"

毛泽东和站在他旁边的师党代表何挺颖走上前来与大家握手,并热情地说着欢迎的话语。毛泽东详细地向萧克询问了独立营的情况,并告诉他:"朱德同志的队伍向东转移了,我们在这里迎接你们一起上井冈山。"

大家听了萧克的传达,知道毛泽东在部队里,都很高兴。因为我们早已听到过关于"毛师长"的许多传说,能见到这位传奇人物,并在他的麾下战斗,心情特别兴奋!

二、朱毛会师庆祝大会

在宜章独立营与毛泽东率领的部队在龙溪洞会师的时候,朱德等正率湘南农军第一师、第四师转战安仁、茶陵等地,并向酃县(今炎陵县)沔渡靠拢。1928年4月26日,朱德率部到达宁冈砻市;4月28日,朱德、毛泽东两支部队在宁冈砻市胜利会师;5月4日,召开了庆祝大会。

这一天,天高气爽,雄伟的井冈山满山青翠,山明水秀的砻市,像被水洗过一样清新明丽。只见到处都是红旗、红臂章、红缨枪,闪烁耀眼,真是满眼一片红啊!威武整齐的部队和1万多名湘南农军,同簇拥着的井冈山乡亲,汇聚成人山人海,歌声笑语如同春雷震荡。

毛泽东、朱德、陈毅、王尔琢都来到了设在南边草坪的会场。上午10时,由党、政、军、民组成的主席团在热烈的掌声中走上主席台。主席台是用门板和竹竿搭起的,虽然简陋,但被两旁的红旗和标语板簇拥着,也很成气象。

大会司仪高声宣布:"大会开始!放鞭炮!"从树顶直垂地面的长挂鞭炮,霎时炸响,硝烟腾腾。排列在主席台前的司号员一齐吹响军号，号音嘹亮，山应谷鸣，使人热血沸腾。

军乐一停，大会执行主席陈毅首先宣布：两军会合后改编为工农革命军第四军，朱德任军长，毛泽东任党代表，王尔琢任参谋长，陈毅任教导大队长。

朱德接着讲话。他说，我们党领导的两支革命武装的会合，意味着中国革命有了新的起点。参加这次胜利会师大会的同志，都很高兴。可是，敌人却在那里难过。那么，就让他们难过去吧。我们不能照顾他们的情绪，我们将来还要消灭他们呢！这次胜利会师，我们的力量扩大了，又有了井冈山根据地，我们就可以不断地打击敌人，不断地发展革命根据地。

"现在，请毛党代表讲话！"陈毅声若洪钟，回荡在山谷中。

这时，毛泽东站了起来，千万双眼睛注视着他。他身材高大，目光炯炯，头发背向脑后，显得气度不凡。他的讲话，通俗易懂，生动有趣。他在讲完会师的意义后，明确地规定了红军的任务：我们红军不光要打仗，还要发动群众、组织群众。现在我们虽然在数量上、装备上不如敌人，但是，我们有马列主义，有群众的支持，不怕打不败敌人。

他还形象贴切地讲了孙悟空与如来佛的故事。他说，敌人没有孙悟空的本领，即使有的话，也不是我们的对手，因为我们有如来佛的本领，他们逃不出我们的手掌。他还讲了战术问题，说十个指头有长短，荷花出水有高低，敌人也是有强弱之分的，"雷公打豆腐，专拣软的欺"，只要我们抓住弱的猛揍他们一顿，打胜了立即分散，等强的来了，我们就同他们玩"捉迷藏"。这样，我们就掌握了主动权，可以把敌人放在我们手心里玩啦。

他生动的讲话，激起了阵阵掌声和欢笑声。

朱、毛两军的会师，在中国革命史和中国军事史上都意义非凡。这保存了一批优秀的红军政治干部和军事干部，聚集了湘赣边界武装力量的精华，壮大了井冈山根据地的武装力量，坚定了边界党、政、军、民建立和发展罗霄山脉中段政权的信心与决心。

三、我当了宣传队员

上井冈山后，我在教导队的学员队接受了一段时间的训练。教导队队长是萧克。这是培养红军下级军官和赤卫队指挥官的学校。学员每天早晨练操，上午上课或学习，下午以班或组为单位开会、讨论，晚上多半是三五人在一起讨论自己的心得体会。学习的内容在政治方面，主要是学习马列主义，学习十月革命经验，分析政治时事形势，同时也学习党的文件和自己印发的材料；军事上主要是学习军事技术、红军的战略战术等。每天都安排得很紧张，就像后来的培训班一样，突击培训我们这些新入伍的战士。

短时间受训后，我被分到了二十九团宣传队。宣传队长是伍若兰，队员有我和欧阳侃、欧阳选、彭儒等。我们每天提着石灰桶到处刷标语，向人民群众宣传红军的政策，还配合建立苏维埃政府的工会、农会，做发动群众的工作。

我们的队长伍若兰是朱德的夫人。她是湖南耒阳人。1926 年冬，她接受党组织的派遣，到耒阳从事农民运动，担任社会主义青年团县委宣传部部长，干得有声有色。1928 年 2 月，朱德、陈毅率领的军队夺取了耒阳县城，成立县苏维埃政府，伍若兰负责妇女部的工作。不久，她与朱德结为革命伴侣。有一首山歌就是唱的她的事迹：

> 红军队里多英雄，
> 双枪女将建奇功。
> 横扫敌人如卷席，
> 英雄威震七溪岭。

有一次，伍若兰带着我们到一个与敌人交界的村子去宣传。我们正在墙上写着标语，被 10 多个敌人发现了，他们见我们人少，端着长枪冲过来扬言要抓活的。伍若兰命令我们赶快撤离，她却镇静地放下手中的石灰桶，从腰间抽出两支短枪，"叭！叭！"两声枪响，冲在前面的敌人应声倒下，后面的敌人脚步犹豫了。伍若兰掉转身跑了，并很快追上了我们。幸亏我们跑得快，没有人员伤亡。

四、担任二十九团党委和军委秘书

不久，我被调到二十九团少共青年团委当秘书，不久即任中共团党委秘书。

我这团党委秘书的工作，主要是开会做记录，起草会议决议；写通知、布告；刻写蜡版，油印材料；搜集报纸，整理情报等。

中共中央在莫斯科召开的第六次全国代表大会的决议，是由秘密交通员送到井冈山的，用药水写在白手巾上。当时，由宋任穷用药水冲洗出来，我与三十一团党委秘书谭政刻写蜡版，油印后发给参加会议的人员讨论。我和谭政列席了会议，做记录。曾记得毛泽东做了长篇讲话，总的是肯定六大的决议，只是关于富农问题的条款有缺陷。

我在二十九团当团党委秘书时间不长，陈毅便把我调到军士兵委员会当秘书。他后来又任军委书记，我也成了军委秘书。军士兵委员会有两个秘书，曾日三和我。我俩的分工是曾日三负责记录会议要点，我负责详细记录，有闻必录。行军时写布告等，也是我的差事。我虽然没有学过速记，但记录很快，陈毅很满意。

我有幸在陈毅的亲自指导下做秘书工作，一段时间里和他接触频繁，耳濡目染，从他身上学到很多东西，受益匪浅。

五、惨痛的"八月失败"

井冈山的"八月失败"，要从永新联席会议谈起。

1928 年 6 月 23 日的龙源口大捷后，井冈山革命根据地进入鼎盛时期。毛泽东、朱德趁热打铁，派出红二十八团开往安福，二十九团开往莲花，三十一团驻扎永新的石灰桥、吉安的天河一带，分兵发动群众，开展土地革命，建立红色政权，扩大红军和地方武装。

正在井冈山军民撒大网抓大鱼的高兴劲头上，湖南省委和湘南特委浇了一盆冷水过来。

1928年6月下旬，湖南省委先后派袁德生、杜修经，分别带了《中共湖南省委对湘赣特委和四军军委的工作决议案》和6月19日、6月26日的两封指示信到达永新。决议案和指示信指责边界党有"保守主义"的观念，存在对敌人力量估计过低、对革命力量估计过高的"左"倾冒险思想，要红四军主力攻打永新敌军后，杀出一条血路，打回湘南，解决经济给养问题，要毛泽东担任赴湘南作战的前敌委员会书记，随军出发。

毛泽东对于错误指示当然不会"毫不犹豫"地执行。6月30日晚，他在永新县城商会楼主持召开了湘赣边界特委、四军军委、永新县委联席会议，研究湖南省委的决议案和指示信。毛泽东分析道：现在是统治阶级政权相对稳定时期，我们的战略必须是逐渐推进的，波浪式推进的，决不能分兵冒进，不应改变"对统治势力比较强大的湖南取守势，对统治势力比较薄弱的江西取攻势"的正确策略。会议赞同毛泽东的分析，一致通过不执行湖南省委错误意见的决定，部队不去湘南，继续留在井冈山做巩固和发展根据地的工作，并向省委写了报告。袁德生、杜修经当时也参加了这一会议。会上他俩并无异议，同意了大家的意见。

会后，杜修经却利用二十九团部分官兵家乡观念浓厚的情绪，诱导他们并力主打回湘南，动摇了军心，为二十九团的溃散埋下了祸根。

1928年7月初，敌人开始对根据地实行又一次联合"会剿"。湖南敌人吴尚部从酃县、茶陵进攻永新；赣敌胡文斗、王均、金汉鼎部由吉安、安福进攻永新，两敌夹击永新，妄图达到"清剿"的目的。

7月12日，为打破湘赣两敌的会合，红二十八团、二十九团按计划攻克了酃县县城。向永新进攻的湘敌大吃一惊，随即掉头回救。当赣敌赶到永新时，湘敌已经离开19个小时了。如果红军大队此时能进攻茶陵，然后返回永新夹击赣敌，粉碎敌人"会剿"是手到擒来的事。

事实却让人伤心，问题就出在二十九团的溃散上。

二十九团是由湘南农军组建的，普遍存在着浓厚的家乡观念。部队打到酃县后，湘南近在咫尺，战士们的回乡观念变成了无纪律的行动。他们不请示领导，自发召开士兵委员会，提出了极有诱惑力的口号："打回老家去，回家割稻子！"甚至连向导都找好了，准备7月13日擅自回湘南。

朱德、陈毅得知此情，立即召开了军委扩大会和士兵代表会，千方百计地解释和劝阻，但都没有效果。陈毅将酃县发生的情况迅速报告给了在永新的毛泽东。毛泽东接信后，立即回信告诉部队，赣敌已驻永新，并准备进攻宁冈，要求部队不能去湘南，应挥戈东指，援救永新，解宁冈之困。陈毅及时传达了毛泽东的信，劝说部队先回去解宁冈之围，再考虑开往湘南之事。这才勉强调动部队，开到沔渡。到了沔渡，二十九团又变卦，坚持回湘南家乡。二十八团虽然反对去湘南，却也不愿回永新，而要去赣南。

7月15日，军委扩大会又在沔渡召开，讨论部队的行动计划。会上，杜修经跳到前台，坚持部队要开往湘南，强调这是省委指示。会议议而难决，部队情绪严重混乱。两种针锋相对的意见一直吵到水口，各支部又派代表开会。会上，当二十八团团长王尔琢激烈地发表意见反对去湘南时，杜修经竟指责说："是你听省委的，还是省委听你的?!"二十九团党代表龚楚也是赞成回湘南的，他在暗中鼓动，与杜修经串通一气，使部队情绪更难控制。

在支部讨论时，我发言反对回湘南，也遭到围攻。主张回家乡的人骂我"怕死""家乡都不要了，没有良心！"

我反驳他们说："不是怕死，但不能无谓地去送死。湘南的反动势力强大，我们都有体会，中途回去的同志差不多都被杀光。毛委员讲了，建立根据地要波浪式发展嘛，发展到湘南的时候再回去也不迟。现在留在井冈山革命最好。"

他们反驳说："我们要回到湘南去革命，不在这里革命！"

农军回乡情绪太普遍、太可怕，不赞成回乡的遭到孤立。

由于杜修经的坚持，军心已散，军委只好同意二十九团回湘南，先打郴州。考虑到二十九团孤军行动的危险，二十八团也跟随掩护。

打郴州，二十九团是前卫，士气很高，每天行军50多千米。二十八团是不赞成打郴州的。二十九团虽打得勇敢，但守敌范石生部队的武器装备好，没有打进去。二十八团增援上去，才打垮敌人，占领郴州，缴获不少武器。黄昏，敌人就反攻合围上来了，敌我力量悬殊，只好撤军。

撤军的场面非常惨，不是撤军而是溃散。二十八团一听到敌人的枪声，各部都蜂拥到了街上，没有命令，没有指挥，官不管兵，兵不问官，建制混乱，不集合就向南跑。南面是湘南，就是往家乡跑。谁也制止不住。胡少海团长试图集合，由于没有来得及打扫战场，少数敌人散兵还躲在暗处对集合的队伍放冷枪，给二十九团的集合撤退带来了很大麻烦，几次集合好了，冷枪一响，又被敌人打散了，溃不成军。最后胡少海团长下了严厉命令，士兵才跟着走。但有些意志薄弱的就落伍掉队了，有的干脆溜掉了。胡少海又派人回去找。由于队伍散了，人心乱了，东奔西逃，找不回几个人来。和我同村出来的几个人都不见了。

只有萧克采取连长抓排长，排长抓班长，班长抓士兵"层层节制"的办法控制住了100多人的队伍。胡少海带回团部和特务连、通讯排八九十人。这样，一个1000多人的二十九团只剩下不到200

人回到了井冈山。二十九团溃散的指战员，一部分跑到广东乐昌被土匪胡凤璋消灭；一部分星散在郴宜地区，多数也被消灭。

幸亏二十八团损失不大，还能打回井冈山。但在回井冈山的途中，也出了事：二十八团二营营长袁崇全叛变投敌。

袁崇全当时带领几个连和军部的机枪连、五连打前卫。8月25日，当部队到达崇义新地圩时，他突然改变行军路线，伙同副营长向敌刘士毅部投降。刚得到这个消息时，朱德、陈毅、王尔琢等就商量对策。我参加了会议，做记录。我清楚地记得，朱德主张派部队把袁崇全"打"回来，王尔琢则主张"喊"回来。朱、陈考虑到袁崇全崇拜一个人——王尔琢，遂决定派王尔琢带领军部警卫排去追。那时被袁裹胁的叛变部队已登山了，准备打仗，一听到王团长高声喊话，没任何抵抗地就回来了。当时袁崇全正在庙里打麻将，听到喊话，一出来就碰上王尔琢，二话没说，拿着驳壳枪对准王尔琢一连打了几枪，正打中胸部。王尔琢当场牺牲了。袁崇全只带着几个人投敌了。

听到王尔琢牺牲的消息，干部、战士非常悲痛。第二天，朱德为他主持追悼大会时流下了眼泪。陈毅也悲痛地讲了话。当时，我们就把王尔琢埋在上犹县附近的一个地方。

郴州受挫、王尔琢牺牲之后，部队情绪很低落。途中休息时，朱德讲话，勉励部队，鼓舞士气。陈毅也讲了话。他的诗人气质使他的讲话不同凡响，富有鼓动性和感染力。他高喉敞嗓地说：我们革命是要经过艰难困苦的，在困难的斗争中，有些同志英勇壮烈地牺牲了。我们永远怀念他们！但不管怎样，革命是一定要胜利的。打个败仗要什么紧！再干就是。打到只剩下一个团，朱德当团长，我当团党代表；剩下一个连，朱德当连长，我当连党代表；剩下一个班，朱德当班长，我当班党代表。打到没有枪的时候，就用刀砍，刀没有，还有拳头，还有牙齿嘛！总之，一句话：革命到底！

他把失败讲到头了！他号召大家要经得住失败的考验，要敢于当失败的英雄。朱德、陈毅的讲话，对部队士气是极大的鼓舞。部队到了桂东打了一个胜仗。

在我们下山后，毛泽东很不放心，一直惦着我们的消息。当听说二十八、二十九团在湘南吃了败仗后，立即亲率三十一团一个营到桂东接应我们。

一天，我和文书李兆魁正在吃饭，看到窗外有部队走过，赶紧出来，一问，原来是毛委员派来的，心里格外高兴。大家嚷嚷着："这下有办法啦。"

经历劫难，我们又回到了井冈山。二十九团只剩下100多人，已不成"团"，被取消编制，所有人员编入二十八团。团长胡少海到二十八团当了一营营长。我到二十八团任党委秘书。

一天，我正在路上走，迎面碰见毛泽东，他亲切地问我："你也回来了？"

我说："毛委员，我回来了！那时我就不同意去湘南。我是拥护建立根据地的思想的，也曾同他们争辩过。但他们骂我怕死，连家乡都不要了。"

"好啊，好啊！"毛泽东又很关心地问我工作分配了没有，当我告诉他已分配了时，他很高兴，叮嘱我要好好工作。

六、失败后更显英雄本色

我们从湘南失败回来，听到了井冈山守山胜利的传奇故事。

红二十八团、二十九团开赴湘南后，留守井冈山的红军只剩一个营。不久，敌人以数倍于我的兵力来进攻。部队采用毛泽东"以少胜多"的战术，在黄洋界上英勇抗敌，激战一整天，打得敌人狼狈逃窜。赣敌被击伤营长一名，士兵数十名；湘敌伤亡更重，死伤数百。黄洋界保卫战挫杀了湘赣两敌"会剿"的威风，振奋了井冈山军民的士气。毛泽东得知黄洋界保卫战胜利的消息后，写下了《西江月·井冈山》，歌颂了人民战争的胜利。

最有趣的是，部队中的几个秀才仿照京剧《空城计》的唱腔编了一段《空山计》，把毛泽东比喻成孔明。《空山计》很快在部队传唱开来，有几句唱词我至今还记得："我站在黄洋界上观山景，忽听得山下人马乱纷纷。举目抬头来观看，原来是蒋贼发来的兵……来！来！来！我准备着南瓜红米、红米南瓜，犒赏你的众三军！来！来！来！请你到井冈山上谈谈革命……"

这几句唱词，在部队流传甚广，我也喜欢哼唱。

杜修经对"八月失败"负有不可推卸的责任，毛泽东看到他时，狠狠批评了他。可他认识并不深刻。毛泽东给中央、湖南省委的信中建议给他处分，并请以后不要再派像杜修经这样不懂事的"学生娃子"来了。不久，杜修经搞地方工作去了。

总结了"八月失败"的教训，部队有了很大发展，一些规章制度逐渐建立起来了，如"进一步宣布革命军队的三大任务：打仗消灭敌人；打土豪筹款子；宣传群众，组织群众，武装群众，帮助群众建立革命政权"，"支部建在连上，小组建在班排"，"三大纪律、六项注意"等等，都有了明确的规定。在军事斗争上，在敌强我弱的形势下，提出了"敌进我退，敌驻我扰，敌疲我打，敌退我追"的十六字方针。这些举措和经验，都闪烁着毛泽东、朱德的智慧。

毛泽东在讲解"集中以应付敌人，分散以发动群众"的军事斗争原则时，形象地比喻说："这就像渔翁打鱼一样，撒网就是将部队分散下去，收网就是将部队集中起来，集中起来干什么？抓鱼！"生动幽默的比喻，辅以手势，使大家听得津津有味。对于开展土地革命，建立苏维埃政权的工作，毛泽东提出采取波浪式前进，不搞同时开花的策略，以免群众受到损失。

井冈山上的毛泽东，既是我们尊敬的师长，又是普通的一员。他是开展批评与自我批评的模范。有次开会时，毛泽东和他的弟弟毛泽覃有了意见分歧，毛泽覃生气地走出去了。毛泽东有些火了，追上去吼了一声："站住！"

毛泽覃边走边嘟囔："共产党不是家长制！"

听了这话，毛泽东停住了脚步，有些后悔。事后，毛泽东为此多次做自我批评，说："我得罪了两个人，其中一个就是我弟弟毛泽覃。"

这件事，对大家的教育很大。

毛泽东有渊博的马列主义理论知识，注重调查研究，善于把马列主义普遍原理同中国革命的具体实际相结合。他非常了解中国革命的特点，是"武装的革命反对武装的反革命"。他认为要领导革命取得胜利，就必须发动农民在农村进行土地革命，建立人民武装，开展武装斗争，建立革命根据地和革命政权。毛泽东创立的井冈山革命根据地，就很好地体现了这些思想。井冈山革命根据地的建立，对后来革命的发展很重要，可以说，中国革命胜利的曙光，就是从这里亮起的。

赴莫斯科参加中共六大的前前后后

唐韵超

我原名唐宏经，曾用名唐圣修、唐福山、金涛、金红。1901 年 3 月 1 日出生于辽宁金县（现为金州区）董家沟的一户农民家庭，16 岁时，因家庭生活贫困，经人介绍，到大连日本人开办的南满洲铁道株式会社沙河口工场（今大连机车厂）当了一名学徒工，受尽日本资本家的剥削和欺压。

五四运动后，马克思主义吸引着越来越多的进步青年。大连的爱国知识分子于 1920 年和 1922 年先后倡导和组织成立了"大连中华青年会"和"中华增智学校"等进步团体。他们在教授青少年文化的同时，也组织社会青年学习新文化、灌输爱国主义思想。我报名参加了青年会组织的各项活动，受到进步思想的启迪，初步接触了马克思主义。

中国共产党诞生后，特别是 1922 年 5 月全国第一次劳动大会以后，全国工人运动迅猛发展，各地罢工斗争迭起。1923 年 2 月，京汉铁路工人大罢工爆发，军阀吴佩孚在帝国主义势力支持下，制造了震惊中外的二七惨案。大连工人阶级从报纸上了解到这些情况后，受到强烈震撼，认识到要想不当亡国奴，不受日本人的欺压，就要像关内工人那样，组织起来，成立自己的团体。

经过一段时间的酝酿和筹备，1923 年 12 月 2 日，我和工厂里的几个进步青年共同发起成立了大连地区的第一个工会组织"满铁沙河口工场华人工学会",并在此基础上,很快发展成为全市性地方工会组织"大连中华工学会",我被选为副委员长,并于 1926 年初加入了中国共产党。

1926 年 4 月,大连福纺纱厂 1 000 余名中国工人为反抗日本资本家的剥削和压迫,爆发了震惊全国的大罢工,我作为中共大连地委委员、工运部部长,并以中华工学会副委员长的身份,参与并领导了这场大连地区有史以来,有领导、有组织、规模最大、持续时间最长的百日罢工斗争,并取得了胜利。同年 10 月,我在一次会议上被日本殖民当局逮捕。翌年 3 月,经党组织多方面营救获释。

1927 年 7 月,大连党组织遭到破坏。为保存革命力量,我同一些幸免于难的党团员逃往奉天(沈阳),继续寻找党组织。1928 年初,我在奉天兵工厂做工时,与党组织取得了联系。不久,中共满洲省临委决定由我担任工运部部长,领导全东北地区的工人运动。

当时,东北地区的工人运动由于受第一次国内革命战争失败的影响,处于低潮。许多地方党团组织被破坏,工会被解散,一些尚未建立党团组织和工会的地区,也因日本统治严酷,无法开展工作。我上任后,深入奉天、抚顺、辽阳、沟帮子、西丰等地的工厂、矿山和南满铁路沿线,了解情况,帮助建立工会组织,发动工人同资本家进行小规模的经济斗争。1928 年 4 月,在满洲省临委第二次党代会上,我当选为常委,继续从事工运工作。不久,省临委接到中央召开第六次全国代表大会的通知。中央给满洲省临委 5 个名额。当时,党内有一种不正确的认识:认为大革命失败的重要原因之一,是党内工农出身的干部太少,因此,通知要求最好选工人、农民做代表,使领导干部中多增加些工农成分。组织部部长吴丽实找我商量派谁去合适,我刚到省委工作不久,对全东北地区的情况尚不熟悉,这样,由吴丽实提名,决定让我、王福全、于冶勋、朱秀春、张任光代表满洲省委出席这次会议,并由我负责带队。我们5个人中，除张任光是学生出身外，其余4人都是工人出身。

鉴于当时国内形势紧张，共产国际决定把中共六大安排到莫斯科召开。会议之前，全国各地的代表将分批前往莫斯科。当时行走的路线，除一部分由上海乘轮船经海参崴到苏联外，其余大部分由上海经大连到哈尔滨，从满洲里和绥芬河越境。

1928年5月，我们从沈阳乘火车到哈尔滨。临走时，省委交给我一个火柴盒，里面装有21根火柴，让我下车后到哈尔滨道里区俄国大街的一个马车店接头。下车后，我们找了一家旅馆住下。之后我揣着接头的火柴盒找到了马车店。张国焘、罗章龙、夏曦等人已先期到达这里。张国焘与我打过招呼后，我把火柴盒交给了他。他数了数，对我说：因南方代表的语言容易暴露，满洲省委的代表还有一项任务，就是把你们分到各组，护送南方代表过境。

傍晚，我回到旅馆，把中央的要求向其余4人做了传达，之后他们先期过境，我则留在了哈尔滨。

记得第一次护送的是广东代表团。我到车站买了去满洲里的火车票，带着他们乘上了火车。一路上他们几人尽量不说话，一切由我出头。从哈尔滨到满洲里的火车要开一天一夜。上车前，接待站发给每个代表一个过境的号码牌，下车后，我们根据手中的号码，找到带号头的马车。马车前面挂着车灯，如果代表手中的号码牌和车灯上的号码对得上，就把手中的号码牌交给苏联的马车夫，不必说话，点点头即可上车了。送走广东代表，我在满洲里住了一夜，第二天又返回哈尔滨。就这样，我先后护送云南、贵州和江西的代表过了境。

大约是5月下旬，我护送张国焘、罗章龙、张昆弟等中央代表出发时，张国焘告诉我，这次就不必返回去了，一起过境。车到满洲里后，马车夫把我们送到远处山上的一间房子里，晚上我们乘火车到了赤塔。又在赤塔住了一夜，第二天才换上去莫斯科的列车。

记不得是途中的哪一个大站，停车时，我们下车到站台上去活动活动。一个苏联铁路工人见我们是中国人，一边用手比画着，嘴里一边发出俄语的卷舌音，我们不懂俄语，不明白他是什么意思。直到火车又开了好长时间，才得知张作霖在沈阳被炸死了。

火车经过一个多星期到了莫斯科。一个事先安排好的木架子马车把我们一行拉到了莫斯科郊外的一个地方。在这里，我们见到了许多代表，因为有几个省的代表还没有到，会议就没有马上召开。有一天，大会秘书长周恩来找到我，对我说："老唐，你怎么把团员也带来了？"这时我方知朱秀春竟是个团员。我一时没了主意，问他："这怎么办？"周恩来想了想说，让朱秀春写个入党申请书吧。就这样，经过与会代表一致通过，朱秀春在莫斯科加入了党组织。

1928 年 6 月 18 日，中国共产党第六次全国代表大会召开。会议期间，布哈林代表共产国际做了政治报告（王明翻译），瞿秋白做了题为《中国革命与共产党》的报告，周恩来做了组织问题和军事问题的报告。之后，代表们进行了认真的、长时间的讨论。

中共六大是一次有着重大历史意义的大会，我作为一个入党时间不长，从事省委工作时间很短的工农干部，能够参加党的高级会议，特别是到莫斯科参加党的六大，心情非常激动，因此，开会的时候总是认真听、认真做笔记。我记得中央报告曾指出：党在职工运动中的主要任务是争取工人阶级的大多数，坚决反对强迫工人罢工和盲目实行武装暴动的做法，必须尽最大努力恢复工会，用一切力量团结群众，领导群众进行日常的政治经济斗争。听了以后，我深感党中央的报告真是说到了自己的心坎上。

7 月 6 日，在职工问题讨论中，我简要谈了满洲职工运动的情况。我认为，满洲的职工运动，是全国工人运动中很重要的一部分。东三省有许多大工厂、铁路和矿山，产业工人至少有 50 万。像这样聚集了广大产业工人的地区，如果我们党不注意它，把它放弃了，实在可惜。

东三省过去的职工运动之所以没有成绩可言，是因为我们党没有领导广大群众进行经济斗争，虽然小的斗争是有的。过去有行会性质工会的组织，但现在连这样的工会也没有了。这是由日本帝国主义的残酷压迫以及我们党不太注意满洲的职工运动所造成的。

从前我党只注意南方如湖南、湖北、广东等省的工作，以为把南方工作做好了，就可以进行北伐。其实这是机会主义的观点。当然我并不是反对党注重南方各省的工作，我只是希望大会同样地关注满洲的职工运动。

我还介绍了当时满洲各地职工运动的情况：（1）大连。大连是日本帝国主义侵略中国的策源地，有产业工人 4 万多名。大连过去有共产党和工会的组织，当上海和广东的工人运动进行得轰轰烈烈的时候，在北方党和工会指导下的大连工人也开展了一些活动。现在的情形不同了，由于日本帝国主义的压迫，我们北方所有的组织——党和工会都被破坏了（过去北方的组织，先有工会，后有党的组织）。这表现在三个时期：第一时期，在 1926 年福纺纱厂大罢工时，我们党指导下的工会，援助罢工工人，结果使资本家让步。但是党也遭受了部分损失，工会的许多干部人才被捕。第二时期，遭受第一时期的打击后，我们党领导工人重新恢复了工会的组织（1927 年 7 月），但是又遭到了更大的镇压，工会被封闭，工人被逮捕，党的组织被破坏。第三时期，1928 年 1 月，党的组织重新恢复。但在五一劳动节的活动中，工人被捕的有四五十人，党组织可以说是没有了。不仅大连如此，从大连到长春的工会和党组织也受到摧残。（2）鞍山。鞍山工厂里的工人，一半是中国人，一半是日本人，共约几千人，工作非常艰辛。（3）抚顺。抚顺的煤矿有千台以上的机器，4 万多名工人。他们受到的压迫非常厉害，甚至受到警察监视。由于现实的压迫，这些工人比较容易接受我们的宣传。（4）本溪湖。产业工人的数目不清楚，但他们曾进行过斗争。这里

的工厂是中日合办的，1927 年因与奉系军阀发生冲突，日本打死了
20 个工人，工人们自发地举行罢工。（5）奉天。工人有 7 万多名，
都是没有组织的。他们很信仰张作霖，但我们党始终没有去做工
作。这些工人月薪仅有 300 万～400 万奉票（奉票是指 1905 年至
1931 年，由东三省官银号发行并广泛流通于中国东北地区的纸
币。——编者注），抵不过十几块现洋，生活非常困苦。他们也曾
有过反对日本建立领事馆的示威游行，但后来被张作霖镇压了下
去。这些工人其实是可以接受我们的宣传的。（6）哈尔滨。因为苏
联的原因，哈尔滨铁路工人的生活是很好的，月薪在 80 元以上。但
把这些工人组织起来并不容易。他们完全不懂得他们的好生活是苏
联工人专政的结果。由于这些工人由管帮负责，管帮不允许我们去
做工作。苏联将余款分给工人，遭到军阀的反对，对于这一点，工
人们并不知情。现在哈尔滨还有其他产业工人的组织。

在发言的结尾，我又再次提出希望大会特别注意满洲的职工
运动。

为了帮助我们这些工农出身的代表更好地理解和消化中共六大
精神，中央领导同志不仅主持会议、做报告，还亲自给我们辅导。
开会的 20 多天时间里，我受到了参加革命以来从没受到过的教育，
也更增添了会后做好革命工作的信心。

大会闭幕前，选举了中共中央委员和候补委员，我荣幸地当选
为中共中央候补委员。

7 月 11 日，六大结束。此时，共产国际第六次代表大会也于 7
月 17 日在莫斯科召开。应共产国际的邀请，中国部分代表留下，继
续参加共产国际会议，我也是其中一个。我们留下的二十几人，住
进了莫斯科国际旅馆。会议是在共产国际工会大楼里召开的，中共
代表苏兆征致了开幕词。这次会议开了一个半月左右。会后还组织
代表进行了参观访问。我和苏联、意大利、德国等代表 10 余人分在
一个小组里，参观了乌克兰的农业区。参观结束后，经海参崴返回

中国。

这时，周恩来也从苏联回国。路经奉天时，他向满洲省委做了传达六大决议精神的报告。他在报告中阐明了中国革命的性质和革命的基本任务，指出当时的革命形势不是高潮，而是处于两个高潮之间；党的总任务不是进攻和普遍地组织武装起义，而是积蓄力量，争取群众，准备新的高潮。他指出在政治上既要反对右倾机会主义，又要反对"左"倾盲动主义，而"左"倾盲动主义是党内的主要危险。周恩来的报告为满洲省委的工作指明了正确的方向，为即将召开的满洲省委党代会奠定了思想基础。

1928年9月，中共满洲省委召开第三次代表大会，我们几个参加六大的代表向与会人员传达了六大精神。省临委书记陈为人根据六大精神，总结和检查了前一段省委的工作，与会代表一致通过了省委《关于接受全国第六次代表大会决议案的决议》和《满洲省第三次代表大会政治党务决议案》，并决定改满洲省临委为中共满洲省委。我仍任工运部部长。

满洲省委第三次代表大会以后，由于贯彻执行了六大的方针政策，改正了过去急于组织暴动的盲动主义错误，省委致力于工农运动和反日运动的领导，加强党的宣传工作和对内部的训练工作，因此各方面工作有了转机，满洲工作开始了新的局面。

同年12月，为进一步贯彻六大精神，总结省委第三次代表大会以来的工作，满洲省委在奉天大东门外黄土坑附近党员牛思玉家召开会议。会议正在进行时，突然冲进十几个警察包围了会场。除一人脱险外，省委书记陈为人等13人被捕。中共满洲省委遭到了严重破坏。

1929年夏，经党组织多方营救，我和被捕的同志一起出狱。之后，我又重新投身于满洲省委的工人运动。

党的六届三中、四中全会前后白区党内斗争的一些情况

刘 晓

一、六届三中全会前后党内的分歧与争论

1930 年 8 月下旬，中共驻共产国际代表团团长瞿秋白和同年 4 月前往共产国际的周恩来受共产国际执行委员会的委托，为纠正李立三推行的"左"倾错误，相继由莫斯科回国。他们回国后，立即传达了共产国际的决议，并着手筹备召开六届三中全会。

9 月下旬，中央政治局在上海召开了扩大的六届三中全会。会上批判了李立三的错误，并通过了中共三中全会《关于政治状况和党的总任务议决案》。六届三中全会对于纠正以李立三为代表的"左"倾错误是起了积极作用的。它纠正了李立三等人对于中国革命形势的过高估计；停止了组织南京、武汉等中心城市的武装暴动和全国总起义，以及集中全国红军进攻武汉、长沙、南昌、九江等中心城市的冒险计划；取消了合并党、团、工会的各级行动委员会，恢复了它们各自独立的组织和正常工作。这样就结束了李立三"左"倾冒险主义在中央的统治。在会上李立三做了自我批评，承认了错误。三中全会后，他离开了中央的领导岗位，但仍为中央政治局委员，不久便被共产国际召去莫斯科。

1930 年秋，我刚刚出狱，经过审查恢复了组织生活，就听到关于六届三中全会批判李立三错误的传达。听后我很高兴，在党的支部会上表示拥护党中央的决定，并就自己在松浦特委工作期间所受的盲动主义的影响做了自我批评。不久，我被调到江苏省委领导下的外县工作委员会任秘书。外县工作委员会原由省委书记李维汉（罗迈）兼任书记，后来先后由陈云、夏曦、蒋云担任，刘瑞龙任秘书长。

六届三中全会之后，省委决定派人到外县去停止执行"立三路线"的暴动计划。我被派去常州、宜兴、镇江、苏州一带传达指示。我跑了几个地方后，更感到李立三盲动主义对全国形势的估计和组织暴动、总起义是没有客观基础的，是错误的。我遇到的几位县委书记，都表示赞同六届三中全会的决议。他们说，敌人控制很严，暴动本来就搞不起来，也应该吸取教训。

但是，六届三中全会在政治上、思想上对"立三路线"还未能进行彻底的批判，这和当时共产国际的看法是一致的。六届三中全会《对于中央政治局报告的决议》（简称《决议》）认为：政治局在 6 月 11 号的政治决议案（《新的革命高潮与一省或几省首先胜利》的决议。——作者注）之中，犯了些冒险主义的与"左"倾的关门主义的错误（仅是策略上的错误）。六届三中全会《关于政治状况和党的总任务议决案》（简称《议决案》）还肯定："中央政治局的路线——是正确的"，只是有"个别的冒险主义倾向的错误"。在思想上，《议决案》错误地认为"党内主要的危险是右倾机会主义"，提出在反对"左"倾的同时，"尤其要集中火力打击主要的右倾危险"。在组织上，错误地打击了一些有不同意见的同志，使党内矛盾进一步加剧。

由于六届三中全会没有对"立三路线"的思想实质加以彻底清算和纠正，因此，党内的"左"倾思想仍然需要继续克服。

1930 年底，我调任江苏省委秘书长。我除了管秘书处的工作外，也和中央特科经常联系。中央特科派来联系省委的是刘鼎。在此期间，我对六届三中全会前后党内斗争有了进一步的了解。

由于推行"立三路线"，党和革命力量受到了损失。在白区，许多做实际工作的同志，如何孟雄、林育南等，经过党的组织站起来反对"立三路线"，但受到了以李立三为首的中央的错误打击。

何孟雄当时是江苏省委候补委员、上海沪东区委书记。他从当时的实际情况出发，先后在江苏省党代会、5月中旬召开的全国苏区代表会、9月初召开的上海区委书记联席会议上，站出来反对李立三的错误。他批评了李立三和中央政治局不承认世界革命和中国革命发展的不平衡性以及对形势的极左估计，盲目推行城市武装暴动的冒险计划，否定工会和其他群众团体进行的合法斗争，取消工会和青年团的独立组织等。何孟雄的这些意见，在当时处于少数地位，但他态度很坚决，力排众议，不怕打击。9月初在上海区委书记联席会议上，何孟雄批评"立三路线"的发言，被李立三当场禁止，且被剥夺继续发表意见的权利，并被扣上了"一贯右倾机会主义"和"取消派暗探"的帽子。会后，何被撤销了沪东区委书记的职务。随后又被撤销了江苏省委候补委员的职务。这样他便被取消了参加党的会议和活动的权利。但是何孟雄坚持真理，没有屈服。9月8日，他又向中央政治局递交了长篇的《政治意见书》，再次系统地申述了自己的意见。

六届三中全会期间，何孟雄又被打成右倾机会主义势力的代表，被认为是有意利用中央的某些错误，来进行反中央的活动。

此后，何孟雄又于1930年10月、11月、12月先后共4次向中央政治局写信或递交意见书，继续申述自己的观点，批判"立三路线"和六届三中全会的错误，并对给予他的组织处分进行申辩，要求公布他的意见书和发言记录。

需要特别加以说明的是，在"立三路线"时期，王明（陈绍禹）、博古（秦邦宪）等在党的会议上或写的文章中，也提出过反对李立三一些"左"的错误的意见。但这些意见是以"左"的观点来反对李立三的"左"倾。在关于中国革命的性质、国内形势和党内主要危险等问题上，他们和李立三的看法基本上一致。在1930年7月的中央工作人员政治讨论会上，王明、博古、王稼祥、何子述4人的发言，批评了中央政治局6月11日关于《新的革命高潮与一省或几省首先胜利》的决议。李立三当场进行了压制，接着给了他们4人党内处分。

六届三中全会后，王明在向中央政治局提的意见书中，承认三中全会有重大意义；认为反"立三路线"的斗争应该停止，采取了对"立三路线"的和解态度。王明等人还要求中央撤销对他们4人的处分。

二、共产国际十月来信后，党内矛盾的激化

1930年10月发出的《共产国际执委给中共中央关于立三路线问题的信》是在11月中旬传到中国的。中央政治局接到信后，立即进行了传达讨论。随即又召开了政治局会议。12月9日和12月下旬连续发了《中央政治局关于召集中央紧急会议的决议》和中央第九十六号通告，并发表了为反对和肃清"立三路线"告同志书。上述决议指出：在1930年6月至8月期间，由李立三主持的政治局的工作犯了路线错误，这一错误主要由李立三负责。同时又指出：六届三中全会对"立三路线"的斗争犯了"调和主义"的错误。中央政治局在中央第九十六号通告中，号召全党坚决执行国际路线，反对"立三路线"和"调和主义"，主张采取紧急办法产生新的政治决议，来代替六届三中全会的一切决议。

在共产国际十月来信的内容逐步传达后，党内许多同志都知道了共产国际对"立三路线"和六届三中全会的看法有了重大变化。因此，围绕着采取什么办法来解决这些问题，党内意见产生了严重分歧。

当 11 月中旬,共产国际十月来信传到中国时,王明等人的态度就发生了重大变化。王明一方面立即根据国际十月来信的精神,赶写和修改《两条路线》的小册子,同时以拥护国际路线、反对"立三路线"和六届三中全会的"调和主义"为名,进行了反对党中央的宗派活动。他们号召成立临时中央领导机关,并要求以所谓积极拥护和执行共产国际路线的干部,来改造和充实中央及各级领导机构。

另一方面,以何孟雄、林育南、李求实等为代表的苏准会办事处、互济会总党团以及江苏省委的一部分干部也反对"立三路线"和六届三中全会。他们大都是较早起来反对"立三路线",并受到错误打击的。代表他们观点的是何孟雄 11 月、12 月给中央的意见书,林育南 12 月给中央政治局的信和 1931 年 1 月上旬通过的苏准会办事处工作人员决议案。何孟雄的意见书,提出了召开紧急会议、改选中央领导机构等主张。苏准会的决议案提出:由国际代表直接召集类似八七会议性质的紧急会议或召开第七次党的代表大会,彻底改选中央机构。林育南的信建议:中央应有一个更郑重的决议,要明确指出中央 6 月 11 日关于《新的革命高潮与一省或几省首先胜利》的决议案以后的路线是"立三路线";要指出六届三中全会的错误,并修正三中全会的"调和主义"。信中还指出:"立三路线"不只是李立三个人的错误,各省党部的错误程度较中央还厉害,必须彻底纠正这些错误。信中建议召开党的第七次代表大会。林育南等同志对于党内斗争的态度还是比较正确的,观点也是有见地的。

还有一部分人,是以罗章龙、徐锡根、王克全为首的全总党团、上海工联党团系统和江苏省委部分省、区委委员。他们于 1931 年 1 月初发表了《全总党团决议案》的行动纲领,提出"三中全会及其后的补充决议是'立三主义'的变本加厉""现在中央的领导完全破产,威信完全扫地,根本缺乏领导革命的能力与对于阶级的忠诚"，要求"立即停止中央政治局的职权，由国际代表领导组织临时中央机关，速即召集紧急会议"，肃清自中央到各级党部的小资产阶级领导。他们主张打倒一切，取而代之。他们利用各自的工作关系，以全总党团为阵地，自成系统，进行了频繁的宗派活动。

这样，在共产国际十月来信后，在米夫插手的情况下，党内矛盾进一步激化了。12月16日，中央政治局通过了《关于何孟雄同志问题的决议》，肯定了何孟雄的意见在一般意义上是正确的，取消了对他的错误的组织处分，并公布了他的意见书。这个决定基本上是正确的。12月中旬，中央政治局又做出了关于取消王明、博古、王稼祥、何子述4人的处分决议，认为王明等人的观点是合乎共产国际路线的。这一处理提高了王明等人的政治身价。12月下旬，王明担任江苏省委（1930年9月后，江苏省委改为江南省委，管辖江苏、上海、安徽、浙江等地。但在习惯上大家仍称江苏省委。——编者注）书记，博古任团中央宣传部部长，这样便为王明等人后来夺取党的领导权提供了条件。

三、六届四中全会王明宗派集团上台和罗章龙分裂党的活动

1931年1月7日，党中央在上海召开了扩大的六届四中全会。出席这次会议的大体上包括：六届三中全会选出的中央委员和候补中央委员，从莫斯科回国的中国留学生，一些地区的党组织和工会系统的代表，共37人。会议由向忠发主持并代表中央政治局做了报告。会议通过了与向忠发报告内容相一致的《四中全会决议案》。它的内容概括起来主要有两点：一是集中开展反右倾的斗争，并要在实际工作中实行坚决转变。它主要的不是批判以李立三为代表的"左"倾冒险主义，而是批判"立三路线""不过是'左倾'的掩盖之下的机会主义和对于实际上真正革命的去组织群众的任务的机会主义消极"。批评三中全会及其以后的中央右倾，并告诫全党"右倾依然是党内目前主要危险"。这就使长期存在于党内的"左"倾

思想不仅不能克服，反而更加扩大了。二是打着坚决实行"国际路线"、反"调和路线"的旗帜，在共产国际代表的支持下，"改造和充实各级领导机关"，使王明"左"倾教条主义宗派集团得以夺取党的领导权。

会议最后由共产国际代表做结论，并补选了中央委员，改选了中央政治局委员。政治局的候选人名单是由共产国际远东局（在上海）和中央政治局共同拟定的，共有 16 人。为了扶持王明等人上台，共产国际代表在会上吹嘘王明等人是坚决站在国际路线上反对"立三路线"的，说四中全会就是要引进在反"立三路线"斗争中拥护国际路线的人到中央委员会中来，并重新审定政治局的成分，以保证党的领导。但是，许多与会代表不同意王明等人参加中央领导机构，米夫即以共产国际代表身份，强调共产国际的组织纪律，坚持要把王明等人选入中央领导机构。在激烈的争论中，共产国际代表提出的名单被通过。选举的结果，瞿秋白、李立三、罗迈被排除出中央政治局，罗迈、贺昌的中央委员资格也被取消。王明被补选为中央委员并被选进中央政治局。中央的职能部门，除周恩来仍任军事部部长外（由于王明宗派集团的重要骨干都是些根本不懂军事的教条主义的书生，军事工作只好仍由周恩来继任），组织部部长是赵容（康生），宣传部部长是沈泽民。四中全会后不久，青年团中央也进行了改造，博古由团中央宣传部部长接任团中央总书记职务。1931 年 6 月，向忠发被捕叛变后，9 月又建立了以博古为首的临时中央。

六届四中全会的召开和会议内容的安排，同何孟雄等人的主张是相矛盾的；与罗章龙等人计划通过召集紧急会议成立临时中央以取得领导权的打算也是相违背的。所以会议一开始，就围绕会议的性质、议程和改造中央机构等问题展开了激烈的斗争。在会议的性质上，何孟雄和罗章龙等人都主张召开紧急会议。他们认为六届三中全会犯了"调和主义"的错误，至今没有转到"国际路线"上来，不能领导全党进行战斗，必须召集类似八七会议的紧急会议才能解决党中央的领导问题。国际代表米夫等人则认为：召开四中全会是经过共产国际批准的，是可以解决"立三路线"及"调和主义"等亟待解决的问题的，不必召开紧急会议。接着罗章龙等人又对会议的议程和时间提出不同意见，也被米夫否决了。最后在改造中央机构的问题上，斗争发展到了高峰，也可以说是这场争论的焦点所在。与国际代表提出的16人政治局委员名单相对抗，罗章龙等人提出了一个打倒一切、彻底换班的9人政治局委员名单。在米夫的坚持和压力下，罗章龙等人的名单也被否决了。罗章龙一派的人虽然大闹会场，但大局已定。王明等人从此取得了中央的领导权。从以上事实可以看出，六届四中全会实际上是在国际代表米夫的一手把持和操纵下进行的。

六届四中全会的召开，"没有任何积极的建设的作用，其结果就是接受了新的'左'倾路线，使它在中央领导机关内取得胜利，而开始了土地革命战争时期'左'倾路线对党的第三次统治"（见《关于若干历史问题的决议》）。从此，王明"左"倾教条主义统治了全党长达4年之久，给党和革命事业造成了极大的损失。

六届四中全会并没有解决党内的矛盾，相反，使矛盾更加尖锐、复杂和激化了。会后，罗章龙等人并不甘心失败。会议刚刚结束，他们就加紧了反对会议的非组织活动。他们打着为召集紧急会议反对四中全会而斗争的旗号，进行分裂党的活动。他们召集了一部分对六届四中全会不满的代表和非代表十几人，开了一个"反对四中全会代表团会议"。会上通过了由罗章龙起草的《力争紧急会议反对四中全会报告大纲》，推举了罗章龙、徐锡根、王克全、何孟雄、王凤飞5人组成一个临时中央干事会，由徐锡根任书记。这实际上就是另立中央，也就是人们通称的"第二中央"。

临时中央干事会成立后，罗章龙等人分裂党的活动就更有组织地进行了。1月中旬，当王明宣布改组江苏省委时，王克全声明退出，并召集了第二次江苏省党代表大会选出的部分省委委员，成立了以王克全为首的第二江苏省委，形成了在一段时期内两个省委并存的局面。随后，江苏省委的外县工作委员会书记在外县来沪的干部中进行活动并宣告外县工作脱离新省委的领导。与此同时，王凤飞在上海的闸北区，蔡博真、彭泽湘在上海的沪中区，也成立了第二区委，参加第二省委的分裂活动。

在江苏省委改组以后，王克全还纠集了一些人闹了一场占领省委机关的闹剧。事情是这样的：当时王克全带了几个人闯到老靶子路 10 号省委秘书处的秘密机关，要接收省委文件。负责省委财务工作的彭休士和我都在场。我们拒绝交出文件。他们就吵吵嚷嚷不肯罢休。后来，管特科工作的潘汉年赶来，他说，这样争吵，会引起敌人注意的，可不行。王克全他们怕出事情，就溜走了。

除了成立第二江苏省委等活动之外，他们还派人到各地进行分裂党的活动。罗章龙等人这样肆无忌惮地违反党的组织纪律进行分裂党的活动，严重地威胁着在白区险恶环境下的党组织的安全。在对他们进行劝阻无效之后，1931 年 1 月 27 日，中央政治局决定"开除罗章龙的中央委员与永远的开除罗章龙的党籍"。

四、王明宗派集团排斥异己，控制上海党组织的一些情况

还在六届四中全会之前，王明宗派集团就集中力量企图控制上海的党组织。王明等人以江苏省委为据点，进行了一系列排斥异己、篡夺领导权的阴谋活动。

中央政治局的 1930 年 11 月补充决议和 12 月的第九十六号通告下达以后，12 月间，江苏省委做出了在上海党组织中对这两个文件进行广泛讨论的决定。王明等人即借此机会，在上海党组织中公开攻击中央，并进行夺取上海党组织领导权的活动。王明派出他的亲信到上海各区委参加讨论，并授权这些人必要时可以改组区委。这样，上海各区委都召开了会议，攻击中央这两个文件是以"调和主

义"反对"调和主义"等等。同时，王明把他赶写出来的《两条路线》（后来改名为《为中共更加布尔塞维克化而斗争》）小册子印发给各级党组织，以新的"左"倾纲领同六届三中全会的决议相对抗。

王明采取这种公开反对六届三中全会的对抗态度，理所当然地遭到各区许多党员干部的反对和抵制。王明宗派集团就采取撤销工作、停发生活费、强迫迁移居处等卑鄙手段，使这些人在政治上受到孤立、在生活上受到折磨，陷于厄境。然后，王明再对他们进行分化、拉拢。如沪中区委书记蔡博真（龙华二十四烈士之一）当时是坚决反对王明的。王明在打击他之后，又两次亲自找他谈话，强迫他改变观点，甚至还让人向蔡博真传话，说蔡如能改变立场，王明就可以提名蔡为江苏省委委员，但遭到蔡博真的怒斥。王明见蔡博真不肯就范，便撤掉蔡的区委书记职务。

1930 年 12 月底，王明又以讨论九十六号通告为名，由江苏省委出面，召开了一个扩大的区委书记联席会议，进一步进行他的反党宗派活动。王明集团布置召开这个会议的意图，是要公开打击以何孟雄为首的一批反对他们的干部。会前，王明集团预先组织好了发言内容，会上王明做报告，除几个省委和区委的干部做简短的表态性的发言之外，主要是由沈泽民和陈昌浩发言。陈昌浩的发言，主要是以他在上海搜集到的所谓"材料"来吹捧王明的报告正确，攻击中央和江苏省委的某些干部（实际是指何孟雄等同志）是在"反'立三路线'的掩盖下发挥自己的一贯右倾机会主义的思想"，煽动到会者要"与之进行坚决斗争"。陈昌浩还指名攻击了何孟雄等同志，并对有人要求改组中央的意见表示支持。在他们之后的发言，都把矛头指向了何孟雄等同志，实际上是对何孟雄进行围攻。

王明还利用他主持会议的权力，几次阻止何孟雄等同志的发言，直到何孟雄、蔡博真等同志严正地提出抗议，他才不得不做出让步。

何孟雄的发言，以"立三路线"使上海工作受到损害的实际教训为据，有力地驳斥了王明一伙的错误主张，指出他们的纲领是"新的立三路线"，并指责他们在上海党组织内进行宗派分裂活动是破坏党的团结的；号召上海各区委的党员干部起来反对王明宗派集团的错误主张和分裂党的活动。

这样，在会上就展开了激烈的争论。两种意见一经交锋，有的原来站在王明一边的反而转过来反对王明了，有的采取沉默态度了，王明看到会议的发展对他不利，就马上宣布休会，并急忙密商对策。当会议继续进行时，王明集团就更加猛烈地围攻何孟雄，诬蔑何孟雄等同志是"右派"，"帽子"满天飞；并且限制何孟雄等同志的发言，后来便匆匆结束了会议。最后王明做结论说：会议通过了对九十六号通告的意见和对中央的建议。何孟雄等同志当即表示不同意这个结论，更不同意王明对他们的批评。王明就借口"少数服从多数"的原则，蛮横地宣称：谁不遵守这个原则，将按组织纪律处理。以此来压制反对他们的同志。这次会议以后，反对王明的干部反而增加了，何孟雄等同志的活动也更加积极了，王明并没有达到完全控制上海党组织的目的。

六届四中全会以后，江苏省委在王明的操纵下，贯彻四中全会精神的一个重要部署，就是进一步排斥异己，孤立、迫害和打击何孟雄。

王明直接向中央要了一批干部由省委使用。事先，陈昌浩、李竹声在王明家里和王明密商人选，后来向中央点名要这批干部。陈昌浩、李竹声、殷鉴、朱阿根、潘问友等都是王明向中央要来的。这些人到省委后，王明就将上海各区的区委书记做了一番调整，不听话的撤职、调动，由这些人接任，如陈昌浩到沪东区委，朱阿根到沪西区委，殷鉴到沪中区委，焦明之到闸北区委，夏采曦到法南区委。原来的区委书记或调动或担任区委委员。凡是不同意他的意见的同志，他就一律加以无情打击，从批评直到撤职，有的还不发给生活费。

六届四中全会以后，王明接着召开了江苏省委扩大会议。会上王明宣布：上海党组织在贯彻四中全会精神时，首先要集中力量开展反对何孟雄等人的斗争，要把这一斗争与反对罗章龙的斗争结合起来。

（1）他强调何孟雄等反对四中全会，不服从新的中央，是贯彻四中全会决议的主要障碍。他诬蔑攻击何孟雄是"老机会主义者"，"长期对党不满""有个人野心""与罗章龙右派同流合污"等等，把何孟雄反对王明宗派集团的斗争说成是江苏省委当时的主要危险，强令大家对何孟雄等同志要"提高警惕"，进行坚决斗争。

（2）他要求各区委紧急布置上述工作，把这一斗争从党内扩大到赤色群众组织和党的外围团体中去。他宣称何孟雄等同志的活动是"反组织的非法活动""已超出党内斗争的范围"。他规定凡是参加何孟雄等同志组织的活动的党员必须立即退出并进行检讨，违者一律开除出党。当时受到处分的江苏省委和区一级干部就有20余人之多。

（3）他要检查各级组织、各级干部与何孟雄等人之间的关系。宣称对那些坚持不与何孟雄等划清界限的干部要清洗出党；对于那些一时不能与何孟雄割断联系的组织，省委要主动与这些组织切断关系。

（4）他还派人对何孟雄等同志进行分化工作，并密切注意他们的动态。王明决定：江苏省委的干部除指定者以外，都不准与何孟雄等人有任何来往；对何孟雄等人正在使用的一些机关和宿舍，省委就此撒手不管，并另外建立机关，不与何孟雄等发生联系；江苏省委还停发何孟雄等人的一切生活费和工作经费。

不久，王明召开了第二次扩大的区委书记联席会议。这次会议由他一手操纵，没有通知何孟雄等同志出席。会上，王明传达了六届四中全会精神和攻击何孟雄等人的内容的报告；其他发言都是事先布置好的，因此，这次会议顺利地通过了王明的报告和拥护六届四中全会、反对何孟雄等人的决议。这以后，王明在江苏省委还经常散布流言蜚语，中伤何孟雄等同志，经常主持讨论如何对付何孟雄等同志的办法。他曾经布置过：

（1）在反对何孟雄的斗争中，最主要的是要揭露何孟雄和罗章龙的同伙关系，这样才能击中"何孟雄的要害"。要采取一切措施争取在1931年4月底前结束这场斗争，使中央能在4月、5月的会议上对何孟雄等人做出政治上、组织上的结论。

（2）中央经过调查，认为何"政治情况复杂"，历史上一贯是"右倾机会主义者"和反党分子。

（3）和何孟雄在一起的蔡博真等几个老资格的区委书记，对上海工作"威胁最大"。对这些人，必须进行重点批判。省委应争取及早对他们的问题做出政治上、组织上的结论，将他们开除出党；他们的问题，不一定要与何孟雄的问题一起解决。

（4）追随何孟雄的人中有一些是文化人，这是薄弱环节。省委要派人大力加强工作，对他们进行争取分化工作，并了解他们的动态。王明指定省委宣传部去进行这项工作，并要宣传部的负责人直接向他汇报。

王明在江苏省委不止一次地诬陷何孟雄，说根据中央特科的消息，国民党特务已打进何孟雄等人的内部。他还说，国民党特务也是通过文化人的关系混到何孟雄等人中间去的。他通知省委和区委都要提高警惕，采取预防措施，防止发生牵连。记得有一次在省委会议上，王明以紧张的口气提到，国民党特务已在东方旅社住下，随时可能逮捕何孟雄等人。他还一再声称何孟雄等人情况复杂，活动已暴露，有可能遭到敌人的破坏，要省委和各级组织都提高警惕；并要中央特科去通知何孟雄等人是有危险的，恐怕已经来不及了。

1931年1月17日，江苏省委、苏准会办事处等单位中反对四中全会的一部分干部何孟雄、林育南、李求实、欧阳立安、龙大道、冯铿、柔石、殷夫、胡也频等人，在东方旅社开会时或在会后，相继被敌人逮捕。党中央政治局曾指示特科于他们被押往龙华与租界交界之处时准备劫车，抢救被捕同志。但由于时间差错，劫车未成。

当何孟雄等同志被捕的消息传到江苏省委时，省委正在开会。好像是潘汉年或李竹声来会上通知的，当时王明的表情异常冷淡，只说，这是他早就预料到的。后来，他又幸灾乐祸地分析：这是何孟雄等反党反中央、搞分裂活动的必然结果，是什么"咎由自取"；他们是"右派反党分子"，是在反党活动中被捕的，与一般同志在工作中被捕的性质有所不同等。接着就布置兼管特科的潘汉年进一步了解情况。

当大家提到如何处理善后事宜，如何设法营救时，王明说他将与中央商量解决，叫省委不要管。在以后的省委会议上，王明没有主持过如何营救这些被捕同志的讨论，也没有详细地提到这批同志被捕的原因以及中央准备如何营救他们。只是在有人问起时，他回答说，"正在了解中"。有一次他说：根据现有材料，这次大破坏的原因，一个可能是被捕者中间出了叛徒；另一个可能是文化人的复杂的社会关系和自由主义习气，使得国民党特务有机可乘。关于何孟雄等同志被捕的原因究竟是什么，我一直没有弄清楚。

1931年2月，何孟雄等大批同志英勇就义的噩耗传来，王明的冷淡态度简直令人寒心。他不但没有提出上海党组织如何追悼和纪念这些壮烈牺牲的烈士的问题，相反地，还继续向烈士身上泼"污水"，继续攻击和诬蔑他们。他胡说什么他们的牺牲是"个人野心""反党分裂党"的必然结果，并提出要以此为教训来警告、争取那些何孟雄的支持者们，并乘此时机进行分化、瓦解工作。他还恶狠狠地宣布，何孟雄等人虽然已经牺牲了，但对这些人的错误还要严肃对待，彻底清算；并罗织了何孟雄的若干条错误，要省委宣传部根据中央精神组织批判文章在党内刊物上发表。他还要省委宣传部根据他的讲话起草一个文件，指出何孟雄等同志被捕牺牲的所谓"教训"，继续批判他们的所谓"错误"，发给各级组织。

在江苏省委会议上，王明嘱咐大家：对下面一定要讲清楚，中央、省委虽然采取了种种营救被捕同志的措施，但毕竟无效。

从上述事实可以看出，王明不仅是一个野心家，而且是一个阴险毒辣的人。

何孟雄等同志在王明宗派集团排斥异己、无情打击下壮烈牺牲了。

关于"罗明路线"问题的回顾

罗　明

在我党领导的土地革命战争前期，曾经出现过一个所谓"罗明路线"的问题。对于这个问题，党中央在1945年党的六届七中全会通过的《关于若干历史问题的决议》中已经做了结论。近年来，不少同志问我关于"罗明路线"的由来和发展的情况；我还看到一些关于"罗明路线"的文章。这使我感到一些同志，特别是年轻的同志，由于对历史情况不甚清楚，对党的历史经验也就不可能有比较深刻的理解。现在，我就自己的亲身经历做一历史的回顾，以供研究这一段历史的同志们参考。

一、所谓"罗明路线"的由来

所谓"罗明路线"问题是由以王明为代表的"左"倾机会主义者提出来的。当时，我任中央苏区中共福建省委代理书记。他们反对"罗明路线"，实际上是为了反对以毛泽东为代表的马克思主义路线。毛泽东在《中国共产党第七次全国代表大会的工作方针》中也曾经指出，"还有说反罗明路线就是打击我的，事实上也是这样"。当时我和中央苏区的广大干部一起，从长期革命斗争的血的教训中，已经体会到毛泽东提出的关于在中国建立和发展红色政权的理论和以农村包围城市、武装夺取政权的中国革命道路，是我们党坚持马克思列宁主义普遍真理和中国革命具体实践相结合的产物。我从当时福建苏区的实际情况出发，坚决贯彻了毛泽东的马克思主义路线，和他对福建进行第四次反“围剿”斗争的正确指示，并提出了一些有利于反“围剿”斗争和巩固革命根据地的紧急措施，抵制了以王明为代表的“左”倾冒险主义的错误做法。此外，并不存在另外的一条什么“路线”。

以王明为代表的“左”倾机会主义者把马克思主义教条化，把共产国际决议和苏联的经验神圣化。我们党以毛泽东为主要代表，与他们进行了长期的斗争，并且总结了这方面的斗争经验，逐渐形成了中国化的马克思主义——毛泽东思想。当时，我在这场斗争中坚决站在毛泽东一边，并认为毛泽东是我们党的一位“最好的领袖”。“左”倾教条主义者对此极为恼火，为了“杀鸡儆猴”，就在我身上大做文章，说我“是一个疯狂的立三主义者”，在“六届四中全会之后，在闽西这一长期的工作过程中，继续不断地犯了许多最严重的机会主义错误”，并说“闽西在罗明同志这一长期的领导之下，的确是受到了极大的损失”。他们把我贯彻毛泽东的马克思主义路线说成是什么“罗明路线”，是所谓“悲观失望”“退却逃跑”“取消主义”的路线，这完全是歪曲和违反客观事实的攻击。

我自 1925 年加入中国共产党之后，就长期在福建西部地区进行党建和组织农民斗争的工作。1927 年 1 月，我任中共闽南特委书记。4 月，我和罗秋天前往闽西永定、上杭、龙岩、平和四县指导工作。8 月 1 日，周恩来等同志领导南昌起义，打响了武装反抗国民党的第一枪，特委又决定派我去闽西迎接南昌起义军。9 月中旬，周恩来、朱德等同志先后来到上杭，要我和地方组织做支援大军的后勤工作，并要我们部署闽西各县的武装斗争。我们在八七会议精神的指导和毛泽东领导秋收起义部队进军井冈山的影响下，在上杭、永定、龙岩、平和四县，采用建立农村据点、包围县城的部署，工作了 5 个多月。

1927 年秋，毛泽东亲自领导的秋收起义部队进入井冈山，创立了井冈山革命根据地；后来在 1928 年 4 月，朱德、陈毅率领的部分南昌起义部队到井冈山会师，成立了中国工农红军第四军，进一步发展了实行武装割据、建立工农革命政权的伟大斗争。这是具有伟大历史意义的事件，它给中国革命指明了正确的方向。

1928 年 2 月，我到厦门任中共福建临时省委书记。3 月 9 日，平和县农民以长乐乡为据点，在县委朱积垒同志的领导下，举行攻占县城的武装暴动。省委立即讨论和加强对平和及闽西各县的领导。同年 4 月上旬，我和许土淼、孟坚作为福建代表，前往莫斯科出席党的六大，由刘谦初接任省委书记。闽西在省委和各县县委邓子恢、郭滴人、张鼎丞、罗秋天、阮山、陈正、曾牧村、蓝为仁、傅柏翠等人的领导下，龙岩、永定和上杭三县继平和之后于 4 月至 5 月间先后举行武装暴动，建立了苏维埃政权、地方红军和赤卫队。三县连成游击区，成立了闽西特委以加强党的领导。后来，毛泽东充分肯定了闽西这一时期的斗争。

我于 11 月由苏联回国后到达福州，接着，在省委召开的扩大会议上，传达了六大决议。省委又决定派我到厦门和闽西游击区进行传达。闽西特委召开扩大会议，由我传达六大精神后进行讨论，并部署游击区更加积极地开展游击战争。我还由三县游击区到上杭和长汀两县城，参加地下组织会议进行传达和部署工作。1929 年春回到厦门后，因刘谦初调外省工作，我又接任省委书记。

1929 年 1 月，毛泽东、朱德率领红四军从井冈山向赣南进军，从 3 月中旬起，三下闽西，消灭了国民党军阀郭凤鸣、陈国辉、卢新铭等部，并在上杭县古田村召开了我党、我军历史上极为重要的红四军第九次党代表大会。在红四军的帮助下，闽西正式成立了主力红军，使杭、永、岩游击区逐步发展为革命根据地。从此，闽西的武装斗争有了坚实的基础，出现了崭新的局面。

1930 年 6 月，以李立三为代表的"左"倾错误路线在中央取得了统治地位。他们诬蔑毛泽东关于建立农村革命根据地、以农村包围城市的主张是什么"极端错误的""农民意识的地方观念和保守观念"。为了实现"一省数省的首先胜利",他们下令各地红军进攻大城市,组织城市武装暴动。同时,宣布闽西苏区划归广东,命令闽西主力红军向广东东江出击。出席上海全国苏维埃代表大会预备会议的闽西代表和省委宣传部部长回来后传达,表示坚决执行中央的"左"倾命令。但我和王德等省委多数同志认为,厦门、福州的工人运动正在恢复,不同意发动武装暴动,也不同意把闽西苏区划归广东并进军东江。我们把意见上报中央,因而被指责为"右倾保守"。尽管如此,我们仍保留不在城市发动武装暴动的意见。但由于省委执行中央关于成立行动委员会、在城市搞飞行集会等指示,犯了"左"的错误。同时执行红军向东江出击的决定,结果三次出击,每次都受强敌截击而被迫后撤,使闽西苏区和红军遭到重大损失。显然,说我"是一个疯狂的立三主义者",是不符合历史事实的。

1931年1月,我被调往上海,听候中央分配工作。正在这个时候,王明在共产国际东方部负责人米夫的支持下,打着反对"立三路线"的旗号,召开了六届四中全会,改组了中央机构,成立了以王明为首的临时中央,从而开始了历时4年之久的王明"左"倾教条主义在党内的统治时期。王明比李立三更"左",他夸大国民党统治的危机和革命力量的发展,认为"中国政治形势的中心的中心,是反革命与革命的决死斗争"。因此,他又重复并发展了"立三路线"时期的错误。王明及其支持者强迫集中主力红军攻打中心城市,以实现他们所谓的"一省数省的首先胜利"和快速"争取工农民主专政在全中国的胜利及迅速地转变到无产阶级专政"的冒险主义主张。为此,他们要求"在白区普遍地实行武装工农,各企业实行总罢工,在苏区猛烈扩大100万铁的红军",以便同国民党反动派进行决战。这就是他们脱离中国实际,照搬照抄俄国革命经验和共产国际决议而提出的一条所谓的"进攻路线""国际路线"。我到达上海时，四中全会刚刚开过，由临时中央宣传部部长找我谈话，他认为福建省委受"立三路线"影响所采取的一些"左"的做法倒不是什么错误，却指责福建省委在农村搞游击战争是犯了右倾的错误，并威胁说，如果我不承认路线错误，就不给我分配工作。

在这前后，毛泽东、朱德等同志领导的江西南部根据地和红军，纠正了李立三"左"的错误，得到了迅速的发展。从1930年底到1932年春，接连取得了三次反"围剿"斗争的胜利，在江西南部建立了以瑞金为中心的中央革命根据地。但是，临时中央却诬蔑毛泽东的正确路线是"富农路线"和"极严重的一贯右倾机会主义路线"，并先后撤销了毛泽东在中央苏区党和红军中的领导职务。

1930年12月，闽粤赣边区特委成立，邓发任书记。六届四中全会后，由于受到王明"左"倾冒险主义的影响，特委在第二次反"围剿"中犯了分兵把口、消极防御的错误，在肃反工作中犯了扩大化的错误，造成了损失。特委和政府机关被迫从永定的虎岗撤退到上杭的白砂。我于1931年4月被派到闽粤赣特委任组织部部长，特委为保卫虎岗，决定派我到永定一带参加游击战争。在第三次反"围剿"斗争中，我和张鼎丞率领红军独立团在上杭、永定坚持游击战争。11月间，闽西主力红军攻占汀州后，根据中央苏区前委指示，闽粤赣特委改为临时省委，由卢德光任书记。卢佯称奉中央命令出外联系工作携巨款逃跑后，前委命我接任临时省委书记。此后，临时省委在毛泽东同志的正确路线领导下，以汀州为中心，西向武平扩大，东向连城、新泉扩大，北与宁化、清流连接，南通饶、和、埔游击区，使闽西苏区扩展达十余县，并与中央苏区连成一片，成了中央苏区的重要组成部分。1932年2月至3月，福建苏区召开了党代表大会和苏维埃代表大会，成立了福建省委和省苏维埃政府。我任省委代理书记，张鼎丞任苏维埃政府主席。4月至6月，闽西苏区又配合毛泽东同志率领的中央主力红军攻占漳州，并胜利回师。这对巩固闽西根据地，为第四次反"围剿"做好物质准备起了重大作用。这时，闽西苏区出现了前所未有的大好形势。面对这些事实，怎么能够说是"在罗明领导之下，的确是受到了极大的损失"呢？

在六届四中全会之后，继续不断犯"左"倾错误的不是罗明，而是以王明为代表的临时中央的某些负责人。从历史的事实来看，苏区第四次反"围剿"战争的胜利，是在周恩来、朱德的领导下，抵制了临时中央的错误领导，灵活运用了以往反"围剿"经验的结果。1932 年 5 月，蒋介石纠集了 50 万大军，疯狂地向苏区发动了第四次反革命"围剿"。为了粉碎敌人的进攻，中央主力红军迅速转到北线广昌、宁都一带，闽西的红十二军和独立第七师也奉命调往江西。在这种情况下，国民党驻漳州的第十九路军向闽西苏区进犯，占领了龙岩全县和永定的坎市、虎岗一带；广东军阀陈济棠的部队占领了上杭县城，并不断向上杭的卢丰、茶地、白砂等地进犯。我们与敌人作战的部队仅有刚成立的独立第八师、第九师共3 000 人。因此，闽西的情况，尤其是上杭、永定、龙岩地区的情况是比较严重的。怎样才能有效地粉碎敌人的进攻？这个问题尖锐地摆在闽西苏区党和人民的面前。

这时，毛泽东在汀州傅连暲主持的福音医院疗养。他仍时刻关心着革命根据地红军和人民的安危。那时，我因随中央主力红军进攻漳州时跌伤腰部，进医院开刀治疗。8 月间伤势好转后，毛泽东找我谈话。他概括总结了三次反"围剿"斗争取得胜利的经验，然后指出，福建和江西一样，应加紧开展广泛的地方游击战争，以配合主力红军的运动战，使主力红军能集中优势兵力，选择敌人的弱点，实行各个击破，消灭敌人的有生力量，粉碎敌人的第四次"围剿"。他还指出，在杭、永、岩（上杭、永定、龙岩）老区开展游击战争，牵制和打击漳州国民党第十九路军和广东陈济棠部队的进攻，对于粉碎敌人的"围剿"、保卫中央苏区是十分重要的。

　　毛泽东和我谈了整整一个上午。次日我出院后，立即召开省委会议进行传达。参加会议的有张鼎丞、谭震林、刘晓、李明光、郭滴人、李坚真等，大家一致表示拥护毛泽东的指示，并决定由我任特派员去杭、永、岩进一步开展游击战争。在我离开期间，由刘晓主持省委工作。

　　我辗转长汀、新泉、上杭、永定等县，分别召开了各县县委扩大会议，向当地干部传达了毛泽东的指示，检查和部署了工作。随后，和方方、谭震林等在杭、永、岩前线成立了"中共前敌委员会"，具体领导政治动员和军事行动。由于我们按照毛泽东游击战争的战略战术思想积极开展游击斗争，所以有效地打击了敌人，保卫了苏区，干部和群众受到了很大的鼓舞。

　　1933年1月，临时中央的主要负责同志先后经永定、上杭前往中央苏区的首府瑞金。他们路经上杭、白砂时，就指责我："你是省委代理书记，不领导全省的工作，来杭、永、岩干什么？"我说我是按照毛泽东的指示并经省委决定来这里重点开展游击战争的。他们又问："你对中央的新指示有何意见？"我说没有听到传达。他们对此很不高兴。他们还问我对当时的斗争有什么意见，我回答道："苏区的革命战争要和白区的抗日斗争结合起来，应根据中央苏区政府和军委会提出的抗日、民主和停止进攻苏区的三个条件，同各党派、各军联合起来共同抗日。"我还没说完，他们就很不耐烦地说："吃饭了，不谈了。"当时，我和许多同志对临时中央领导同志的态度都很不理解。

　　他们到达瑞金后，就下令江西、福建猛烈扩大红军。由于时间紧迫，杭、永、岩被迫把县独立团、区独立连、乡独立排，连人带枪地编送到主力红军。地方武装一时来不及进行补充，敌人便乘机向边区大举进攻。赤卫队由于缺乏地方武装的配合，不能有效地打击敌人，眼看着敌人进行烧杀抢掠，造成了很大的损失，群众也产生了很大的恐慌。干部和群众对这样改编地方部队、扩大主力红军的做法意见很大。在这种情况下，继续扩大主力红军确有困难。当时，上杭、永定、龙岩三个县城的敌人在受了我们三次重大打击之后，集中几团兵力，三路配合进攻闽西苏区的中心点白砂。我们分析了敌强我弱的情况，决心照前次的经验坚壁清野，暂时退出白砂。我们进行紧急动员，为保卫革命根据地，加紧扩大地方武装，从四面包围白砂，打击敌人。广大干部和群众都决心将敌人驱逐出白砂。我们召开了县级负责人会议，进行部署，又和上杭县委方方、伍洪祥等一起开会，总结了在毛泽东的指示下 5 个多月来游击战争取得胜利的经验，分析了当时的斗争形势和任务。面对这种形势，我认为自己有责任把这里的经验提供给连城、新泉、武平和其他地区做参考。因此，会后我连夜赶写了给省委的关于上杭、永定游击战争情况的报告。在此之前，我于 1 月 21 日曾到新泉了解情况，听到汀州以东的地主武装很猖狂，经常攻入苏区，还袭击我们长汀县委所在地河田。我从第四次反"围剿"斗争的全局出发，就长汀、连城和新泉的工作向省委报告，提出了几点意见（《对工作的几点意见》，简称《意见》）。显然，这个报告和意见违背了临时中央"左"倾冒险主义的主张，因而后来就被说成是所谓"罗明路线"的重要"罪证"。我在《意见》一开头就写明，对杭、永、岩工作另做报告；只提出对汀、连工作的意见，建议把长汀东部、连城南部和新泉县打成一片。其目的一是配合江西苏区向北发展，打破敌人的"围剿"；二是防止驻龙岩的十九路军向连城、汀州和瑞金进攻；三是巩固这个后方，使杭、永、岩不致陷于孤立。但是，推行王明"左"倾冒险主义路线的中央主要领导同志，却说我"没有一句话说到闽西原有根据地的巩固和发展"，说我"根本上就是预备抛弃杭、永、岩苏区根据地，向后方逃跑退却的"。中央主要领导同志对我的批评，不但完全不符合当时的事实，而且也是断章取义的。

　　从我 1933 年 1 月下旬两次写给省委的报告和所提的意见，以及从当时闽西杭、永、岩反"围剿"斗争的实际情况来看,"左"倾冒险主义者攻击"罗明路线"为"悲观失望""退却逃跑""取消主义",是完全错误的。因为:

第一,我拥护、传达和贯彻了毛泽东的关于建立、巩固和扩大农村革命根据地和关于反"围剿"斗争的各项指示。实践证明,毛泽东总结的三次反"围剿"战争的经验,和关于第四次反"围剿"的指示——广泛开展游击战争,配合主力红军的运动战,使主力红军能集中优势兵力,各个击破敌人——是完全正确的。闽西杭、永、岩苏区在第二次反"围剿"时,受"左"倾冒险主义的影响,采取"分兵把口"的战术,以致被迫退出虎岗,就是活生生的教训。在第四次反"围剿"斗争中,闽西苏区认真遵照毛泽东的指示部署工作,取得了许多胜利。1933年7月下旬,连城群众的游击战争配合中央主力红军的运动战,在朋口消灭了由漳州经龙岩向连城进犯的国民党十九路军一个旅,这也充分证明了毛泽东指示的正确性。

第二,我们总结了5个月来在杭、永、岩地区开展游击战争的情况和胜利经验,其中主要是运用了游击战争的十六字诀,取得了三次较大的胜利。第一次,由地方武装配合红军独立第七师,集中优势兵力,夺回了被漳州和广东敌人占领的永定县(今永定区)城,消灭了一部分敌人。以后由县独立团配合地方武装,又打退了敌人对合溪的进攻。第二次,驻上杭县城的广东敌军以一个足团的兵力进攻白砂,我们动员群众坚壁清野,领导地方武装和群众在距离白砂好几千米的山区隐蔽,晚上袭击进占白砂的敌人,使敌人坐卧不安,3天就退出了白砂。我们地方武装进行追击和沿途截击,敌人死伤很多,狼狈逃回上杭县城。第三次,驻永定县城的敌十九路军一营人,配合地主民团进攻白砂,我们地方武装于中途利用地形伏击敌人,敌人死伤严重,只好从山路逃往龙岩。上述三次打击敌人的胜利,使地方武装和广大干群受到鼓舞,更加相信游击战争的威力,更加相信有了正确的战略战术,就一定能够打败敌人,保卫杭、永、岩苏区。1933 年 2 月,由于猛烈扩大主力红军,边区各县把地方红军独立团、独立连连人带枪地编入主力红军,新的地方武装还未能及时建立,敌人乘机向我们各边区发动进攻。到了 2 月下旬,龙岩和永定县城的敌十九路军与上杭县城的广东军阀部队配合,以几个团的兵力向我们上杭县中心区白砂进攻。我们估计敌人较强,就照前次的经验退出白砂,县委各机关退到上杭旧县,并动员地方武装包围白砂,袭击敌人。上杭中心县负责同志开会总结游击战争经验和部署工作后,我在写给省委的报告中说:"中心的问题是要杭、永以及闽西党要集中力量依靠我们现在所有的武装力量(自然要配合其他力量),很艺术地来组织和发展胜利的武装斗争,要从这样胜利的(就是很小的胜利也是好的,只是要常常胜利)武装斗争中来减少敌人对群众的摧残和减少群众的痛苦,从这样的斗争中使群众相信自己的力量……要从这样的斗争中来发挥我们群众的斗争力量,特别是武装斗争的力量,来开展我们的斗争。"这是当时边区实际斗争所提出的要求。

第三,临时中央关于"猛烈地扩大红军"的错误指示的贯彻执行,给我们的群众发动工作带来了很大的困难。我认为,当时杭、永、岩党的最中心的工作,是动员群众,发展地方武装,开展游击战争,有效地打击敌人。只有这样才能提高群众战胜敌人的斗志和信心,才能使群众相信地方武装的力量,才能克服完全依靠主力红军的观点。我在报告中说:"如果不抓紧我们最弱的这一点,集中比较多的力量,很好地配合起来,发展武装斗争,那就是请我们最好的领袖毛主席……或者到苏联去请斯大林同志……一齐到溪南,或者到其他地方去,对群众演说三天三夜,加强政治宣传,我想也不能彻底转变群众的情绪。"显然,我不仅反对离开发展武装斗争这个中心工作,而且反对那种脱离群众和脱离客观现实的空谈。我对毛泽东这样的革命领袖是极为尊敬的。当然,这种尊敬也不等于迷信。我认为不论是谁领导，如果离开了革命斗争的客观实际和客观规律，同样也不能获得成功。

第四，在闽西的整个斗争部署上，我在报告中提出，要抓住那时的有利时机，将新成立的独立第八师、第九师的主力向北发展，用最大的力量，迅速赤化连南、汀东南，使新泉与连城、长汀连成一片。同时，要与宁化、清流联结起来，向永安方向发展。这样，一是可以巩固闽西苏区的后方，迫使十九路军不敢向汀州、瑞金进犯，使中心区免受威胁；二是能够和江西的广昌、宁都一线的中央红军相策应和配合，牵制从北面向苏区进犯的敌人；三是能威逼和打击进犯新泉、长汀、连城和上杭、白砂的敌人，使杭、永、岩避免陷于孤立，迫使敌人分散兵力，暴露弱点。此外，这一带团匪的力量较弱，还没有得到敌军的配合，容易被消灭。如果失去这一有利时机，这一带团匪得到了白军的配合，就会在我们的后方和侧翼进行捣乱，增加我们的困难，我们就会像过去那样处于被动的地位。

第五，各边区在开展游击作战中，地方武装要以基干队伍为核心，更多地参加实战，在作战中经受锻炼。苏区内地的地方武装最好调到边区，和比较能打仗的部队一起参加战斗，通过实践来学习战争的经验。要向外推进，先抓住较弱的团匪进行打击，然后就能更好地同白军作战。不估量地方武装的实际战斗力，一开始就硬打强敌是错误的。

第六，在扩大红军方面，我在报告中提出，要加紧动员，迅速组成能战斗的主力，使当地的两个师扩大成三个师。但扩大主力红军，边区和中心区应有所区别，应以长汀等苏区内地为中心和重点。因为长汀等县是新苏区，人口多，还没有与敌人直接作战，有潜力扩大主力红军。因此，我提议请省委抓紧时机进行动员，多帮助长汀等县进行这一工作。至于处于紧张的战争环境中的边缘区县，扩大主力红军比较困难。特别是杭、永、岩地区，于1928年夏秋间就举行了武装暴动，开辟了三县游击区，在长期斗争中，大部分青壮年已参加了红军，一部分青壮年和50岁左右的中年，参加了地方红军独立团、独立连和不脱离生产的赤卫队，此外便是老弱妇孺。在敌人的进攻和摧残下，很难大规模地扩大主力红军。但群众愿意参加保卫家乡的地方武装，进行游击战争。在这些边缘区县应先抓紧时机扩大独立师、独立团和其他地方武装，先抓紧解决粉碎敌人进攻的问题较为有利。在这个基础上，再从地方武装中逐步抽调力量去扩大主力红军就比较容易了。但不能整团、整连的都收编为主力部队。这是适应当时群众斗争的情绪和斗争的需要，绝不是什么"对地方主义的投降"。

第七，在巩固和扩大革命根据地方面，我在报告中提出，为贯彻执行党的整个任务，要首先抓住中心县和中心区，使中心县区能在其他各县区中起带头作用。同时，要依照各县区的环境和当地群众斗争的力量和情绪，以及党的力量等具体情况，确定各县区的具体任务。过去党和政府的领导方式太机械了，各县区采取一样的方法、一样的计划，特别是忽视边缘区县和新开辟区县的工作，这是不能持续地向白区发展的主要原因之一。在边缘区县以至新开辟区县，上下层千篇一律地进行讨论，简单地做政治动员，机械地分配扩大红军的数字，这是不正确的。

后来，毛泽东在《关心群众生活，注意工作方法》中也指出："在我们的工作人员中，曾经看见这样的情形：他们只讲扩大红军，扩充运输队，收土地税，推销公债，其他事情呢，不讲也不管，甚至一切都不管。比如以前有一个时期，汀州市政府只管扩大红军和动员运输队，对于群众生活问题一点不理。……扩大红军、动员运输队呢，因此也就极少成绩。"这说明当时的工作方法是需要大大改进的。

第八，在财政方面，我在报告中提出，杭、永、岩边区处在游击战争环境中，所有土地税款等收入不能完全集中到国库，应有地方的机动费用，否则脱离生产的地方武装人员的生活就无法维持。

　　上述报告和意见，是从实际出发，在调查研究和总结经验的基础上提出来的。事实证明，当正确贯彻毛泽东关于开展游击战争的指示的时候，上杭、永定、龙岩老区的形势就不断好转；而中央主要负责同志不考虑边区的战争环境，把地方武装硬编入主力红军后，情况就急转直下，边区和红军都遭受了损失。由于地方武装处于青黄不接的状态，不能有力打击敌人，保护群众，所以使群众产生了恐慌心理。有些群众对我们说："我不得不暂时妥协屈服，但我的心还是红的，我也相信整个革命是要胜利的，我也希望红军能够胜利……"关于扩大主力红军的问题，永定县溪南金沙乡贫农开会讨论提出，在边区边乡应从独立团、独立连中以三分之一的比例，分批逐步抽调战士去扩大主力红军，使地方武装能坚持游击战争，打击敌人。我和县区的领导同志都同意这个意见。又如，主力向北发展，赤化连南、汀东南的问题，过去就有过教训。在争取北四、五区，争取岩西北的问题上，由于失去了时机，所以当敌人进攻时，我们就出现了被动的局面。另外，有的地区地方武装也不算少，但由于没有以基干队伍为中心，没有经过实战的锻炼，所以出现了一打大仗就大散特散的情况，等等。当时，我作为福建省委和杭、永、岩的主要负责人，完全从对党、对革命事业负责的态度出发，提出自己的意见，并且按照组织原则由内部向省委报告。但是，临时中央的负责同志却把报告和意见视为"大逆不道"，对我兴师问罪。这完全是违背党内民主原则，主观武断、蛮横无理的做法。

　　他们从反对毛泽东正确路线和急于贯彻同国民党反动派决战的"进攻路线"出发，不区分中心区和边缘区的不同情况，一律要求猛烈地扩大主力红军。当我如实反映他们这一政策在边缘区造成了严重恶果后，他们竟不顾事实，反而指责我错误估计形势，反映了"地主豪绅的残余和富农"的情绪，诬蔑我反对扩大主力红军。甚至连我反映的边缘区因避免暴露，"少先队不戴少先队帽，妇女装假发（原先剪短了，国民党军队来边缘区后看见短发的就要抓要杀），用布包头，恢复旧装"的情况，也被他们说成是对工农群众做了"惨淡黑暗、茫无前途的描写"。我在报告中明明指出，如果去杭、永、岩不抓住发展地方武装，开展游击战争这一根本，即使请毛泽东、斯大林等领袖来演讲也解决不了群众的斗争情绪问题。但是，他们却不顾"发展地方武装，开展游击战争"这句话的重要前提，抓住后半句对我进行攻击，说"罗明路线"是一条什么"悲观失望"的"机会主义路线"。

他们不了解在敌强我弱的总的情况下，游击战和带游击性的运动战，是土地革命战争时期的主要战争形式；不懂得集中兵力、各个击破敌人的战略战术；更不了解当时闽西主力红军只有向北积极行动，才能有效地牵制和打击进攻的敌人，巩固后方，并有效地配合中央苏区主力红军，粉碎敌人的"围剿"这一基本事实。他们要求各地"分兵把口"，硬打硬拼，认为只有这样才符合"进攻路线"。他们也根本无视我主动到杭、永、岩领导游击战争，无视我在报告和《意见》中反复陈词要在杭、永、岩坚持游击战争的事实，毫无根据地指责我向北积极行动的建议，"根本上就是预备抛弃杭、永、岩根据地，向后方逃跑退却"，甚至进一步推论说罗明"所以主张向汀连一带发展，不外是因为这一带只有团匪没有白军的缘故。如若白军一来，那当然只有像杭、永、岩一样又是逃跑了"。所以，他们攻击"罗明路线"是一条什么"退却逃跑"的"机会主义路线"。

他们不懂得按照实际情况决定工作方针，这是马克思主义最基本的工作方法，而只是空喊口号，照搬外国的经验。他们根本不顾中国革命的条件，不顾苏区特别是边缘区斗争的具体环境，不仅要在苏区实行义务兵役制，搞红军的所谓"正规化"，机械地分配和扩大主力红军的任务，而且还要普遍搞什么拥苏同盟、反帝同盟等等名目繁多的"正规化"的群众团体。我提出反对千篇一律的、简单化的政治动员，要规定适合地区特点的具体任务；新泉县委书记杨文仲主张边区为适应战争环境，要精简一些机关团体，以便集中精力领导战争。他们就攻击我们反对政治动员，取消党的领导，犯了"取消主义"的路线错误。

从上述的情况看，所谓"罗明路线"并不是什么错误路线，而是同以王明为代表的"左"倾冒险主义相对立的、毛泽东的马克思主义路线在福建、闽西的具体体现。

二、反"罗明路线"的经过及其恶果

临时中央的主要负责同志到达瑞金不久，为了推行"左"倾冒险主义的理论和政策，"钦差大臣"满天飞。中央特派员到福建检查工作，抓住我给省委的报告和意见，武断地咬定福建省委已经形成了"以罗明为代表的机会主义路线"。所以，在1933年春，正当苏区第四次反"围剿"斗争即将取得胜利的前夕，以王明为代表的"左"倾教条主义者发动了一场大规模的反对所谓"罗明路线"的斗争。这个斗争，从福建蔓延到江西，波及整个中央苏区，从党内到团内，直至工农红军内部。这个斗争从1933年春开始，至红军被迫长征，直到1935年1月遵义会议时才结束。

1933年2月上旬，苏区中央局做出决议，提出了最大限度地扩大与巩固主力红军的紧急任务，要求全国各苏区创造100万"铁的红军"，来同帝国主义、国民党军队决战。在这个总目标之下，闽赣两省1月、2月份扩大红军的数量，限期于2月20日完成。从2月20日起到3月20日止，两省必须再输送1万名新战士到前方。为此，中央局还强调，必须展开同在敌人大举进攻面前张皇失措、退却、逃跑的右倾机会主义的斗争。接着，于2月15日通过了《苏区中央局关于闽粤赣省委的决定》（闽粤赣省委实为福建省委）。这个决议认为，省委已经"处在一种非常严重的状态中"，已经"形

成了以罗明同志为首的机会主义路线",并宣布立即撤销罗明的福建省委代理书记及省委驻杭、永、岩全权代表的职务。2月20日,少共苏区中央局也做出决定,开展反"罗明路线"斗争,并给"罗明路线"戴上了"反国际反中央反党"的帽子。这样,反对"罗明路线"的斗争就在福建苏区开展起来了。

苏区中央局发动反"罗明路线"的斗争,我是在上杭看到《斗争》报上的文章后才知道的。后来,省委通知我立即返回汀州。我在赶回汀州的途中,遇到了从汀州来的张鼎丞。我便问他,我究竟犯了什么错误?他说,他们说我们犯了路线错误,说我们不扩大红军,只顾打游击战争。我说,我们工作上有许多错误,但没有路线错误。如果是路线错误,为什么第三次反"围剿"取得了胜利,根据地能得到这样快的扩大?我们并没有反对扩大主力红军,只是要求对中心区和边缘区应有所区别。就是在杭、永、岩地区也没有说不能扩大主力红军。这哪里是什么路线错误?

我回到汀州,又接到通知,要我赶往瑞金进行检查。到达瑞金后,中央局几个干部找我谈话,批判我的"错误"。接着,一位中央负责同志和我谈话,对我进行批评。当时,我就问他:我自己提出并得到省委批准,由汀州赶到最艰苦的边缘县区参加游击战争,为什么说我是"退却逃跑"呢?他说:从路线上说是"退却逃跑"。用辩证法看问题,事物都是发展的,例如打游击战争是过去需要的,现在再打就变成"游击主义"了。他反问我:在边缘县区为什么不能和中心区一样扩大红军?我说:边缘县区要进行游击战争,随时打击敌人的进攻,不能和中心区一样。干部和群众在实践中总结经验,提出逐步地、分批地扩大主力红军。他当即武断地说:这是"富农路线",你说听取群众的呼声,就是这么听吗?我说:这是永定县金沙乡贫农会议从血的教训中总结出来的。

后来,中央书记和我谈话:他劈头就说:你不承认有路线错误,还引用列宁的话来反驳。你们山沟里有什么马列主义?你说边缘区不能和中心区一样扩大主力红军，要采取逐步扩大的办法，是不是说我们不了解边缘区的实际情况，要我们去调查研究？这是你们狭隘的经验主义。你不承认路线错误就开除你的党籍，撤销你的党内外一切职务。他还说：还有比你更高级的领导干部，也犯了同样的错误。最后，他要我回福建在省代会上做检查。

我在瑞金期间，住在叶坪中央局的一个房间里，白天由中级干部开会对我进行批斗，晚上由一般干部开会对我进行批斗，一连批斗了好几天。有一个晚上，就在附近召开了一个中央机关干部批判"罗明路线"的大会，有几百人参加。当时大会的气氛很紧张，不断高呼口号。有个青年干部提出要把我枪决。后来中央局的杨尚昆同志上台讲话，做了解释，气氛才缓和下来。

福建省委于2月24日在汀州召开省临时代表会议，开展反"罗明路线"的斗争，中央局派人参加。福建省委张鼎丞、刘晓、郭滴人、方方、李坚真等同志都出席了。我照党中央的决定在会上做了检查。会上虽然对我进行了批判，但是各地代表在讨论中仍有许多不同意见。例如，新泉县委书记杨文仲说：新泉就是在罗明同志传达了毛主席的指示后，才紧急动员起来，开展游击战争，打退了敌人的进攻的，否则新泉根据地就不能得到巩固。上杭、永定等县的区乡代表说：毛主席号召开展游击战争是正确的。罗明同志和我们一起照毛主席的指示打了好多次仗，都取得了胜利。当时我们对敌人每次进攻的时间、地点、兵力都侦察和估计得很准确，打击敌人的部署很细致。如果各区乡切实这样做，可以使敌人受到更大的打击。中央代表插话说："对敌人的估计是一般参谋人员的常识，没有什么奇怪的。"上杭、永定的代表坚持赞成采取逐步分批扩大主力红军的办法。他们说："留得红色区乡在，可以不断出红军。"大会由中央代表做总结，宣布了补选省委委员的名单和撤销杨文仲的新泉县委书记职务的决定。杨文仲也曾经给省委写报告，汇报新泉开展武装斗争的情况。他写报告和报告的内容我都不知道。临时中央主要负责同志把杨文仲说成是"罗明路线"的代表者之一，并且怀疑和追查我和他有什么小组织活动。这是没有任何根据的，我们光明磊落，彼此只有革命工作关系。杨文仲被批斗后调往中央党校学习和工作，后来在长征途中光荣牺牲了。

正是在1933年2月下旬和3月上旬，中央根据地粉碎了敌人的第四次"围剿"。当时，周恩来、朱德和中央主力红军的领导，在实际的战斗中发现王明"左"倾教条主义的军事方针行不通，所以坚决运用毛泽东的战略战术原则，诱敌深入，二战宜黄，缴枪万余，并继续追击敌人，取得了胜利。后来主力红军进行运动战，于闽西连城，在地方武装的游击战配合下，消灭了国民党十九路军一个旅，收复了连城、清流、宁化等大片地区。但推行王明"左"倾教条主义的中央领导，反而以为这是他们反对所谓"罗明路线"在政治上和军事上所取得的胜利。因此，他们在更大范围内开展了反对所谓"罗明路线"的斗争。

在福建，反对"罗明路线"的斗争首先在省级机关展开，然后自上而下，由内到外，全面铺开，一直搞到每一个支部、区乡。在这一斗争中，他们往往采取对敌人的办法来对待同志和处理党内斗争，提出了"用布尔什维克的铁拳将他粉碎""无情打击"等等口号。不仅对我，而且对省委其他负责同志也是这样。例如中央代表就曾指着张鼎丞的鼻子说，"你张鼎丞之流，中央对你一次又一次地教育，你仍然是机会主义、官僚主义者"，也要"无情打击""用铁拳进行粉碎"。特别是在1931年肃反扩大化之后，突然听到要与"罗明路线"进行"残酷斗争""无情打击"，不少人就认为"罗明路线"是"反革命"，罗明是"反革命分子"。结果搞得人人自危，许多很熟悉的同志都不敢同我和其他所谓犯了"罗明路线"错误的同志接近了。

当时参加反"罗明路线"斗争的同志，不少人并不真正了解下面的具体情况。省委派李明光、黄宜章、张思垣等到前线去开展这一斗争。当他们了解情况后，反倒同情起"罗明路线"来了。有的随随便便应付了事，好回去交差；有的抵制了这一斗争。例如，省委常委、宣传部部长兼军区政治部代主任李明光，不愿在连城前线开展这场斗争，在"左"倾冒险主义者的压制下，不能打游击战，在同敌人硬拼硬打中英勇地献出了自己的生命。党的这些优秀干部，都是王明"左"倾冒险主义的受害者。特别是像李明光这样的同志，是值得党和人民永远怀念的。当时群众为纪念李明光而把连城县改为明光县（今明光市）。

在这场反对"罗明路线"的斗争中，临时中央的负责同志还实行了宗派主义的组织路线，打击和撤换了一大批各级党政军领导干部。在"加紧深入开展反罗明路线斗争"的口号下，福建省比较高级和比较老的干部几乎都不能幸免。例如，福建省委常委、军区司令员谭震林，由于不愿检查所谓的"罗明路线"错误，被指责为"企图保留一部分机会主义武装，在某一时机上来向党进攻"的"机会主义者"，于 1933 年 6 月，在省委扩大会议和省军区党代表大会上受到批判，并被撤销了军区的一切职务。张鼎丞由于不同意反"罗明路线"而被扣上"一贯的机会主义，官僚主义者"的帽子，被撤销了省苏维埃主席的职务。省委常委郭滴人是 1926 年的党员、广州全国农讲所毕业的学员，是龙岩党组织的主要创始人。"左"倾机会主义者说他是"罗明路线"的拥护者，不断打击他。被打击后，先是把他调到省委宣传部，不久又调到省军区宣传部，后来又调到一个地方去领导几十人修筑工事，最后，把他调到军区当勤务员的教员。郭滴人随红军长征到陕北后病逝。省委常委兼组织部部长刘晓和省团委书记陈荣被指责为"腐朽的自由主义和调和主义者"而受到批判。省土地部部长范乐春，省军事部部长游瑞轩，省军区的杨海如、霍步青，长汀县委书记李坚真，上杭中心县委书记方方，都被调离了原职，另行分配工作。其他县区的领导干部，也不断有人受到批斗、撤职。如永定县委的罗禄山、关坤林等，武平县委书记陈玉梅、汀东县委的陈玉珍、熊丁州等都遭到打击，并被撤销了领导职务，这都是"左"倾教条主义者发动反"罗明路线"所造成的恶果。

三、在福建反"罗明路线"与在江西反邓、毛、谢、古的关系

"左"倾教条主义者反"罗明路线"所造成的不幸后果，不仅反映在福建，而且反映在江西。

因为"罗明路线"的问题，我不仅受到批判和斗争，而且被撤了职。接着，我被调到瑞金中央党校工作。

在中央党校工作期间，我从苏区《斗争》报上，看到当时党中央的宣传部部长发表了一篇题为《罗明路线在江西》的文章。这篇文章不仅继续对我进行批判，而且把斗争矛头指向邓小平、毛泽覃、谢唯俊、古柏和江西省委。该文强调批判"江西的罗明路线"，并要求把这一斗争"深入到群众中去"。我看到这篇文章后，曾向中央宣传部部长提出这样一个问题：我没有到江西工作，为什么说"罗明路线在江西"？中央宣传部部长回答说：江西省委的错误，同你的错误一样，所以也这样批。

事实很清楚，邓小平等同志在江西，曾经抵制了以王明为代表的"左"倾冒险主义的"进攻路线"，江西省委在实际工作中，贯彻和执行了毛泽东的正确路线，这是王明"左"倾教条主义者所不能容忍的。所以，他们不仅在福建大反"罗明路线"，而且在江西大批邓、毛、谢、古。

早在1933年3月，中央局代表为在江西推行王明"左"倾冒险主义的错误指导方针，在会（昌）、寻（邬）、安（远）三县党的积极分子会议上，大批所谓会、寻、安的"罗明路线"，又做"报告"，又做"结论"。并且在3月31日做出了《会、寻、安三县党积极分子会议决议》，说什么"会、寻、安三县过去在以邓小平为首的中心县委的领导下，执行了纯粹的防御路线""显然同党的进攻

路线丝毫没有相同的地方"。并且说"这是在会、寻、安的罗明路线",那种"说纯粹防御路线不是罗明路线的观点,是完全错误的"。同年 4 月 15 日,在中央局的《斗争》报上,中央局代表又发表了《罗明路线在江西》一文。接着,于 5 月 4 日又在工农红军学校党、团员活动分子会议上,做出了《关于江西罗明路线的决议》。文章和决议都认为"罗明路线不但在福建的杭、永、岩,而且也在江西",攻击邓、毛、谢、古"是罗明路线在江西的创造者",江西的"罗明路线"就是"单纯防御路线""是与党的进攻路线完全相反的"。同年 5 月 5 日,中央局又批准了《江西省委对邓小平、毛泽覃、谢唯俊、古柏四同志二次申明书的决议》,继续对这些同志进行"残酷斗争,无情打击"。

这样,大反"罗明路线"就从福建发展到江西。在中央苏区,在党、团组织内部,在工农红军之中,"罗明路线"的帽子满天飞,各级干部大受其害,使党和革命事业遭受了很大的损失。

四、反对"罗明路线"的实质

前面的事实已经说明,反对"罗明路线"的实质,说到底,就是在我们党领导中国革命的实际斗争中,不贯彻和执行以毛泽东为主要代表的马克思主义路线。

以王明为代表的"左"倾教条主义者,他们发动反"罗明路线"的斗争,实质上是贯彻六届四中全会"反右倾"和"改造充实各级领导机关"的错误纲领的一个新的严重步骤。其目的是要进一步反对毛泽东和以毛泽东为主要代表的马克思主义路线,打击中央苏区执行这一正确路线的各级党、政、军领导干部,使王明的"左"倾冒险主义在整个苏区得以全面贯彻。

很清楚,他们可以撤销毛泽东在党和红军中的领导职务,但无法消除毛泽东的正确路线在苏区广大干部和群众中的深刻影响,无法消除毛泽东的崇高威信。尽管他们诬蔑毛泽东的正确思想和主张是什么"富农路线""极严重的一贯的右倾机会主义路线",但是,奇怪得很,在苏区还是毛泽东的一套办法灵,而王明的"左"倾冒险主义那一套就是行不通。为了贯彻他们的"百分之百的马克思主义"路线,他们必然在整个苏区进一步大反以毛泽东为主要代表的马克思主义路线,大整执行这一正确路线的干部。他们对"罗明路线"的大加讨伐,只不过是公开打出的旗号而已。

他们在批判我的文章中明白地宣称:"毫不迟疑地、坚定地同罗明、杨文仲等的机会主义路线做斗争,是我们党顺利执行进攻的布尔什维克路线的不可分离的一部分。"他们在批判邓小平等同志的文章中也写道:要"彻底改造各县、特别是边区边县党与群众的工作,来执行党的进攻路线,……完成江西革命的首先胜利"。中央主要负责同志在其报告中也指出:"在我们党内(很可惜的,甚至在党的领导同志内),有一部分动摇懦弱无气节的小资产阶级的分子,受着阶级敌人的影响,充分地暴露了那种悲观失望、退却逃跑的情绪,以致形成他们自己的机会主义的取消主义的逃跑退却路线,反抗党的进攻路线。"

毫无疑问,我在工作中有许多缺点和错误。但是,他们反对"罗明路线",绝不是反对我个人,也绝不是反对我的缺点和错误,而是因为我和苏区广大干部坚信和执行了以毛泽东为主要代表的马克思主义路线,在福建苏区传达和贯彻了毛泽东关于第四次反"围剿"斗争的指示。我给省委写报告之所以成了"弥天大罪",也是因为我在报告中坚持了毛泽东实事求是的原则,如实地反映了当时闽西的实际情况,抵制了以王明为代表的"左"倾教条主义的错误主张。同时,由于毛泽东在党和军队中的领导职务早已被他们撤销了,而我在给省委的报告中仍然认为毛泽东是最好的领袖之一,所以,这不能不说是对"左"倾教条主义者一个莫大的刺激。当时临时中央的主要负责同志就责问我:你为什么把毛泽东和斯大林相提并论?后来,他们在公开发表的文章中竟然讽刺地说:"企图拿罗明与斯大林比较，那正像把狗子同猛虎比较，同样地觉得不伦不类吧！"明眼人一看便知，他们耍弄"指桑骂槐"的手法，公开骂的是罗明，实际上是指向毛泽东。

我们再来看一看他们批判我的一段寓意深长的话。他们写道："他在闽西这一长期的工作过程中，继续不断地犯了许多最严重的机会主义错误。他一贯地不相信闽西群众的革命力量，对于闽西群众斗争的形势估计不足，处处想依靠中央区的大红军来打平天下。大红军一来他立刻高兴地发狂，大红军一去他立刻失望地哭泣。1931 年 8 月、9 月间红军占领汀州，罗明跟着卢德光立刻抛弃了原有的根据地把省委搬到汀州。1932 年 4 月红军东下占领漳州，罗明又发疯般地把省委的一切工作都丢开，随大红军同到漳州，至于如何发展群众斗争，组织群众，如何坚决执行党的政治路线，巩固党的领导，如何执行苏维埃政府的一切法令，巩固与扩大苏维埃政权，如何在发动群众积极性的上面扩大地方武装，创造铁的红军，坚决打击和消灭国民党的进攻部队，一切这些问题，在罗明同志看来始终是次要的。罗明同志这些机会主义的错误，在敌人大举进攻、阶级斗争日益尖锐化的现在，发展成为公开的、反党的机会主义路线当然是毫不足怪的。"这不仅是歪曲事实，而且是别有用心的。

所谓"最严重的机会主义错误"之一，是"处处想依靠中央区的大红军来打平天下"。但是，我在《意见》中明明写着要"打破完全依靠主力红军的观点"。这一点他们当然是十分清楚的。如果我一贯地不相信闽西群众的革命力量，那么又怎样说明闽西革命根据地和革命武装不断获得发展和壮大的事实呢？他们单单挑出两次军事行动做例子，事实真相又是怎样的呢？

1931 年 7 月、8 月，闽粤赣特委主要负责同志决定闽西红十二军进攻汀州。虽然我没有参与做出这一决定，但我认为，这次军事行动在客观上起到了与毛泽东、朱德领导的第三次反"围剿"斗争相配合的作用。当时我与张鼎丞等同志一起随红军独立团行动，在永定、上杭进行游击战争。我们打退了敌人的进攻，并向白区新泉进击，占领了新泉。红十二军占领汀州后，进攻杭、永、岩的敌人受到我们地方武装的打击，已经撤退了。前委决定把闽粤赣边特委改为省委，通知我和张鼎丞回汀州。卢德光携款逃跑后，是以毛泽东为首的中央红军前委命我接任省委书记的。当时省委抓住第三次反"围剿"的胜利形势，领导群众和地方武装，不仅恢复了杭、永、岩老区的大部分，而且扩大了许多新区。向东扩大到连城、新泉，与宁化、清流等县相连；向西扩大到武平；向南扩大到平和、饶平和大埔游击区。闽西根据地与中央苏区连成一片后，省委不仅在新区发动群众建立政权、实行土改、发展地方武装、开展游击战争，而且在新老区动员了大批青壮年补充中央主力红军。毛泽东曾先后3次去调查的上杭县才溪模范乡，就是当时扩大主力红军最多、最好的典范。这怎么能够得出"抛弃原有根据地"的结论呢？

1932年3月，因中央红军久攻赣州不下，中央在江口会议上决定，把红军调往福建攻打敌人守备较弱的漳州。毛泽东、周恩来、聂荣臻、罗荣桓、罗瑞卿等率领中央红军东路军到了汀州后，通知我召开福建省委会议，出席会议的除上述领导同志外，还有省委常委张鼎丞、刘晓、谭震林、郭滴人、李明光和省委其他负责同志。会上，毛泽东和周恩来分别就这次军事行动的意义、作战部署和省委如何做好政治动员、粮食供应、组织运输、地方武装配合行动等方面做了指示。会后，我陪同周恩来同志到长汀县地区检查准备动员的情况。后来，毛泽东亲自打电话给省委，要我随主力红军行动，以便与漳州、厦门地下组织联系，及时做好配合工作。我们坚决执行了毛泽东、周恩来的指示，积极配合了主力红军的行动。在取得了攻占漳州、消灭敌张贞师的巨大胜利后，我们又根据毛泽东的指示，进行开辟新区、建立政权、扩大红军、开展抗日宣传、向中央苏区运送缴获的军事物资等项工作。所有这些，难道不是省委应做的工作吗？他们把我们贯彻上级指示的正确行动，当成什么"反党的机会主义路线"错误地加以打击，完全颠倒了是非，混淆了敌我。

他们之所以这样毫无根据地对我横加指责，原因就在于这两次军事行动符合毛泽东的军事思想，并且是毛泽东等领导同志亲自领导和指挥的。这违背了他们攻打中心城市、争取一省数省首先胜利的"进攻路线"。我的"错误"不在于"抛开原有根据地"和"丢开省委的一切工作"，而在于我拥护并积极参加了这两次军事行动。他们拿这两次军事行动来攻击我，这倒是"毫不足怪"，其矛头所向，是十分清楚的。

他们把曾经给毛泽东扣上的什么"富农路线""一贯的右倾机会主义""游击主义""狭隘经验主义"等大帽子，也一股脑儿地扣在我的头上；同时，这场反对"罗明路线"的斗争，不仅在福建闽西根据地，而且在整个中央苏区展开了，进而扩大到各苏区和全党，这就清楚地表明，这场斗争是他们早已开始的反对以毛泽东为主要代表的马克思主义路线活动的继续和深入，是他们全面推行王明"左"倾冒险主义的一个重要步骤。

正如《关于若干历史问题的决议》所指出的，以王明为代表的"左"倾冒险主义者，为贯彻其意旨起见，"在党内曾经把一切因为错误路线行不通而对它采取怀疑、不同意、不满意、不积极拥护、不坚决执行的同志，不问其情况如何，一律错误地戴上'右倾机会主义'、'富农路线'、'罗明路线'、'调和路线'、'两面派'等大帽子，而加以'残酷斗争'和'无情打击'，甚至以对罪犯和敌人作斗争的方式来进行这种'党内斗争'。这种错误的党内斗争，成了领导或执行'左'倾路线的同志们提高其威信、实现其要求和吓唬党员干部的一种经常办法。它破坏了党内民主集中制的基本原则，取消了党内批评和自我批评的民主精神，使党内纪律成为机械的纪律，发展了党内盲目服从随声附和的倾向，因而使党内新鲜活泼的、创造的马克思主义之发展，受到打击和阻挠。同这种错误的党内斗争相结合的，则是宗派主义的干部政策。宗派主义者不把老干部看作党的宝贵的资本，大批地打击、处罚和撤换中央和地方一切同他们气味不相投的、不愿盲目服从随声附和的、有工作经验并联系群众的老干部。他们也不给新干部以正确的教育，不严肃地对待提拔新干部（特别是工人干部）的工作，而是轻率地提拔一切同他们气味相投的、只知盲目服从随声附和的、缺乏工作经验、不联系群众的新干部和外来干部，来代替中央和地方的老干部。这样，他们既打击了老干部，又损害了新干部。……造成了党内极可痛心的损失。……极大地削弱了党"。

由于通过反对"罗明路线"的斗争，进一步把执行以毛泽东为主要代表的马克思主义路线的各级党、政、军领导干部打下去，所以就使得王明"左"倾冒险主义及其一系列"左"的政策在思想上、政治上、军事上、组织上得到进一步的全面贯彻。特别是在第五次反"围剿"斗争中，他们完全抛弃了毛泽东关于人民战争的战略战术原则，用阵地战来代替游击战和运动战，用正规战来代替人民战争。他们始则实行进攻中的冒险主义，主张"御敌于国门之外"；继则实行防御中的保守主义，主张"分兵把口"，"短促突击"，同敌人"拼消耗"；最后，在不得不退出中央根据地进行长征时，又变为实行真正的逃跑主义。

临时中央主要负责同志在批判"罗明路线"时，曾声称他们要"创造出罗明、杨文仲这类怯懦的机会主义者所不敢梦想的光明灿烂的新的苏维埃的世界"。事实的进程与他们的主观愿望相反。他们所创造的不是"光明灿烂的苏维埃新世界"，而是"把白区搞掉几乎百分之百，根据地和红军搞掉百分之九十"，几乎断送了中国革命。

革命的实践充分证明，只有以毛泽东为代表的马克思主义路线才能指引中国革命走向胜利。1935 年 1 月，在长征的危急关头举行的遵义会议，在军事上彻底纠正了以王明为代表的"左"倾教条主义的错误，肯定了毛泽东的马克思主义的军事路线，确立了毛泽东在红军和党中央的领导地位，结束了王明"左"倾冒险主义在党中央的统治，这才真正挽救了党，挽救了红军，挽救了中国革命。遵义会议具有伟大的历史意义，它使党确立了以毛泽东为代表的马克思主义正确路线，标志着我党在政治上开始走向成熟。

遵义会议的精神是林伯渠给我们传达的。当时，他还对我说：过去党反对陈独秀右倾投降主义和前两次"左"倾错误，曾得到共产国际与斯大林的启发和帮助；这次党反对受国际"进攻路线"影响的王明"左"倾冒险主义，是完全靠我们自己。这说明了我们党是英明、正确的，是大有希望的。

遵义会议后，在毛泽东的正确领导下，中央红军进行了机动灵活的大规模运动战，四渡赤水，以各种佯攻迷惑和调动敌人。1月底首渡赤水；接着又回师二渡赤水，反攻桐梓，重越娄山关，第二次占领遵义；击溃和消灭大部敌人之后，又三渡、四渡赤水，再渡乌江，佯攻贵阳，然后，以急行军向贵州西部挺进，直插云南，巧渡金沙江。经历了千难万险，最后胜利地到达陕北根据地。这是毛泽东军事思想的光辉胜利，也是遵义会议反对王明"左"倾冒险主义所取得的光辉胜利！

五、几点经验教训

我们的党已经走过了60年的战斗历程（截至作者撰写本文。——编者注），历经无数次的艰难曲折，终于取得了今天这样伟大的胜利。这个胜利，是马克思列宁主义、毛泽东思想在中国的胜利。每当我回忆往事的时候，这种体会便尤为深刻。

我总是想，党培育了我56年（截至作者撰写本文。——编者注），作为一个老共产党员，要忠心耿耿地为崇高的共产主义事业奋斗到底。我们党的事业是发展的，而发展党的事业，是需要借鉴党的历史经验的。正确总结历史经验，可以教育和鼓舞我们继续沿着马克思列宁主义、毛泽东思想的科学轨道前进。

从我的切身体会来说，要继承和发扬党的优良传统。首先，要坚定不移地坚持以马克思列宁主义、毛泽东思想作为我们的行动指南。在土地革命战争时期，我们在中央苏区的一切胜利都是在毛泽东思想的指引下取得的。以王明为代表的"左"倾冒险主义给革命带来了严重的灾难，从根本上说，就是他们离开了马克思列宁主义和中国革命具体实践相结合的基本原则。不论是谁，一旦离开这个基本原则，即使是毛泽东本人，也会犯错误。毛泽东是伟大的马克思主义者，伟大的无产阶级革命家、战略家和理论家，但他在晚年发动"文化大革命"，犯了"左"的严重错误，就是因为脱离了这个基本原则。历史的事实已经证明，"左"并不比右好，指导思想上的右和"左"的错误，从陈独秀到王明，都给党和人民带来了莫大的危害。

其次，要始终如一地"坚持真理，修正错误"。这是我们共产党人所应当采取的辩证唯物主义的立场。我们党过去坚持这个立场，使革命转败为胜，化险为夷；今天我们要建设社会主义现代化强国，要开创振兴中华的新时期，还会遇到各种各样的新的困难，甚至还会遭遇新的挫折。但是，只要我们能够"坚持真理，随时修正错误"，也必将能够战胜困难，夺得新的更加伟大的胜利。从历史上来看，一个革命者乃至革命领袖，要始终如一地坚持这个立场，真正做到实事求是，那是要经受长期历史考验的。在王明"左"倾冒险主义统治我们党的时候，我们党的一些领导同志，都程度不同地犯了"左"的错误，这种错误都是在一定的历史条件下发生的。然而，由于他们能够坚持辩证唯物主义的立场，所以终究冲破了"左"的指导思想的羁绊，实事求是地改正了自己的错误，并且几十年如一日，不断为党和革命事业做出新的贡献。如果离开了这个根本立场，即使是像毛泽东这样伟大的马克思主义者，伟大的无产阶级革命家、战略家和理论家，也会犯错误。然而，由毛泽东思想培育起来的我们党的中坚骨干，也终究能够坚持辩证唯物主义的立场，领导党和人民，依靠自己的力量纠正毛泽东晚年的错误。历史证明，我们党不愧是用马克思列宁主义、毛泽东思想武装起来的党，是正确的、大有希望的党。

再次，要坚持党的民主集中制的原则，发扬批评和自我批评的党内民主精神，正确对待党内斗争，遵循"惩前毖后，治病救人"的方针，根除那种"残酷斗争"和"无情打击"的过火的"党内斗争"，同时改变那种涣散软弱的毫无战斗力的状态。

最后，要团结一致向前看。历史的是非问题弄清楚了，就不应当纠缠于过去，也不应当计较个人恩怨，而应在马克思列宁主义、毛泽东思想的原则基础上增强党性、增进团结，同心同德地为实现党在新时期的宏伟目标而奋斗。

关于"罗明路线"的问题，已经过去将近半个世纪了（截至作者撰写本文。——编者注）。半个世纪以来我们的党、国家和各族人民有了巨大的进步。让我们汲取历史的经验教训，在新长征的道路上奋勇前进。

由于这个问题时过已久，现在的追忆和叙述，难免会有不准确或者错误的地方，我诚恳地希望了解这个问题的同志们能共同研究，给予指正。

粉碎国民党对陕北根据地的
第一、二、三次"围剿"

崔田民

一、陕北党、团组织发展简况

陕北最早的共产党员是李子洲,名登瀛,绥德县人。1923 年春,他在北平师大哲学系学习时,加入了中国共产党。同年夏季毕业后回陕西,先后在三原中学、渭北中学、陕北榆林中学任教员,宣传马列主义。1924 年秋,他到绥德县省立第四师范任校长,教务主任为杨明轩,训育主任为常汉三。他到校后聘请了王懋廷、蔡楠轩、罗端先、田伯荫、王复生、关中哲、赵少西等进步知识分子和共产党员任教。从 1924 年秋到 1925 年初,他在绥德省立第四师范发展了第一批党、团员,有李瑞扬、王兆卿、乔国贞、白明善(白乐亭)、杜振廷、杨璞、霍世杰、霍学光等;建立了党、团特别支部,党的支部书记是王懋廷,组织委员是田伯荫,宣传委员是李卓然,还有委员王复生等同志,直接归中共北方区委李大钊领导。

1925 年春,绥德特别支部派王懋廷、白明善等同志去榆林一中发展党、团员,于 5 月正式建立了党、团支部。团支书是张肇勤,组织委员是刘志丹,宣传委员是曹必达。党、团员还有王子宜、曹力如、杨国栋、汤登科、焦维帜、董耀卿、周梦雄、高子钰、庄培、武开章、刘文蔚、郭洪涛、马云程、柳寿青、王乃平、王俊让、霍作霖、王怀德、王建民、张训谦、白作宾、周发源等。1925年上半年，绥德特别支部又派田伯荫、呼延震东等同志去延安四中发展党、团员，于1925年秋冬建立了党、团支部。党支部书记是王超伯，组织委员是易厚庵，宣传委员是陈玉庭。1925年冬至1926年春，绥德县特别支部再派李瑞扬、杜振廷、杨璞等同志去陕北军阀井岳秀部下石谦营（以后扩大到旅），协助该部连长、共产党员谢子长、李象九和史未然等同志开展工作，并介绍阎揆要、阎红彦、杨仲运、雷恩钧等加入共产党，发展了党的组织，在军队中建立了党的支部。

1926年3月，中共北方区委派耿炳光为陕北特派员。6月，绥德特别支部改为地委，蔡楠轩为书记，何寓楚为组织委员，关中哲为宣传委员，领导绥德、清涧、安定、佳县4个特支，1个工人支部，1个军队支部。至同年秋天，榆林特别支部亦改为地委，马云程为书记，刘景象、郭洪涛先后为组织委员，周家干为宣传委员。至同年冬，延安特支改为地委，书记为田伯荫，组织委员为易厚庵，宣传委员为陈玉庭。

1927年春，成立陕甘区委，领导绥德地委、榆林地委、延安地委、石谦军支部，在陕北进行了轰轰烈烈的大革命，播下了革命的种子，在陕北广大群众中产生了极为深刻的影响。这是第一次大革命时期，陕北党、团组织发展的主要情况。

1927年4月12日，蒋介石叛变革命后，陕北军阀井岳秀约于8月间开始了"清党"运动，封闭学校，解散工会、农会、商会等群众组织，逮捕、屠杀共产党员和进步人士。时值暑假，各校学生和党员都已离校回家，分散在各地，有的被捕、有的被杀、有的自首、有的消极，故当时有些党、团组织一度处于混乱和停顿状态。

1927年7月，陕甘区委改为陕西省委。10月，团省委派焦维帜为陕北特派员，到陕北整顿组织，先后恢复了绥德、榆林共青团县委。不久在榆林成立共青团陕北特委，书记是焦维帜，组织委员是贾拓夫，宣传委员是刘绍让。12月，省委派杜衡为陕北特派员，到陕北整顿党组织，从南向北，先后建立了延安、延长、清涧、绥德、米脂等5个县委。1928年2月，建立榆林县委，书记是李文芳，组织委员是白福堂，宣传委员是叶先英，领导榆林、横山两个区委（榆林区委书记是张德生，横山区委书记是×××）和榆中、女师、街道3个支部。杜衡又被派到神木、府谷，恢复和建立了这两个县的党组织。到1928年3月，陕北特委领导8个县委〔延安县委书记是王化成，延长县委书记是朱明，清涧县委书记是师应三，绥德县委书记是赵通儒（后改为白明善），米脂县委书记是景仰山，榆林县委书记是李文芳，神木（今神木市）县委书记是杨和春，府谷县委书记是李来宾〕、两个直属区委（安定和镇川）、两个直属支部（保安和三边），安塞只有通讯员。其他未建立县委的党组织，归附近县委领导：宜川归延长，延川归清涧，吴堡归绥德，佳县归米脂，横山归榆林。

1928年4月，在米脂苗家坪南丰寨古庙召开了陕北党的第一次代表大会，正式成立陕北首届特委。会议由杜衡主持，开了三天三夜，传达了八七会议精神及陕西省委的指示。出席会议的有团特委书记焦维帜、绥德县代表赵通儒、榆林代表李文芳、米脂代表景仰山、清涧代表师应三、神木代表张浊清、府谷代表柴培桂，延安、延长代表未赶到。特邀代表有杨国栋、冯文江、马瑞生、白明善、苗仰实等（特邀代表有些未到会）。会议选出7个委员组成中共陕北特别委员会，杜衡为书记（省委指定），冯文江是组织兼农运委员，马瑞生为宣传委员，焦维帜为青年委员，杨国栋为军事委员，委员还有白明善、赵仰普（赵通儒）。

1928年12月下旬，陕北党、团特委召开第二次代表大会，同时在米中和米脂北街小学分别秘密举行（原定8月在米脂举行，因杜衡、焦维帜、贾拓夫、李文芳等8月15日被捕，故未开成）。党特委二次代表大会由代理书记杨国栋主持，参加会议的有冯文江、白明善、刘澜涛等。团特委代表大会由贾拓夫主持（贾被捕不久即被保释出狱），参加会议的有马文瑞、刘绍让、李文芳、吴伯箫、常应黎等。两个会议都传达了党的第六次代表大会的精神，选举杨国栋为特委书记（有的人说杨国栋一直是代理书记），贾拓夫为团特委书记，其他委员基本未变。

1929 年春，陕北特委在米脂召开第一次特委扩大会议，会议由杨国栋主持，贾拓夫、白明善、李文芳等参加了会议。为反对井岳秀封闭米脂中学，决议组织米脂中学护校委员会。但是未起作用，米中停办了好几年。

1929 年 6 月，陕北特委在米脂召开第二次扩大会议。参加会议的有杨国栋、刘志丹、贾拓夫、白明善、冯文江、刘秉钧等。会议批评了杨国栋的单纯交结白军军官的"军事工作"观点和不发动群众等错误，改选了特委，白明善为特委书记，刘志丹为军委书记（也有人说刘志丹为特委书记，9 月刘志丹要求省委同意他回保安县专搞军事工作），冯文江、李连菲、苏醒民、刘澜涛、贾拓夫为委员。团特委书记是贾拓夫，组织委员是李文芳，宣传委员是赵觐龙。

1929 年 10 月，陕北特委书记是吉国贞，他的公开身份为榆林中学语文教师。不久，吉国贞调绥德师范任教师，特委也迁到绥德。特委其他成员都无正式职业做掩护，只有刘澜涛在绥德师范教导处工作。

1930 年 5 月、6 月间，杜衡（这时杜已出狱，任陕西临时省委书记）从西安来到陕北视察工作，在绥德县五里湾大庙召开了陕北特委第三次扩大会议。参加会议的有吉国贞、白明善、刘澜涛、贾拓夫、常应黎、李文芳、马文瑞、刘发岗等同志。杜衡传达了中央对陕西工作的指示，要求继续贯彻六大精神。他宣布，为了健全陕西省委领导机关，调贾拓夫到团省委工作，常应黎代理陕北团特委书记，调吉国贞回省委工作，派王林任陕北特委书记（王林未到职）。7月，改派赵伯平任陕北特委书记。7月、8月间，北方局派孔祥祯和李杰夫到陕北特委传达中央将陕北特委划为军事暴动区、划归北方局领导的指示。这是从1927年下半年到1930年7月、8月间陕北归省委领导时期的主要情况。

　　1930年8月、9月间，赵伯平由西安出潼关经介休到陕北，接任陕北特委书记后，在绥德县合龙山古庙里主持召开了陕北特委第四次扩大会议。参加会议的有赵伯平、刘澜涛、白明善、苏士杰、张德生、杨仲运、常立德、惠作人、崔玉瑚、张肇繁、霍维德等20余人。从北方局来的孔祥祯和李杰夫也参加了这次会议（关于谢子长、刘志丹是否参加了这次会议的说法不一，有的说参加了，有的说未参加）。会议传达了"立三路线"的有关文件，决定党、团合并为行动委员会。赵伯平任行动委员会书记，李文芳为常委兼秘书，孔祥祯为常委兼军事委员，常应黎为常委兼青年委员，谢子长和刘志丹分别为行动委员会指挥部的正、副总指挥。但是，会议还未结束，敌人就到处搜捕共产党员，刘澜涛、张德生被捕（后经组织营救出狱）。于是会议转到义合镇附近的霍维德家举行。当时因暴动条件不成熟，所以"立三路线"在陕北很快就"破产"了。

　　1930年11月，王林以北方局特派员的身份到达陕北特委，代表北方局接收陕北特委的关系，传达了中共六届三中全会的精神，纠正了"立三路线"的错误，并传达了赵伯平接任陕北特委书记的决定。同年底，陕北恢复了党、团的正常活动。

　　1931年2月初，北方局省委（河北省委）紧急会议筹备处派白明善，省委派杨璞同时到陕北特委。白明善代表筹备处指责王明领导的中央路线是完全错误的，杨璞代表省委指责罗章龙派反党搞分裂，各说各的理。陕北特委不好表态，决定派赵伯平、刘澜涛、常应黎、王林组成代表团去天津找北方局请示，留孔祥祯为代理书记〔有的说，代表团是由孔祥祯（代表特委）、常应黎（代表团特委）、马明方（当时是绥德县委书记、代表基层）三人组成，赵伯平和李文芳在特委主持工作。后因榆中学生逮捕事件，赵在榆林站不住脚才去了北平]。

代表团到达天津后，向北方局孔原等同志汇报了陕北的工作及白明善、杨璞到达陕北后的情况。北方局做了指示，并决定把孔祥祯调往北方局工作，常应黎另有任务。任命张资平为陕北特委军委书记，马明方为组织委员，鲁学曾（即鲁笨）为青年委员，崔逢运为秘书。赵伯平遂即返回陕北。

1932 年秋，赵伯平离开陕北，陕北特委书记由马明方代理。以上是陕北党、团组织从 1924 年春到 1933 年 6 月高祁家洼特委扩大会议这一阶段主要的发展变化情况。

自从国民党、蒋介石叛变革命以后，陕北党的工作重点由城市转入了农村。先是秘密发展党、团组织，领导群众进行抗粮、抗捐、抗税、抗租、抗债工作，接着就逐步开展了政治斗争和武装斗争。陕北人民的革命斗争和全省、全国的革命斗争是紧密联系在一起的。中央苏区、中央红军的影响，1927 年 10 月清涧石谦部的起义，1928 年 5 月的渭华暴动，刘志丹、谢子长等同志在陕甘边的游击活动，1931 年 9 月阎红彦、杨仲远等同志率领晋西游击队进入陕北，以及 1932 年冬红二十六军的成立，等等，都极大地鼓舞和推动了陕北人民的革命斗争，促进了陕北革命根据地的诞生、发展和壮大。

二、中共陕北特委领导的第一支红军游击队

1932 年的农历二月初六（公历 3 月 12 日），高朗亭、刘善忠徒手缴获了清涧县怀义湾民团的 6 支枪，组织起有 9 人参加的游击队。2 月 16 日，游击队在绥德县南区留仙嘴，打了大地主兼士绅白登高，然后转移到清涧、延川、安定之间的青坪川、永平川一带活动。到 3 月，队伍扩大到百余人，枪 50 多支。4 月 18 日，消灭永

平镇民团，缴枪 17 支。当时召开群众大会，宣布成立"中国工农红军西北先锋队"，简称先锋队，公选刘善忠为司令员，高朗亭为政治委员。当日，哥老会分子叛变，刘善忠被害，中国工农红军西北先锋队暂时受到了挫折，处于混乱状态。中共绥德县南区委（在铁茄坪，区委书记崔文宪，即崔田夫）于农历二月中旬听到有红军在留仙嘴打了大地主兼士绅白登高，便立即选派张承忠、崔正冉等人分头寻找。因当时游击队的行动极为秘密，近一个月的时间都没有找到。到夏季，高朗亭主动找到清涧县小岔子党支部（支部书记惠子明），并派惠世温（马万里）来区委报告工作，区委即与先锋队取得了联系。接着，区委派张承忠、马万里、崔正冉、雷合、韩生杰等同志去中国工农红军西北先锋队工作，同时报告特委。特委即派李成荣、艾龙飞、贺吉祥等同志去中国工农红军西北先锋队工作。1932 年 10 月 20 日，特委委员毕维舟（毕洪波）同志在延川县高家格塔正式宣布成立"中国工农红军陕北游击队第九支队"，任命高朗亭为支队长、艾龙飞为政委、王保民为副支队长、张承忠为经济员（管理经济财政供给工作）。这是陕北特委领导的第一支游击队。

1933 年 1 月，陕北特委又任命强世清为第九支队副支队长。在安定县（今子长，下同）的栾家坪桥头打死国民党安定县县长刘述铭。以中国工农红军陕北游击队第九支队的名义发了事先写好的布告，历数刘述铭的罪状，宣判其死刑，号召人民群众组织起来打倒国民党。

1933 年 4 月间，特委将第九支队改为第一支队，任命强世清为支队长（高朗亭同志调特委分配工作），艾龙飞为政委。5 月 1 日，第一支队从安定西区出发，南下陕甘边，去找红二十六军取经学习，经安塞真武洞、瓦子川到耀县（今耀州区）照金根据地与二十六军会合。二十六军派杨仲远到一支队任政委（原政委艾龙飞离队回陕北）。6 月初，一支队在返回陕北途中，在平顶川与马丕勋领导的南梁游击队（有 20 余人，四五匹马、10 余支枪）会合，并将其编入一支队。这时，第一支队共计 50 余人，枪 30 余支，强世清任队长，马丕勋任副支队长，杨仲远任政委。由杨仲远、强世清、马丕勋、王大宏等同志组成队委会。回到陕北后，第一仗打董家寺，全歼敌军巡逻队，缴枪 19 支。当我游击队转到淮家塔休息时，敌军两个连反扑过来，杨仲远随骑兵掩护游击撤退时英勇牺牲。一支队转到杨沟，经过休息调整，强世清仍任支队长，马丕勋仍任副支队长，李成荣任政委，王大宏（现名张毅忱）任经济员。下设 5 个分队。一分队队长白德胜，二分队队长李均胜，三分队队长王孝增，四分队队长李盛堂，五分队队长谢绍安，部队扩大到百余人。7 月间，敌军向我安定地区发起围攻，一支队留白德胜一个分队就地坚持斗争，强世清、马丕勋、李成荣等同志率领二、三、四、五分队二次南下陕甘边区，到薛家寨与红二十六军会合。9 月、10 月间先后作战两次。第一次，9 月 21 日配合甘肃正宁地区的游击队攻克张洪镇（旬邑县政府所在地），歼敌 50 余人，打死伪团总，活捉伪县长，开仓济贫。第二次，10 月 17 日攻克合水县。我军士气高昂，连续打了两个歼灭战，共缴获长短枪 50 余支。二十六军又派魏武任一支队政委（原政委李成荣同志留在陕甘边区不久后回到陕北），10 月下旬率部胜利返回安定地区；副支队长马丕勋由陕北特委派往佳、吴地区开展游击活动。

　　一支队返回安定后，在 11 月 20 日没有搞清敌人防守工事的情况下，偷袭驻守在枣树坪的敌军八十六师一个连，没有成功，队长强世清身负重伤，在王家庄养伤时不幸被捕，英勇就义。不久，白德胜、任志贞亦被捕，英勇牺牲。随后又因再打民团失利，政委魏武牺牲，贺吉祥、栾新春、任玉林等同志被俘（经组织批准，他们即留在敌民团当团丁，进行敌军工作。以后在战场上配合作战，带武器回到部队）。至此一支队失去了领导，部队经受了严重挫折，11 月下旬把枪支弹药埋藏，人员化整为零，第一支队暂时停止了活动。

三、中共陕北特委六月扩大会议

1933 年 7 月 23 日,陕北特委在佳县高祁家洼高禄孝家秘密召开了扩大会议,参加会议的除原特委委员马明方、马文瑞、毕维舟、王兆卿、常学恭、崔逢运(崔运)、鲁学曾等同志外,各县参会的还有:崔文宪、崔逢吉(崔田民)、高明朗(代表游击队)、张达志、高长久、张岗、赵福祥、高禄孝、贾怀智、王国昌、魏刚等同志共 20 余人(有的说 18 人)。会议在绝对秘密的条件下开了三四天,中心议题是讨论陕北开展游击战争与创建革命根据地的问题。会议认为,第一,陕北地薄民穷,苛捐杂税奇重,十年九荒,民不聊生,且有第一次大革命的影响和革命的光荣传统,特别是中央苏区、中央红军和陕甘边红二十六军的影响,广大劳苦群众迫切要求革命,这是陕北革命形势已经成熟的客观条件。第二,陕北地处西北,交通不便,地广人稀,反动统治阶级的武装力量薄弱,这也是革命的有利条件之一。第三,陕北党组织自从第一次大革命失败以来,只有个别人被捕,特委机关没有遭到严重破坏,一直坚持活动,有比较好的群众基础。第一支队一年多的活动(从第九支队开始算起)证明,陕北有开展游击战争、建立革命根据地的条件。因此,会议一致通过以下决议:安定扩大一支队,绥、清建立二支队,神、府建立三支队,在安定,绥、清,神、府三个地区开展游击战争,创建游击根据地。会议还补选了张达志、高长久、崔文宪、崔逢吉等 4 位同志为特委委员,崔文宪为特委书记,马明方为宣传委员,崔运为组织委员,王兆卿为军委书记,马文瑞为团特委书记。这次会议对创建陕北红军、开展陕北游击战争、建立陕北革命根据地,起到了决定性的作用,具有重大的意义。

四、陕北革命游击战争迅速发展

六月扩大会议闭幕后,由于董培义叛变,陕北特委机关遭到敌人袭击，特委委员毕维舟、王兆卿和高禄孝、王守义、崔德勤、高寿等6位同志，先后在镇川堡和米脂县城被捕牺牲。但是马明方、马文瑞、常学恭等同志在米脂县姜家新庄突围成功，未受损失，他们很快把特委机关转移到佳、吴地区，继续坚持工作。新选特委书记崔文宪迅速辞去长工，到特委主持工作。参加扩大会议的同志都安全回到各县，坚决贯彻扩大会的决议，陕北革命游击战争迅速发展起来了。主要情况是：

（一）安定地区恢复和扩大了第一支队

为了恢复第一支队，特委于1933年11月下旬派崔正冉、张爱民、李相海、苏力厚等同志，由清涧东区出发，化装为走江湖的，穿阳道峁，绕怀义湾，上老君殿，下黑窑沟，与黄弯楼黄秀英接上关系，去景家坪取出一支队埋藏的13支枪。12月上旬由原道返回清涧东区。农历腊月初八（公历1934年1月22日），在王家山王巨德家中开会，有崔逢吉、张承忠、王巨德、白雪山、崔正冉等同志，会议后即恢复了一支队。次日拂晓，张承忠、崔正冉率一支队回到安定。

1934年1月22日，中共中央驻北方代表派驻西北军事特派员谢子长，从北平回到陕北，先到清涧县，由二支队派人护送到安定，先将一支队失散回家隐蔽的一些干部（薛兰岗、南贵成、李盛堂、刘子清、谢绍安等同志）集合在一起，又取出一支队埋藏的6支枪开始活动，并很快和从清涧返回安定隐蔽活动的一支队会合。谢子长任命李盛堂为支队长，谢绍安为副支队长，刘明山为经济员，部队扩大到人、枪20余。不久，贺晋年到一支队任政治委员，配合刘约三领导的庆阳游击队，歼敌张建南的营部和一个连，又连续打了几个胜仗，人、枪扩大到50余。

7月8日，在安定县的阳道峁，成立了陕北红军游击队总指挥部。谢子长任总指挥，郭洪涛任政委，贺晋年任参谋长，指挥一、二、五支队300余人，并动员了赤卫大队队员（大队长薛兰斌）四五百名，于 7 月 17 日攻克安定县，占领县政府，打开监狱，释放犯人，救出许多革命同志，歼敌 10 余人，镇压了一批坏人，缴获了一批枪支弹药。这是第一次攻占县城，陕北游击队扩大了政治影响。7 月 23 日，谢子长、郭洪涛率领陕北游击队一、二、五支队，南下陕甘边，与红二十六军会师。

（二）绥、清地区建立第二支队

陕北特委六月扩大会议之后，绥（德）、清（涧）中心区委于 1933 年 7 月，在清涧县苏家渠附近的石窑洞内召开了扩大会议，吸收部分支部书记和积极分子参加，其中有：张承忠、李树椿（李景林）、贺生春（唐洪尘）、崔文运（崔田夫之兄）、张家修（张爱民）、张绍修、苏耀亮、康润民、苏保全、李相海、王尚业等十几位同志。崔逢吉传达了陕北特委扩大会议的决议，对绥、清地区建立第二支队，开展游击战争，创造游击根据地的任务做了具体布置（崔文宪已去特委工作，崔正冉、王巨德组建二支队，他们 3 人没有参加）。根据形势的发展，会议决定将绥、清中心区委改为中心县委，不久又分组为绥、清两个县委。绥德县委书记是崔文运，张爱民、李相海、王士英、高农夫（高承训）、罗文（王学善）等同志先后参加过县委的领导工作；清涧县委书记是刘玉春，贺生春、李树椿为委员。绥、清地区党的活动，从这次会议后，就由秘密走向公开。这是一次重要的会议。

特委六月扩大会议之前，崔正冉、王巨德根据区委的决定，搞到土匪的 3 支驳壳枪。特委六月扩大会议之后，他们首先在绥德县南区郭家坪，镇压了群众最痛恨的包收粮款的高正东，接着又在安沟一带镇压了催收粮款的衙役数人。1933 年 8 月 5 日，在清涧县的王家山，由崔田民根据特委的决定，组成"中国工农红军陕北游击队第二支队"，指定由高朗亭、崔正冉、王巨德负责。1933 年 8 月 15 日，镇压了绥德南区区长薛运统（区公所在薛家峁）。预先在铁茄坪写好中国工农红军陕北游击队第二支队的布告，历数薛运统的罪状，宣布没收其财产，将其处以死刑。没收的银圆、元宝等财物，一半上送特委做活动费，一半留支队买武器弹药，扩大游击队。

后来，改由白雪山任二支队队长，王怀德任政委。当时采取白天隐蔽发动群众、晚间行动的方针。在绥德地区打了土豪劣绅，就秘密转移到清涧地区隐蔽休息；在清涧地区打了地主土豪，又秘密转移到绥德地区隐蔽休息。就这样，在绥德、清涧的结合部，一方面打击地主豪绅、摧毁国民党的农村统治，另一方面建立贫民会、赤卫队、妇女会、儿童团，公开我们控制的村庄（清涧县东区王家山，是绥、清地区第一个先公开的村庄），从而使革命迅速发展。1933 年 10 月间，特委将二支队的 3 支驳壳枪调给特委，成立特务队，队长是樊文德，任务是保护特委机关（以后取消特务队，又将这 3 支驳壳枪调到神、府成立三支队）。二支队又先后搞到驳壳枪、冲锋枪、手枪各 1 支，步枪 2 支，坚持开展游击活动。

1934 年 1 月 21 日，在一支队的配合下，二支队于清涧东区的解家沟镇压了地主兼放高利贷者高潘和收款衙役 9 个半（镇压 10 个，1 个未死，故称 9 个半）。这天是解家沟镇一年一度的腊八大会。绥德、清涧交界的广大群众以及山西邻县的商人都来赶会。镇压地主兼放高利贷者高潘和 9 个半的消息，迅速传遍了晋陕黄河两岸的广大群众，从而扩大了红军、共产党的政治影响。1 月下旬，郭洪涛和杨璞（中共中央驻北方代表、派驻西北政治特派员）决定，动员四五百名赤卫队队员，配合二、四支队，袭击清涧县店子沟李成善民团（人、枪 30 余）。因杨璞被捕（后来叛变），所以队伍提前行动，歼其一部，缴枪 10 余支，给敌人以沉重打击。二支队队长白雪山、政委张毅忱认真贯彻和执行上级党委指示，积极发展和壮大了游击队和游击区。在特委和绥德县委的领导下，3 月在绥德王家沟组建了五支队，由崔正冉、王子文先后任支队长，马万里、王再兴、张毅忱先后任政委。

4月5日，二支队在清涧城区小岔子（距县城5千米以上）与敌军一个连遭遇，打了个消耗战。6日，在小岔子伏击敌人，歼敌民团团总贺金瑞等数人。敌正规军一个连进到大岔子，听到枪声后即逃回清涧县城。从此，二支队以小岔子为中心向四面开展工作，迅速扩大了游击区。5月，二支队打开樊家寨子，缴获民团枪支数支。下旬，去安定与一、五支队会合，参加7月17日攻克安定县的战斗，之后，南下陕甘边南梁堡根据地，与红二十六军会师。

（三）神（木）、府（谷）地区建立第三支队

1933年9月间，贾怀光在神木地区尚家峁村组成7个人的特务队，队长李成兰，政委王兆相。特委先后派张承忠、高朗亭、韩生杰、雷合等同志去神、府地区开展游击活动，扩大了特务队。至11月，特委又派马万里（惠世温）、马丕勋、张衡等同志给神、府地区送去驳壳枪3支。贾怀光于11月7日在神木县南区尚家峁村将特务队改为陕北工农红军第三支队。原特务队队长李成兰因马丕勋手枪走火打伤了腿，在养伤中与乔十六一同被捕牺牲，其弟李成荣也被捕牺牲。第三支队新任队长是王兆相，政委是马万里，部队扩大到十八九人，枪五六支。12月下旬，特委曾计划对王兆相、马万里另行分配工作，任命高朗亭为队长，刘晓春（张毅忱）为政委。不久高朗亭病休，王兆相继续担任队长。刘晓春调回特委，贾怀光任政委，不久又调杨文谋任政委。

在此期间，九洼村战斗，歼敌贾怀德民团一部，缴枪5支；太和寨战斗，歼敌王进成民团20人，缴枪20支。6月28日，三支队出击盘塘，在菜园沟战斗中，敌军第二排排长、共产党员刘振西率领全排战场起义，参加三支队，并缴获敌第一排32支枪。三支队迅速发展扩大。1934年9月，特委派崔田民去神、府地区，18日，在王家庄（或叫王家洼）将三支队扩编为陕北工农红军第三团，团长为王兆相，政委为杨文谋，参谋长为刘洪飞（刘振西），辖步兵三个连，骑兵一个连，全团200余人，枪百余支。同时成立神、府地

区革命委员会。以后又成立神、府地区苏维埃政府，主席是呼子威，副主席是王恩惠。不久，万户峪敌军第八连（张孝贤部）由共产党员张德超率领起义，虽因未配合好，只带了关子明、许林贤等二三十人出来，但政治影响却很大。神、府地区的游击队和游击区迅速扩大，到年底，新建了七支队、十一支队、二十一支队。游击区北至府谷、庙门沟、麻镇、黄甫，南到佳县的高祁家洼、朱营寨、榆林的双山堡一带，东至黄河罗峪口—黑峪口，西北至长城内，是较为巩固的根据地。长城外大草原准格尔旗、乌审旗地区也有游击队活动。神、府、佳、榆边区，南北约 250 千米，东西约 100 千米，人口约有 14 万。中心地区分配了土地，各种群众组织也都建立了起来。

1935 年底，杨和亭等同志到神府苏区建立神府特区，成立特委，杨和亭任书记，特委直接归中央领导。红三团积极作战，先在申家里歼灭了万户峪出扰的一个骑兵连的大部，俘获人、马、枪各三四十。在乔家山击溃陈家坪据点出扰的步兵一个连，使其撤离陈家坪。又歼敌香水梁民团 30 余人。歼灭建安堡敌步兵连之一部，俘获人、枪各 10 余。不久，中央派张秀山等同志到神府苏区，传达了中央 12 月会议的精神，进行了统一战线教育。王兆相调神府特委军事部任副部长。

1936 年的 4 月、5 月间，刘志丹、宋任穷率领红二十八军打到神府苏区，先在杨家塌歼敌八十六师两个连，俘副营长一名。再袭罗峪口、黑峪口，歼敌一个营，俘营长一名，胜利地东渡天险黄河，配合红军主力东征作战。神、府、佳、榆边区武装得到了迅速发展。后以三支队为基础扩编为红四团，团长为王兆相，政委为贺伟，下辖两个连，一百四五十人。8 月 1 日，在花石崖将红三团、红四团编为独立师，师长为王兆相，政委为张秀山，参谋长为李治州，政治部主任为王国昌。红三团改为红一团，团长为刘明山，政委先后为邓万祥、陈进堂、许培仁。红四团改为红二团，团长为贾兰枝，政委为贺伟（后将小组游击队、独立营编为红三团，团长为刘崇德，政委为许法善，不久改为骑兵团。后取消骑兵团，又成立第三团，团长为刘明山，政委为王右）。每团 4 个连，每连百余人。师领导机关有司令部、政治部、供给部，师直属连队有警卫连、侦察连、骑兵连，全师近千人，机枪 20 余支。

神、府地区的革命武装由特务队到三支队、红三团、独立师，始终坚持了神、府、佳、榆边区的游击战争，创建和保卫了神、府、佳、榆边区革命根据地。1936 年 11 月，独立师整编为留守兵团警备六团。七七事变后开赴晋西北，归一二〇师指挥，投入了伟大的抗日战争。

（四）佳、吴地区建立第四支队

佳（县）、吴（堡县）地区的党组织和群众工作都很好。特委机关在米脂被破坏后，迅速转移到了佳、吴地区。6 月特委扩大会议虽然没有对佳、吴地区提出建立游击队、创建游击区的具体要求，但这个地区的同志工作很积极，主动成立了抗日义勇队。早在 1933 年 12 月初，马丕勋和刘子仪就准备组织佳县木头峪暴动，因为民团的枪支还未发下来，故推迟举行。于是马丕勋去吴堡县宋家川联系，经胡海江协助，于 1933 年 12 月成立了抗日义勇队，当时的武器只有两支手枪，薛俊山任队长，马丕勋任政委。

不久，刘子仪（苗从模）得悉：1934 年 2 月 2 日左右，佳县国民党准备在木头峪召开全县士绅大会，一是动员全县衙警、民团配合各乡士绅催收年终捐税欠款；二是要在除夕晚上以螅镇驻军为主，全县衙警、民团协助，在木头峪、吉镇、神堂沟一带捕杀共产党员。根据这个情报，特委、县委决定，在士绅大会期间袭击木头峪，一举消灭敌人。于是将抗日义勇队秘密调到木头峪附近隐蔽待命。2 月 1 日晚，在刘子仪的策应配合下，抗日义勇队袭击了木头峪，除螅镇驻军代表（团参谋长）和聚丰源老板张宗矩两人逃走外，其余团总张东郊等全部被俘，缴枪数支，还没收了一部分现款、大烟土，第二天转移到吴堡县樊家疙坨一带休整。高长久按特委决定，于 1934 年 2 月 4 日将抗日义勇队改编为中国工农红军陕北游击队第四支队，队长为薛俊山，政委为马丕勋，经济员兼支部书记为刘子仪。当时支队有 20 余人，长短枪十四五支，经过休整和训练，发展了新党员，建立了党支部，加强了党的领导。3 月 6 日晚，二次进袭木头峪，镇压了团总张东郊的老婆和坏分子，号召群众组织起来打倒国民党，帮助红军，参加红军，建立自己的政权——苏维埃。此后，党在佳、吴地区的活动由秘密逐步走向公开。佳县南区、吴堡全县、米东、绥东大片地区的群众革命斗争轰轰烈烈地发展起来。四支队二次进袭木头峪后，转移到绥、清地区活动，3 月上旬，协同二支队和 400 余名赤卫队队员袭击清涧县店子沟李成善民团。因杨璞（中共中央驻北方代表派驻西北政治特派员）被捕（后来叛变），所以部队提前两天行动，歼敌大部，缴枪 10 余支。

五、粉碎国民党的第一次"围剿"，红军游击队和革命根据地迅速发展

（一）国民党井岳秀部对陕北根据地实行第一次"围剿"

在陕北特委扩大会议后不到一年的时间里，安定、延川地区，绥德、清涧地区，神木、府谷地区，佳县、吴堡等地区，广泛地开展了抗粮、抗税、抗租、抗债、抗捐斗争和游击战争，创建了游击根据地。在游击根据地的广大乡村，推翻了国民党、地主豪绅的统治，普遍建立了贫农会、赤卫队、妇女会、少先队等群众组织，没收地主豪绅的财物，废除了粮、租、捐、税、债，并对城市实行粮食封锁，给敌人以严重的打击和威胁。

陕北军阀井岳秀八十六师及各县民团共 1.5 万余人，为了维护国民党的反动统治，于 1934 年 5 月组织对陕北革命根据地的第一次"围剿"。"围剿"的中心在安定、绥清、佳吴、神府地区。敌人以连排为单位，采取分进合击的战术，在根据地烧杀抢劫，捕杀共产党员、革命干部，破坏群众革命组织，企图消灭游击队，摧毁游击根据地。

（二）成功粉碎国民党第一次"围剿"，扩大了红军游击队和陕北根据地

陕北特委根据敌强我弱的情况，号召游击区的贫农会、赤卫队、少先队、儿童团、妇女会发动和组织广大群众，实行坚壁清野，在军事上诱敌深入，适时集中力量配合赤卫队、游击小组各个歼灭敌人，广泛开展游击战争，同时进行瓦解敌军的工作。

"围剿"绥德、清涧、安定地区的敌军、民团，十分嚣张，白天以连排为单位分散活动，夜间集中于较大的村镇据守，对麦收影响很大。为了打击敌人，保护麦收，6月，特委将四支队从佳、吴调到绥、清地区，配合游击小组、赤卫队实行坚壁清野，各村巡逻放哨，封锁敌人；组织土枪、土炮、"响鞭队"，各山头设置岗哨，组织成"无线电话网"，监视敌人。四支队和游击小组、赤卫队白天保护群众进行麦收，夜晚袭扰敌人，并在绥德县韩家山等地伏击了敌人，使敌人十分疲惫和恐慌。历时一个多月，胜利完成了保卫麦收的任务。

8月中旬，中共中央驻北方代表派驻西北军事特派员兼红二十六军四十二师政委、陕北游击队总指挥谢子长等同志，率领二十六军红三团（约300人，团长为王世泰，政委为黄罗斌）及陕北游击队一、二、五支队返回陕北根据地。8月17日首战安定县西区金吴塌，歼敌八十六师一个连，缴枪百余支，俘敌80余人。继续东进，经过南沟岔、老君殿，于8月22日在清涧县张家疙台歼敌八十六师某连的两个排，缴枪40余支，敌残部逃往薛家峁。我军乘胜向东南前进，经下武村、白家川，于8月26日奔袭河口镇，将守敌八十六师五一五团三营十一连及民团共一百五六十人击溃，歼敌一部分，其余敌人放弃据点逃回清涧县城。我军转向西北至横山董家寺，击溃敌军一个营。经过这些战斗，拔掉3个据点，歼敌200余人，俘敌百余名，缴获步枪、驳壳枪一百六七十支。在胜利的形势下，白军中不断发生哗变与起义。在神府、佳吴地区，由于红三团三、四支队和人民群众的积极斗争，至此成功地粉碎了敌人的第一次"围剿"。不幸的是，陕甘、陕北红军创建人之一谢子长在河口战斗中负伤。

粉碎第一次"围剿"之后，谢子长带伤坚持工作，于 1934 年 8 月 28 日在清涧县东区惠（"惠"读"四"。——作者注）焉里参加了陕北特委会议。会议号召陕北军民积极扩大红军游击队和游击根据地，动员准备粉碎敌人第二次"围剿"。并决定组建府谷七支队，支队长为韩峰；组建延川第九支队，支队长为高朗亭，政委为王文良，副支队长为王保民。会后，红二十六军三团返回陕甘革命根据地。一、二、五支队仍回安定、绥德、清涧、延川地区活动，发动群众，分配土地，建立革命委员会，扩大红军游击队，扩大游击根据地。

陕北革命根据地的土地分配是 1934 年 8 月陕北特委在清涧县东区惠焉里会议后开始的。首先在清涧县东区袁家沟试分土地，试建革命委员会。经过短期集训和试分试建，取得了一些经验，培训了一批干部。接着，特委组成工作组分赴各县基本区，进行分配土地和建立乡、区、县革命委员会。到 1935 年 9 月至 10 月间，各县基本区的土地已基本分配完毕，并开始了查田运动。革命根据地的广大群众在获得了土地之后，踊跃参军，新建立了靖边十支队、安塞十一支队、绥德十二支队、安定十三支队、米东十四支队、米西十五支队、横山十六支队、府谷骑兵游击队等。1934 年 9 月 18 日，特委在安定县西崖窑畔将一支队扩编为红一团，共有百余人，团长为贺晋年，政委为马丕勋，参谋长为路文昌。10 月底，在清涧县马安山将二支队扩编为红二团，共 300 余人，团长为任山、政委为马万里、参谋长为马山（惠世良）。9 月 18 日，在神木县王家庄将神、府三支队扩编为红三团，团长为王兆相，政委为杨文模。佳、吴四支队编为红四团，团长为王士杰，政委为王国昌，参谋长为范文德。

1934年12月19日，李启贤根据吴堡县委书记慕生忠同志的指示，领导王子崇保安队中的27名士兵起义，进入游击区，和绥德县东区义合镇的起义士兵组成中国工农红军陕北游击队第十五支队，支队长为李启贤、政委为慕生忠。1935年农历正月初六，吴堡县慕家原驻军张得胜领导白军一排起义；初八，石堆山驻军杨××领导白军15人起义，先后参加了十五支队。十五支队人枪增加到80余，并有了轻机枪一挺。正月十二，在佳县下焉村和六支队合编为红五团，副团长为李启贤、政委为慕生忠。不久，红五团到清涧和红四团合编为红三团，团长为王士杰，政委为王国昌，教练为李启贤，归二十七军八十四师建制。原红五团政委慕生忠率新编六支队回佳、吴地区活动。1935年2月，地委将四、五、六、十四、十五支队编为二纵队，队长为岳山，政委为慕生忠，以后编为战斗团，最后编为红二十八军的一个团。以上扩编团的各支队，都重新组织了游击队。

至1934年底，陕北红军游击队已发展到27个支队，分布在陕北各县，具体活动地区是：

第一、十三支队，在安定地区。

第二、五、十二支队，在绥、清地区。

第三、七、十一、十七支队，在神、府地区。

第四、六支队，在佳、吴地区。

第十四支队，在米东地区，第十五、二十三支队，在米西地区。

第十五支队，在佳西、米东地区，第二十一支队，在佳、米、榆边界地区。

第九、十七支队，在延川地区。

第八、十六支队，在横山地区。

第十、十五支队，在靖边地区。

第十一支队，在安塞地区。

第十八支队，在延安地区（今延安市）。

第十九支队，在延长地区。

第二十支队，在宜川地区。

第二十二支队，是蒙古骑兵游击队，队长为曹动之，在内蒙古地区活动。

以上各支队的番号，只编到二十三，其中有两个十一支队，3个十五支队，两个十七支队，实有27个支队。

1935年5月、6月，吴堡曾组建了3个晋西游击队，共17人，9支枪，由慕生忠负责，于5月10日由军渡以南过黄河到吕梁山，在中阳、孝义、汾阳、离石一带的山中活动。因没有找到党的关系，没有群众基础，在敌人6个团的兵力"搜剿"中，于6月2日由孟门镇回到陕北苏区。

红军游击队的迅猛发展和壮大，使游击根据地不断扩大，各级革命委员会和苏维埃政府也迅速、普遍地建立了起来。

1934年8月，游击队在李家岔成立了安定县临时革命委员会。9月12日，在袁家沟成立了清涧县临时革命委员会。9月，在宋家坡成立了吴堡县临时革命委员会。9月18日，在神木王家庄成立了神、府临时革命委员会（管辖神木、府谷两县）。10月，在贺家沟（可能是脖牛沟）成立了佳县临时革命委员会……

1935年1月25日，在安定县白庙岔，召开了陕北革命根据地（当时称苏区）第一次工农兵代表大会（当时称苏维埃代表大会），到会代表百余人，大会开了3天，成立了陕北省苏维埃政府，选举马明方为主席，崔田民、霍维德为副主席。省苏维埃设有：

秘书处：秘书长为惠子明，秘书为张毅忱、吴居第；

土地部：辛兰亭、王海山先后为部长；

粮食部：高旭光任部长；

劳动部：齐明珍、马生海先后任部长；

财经部：艾楚南任部长；

经济部：惠子明任部长；

文教部：陈蓬飞任部长；

保卫局：刘子仪、崔正冉任副局长；

贸易局：负责人白树标。

开始，省苏维埃土地、粮食、劳动、财经、文教等都是委员会，不久改为部。

大会通过各级苏维埃政府组织法、选举法、土地法、劳动法、婚姻法等法令。陕北省苏维埃政府管辖的 17 个县是：安定、秀延、绥德、清涧、吴堡、佳县、米东、米西（将米脂县分为东部和西部两个县）、延川、延水、延长、安塞、靖边、横山、神木、府谷、佳芦。

六、粉碎国民党的第二次"围剿"，陕北与陕甘根据地连成一片

（一）敌高桂滋部开进陕北，对陕北根据地实行第二次"围剿"

敌人第一次"围剿"失败后，陕北红军游击队和革命根据地有了迅猛的发展，对敌人的威胁更大了。从 1934 年 10 月开始，国民党蒋介石增调兵力，调整部署，组织对陕北革命根据地的第二次"围剿"。蒋介石将敌八十四师高桂滋部从河南调进陕北，接收八十六师井岳秀在绥德、清涧、延长、延川、子长、子洲（由绥德、米脂、子长三县辖区新划）、安塞、延安等县的防务。原八十六师井岳秀部缩小防区，分布在陕北革命根据地的西、北两线，驻府谷、神木、榆林、米脂、佳县、横山、靖边、定边、保安（志丹）等县。南面有四十二师冯钦哉部，分驻甘泉、富县、洛川及其以南地

区。东边调晋军孙楚的三十三军和李生达的十九军各一个师,驻吴堡、宋家川、枣林坪、定仙焉、界首一线。调傅作义一个骑兵师,集结于府谷至横山沿长城一线。敌军 6 个师,加各县民团地方武装共计五六万人。

高桂滋在接防中向蒋介石报捷:"一弹未发,'赤匪'已平。"接防后深入根据地,分割"围剿",各个击破,合并村庄,建立据点,修寨筑堡,并加强地主武装民团、还乡团,建立"剿共"义勇队,进行抢劫烧杀;在政治上进行反共宣传,推行保甲制度,建立肃反会,实行连坐法,破坏我党、团和群众组织,实行自首、策反政策,妄图摧毁游击根据地和消灭陕北游击队。

(二)我八十四师三战三捷,揭开了第二次反"围剿"斗争的序幕

为了粉碎敌人第二次"围剿",陕北特委领导机关于 1934 年 12 月由清涧地区转移到安定地区。各县游击队于 11 月至 12 月间带领突击队、赤卫队,配合群众斗争,实行坚壁清野,诱敌深入,分散敌人。与此同时,特委将较有战斗力的一、二、三支队整编为 3 个团(红一、二、三团),于 1935 年 1 月 30 日在安定西区白庙岔成立了红二十七军第八十四师,师长为杨琪,政委为张达志(1935 年 9 月 18 日成立红十五军团时改为八十一师,师长为贺晋年,政委仍为张达志)。八十四师成立后,首先集中红一、二团(三团在神、府未集中)和几支游击队,共计 700 余人,枪 300 余支(一、二团 500 余人,游击队百余人),在广大赤卫队的配合下,于 1935 年 1 月 31 日首战南沟岔,歼灭自老君殿出来"进剿"根据地的高桂滋部一个连,并将老君殿的援兵击溃。接着,乘胜东进,于清涧县东阎王砭消灭高桂滋部一个连的大部(系高杰村据点出来之敌)。在清涧县城南贺家湾歼敌高桂滋部一个连和民团邱树楷一个队。连续三次战斗,歼敌两个连一个排,民团一个队,缴获轻机枪 8 挺、步枪一百六七十支,俘敌官兵百余名,揭开了第二次反"围剿"斗争的序幕。

（三）粉碎国民党的第二次"围剿"，陕北、陕甘根据地连成一片

1935 年 2 月 5 日，陕甘特委和陕北特委在陕北安定县周家崄举行联席会议，讨论决定：

（1）成立中共西北工作委员会，书记惠子俊（未到职前由崔田夫代理），统一领导陕甘、陕北两个特委的工作。

（2）成立西北革命军事委员会，主席为谢子长（谢养伤未到职，实际工作由副主席刘志丹负责。1935 年 2 月 21 日，谢子长同志因伤逝世，陕北革命根据地失去了一位深受人民爱戴的领袖和智勇双全的军事领导人），统一领导陕甘和陕北两个根据地的红军地方武装。

（3）粉碎敌人第二次"围剿"的战略方针，就是集中主力红军，坚决打击和消灭深入苏区的敌军高桂滋八十四师，对其他各师采取游击袭扰、在有利条件下则加以歼灭的方针。

西北革命军委成立后所做的第一件事，就是根据陕甘、陕北两个特委联席会议的精神，由刘志丹亲自起草粉碎敌人第二次"围剿"的动员令，号召红军、游击队、赤卫队、少年先锋队以及边区全体军民紧急动员起来，为粉碎敌人第二次"围剿"而英勇奋斗。同时，调陕甘边区红二十六军三团及抗日义勇军北上陕北，和红二十七军八十四师组成西北红军主力兵团，由军委直接指挥，集中作战。陕甘苏区组建陕甘军分会，主席为刘景范，统管南梁、照金苏区的红军、游击队及军事建设。陕北苏区组建陕北军分会，主席为马义，在绥、清根据地办公，统管绥、清、佳、吴地区各县游击队地方武装和军事建设。陕北各县红军游击队，分别组成第一、二、三、四、五、六、七等 7 个游击纵队，它们的共同任务是组织和发动群众，分配土地，扩大群众武装，扩大根据地；领导群众进行坚壁清野，配合主力红军作战，粉碎敌人第二次"围剿"。具体部署是：

第一纵队，以米脂西区、横山南区为根据地向东北方向神、府地区发展。

第二、五纵队，坚持绥德、清涧、佳县、吴堡根据地的斗争，沿黄河西岸向北面的神、府地区发展。

第三纵队，依托吴起地区根据地，向定边城、安边以北的长城外发展。

第四纵队，依托安塞北区根据地，向延河南岸发展，完成对延安、安塞县城的包围态势。

第六纵队，依托黄河西岸的绥、清、延根据地，相机东渡黄河，袭扰晋军，组织秘密据点、联络站，为开辟根据地创造条件，同时向驻定仙焉、枣林坪之晋军据点袭扰，或伏击其往来分队。

第七纵队，依托延川东南区、延长北区根据地，向延长南区、宜川方向开辟根据地，对延长、宜川县城形成包围态势。

红二十六军四十二师（师长为杨森、政委为张秀山，红十五军团成立时改为七十八师）红三团（300余人）、义勇军（200余人），共计五六百人，于4月下旬进入陕北革命根据地。4月22日第一仗打安定西北之寺儿畔，歼敌八十六师一个连。5月1日在白庙岔和陕北红军二十七军八十四师主力会师。5月4日在玉家湾成立红二十六军、二十七军前敌总指挥部，刘志丹任总指挥，统一指挥红二十六、二十七军作战。5月7日至9日于杨家园子、吴家寨子、马家坪子先后歼敌高桂滋部两个营一个连，缴获大量现款和武器、弹药、医药、服装等物资。安定、永坪之敌立即撤回瓦窑堡集中防守。我军继续东进，5月25日在清涧县张家疙台，歼敌高桂滋部一个连后佯言北上，实际挥师南下，奔袭延长，5月29日攻占延长县，歼敌高桂滋守军骑兵一个连，人马各180余，和李鸣武民团300余人，缴获各种枪500余支、战马180余匹等大批战利品。另有延川民团高鸣歧 50 余人起义，编入红八十四师。延川守敌黈夜逃往清涧。我军又转向西南挺进，经临真镇从甘泉县南绕过，折而北上。6 月 13 日攻克安塞（新乐寨）、高桥镇。6 月 22 日攻克李家塔，先后歼敌薛生花等民团 600 余人。我军继续北上，6 月 28 日攻克靖边，歼敌八十六师一个加强营（曲子朋一个营，加机炮连），毙伤俘敌 500 余名，缴枪 500 余支，八二迫击炮 6 门及大量弹药物资。保安之敌向宁条梁方向逃去。我军又返回苏区东进。7 月 17 日于老君殿以西击溃高桂滋部 4 个营（艾捷三团及张庭芳一个骑兵营）。此次战斗歼敌约一个营，击伤敌团长艾捷，其主力向老君殿溃退。我军继续东进，8 月 11 日全歼吴堡慕家源晋军一个连，12 日击溃晋军两路援兵，共歼敌 4 个连（此次战斗我军伤亡百余人，王世泰亦负伤）。我军随即南下，8 月 20 日围困定仙焉，歼敌晋军李生达援兵两个团，毙伤敌副团长齐汝英以下 200 余人，俘敌 1 800 余人，缴获重机枪 12 挺，轻机枪 50 余挺，八二迫击炮 6 门和大量枪支弹药物资（在绥德县铁茄坪缴获飞机一架，活抓驾驶员两名）。至此，第二次"围剿"被彻底粉碎。我军主力撤至延川县文安驿休整。9 月 11 日北上奔袭横山，未克。9 月 15 日返回永坪，与红二十五军会师。

经过 8 个月的反"围剿"斗争，共歼敌正规军折合 4 个团，数个民团（900 人左右），击溃敌军两个旅另 4 个营，缴获轻重机枪百余挺，步枪 4 980 支，子弹 30 余万发，彻底粉碎了敌人的第二次"围剿"。陕北革命根据地又有了很大的扩大，崔曙光、谭生彬、郝志德、常德义等同志，在延长、延安、延川、宜川等县建立了新的游击队和游击区，使陕北根据地除神、府地区外，各县广大苏区完全连成了一片，红军扩大了一倍多，游击队扩大了两倍多；解放了安定（子长）、延川、延长、安塞、保安（志丹）、靖边 6 个县，使陕北与陕甘根据地连成了一片。

七、毛主席亲临前线指挥，彻底粉碎了国民党的第三次"围剿"

（一）东北军北进陕北，对陕北根据地实行第三次"围剿"

敌人的第二次"围剿"被彻底粉碎后，高桂滋惊慌失措，急电告蒋介石："防广兵单，防不胜防，若不增兵，陕北将成第二江西也。"蒋介石为了进攻陕北革命根据地，迅速在河南举行洛阳会议，决定在西安设立西北"剿匪"司令部，自任总司令，张学良为副总司令。除原有部队外，增调东北军两个军 7 个师为主力。具体部署是：东面，沿黄河之线为晋军孙楚的三十三军和李生达的十九军的各一个师；北面，仍是敌八十四师高桂滋和八十六师井岳秀两个师；西北面，宁夏交界是敌十五路军马洪逵 3 个骑兵团；西南面是东北军五十七军 4 个师和何柱国骑兵第二军 3 个骑兵师另一个骑兵团，还有三十五师马洪宾部一〇八旅；南面，是东北军六十七军 3 个师和原来的四十二师冯钦哉、七十一师×××；兰州、平凉地区，蒋军嫡系毛炳文和东北军五十一军于学忠。用在第一线兵力共 15 万人左右。

东北军两个军（7 个师），从西、南两路向陕北根据地挺进。南路由六十七军军长王以哲率领一一〇师、一二九师、一〇七师共 3 个师北进。西路由五十七军军长董英斌带 4 个师由甘肃经庆阳、合水从西向东挺进，对陕北革命根据地进行第三次"围剿"。

（二）成立红十五军团，痛击来犯之敌

红二十五军进入陕北革命根据地后，为了统一指挥作战，迅速粉碎敌人的第三次"围剿"，与二十六军、二十七军合编为红十五军团，于 9 月 18 日在延川县永坪镇正式成立（二十五军 3 000 多人，二十六军 2 500 多人，二十七军下辖七十五、七十八、八十一共 3 个师，2 000 多人，共 7 500 多人）。徐海东、刘志丹分任正副军团长，程子华任政委。陕甘边区之义勇军改编为西北义勇军，司令为郭宝山，主任为马丕勋，归七十八师指挥。红十五军团成立

后,立即开赴南线,集中优势兵力,各个歼灭敌人。9 月下旬,采取了围城打援战术,以八十一师(原八十四师)之二四三团围困甘泉约 5 千米的东西两山,截堵敌人前进,不惜一切代价顶住,不让敌人接近甘泉。七十五师埋伏在劳山以西,七十八师(原四十二师)埋伏劳山、甘泉之间,诱敌一一〇师由延安来援,聚而歼之。10 月 1 日,敌一一〇师果进入我伏击区,经 6 小时的激战,我部全歼该师援兵,毙敌师长何立中以下千余人,伤敌近 2 000 人,俘敌 3 700 多人,缴获七五山炮 4 门,八二迫击炮 24 门,重机枪 24 挺,轻机枪 180 挺左右,长短枪 5 000 支左右,无线电台 4 部。红四十二师另一路于阳泉歼敌一〇七师一个营;10 月 12 日,继劳山之胜利,强攻榆林桥,歼敌一〇七师 4 个营,俘团长高福源以下官兵 1 800 余人(我方伤亡 200 余人)。王以哲部经我连续几次痛击以后,即固守据点不敢出扰。西路董英斌尚未受挫,先后由庆阳、合水继续东进。为了歼灭东进之敌,开辟战场,我军肃清了杨家园子、张村驿、东村寨、套筒 4 个民团"围寨",缴枪 300 余支。

(三)红一、十五两个军团会师,彻底粉碎国民党的第三次"围剿"

10 月 19 日,毛主席率领中央红军到达陕北根据地边沿之吴起镇,21 日歼敌国民党骑兵一个团,击溃 3 个团,俘虏六七百人,缴获战马千余匹。10 月下旬,到达下寺湾,与红十五军团会师。毛主席问清敌人对陕北革命根据地第三次"围剿"的情况后,决定迅速消灭西路之敌董英斌部。11 月 23 日至 24 日,毛主席、周副主席、彭司令员亲临战场指挥,红一、十五两个军团于直罗镇南北夹击敌人,协同作战,经一昼夜激战,歼敌董英斌一〇九师全部、一〇六师一个团,使西路之敌慌忙向来路溃退。国民党蒋介石向陕北革命根据地发动的第三次"围剿",至此被我军彻底粉碎。

随后,红十五军团(缺七十八师)又向东迫近富县和洛川地区,相继攻克鸡子溪、牛武镇、殷县子、温和驿、相士杰等敌民团据点（"围子"），消灭民团 200 余人，并在洛川县城东打垮东北军一个团，将敌一○五师压缩在富县和洛川城内。同时派七十八师北上，和红二十八军组成北路军，由总指挥刘志丹、政委宋任穷指挥，在横山、米脂、榆林地区作战，肃清北线出扰之敌。

（四）陕甘、陕北和关中革命根据地连成一片，建设巩固的抗日前进阵地

经过劳山、榆林桥、直罗镇三个大胜仗，歼敌正规军两个师、一个团另 5 个营，民团数百人，将陕甘、陕北和关中革命根据地完全连成一片，组成巩固的抗日前进阵地。

党中央的同志和毛泽东进驻陕北革命根据地的瓦窑堡后，首先纠正了错误的肃反，为刘志丹等同志的冤案平了反，挽救了陕甘革命根据地。不久，中央把陕甘和陕北两个特委改为陕甘和陕北两个省委。陕甘省委书记为朱理治，后为李富春。陕北省委书记为郭洪涛。关中划为特区，书记为习仲勋。神、府也划为特区，杨和亭、张秀山先后任书记。

政府方面，1935 年 11 月设立中华苏维埃共和国中央政府西北办事处，统一领导陕甘、陕北苏维埃政府和关中、神府两个特区的苏维埃政府。西北办事处设 8 个部、一个局：

博古（秦邦宪）同志任西北办事处主任兼外交部部长；

林伯渠同志任财政部部长；

邓发同志任粮食部部长；

王观澜同志任土地部部长；

毛泽民同志任经济部部长，崔田民同志任副部长（当时在红十五军团二十六军七十八师任师政委，未到职）；

徐特立同志任教育部部长；

蔡树藩同志任司法内政部部长；

王振珣同志任劳动部部长；

罗梓铭同志任工农检查局局长。

军事方面，设中共中央革命军事委员会西北办事处，周恩来兼主席，聂洪钧兼副主席，张云逸兼参谋长，统一领导陕甘、陕北地方武装，扩大红军工作（陕北地区 40 天扩大红军 8 000 余人）。11月下旬，将陕北地方游击队第一、二、三、四、五、六、七纵队，独立三团战斗团，升级扩编为红二十八、三十军；将陕甘游击队第二、三纵队、抗日义勇军扩编为红二十九军。红二十八军军长为刘志丹，后为宋时轮，政委为宋任穷。二十九军第一任军长为萧劲光，第二任军长为谢嵩，第三任军长为李仲英，政委为甘渭汉。三十军军长为阎红彦，政委为蔡树藩。关中特区编为关中独立师，师长为白子文。神府特区编成神府独立师，师长为王兆相，政委为张秀山，参谋长为李治洲，政治部主任为王国昌。

八、几点经验教训

（一）建立革命根据地必须建立红军、游击队

陕北革命根据地，是陕北广大劳苦群众在党的领导下，从抗粮、抗税、抗捐、抗租、抗债等日常的经济斗争到开展政治斗争而逐步发展起来的。组织了游击队，开展了游击战争，成立了红军，进行反"围剿"的斗争，推翻了国民党的反动统治政权，建立了各级苏维埃政府，解放了广大工农群众，革命领袖在斗争中起着重要的作用，但根据地绝不是任何个人创建的。实践证明，不搞武装斗争，没有红军、游击队，要建立、发展、巩固革命根据地是不可能的。

（二）红军、游击队必须在党的领导之下

陕北革命根据地从游击队秘密活动到二十七军八十一师成立的实践证明，必须有党的正确领导，红军才能胜利地发展和壮大；如果没有党的领导，或党的领导薄弱、不正确，红军就要失败。例

如，一支队在 1932 年 4 月到 1933 年 11 月这段时间里，由于部队成员复杂，没有党的领导或党的领导薄弱，部队遭受过不少挫折。贺晋年担任政委后，加强了党的领导，部队就得到了巩固和发展。二、三、四、五支队以及各游击支队，一开始就在党的绝对领导之下，斗争就比较顺利。

（三）游击战争要取得胜利，必须贯彻和执行红军、游击队、赤卫队相结合的作战方针，进行人民战争

陕北游击战争的开展，是在广泛的群众性的基础上进行的。游击队刚开始行动时，就有赤卫队和广大群众参加，如佳、吴地区袭击木头峪民团，绥、清地区袭击店子沟民团，一、二、五支队打安定县城。以后几次反"围剿"的作战行动，都是红军和游击队、赤卫队相结合的人民战争，不是红军孤军作战。谢子长非常注意培养部队的主力和骨干，他回到陕北后不久，就组织一、二、五支队集中行动，培养战斗骨干。粉碎敌人第一次"围剿"后，从 1934 年 9 月开始，红军相继组成红一、二、三、四团，到 1935 年 1 月，成立红二十七军八十四师（后来的八十一师），成为陕北苏区红军的主力。各县游击队就是地方武装（有的县有两至三个游击队），各村赤卫队就是民兵。事实证明，游击战争要取得胜利，不贯彻主力红军、各县游击队和广大赤卫队相结合的人民战争方针，光靠主力红军孤军作战，是不可能的。

（四）建立革命根据地最重要的条件是必须贯彻党的正确的政治路线和军事路线

陕北红军、游击队的产生和胜利发展，苏维埃政权的建立和健全，革命根据地的迅速形成和日益扩大、巩固，军政、军民关系的密切，党、政、军、民的团结一致，英勇对敌斗争，都是在陕北特委的领导下进行的。1933 年 7 月召开的陕北特委扩大会议，决定开展陕北革命游击战争，建立陕北革命根据地，是完全正确的。中共中央驻北方代表于 1933 年冬先后派谢子长、郭洪涛等一批同志到陕北工作，加强了陕北特委的领导。1934年1月，陕北特委南洼村会议，传达了北方代表的指示。北方代表批评陕北特委走"富农路线"，这种批评是不符合实际情况的，是错误的；但是对发动群众、开展游击战争的指示是正确的，促进了陕北游击战争的开展。1934年4月，陕北党、团特委在佳县神堂沟召开的联席会议和5月的王家畔会议，总结和交流了1933年6月扩大会议以来发展群众组织，建立游击队、游击小组、突击队等方面的经验，并决定推广这些经验，广泛开展游击战争。1934年9月，陕北特委在清涧县惠焉里的会议上，决定成立红一、二、三团，组建红二十七军八十四师，试分土地，试建县革命委员会，筹建陕北省苏维埃政府。1935年2月，陕甘特委、陕北特委在陕北周家崄召开了联席会议，决定成立西北工作委员会，统一领导陕甘、陕北两个特委的工作，成立西北革命军事委员会，统一领导和指挥红二十六军、二十七军及两个边区的武装作战。历史证明，陕北特委当时执行的政治路线和军事路线是正确的。同时必须承认，陕北革命根据地能够迅速粉碎敌人的几次"围剿"，顺利地发展，是与红二十六军、二十五军、中央红军适时到达陕北苏区分不开的。特别是党中央、毛主席到达陕北后，立即纠正了肃反扩大化的错误，首先释放了刘志丹、习仲勋等一批主要负责同志，挽救了陕北革命根据地。我们必须接受这个历史教训，团结一致向前看，为建设社会主义现代化强国而奋斗。

从第五次反"围剿"到遵义会议

陈伯钧

第四次反"围剿"斗争后，红军有了很大的发展。1933 年 3 月的四次战役以后，5 月来了一个猛烈的"扩红"运动，红军增加了四五万人，把部队整编了一下，将老部队改编成师，又成立了一些新的师团。敌人失败后，也得到了一个深刻的教训，知道这样"长驱直进，分进合击"还是奈何我们不得，所以改变战略，训练部队，加强侦察活动，训练登峰队，搞了一些山地作战的东西，成立了庐山军官训练团，总的战略叫作"堡垒政策"。第五次总"围剿"，包括政治"围剿"、经济"围剿"、心理"围剿"、文化"围剿"。不但这样对付我们，还这样对付他们自己统治区里反对他们的人。

在第四次反"围剿"斗争胜利后、第五次反"围剿"斗争开始前，我们还有一些行动：一方面在北线继续坚持斗争；另一方面又组织了东方军，打了连城附近十九路军的老虎师长区寿年这个师，接着打洋口、延平，一直打到福建水口附近，威逼福州。那时十九路军感到威胁很大，于是陈铭枢就写信给蔡廷锴说：与红军作战，若战而胜，牺牲必大；若战而不胜，更不堪设想。因此他主张与我军停战，联合我们反蒋，和我们讲条件。以后就搞"生产人民党"，成立福建人民政府。这时候北线敌主力蒋介石的部队正向苏区边境集结，待机进攻，于是三军团就从福建撤回来了。五军团去接应，开到顺昌后也撤回来了。这样的有利条件我们没有利用。

第五次反"围剿"可以分为五个阶段。

第一阶段，从洵口一战到团村。第五次反"围剿"开始时，我们由福建转回来，在洵口打了一个遭遇战，把敌人第六师十八旅消灭了，黎川敌三十六师增援以后，没有打出什么名堂。本来这一仗打胜了，照老规矩就应该把部队集结在附近，看敌人下一步怎么办，我们再行动。因为我们是采取内线作战的办法，集中兵力打它一路，各个歼敌。但是没有那样办，而是想要把黎川搞过来，到白区去打硝石，想借此叫敌人撤出黎川。这时敌人的战法就变了，打到一个地方就到处筑工事。十三师到资溪桥袭击了一下，敌人根本不理。总想到外线去求战，求战不得还要回来。这就是毛主席说的：开脚一步就走错了。后来敌人从黎川向前推进，本来那时敌人并不是"堡垒主义，向前推进"，因为黎川到团村还有 20 千米远，他们是要"逐段跃进"的。这一仗本来很好打，但是没有打好。因为只有三军团的四师、五师，五军团的十三师以及九军团的第三师和第三十四师，共 5 个师，兵力不足。刘伯承同志与李德两人曾争论，刘建议一军团是否可东调，但是话未说完，李德就大发脾气。很明显，当时东边是三军团的四师和五师担任突击，十三师除一部分参加突击外，主力担任掩护，西边只有第三师担任突击，力量不雄厚。结果东面虽把敌人突垮了，西边却突击不上去。敌人在山上，我们就去攻山，战术上也有缺点，队伍未展开，敌人一扔手榴弹，我们伤亡就很大，最后只好撤退。这一仗不但没有打好，而且牺牲了四师师长张锡龙、三师师长吴高群。如果当时东西两面一、三军团集中，组成两个有力的拳头，东西夹击，就可以把敌人进攻的一部 3 个多师消灭。后来，敌人又进攻德胜关，因我军的英勇作战，敌人被阻止住了。

第二阶段，1933 年 11 月，十九路军发动福建事变，蒋介石非常恐慌，在北线加紧构筑碉堡，令其主力向闽北前进。先向福建进军，把苏区的北边暂时守起来。其主力沿光泽、邵武、顺昌前进，每师距离20千米。这是我们歼敌的好机会。可是我们没有出击，真是失策了。这时教条主义者有些歪道理，他们说什么：福建的敌人比蒋介石还危险。我们在山上望了两个月，蒋（光鼐）、蔡（廷锴）和我们联络，我们也不帮他们的忙，以后他们那里就出了问题，十九路军没有几个月就完全垮了。

所以，这一点在政治上是个很大的错误，就是在军事上也很不应该。哪怕不帮助十九路军，但把蒋介石的主力打垮也好。结果蹲在那里，非常机械、非常被动。本来十九路军和我们讲联合，我们日用百货、盐巴也还不困难，还有一点办法。结果十九路军一垮，蒋鼎文就到福建当总司令，我们就四面被围了，一点办法也没有。这完全是机会主义，完全不懂得辩证法的关系。

自第五次反"围剿"开始到福建事变这一阶段，教条主义者不但没有搞出什么名堂，反而将主力分散使用，两个拳头打人，甚至往堡垒地域里钻。福建事变发生时，把一军团拉到神岗、党口去进攻堡垒地域，最后敌人形成四面围攻，又把一军团拉到福建，打了一个温坊战斗。一个月就行了28天的军，使主力疲于奔命，劳累至极。

第三阶段，就是广昌战役阶段。这一阶段的特点就是拼命主义，是拼命主义的典型例子。因为苏区北线的敌人是以占领广昌来号召其他地区的敌人向我们实行总攻的，因此教条主义者也就以广昌为苏区的大门来拼命守护，提出"御敌于国门之外"。当敌人在战略上的合围形成以后，就开始向广昌进攻，而这些外行的军事家——教条主义者，也就在这个地方搞拼命主义，以主力对主力。敌人有11个师，由罗卓英指挥，正面5千米，沿着盱江两岸的丘陵地带构筑碉堡，步步推进。我们则集中一、三、五、九军团的9个师，预先也在这一带地区筑了很多碉堡，以堡垒对堡垒，准备拼命决战。敌人在狭小的正面战场上以重兵攻击我们，我们则对敌实行短促突击。敌人在盱江左岸前进，碰到我们短促突击时，马上停止，让一个纵队在原地做工事，另两个纵队则在沿河上架好桥梁，转移到右岸前进；等到在右岸又遇我短促突击时，又转到左岸前进。如此反复辗转前进。所以刘伯承同志给它起了一个名字，不叫打仗，叫作"滚仗"。这样由甘竹到广昌 20 千米，整整"滚"了 18 天，敌人有时每天前进两千米，我们没有搞到什么东西。那时李德、博古都来了，批评这个、批评那个，指手画脚，搞了 18 天，最后还是把广昌失掉了。

这就是说，这些教条主义者认为：你们说我不行，我就是要搞一下给你们看看。9 个师对敌人 11 个师，敌人有高武器——飞机、远武器——大炮，我们这样同敌人拼命，敌人是最欢迎的。结果我们只有撤退，最后还是失掉了苏区的大门——广昌。

第四阶段，就是广昌战役之后的"分兵把口"和高度的阵地抗击战。自广昌撤退后就是"分兵把口"，一路是三军团第六师和红十二一师抗击周（浑元）纵队，守老营盘、高兴圩之线；一路是八军团，抗击薛（岳）纵队，守古龙岗；一路是五军团，抗击霍守义部，守头陂以南地区；还有一路是三军团，守广昌通驿前大道，抗击汤恩伯、樊崧甫两纵队。一军团则转移到东线（福建）去了。"分兵把口"，也是阵地战的最高峰，其中以高虎脑、万年亭战斗为代表。广昌战役后，敌人深入了苏区腹地，就一步一步推进，开始用飞机轰炸，然后用大炮轰，接着是机关枪掩护步兵冲锋，完全是正规的一套。我们也是做工事、筑碉堡、埋地雷，再就是等敌人进到近距离时，手榴弹、步枪、机关枪一齐开火，还用小部队从翼侧突击。敌人欺侮我们没有重兵器，就是远距离冲锋时，也采用营方队的密集队形；而我们的手榴弹，各种枪炮只能在一定的距离内开火，这就完全要靠干部、战士的英勇善战。敌人的汤纵队在高虎脑一仗中伤亡 4 000 多人，我们自己也损失不小，班以上的老战士剩下不多了。第五次反"围剿"，我军连续作战一年之久，就是在阵地上过日子，在房子里睡觉的时间很少，毫无休整。连以下的干部差不多3个月要全部换一次，后来完全靠干部打，补充上来的新兵连训练都来不及。所以，虽然对敌人造成了很大的杀伤，但我军的元气也受到相当大的损伤。第五次反"围剿"的战法在战略上说是很盲目的，而又自欺欺人地要与敌人拼消耗，想以此来转变敌我形势。正如毛主席说，"那不是龙王与龙王比宝，而是叫花子与龙王比宝"。我们那几个制造枪弹的简陋工厂，哪里能抵得上敌人的汉阳兵工厂、金陵兵工厂呢？何况敌人还有国际帝国主义的帮助。

高虎脑、万年亭战斗之后，我军退到了驿前。三军团四、五师加上五军团三十四师，在一起作战。过去敌人总是先来飞机，以后开炮，搞七八个钟头后，步兵才正式攻击。在驿前作战，我们自己就上了敌人的当。我们3个师，右边是四师，中间五师，左边三十四师，都是一个团占领阵地，两个团在后面。我们的阵地构筑得很好，一道、二道、三道，也算是一个防御地带，有的工事做得很不错，文化学习、休息、隐蔽、进出道路等都有，还有隐蔽的火力点。那时候就是鼻子对鼻子，敌人和我们的距离很近，而且工事以外还有侦察部队，所以我们经常和他们打交道，我们的人抓他们的人，他们的人也抓我们的人。敌人的炮兵阵地只离我们有千把米，处于完全暴露的状态，每天进行试射，我们对之毫无办法，但我们坚守，敌人也没有办法。结果敌人改变了在高虎脑、万年亭的打法。清晨，飞机先从广昌起飞，飞机一响，就是信号，然后炮兵就打。炮兵一打，敌人在飞机和炮兵的掩护下，立即投入冲锋。这样一来，我们的短促突击根本就用不上，部队还没出去，就被敌人的火力封锁住了；第二梯队还没有上来，阵地就被敌人突破了。敌人突破哪个地方，就占领那里，构筑碉堡进行巩固，口子不大，叫作"钻隙进攻"。这时我们的第一线被突破了，第二线来不及组织防御，也被突破了，第三线也跟着被突破了，这一天敌人就前进了5千米以上。这样一来，我们左右两翼的部队就都向左右转成了侧面阵地，敌人又以另一支部队向我军侧面进攻，我们就无法坚持了。驿前战斗证明：我们没有总的预备队是很大的缺点，在敌人突破后就没法应付，结果一下子把三道阵地都丢失了。总之，这种办法都是消极的、呆板的，违背了正确的战略方针，结果不论部队怎样英勇，最终还是失败了。

第五阶段，就是西线掩护战。驿前战斗失利后，战斗就变成了西线掩护战。因为北线、东线都被敌人突破了，当时更威胁我们的就是西线。西线就是兴国，那时只有陈毅司令带着地方部队和第六师阻止着周浑元纵队，力量比较单薄。驿前战斗后，五军团十三师就到西线增援第六师。后来，一军团在高兴圩想以第二师实行夜间突击，没有成功，就调走了，只剩下五军团在那里与敌人对峙。敌人每打一个地方，就在前面做工事，后面修马路，就像前面一个乌龟壳、后面一条尾巴似的。我们在这里和敌人共对峙了几个月。以后，就退到兴国以南，准备长征。本来在西线掩护战时，就应提出准备长征，但那时没有搞，仍只是提出击破敌人等老一套办法。

总而言之，第五次反"围剿"，一直打到底也没有痛痛快快打好一仗，所以很失策，完全处于被动状态。教条主义者的理论就是："由战斗的胜利开展战役的胜利，由战役的胜利开展战略的胜利。"这完全是"本末倒置"。我们说：主要是搞好战略指导，在正确的战略指导下，以一定的战役、战斗的胜利来完成战略上的任务。即使某一个战役打不好，也无关大局。但是教条主义者根本是外行，根本不是真正的军事家，最多是懂些班排长的战术技术动作。李德在瑞金和林老等中央同志讲班进攻，讲短促突击，他就是搞图上作业比较熟悉，其实完全是个外行，不懂实战。

所以，第五次反"围剿"不管在哪里，原来都是可以粉碎敌人的进攻的。第一阶段本来可以粉碎敌人。第二阶段本来也可以打击敌人，消灭敌人主力，粉碎第五次"围剿"。实在不行，就是当敌人四面合围形成后，我们不和他鼻子顶鼻子，退一步让他，区域还大，也还有回旋余地，可以消灭一路、二路。就是苏区都不行了，没办法了，也还可以跳出去，到杭州、苏州、南京、芜湖、南昌之间的地方打他们。再不行也可以向西边跑，到赣西、湘南，迂回到敌人的侧后，也一样可以打破"围剿"，取得胜利。总之，这些战略眼光，教条主义者都没有，只是在那里毫无办法地挨时间，被动挨打，毫无前途地进行战争。因此，教条主义者在战略、战役指导上可以说是"傻到极点"了。第五次反"围剿"，从战术上来说，过去我们没有打过阵地战，没有搞过对空防御，这次学了一点；但从整个战略指导上来说，是错误的，开始是冒险，之后是拼命。对部队来说，我们部队发挥了高度的战斗能力，发挥了高度的勇敢精神，我们自己也经过了一些锻炼。如果有正确的战略指导，有正确的军事路线，加上英勇顽强，我们是可以搞得有声有色、轰轰烈烈的，第五次反"围剿"是不会失败的。但由于领导上的错误，我们虽然有那样好的基础、有那样好的部队、有那样英勇顽强的战斗精神，却没有取得第五次反"围剿"的胜利。结果是被迫进行了史无前例的二万五千里长征。

…………

严格地说，长征是没有什么准备的。按照教条主义者的想法是要有一点准备的，如长征开始前，8 月 7 日派六军团（由任弼时同志带着）从湘赣苏区遂川县横石地区出发，到湖南、贵州与贺龙同志会合，建立湘鄂川根据地。事实上这就是一个先遣部队，利用与贺龙同志会合的过程勘察一些路线，搜集些情况，提供些资料，以便中央主力红军进行长征。此外，长征前也补充了一些新兵，动员了一些人等。长征开始时准备由中央苏区撤出，与二、六军团会合，但是结果没有做到，因为有几项最基本的工作没有搞。

首先，在政治上没有准备。在准备工作中没有政治动员，行动完全是秘密的，可以说是军事上的被迫。党内党外都没有进行深入动员，行动计划只传达到师一级的干部。那时五军团是由陈云同志

（五军团的中央代表）受中央的委托给我们传达的。那样大的行动，没有政治动员就是最大的错误。没有精神准备，官兵的积极性就没有办法发挥到最好程度，官兵一遇到困难，不但不能克服，反而会产生各种各样的不良倾向。如果做了政治动员，各种倾向就会得到防止和纠正。

其次，在军事上的准备也极端不够，必要的训练、休息、补充等工作都没有好好地搞。第五次反"围剿"时，我们就是光搞阵地战，不搞运动战，也不打遭遇战。没有运动、进攻、遭遇、抢隘口、抢河川、突破等必要的训练准备，主力也没有得到很好的休息。1934 年 10 月 10 日退出兴国，10 月 17 日就走了。在补充工作上，本应该补充主力，但相反，却成立了新的兵团。主力师是四五千人，而教导师也是 5 000 多人，还有几个新兵团。八军团、九军团都是新的番号，除了第三师以外，其他的二十一、二十二、二十三师都是新成立的，不是老部队扩大起来的，干部大都是红军学校的学生，因而战斗力比较软弱。如果是由一个老的团扩大为两个团，那就不同了。为什么新的部队战斗力弱呢？就是因为新的部队还没有经过很好的锻炼，没有优良的传统作风，因而他们走路、吃饭都成问题，更不要说别的了。在大庾北稳下村时，广东敌人的一个营，就把我们教导师的一个团打散了，我们的人跑得两面山上都是。后来八军团在贵州整编时，只剩下 1 200 人，编成一个团。所以，虽然组织了很多新的兵团，但作用并不是很大，只有一个作用，就是搭起了一个架子。走起路来，一、三军团为左右先锋，八、九军团打接应，后面由五军团担任掩护，中央军委直属队在中间，"坐的'5 个人'抬的'轿子'"，搭的架子很大，但没有发挥主力的最大作用，新的部队也没有起到足够大的作用。

长征时不仅是基本准备工作没有做，而且对敌人的估计也是十分错误的。当时为什么敢采取这样的方法？就是因为误认为西南（广西、贵州、湖南）的敌人装备差，而没有估计到西南的敌人战斗力是很强的。教条主义者在中央苏区作战时，遭到严重的失败，把敌人的战斗力夸大了，他们害怕蒋介石，却轻视西南的部队，这种估计完全是错误的。长征的实践证明：蒋介石的部队倒还好打，红军和他们是老对手了，只要被我一包围，他们就集合缴枪；而西南的部队却不好打，有时费了很大的力气也搞不到他们的人和枪。他们也采取游击、袭击的办法搞我们。

由于以上的原因，所以长征开始是搬家式的，以后是退却逃跑式的，不是积极的战略转移。那时不但不把各主力部队扩大，反而把直属队扩大，每一个军团都成立后方部，有的有 1 000 副担子，有的有 800 副担子，我们的军团就有 1 000 副担子，什么东西都挑上。军委纵队更吓人，约 3 万人的庞大机关，还要部队掩护。供给部、卫生部人很多，连一个石印机都要带上。

当时整个部队连新兵、老兵、民夫、担架队人员加在一起，有七八万人，其中战斗部队加上直属队还不到一半。这样就没有办法打仗，结果所有的战斗部队都成了掩护部队。一碰到敌人，也不想办法去积极进攻，只是打掩护，只是跑。跑也应该跑得快，在战术上必须脱离敌人，跑到有利的地方，占领阵地，抵御敌人，但没有做到。战略上也要走得痛快，但也没有做到。那时候，如果平均一天走 25 千米就可以抢到敌人前面了。因为我们从古陂圩突围的时候，敌人有一个错觉，以为我们会从赣江左岸打吉安，所以周、薛纵队赶快从苏区撤出来，在吉安、永新一直到井冈山一线布了防，并且等了一个礼拜。以后他们发现我们到了湖南，知道不是打吉安，才又把队伍集合起来追我们。如果我们那时一天走 25 千米，就能走在敌人前面了。照例说，战役应该选择道路，控制要点，压迫敌人使其处在不利的道路上，我们在有利的道路上。可是恰恰相反，我们在长征中走的是山路小道，敌人走的是大马路。我们沿着五岭山脉在大庾岭、骑田岭、越城岭上转来转去，走得很不痛快，而且经常是夜行军，一下雨路就相当滑，加上有好多重的行李，走起来就更困难了。

长征的时候，前面先锋部队虽然打得好，但是后面走不动，前面部队打到一个地方就要守起来等，等后面部队到了再走。因为走不动，所以我军丧失了很多有利的机会，完全处于被动、处于消极逃跑的状态，而不是积极的、战斗的战略转移。如果是积极的、战斗的战略转移，那么首先就可以在湘南停下来。湘南过去搞过暴动，以后二十九团的人又回去过一些。湘南，有一个黄茅山，山上还有游击队。如果我们在那里停下来，把伤病员和拿不动的东西留给他们，打一下周、薛纵队可不可以？完全可以。但是我们没有采取这个办法。在湘南没有停，继续走。一过湘江、漓水，情势一下子就紧迫了：广西敌人来了，湘南敌人也来了，周、薛纵队又追来了。这时一军团在全州打了一个礼拜，三军团在灌阳、兴安打了一个礼拜，完全是掩护战斗，消耗很大。过湘江的时候很危险，几个军团的队伍都搞乱了，有的在全州附近打得很苦，有的没有赶上，中间的赶上了又走不动，后面敌人又追上来了。五军团十三师还没有到湘江的时候，在灌阳以北的隔壁山就被敌人切断了。后面文市的敌人又追上来，我们在夹击中打了一天，才掩护八军团渡过江，但是五军团的三十四师被丢掉了。我们转移的时候，军团部参谋长刘伯承同志派了一个科长来找我们，带来陈云同志写的信，说这是紧急关头，关系中国革命的命运，希望你们下最大的决心，赶快拉过湘江。那时拉过多少就是多少，拉不过去就丢掉了。过了湘江以后，有一个命令：各军团自己收容部队，不管哪个部队的，都收容起来编在自己的军团里。当时就搞得那么紧张、狼狈。这也是教条主义者在军事上指挥错误、路线错误的总暴露。

在长征这一阶段，我们过了几个要害的地方，一个是过湘南，一个是过湘江。由于没有远大的战略眼光，没有高明的战役指导，部队减员很多。夜行军搞多了，战士们也不好受。那时弄得疲惫不堪，部队战斗力有很大的削弱。

过了湘江以后，本来还想向北转到二、六军团那里，结果城步、武冈都有敌人赶到，把去路给堵住了。没有办法向北，只好向西。又由越城岭向西过苗岭，完全在山里转。这时广西的敌人侧击、袭击我们，还搞了一些特务，在我们刚到宿营地的时候烧房子，使得我们没有房子住。这样一搞几个月，弄得很疲惫。夜行军久了，消耗很大，特别是快天亮的时候，最容易打瞌睡、掉队，发生问题。以后形成了一个规律，就是晚上行军，天亮后宿营，中午敌人追上就打几个钟头，等到黄昏就走，第二天又是这样。这样一搞，大家体力消耗很大。新兵、民夫不习惯这样的生活，很容易掉队。所以有很多人不是打死的，而是拖死的、累死的。我们军团走在后面，就更伤脑筋，前面走的还可以弄到些东西吃，我们走在后面的就没有了。有的同志疲劳到这样的程度：在山路上他靠着休息一下，一坐下来就再也起不来了。又饿、又累、又疲劳，在这样的情况下，军队的战斗力大大削弱了。不到 3 个月的时间，减员差不多一半以上，而且战略目的没有达到。所以陈毅同志说：走死、饿死和战死的味道完全不一样，与其走死、拖死，不如战死。如果真正以这样大的牺牲来进行战斗，那要打多少漂亮的仗，要消灭多少敌人！

…………

到黎平休息两天以后，改编了军委纵队，其他的军团整顿了一下，这样才过了乌江。到 1935 年 1 月进入遵义，接着就开遵义会议。

遵义会议是一个关键的转折点。这次会议是政治局扩大会议。毛主席事先做了很多的工作，他在中央苏区就看到不对头，在行军过程中又看到这些情况，所以写了一些东西，预备了一下，在长征过程中就和一些同志商量，事先酝酿。在下面，大家也对领导有一些意见，因为客观事实就是中央苏区丢掉了，长征中红军力量削弱了，仗没有打好，大家都不满意。到遵义休息了 12 天，就把这事情清算了一下。基本上是清算军事路线,从五次反"围剿"失败搞起一直到长征,把冒险主义、拼命主义、保守主义、退却逃跑等问题都好好地清算了一下。这是惨痛的血的教训。最后才取得了遵义会议的胜利。

毛主席重点讲了军事路线问题。那时主要的问题是武装斗争问题,如果这个问题不解决,别的问题就都没有办法解决。因此,集中力量抓这一点,就可以争取很多的人。

遵义会议后,改变了领导,形势就完全改变了,各方面工作也活跃了。

为什么在遵义能休息这么久?因为我们过了乌江打遵义的时候,二、六军团打了很多胜仗,牵制了湖南的敌人,在战略上起到了掩护我们的作用。二、六军团一出桃源,就消灭了敌人两个师,把张振汉捉到了,直接威胁常德。同时,我们到遵义后,敌人估计我们可能回头与二、六军团会合,因为他们看到六军团是这样走的。周、薛纵队就在芷江、洪江严阵以待,准备打我们。因此,我们就在遵义休息了这么久。后来敌人看到我们没回头,他们才进的贵州。这时我们和二、六军团会合不了,只有想办法与四方面军会合。本来这也是个好机会。四方面军在中央苏区五次反"围剿"时是打了胜仗的,把刘湘的六路进攻都粉碎了,是一个胜利之师,有很大的发展。那时中央要他们第一步控制嘉陵江,来接应我们。我们亦开始准备北进,打算在宜宾、泸州之间过长江,而后再过嘉陵江,和四方面军会合。可是我们从遵义出来到桐梓,发现敌人有准备,潘文华指挥了14个旅43个团在沿江两岸布了防、筑了工事;从松坎出来一路兵追我们,一直追到土城,打了一仗,这一仗我们没有打好。北进不可能,后面追兵又来了,仗又没有打好,怎么办?所以就向西走到了威信,这是川、滇、黔交界之处。这时进行战略指导很困难,北进不成,只有在贵州附近绕圈子,建立川滇黔苏维埃根据地。

后来，部队从威信又回到桐梓，从娄山关打到遵义，把王家烈的部队打垮，夺取了遵义城。守遵义城时，敌人攻上老鸦山，把山给占领了。那时张宗逊同志被打伤了，邓萍同志被打死，干部团也冲上去了。后来一军团赶上来了，最后领导层面下了决心，不能攻山，就沿着遵义通乌江的马路一直打下去，打到乌江边。这样一打，击溃了吴奇伟的两个师。后来，占领老鸦山的敌人也撤退了。

从娄山关一直打到乌江边，确是一个很漂亮的仗，是遵义会议后的第一个胜利。王家烈的部队不是被我们"个个击破"的，而是被我们"个个碰破"的。这次击溃、消灭敌人两个师又8个团。那时我们开会，洛甫同志讲话说：我们现在不是逃命了，有希望了，有办法了。

薛岳指挥的吴纵队被我们打退了，还有一个周纵队。我们刚到遵义，他们就在遵义西南的长干山，我们一打他们就撤退到鲁班场守起来。那时他们的兵也拖得和我们差不多了，但是他们守在那里，因为下雨，行动不方便，我们攻不上去，所以我们就从右侧仁怀附近过了茅台河。那时进行战略指导很困难，因为要建设根据地就必须打仗。我们的老规矩是：打一仗，消灭敌人后，就分兵发动群众，补充自己，创造战场，敌人再来就再打。所以，要打两三仗才能打出个名堂来，才能站住脚，建立起根据地。而那时建立根据地是很不容易的，虽然打了敌人两个师又8个团，但也不解决问题，吴纵队还有两个师，周纵队又来了；而就红军本身来说，也有很大的削弱，到贵州后才扩军，但新扩的部队也不容易巩固。真正打起来，还是靠红军的老骨头。那时很多干部问：我们到底怎么行动，方向如何？他们不知道当时战略指导上的困难。

从仁怀过茅台河向西北走，敌人以为我们要向四川去，薛岳指挥的部队赶快沿着通四川的长江堵追我们，结果我们沿着茅台北面到了太平渡，又过赤水河转了回来，从鸭溪、枫香坝插过来，到乌江渡河，直插贵阳附近。那时蒋介石自己在贵阳，一看我们来了，很恐慌，赶快调滇军守贵阳。结果正合我们的计算，滇军一直进到贵阳东的龙里县。我们就乘机从霓儿关插下去，把滇军甩到贵阳一带。迈开大步，顺着贵阳的大道走路，一天50多千米，直到昆明附近。中间只是在黄泥河附近碰到了滇军的一些部队，打了一仗，其他没有打什么仗。龙云把民团集中起来守城，我们没有费什么事就把地主武装都搞掉了，把昆明东北将近十几个县城都打开了。这样一来，对龙云的威胁很大，他就赶快把孙渡纵队调回来追我们，等追到的时候，我们差不多已经到了昆明的北面。这一仗完全是走出来的，一直走到金沙江边。从这里也可以看出，打不成就不要再打下去。那时没有办法建立根据地，即使在贵州一带建立根据地，也离进入抗日前线的中心过远。所以就走出一个“战役”来，把四川薛岳的部队甩到后面，把云南的敌人引出来，过河以后又甩掉了。这个“战役”是很伟大的，既达到了战役的目的，也完成了战略的任务。这就是遵义会议后的第二个胜利。

遵义会议前后

伍修权

一、长征的准备

由于临时中央的错误领导和李德的错误指挥，苏区一天天缩小，敌人一步步逼近，形势越来越坏。1934年春，李德就曾对博古说，要准备做一次战略大转移。不过那时根本没有打算走那么远，也没有说是什么长征，只准备到湘鄂西去，同红二、红六军团会合，在那里创建新的革命根据地。大约在长征开始的半年前，就进行了各项准备工作。第一是苏区猛烈扩大红军，建立新的兵团。新成立了好几个师的部队，有以周昆为军团长的八军团，以周子昆为师长的三十四师，还有少共国际师等部队。为了扩大红军，除了把地方游击队整编扩充到主力红军外，还把根据地的壮丁几乎都动员参军了，有的农村只剩了妇女老弱。苏区人民为革命做出了巨大的贡献，又为错误路线做出了巨大的牺牲。第二是进行武器弹药等的物资准备。当时苏区有个小兵工厂，能自己制造子弹和手榴弹，在试验新造出的手榴弹时，李德曾经和我一起去看过试验，好的手榴弹炸得很碎，杀伤力大，不好的一崩两半，没什么威力。后来转移时这些兵工厂的机器，还有印刷厂，甚至印钞票的机器都准备带走，只有军粮是走到哪里吃到哪里，没法带，别的东西都想带走。为了拆搬这些东西，实际上做了近半年的准备。军事部署上也做了准备。当年六七月，红七军团北上到达赣东北根据地，同方志敏同志领导的红十军会合，组成北上抗日先遣队。8月，湘赣苏区的红六军团接到命令离开原根据地，转移到湘鄂西，与贺龙等同志领导的红二军团会师。这两处红军的行动，都是为了配合红一方面军主力的大转移。

大转移（也就是长征）开始时，主力红军是一、三、五、八、九军团。为了转移，又成立了军委和中央机关纵队，代号为"红星"纵队和"红章"纵队，由叶剑英、罗迈和邓发等同志分别担任司令员、政委等职。董老、徐老等老同志都编入了中央纵队随军一起行动。整个部队共约8万多人，宣传上称10万大军。

对于这次战略大转移，当时的中央领导核心是早有准备的，所以不能完全说成是仓促行事。但是对于各级干部，包括高级干部和广大部队指战员来说，确实是没有准备的。在王明路线的错误领导下，不仅根本没有做群众性的思想动员，而且也没在政治局上讨论过，相反做了严格保密，连有的高级领导人如项英、陈毅等同志当时都不知道这一重大战略意图。"左"倾路线领导者不喜欢的干部，有些则被乘机甩掉，留在苏区打游击。如瞿秋白同志，身体根本不适应游击环境，也被留下，不幸被俘牺牲；何叔衡、贺昌、刘伯坚等同志也是因此而牺牲的。事实证明，像董老、徐老等年老体弱的同志，由于跟随主力红军行动，都被保存了下来，安全到达了陕北。最初"左"倾路线领导者连毛泽东同志也不打算带走，当时已将他排斥出中央领导核心，把他弄到于都去搞调查研究。后来因为他是中华苏维埃执行委员会主席，在军队中享有很高威望，才被允许一起长征。如果他当时也被留下，结果就难以预料了，我们党的历史也可能成了另一个样子。

二、长征初期

"甬道式"搬家，被动挨打损失惨重

.1934年10月中旬，军委总部从瑞金出发，开始长征了。出发

的日期我的印象是 10 月 10 日。那时我们和警卫员等养了几只小鸭子，它们天天钻在"独立房子"周围的水稻田里，吃的是青蛙，长得特别快。出发的前几天，我们就赶紧吃鸭子，总部出动的那一天，还吃了最后的一只。与此同时，驻扎在江西于都和福建长汀、宁化等地的红军部队，也先后出动。所以这些地方和瑞金一样，都是红军长征的出发地，长征开始的时间，则应从军委总部出发的日子算起。

出发以后，李德等人指挥部队采取"甬道式"搬家的方式，一、三军团为左右前锋，八、九军团从两翼掩护，五军团为后卫压阵，中间是军委总部和中央纵队，还有各种"坛坛罐罐"，仅挑子就有 3 000 多副。真是负担笨重，行动迟缓，加之敌人处处围追堵截，部队只能沿途消极避战，边打边走。这样好容易通过了敌人的四道封锁线，部队处处挨打，损伤惨重。大的笨重东西都没有办法带了，为了行军和作战便利，只好把千辛万苦从苏区搬来的机器等笨重东西往山沟里扔。渡湘江时，连电台的发电机、蓄电池和 X 射线机、印刷机和几门小山炮等等，都忍痛埋掉了。有的运输员来的时候思想上就是不大通的，这时就把东西一扔自动跑回家去了，加上战斗减员，部队很快就损失了 2/3 的兵力，过湘江以后只剩了 3 万多人。

李德惊慌失措，迁怒于人

当时李德已经无法全面指挥，只能根据各部队来的电报提提意见，真正在部署作战行动的是周恩来同志。那段时期，只听到从各个纵队来的报告，说部队不断减员，特别是中央纵队不断来报告说，人都散了，机器都丢了。李德面对这种情况，惊慌失措，一筹莫展，他那副愁眉苦脸、唉声叹气的狼狈相，至今我还记忆犹新。可是他反而迁怒于人。当时有两个部队，一个是周昆当军团长的八军团，一个是周子昆当师长的三十四师，由于部队中大多是新编入红军的地方赤卫队和农民，未经过训练和实战锻炼，在连续的行军苦战中，整个部队几乎全被打散拖垮了。到遵义以前，部队在一个地方停留时，李德还掌着权，他把三十四师师长周子昆找来，将他痛骂了一顿，训斥他带的什么兵把部队给拖垮了，把老婆倒带着。实际情况是红军在长征时本来让周子昆的爱人曾玉同志留在苏区，但她不愿留下，自己拼着命跟部队走，丈夫又顾不了她，吃了许多苦。可是李德却为此大训她的丈夫周子昆，命令警卫班马上把他绑起来，送军事法庭审判。可是警卫班的同志就是不肯动手，李德大为恼火。当时博古和毛泽东同志正好在场，博古对此默不作声，还是毛泽东同志出来解了围，说把周子昆交给他去处理，这才给了李德台阶下。

通道转兵，避免了全军覆灭之灾

部队前进到湘西通道地区时，得到情报称，蒋介石已察觉我们的意图是与二、六军团会合，就在我们前进方向布置了 5 倍于我的强大兵力，形成了一个大口袋等我们去钻。面对这一情况，李德竟然坚持按原计划行动，把已经遭到惨重损失的 3 万多红军，朝十几万强敌的虎口中送。在这危急关头，毛泽东同志向中央政治局提出建议，部队应该改变战略方向，立即转而向西，到敌人力量薄弱的贵州去，一定不能再往北去。如果再往北，就有全军覆灭之灾。中央迫于形势，只得接受了这一正确建议，毛泽东的意见通过了。于是部队就改向贵州进军，这就一下打乱了敌人的部署。从这时开始，突破乌江，攻下遵义，战局出现了转机，红军恢复了活力，这已经是毛泽东的军事思想在起作用了，当时负责具体指挥的是周恩来同志。

这是长征初期和遵义会议以前的情况。在这期间，我们每次接触李德，都不断地领教到他专横粗暴的作风，心情很不愉快。

三、历史性的遵义会议

会议的酝酿和准备

李德等人的所作所为，以及由此造成的严重后果，迫使人们苦苦思索面临的问题：为什么在临时中央和李德来到根据地以前，中央红军在毛泽东同志的指挥下，能够以三四万人的兵力，粉碎了敌人的第一、二、三次"围剿"，还扩大了根据地，发展了红军？周恩来等同志指挥的第四次反"围剿"，继续按毛泽东同志的军事思想作战，也取得了胜利。到第五次反"围剿"时，中央红军已发展到10万人以上，中央根据地更加扩大和巩固了。但是，在李德等人的指挥下，红军苦战一年，结果反而是"兵日少而地日蹙"，最后来了个大搬家，丧失了整个中央根据地不算，八九万大军只剩了三万来人，使党和红军面临险境。惨重的失败，险恶的环境，使人们对李德那一套由怀疑到愤怒，许多指战员愤愤地说，过去几次反"围剿"，打了许多恶仗，不但没有这么大的消耗，还壮大了许多倍，现在光挨打，真气人！他们痛心地问：这样打下去，结果会怎么样呢？长征开始后，彭德怀曾经气愤地说："这样抬着棺材走路，哪像个打仗的样子？"他批评李德等人"把革命当儿戏，真是胡闹！"事实教育了人们，王明等人自称"百分之百"的正确，却打了败仗；被他们批判和排斥了的毛泽东同志的主张，却越来越被事实证明是正确的。人们在胜利时认识了毛泽东同志，在失败中又进一步地认识了毛泽东同志。

中央的领导同志，包括曾经犯过"左"倾错误的同志，也陆续有了觉悟。早在第五次反"围剿"开始后不久，在一次军委会议休息时，当时任中央政治局委员、苏维埃人民委员会主席的张闻天同志就跟我说："这样打下去，我们能有胜利的希望吗？"这表明，他当时已经对李德的军事指挥产生了怀疑。广昌战役后的一次讨论会上，他就提出"不该同敌人死拼"，结果同博古闹翻了。李德对这件事显得很"关切"，他要博古向张闻天同志转达他的意见："这里的事情还是依靠莫斯科回来的同志。"意思就是说，博古和张闻天这些从莫斯科回来的同志之间不应该闹摩擦。张闻天同志根本没有理会李德这个"劝告"，也不怕他们的排斥和打击，仍然坚持自己的观点。这次大搬家后，他对李德等人的错误看得更清楚了。

王稼祥同志也早就觉察到了李德等人的军事错误。他那时是军委副主席、红军总政治部主任。在第四次反"围剿"时他负了重伤，长征开始后就坐担架随队行动。当时毛泽东同志也因病坐担架，经常与王稼祥同志同行。他们就一边行军一边交谈，商谈了许多有关党和军队前途的问题。王稼祥同志向毛泽东同志坦率地表示了自己对那时形势的忧虑，认为这样下去不行，应该把李德等人轰下台。毛泽东同志很赞赏他的想法，并针对现实情况，谈了马列主义的普遍真理必须与中国革命实践相结合的道理。这给了王稼祥同志很大启示，也更加坚定了他支持毛泽东同志的决心。这时，他们商谈了召开中央政治局会议的事宜，以尽快解决那时面临的严重问题。

周恩来同志当时也是军委副主席，在第五次反"围剿"中同李德接触较多，曾经与李德进行过多次争论，表示不同意李德的某些军事主张和作战方案。特别是在如何使用兵力的问题上，李德强调所谓"正规军"打"阵地战"，用红军的"多路分兵"对付敌人的"多路进击"。周恩来同志主张集中兵力于一个方向，其他方向则部署牵制力量，使红军保持相对的优势和机动兵力，以粉碎敌人的进攻。但是，李德拒不接受周恩来同志的正确建议，使"分兵把口"的红军被敌人的强大兵力各个击破。进行这类争论时，我经常在场，有时由我从中翻译，有时周恩来同志直接用英语对李德讲。他对李德的错误最了解，只是由于当时中央的主要领导坚持"左"倾错误，支持李德的独断专行，周恩来同志只能在自己的工作范围内，采取某些具体措施，进行适当的补救，尽量减少红军的损失。周恩来对毛泽东同志的主张本来就是了解和赞同的，所以他当然是支持毛泽东同志的。

毛泽东同志在长征途中，也利用一切可能的机会，向有关干部和红军指战员进行说服教育，用事实启发同志们的觉悟，使大家分清什么是正确的、什么是错误的。这一切都为遵义会议的召开创造了必要条件，打下了思想基础。此外，客观形势也促成了遵义会议的召开。

在进遵义以前，王稼祥同志最早提出了召开中央政治局扩大会议的倡议。他首先找张闻天同志，谈了毛泽东同志的主张和自己的看法。他认为，应该撤换博古和李德，改由毛泽东同志来领导。张闻天同志也在考虑这些问题，当即支持了他的意见。接着，王稼祥同志又利用各种机会，找了其他一些负责同志，一一交换了意见，并取得了这些同志的支持。聂荣臻同志因脚伤坐担架，在行军途中听取并赞同了王稼祥同志的意见。周恩来和朱德等同志历来就尊重毛泽东同志，在临时中央打击和排斥毛泽东同志时，他们也未改变对毛泽东的态度，这次也毫不犹豫地支持了王稼祥同志的意见。大势所趋、人心所向的形势下，遵义会议的召开条件已经成熟。

遵义会议的胜利召开

1935 年 1 月上旬，红军胜利攻占黔北的重镇遵义。不久，中共中央在遵义旧城一个军阀柏辉章的公馆二层楼上，召开了中央政治局扩大会议，这就是具有伟大历史意义的遵义会议。参加这次会议的中央政治局委员和候补委员有博古、周恩来、毛泽东、朱德、张闻天、陈云、刘少奇、王稼祥、邓发和凯丰（何克全），总参谋长刘伯承，总政治部代主任李富春。会议扩大到军团一级干部，有一军团长林彪、政委聂荣臻，三军团长彭德怀、政委杨尚昆，五军团政委李卓然因为战事在会议开始后才赶到，邓小平同志以党中央秘书长的身份参加了会议。李德也被通知出席，我作为翻译，也列席了会议。会议中途彭德怀和李卓然因为部队又同敌人打了起来，提前离开了。九军团长罗炳辉、政委蔡树藩因为部队没有渡过乌江，所以未能参加会议。

因为中央政治局和军委白天要处理战事和日常事务，所以会议一般都是晚饭后开始开会，一直开到深夜。会场设在公馆楼上一个不大的房间里，靠里面有一个带镜子的橱柜，朝外是两扇嵌着当时很时兴的彩色花玻璃的窗户，天花板中央吊着一盏旧式煤油灯，房间中央放着一张长条桌子，四周围着一些木椅、藤椅和长凳子，因为天冷夜寒，还生了炭火盆。会场是很简陋狭小的，然而正是在这间屋子里，会议决定了党和红军的命运。

会议开始还是由博古主持。他坐在长条桌子中间的位置上，别的参加者也不像现在开会有个名单座次，那时随便找个凳子坐下就是了。会议开了多次，各人的位置也就经常变动。会上第一个发言的是博古，他做了第五次反"围剿"的总结报告。他也看出了当时的形势，对军事错误做了一定的检讨，但是也强调了许多客观原因，为临时中央和自己的错误做了辩护和解释。第二个发言的是周恩来同志，他做了关于第五次反"围剿"军事问题的副报告。第三个发言的是张闻天同志，他做了一个反对"左"倾军事错误路线的报告，是批评博古的，因此被后人称为"反报告"。

之后，毛泽东同志做了重要发言。他讲了一个多小时，同别人的发言比起来，算是长的了。他发言的主要内容是说那时首先要解决军事问题，批判了"左"倾冒险主义的"消极防御"方针和它在各个方面的表现，如防御时的保守主义、进攻时的冒险主义和转移时的逃跑主义。他还尖锐地批评了李德的错误军事指挥，说其只知道纸上谈兵，不考虑战士要走路、要吃饭，也要睡觉，也不问走的是山地、平原还是河道，只知道在地图上一画，限定时间打，当然打不好；又用第一、二、三、四次反"围剿"胜利的事实，批驳了用敌强我弱的客观原因为第五次反"围剿"失败做辩护的观点。他指出，正是在军事上执行了"左"倾冒险主义的错误主张，才导致了第五次反"围剿"的失败，造成了红军在长征中的重大牺牲。毛泽东同志的发言反映了大家的共同想法和正确意见，受到与会绝大多数同志的热烈拥护。

紧接着发言的是王稼祥同志。他旗帜鲜明地表示支持毛泽东同志的意见，严厉地批判了李德和博古在军事上的错误，拥护由毛泽东同志来指挥红军。朱德同志接着也表明了态度，支持毛泽东同志的意见。朱德同志历来谦逊稳重，这次发言时，却声色俱厉地追究临时中央领导的错误，谴责他们排斥了毛泽东同志，依靠外国人李德弄得丢掉了根据地，牺牲了多少人命！他说："如果继续这样的领导，我们就不能再跟着走下去！"周恩来同志在发言中也坚决支持毛泽东同志对"左"倾军事错误的批判，全力推举毛泽东同志参加中央核心领导。他指出，只有改变错误的领导，红军才有希望，革命才能成功。他的发言和倡议得到了与会绝大多数同志的积极支持。

会上的其他发言者，我印象中比较深的是李富春和聂荣臻同志。他们对李德那一套很不满，对"左"倾军事错误的批判很严厉。彭德怀同志的发言也很激烈，他们都是积极支持毛泽东同志的正确意见的。其他同志也大多支持毛泽东同志的意见。

林彪本来是支持李德那一套的，会上被批判的"短促突击"等等，也是林彪所热心鼓吹的。1934年6月，他写了题为《论短促突击》的文章，推销李德的那一套；行动上他也积极执行王明在军事上的"左"倾错误主张。所以，他在会上基本是一言不发。聂荣臻同志长期与他共事，对他早就有所认识，那时就看出了他的毛病。

会上被直接批判的是博古，批判博古实际上就是批判李德。因此，会议一开始，李德的处境就很狼狈。当时，别人大多是围着长桌子坐，他却坐在会议室门口，完全是处在"被告"的位置。我坐在他旁边。别人发言时，我一边听一边翻译给李德听。他一边听一边不断地抽烟，垂头丧气，神情十分沮丧。由于每天会议的时间都很长，前半段会议时我精神还好，发言的内容就翻译得详细些；后半段会议时精力就不济了，时间也紧迫，翻译就简单些。在会议的过程中，李德也曾为自己及王明在军事上的"左"倾教条主义错误辩护，不承认自己的错误，把责任归结为客观原因和推到临时中央身上。不过这时他已经理不直、气不壮了。当时会议的气氛虽然很严肃，斗争很激烈，但是发言还是说理的。李德本人也意识到自己此时已是"无可奈何花落去"，只得硬着头皮听取大家对他的批判发言。

会议前后共开了三四次，开会的具体日期，我印象是在1月15日左右。遵义会议决议上印的日期是1月8日，我看不准确，可能是1月18日之误。因为1月8日部队刚进遵义，还没来得及召开会议，决议不会那么早就做出来。

会议的后期，委托张闻天同志起草了《中共中央关于反对敌人五次"围剿"的总结的决议》（简称《决议》），即遵义会议决议。《决议》指出，博古和李德（用华夫代名）等人"在反对五次'围剿'的战争中却以单纯防御路线（或专守防御）代替了决战防御，以阵地战堡垒战代替了运动战，并以所谓'短促突击'的战术原则来支持这种单纯防御的战略路线。这就使敌人持久战与堡垒主义的战略战术达到了他的目的，使我们主力红军受到部分损失并离开了中央苏区根据地。应该指出，这一路线同我们红军取得胜利的战略战术的基本原则是完全相反的"。《决议》还就博古、李德等在组织路线、领导作风上及利用敌人内部冲突等问题，一一做了总结。

遵义会议集中全力解决了当时具有决定意义的军事问题和组织问题，改组了党和军队的领导，推举毛泽东同志为政治局常委。会后解除了博古同志的总书记职务和李德的军事顾问职务，选举张闻天同志为总书记。接着，又在随后的战斗行军中，成立了以毛泽东同志为实际负责人，由周恩来、王稼祥同志参加的三人军事指挥小组，作为最高统帅部，负责指挥全军行动。全党信服毛泽东同志，把当时最有决定意义的、关系到我党我军生死存亡的军事指挥大权托付给他，从而开始确立了毛泽东同志在红军和党中央的领导地位。这是遵义会议的最大成就，是中共党内最有历史意义的伟大转折。

"群龙得首自腾翔"

遵义会议的成功，显示出了毛泽东同志杰出的领导才能与政治智慧。他在会议上只批判临时中央在军事问题上的错误，没有提政治问题上的错误，相反还在决议中对这个时期的政治路线说了几句肯定的话。这是毛泽东同志的一个英明决策。在会议上，曾经有人提出批判和纠正中共六届四中全会以来的政治错误，毛泽东同志明智地制止了这种做法。正是这样，才团结了更多的同志，全力以赴地解决了当时最为紧迫的军事问题。会后，曾有同志问毛泽东同志，你早就看到王明那一套是错误的，为什么当时不竖起旗帜反对其错误领导，反而让王明的"左"倾错误统治了4年之久？毛泽东同志说，那时王明的危害尚未充分暴露，又打着共产国际的旗号，使人一时不易识破他们，在这种情况下，过早地发动斗争，就会造成党和军队的分裂，反而不利于对敌斗争。只有等到瓜熟蒂落、水到渠成时，才能提出和解决这个问题。毛泽东同志还注意把推行"左"倾错误的头头同仅仅执行过这一错误的人严格区别对待。在遵义会议上，他只集中批判博古和李德，对别的同志则采取耐心说服帮助的方法，争取他们转变立场。毛泽东同志这种对党内斗争的正确态度和处理方法，也是遵义会议成功的重要原因。

正由于这样，原来支持过王明"左"倾错误的王稼祥、张闻天等同志在遵义会议这一历史转折关头，都转而支持了毛泽东同志。这里特别值得一提的是王稼祥同志。毛泽东同志曾说，在遵义会议上，王稼祥同志投的是"关键一票"。又说，他是第一个从王明的教条小宗派中脱离出来的。周恩来同志也说，王稼祥同志在遵义会议上是有功的。张闻天同志也起了很好的作用。博古同志虽然是会上受批判的主要对象之一，但是他的态度还是比较端正的。他主持会议，却不利用职权压制不同意见，表现了一定的民主作风和磊落态度。会后，他又坚决服从和执行中央的决定，并严正地拒绝了别人的挑拨性意见。到10年以后党的第七次全国代表大会上，他还做了认真的自我批评。这些都体现了一个共产党人的应有品质。

早在 1925 年，我就曾与王稼祥、张闻天等同志同船赴苏，同在莫斯科的中山大学学习。他们的底子都比较厚，受过相当高程度的教育。但是他们到中大以后，学习仍然异常刻苦，连课外文体活动都很少参加，很快掌握了俄文。一年后他们就在学校担任翻译，后来还进了苏联红色教授学院深造。博古同志晚我们一年到中山大学，他比较活跃。如果说王稼祥、张闻天同志有学者风度，博古同志则有政治活动家的气派。他到校后，到处都能听到他的声音，学习也很好。他们的为人是正直的，对革命的忠诚以及个人的品质是应该肯定的。在长期的革命斗争中，他们为党为人民做了大量的工作，做出了贡献。因此，在我们党的历史上，仍然应该有他们适当的位置。

遵义会议以后，朱德、毛泽东等同志亲自指挥了四渡赤水战役，使部队巧妙地甩开了敌人，跳出了重围，赢得了战略转移中具有决定意义的胜利，写下了长征史上光彩神奇的篇章。

朱德同志有首纪念遵义会议的诗写道："群龙得首自腾翔，路线精通走一行。左右高低能纠正，天空无限任飞扬。"确实如此。遵义会议后，正是由于党中央和毛泽东同志的英明领导，我们才在极端艰险的条件下，保存并锻炼了党和红军的基本骨干，并且克服了张国焘的退却逃跑主义和粉碎了其分裂党的阴谋，胜利地到达陕北，结束了长征，促成了抗日民族统一战线，推动了抗日高潮的到来。这一切事实，随着时间的推移，使人越来越深刻地认识到遵义会议的深远意义。

会议以后，李德无职无权了。开始的一段时间，我还同他一起随一军团行动了一段时间。后来我去三军团工作，他又随同总部行动了。长征的后期，我还见过李德几次。张国焘搞分裂时，原四方面军的副参谋长李特同毛泽东等同志争吵，要拉人随张国焘南下，我见李德也在场。据说他当时也是反对南下的，不过他未必是出于拥护中央和毛泽东同志的方针的目的，而是希望尽快北上，好靠近苏联，重新接上与共产国际的关系。中央红军长征到达陕北后，李德曾帮助训练过骑兵。1936 年 10 月，斯诺到保安县（今志丹县）访问过他，李德对于遵义会议对他的批判并撤销他的军事顾问职权，仍然是一肚子牢骚。那时，中央分配李德到红军大学讲战役学，我曾被临时派去为他当翻译。开始我不乐意去，对周恩来同志说："我宁可当伙夫、马夫，也不给李德做翻译了。"经过周恩来同志反复劝说，我才同李德又共事了一段时间。

1939 年夏，我党送李德自延安经兰州返回苏联。那时我在兰州八路军办事处任处长，负责接送并具体安排他回苏联。由于抗日民族统一战线已经建立，我党中央先同国民党交涉好，他与前往苏联治病的周恩来同志同机赴苏。

李德在 1932 年来我国，当时才 30 多岁，在我国活动 6 年多，其中我同他共事近两年，亲眼看到过他最神气和最失意的样子。现在要同他正式分手了，本应该相互做些表示，但是他的情绪十分消沉。同他做最后告别时，我对他说："祝你回苏联后走好运，一切顺利。"他只是苦笑。据说他回苏联以后，斯大林批评了他，并分配他到出版单位搞翻译工作。第二次世界大战以后，他被送回德意志民主共和国，一度担任过民主德国文化方面的领导职务，还曾出版过一本他写的关于中国革命的回忆录，书名叫《中国纪事》。书中颠倒是非歪曲事实，继续坚持并宣扬他的"左"倾教条主义，反对我党的正确路线和毛泽东思想，竭力为自己的错误辩解，可见他至死也没有认识到自己的错误。

党的十一届六中全会通过的《关于建国以来党的若干历史问题的决议》中指出，遵义会议是我党历史上"一个生死攸关的转折点"。作为亲身经历过这一转折的老战士，每当回忆起这次会议，总是自然地深深怀念毛泽东同志。遵义会议以前，王明等人脱离群众、远离实际，只会搬用书本和外国的经验，甚至倚仗外人来领导中国革命。李德根本不懂中国的国情和斗争特点，却以"太上皇"自居，凭着洋本本、死框框瞎指挥，推行王明的"左"倾教条主义，结果把我国的革命几乎引入绝境。正是毛泽东同志把马列主义普遍原理与中国革命实践相结合，才使我国革命走上了胜利的道路。因此，直到今天，我们还在享受着遵义会议胜利的成果。我们回忆遵义会议，正是要铭记毛泽东同志根据我党血的经验教训告诉我们的这一伟大真理。

夜渡金沙

黄新廷

　　多年后我沿着 1936 年二、六军团的长征路线做了一次实地考察，再次踏上了丽江纳西族自治县石鼓镇这片神奇的土地。滔滔的金沙江水沿着哈巴雪山和云岭山脉之间的峡谷由北向南直泻而下，流经此地被迎面屹立的玉龙雪山所阻。江水就像一条被激怒的蛟龙昂首摆尾来了个 120 度的大转弯，由西向东奔腾咆哮而去，在玉龙雪山和哈巴雪山的挟持下逶迤东流，形成了有名的长江第一弯。大自然所创造的宏伟奇景让人叹为观止。这就是当年二、六军团夜渡金沙、巧妙突破天险之地。

　　巍峨的雪山，陡峭的峡谷，奔腾的急流，绝无仅有的石鼓山口，加上神秘高寒的青藏高原，历来是兵家禁地。历史上虽有诸葛亮"五月渡泸"、忽必烈"革囊渡江"的成功，但都是在政权在手、强兵对弱敌的情况下取得的。一支转战万里，被强敌追截，独立作战的红军在此突破天险，确实是前无古人，它需要领导者具有多么大的胆略和指战员们具有多么艰苦卓绝的革命精神啊！

　　1936 年 3 月，当二、六军团长征进至贵州盘县（今盘州市）地区时，接红军总部来电，要求二、六军团伺机渡过金沙江与四方面军汇合北上抗日。二、六军团原准备在滇北元谋、龙街一带渡江，但我军先头部队刚跨过普渡河就遭敌军阻截，敌人集结了川、湘、滇、黔各军 5 支队伍十几万人企图与我军在功山以南、普渡河以东决战，我军如果坚持在此渡江势必面临十分不利局面。为此，二、六军团总指挥部果断决定部队掉头南下，直奔昆明，一举攻占了富民县，前锋进逼昆明近郊的沙朗，突如其来的回伐捣巢，使敌人惊恐万状。急忙调兵遣将保卫昆明，我军又乘敌慌乱调兵南下之际，挥师西进甩开了敌人。

敌人发现我军渡江北上与红四方面军会师的目的后，蒋介石急不可耐飞抵昆明，坐镇指挥，还带上龙云乘飞机在楚雄、大理、邓川、鹤庆一带沿江上空巡视。蒋命令滇军孙渡、湘军李觉两个纵队沿滇西大道跟踪追击；命令川军郭汝栋、中央军樊松甫两个纵队渡过金沙江，向华坪、永胜急进，抢先控制金沙江北岸。同时，调敌航空第五队（飞机 12 架）协同滇军空军（飞机 10 架）进行轰炸侦察，并调川军杨森、李家钰 30 个团在川南一带布防。

敌人以十数倍于我军之兵力前堵后追，上有敌机轰炸侦察，下有民团骚扰，我军能否甩开敌人主力，争取数日时间成了渡江的一个关键。直逼昆明的策略使我们摆脱了十几万敌人的追堵，赢得了时间，争取了主动，之后我军兵分两路加快行军速度向滇西挺进。右路六军团连克牟定、姚安、盐丰，左路二军团连克楚雄、镇南、祥云到达宾川，经过一夜激战夺取了宾川城。4 月 20 日与右路军在宾川汇合。宾川远离滇西大道，既非兵家必争的战略要地，又非红军西进必经之处。我军攻打宾川的坚决行动和左右两路汇合宾川的军事态势，使敌人错误地判断我军将在宾川立足，而后夺取金江渡口，此渡口地势平坦便于大部队行动，是与四方面军会师之捷径。敌指挥部匆忙调兵遣将，在永胜、华坪地域布下口袋待我军就范，企图逼我们在金江渡口背水一战，蒋介石怀着将一举吃掉红军主力的自喜心情，乘机飞临宾川上空，亲自视察阵势。就在他未捷自贺之时，我军却挥师北上直插鹤庆，我当时在二军团四师十二团任团长，一路上我们都担任前卫任务，师里还将骑兵侦察连配属我团。

4月23日我部先抵鹤庆，24日后续部队陆续到达，先后驻留了3天之久，这是我们挺进滇西以来部队第一次在一地停留这么长的时间。当时敌人认为金沙江水流湍急，没有渡江工具难以渡江，判定我方部队集结于鹤庆是要通过东北面的梓里铁索桥过江，因此，敌军统帅部命令远在数百里之外的两个纵队加快西进追赶，还通知距我们较近的永胜、华坪两个纵队在江东布防，企图堵我们过江。敌人还在永胜沿江修筑100多座碉堡，强征壮丁2 000名，增调地主武装四五千人，并成立永华独立营，集结200余众控制梓里铁索桥。总指挥部深知敌人的如意算盘，采取了真真假假、声东击西的策略：一方面部队在鹤庆驻留，貌似休整迷惑敌人；另一方面立即派我们前卫团向丽江前进。4月23日，由师侦察连和我团侦察排组织的侦察分队到达鹤庆后即马不停蹄先头出发北上。团的主力稍事休息后，进行伪装，也立即前进。独占空中侦察优势的敌人把注意力全部集中在鹤庆停留的大部队，我们前卫部队却神不知鬼不觉地于次日上午出现在丽江坝子上。

丽江位于玉龙雪山脚下，是一个风景秀丽的山城，是纳西族人民的聚居区。地处偏僻，交通极为不便，反动统治力量薄弱。纳西族民风淳朴，汉文化传播较久，不少人会讲汉语。二、六军团进入滇西后，一路上严惩贪官污吏、打击土豪劣绅、争取开明士绅、救济贫苦百姓、尊重少数民族习俗、宣传抗日救国主张，纳西族群众早有所闻。我军侦察分队进驻丽江时，按照纳西族人民逢年过节用红色表示喜庆吉日的习俗每人做了一朵大红花。我们骑着高头大马，口衔红花，手持钢枪，队列整齐开进丽江，纪律严明，对人民和蔼可亲，敌人那种"红军红眉毛，绿眼睛，杀人不眨眼"的反动宣传就不攻自破了。当我们前卫部队到达丽江时，丽江人民就推举出数百名群众代表在城南东元桥"接官亭"欢迎红军。他们手持彩旗，路边摆着香案，打着"欢迎文军"的横幅，以表示对文明之师的敬意。这是部队离开湘鄂川黔根据地之后，在新区第一次见到这样的军民鱼水交融的场面。这天丽江坝子天气晴朗，春意盎然，坝坡上山花烂漫。战士们一个个精神抖擞，一扫连续行军作战的疲劳，自动整戎装、齐步伐、高唱战歌向丽江城走去。我也有一种如释重负之感，见景生情，不由得想到了根据地人民对革命的炽热感情和我们肩负的革命重担，稍稍放松的情绪顿时又被如何完成渡江大任的紧张思绪所代替，当即命令骑兵分队马上出发到石鼓江边侦察敌情，查找船只，了解渡口水文、江情。

石鼓距丽江约 50 千米，为丽江所辖，丽江实际上是我军此次渡江的前进基地。我们利用在丽江的短暂停留时间紧张地准备着渡江前的各项工作，一方面对部队进行渡江动员，另一方面广泛接触群众。开狱释放 48 名群众，宣传抗日救国政策，争取群众支援渡江。同时了解敌情地形，选择进军路线，为军团指挥部和后续部队的到达创造有利条件，一直忙到深夜。次日凌晨 3 时部队就已整装出发，天空中闪耀着稀疏的晨星，山风吹来略感几分寒意。寂静的山林，崎岖蜿蜒的山间小路，被行军行列的火把照亮，横卧在丽江石鼓之间黑沉沉的铁架山被这条火炬红光拦腰切开。看着战士们矫健的步伐，望着他们手里高举的火炬，我的心里感到一阵激动：我们这个团有 1 000 多人，在红军中算是一个大团了。在洪湖苏区能攻善战，在人民中享有盛誉。长征以来，在湖南瓦屋堂战斗中打湘军、开通路，保证了军团的行动。在贵州佯攻贵阳，解放石阡，转战乌蒙山区。入滇后攻宣威、夺宾川打了不少好仗，红军虽处在逆境，但战士依然士气高昂。虽然老区来的不少战士已长眠地下，但是不少热血青年的加入，使这支部队始终保持着优良的战斗作风。从宾川到丽江连续行军作战 5 天，部队没有睡过一个囫囵觉，每到一地，干部、战士自觉地宣传群众、组织群众，争着抢着担负艰巨任务，令行禁止，团结战斗。战士手中的火把照亮了滇西大地，给人民带来了希望，有这样好的战士，有这样好的部队，还有什么不可克服的困难呢！

　　部队不知不觉已经爬上了铁架山的山顶，从山顶向下是数千米的陡坡，坎坷不平的小路越涧穿林崎岖而下。这时天已蒙蒙亮，东方露出了鱼肚白，行军速度显著加快，经雄古、沙坝到下午一两点钟即到达石鼓镇。石鼓是一个小山镇，坐落在玉龙雪山西麓的山坡上，依山顺势层叠着一些土木结构的建筑群，在众多的草屋之中，间或有几幢砖房、木楼突起。听说镇内有明代嘉靖年间建立的一个记功碑，厚而圆呈鼓形，故而得名，只是渡江任务火急未敢偷暇观赏。镇子的脚下200多米处便是有名的长江第一弯。向下俯视，金沙江的雄姿尽收眼底，镇子左右两侧是绵延数百米的玉龙雪山与云岭山脉，山高涧深，石鼓就成了北进藏区、南出滇西的唯一通道。我勒住满身湿漉漉的战马，仰首远眺，大江两岸高峰相望，江面宽阔，水流湍急，向西望去，大江在两山之间穿行，江岸忽而坦阔，忽而窄陡，如卡住几处关隘。纵有重兵也难轻易通过；向北观看大江陡转，南岸高山屹立，岸边有五六米的峭壁向前延伸逐渐形成峡谷，部队无法行动。从石鼓以上渡江，是少兵胜强敌的理想渡江之处。面对大江我对总指挥部首长的崇敬心情油然而生。为完成渡江北上的任务，贺龙、任弼时首长胸怀大略，审时度势，洞察地理民情，率领奔波万里在十几万敌军的围困堵截之中的17 000名红军官兵，决定性地走了佯动昆明、强攻宾川、集结鹤庆三着好棋，把十几万追兵甩在百里之外，疲命于筑碉守桥挖壕据守之中。当我们前锋部队饮马金沙江畔时，敌人正忙着在梓里桥边陈兵布袋，做着一举吃掉红军主力的黄粱美梦。

　　我松开缰绳驰马江边，听取了侦察分队的敌情报告和找船情况。敌民团头领汪家鼎已在我到达之前将渡船全部撤到北岸，民团散布在江北一带山上，仅在石鼓渡口的海洛塘一处找到一只未来得及撤走的木船。根据获得的情报及总指挥部赋予前卫团的任务，我一方面向师首长汇报，一方面决定先利用这只小船在水势比较平缓的就近渡口先行渡江，占领东岸滩头，寻找船只，勘察渡口，为大部队过江创造条件。

部队在江南岸柳林、麻子沟一带隐蔽集结待命渡江时，已近黄昏，红日西沉，在夕阳余晖铺衬下，哈巴雪山更显得庄严雄伟；不一会儿，整个江面就被雪山的巨大身影覆盖。时间在提醒我要加快渡江速度。我注视着眼前这一只能容下十几二十人的小木船沉思，如从江面宽约 500 米的石鼓摆渡，往返一次需一小时，势必延缓过江时间。我随即与 5 名船工交谈，根据他们提供的情况和侦察部队现地侦察报告，我决定由船工掌舵组织部队拉纤，将木船拖到上游木瓜寨渡口过江。战士们经过岸边大休息，看见了渡船后情绪高昂。大多在洪湖长江边长大的小伙子争相拉纤，不知哪位战士唱起了川江号子，引起众人响应，号子声震撼了峡谷，余声回荡在山峰江水之间，久久不能散去。

2.5 千米的路程很快就到了，我目测木瓜寨渡口江面宽 200 多米，约计往返一次需半小时，且对面松林密布，便于部队隐蔽，是个理想的渡江之处。部署了渡江掩护部队后，我与政委朱辉照、参谋长高利国同志简短地交换了意见，决定由我先过江，组织部队占领滩头阵地，控制各制高点，在江东岸沿江侦察。政委、参谋长在西岸组织部队过江。我和通讯员当即乘上了船，由部队早选派好的一个加强班随我一同登船，3 位船工掌舵摇橹，我在船头观察对岸动静，思索着过江后的行动。从船工们紧张严肃的表情看得出他们也感到了手中舵橹的分量不比以往，他们熟练地驾着这不寻常的一叶小舟，忽而奋力疾驶，忽而轻松击水，很快地穿过激流到达彼岸。

当我一脚踩到铺满卵石的江东岸时，心里感到一阵兴奋，关向应副政委"过江就是活路"的话语一下子变成了一条北上的坦途。时间不容我在江边遐想，当第一支部队渡过江时，晚霞早已消失，天空由蓝变灰，夜色很快笼罩了大地。我在东岸几个要点派出了警戒，并派部队迅速沿江北上，侦察敌情、地形，寻找船只。由于敌情威胁不大，为加快渡江速度，命令部队点起松明火把，在两岸登陆点堆起篝火。不少热心的当地群众也打着火把来到江边帮助部队渡江，有些胆子大的孩童也好奇地来到江边目睹这载入中国革命史册的壮举。按照预定计划，我带领已过江的先头营沿江北上，队伍举着火把，行进在高低不平的坎坷江岸，大江奔腾南下，火龙雄壮北上。途中我们在松坪子得到了另一条木船，5名船工经过动员愿助我军渡江。这样，我们又分出一部分队伍在距木瓜寨仅3千米的木取独渡口过江，控制在手的滩头，两条木船的运力，众多船工支援，大大加快了渡江的速度。

经一夜奋战，我团于25日已全部渡江完毕，无一伤亡。红六师在江西岸也沿江北上，与我们隔岸并进。这样，石鼓以上百余里滩头四处渡口均在我军控制之下。军团部和五师部队在丽江进一步发动群众，动员数十名木匠铁工扎木排，制简易渡江工具。贺龙同志还亲自给开明士绅写信，晓以救国大义，动员他们献出船只支援红军北上抗日。在木瓜寨、木取独、士可、格子四渡口，我军征得木船6只、木筏若干同时渡江。26日军团部，五、六师一部已顺利过江，六军团也离开鹤庆，经九河、白汉场到达石鼓宿营。27日又扩大了巨甸余化达渡口，集中7条木船、28名船工在石鼓以上60千米地段全线渡江。我军通宵达旦，夜以继日，上重下轻，梯次展开，形成渡江高潮，这天两军团主力大部均已渡江，总指挥部决定梯次收缩，最后留下上游余化达一个渡口由后卫部队通过。

过江后，我们刚到吾竹地区，上级即指示我们迅速占领巨甸以北的格鲁弯。此处由民团头目、土官汪家鼎率众据守，既对我军渡江构成威胁，又是我军翻越哈巴雪山的唯一通道上的一个钉子。我们受领任务后，马不卸鞍、士不解甲，急速前进。直到这时蒋介石才发现我军正在石鼓渡江，他气急败坏，急令孙渡纵队3个旅循红军踪迹向丽江追击，原打算向鹤庆绕截红军的刘正富旅奉命从邓川以东调头向北赶赴石鼓，李觉纵队沿滇西大道向大理、邓川急进，并派飞机到石鼓沿江轰炸，妄图迟滞红军渡江。所有这一切都徒劳无功。敌刘正富旅疲惫不堪、气喘吁吁到达石鼓镇时，未见到红军一个人影。

我前卫团 27 日经过一天的急行军，来到立马河口，占领格鲁弯。次日凌晨沿一条深涧从海拔 1 800 米的河谷向上攀登，两边是原始森林覆盖的峭壁，山上山下气温差别很大。行至半腰处大崖屋附近，敌汪家鼎凭借雪山之险要隘口居高临下，投放垒石，开枪阻击我军前进。我当即命令行至就近的连队从左侧攀登迂回至东山岩头向敌人开火，干净利落地打了一仗，汪敌落荒而逃。至此，我军顺利地完成了抢渡金沙江的重任。

难忘的草地征程

裴周玉

跨越草地是红军长征中人与自然斗争中最严峻、牺牲最大，同时也是决定红军长征成败的一段艰难征程，为此，我特撰写此文，以缅怀先烈。

一、过草地之前红军遇到的困难

1936 年 8 月，三军团十一团，由黑水芦花进到毛儿盖附近后，就准备过草地。这一段草地长 250 多千米，宽 150 多千米，而且高原寒冷，空气稀薄，气候多变，忽而狂风大作，忽而风雨交加，忽而冰雹骤降，并有无数的深水泥潭，人畜陷进去，几分钟就被泥潭吞噬，因此红军通过草地，要有群众带路或按前面部队的路标指引前进。但当时根本不具备应付这些困难的条件。

（1）战士们身体普遍虚弱。因为红军进入四川地区后，经常缺少油盐、副食，就是青稞面也经常吃不饱，战士们骨瘦如柴，病员增多，这是红军战士过草地最大的困难。

（2）筹备物资工作无法完成。虽然上级动员每个人要筹集 10 斤干粮，购买棉毛衣或羊皮、烈酒、辣椒等，但这是落后的贫困山区，部队又多，怎么可能实现呢？若能买到一张羊皮捆在身上防寒那便非常幸福了。

（3）准备时间紧迫，部队不能花几天时间到几十千米外去收购粮食，购买羊皮、衣服，只能在驻地附近寻找与购买，其难度之大，可想而知。

上述这些困难都是部队面临的实际问题，但是红军过草地的决心并未动摇。

二、进入草地遇到史无前例的困难

红三军团十一团于 8 月 22 日在团长邓国清、政委王平的领导下向草地开进，在 7 天的草地艰难生活中，遇到了许多巨大困难，主要是：

（1）进入草地后行走极为艰难。草地所谓的路不是山间的羊肠小道，更不是平坦笔直的大道或公路，而是前卫部队人员和牲畜通过时，踩踏留下的足迹。就是说，茫茫草地中，草荄沾满泥浆或草荄被踩入泥中，以及淤积的黑色水被踩成黑色的泥水浆，这就是人畜能够通过的道路。

红三军团十一团进入茫茫的草地，首先遇到的是弹簧式的与草甸一样的泥泞道路，踩上去软绵绵，人像荡秋千一样晃来晃去，或深一脚浅一脚的泥浆水草地，稍有粗心大意或踩踏不当，就可能滑倒或滚到深水潭里，轻则打湿衣服挨冻，重则受伤甚至丧生。第一天行军虽然道路艰难，拖得大家精疲力竭，但全团未发生人畜伤亡事故。可是第二天不仅遇到几个大的深水潭，大家只好绕着大弯通过，而且遇到许多十几米或几十米大小不等的泥沼，这种泥沼的地貌与其他草地区别不大，如果不是前面部队插好路标或危险标记，或目睹陷进去的骡马还在挣扎吼叫，根本分辨不出它是吞噬人畜的泥沼，所以在这种地段行进时，不论多么寒冷、饥饿或疲劳，每个人都会立刻精神振作起来，聚精会神地应付这种可怕的局面，并下定决心，鼓起勇气，团结一致，克服困难。每个人都握紧自己的拐棍，三五人一伙，五六人一团，手拉着手或相互搀扶着，缓慢地向前行进，以保证安全通过，减少伤亡。即使这样还是有少数同志未能通过这种地段，如有的伤病员因饥饿、寒冷昏倒，跌滑进泥沼而牺牲。又如我团三连一个战士在大路旁解大便，刚选择一个草蔸蹲下时，就滑入泥沼，他拼命地挣扎，可越陷越深，大家马上去抢救，但是不仅未把他救上来，而且去抢救的战士也滑了下去。只是由于这位战士体弱，无力挣扎索性就卧倒在地上，故未陷进去而被抢救上来，死里逃生。

（2）渡河的困难。草地河流虽然不多，水面不宽，但水流湍急，河底又高低不平，水冷刺骨，加上大家的身体弱，肚子饥饿，抵抗能力差，经不起这种寒冷的刺激，只要稍加不慎，就有被水冲到河里的危险。冲倒后即便被抢救上岸，也很少能够生存下来。因为河水把衣服泡湿后，人会冻得全身发抖，且无衣服可换，别人也无衣服可借或赠送，即便被别人扶起，但也因寒冷难忍，无力走路，牺牲在草地上。所以每过一条河，团、营首长都站在河两岸指挥，机关的同志站在河岸，宣传鼓动组织部队过河，以防被水冲倒。对体弱者和病员，还要组织体强力大的同志搀扶或背着过河。即便这样精心安排，每次过一条水深一米的小河，十一团还是总有几个人不幸牺牲。

当时过草地的骡马比汽车、飞机的作用都大得多。我有一匹马，每天在全团后尾收容掉队者，把一些奄奄一息的同志，驮着通过最困难的地段或最危险的河流，使这些同志在关键时刻得到支撑而走出草地。三军团李大队长的坐骑累死后，他又害病掉队，见到我后，把党证交给我向我告别。我劝他吃点干粮，他骑上我的马走了5千米至10千米，身体有了好转。第二天、第三天我的马又驮他过了两条河，终于带他走出了草地。另一位当过师政委的张平凯（后任山西省军区副政委）因"左"倾错误而被领导者撤职，他自己背着一床夹被、一个皮袄，害病掉队在后面，我把他的行李交给饲养员，每天把马让他骑一段，给他一些干粮充饥，这样他的身体逐渐好转，终于走出了草地。

（3）缺少粮食没有食物。十一团进入毛儿盖，准备过草地前，部队就经常吃不饱肚子，而过草地每人要筹集 10 斤粮，困难更大。因无钱也无处可购买，就是麦田的麦子也早被前卫部队收买光了，我们就是走出很远，也很难收到麦子。十一团政治处 20 余人费了几天的时间，才收到 100 余斤生青稞麦子，晒干后每人分不到 5 斤，有的连队只分到三四斤干粮，就凭这点粮食，要度过七天，战士们的饥饿程度可想而知。所以每天饿得难忍时，红军战士就像牛羊一样，走到哪里就在哪里喝几口冷水，或拔青草、摘树叶和挖草根当作干粮边走边吃。我只有 5 斤干粮，而且还要救济危难的战友，所以也要靠野草、树叶做干粮。每天到达宿营地，再疲劳也要找青草、树叶或草根，用洗脸盆熬成稀汤，做一顿"好饭"吃饱肚子。而吃下后恶心、呕吐或肚子膨胀发痛得打滚是常事，而第二天照样拔来煮着吃。若遇上干燥的地方宿营时，每个人都想找到一点食物充饥，如找老鼠洞，挖出老鼠熬汤解解馋，或捡香菇、找野菜等。至于有皮带或皮鞋者，虽然数量极少，但都要把它煮熟吃光。途中遇有前面部队死马的骨头，也要把血淋淋的骨头煮了啃着充饥。特别是掉队的伤病员，携带的干粮更少，只能依靠别人救济一点干粮度日，但救济的数量有限，只好靠喝冷水，吃野菜、树叶充饥，遇有前面部队人员或马匹拉下的粪便中还未消化的麦粒，也顾不得洗干净，就捡起来往嘴里塞。虽然采用各种办法来解决饥饿问题，但仍有许多掉队人员未能走出草地。

在严寒地带与缺少粮食的情况下，每天烧上一次开水，或熬一顿青草、树叶稀汤喝，有助于增加身体的热量，所以过草地时，要求各人携带准备烧水做饭的工具，并要求携带三五斤干柴，以备在缺柴草的水网地带烧开水做饭之用。因此每到宿营地后，大家就自己动手用泥块或草苑垒炉灶，烧开水做饭，而做饭的工具是八仙过海，各显神通，有茶缸、洋瓷大碗、洗脸盆、炒瓢。草地的水，都有腐臭味，喝下去呕吐、恶心，但为了缓解饥饿，水的臭味再大也得用它做饭、烧开水解渴，并且大家都把晚上这顿煮熟的青草稀汤当作每天一次最好的享受和安慰。特别是做饭时，见到无边无际、长蛇阵一样的火堆到处闪烁发亮的情景时，大家的情绪又高涨起来，此起彼伏的说笑声与歌声又响彻云霄。一切饥饿疲劳都抛到九霄云外了。

（4）晚上没有地方睡觉。在草地上饿着肚子每天行军二三十千米，到了晚上能找到一个干燥舒适的地方睡一觉，也是每个人最大的希望和恢复体力的好机会。可是首先，水草地多是水深没膝盖，或泥浆很深，或双脚踩下去能冒出水来的潮湿地。其次，晚上下大雨多，又没有雨伞、雨衣等工具，只能硬着头皮顶着，或几个人顶着一床被子，或把一件衣服当雨伞，而衣服淋湿后，也无干燥的衣服替换，只好受冷挨冻。最后，晚上天冷，又无棉毛衣服，加上饥饿难耐，所以，各连队有不少人冻饿至重病，甚至牺牲在草地上。十一团政治处20余人，每晚遇着有水或潮湿地宿营时，都三五人一个组，由刘随春主任指定各组安营扎寨的位置，我这个团特派员与俱乐部主任余非及保卫干事魏全为一组。每晚天黑前，拔上些草蔸垒成一个高出水面的草土堆，再割一些野草放在土堆上，而后铺上背包或放上衣服，3个人就背靠着背，坐着度过难熬的夜晚。而因为最担心睡着后，跌倒或滚到深水泥潭丧生，所以再疲倦也难以入睡，或者我们3个轮流睡觉，以免发生不幸。至于刮大风或下大雨就更无法睡觉，只好睁大眼睛，坐着熬到天亮，然后照样行军走路。只有最后一个晚上是在原始森林过的夜，这个森林古树稠密，到处荆棘交错，人钻不进去。前面部队在此搭好的窝棚，好似房屋一样避风、防雨，大家称其为"洋房子"和"软席"床，特别舒服，这是在草地上过得最幸福的一夜。

三、红军在草地可贵的自我牺牲精神

由于过草地时饥饿寒冷，缺医少药，部队的病员有增无减，而

这些病员，既无医院可住，也没有担架可以抬，完全依靠每个病员的坚强意志，拄着拐棍，跟随后尾日夜奔波。全军掉队人员每天有三四百人，虽然各团收容队都耐心帮助，使大多数掉队者每天都能赶上自己的部队，但也有不少同志牺牲在草地上，特别是快出草地的最后两天，倒下的同志成片成堆，其中有的三五人一伙，背靠着背坐下好似在休息，等我们走近一叫或推拉时，才发现他们早已与世长辞。目睹这些战友的牺牲，我们虽无法掩埋他们的遗体，但我们仍把他们的尸体放平，盖上衣服或被子，脱帽致哀，鞠躬告别。幸存的同志互相搀扶着又继续向前行进。红一方面军过草地到底牺牲了多少同志，至今也没有确切的数字，聂荣臻元帅回忆这段历史时曾沉痛地写道："环境的确是艰苦的，我们的许多同志在作战中那样英勇，没有牺牲，却在缺粮少药、饥饿、寒冷、疾病、高原缺氧的艰苦旅程中痛苦地倒下了。"

红军经过 7 天的艰难跋涉，胜利地跨过了草地，国民党想把红军冻死、饿死在草地的企图破灭了。红军战士在党的领导下，以坚贞不屈、所向无敌的精神，战胜了难以想象的艰难困苦，走出了泥潭水草地，这是中国共产党与中国人民的骄傲。

红四方面军电台始末

宋侃夫口述　齐特整理

一、学习无线电

1930年，我在中共上海法南区委工作，在四五月份，中央通过江南省委派陈寿昌（后进入苏区，牺牲）找我谈话，要我到中央特科工作，原因是我学过点电机专业。我说："我都丢光了。"他说："你有基础，可以边学边干嘛。"我是在1925年五卅运动中参加共青团后又转党的，参加革命后一直在地下做青年学生和工人的工作，在学校时学过的电机知识都已荒废了，真是没有想到早已丢掉的专业，又要捡回来。既然组织已经决定了，党的需要就是我的需要，我只好再从头学起。

和我在一起的还有湘鄂西苏区派来的两个年轻同志，我们先在沪东华德路租了一间房子。我的任务是帮助他们学习，负责我们3人的组织生活和衣食住行。不久，陈寿昌派翁瑛（后进入苏区，叛变）为我们讲授无线电和电机工程的一般基础知识，他还给我们一本无线电课本和英文的袖珍本《业余无线电学》要我们学习。我们从组装3个电子管的收音机开始，然后4管、5管，同时我们还要学报务，学普通电码，伍云甫、王子纲又先后用手键教我们收抄练习。那时年轻，手巧眼明，学得非常顺利。两个多月后，我们就可以每分钟收英文120个字母，阿拉伯数字则可收80～100个，并曾用我们自己安装的 15 瓦功率的发报机，为附近地区我党的地下电台做试验性的通报。当第一次叫通时，我们兴奋异常。后来和我们联系的还有吴永康（1937 年在西路军牺牲）等，他们在北四川路开了个电器行，我们需要的设备、器材、元件，大多数是他送来的。

为了避免引起外界的怀疑，我们不能在一个地方久住，所以不久后我们搬到沪西小沙沟路和康脑脱路（今康定路）交界的地方，此时湘鄂西苏区来的两个年轻同志已经回原地去了，组织上又派来了两个同志，一个是从湘鄂赣苏区来的，姓王（后来发现他常到舞厅去玩，组织上不放心，将他调走了），另一个我已经忘记了姓名。有一天，陈寿昌突然闯了进来，他脸色阴沉，神情严肃，进门后就从衣袋中掏出一卷钞票，往桌上一放，对我说："小宋，现在外面很紧张，除了到街上老虎灶打点开水外，从现在起，不要往外面跑，在小饭铺包饭吃，让他们按时给你们送。"又说："估计要有相当长的一段时间，我不可能找你们联系，翁瑛和伍、王两位同志也不可能到你们这里来了，你们自己学吧。"事后我们才知道是特科书记顾顺章叛变了。虽然顾不知道我们的地址，但此人对党中央情况非常熟悉，因此我们要格外小心。两三个月后，陈寿昌才再来和我们联系，并对我说："翁瑛已去中央苏区。"不久，王子纲也和我们取得了联系。又不久，中央派乐少华接替陈寿昌领导我们。乐是外行，业务上我们不仅自学，而且还要教别的同志。

在小沙沟路住得太久了，我们只好又搬回原来的地方。这时，那两个同志也走了，组织上又派来徐以新和我同住。经过观察和了解，我们发现房东是个流氓头子，拉帮结伙，人员来往更是复杂，同官方也有联系。他经常到我们的房间串门，我们对他十分戒备警惕，不再搞发报的东西。总之，一切文件以及任何能引起他怀疑的东西都不在家里存放。我们两人只有一把钥匙，出门总是把钥匙交给老板娘，以示我们对她的信任，也表示我们是没有什么值得怀疑的。

经过将近一年的学习，我们已基本上掌握了无线电通信的基本技术。这时，红军的革命战争发展得很快，我们预感到新的战斗任务正在等待我们。果然不出我们所料，1931 年 9 月，乐少华向我们传达了中央的决定："在中央搞无线电通信的一些同志，要进入苏区，宋侃夫和徐以新同志到鄂豫皖去。"并要求我们在动身之前记好 4 套密码。为了避免进入苏区时发生意外，密码不能写在纸上带去，要背熟记在心里，到苏区后再默写出来。要我记住的是 3 套：同中央苏区、湘鄂西苏区、赣东北苏区联系的密码。要徐以新记住的是与上海中央联系的密码。乐少华还告诉我们这个任务是由当时特科负责人黄平（后叛变）制定并指定要我们去完成的。

当我们把密码背熟后，就准备离开上海进入苏区。

二、进入苏区

我和徐以新一路，我们虽然同岁，但我显得大一点，于是决定路上以兄弟相称，我为兄，徐为弟。行前，组织向我们交代了沿途所住的旅馆和路上所用的化名，并告诉我们，在约定的时间、地点自有交通员来接我们。再有，此次进入苏区的不只我们二人，路上如果碰见其他人，即便认识，也不要打招呼。

1931 年 11 月，我们乘车经南京走陇海路到开封，当晚住进组织为我们指定的旅店内。那时，旅客的名字都写在账房间的黑板上。果然，当晚就有人按约定的时间和我们接了头，并已为我们买好去信阳的车票，叮嘱我们在鄂州换车时，到什么地方去吃饭，这时不会有人来接头，但会有人在暗中保护；到达信阳后，住哪家旅店，用什么化名，在什么时间去一个卖纸烟的小铺子，用约定的暗语去买烟，会有人同我们接头。我们到达信阳，住进旅店后，天色已经很暗了，徐以新急忙找到那家小铺，由于接头时间已过，小铺已经上板关门了。关系接不上，我们很着急，只好再住一个晚上。但那时每晚都要查店，于是我们谎称去武汉路过此地，徐突然生病，只好在此地下车为徐看病，桌上还放了几个药瓶，就这样骗过了查店的。第二天再按规定时间到小铺接上了头，与我们接头的同志要我们第二天去一个天主教堂医院拿药，那里有交通员在等我们。第二天，我们在天主教堂医院找到了交通员。我们当即改装，扮成小商贩，交通员挑着担子在前面带路。出了信阳西门后，他告诉我们："城外有几道岗哨，你们不要四处张望。对付盘问，不要惊慌。"走了将近大半天，他又告诉我们："前面是国民党民团的一个寨子，你们不要理他，我们和他们有过协定。"果然，走到寨子前，他们喊我们"老共"，可是并不管我们。天色越来越暗，下起了毛毛雨，田埂狭窄，泥泞不堪，我们一路上跌跌撞撞，浑身溅满泥浆。我这个一直在城里长大，过惯城市生活的学生，几乎无法走这样的乡村小路，只好在冬水田里行走。这时由另一个交通员带路，从路上又走来几个人，我们会合在一起后又继续赶路。夜幕降临，我眼睛又不好，人家早就到了宿营地，我才慢慢地摸进村里。到了老乡家，这才相互做了介绍，其中有成仿吾、任炳煌，还有一个姓戴和一个已忘记了姓名的同志。同志相见，分外高兴。交通员告诉我们，这里已是游击区。房东非常热情地款待了我们，有酒有肉，成仿吾酒兴很浓，兴致极高，就在这样的气氛中，大家为我们开始的新生活而干杯。当晚睡在牛棚里面，虽然身下铺的是稻草，身上盖的是草帘，但心里踏实，睡得很香。第二天，雨还在下，路极难走，可我们兴致很高。当晚到达罗山宣化店，在县苏维埃留宿。第三天，我们继续上路，县里的同志要我们骑马，我从来没有骑过马，不敢骑，其他同志也不骑，仍然结伴步行。这里距离新集（鄂豫皖苏区中央分局所在地）还有 50 千米，当天行军 25 千米，在过界河又住了一夜。

两天来由于在雨中的泥泞小道上赶路，我的两条腿已是寸步难移了。同志们决定把我留下，他们 5 人先走。没想到快要到达目的地的时候，我竟然一个人落在后面。第二天他们出发以后，我觉得很不是滋味。于是我对我那两条不听用的腿进行按摩，活动筋骨，慢慢觉得腿脚可以勉强行动了。我决定继续赶路。在天色将黑的时候，终于赶到了新集（今新县）。

新集原是地主民团的土寨子，寨墙已经坍塌，墙基还在，有红军站岗，他们问明我的身份后，就领我到中央分局。在分局见到了先到的5位同志，他们让我和一位姓蔡的秘书长接了头，我把中央密写的介绍信交给蔡后，他热情地接待了我，随后带我去吃了晚饭。饭后，安排我和徐以新到对面的军委机关住下。在军委机关我见到了从徐州、蚌埠、六安先期进入鄂豫皖苏区的蔡威、王子纲。在新的环境、新的生活即将开始的时候，旧友重逢，怎能不令人激动呢？我们谈论进入苏区后的见闻，越谈越兴奋。是啊，新的人群、新的人与人的关系，一句话，新人新事是那样地吸引我们，看来我们都开始热爱上这片土地了。

苏区的生活和地下组织的生活完全是两个样子。在这里，人和人的关系是同志式的、兄弟般的关系，诚恳真挚，亲密无间。在地下组织的工作呢，同志间虽然也很亲切，但由于环境的限制，接触的圈子狭小，视野不可能开阔，更不能畅所欲言，因此总觉得有点距离。可以说在我的一生中，苏区的这段生活是永远令我怀念的，我从来没有过得那么快活、那么兴奋、那么舒畅过。

从到达苏区的第二天起，清晨听到号音，住在新集的所有机关、部队、民兵，全都涌入"红场"，进行操练。歌声、口号声此起彼伏，人人热情奔放，个个心胸开朗，这里真是一座革命的大熔炉，各种私心杂念一扫而光。我深深地感到，这才是万众一心，这样的队伍是不会被打垮的。更可贵的是苏区的所有领导同志经常和大家一起来到"红场"，进行各种活动；在活动的间隙，广泛地和群众、干部接触，谈话、散步，晚集会也是如此。节假日也要在"红场"搞各种活动，大家在一起演戏、唱歌、赛球、开运动会，官兵之间、军民之间、干群之间毫无拘束，同享欢乐。当时我还是一个奋发向上的青年，在这滚滚的革命洪流中怎么能不激动呢？真是什么事都想做，什么活动都想参加，每天都处在亢奋之中。

三、器材奇缺，无法建立电台

我到苏区是为了筹备建立电台。可是苏区的通信器材奇缺，电台暂时建立不起来。于是比我们先期到达苏区的蔡威、王子纲他们首先办了一个无线电训练班，培养通信人才，我和徐以新来后也参与了这个训练班的工作。这个训练班不仅搞无线电，也搞有线电，电话也归我们管。那时在训练班学习的学员，现在还在的有游正刚、冯吉禄、徐明德、刘息生、陶万荣等同志，耿协祥同志也是此时来学机务并兼学报务的。担任教师的除蔡威、王子纲外，还有钱钧、戴国栋、马文波等（钱、戴二人1932年过平汉铁路时离开部队，不知下落）。

在未建立电台前，组织要我临时在军委参谋部工作，主管谍报和机要方面的事。而电台的工作，只好一方面训练人才，另一方面积极收集通信器材，进行筹备。在1931年活捉岳维峻（冯玉祥部的一个军长，被俘后为我们做了不少事，也为我们购买了不少东西，如棉花、布匹等，我们撤离鄂豫皖苏区时，被张国焘下令杀掉了）的那次战役中，曾缴获到不少通信器材，同时让军委的特务队通过红安界河口的商人，到武汉为我们再购买了一些。那时，如电池、变压器、电子管等重要器材，还是可以买到的。

电台虽然建立不起来，但我们还是在军委机关找了一间房子，组装了收音机，架起天线，装好各种设备，进行收集情报的工作。由于苏区消息闭塞，开始只收点国民党中央社的新闻，都是十分新鲜的。消息经过分析，我们就可以了解到其他苏区的红军在什么地方打了什么样的仗，再作为我们的消息在小报上登出来。

后来我们又搞了一台发报机，但试叫几次，均未叫通。直至1931年底，我们占领了黄安县城（今红安县），活捉了敌师长赵冠英，才缴获了一部不完整的电台，还是缺东少西，红四方面军的电台还是没能建立起来。

四、"天"赐良机

未到苏区之前，我不认识张国焘。大概是到新集的第二天，我和蔡威到军委的小餐厅吃饭，见一个人正站在桌旁闷头吃饭，他没有和我们打招呼，我们也不好问他。我觉得此人很奇怪，表情冷漠，也不开朗。这时一个警卫员进来和他讲了几句话，我发现他是江西萍乡口音（我也是萍乡人），就估计他可能是张国焘，可我不好问他。吃晚饭的时候我采取了主动的态度。我问他是否是萍乡人，他说是，我说我也是；他说他是北路人，我说我是南路人。他马上说："南路五陂下宋家可是大户。"我也不客气地回了一句："北乡张姓也是个望族。"张问我："从上海来？来了几个人？同谁一路？"我一一做了回答。张又问我："在哪里读书？"我说："在浙江杭州。"当张知道我们是搞无线电通信工作的时候，他表示对使用无线电通信不放心，怕被敌人偷听去。我们予以解释后，他又急于建立电台，催我们赶快搞起来。我们告诉他现在器材不全，他就亲自把保卫局局长周纯全找来，当面交代他要想方设法到外地去购买器材，需要多少钱就给多少钱。

中央分局没有人管我们，军委参谋部也不管我们，我们由张国焘直接领导，他指定周纯全和我们联系，需要什么东西都由周负责。周还管我们的吃用，他把缴获的最好的手表也给了我们。

我、王子纲和蔡威由于刚到苏区，身上还有几个钱，遇到伙食不好的时候，我们就跑到新集的小饭铺炒两个菜吃。

有一天，周纯全对我说："小宋，你们要注意，想吃东西不要到馆子里去吃，可以买回家来吃。现在苏区有一个吃喝委员会，以吃吃喝喝为掩护，收集苏区的情报，如果有人说你们是吃喝委员会的，就不好办了。"从此我们就再也不敢到小饭铺去吃饭了。不过，这说明周纯全和我们的关系是不错的，是信任我们的。

攻克黄安以后，缴获了一些通信器材，东西不少，但不配套。最缺的是电源，有发电机没有汽油，电池也难以买到。发报机中的线圈和电容器也缺，电台还是建立不起来，特别是汽油，很难搞到。恰巧这时发生了一件事，真是"天"赐良机。

1930年初，国民党军的一架德式教练机因迷航后汽油烧完，被迫降落在根据地，被我军俘获。1931年夏，这架飞机修复后转移到新集，命名为"列宁号"。这是红军的第一架飞机。驾驶员龙文光（后改名龙赤光）被俘。有了这架飞机，军委成立了航空局，龙文光经教育释放后当了局长，政委是中央派来的钱钧（曾在苏联学过航空机械），并派一个班的同志日夜守护。战斗中缴获的汽油都要送到机场，因此飞机场存有不少汽油。

一天下午，"红场"正在开运动会，我是总指挥。突然，军委副主席蔡申熙同志跑来找我，说有紧急任务，要我立刻去飞机场。原来他得到情报，龙文光要驾机逃跑。给我的任务是：想尽一切办法阻止他逃跑。我思索很久，觉得最好的办法是把汽油从机场运走。蔡表示同意，并说：电台需要汽油，名正言顺。他还指示我把飞机上的汽油也放光运走，问我有什么办法。我说：见机行事吧。

吃过晚饭，我带了几个战士，连夜行军25千米，到达机场后，找到龙文光，我说：电台需要汽油，蔡副主席要我们到你们这里来借。他说可以。我又说：这里只有十几桶，不够用。他说：那怎么办？我说：连飞机上的汽油也要借给我们。这时，他脸色十分难看，半天才说：你们拿吧。我说：你们帮我们把汽油放出来。他说你们自己倒吧。我一听，这不是有意难为我吗？我的确不知道飞机上的油箱在哪里。好在我懂得一点机械，大胆地爬上飞机，七摸八搞，找到了油箱的出口，把飞机上所有的汽油都放了出来，这次不仅解决了汽油的问题，连机油、润滑油都解决了。我们找了百余个民工，挑的挑，担的担，把所有的油都运了回来。

五、终于有了电台

油有了，器材也搞到不少，但仍然缺少电子管和电池，特别是发报机上的 5 瓦大型电子管，我党地下组织在武汉也买不到，因此，电台还是迟迟建立不起来。

1932 年 2 月，部队在新集北的潢川打了一仗，缴获了一部完整的电台，真是雪中送炭。我急忙跑到前线去接收，又见到了徐向前。

我第一次见到徐向前是在 1931 年 11 月下旬，他在黄安战役负伤，当时在新集养伤，在军委我见到了他，但没有交谈。我早已耳闻他是一位有名的红军将领，见面之后，他给我的感觉是温文尔雅、有一派儒将的风度。这次在潢川前线指挥部，徐向前亲切地接见了我。指挥部设在一间大房子里，和他同住的还有政委陈昌浩、参谋主任舒玉章（原名舒玉璋），他们都睡在地铺上。他们 3 人同我谈了很久，徐向前言辞不多，态度亲切，在他面前我们不会感到拘束。舒玉章对有关电台的情况问得很详细，陈昌浩在一旁也不时插上几句话。徐向前叫舒玉章把电台交给我带回，并简要地介绍了部队的情况，还带我到阵地上进行了参观，行前又赠送我们两匹很好的骑兵马，一匹给了蔡威，另一匹我一直骑到长征路上。有了这部电台，加上充电机、手摇马达，设备就比较完整齐全了。这时我们也离开了参谋部，在钟家畈（新集到麻城的路上）找了几间破房，修整一新，安装好设备，架设好天线，开始了工作。从此，四方面军正式建立了电台。电台由我、徐以新、蔡威、王子纲负责，还有几个训练班的学员，几个管充电机的机务人员，并派一个班的战士进行保卫。

三四月份，我们开始正式呼叫，首先呼叫的是中央苏区。王子纲报务十分精通，手法极好，又快又明。好的报务员在手法上都是各有千秋，不用通话，从手法上就可以判断对方是谁打来的。与中央苏区叫通后，我们就判断出和我们通报的是我们很熟识的老康（曾三）；中央苏区电台的其他同志，由于他们大部分是被俘的解放战士，如王净（原张辉瓒的报务队长）、刘寅（原张辉瓒报务队的见习报务员），过去从未接触和联系过，我们当然不可能知道。

因为通报密码是我从上海带到苏区的，译电工作就落在我的身上。一开始通报，报文极其简单，因为张国焘还是怕被敌人听到，不大放心。第一封电报是向中央苏区汇报黄安大捷的情况。中央苏区回电也比较简单，基本上是向我们祝贺，并通报了中央苏区的胜利消息。随后我们才陆续收到用电报发出的一些政策性文件，如土地政策、工商业政策、俘虏政策、地富政策等。紧接着与湘鄂西、赣东北苏区也相继叫通。自从苏区有了电台，尽管各个苏区被敌人分割在祖国各地，相距千里，但政策可以随时统一，全国苏区形成一家。

1932年在皖西北苏家埠一带打了一仗，这是四方面军在鄂豫皖打得最漂亮的一仗。消灭敌军3万余人，活捉敌军总指挥厉世鼎及不少师长、旅长，缴获机步枪2万余支、山炮数门。

战役结束后，我和钱钧及兵工厂厂长（姓丁）急忙赶到前方收缴战利品。途经商城、青山寨、金家寨，到达麻埠街。在一间大房子里堆满了无线电台的器材，我们喜出望外，真是有如天上掉了馅饼。我们粗略地估计了一下，至少缴获了3部电台。我们用了四五天的时间，把所有的机器设备检查了一遍，进行了清点，准备把所有的器材拉回本部。行前，领导还交给我两个被俘人员，让我带回，一个是马文波（总参三部原副部长，曾任外交部副部长），他原是陈调元电台的报务主任，报务技术纯熟，比较精明，也懂一些机务。另外一个是机务员。和我们一起回来的，还有几个新参军的学生，其中有两个女生，陶方荣就是其中之一。

这批器材运回以后，电台的装备得到了很大的改善，但人手仍感缺乏，训练班的学员不能当班，那时对马文波还不敢大胆使用，只能让他收译新闻。由于需要，又建立了一部电台。一台由我和王子纲负责，跟随指挥部行动；二台由蔡威、马文波负责，跟随二十五军行动。

一台与二台的通报不太顺利，有时只好派骑兵联络，或者用电话联系，那时电话线已有一二百米长。此后，两个台又合并在一起。拆搬电台异常困难，比移动山炮还麻烦，有些机件不能用牲口驮，必须要用人背。到四川后，才专门为电台成立了一个运输营，约600多人。

六、过平汉路进行外线作战

1932年9月初，部队从皖西北回到黄麻地区。这时，蒋介石集中30余万兵力，对鄂豫皖苏区进行第四次"围剿"。新集的大沙河发大水，国民党的飞机开始集中轰炸新集，主力部队在七里坪及冯寿二打了一仗，这是一场最激烈的战役。蒋介石集中了他的嫡系部队胡宗南、上官云相等5个主力师，武器好、火力强、装备完整优良，并配有十几个团的杂牌军。这场战役虽然我们也消灭了敌军几千人，缴获机步枪5 000余支，特别是缴获了蒋军主力部队的很多自动步枪，我军每连装配两支，火力得到了加强，可我军的伤亡也非常惨重，付出的代价太大，仅师团级干部就死伤不少。十一师政委，一位威信很高的领导甘济时光荣牺牲了（后由李先念接任其职务），全师指战员都为之流泪。十一师师长刘英，头骨被打碎，脑浆溢出，不省人事。十二师师长陈赓、副师长何畏均身负重伤，他们都是被担架从火线上抬下来的。副总指挥蔡申熙在河口战斗中，身负重伤，抢救无效，光荣牺牲。申熙同志是黄埔二期的学生，是我党一位非常有才干的领导人，他的牺牲使我们感到十分痛心，至今我仍然十分怀念他。

干部死伤，兵员也大大减少，士气受到了影响。情况紧急，鄂豫皖的领导包括张国焘在内，面对这种情况都感到为难、胆怯、害怕。对此，张国焘通过电台向中央做了报告，其中提到，周围地理环境北为陇海路，东是津浦线，南临长江天险，西靠平汉路，红军回旋余地不大。

不久，中央回电，这是一封关键性的电报，内容是：望你们避开内线作战，即不在敌人包围圈里防御打仗，无论如何要摆脱在内线作战处处设防的被动局面，跳到外线去与敌人兜圈子，寻找敌军弱点，集中几倍于敌的优势兵力，打击敌军一部，以打破敌人的"围剿"。根据中央的指示，红四方面军的领导召开了黄柴畈会议，一致认为，这是一个正确的方针，但从哪个方向跳到外线呢？向皖西北方向发展，经蚌埠到南京是一条出路，但南京是国民党政府的首都，重兵盘踞，当然不行；北越陇海路则是一马平川，也不好办；南渡长江，困难更多。研究的结果，认为平汉路的敌军兵力较弱，决定跳到平汉路西进行外线作战。我们及时电告中央，中央回电同意了这个作战方针。

七、被迫西征

当时到平汉路西进行外线作战，根本没有离开鄂豫皖根据地的打算。可是万万没有想到的是，过平汉路以后，情况发生了变化，部队无法再回到鄂豫皖苏区了。经中央回电同意，红四方面军被迫西征。

我们是 1932 年 10 月离开鄂豫皖苏区的。走前，敌人的飞机整天在新集上空盘旋，新集已被炸成一片废墟，省苏维埃和军委的驻地，除两间房子外，全部倒塌了。

究竟是哪一天行动，这是关键的军事机密，因为怕泄密，所以一般不电告中央，也不会事先通知我们。因此过平汉路的那一天，事前我们一无所知，接到通知，时间非常仓促。电台那时还没有固定的运输队，而时间又非常紧迫，只好临时把军委的补充队（俘虏的一些敌兵及下级军官）和经保卫局审查有反革命嫌疑的一些同志，组成运输队，帮助电台搬运机器设备。

蔡威运输的那部电台随红二十五军七十三师行动，过铁路时，他们被敌人截住了。王树声得知这一情况后，派徐深吉率部队猛追，终于把蔡威的电台全部追了回来。

部队到达平汉路以西后，敌情发生了变化。敌军在平汉路一侧放了几个主力师的兵力，又怕我们和湘鄂西集合到一起，在洪湖也补充了几个师的兵力，我们又处在重兵包围之中了，欲回不能，只好继续向西、向北行动。就是这时，我们仍没有放弃回鄂豫皖苏区的打算。

大军西行，经过随县南里，走京山直插枣阳，在枣阳又打了一仗，这是一场突如其来的遭遇战。

我们电台白天随部队行动，夜晚宿营就开始工作，没有房子就露天干。由于战斗频繁，战况激烈，经常是炮弹呼啸而过，子弹打在我们工作的桌子上，砰砰乱响。可为了收发一些紧要电报，也只好坚持工作。常常是总部来人催我们赶快转移时，我们还在紧张地收报、发报，待收发完电报后，再收拾机器追赶部队。

枣阳这一仗以后，再回鄂豫皖就有被全歼的危险，这才下决心不再回鄂豫皖苏区，决定向西北方向的豫西发展。去豫西必须经过枣阳、襄樊（今襄阳）交界的地方淅川南化塘（也是鄂豫陕三省交界处），在那里又打了一仗，打垮敌人一个多旅，突破了包围圈进入豫西。在豫西又兜了一个小圈子，到达豫西重镇南阳。在南阳发现了二方面军（不是后来二、六军团会合成立的"二方面军"）的标语，说明二方面军已在我们之前脱离了湘鄂西苏区，远征路过这里。当地老百姓讲：贺龙队伍的服装不如你们的整齐，破破烂烂的。这说明他们是非常艰苦的。

几个负伤的师级干部一直被担架抬着随军行动，既不方便，目标又大。到南阳后，为了减轻部队负担，领导决定将陈赓、刘英化装送离部队，去上海治病。刘英因颅骨破裂，脑神经受损，失去记忆，周围的同志他均不能认出，却记得自己的马，马也认识他。他的马无人敢骑，在行军中始终跟随着他。刘英在养伤过程中，经红四方面军卫生部医生苏井观治疗和护理，不但保全了生命，而且竟然恢复了一些记忆，可见当时我们的医术还是很高明的。何畏伤势渐轻，仍留在军中。可是万万没想到，陈赓和刘英到达上海后，均被逮捕。据说，由于陈赓在广东东征时曾救过蒋介石的命，又经宋庆龄、何香凝多方营救，蒋迫于舆论压力，才释放了陈赓，刘英则遇难。刘英曾在苏联最高军事学府学习过，很有才干，是红军中的大将。刘英的死，是十分可惜的，我军失去了一位帅才。

经南化塘，到漫川关，此地形势险恶，两边是崇山峻岭，我们在峡谷中走了两夜，粮食殆尽，无水无盐，只好吃些辣子刺激肠胃。地处绝境，还陷入敌人的包围之中。为了冲过漫川关，旷继勋率领先头部队去偷袭漫川关附近一个最高的山头。如果能抢占这个制高点，大部队就可以冲过去。但由于暴露了目标，敌人抢先占领了这个制高点，突围计划落空。

冲不过去，大部队仍然收缩在谷中。等了将近一天的时间，夜晚，徐向前、陈昌浩去看阵地，寻找突围的口子，终于找到一个敌人兵力比较薄弱的地方。但山势陡峭，山路狭窄，只能一个一个向上爬行，过于笨重的辎重带不了，有些骡马也不能上。于是决定炸毁山炮，埋掉一部充电机。第三天夜晚，命令大家下决心爬山突围，徐向前、陈昌浩走在前面，他们向我们交代，无论如何要跟上队伍，想方设法把驮机器的牲口牵上去。这一夜，我们终于突破了敌人的包围圈。

过了漫川关，又下山到达关中平原的商州地带。远望八百里秦川，地势平坦，真是一个富足的地区。我们马不停蹄继续前行，走的完全是李自成潼关大战后败走的路线。又走了两天半，距离西安已经不很远了。

11月初的一天下午，我们到达子午镇（在西安南二三十千米处），在这里又打了一仗，消灭了杨虎城部的一个旅。再继续西行，又折向南，直插秦岭。秦岭海拔 4 000 米，山山相连，岭岭相接，连绵不断，地形复杂。翠竹古藤，郁郁葱葱，云遮雾绕。山谷中是河，两边是小路。据说，这就是诸葛亮明修栈道、暗度陈仓的小道。我们在山谷中行军，有时走山崖边的小路，人牵着人走过去；有时根本没有路，要蹚出一条路来。秦岭山中，村落稀疏，人烟稀少，找一个向导都十分困难。没有宿营的房子，就睡在冰天雪地之中。到了宿营地，我们电台首先和中央通报，或与湘鄂西联络，上海则始终没有接通。

我们在山中走了大约 5 天，只行军不打仗，在汉中北城固县出了秦岭。出山以后，在广州起义纪念日（12 月 11 日）那一天到达洋县。在洋县召开了会议，主要是议论在汉中建立根据地的问题，并将此意图电告中央。汉中盆地，四面环山，只靠我们这两万来人、1.2 万支枪，占领汉中盆地的确是不可能的。而且我们通过电台又得到情报，敌人从湖南、河南派出两支部队，正向汉中挺进。我军官兵那时还身着单衣，衣服破烂不堪，同志们的脚，由于长途跋涉，反复过河蹚水，破的破，伤的伤，大家的身体素质大大下降。张国焘也感到在汉中难以站住脚，这时他又想以汉中南面的巴山为根据地（实际是没有放弃在汉中建立根据地的打算），于是决定南走大巴山。

形势变化迫使四方面军过铁路后放弃了鄂豫皖苏区。原打算在鄂西停步，后又想在豫西立脚，那时二方面军有些零散的部队曾和我们联系过，但未能如愿。过了漫川关，关中平原当然不能驻留，在汉中住了两天之后，也觉得汉中不是久留之处，这才决定南上巴山。但根据地总得建立在有群众的地方，这才能有饭吃、有兵源，而巴山上既无田地，又少人烟。无奈，只好下山奔向川北。

八、建立新根据地

巴山是一条很长的山脉,是四川北部的屏障,海拔也在 4 000 米左右。老百姓说巴山是上山 35 千米,山上 35 千米,下山 35 千米。部队从下午 3 点出发,午夜 12 点到达山顶。山上有些地方积雪很深,我又冷又累,腿僵脚木,膝盖已不能弯曲,走到后来,只能机械地一步一步地向前移动。电台的运输队,病号增多,掉队的不少,只好再从连队抽一些战士帮忙。午夜在山顶上宿营,黎明继续下山。下山时,由于雪滑坡陡,只好像滑雪一样,屁股往地上一坐滑下山去。下山后的第一个地方是通江县北的两河口,在这里发生了一次小小的战斗,消灭了地方上的民团。先头部队继续前进,经苦草坝到达通江,我们电台则暂时在两河口宿营。

部队到通江后才逐步站住脚,在这里张国焘召开了会议,决定以两河口、毛裕镇为中心建立根据地,然后向南江发展。张国焘开会有时让我参加,貌似非常重视我、优待我,而有关政治方面的会议则又不通知我。他始终是又信任我,又怀疑我。我们能得以幸免,是由于他离开我们不行,没有技术人员,电台就无法工作,也就无法了解和掌握情况。当时周纯全对我们的态度,既有无微不至的照顾,又有暗中的监视,这完全证明了张国焘的矛盾。

到达川北时,部队有 1.4 万人左右,枪 1.1 万余支,4 个整师的建制,十师、十一师、十二师、七十三师。后来就以这 4 个师为基础,扩编为 4 个军。十师编为四军,周纯全、王宏坤负责(许世友开始是副师长,后提为师长、副军长)。十一师编为三十军,原师长倪志亮调任总指挥部当参谋长,余天云代理军长,李先念为政委。十二师编为九军,军长先为何畏,后为孙玉清。七十三师编为三十一军,军长孙玉清。

在川北苏区,一面准备打仗,一面发动群众。打土豪,分田地,建党、建政、建立根据地。不久,成立了川陕省委,最初罗世文任书记，刘瑞龙任秘书长，还有袁克服（曾任陕西省军区政委）、张琴秋等同志。这时，部队穿上了棉衣，有了鞋子，住上了房子，解决了毯子，饭吃得饱，觉睡得好，伤病员有医院治疗，士气大振。

四川的军阀部队都是身带两支枪：步枪和烟枪。我们刚扩军的时候，大部分小伙子也是带着烟枪来参军的，入伍以后才让他们慢慢戒掉。老百姓的日子稍微好过一些，我们就号召动员，铲除罂粟花改种粮食，除偏僻的地区外，老百姓都能积极响应苏维埃政府号召，戒烟运动开展得比较顺利。此后扩军时，就很少有带烟枪的了。

有了根据地，环境比较安定，我们电台在涪阳坝又开始了工作，并进行了扩建。在西征途中，一直是两个电台在工作，虽然有多余的设备，但人手不够，只好弃置不用。这时我们决定再扩建一个台，并成立电务处。我任处长兼三台台长，一台台长是王子纲，二台台长是蔡威。我既总管业务，也管机要、行政，电务处的人就是三台的人。此后又组建了两个台，四台台长游正刚（我们培养出来的学员），五台台长徐明德（新中国成立后曾任海军副参谋长）。为了培养人才，我们在通江又办了一个训练班，前后有三四十人参加。由于学员文化水平低，而有些人张国焘又不相信，常常是办办停停。比如，那时王维舟带领三十三军从川东过来，他带来一批学生，张国焘就不相信，甚至连王维舟也不相信，俘虏人员就更不相信了，只吸收两三个人参加训练班。即使这样，我们还是把这个班断断续续办了下来。最后，总算每个军都配备了一部电台，跟指挥部行动的军则不配电台。

九、破译

王子纲的报务在红军中是屈指可数的，蔡威在机务方面非常精通，译电、机要我搞得比较多。为了对付敌人的围攻，我们开始建立敌人的情报工作，我和蔡威集中搞破译。第一步，弄清了敌人用英语符号通报（如长官的名字、地点等），慢慢积累摸索，就把敌人的番号、驻地、电台呼号都搞清楚了，这对我们的破译工作来说十分重要。第二步，把所有的收音机都打开，收听记录敌报，然后整理破译。

要摸清敌人密码的路子，必须对敌情有所了解，对社会情况、社会知识也要知道一些，对敌人电报的形式、行文规律也要搞清楚。敌人的电报有一定的公文程式，这套程式非常严格，因此熟悉了就可以掌握它的规律。这样，猜出其中一个字，按其行文规律，可以把全部猜出来。当然，也要懂得敌报的番号、月日的代号，如果这些方面的知识一点都没有，是很难猜译出来的。另外，对明码本子要非常熟。那时我可以把明码本子完全背下来，有时接到密电，不用翻本子，直接在电话上念给领导听，向领导汇报。经过努力，不到两个星期，我们就把敌人的密码全部弄清楚了。虽然有时敌人也更换密码，但老本子是始终不丢的，我们有前面的基础，猜破新密码还是比较容易的。

张国焘在很长时间内不相信我们搞到的情报，当我们把敌军的兵力部署等情况向他汇报时，他总要问："可不可靠?"只有当他通过地面侦察得到的情报和我们的汇报相符时，他才相信。经过几次这样的对照，他才比较相信我们的情报了。一天深夜一两点，张国焘只带一个警卫人员突然来到电台，见我和王子纲还有其他同志正在埋头工作，十分认真，他很感动，这才比较信任我们。

反田颂尧的"三路围攻"计划，就是根据我们提供的敌情制定的，并把田打垮了，这证明我们的情报是准确的。后来敌人可能怀疑他们的密码被我们破译，因此频繁地改变密码，成了乱码，但我们仍然可以破译。

十、红四方面军高层的矛盾

1932 年陕西杨虎城部的孙蔚如军长，通过陕南中共地下组织的关系，派他的参议（谋）武志平来我军，希望与我们取得联系。张国焘对此事既相信又怀疑：杨部是杂牌军，原是西北军，受蒋介石的排挤，因此可以相信；但孙蔚如此举可能是窥视我们，即我们究竟是向陕西方向发展，还是向四川发展，这又值得怀疑。当然，在当时这样的怀疑也不是完全没有根据的。

武志平带来一份详细的川北地图送给我们，同时还送给我们一些东西，如药品、电池等。张国焘和武谈过话后，决定派徐以新去陕南同孙蔚如联络，而派徐以新去谈判的原因之一是电台的电池紧张。徐与孙谈判的结果是：孙向我们提供四川的情况，共同反蒋。徐回来后，果然带回来一些电池，更重要的是带回孙送给我们的一本使用过的密码底本，这对破译国民党使用密码的规律是有帮助的。

当时形势很好，对孙部的工作还可以做得更深一些，但由于张国焘思想"左"倾，对统战工作的重要性没有深刻认识，而没有进一步展开和深入，这种"左"的倾向，在以后处理红四方面军和杨森的关系时也暴露了出来。

红四方面军建立了川陕苏区后，川军的各派军阀出于共同的利益，一致对付我们。刘湘、刘文辉、潘文华、杨森、邓锡侯、李家钰、田颂尧、刘存厚等各派系的部队，被蒋介石组织起来，在重庆建立蒋的行营，主任是贺国光。但不管如何，四川军阀派系的矛盾很深。在历史上有过英舰炮轰万县事件，杨森顶了一下，这在当时也是不容易的，因此我们认为杨森还是有点爱国主义思想的。这时杨也很想和我们拉关系，杨的目的十分明确，因为他在万县有一大批枪支弹药，刘湘垂涎欲滴，很想弄到手，他为了保存自己，所以急于和我们搞好关系。不久双方互派了联络员，他还赠送了我们不少东西，应该说我们和杨的关系比较深了。四方面军不少领导干部主张联杨抗刘，而张国焘不同意，他只想暂时利用杨森。当打垮邓锡侯和李家钰之后，张国焘即主张攻杨。领导层内部产生了矛盾，特别是参谋主任舒玉章极力反对。他为此竟在陈昌浩的屋子里给张国焘打电话，在电话中大骂张国焘军阀主义，陈昌浩在一旁制止，舒玉章就与陈昌浩大吵。陈昌浩命令警卫员将舒玉章捆起来，关了禁闭。据说，舒玉章后来在得胜山被打死。我和舒玉章来往很多，他生性耿直、正派，人很好，谙熟军事参谋业务，对蒋军内部情况比较熟悉，和我交谈很多，这对我的情报工作很有参考价值。他牺牲的消息传出后，我们都十分痛心。

进驻通江以前，在陕南小河口，红四方面军领导内部发生了分歧，争执不下。曾中生、李春林、廖承志（那时叫何柳华）、朱光、张琴秋、徐以新、王振华等对张国焘不满，对撤离鄂豫皖苏区有意见，对发动群众的政策和干部使用方面也有很多不同看法。听说他们要派人把意见上报到中央。

廖承志极有文采，速记很好，经常为张国焘抄抄写写，整理张的报告文稿。后廖离开苏区去上海，到上海时被捕，经宋庆龄、何香凝营救后出狱。不久又回到通江，却被张国焘逮捕。此时被捕的还有曾中生、李春林、王振华、朱光等同志。张琴秋（曾为鄂豫皖苏区省委书记沈泽民的爱人。四方面军撤离鄂豫皖后，沈泽民仍坚持在苏区工作，后牺牲）因此时已与陈昌浩结婚，幸免于难。李春林、王振华从此下落不明，朱光由于在监狱中曾被利用写了反中央的口号，为此张国焘也把他放了，廖承志后也被释放。

在川北苏区当时"左"的东西很多，虽然打土豪、分土地执行得比较坚决，但工商业政策有很大偏差，知识分子政策更有问题，连小知识分子也要受到怀疑。

自红四方面军进入四川以后，从中央的来电看，中央对张国焘没有什么责备的言辞。后来，中央可能发现张国焘还没有下最大的决心建立和巩固川北根据地时，才有些批评的语言。如电文中就曾有不要三心二意，要决心立下脚跟，发动群众，团结干部，团结全党等意见，但没有对张国焘严厉批评。当然，其中也有客观原因，即在 1933 年下半年，中央苏区管电台的曾三来电通知我们，密码（我从上海带进苏区的密码）是当时中央特科的负责人黄平主持制定的，而黄已被捕叛变，这个密码已不可靠，非常机密的情况，不要用此密码。我们把这一情况向张国焘汇报后，张决定基本上不再向中央报告军事情况，只报一些战报，因而中央对川北苏区了解很少，当然也就没有更多的批评指示。

十一、川陕苏区在反围攻中壮大

蒋介石在重庆建立行营后，就开始准备对红四方面军的围攻。我们首先是反田颂尧的"三路围攻"。由于对敌情了解得较详尽，很快就把田颂尧打垮了。这时主要战线又转移到苏区东线。先是给刘存厚歼灭性的打击，占领宣汉、绥定，威胁开江、万县，直指刘湘。反刘湘决定性的一仗是在万源县（今万源市）的青龙关，我们的队伍摆在青龙关、南天门、笔架山一线，集中杀伤力强的火力于正面必争之险要高地，王陵基的几个师进入这个地区后，准备部署兵力强攻我们的阵地。我们侦破敌人这一意图后，迅速派出一支部队从左边直插进去，同时右边也插入一支部队，两边的制高点均被我们控制，把敌人的主力师全部包围起来。敌人强攻青龙关、南天门、笔架山一线，火力很猛，我们则集中最强的炮火压制敌人，打得他们难以招架，我们从电台中都能听到敌人的呼救声。此时，我们通过电台侦知，敌人的总指挥王陵基已擅离指挥岗位，回到万县他小老婆那里过年去了。我们急忙打电话告诉总部，总部迅速通知前线指挥调整兵力，结果全歼敌人的进攻部队。我们从青龙关下来，向南猛追，直达开江、万县附近，敌五路军全线溃退。我通江一线就迅速乘胜反攻，随即恢复通、南、巴大片苏区，敌人的六路围攻至此全部结束，川陕苏区进一步得到巩固和壮大。

这时形势很好，红四方面军有 9 万之众，到过嘉陵江时，扩编为几个军：四军、五军、三十军、三十一军，还有王维舟的三十三军（人数较少）。

十二、为中央红军提供情报

1934 年，中央红军开始长征，到湖南时，我们从收到的情报中得知他们的处境十分困难，但当时我们不确定中央红军的去向。为了给中央红军提供情报，我们以贺国光行营电台为中心，加紧破译蒋介石的密码。蒋的密码非常难猜，破译的任务主要由我和蔡威担任。开始我们只能猜出几个字，以后发展到一部分字。我们一个电报一个电报地猜，逐步积累，摸索规律，终于破译了蒋介石的密码。当时只有一个电台，把所有的收音机都打开收听敌报，训练班学员也值班收报，每人守收一个敌台，日夜不停，非常紧张。由于学员的能力较差，我们还要亲自动手，生病也要坚持工作，然后将我们收录的大量敌报和掌握的中央红军周围的大量敌情，送给军委及总指挥部，经过分析、整理，再发给中央红军。中央红军的电台在约定的时间内就要向我们呼叫。长征结束后，毛泽东在延安对我讲，你们红四方面军电台的同志辛苦了，有功劳呀！在我们困难的时候，特别是长征在贵州期间，是你们提供的情报，使我们比较顺利地克服了困难。

红二十五军（徐海东部）到达陕南时，我们也从敌台收到不少消息。可惜他们没有电台，我们无法与他们通报。我曾建议派一个团去联络和支援他们，顺便带电信器材和密码，张国焘不同意，由此也可以看出张国焘是不顾全大局的。

十三、懋功会师

中央红军四渡赤水之后，到达四川边界，红四方面军决定放弃川陕苏区，西渡嘉陵江与中央红军汇合。这就是说，我们也要长征了。因此，四方面军的长征，应该说是从离开川陕苏区、西渡嘉陵江就开始了，过嘉陵江是在 1935 年 3 月。

中央红军到达长江以南的四川边界后，曾与我们通报，提出与四方面军会合，至少要取得联系。为此，他们希望四方面军派出一支部队到川西吸引敌人，减轻他们的压力。最初张国焘准备按此方针行动，但如只派出一支小部队到川西，又怕不能解决问题，因此决定派大部分部队渡江西进，援助中央红军，只留少量部队在通南巴。但不知为什么，原计划留下的战斗力较弱的红四军却没有留下，也随同其他部队渡江西进了。这样，张国焘渡江的意图就变成：（1）援助中央红军；（2）放弃贫瘠的通南巴苏区，准备在嘉陵江与岷江之间的富庶地区建立根据地。过江以后，阆中、江油一带人多粮足，条件很好，但不知为什么没在那里立脚。根据回忆，当时四方面军从情报中得知，中央红军要渡江入川，北上是肯定的，因而四方面军应西进策应。后来也确曾接到中央来电，要张部配合策应，并拟定了建立川康甘根据地的计划。因此，大约在 4 月下旬，四方面军又继续向西渡过岷江，到达理番（今理县）、懋功一带，有名的夹金山（大雪山）即在此地的西南方向。

我的电台驻在黑水芦花，蔡威的电台跟随总指挥部到了前方。此时中央红军已到达西康的金沙江畔，中央决定双方各派一支先头部队在懋功附近会师。6 月，四方面军先头部队三十军、九军各一部到达夹金山，徐总指挥即派九军二十五师韩东山的两个团，先翻过夹金山与中央红军会合。当听到先头部队已经会师的消息时，大家异常兴奋。会师后，决定执行一个新的战略——建立川陕康甘根据地。那时还没听说到陕北，而是在甘南一带建立根据地。

会师前，四方面军进行了动员。因为中央红军经过长途跋涉，物质上的困难很大，战士体质较弱，部队减员不少。四方面军决定给予物质上的支援和兵员上的补充，在思想上要做到亲切热情，亲如一家，但这只是在表面上。张国焘在前方会见中央领导同志回到卓克基后，曾亲自给我打来一个电话。他说：会师后要调整红军总司令部的机构，朱老总要过来，刘（伯承）参谋长也要过来，他当总政委。总部所属的一、二、三、四局也要调整，你们这一摊子归总部，变成总司令部三局。原总部三局局长王铮是被俘人员，把重要部门交给他管，不是很放心。因此，王铮调回一方面军司令部三局任局长，要我做总部三局的局长，一方面军的伍云甫任副局长兼政委，王子纲先在三局一科当科长。现在一方面军减员得很厉害，人员少，病号多，掉队的也不少，战士们身体素质很差，营养不良，装备也不好，队伍已经不像样子。原总部很快就要过来，要我们做好思想准备。总之，他对我们散布了一方面军很多消极的和挑拨性的东西，但在公开场合也讲了几句要热情相待、帮助他们解决困难等冠冕堂皇的话。这就暴露了他对中央红军的真实思想——两面派的实质。

这个电话之后不久，张国焘又来了通知，叫总部的同志去迎接朱老总和刘参谋长。在卓克基的一个小喇嘛庙附近，我、王子纲、曾传六（保卫部部长）还有经理部部长（后勤部部长）郑义斋等人，在门外等候他们的到来。少顷，朱老总骑着马带着警卫员来到我们驻地，随后刘参谋长也来了，他们只带了一个搞秘书工作的刘少文，后来又来了个周子昆。

初次见面朱老总给我留下深刻的印象。未见面以前，总觉得红军统帅一定十分威武。但相见之后，感到朱老总非常朴素，慈祥和蔼，平易近人，没有首长架子，在他面前什么话都可以讲，毫无拘束感，他也能和任何人搭上腔。刘伯承参谋长则比较严肃。他的眼睛不好，但总是书不离手。刘少文比较活跃，一看便知他是朱刘的助手。

十四、毛儿盖会议前后的调整、部署

会师前，红四方面军进入嘉陵江以西、岷江以东的地区后，张国焘就把在川陕苏区成立的地方部队改编为正规部队，这说明他已有放弃川陕苏区的打算。部队扩编后，约有10万之众。四方面军的几个军在建制上绰绰有余。而会师后，一方面军的五军团只剩下两三千人，张国焘就拨了两个团归五军团建制，另抽两个团给了三十二军（由一方面军九军团改编），给王维舟的三十三军也补充了两个团，同时在人事上也进行了调整。原五军团政委李卓然调总政当副主任（实际上是主任），黄超（张国焘的秘书）接任五军团政委，原九军团政委何长工也调出来，但又不给他安排具体工作，原九军团政治部主任黄火青则调总政当地方部部长。这些措施完全说明了张国焘想把五、九军团拉过来，置于他控制之下。果然，后来五、九军团就正式划归为左路军。总之，四方面军到达岷江地区同一方面军汇合后，张国焘的一系列行动和措施，都说明他已为后来夺权分裂的阴谋做着准备。

毛儿盖会议后，红军分成左右两路。左路军由张国焘、朱德总司令、刘伯承参谋长率领，辖九军、三十一军（王树声部）、三十三军及一方面军的五军团（董振堂部）、九军团（改为三十二军，罗炳辉部），总司令部随左路军行动。总部下设5个局，一局是作战局，原局长调回一方面军，周子昆任局长，过草地后换成曹里怀，由于张国焘对曹里怀不满，不久，又换成没打过仗的黄超；蔡威的电台变成总部的二局，但不随总部活动，由右路军的徐向前、陈昌浩领导，以便随时和我们通报，从这也可以看出张国焘的心计；四局是总部的供应管理部门，局长黄正平，不久换成杜义德；过岷山后又成立了五局，王维舟任局长，实际上是为了把他调离三十三军；我们变成了总部的三局，我任局长，伍云甫任副局长兼政委，辖12个台，一台至五台是原四方面军的电台，六台至十二台是一方面军并过来的。原第三局局长王净则带一部电台随一方面军活动。由于六台熟悉一方面军的情况，所以和一方面军的联系主要靠六台。十台专门收发新闻，收"中央社"的，发新华社的消息（新华社的成立应在此时，而不是在延安），呼号CSR。12个台一起活动，哪个军需要就派一个台随军活动。

右路军以毛泽东为首，还有周恩来。右路军设有前敌指挥部，总指挥徐向前，政委陈昌浩，率领四方面军的四军、三十军随同右路军行动。从这样的人事安排也可以看出张国焘的意图。右路军内部还设有一方面军司令部，林彪任司令员，周恩来同志任政委。结果是一个总部，一个前敌指挥部，一个一方面军司令部，层次复杂。由此也可以看出，一方面张国焘要权，另一方面中央对张也不放心。斗争就这样开始了。

十五、摩擦、分裂的前奏

按规定我们电台应归刘伯承参谋长直接领导，而张国焘却对我们说，有事直接找他。因此，当我们就一些事请示刘参谋长时，他总是摇头，感到十分为难。

这时，我们又搞了个通信训练班，培训无线电、旗语通信、电话，还弄了个号兵连。无线电由我和王子纲负责，号兵连由徐向前的总号官徐英武和一方面军的号长刘正堂管，旗语通信由伍云甫直接抓。学无线电的只有30多人，都是首长的通信员，以及从部队上有点文化的同志中抽出来的。总工程师刘光甫则教电台和机务。

左路军经甘孜、芦花到达阿坝，又走了3天到噶曲河（草地中的一条河）。此时，一、四方面军的关系已相当紧张了，经常扯皮。每个部队都经常发生一些事，部队之间的矛盾愈演愈烈。

十六、电报，分裂

部队到了噶曲河，分裂终于发生了。

这时，张国焘给中央发电，电文说：河水很深，不能徒涉（大意）。中央回电说：要想一切办法过河。必要时可搭浮桥。张又去电：浮桥搭不成，草地上没有木料，要找木料还得跑回阿坝，并提出南下的主张。中央又回电：无论如何要过河，不要南下。可以找找其他的徒涉点，如有困难，我们可到上游策应。张这时也找了找其他徒涉点，实际上张是不愿跟随中央北上，所以坚持不能过河。中央主张北上，张国焘坚持南下，形成了僵局，部队在噶曲河边停了下来。

不久，张国焘又发一封电报给徐向前、陈昌浩，上写"指人译"（有时也写"亲译"），即让我译。此电大意如下：不要北上，要坚决南下，不仅河不能过，而且北上不利。胡宗南已到了甘南，腊子口一带被堵，敌情于我不利，希望你们力争中央和你们一起南下。徐、陈当即回电（此电也是我译的）：南下已不可能，是否还是北上为好，不要为此事发生内部分裂。接到徐、陈这封电报后，张又给他们发去一封电报，大意是：望你们劝说中央南下，如中央执意北上，你们必须把四方面军的队伍带回南下，不要随同他们一起行动。电文语气十分坚决，由我亲自译好发出，十分机密。

至于有人说张国焘给陈昌浩发过一个电报，对中央要"武力解决"。当时我主管机要电报，收发报都要经过我，我不记得发过有此内容的电报。不过，当时的事态已十分严重。记得有一天，我正在译电，张国焘突然跑来，把稿子急忙抽了回去，说：不发了，朱老总来了。果然，不大工夫朱老总就来了。等朱老总走后，他又把那份电稿递给我。张还对我说：此后有电报直接交给他，不要交给刘参谋长，也不要交给朱老总。他还十分严厉地说：否则你宋侃夫要负全责。（关于"密电"问题至今有多种说法，宋侃夫的观点是其中之一，也有一些人认为"武力解决"的密电确实有。李先念曾在关于编写红四方面军战史的谈话中指出："到底有没有这样的电报呢？要问我，我就不知道了，那时我也不可能看到这样的电报。后来在延安批判张国焘时，听说有人提出这个问题。毛主席当时说，在左路军和右路军的时候，叶剑英同志将张国焘的秘密命令拿来给他看，其中有这样一句话：'南下，彻底开展党内斗争。'不知道这句话是不是原话，如果电报上有，对这句话的含义可能有不同的理解，说这是带有威胁性质，我看也不是没有道理。那时很敏感，稍有不慎就有可能出现意想不到的事情。红一方面军经过长途行军作战，损失很大，很疲劳；红四方面军还是兵强马壮。在这种情况下，毛泽东带领部队北上是完全正确的。"——编者注）

在张国焘无视党纪、军纪，公然违抗命令的情况下，党中央为了贯彻已定的正确方针，于10日凌晨率领第一、三军先行北上。在党中央和红一方面军北上时，四方面军中有人不明真相，打电话请示是否拦阻？徐帅当即说："不能打，世界上哪有红军打红军的！"

另外，当时红四方面军副参谋长李特（兼任红大教育长）率领一队骑兵追赶中央，要把被带走的四方面军同志统统追回来。毛泽东对他们说：你们回去可以，我们先走一步，你们以后再来。李特当即指着李德大骂："赤色帝国主义！"后来，李特还是把已经跟中央走的原四方面军的一些部队、学员带了回来，跟张国焘南下了。

顺便提一下朱总司令在左路军的情况。左路军第一次过草地时，朱总司令经常是过几天就到我们这里来看看，他知道张国焘对电台控制很严，但仍想了解点情况。他并没有想把我们拉过去，但总是从正面给我们讲共产党的道理，讲马列主义的原则，所以朱老总给我们留下一个非常和善又讲原则的正面形象，而不是像一些戏上写的那样，与张国焘对骂。他也从来没有为一个战士和张国焘争吵过。朱老总生活非常艰苦，住的房子还不如我们住的好。曾经有过谣传，说朱老总的门卫被黄超下令撤掉了，是黄超要谋害朱老总。此事是在新疆和延安时有人揭发出来的，我在新疆曾问过黄超，黄说绝对没有此事。记得当时我和朱老总住得很近，我并没听说有此事。后来黄超和李特没有回延安，据闻黄、李在新疆是被康生杀掉的，也可能是被搞到苏联杀掉的。黄、李有错误，但肯定不是反革命。（中国人民解放军总政治部于1996年发文，追认黄、李为革命烈士。——编者注）

十七、二过草地，卓木碉会议

分裂的来源已久，一切迹象都说明张国焘为了扩张自己的势力，根本不愿意与中央在一起，于是我们第二次过草地南下。

所谓南下，实际上是准备向西。"到天全、芦山吃大米，吃腊肉！"成了动员部队的口号。由于长途跋涉，疲惫不堪，而又长期吃青稞麦子，这个口号在当时是很有吸引力的。我们到达天全、芦山、雅安、大邑一带，共走了20多天，中间打了不少仗，虽然消灭了一些敌人，缴获也不少，但我们的损失也很大，部队大量减员，敌情还是十分严重，我们的处境仍然十分困难。这一年（1935年）的冬天，我们是在天全过的。

一般性的政治会议，张国焘是不叫我参加的。在卓木碉（今马尔康市足木脚）开了一个干部会，对这个会议我记得比较清楚。因为当晚散会后，我回住房的路上，要过一座独木桥，我的眼睛不好，掉进河里了。这个会给我的印象十分不好，现在从当时的情况推论，这个会可能是张国焘决定建立"第二中央"（当时叫"临时中央"）后，为了煽动干部反对中央，并达到他建立"第二中央"的阴谋而召开的。

会议由张国焘主持，首先是红一方面军的几位干部讲话，他们的讲话给我们的影响极大，因为他们是一方面军的干部，长期跟党中央、毛主席在一起，怎么也反对毛主席、反对党中央呢？会议记录事后刊登在张国焘主办的《干部必读》上。会后这几个干部都升了官。这个会开了整整一天，在会上宣布"临时中央"成立，直属共产国际。会上反中央达到了顶点，气氛非常紧张，时间是1935年10月。与此同时，成立了"波巴依德瓦"（藏语）中央政府。

十八、甘孜会师，取消"临时中央"

1936年上半年，二方面军绕了一个大圈子到达甘孜，同四方面军会师。我在司令部见到贺老总和萧克，也看了看他们的电台。电台缺的器材不少，张国焘给了我一个任务，帮助二方面军把电台建立起来，缺物给物，要人给人。于是，我们送给他们一部电台和一些器材，并制定了一种通报的密码，这样，我们才恢复了与二方面军的通信联络。

张国焘迫于形势，于6月宣布取消"第二中央"，改称西南局，准备北上，并致电中央。中央立即回电表示同意和欢迎，没有正面责备，并建议建立川康陕甘根据地，目的是配合陕北互相呼应。

9月，开始第二次北上（第三次过草地），出发地点在炉霍，经阿坝，过噶曲河（水的确很深），原来是想占领岷州、洮州，但岷州城未能攻下，先占领了漳县，张国焘和任弼时就住在一个小村子里。一天，张国焘叫我去谈话，任弼时也在场，由于蔡威病逝，要调我到二局工作。理由是二局重要，而我对敌情工作也很熟悉，任弼时也劝我去，我则坚决表示不去。原因也很简单：三局的同志我已经很熟悉了，二局的同志我不熟悉，而且已从一方面军调了几个同志到二局去了，我感到很难相处。我坚决不去，他们也没有办法，只好派伍云甫去当政委兼副局长。

这里必须提及的是，会师后第二次北上时，我多年的搭档和亲密的战友蔡威患伤寒症在岷州病逝。他弥留之际和我见了一面，死后葬在岷州附近的一个镇子。蔡威是福建人，1930年在上海亚美无线电学校学习，后又在上海某大学读了一两年书。他开始搞无线电时也跟我一样，是边干边学。他非常刻苦，勤于钻研，作风踏实，生活朴素，在无线电的业务上有独到之处。1931年他与王子纲先我进入鄂豫皖苏区，在我军的电台建设上，在破译敌人的密码上，是起了重大作用的。他的病逝使我们非常痛心。

十九、渡河西征

四方面军到达陇西，二方面军到达通渭，据我所知，在漳县开了一次西北局会议。这次会议主要是决定一、二、四方面军在会宁大会师，同时接到中央电令，决定北渡黄河，执行中央先取宁夏的战略。原决定四方面军过河后先占领中卫、一条山，一方面军一部及徐海东部也要过河，配合四方面军的行动。黄河边上船少，需要渡船，漳县会议后，我们做渡河准备。原计划四方面军从靖远的渡口（黄河上的重要渡口）过河，跟随一方面军走的三十一军、四军从会宁西北兴化的永清东北渡河，这样就可以夹击宁夏，占领银川。

我们在 10 月底从靖远渡过黄河，夜晚，先头部队占领了对岸滩头阵地以后，接着就是我们过河，水不急，没有什么枪声，十分顺利。过河后天已大亮，敌机来了，我们躲进河北的地窖。这些地窖是老百姓储藏梨子用的，很大，里面都是梨。中午无法做饭，靠吃梨充饥。梨子又大又好吃，大家饱餐一顿，走时都付了款。天将黑时，我们才出发，走了一夜又半天，到了赵家水。赵家水地方虽小，但很重要，是甘北河西走廊的进口，通往宁夏的瓶颈，在这里我们住了 10 天左右。另一支部队占领了一条山北面的五佛寺，也停了下来，目的是等待从兴化渡河的部队。没想到敌情发生了变化，胡宗南的部队卡住了兴化永清渡口，部队无法过河。结果渡过黄河的只有三十军、五军团、九军共两万多人。甘北河西走廊是平原地带，只有一些丘陵，地形对我们很不利，又是马步青控制的地区。马家军主要是骑兵，炮火虽不多但行动迅速，杀伤力大，再进军宁夏已感到十分困难，而我们的力量又如此单薄，恰好中央此时来电，取消宁夏战略，改为沿河西走廊西进，在甘北适当地区站住脚，发动群众，建立根据地，以后又来电说明在永昌建立根据地。

二十、向西，向西，向西

11 月 7 日，在赵家水的一个广场上，召开了十月革命节纪念大会，驻地的部队和机关都参加了。陈昌浩在会上做长篇讲话，他说：根据中央决定，号召打通国际路线，和共产国际连在一起，直接听取斯大林的指示。话讲得非常有鼓动性。徐向前也简明地讲了话，主要表示要坚决遵从中央的决定，完成打通国际路线的任务。

会后徐向前、陈昌浩找我和王子纲谈话，他们说：由于二局随另一路部队没有渡过河来，所以我们要兼做二局的敌情工作。我们要西进，有关敌人的情报靠中央提供是来不及的，要我们自己搞。对马家军的密码，要设法破译。我和王子纲很为难，很犹豫，没有接受这一任务。第二次又谈，他们的口气十分坚决，我们才接受了任务，决心破译马家军密码。于是，三局又把所有的收音机都架起来，除与中央通报外，全部精力都投入破译工作，夜以继日，异常紧张。大约用了一星期左右时间，基本上破译了马家军密码，可猜出敌报的 80%。我们曾破译蒋介石给马家军的一份密电，大意是说：红军破译工作很厉害，你们要注意。在这次破译工作之前，孙蔚如送来的过去西北军用过的密码底本对我们是有一点儿参考价值的。十几天后，我们全部掌握了甘北马家军的情况，包括他们行动的时间和地点，应该说这对西路军的西进计划是非常有利的。

第一个战役，计划占领永昌。在平凉不远的古浪打了一场恶战，王树声亲自指挥，九军损失惨重。马家军打的是麻雀战，骑兵下马后，用马刀肉搏。他们有督战队，骑兵只能向前冲，不准后退，天上还有飞机配合。我们电台离前线不远，我的手指皮也被炸掉一块。马刀砍，飞机炸，我们伤亡很大，影响了王树声和其他军队干部的情绪。王树声是一个很有气魄的指挥员，在指挥中常常把衣服一脱，大喊一声："跟我来！"队伍就冲了上去。面对马家军骑兵的新战术，九军缺少办法对付，伤亡很大，西路军官兵在情绪上都受到了影响。

到永昌还有好几天的路程，我们日宿夜行，但敌人的骑兵常常在天一亮就赶到我们的宿营地，有时甚至赶到我们前面，我们还未睡觉，敌人已经包围了寨子。战斗频繁不断，人困马乏，再加上筹集粮食十分困难，只好派部队到外面去拉。结果，每天战斗的伤亡加上搞粮食的伤亡，损失巨大。过去可以抢着收容伤员，那时已不可能。没有足够的野战医院，伤员大部分被敌人杀害，对士气影响很大。

我们终于占领了永昌。在永昌住了一段时间，粮食已吃得差不多了，我们处于无粮无援的境地。这时陈昌浩提出以永昌为中心建立根据地的主张，经军政委员会讨论后上报中央（这点，过去中央亦曾有电示），徐向前反对这个计划。恰好此时我们截获了马步芳给马步青的一份电报，大意是：如共军不久留这里，可能在玉门以西敦煌一带，背靠嘉峪关，把屁股坐下来。但我军没有这样做，还是在永昌停留下来，准备建立所谓的根据地。

这时西安事变已经发生了，我们急电党中央，告急求援。中央回电说：统战工作正在进行，准备派人到西安找顾祝同谈判，使二马（马步青、马步芳）停止对西路军的进攻。

这个地区一片荒凉，部队战士大部分又是南方人，生活十分困难。马家军非常残酷，被俘的红军战士一律被杀，而我军对民族政策也缺乏全面认识，因而有时对被围在据点中的马家军，也采取相应的办法，一律砍杀。这样，双方就杀红了眼。因此不少同志都有一个坚定的信念，宁可留下一粒子弹自杀，也不能被俘。

在极端困难的情况下，红军战士的斗志仍然十分高昂。那里村寨的土寨墙很高，要架很高的梯子才能爬上去。每攻克一个村寨，都要付出极大的代价。战士们高唱《义勇军进行曲》（也有唱《马赛曲》的），爬上云梯，前仆后继，十分壮烈。

12月底，五军团占领了高台、抚义（两个很小的县城）。五军团未带电台，不久，我们截获敌报，得知敌人已包围了高台、抚义。我军在突围中，董振堂率部死守高台。五军团是一支很好的队伍，在西北军是以打阵地战而出名的，起义后在一方面军也是以打硬仗而出名的。他们在高台，一无援军，二无粮草，死守20余天。

1937 年 1 月 21 日高台失守，3 000 余人有的被杀，有的被俘，董振堂壮烈牺牲，这个情况我们是从敌人的通报中得知的。后来才知道，当敌人冲上去要俘获董振堂时，他开枪自杀了。董振堂的牺牲对我们是极好的教育，每个人的手枪中都留下两颗子弹，做好牺牲的准备。

高台失守后，西路军集中在一个较大的寨子——倪家营子。这时停有停的问题，走有走的难处。当时我曾想是否应当返回去，确实也有一小支部队向东走了一段路，由于受阻，只好又回到倪家营子。真是西进困难，东退不能，我们陷入了进退维谷的境地。

敌人包围了倪家营子，情况十分紧急，我们必须突围出去。正面突围已不可能，只好偷偷地挖地道。天气寒冷，我从老乡那里搞到一双毡靴，夜间突围时疏忽大意，没有脱掉。骑在马上，一出寨子，队伍就乱了。马不能骑，只好走路，毡靴又笨又重，边走边摔跤，敌人的马两次从我身上踩过，幸亏有同志们的帮助，连拉带拽，我才追上了电台的同志。路不能走，马又丢了，恰好碰见一个骑驴的老乡，同志们把毛驴要来，让我骑上，这才跟上了队伍，否则我早已离开这个世界了。走了一段路，看见一个有灯火的房子，进去一看，徐向前、陈昌浩等人都在那里烤火，他们又给了我一匹马，我才赶到了宿营地。

宿营地是在梨园口附近的一个寨子，这是西路军的最后一站。我们把电台架设起来，发现总工程师刘光甫不见了，后来从截获的敌报中才知道他已被俘。从不断收到的敌报中，也可以看出我们损失的惨重。牺牲的牺牲，被俘的被俘，失踪的失踪，想到当时的处境，至今仍感痛心。部队的境遇和状况，已不允许再继续打下去了，领导决定进入祁连山。

二十一、祁连山中

进山必须经过梨园口，而敌人早在那里等着我们。3 月 12 日，我们遭到了伏击。这对本就十分疲惫的队伍来说，犹如雪上加霜，真是屋漏又逢连夜雨，损失巨大，一些军师级干部在这次战斗中牺牲了。

3月14日，我们到达石窝，敌人也追了上来，之后又是一场恶战。至此，2万多人的部队，只剩下两三千人，几乎全军覆没。山高风烈，凄楚荒凉，夜晚我们露宿在荒山野岭中，真有点四面楚歌的味道。

一天，在一个山洼里，军政委员会开会，中途把我喊去参加。徐向前、陈昌浩、李特、李卓然、李先念等同志都席地而坐。会议气氛沉闷，人人情绪低落，大家虽然默默不语，但还显得十分镇定。待我坐定之后，李特向我传达了会议的决定。他说：现在情况很不好，你们的电台行动不便，除留下一部保持和中央通报外，其余全部砸掉。徐、陈目标大，要离开部队，什么时候离开，还没有确定。这时我看了徐、陈一眼，只见他们脸色阴沉。面对此情此景，倍感苍凉悲怆。

会议结束后，我向电台的同志传达了会议的决定。我喉头发涩，声音嘶哑，泣不成声，话不成句，万千思绪涌上心头。不执行决议，电台目标太大，要拖累整个部队，如落在敌人手中就更不好；砸掉吧，可这是多少烈士用生命换来的，是多少同志耗尽了心血建设起来的，今天却要毁在我们手中，我们怎么下得了手呢！同志们都哭了，但不砸掉是不行的。同志们挑出较好的电台，留下足够的备件后，含着眼泪把亲手建设起来的电台砸毁烧掉了。毁掉电台之后，大家不知所措。全军快要毁灭，惨败结局已定，今后怎么办？前途在哪里？……

剩下的这部电台，还在工作，我们每到一地就把电台架起来，坐在地上和中央通报。困难重重，电台的同志情绪极不稳定，不少同志想和部队一起去打游击。我们想尽办法稳定大家的情绪。在极度困难的境地中，同志们一句关心的话，可以使一个同志在绝望时得到力量，在迷惘中坚定方向；一点生活上的照顾，也可以使一个同志鼓起勇气，也可以使一个同志幸存到今天。记得新中国成立后，我碰见一个曾在我们电台工作过的同志，当谈起在祁连山中被困的情景时，他说："幸亏你这个局长把马让我骑了半天，要不然那一天我就不行了。"可这件事在我的记忆中早已消失了。

从截获的敌人的通报中，我们得知他们已知道有一支红军跑掉，但不知跑到了哪里，这正说明我们这支队伍在祁连山中的行动，已完全摆脱了敌人的尾随、追击和捕捉。虽然我们这支仅存的队伍只有 1 000 多人，但敌人就是无可奈何。后来，我们又得知，我们派出的几支游击队，被俘的被俘，被消灭的被消灭。曾日三的支队全部被俘，张琴秋、魏传统的那个支队也全部被俘，跟随游击支队的一个电台，有两个人在紧急情况下，竟带着电台设备去投奔敌人。曾给朱总司令当过司号员的一个小战士柳圣清，被马家军抢走了，新中国成立后才回来。

山中虽然没有敌情，但我们几十天里都在荒山野岭、雪原冰川中移动，耳塞目闭，对外界一无所知，革命形势发展如何，更是无从知晓。有时想到不知何时才有尽头，不免感到十分迷茫。一支小部队就像走散了的孩子一样，在山中孤寂地流浪，部队的情绪怎么能安定下来呢？有少数人则想自寻出路。

快出山之前，我们收到中央的一份电报，告知我们共产国际通过新疆的关系，正在设法接应我们。对我们来说，这无异于在黑暗中突然看见了一片光明，在死亡的边缘上又有了生机。同志们的情绪为之一振，立刻有了精神，我们决定出山，奔向希望之地——新疆。

二十二、在荒漠中毁掉最后一部电台

出山之后，根据我们的地图观察，去新疆有两条路：一条经敦煌，一条要过安西。究竟走哪条路，我们犹疑不定。路上碰到老

乡，据老乡讲：敦煌这条路不好走，而安西县城只驻扎八十几个警察。根据老乡提供的情况，我们决定走安西，在安西附近我们停了下来。几十天的山中生活，部队已经拖得不像样子了。天寒地冻，战士们衣着单薄，腹内无食，有人无枪，有枪无弹，西去新疆还有很长一段路程，为了解决部队的实际困难，决定先攻占安西县城，以便得到一些补给。我们及时把这一意图电告中央，但没有得到回电。

当时我们只剩下一部电台，已无法收集敌情，只好采取火力侦察。情况完全出乎我们的意料，守城的敌人不是八十几个警察，而是一个团，火力很猛，我们攻不上去，只好又退回村子。敌人尾追不放，迅速包围了我们。在这里我们向中央发出四方面军电台的最后一封电报，向中央报告安西未能攻克，准备突围去新疆，西走星星峡。电报发出后仍然没有得到回电。突围之后，经过一天一夜的强行军，摆脱了敌人的尾追，于4月底到达白墩子。部队吃过干粮稍事休息，又强行军到达红柳园子。这既不是镇子，也不是寨子，根本没有老百姓，只不过是沙漠中的一个地名。在一个沙包上，敌人的一大股骑兵又追了上来，我们又被包围了。面对强敌，我们虽已弹尽粮绝，但人人抱定为革命牺牲的意志，以大无畏的气势决心与敌人拼搏。跟我好几年的警卫员张厚先，卧倒在我身旁，当敌人向沙包上冲的时候，他急忙喊我卧倒，我却仍然挺身站立，手持两支短枪，两眼盯视敌人。张厚先刚喊了我一声，就中弹牺牲了。我急忙摘下他的枪，仍然站在那里，手持双枪向敌人射击。这是荒漠中的一场血战，也是西路军的最后一次战斗。

天黑时，领导决定突围，通知我砸掉最后一部电台。我预感到全军覆灭的命运在等待着我们。张厚先的牺牲，使我感到我的生命也即将结束。在沙漠中突围似不可能，电台当然不能落入敌手，于是，我们砸掉了四方面军的最后一部电台。除为了将来破译密码用的一两份不太重要的敌报外，所有的机密电报和密码本都付之一炬。我身上还有一支枪，内装两颗子弹，在上衣口袋里还有一个火柴盒，里面有三五根火柴，以应付最后时刻的到来，烧毁留下的两份电报。在处理完电台的事宜之后，我正在等待突围，突然有人喊我："局长，你看，首长们已经都走了。"我懵懵懂懂地看了一眼，只见一行马队在黑夜中正在向前赶路，同志们让我赶快跟上，我牵过骡子，同志们将我扶上骡背，急忙追上那队人马。王子纲没有牲口，他拽着我的骡子尾巴也跟了上来，但后来还是掉了队，跟着其他大队伍走了。

到停下来时，一看，这一队人马有80多匹牲口，都是负责干部，没有警卫部队，大部队则由八十八师师长杨秀坤做后卫掩护突围。我们走到半夜，才摆脱了敌人，听不到枪声。但我的情绪仍很不好，就问身旁的一个同志："现在是朝哪个方向走？"他看了看夜空中的北斗星回答我说："向北偏西。"我向李先念发牢骚、提意见，说："再往北就到蒙古的戈壁滩了，大部队在大路上，我们应该向西靠和突围出去的大部队会合。"他们不听，我还是骂骂咧咧，继续提意见，没想到我这一骂倒起了点作用，队伍终于停了下来。经过商量，大家采纳了我的意见，改向西南方向走。

队伍西行以后，又在沙漠中走了两天两夜，前方仍然是一眼望不到尽头的沙丘，我们能不能走出这滚滚黄沙，真是难以预测啊！为了防备万一，我只好把密码本和留存的电报底稿也烧掉了。红四方面军的电台，最后在沙漠中结束了它的生命。

二十三、终于走完了悲壮的行程

第三天下午，大家已经筋疲力尽，队伍再没有一滴水，没有一粒粮，周围只有遍地的黄沙和晴空中焦灼的阳光，大家都仰卧在沙丘上休息。出路当然还有一条，就是继续向西南方向走，到大路上找水喝，可是我们已经寸步难移了。当时派李先念的小参谋简佑国去侦察附近是否有水，大家把希望都寄托在他的身上，他却有去无回。口渴肚饥，人们都迷迷糊糊地处在半休克状态。突然有人发现所有的牲口都不见了，大家顾不得昏迷疲劳，赶快去找牲口。有人用望远镜瞭望，只见几匹马正在喝着什么。偶然的发现给了我们生的希望。我们跳起来奔跑过去，这才发现那里有一大池子水。我不顾一切地跑到池边，猛喝一通，一口气喝了六大缸子水。于是我们又有了精神，继续向西南方向前进，终于来到了大路上。

在大路上走了一会儿，突然听到远处有汽车行驶的声音，我们正纳闷，汽车已渐渐驶近，这才看清车上还有两面红旗。啊！红旗！这一定是我们自己的人。果然，是我们大部队的人和盛世才办事处的人来接我们了。真是柳暗花明，绝处逢生，同志们都流下激动兴奋的热泪。牲口由他们骑回，我们登上两辆汽车，直驶星星峡。在星星峡，陈云、滕代远等中央领导同志在等候迎接我们。

第二天来了几架飞机，空投了一批枪支弹药，第三天飞机又空投了军装。我们丢下破烂不堪的衣服，换上崭新的军装，这些物资都是共产国际的支援。1937年的5月5日正是马克思诞辰的那一天，西路军幸存的400余人坐上几十辆汽车离开了星星峡，3天之后到达迪化（乌鲁木齐），我们被安排在东门外新兵营，从此结束了西路军悲壮的行程。

我在西北经历的三次红军大会师

陈鹤桥

中央红军经过二万五千里长征，于 1935 年 10 月 19 日胜利地到达陕甘根据地。这是非常重要、特别值得纪念的日子，因为这一件大事对于中国革命事业的胜利发展有极其重大的意义。

当时，我是鄂豫皖苏区红二十五军政治部的一名政工干部，在1935 年秋到 1936 年秋的一年时间内，我在陕甘宁地区参加了红军的三次大会师，这是我参加红军后在几年的艰苦斗争中，最光荣、最幸福、最高兴、最值得永远纪念的日子。

红军在陕甘宁的三次大会师，人数一次比一次多、规模一次比一次大。如第一次，我是以红二十五军一名战士的身份，参加同刘志丹等领导的陕甘红二十六军、红二十七军的会师；而第二次会师则是红十五军团同毛泽东率领的中央红军主力的大会师；第三次是毛泽东、彭德怀同志领导红一方面军西征甘肃、宁夏时，于 1936 年10 月在甘肃中部和宁夏南部同二、四两个方面军的大会合。下面我简单介绍一下三次会师的经过和对当时革命形势造成的重大影响。

第一次会师

1934 年 11 月，鄂豫皖苏区的红二十五军（3 000 余人），在省委书记徐宝珊、军长程子华、政委吴焕先、副军长徐海东等同志的率领下离开老苏区，到新区去创立新的革命根据地（留下高敬亭等同志和一部分武装，在老苏区坚持革命斗争，后来他们编为红二十八军，坚持了三年游击战争）。

红二十五军在 11 月 16 日从罗山县出发，通过平汉路，经过桐柏山进入湖北的枣阳以西，然后又向北转入豫西之伏牛山区，沿途打败了敌军步骑兵的堵截，于 12 月 8 日和 10 日在消灭和击溃了堵截和追击我军的国民党军队后，经卢氏进到陕南。12 月 10 日省委开会决定，就在鄂豫陕三省边界这一战略地区发动群众，开展游击战争，创立新的根据地，省委改名为中共鄂豫陕省委。经过 8 个月的紧张工作和英勇战斗，我军打垮了敌人的两次"围剿"，消灭敌军 3 个旅和一部分地方反动武装，省委和红二十五军先后派出郑位三、郭述申、陈先瑞等同志到地方工作，在十几个县内发动群众，开展了游击战争，建立了鄂陕、豫陕两个特委和一部分县区人民政权，扩大了地方武装。

1935 年 7 月中旬，红二十五军继续长征，主力从陕南打出终南山，进入关中平原，威逼西安。就在这时，我们从上海来的党的交通员口中得知，中央红军与四方面军已会合于川西地区，有北上甘陕地区的可能。省委当即开会决定留下郑位三、陈先瑞等同志在鄂豫陕边区继续坚持斗争，保卫根据地。红二十五军主力则立即向西进入甘肃地区，了解中央红军北上的消息，便于配合主力红军的行动。

8 月，红二十五军经陕西留坝、凤县进入甘肃，包围天水，过了渭河，连占两当、秦安、隆德三城，在平凉一带切断西兰公路。从俘虏的敌军军官口供中得知，国民党加紧调动军队到陕甘是为了阻拦红军从四川北上。我军继续沿西兰公路行动，为的是了解主力北上的消息，同时也是钳制已进到甘肃企图阻拦红军主力北上的敌军。8 月 21 日我军在泾川县行动时，在大雨中与敌军三十五师的一个团遭遇，因大雨和河水阻隔，部队不能迅速集中对敌。军政委吴焕先亲自率领军部少数直属部队与敌人拼杀，在部队赶到后消灭了敌人一个团，但是红二十五军优秀的领导者、军政委并代理省委书记的吴焕先同志却壮烈牺牲了，这是我军一个很大的损失。由于我军在切断西兰公路后半个月的行动中，尚未打听到红军主力北上的消息，省委决定红二十五军应经合水县向东先进入陕甘苏区去会合刘志丹等同志领导的红军，以增强红军的力量，巩固和扩大陕甘根据地，为迎接中央红军进到陕甘创造更好的条件。

9月上旬，我军在合水板桥镇击溃敌骑兵的追击后，9月7日到达合水县之豹子川（苏区附近），省委开会决定程子华改任军政委并代理省委书记（省委原书记徐宝珊同志5月在陕南病逝）、徐海东任军长、戴季英为参谋长、郭述申任政治部主任。部队经过动员教育后，9日经保安县进入陕甘苏区，当即受到苏区党和政府与人民群众的热烈欢迎与亲切的慰问。

9月15日，红二十五军（3 400人）进到苏区中心延川永坪镇。16日，刘志丹同志从前线率领红二十六、二十七军回到永坪镇，3个军的兄弟部队胜利会师了。9月17日，在陕甘苏区的中共西北工委与中共鄂豫陕省委召开联席会议，为了统一党的领导、统一指挥红军作战，决定成立中共陕甘晋省委，撤销西北工委和鄂豫陕省委，把红二十五、二十六、二十七3个军合编为红军第十五军团，并决定全区军民立即行动起来，准备粉碎敌人对苏区的第三次"围剿"。9月18日，在永坪镇举行了庆祝红军会师的军民联欢大会。刘志丹、徐海东、郭述申、朱理治、聂洪钧等同志都讲了话，号召全体军民庆祝红军会师，要互相学习，加强团结，积极参加抗日救国运动，坚决粉碎敌人对陕甘苏区的第三次"围剿"，为保卫和扩大陕甘苏区而奋斗。

庆祝大会后，成立了红十五军团，徐海东为军团长、程子华为政委、刘志丹为副军团长兼参谋长、高岗任政治部主任、郭述申任副主任。红军3个军依次改编为七十五师、七十八师、八十一师，全军团共 7 000 余人。由于敌人在 7 月已开始对陕甘苏区进行第三次"围剿",军团首长决定红军改编完成后,立即开赴苏区南线延安地区去消灭敌人。这时全军团同志都有一个心愿,就是在庆祝会师的胜利后,争取打几个大胜仗,扩大苏区,壮大红军,配合和迎接中央主力红军北上。在徐海东、刘志丹等指挥下,军团决定以"围城打援"战法,消灭进入延安甘泉之敌。9 月 28 日,红八十一师(原红二十七军)包围甘泉县城,七十五师、七十八师在延安以南 15 千米的劳山埋伏。10 月 1 日,驻延安之敌——○师师长何立中率部由延安向南开进,企图解甘泉之围,当日下午即被我军埋伏在劳山地区的红军主力包围。激战 5 个小时后,我军全歼敌师部和两个团,毙伤敌师长何立中、师参谋长范驭州以下千余人,俘敌 3 700 余人。红军乘胜进攻甘泉之榆林桥,消灭敌军一个加强团,俘虏团长高福源以下 1 700 余人。两次作战胜利缴获了大批枪炮,敌之对苏区南线的进攻便宣告失败。这一次我军取得消灭敌军一个师零一个团的大胜利,为迎接中央和主力红军北上准备了更有利的条件。

第二次在陕甘的红军大会师

10 月 19 日这一天,红十五军团还在甘泉作战的时候,毛泽东率领中央红军经过万里长征来到陕甘边区的吴起镇。这个天大的喜讯很快就传来,中央派人送来了《告红二十五军、红二十六军全体指战员书》,指出:"陕甘支队经过二万余里的长征与红二十五军、红二十六军会合,是中国苏维埃运动的一个伟大胜利,是西北革命运动大开展的号炮,将给开展西北苏维埃运动的大局面、赤化全中国打下巩固的基础。"同时送来的还有一份《中央红军北上抗日陕甘支队的布告》。当时,我是军团政治部的文印科科长,首长们要我们连夜把这两个文件赶印出来,分发到部队和地方去。这时大家都知道了不仅是中央红军来了,毛主席、党中央也来到了陕甘根据地。红十五军团同志们高声地喊着："毛主席来了！党中央来了！中央红军来了！"这是多么鼓舞人心的喜讯呀！

毛泽东 10 月 19 日率领陕甘支队进到吴起镇后，22 日中央即举行政治局扩大会议，决定以后的战略任务是建立西北苏区，领导全国的大革命。11 月初，中共中央和陕甘支队在甘泉地区同在陕甘根据地的红十五军团会合。

11 月 3 日，中央政治局会议决定，成立西北革命军事委员会，毛泽东为主席，周恩来、彭德怀为副主席。西北军委决定，恢复红一方面军的番号，将红十五军团编入红一方面军的建制，委任彭德怀为方面军司令员，毛主席兼任政委。同时任命了一军团和十五军团的首长。这个消息一传开，十五军团同志们听了是多么高兴啊！我们红二十五军几年来都处在孤军奋战的环境中，如今同中央红军的主力一军团会合到一起，我们军团也编入一方面军的建制，这是很大的光荣。

毛主席和西北军委根据当时的敌情，决定红一方面军一面准备庆祝会师，同时要积极做好作战准备，要在严冬到来之前粉碎敌人的第三次"围剿"，准备在直罗镇地区消灭从西线、南线进攻苏区的敌人。

在毛主席的亲自部署和指挥下，11 月 20 日，红一方面军指战员对进攻富县直罗镇之敌发起突然的攻击，连续激战 4 天，消灭了敌军一〇九师全部又一个团，俘敌 5 300 余人，缴枪 3 500 余支，取得了又一次有重大意义的胜利。

直罗镇战役胜利后，11 月 30 日，党中央在富县东村召开红一方面军营以上干部大会，庆祝红军大会师和直罗镇的胜利。毛主席在会上做了《直罗战役同目前的形势与任务》的报告，对直罗镇战役胜利做了总结。报告指出我们胜利的原因：（1）两个军团更加团结；（2）抓住战略枢纽去部署战役，抓住战役枢纽去部署战斗；（3）争取在战前的军事训练与政治工作的充分准备；（4）群众与我们一致。报告还指出了直罗镇战役胜利后的任务，而以扩大红军为此时期工作任务的中心一环。这次会师具有伟大意义和深远影响。

第一，中央红军到了陕北，恢复了一方面军的番号，十五军团编入一方面军建制，红军在陕甘苏区的力量大大加强了。由于中央指示在苏区要猛烈地扩大红军，同时争取了一部分俘虏兵参加红军，到 12 月下旬就编成了红二十八军，军委任命刘志丹为军长、宋任穷为政委。1936 年 1 月又组建了红二十九军，任命萧劲光为军长、朱理治为政委。2 月，成立了红三十军，阎红彦为军长、蔡树藩为政委。在 7 月间，蒋介石为了消灭陕甘红军，开始部署第三次"围剿"，调集东北军、晋绥军以及陕北的国民党军队共 13 个师和 5 个旅，对陕甘边区进行四面进攻，企图将红军围歼于保安、安塞地区。9 月 26 日，蒋介石还在西安设立了"西北剿匪总司令部"，蒋自兼总司令，张学良任副总司令并代行总司令的职权，统一指挥陕甘宁青晋 5 省的国民党军队，加快"围剿"陕甘宁苏区的步伐。由此可见，中央红军到达陕甘对蒋介石的统治是一个很大的威胁，同时又是中国苏维埃运动一个伟大的胜利。

第二，中央红军与红十五军团会师才一个月，毛主席亲自指挥的一方面军就在直罗镇取得了很大的胜利，粉碎了敌人对陕甘苏区的第三次"围剿"，巩固并扩大了陕甘苏区，这一方面对蒋介石是一个很大的打击。同时，这次会师和反"围剿"的胜利，为把党中央领导中国革命的大本营放在西北举行了奠基礼，对于开展西北苏维埃运动的大局面、赤化全中国打下了坚实的基础。因此这次胜利具有特别重大的意义。

第三，毛主席率领中央红军到陕北，不仅是中央红军与红十五军团的大会师，最重要的是党中央、毛主席到了陕甘抗日前线，党中央有了落脚点，更有利于领导全国革命和发动全国抗日。党中央10 月中旬到达陕甘苏区后，就连续派人前往北平和上海等地，建立和恢复各地党的组织，领导各地群众抗日运动。北平地下党组织很

快就领导和发动了"一二·九"爱国学生运动。这一运动很快发展
到全国各地，工人和各界爱国人士都起来参加斗争了。12月，中央
政治局会议确定了党的抗日民族统一战线政策，这对于指导全国各
方面的斗争产生了广泛的影响，对于加强红军内部的团结，对于争
取国民党军队内部的爱国力量，对于推动全国抗日运动的高涨都起
了巨大的作用。

第四，党中央到了陕甘根据地，还化解了当时陕甘边区内部的
政治危机。陕甘根据地是谢子长、刘志丹等领导红二十六军和红二
十七军经过多年的艰苦战斗创建的。1934年夏，这两支部队又先后
进行了两次反"围剿"战争，巩固和发展了根据地。红二十六、红
二十七军与红二十五军会师组成红十五军团后，又在陕甘根据地进
行了第三次反"围剿"战争并取得了重大胜利。1935年9月至10
月，"左"倾教条主义的执行者，在陕甘根据地实行错误的"肃
反"，逮捕了刘志丹等领导干部，造成了陕甘根据地的严重危机。
中共中央到达陕甘根据地后，立即把被捕的刘志丹、高岗等释放出
来，及时纠正了这个严重错误，从而使陕甘根据地转危为安。

红军第三次在陕甘宁大会师

毛主席和党中央到达陕北后，1936年2月，毛主席率领红一方
面军渡黄河东征，目的是北上直接抗日。东征中红军在军事、政治
上都取得了很大的胜利，特别是以红军的实际行动把党的抗日统一
战线的主张，更深入、更广泛地宣传到了全国，推动了全国抗日救
亡运动的进一步高涨。

在红军东征时，由于接受了我党的抗日统一战线的主张，东北
军和十七路军的高级将领开始和红军建立了停止内战、共同抗日的
秘密的政治关系。

1936年5月，东征红军回师陕北以后，为了争取革命更大的胜
利，毛主席又组织了以彭德怀为司令员的西方面军出师西征，向甘

宁两省前进。一方面，要解放宁夏和陇东的人民，扩大陕甘宁苏区，用党的路线政策争取和团结宁夏回族人民；同时要打击国民党的反动军队，全力迎接北上抗日的二、四方面军。

红军西征不断取得新的胜利，占领甘宁两省数百千米地区，扩大了陕甘宁根据地（美国记者斯诺也从白区进到苏区，8月他还到正在西征前线的红军两个军团中进行了参观访问），国民党反动派更加恐慌。红二、四方面军在川西会师后，在党中央正确路线的引导下，克服一切困难，英勇地向甘肃南部进军。毛主席指示我们一方面军挥师南下，占领西兰公路会宁一带，迎接二、四方面军。

1936年10月，一军团、十五军团先头部队在会宁地区与二、四方面军胜利地实现了大会师，不久我们军团机关干部在宁夏看到了二、四方面军的部队。我们早就在方面军首长和总政治部的指示下做了各方面的准备工作，欢迎和慰劳二、四方面军。10月下旬的一天，在宁夏的同心城，我们十五军团直属队开会欢迎红军总部，军团首长徐海东、程子华致辞，热烈欢迎朱总司令和红军总部人员，朱总司令和张国焘都讲了话。这次我又以一方面军的一名成员的身份参加了三个方面军的大会师，我和大家都十分兴奋。

三个方面军大会师的胜利，使蒋介石更加惊慌不安，他到处调兵遣将，加紧部署进攻苏区红军。中央军委为统一指挥三个方面军对蒋军作战，于10月下旬，任命彭德怀为前敌总指挥部的总指挥兼政委，集中红军兵力打击向宁夏我区进攻的蒋胡匪军。11月21日在环县之山城堡一战，消灭了胡宗南匪军一个多旅，取得了山城堡战役的胜利。此后胡宗南部被迫全线后撤，国民党军对陕甘根据地的进攻实际上被停止。这是三军大会师胜利的直接结果。

红军三个方面军会师后，12月7日新的中央革命军事委员会宣布成立，委员23人；毛泽东、朱德、周恩来、彭德怀、张国焘、贺龙、任弼时等7人组成军委主席团，毛泽东为主席，周恩来、张国焘为副主席。

红军主力大会师和山城堡战役的胜利，更加鼓舞了全国抗日军民，大大提高了他们抗日的信心，山城堡战役后不到一个月，西安事变发生了。西安事变在这个时候发生，也可以说明红军三个方面军在西北的大会师和红军山城堡大捷在军事上、政治上对于促进抗日民族统一战线的形成，有着非常重大的影响。

以上是我关于红军三次大会师的回忆。红军在西北的三次大会师正处在我党领导中国革命事业进入抗日救国新阶段的准备时期，红军会师的伟大胜利，无疑具有重大的历史意义。

从梨园口到星星峡

——记西路军历史上的最后一仗

刘 琦

　　1936 年 10 月下旬，红军第三十军、第九军、第五军、骑兵师、特务团、教导团、妇女团加上总部机关共 21 000 余人，先后在甘肃靖远地区西渡黄河，于 11 月上旬组成西路军，总指挥徐向前，政治委员陈昌浩。为便于统一领导，领导机关为军政委员会，主席为陈昌浩，副主席为徐向前。

　　西路军在甘肃境内河西走廊的进军途中，与西北回族军阀马步芳、马步青等数倍于我之敌军进行了大小数百次战斗，用无数英烈的鲜血在我军战史上写下了一页可歌可泣的悲壮史篇。

　　1937 年 2 月倪家营子战斗以后，3 月中旬的一天，徐向前总指挥把我（当时我任总指挥部情报科科长）叫到他的指挥部，问：

　　"有无祁连山地图？"

　　"有，是一个月前调查时绘制的草图。"

　　"拿来我看。"

　　我回去迅即将草图呈上，徐总指挥边看边问：

　　"有无祁连山向导？"

　　"有，是个少数民族同胞，一个月以前物色的。"

"可靠不可靠?"

"以上宾之礼待之,感情相处很好,并给了他一套少数民族服装,一支枪,一匹马。"

徐总指挥接着说:

"今晚行军集合时,你带向导到集合地点找我。"

当日未下达行军命令,但根据行进的方向,我们知道要进祁连山了。徐总指挥边走边问山里的情况。

入夜,红三十军历经血战保留下来的部队从梨园口进山,宿梨园堡。这是个不大的镇子,约有近百户人家,依山筑有围墙。部队立足未定,敌军即衔尾追来,包围了梨园堡。经过激烈战斗,我军突围再次被迫向深山转移。在行进的路上,曾传六、黄火青和我同行时,遇到三十军政委李先念,他叫我们留下随三十军行动(当时总指挥部机关干部统统编入干部团)。不几日,传出消息说,中央同意徐(向前)、陈(昌浩)离开部队,并成立西路军工作委员会,以李卓然为书记,李先念为副书记。

部队沿祁连山脉西进的途中,敌情不明,路线不清楚,粮食短缺。一天傍晚,李先念政委要曾传六(当时任西路军总部保卫局局长)、黄火青(当时任西路军九军政治部主任)和我一起,先行一步,设法解决食粮、路线和向导三个迫在眉睫的问题。如何完成这个任务,我们心中无底,有许多困难。

我们行至一个山顶,天将黎明,便议论奔向何方,一种意见主张待天亮后在山上观察,哪里有情况就奔向哪里,另一种意见认为游牧民族熟悉当地情况,当发现他们时我们下山,他们早已跑掉了。最终商定兵分两路,曾、黄二人在山上观察,由我带一名警卫员下山。在当地老百姓的帮助下,找食粮、路线和向导这三项任务出乎意料地顺利完成了,先念同志等都非常高兴。

部队仍继续西行,在草图的前进路上有悬崖峭壁,车马难以通过。我向先念同志等提议:部队在原地露营,我和警卫员、向导连夜搜索前进，沿途设路标识别，如果有敌情或有人牺牲了，他人立刻回报；如果无法通过，立即回转；如果可以通过，就地等候。就这样，我们三人骑马先行，当到达有障碍地点时，发现山势奇陡，但尚可通过，这真是天无绝人之路。我们就地休息等候，中午时分，部队到达了。

我们一直在高山气候中行进。征途中困难一个接一个，在迷失了方向之后，我们艰难地爬上一座山顶。山上，狂飙呼号，卵石滚飞，寒光照单衣，气短腹中饥，令人难以支撑；脚下，山岭像巨大的银蛇亘卧南北。原来，这就是地理上的分水岭，乃祁连山最高峰，海拔 5 500 多米，依此来判断我们所在的位置，山对面便是肃州（酒泉）。

部队西行到石包城以北一个地方时，来了一个自称是国民党某县党部书记长的人，持有一封致徐向前、陈昌浩、李卓然、程世才、李先念等人的诱降信，并威胁说，如果不投降，则要如何如何。当我们询问安西城内情况时，该人说，刘呈德骑兵团已到达城内。我们半信半疑，仍继续向安西城行进。在到达城边时，城墙上枪声四起，敌军出动，把我军包围于城边的村庄里。这是出山以后与敌遭遇的第一次战斗。看来，继续西进的道路已被封锁了。这时，李卓然同志找我商谈，要设法找到一条西进的路。安西城西有一条疏勒河，河面不宽，但河底淤泥甚厚，人畜过河下陷，不能前进。我派出一个得力的侦察员找来一个过去走私的人，他说，离此不远的河底铺有一条很窄的石子路，走私的人从这里偷偷涉水而过。当晚，我们在这条走私路边插上标记，部队撤出战斗，从这里过了河。

过河后，进入一个三角地带。因为这里是一片不毛之地，一些地主因战乱携带家属和财物躲在这里避难，却万万没有料到红军要从这里过河。第三十军首长立即下令：不准没收和抢占这些人的财物，违者严惩。部队很快从这里直插安西至星星峡之间的红柳园子。

4月26日黄昏之前，我军已有800余人到达红柳园子，与跟踪而至的敌人骑兵展开最后一次激战，大家分头突围，一些同志沿公路走向星星峡，敌军未予追击。事后到了新疆才了解到，甘肃的马家军曾同新疆的盛世才订有密约，以红柳园子为界，越界者必遭反击。因此，马家军深恐中伏击，未敢对我追击。

当时冲出包围圈，会合在公路边上的一些高级干部，有李卓然、李先念、程世才、李天焕、曾传六、黄火青、苏井观、宋侃夫和我，一起商量今后的走向时，我建议向山里走，这样敌人要想捉我们就不那么容易，而如果沿公路走向星星峡，敌人骑兵一追，难免遇难。大家同意，决定由我带路再进山区。这里是一片茫茫的戈壁滩，一时摆脱了敌人的追击，大家衣服里长满了虱子，休息时便抽空捉虱子。戈壁滩上烈日当空，气候极为干燥，又三天滴水未进，大家渴得嗓子像要冒烟，有一点救命的干粮也难以下咽，既渴又饿。这是进戈壁滩前我没有料到的。回想当年过雪山草地时，没有干粮，还能以野草充饥，一时还不致饿死，现在几天滴水未进，相比之下，更难以忍受。就在这时，忽然看到远方有一片淡绿色的汪洋大海，大家高兴地奔去，走到跟前什么也没有，回头一看，又是一片汪洋，于是认为走错了方向，又往回奔，仍然是一场空。两次奔跑，大大消耗了体内的水分，疲惫已极。静下来一想，莫非这就是"海市蜃楼"？在无可奈何时，一位同志的马不见了，他去找马，发现这匹马嗅到了水，于是马上回来告诉大家，大家立刻奔向这个有水的地方。这是一个方圆约十几平方米的积水潭，深不足两米，水面上绿苔丛生，孑孓在水中游动。见到这救命的水，同志们的兴奋之状难以言表。大家喝足吃饱后，苏井观同志幽默地说，我这卫生部部长也不讲卫生了。

大家边休息边商定：奔向星星峡。当时由于对新疆的情况不了解，不准备在新疆久留，仅准备做匆匆过客。为预防万一，便各自编造自己的身份，如医生、文书、马夫等。行进中隐约看到远处两山环抱，中间洞开，便知道这里就是甘新交界的星星峡。忽然看见对面开来一辆大卡车，莫非是敌人来了？先念政委命令：立刻卧倒，准备战斗。汽车上的人发现我们后，立即停止前进，并手摇红旗向我们示意。这下子把我们弄糊涂了，红旗是我们的红旗，难道是敌人施计谋来捉我们？车上的人仍在原地摇动红旗。于是，先念向曾传六、黄火青和我说，你们三人前去探个明白，我们在这里准备战斗。接触后，车上的人自我介绍说："我是副官，陈云同志已到星星峡，知道你们在山里，特地要我乘车来接你们。"为了弄清虚实，我们详细询问了陈云同志的年龄、说话的口音、身材等情况，以及已到达星星峡的同志们的情况，经过对话和观察，方知对方确是自己的人。于是我们三人回身告诉其他同志说："你们来吧，是自己的人，来接我们的。"大家乘坐这辆卡车到了星星峡。看到陈云同志时，每个人都不禁泪如雨下。陈云同志说："你们辛苦了，你们是党的财富，到后方好好休息，恢复身体。"次日，到达星星峡的400多位生死与共的战友们在一起庆祝了五一国际劳动节。随后同乘汽车前往迪化（今乌鲁木齐）。

从1937年3月12日进梨园口到4月30日抵星星峡，历时整整49天。这是在人烟稀少、冷热无常、飞沙走石的高山和戈壁滩上风餐露宿、饥寒交迫、苦苦支撑的49天，也是诸位忠于革命、坚贞不拔的战友同生死、共患难，终于胜利地躲开敌人追击的49天，写下了西路军历史上的最后一页。

忆三年游击战争

陈　毅

一

从 1934 年 10 月红军主力长征，到 1937 年 7 月抗日战争全面爆发，在这约三年的时间里，留在南方各苏区的红军部队和苏区人民一道，进行了艰苦卓绝的敌后游击斗争。这段斗争，通常称三年游击战争。

三年游击战争是从红军主力撤离苏区开始的。

中央苏区第五次反"围剿"的战争，由于当时的教条主义、"左"倾机会主义分子没有重视中央苏区的实际斗争经验，机械地搬运教条，拒绝了毛主席的正确方针，而招致了惨痛的失败，最后不得不退出中央苏区。这个退出，是逃跑主义的，没有进行充分的准备；而对于如何坚持苏区的斗争，更是没有准备。当时，虽然也留下了党的中央分局（项英同志负责）和苏维埃共和国中央政府的办事处（我任主任），但对整个苏区的敌后斗争，在政治上、军事上、组织上都没有布置。一时，苏区处于混乱状态。

这时，在苏区军民面前，出现了一个新的形势。过去，中央苏区是个大块的根据地，堂堂之府，正正之区，和反动统治形成了大规模的政治对立。这种战争的对峙局面持续了 7 年，红军取得了 4 次反"围剿"的胜利，革命由低潮日益转入高潮。而今，这块红军

辛苦缔造的苏区在教条主义者手里断送了，苏区赖以生存的数万主
力红军离家远征了，敌人大军压境，整个苏区被一片乌云笼罩着，
一场大的风暴随时可能袭来。

在这样的情势下，苏区的斗争应该怎样进行呢？

其实，这个问题是不难回答的。敌人即将进入苏区，革命又处
于低潮阶段，苏区失败已成定局。失败就是失败，应该承认这个失
败。承认失败还可以不失败或少失败些。承认失败并不是悲观失
望，而是政治上坚强的表现。应当冷静地面对现实，认真地组织这
次退却，迅速地、坚决地适应形势，抛弃旧有的一套，实行彻底的
转变。在政治上，要准备迎接大风暴，进行艰苦的、长期的敌后斗
争；在军事上，要坚决分散，展开广泛的群众性的游击战争；在组
织上，要改变我们的领导方式、工作方法。从正规战到游击战，从
集中到分散，从统治到被统治，从公开活动到秘密隐藏，这样转变
过来，退却下来，保存自己的力量，长期坚持，给形势以若干影
响，准备条件迎接新的革命高潮。

这是唯一正确的出路。实行这个转变是艰苦的，但也是必需
的。只有彻底实行这一转变，才能渡过难关，转向胜利；不实行这
个转变，就要失败。

但是，对于面前的严峻形势和转变的必要性，并不是每个人都
能理解。"左"倾机会主义的错误仍然"阴魂不散"影响着一些同
志的行动，葬送了中央苏区。

他们不能清醒地估计当时的政治形势，不敢承认失败，而是把
希望寄托在野战军转移之后的打胜仗上。他们认为主力一出动，在
湘桂边连打几个大胜仗，敌人就会撤走，中央苏区就会恢复，轰轰
烈烈的局面又会到来。当然，如果是在正确路线领导下的外线作
战，胜利并不是不可能的，在一至四次反"围剿"斗争中，红军在
毛泽东同志的指挥下，就连续取得了胜利，粉碎了敌人的"围剿"，
保持并发展了苏区。但现在情势却起了根本的变化，第五次反"围

剿"，在冒险主义、保守主义的错误指导下，和敌人打硬仗、拼消耗的结果，已使红军的战斗力大大减弱了。特别是转移时所表现的逃跑主义，坛坛罐罐什么都带上，五六万军队就带了两三万非战斗人员，丧失了军队的机动性；如果不彻底改变领导，要想打胜仗是很困难的。

由于不肯承认失败，坚持错误"左"倾机会主义的同志把希望放在红军大捷上，他们不肯做这个适应形势的转变，甚至讥笑这种主张是"悲观失望"。当时，还留下了一个主力二十四师，另有几个独立团。按正确的做法，这部分力量应该立即化整为零，分散到苏区几十个县去，作为游击战争的骨干，这样当可保存一批相当可观的力量。但他们主张把这些部队全部集中起来训练，准备打大仗。他们说："我们主力一个师，再加上独立团，可以消灭敌人一个师。"而且还打算搞军事学校，搞兵工厂，搞正规军团……总之，他们还是迷恋旧的形式，企图用旧的一套再搞起大苏区，来"旧梦重温"。但他们忘记了，正是这种死打硬拼的战术才把一个大苏区搞垮了的。红军主力在的时候尚不能粉碎敌人的"围剿"，而不得不撤出，剩下的这些力量又怎能拼得过？而且，部队在苏区失败之后，战斗力、战斗意志已不比从前了。记得主力撤出后不久，广东军阀部队一个营把雩都南部的一个口子占领了，我们要去夺回来。去了8个团近1万人，四天四夜都没有打下来。

这时，实行转变，不仅是必要的，而且也是可能的。主力撤出之后，在历次战役中被我们打怕了的国民党军队，并没有贸然进入苏区，他们对红军的转移做了种种的判断，担心这是一个圈套，只好小心翼翼地试探前进。直到1935年的2月，苏区才完全沦于敌手。从1934年10月到1935年2月，这5个多月的时间，正是形势转折的一个过渡时期。如果当时不是把希望寄托在野战军打胜仗上，不是追求旧形势的再现，而是立即实行转变，是可以转过来的。在党的领导下战斗了7年的苏区人民，是十分顽强的，还有各县区的党政机关和近万人的军队，只要很好地组织起来，这几十个县，每个县都有二三百个红军战士，那么，在三年游击战争中，就可以保存几千人甚至上万人的革命武装；这几十支游击队的活动，就可以保持更多的游击根据地，牵制更多的敌人，给局势以更有力的影响。但是，由于受"左"倾机会主义的影响，转变得迟了。

当然，也并不是所有的苏区都转变迟了。像闽西苏区，那里早已是敌后，有了一些游击斗争的经验，在邓子恢、张鼎丞、谭震林等同志的领导下，及早地转入了游击战争。湘赣、湘鄂赣、赣东北、鄂豫皖等苏区，虽然也遭受了一些挫折，但也大多先后完成了这个转变。

二

到了11月底，敌人已经探明了主力红军的动向，开始向苏区的中心推进。我们在错误的指导下，几个战斗都没有得手，再坚持下去是不行了，受错误路线影响的同志这时才同意实行这个转变。当时，曾拟制了一个指示，说明了从正规到游击、从集中到分散的必要性，要求各地改变旧有的大摊子作风，分散成小组，打埋伏；这样避敌锐气，渡过难关，保存力量。在政治上要击破敌人初入苏区时所搞的政治阴谋，夺取敌人搞的"自首大队"的领导权，保护群众，避免无谓的损失。但是，已经来不及了，许多地方已经垮了，电台也叫不通，这个指示精神没有传达下去。最后只有距离较近的瑞金（今瑞金市）县委接到了这个指示，钟得胜等同志按照这个精神做了应变的准备，坚持了下来，在三年游击战争中保存了一支100多人的游击队。

这时我们便着手收拾中央苏区的摊子。要隐蔽苏区的资财，要动员群众疏散，要安排伤员、分散部队……中央苏区的物资很多，长征部队去的时候尽量带了一些，但留下的还是不少，如书籍、机器、医药器材，还有苏区最宝贵的财产钨砂，都要掩埋起来。

最难处理的是伤员。在历次反"围剿"战斗中负伤住院的有一万多人，一些受轻伤的战士随队走了，重伤的还有两千多人。看来不改变办法是埋伏不下去了，当时因为我也是伤员，便指定我去动员他们疏散。没有别的办法，只有把真实的情况告诉他们。我对他们说："江西根据地是失败了，但革命不会失败。革命的火种不会断，革命的高潮一定会来。现在是险恶的时候，同志们回家或者到老百姓家去，种田也好，打游击也好，等革命发展了再回来。但是同志们千万珍重，做失败形势下的英雄。万一遇到敌人，牺牲只能牺牲一个；不要叛变，不要拉拉扯扯。只要有同志还活着，将来一定会给我们报仇的！"讲这番话时的心情是沉重的。但伤员们都静静地听着。有的喊："只要告诉我们就行！"有的说："只要革命有希望，我们就安心了！"至今，每当我忆及这一情景，仿佛还听得到这些喊声。只有最坚强的战士，在面临如此严重危险的时候，才会有这种英雄的气概。

我们和地方党的同志把这些伤员交给了当地的群众，对他们说："你们把这些同志抬回去，做儿子也好，做女婿也好，他们伤好了，多一个劳动力，也多一个报仇的人！"群众和红军战士是血肉相关的。于是又是一个动人的场面：老大爷、老大娘，你驮一个，我抬一个，半天的功夫，两三千伤员就全被抬走了。

这些疏散工作完成之后，敌人已经深入到了苏区的腹部，我们被迫撤到了山上。这时候四面是敌人，到处是枪声，这里喊捉，那里喊杀，老百姓满坑满谷，东边枪响往西跑，西边枪响往东拥，一片国破家亡的景象。到了这时，才更深刻地体验到错误路线所造成的全部后果。

敌人对中央苏区的压力特别大，我们实在难以坚持下去了，便决定突围。部队十几个团，分成五路向外突围。但是，因为行动迟了，敌人已经形成了强势的包围圈，突围的部队对新的斗争形式缺乏了解，没有独立活动的能力，结果突围部队除少数冲了出去，大多失败了。

项英、贺昌同志和我是最后突围的。往哪里突呢？曾经有过分析：第一条路是往东，到福建去，那里是老苏区，且距漳州、香港较近，便于找到长征部队的关系，但高山大岭，又逢雨季，敌人封锁太严。第二条路是到东江去，那里距离较近，两天两夜就可以赶到，但那里是沿海地区，公路网、电话网交织，敌人交通便利，军阀和地主武装都很强，而且没有根据地可依托，站不住脚。第三条路是到井冈山去，那里地跨两省，地形很好，过去毛泽东就在那里建立过最初的红色根据地，估计还有游击队，但要过赣江，敌人控制得很严，过不去。第四条路是过五岭，到粤赣边界去，那里敌人虽强，但我军群众基础也强，过去的红二十二军就是在那里建立的。红二十二军进入中央苏区之后，李乐天同志曾经在那里坚持游击斗争。于是我们最后决定到粤赣边界去。

突围的日期是2月10日。动身之前，我们和中央通了一次电报。我们向中央报告了中央苏区的情况和突围的决定。接到了中央的回电，中央谈到了遵义会议的情况，告诉我们毛泽东同志参加了中央的领导。关于中央苏区的斗争，中央指示：要根据情况处理，主要是游击战争。这是最后一次与中央通报，此后电报机被破坏了，整个三年游击战争期间，我们便与中央断了联系。

中央的来电，遵义会议的召开，特别是以毛泽东同志为核心的党中央领导的确立，对于我们这些深受"左"倾机会主义之害的人来说，是一个莫大的鼓舞。但是，我们的突围却是很不顺利的。在过乐昌河时，政治部主任贺昌同志牺牲了。在继续突围中，我们一个不足数的营也被打散了，最后只剩我和项英同志等几个人，几经辗转，到了粤赣边境的油山。

至此，我们总算是完成了这个转变，转入了游击战争。但是，为这个转变所付出的代价是巨大的，像瞿秋白、何叔衡、贺昌、阮啸仙、刘伯坚、李天柱等很多党的优秀的干部，在这大变动中牺牲了，上万人的部队垮了，整个中央苏区连最后一个村庄也落于敌手。这是"左"倾机会主义的恶果，是沉痛的教训。

三

油山，是粤赣交界处的一座大山。粤赣边区的三年游击战争，基本上就是以这个山为中心进行的。这里原有党的粤赣特委，由李乐天、杨尚奎、刘建华等同志带领着特委机关和一支游击部队在这里坚持。此外，在上犹、崇义地区，蔡会文、陈丕显同志带领300余人在活动，钟得胜同志带有200余人在汀（州）瑞（金）一带活动。至此，整个轰轰烈烈的中央苏区就剩下了这几个山头，上万的军队，就剩下了这1000多人。

艰苦的敌后游击战争开始了。

这时，敌人已经完全占领了苏区，我们遭到了惨痛的失败。但是，就连敌人也知道，这并不是他们的胜利。他们懂得红军的主力向西走了，革命之火会随着长征部队的行动而蔓延开来；他们也懂得，留在苏区的游击队虽然人数不多，但火种不灭，终必燎原。因此，蒋介石亲自出马，指挥消灭长征的部队；又指令一部分正规部队会同各省的军阀、地主武装，全力消灭战斗在南方14个地区的游击队。

敌人对付游击队的手段是最残酷、最疯狂、最无人性的。

他们知道游击队的生存条件是依靠群众，因此，他们便想尽一切办法切断游击队与群众的联系。具体的办法，除了疯狂地屠杀和镇压群众之外，便是封山、封坑。他们把山区和邻近山区的村子里所有的老百姓都集中到山外去，实行并村，用密集的碉堡把山封锁起来。然后在群众中实行保甲制，搞连坐法，并利用地主民团加强乡村的统治，经常点名、检查。检查的方法也是多种多样的，有时天天查，一天查几次，有时几天不查，突然袭击一下。在经济上，对于主要的生活用品，如粮食、盐等，实行定量分配，以断绝游击队的物质供应。

这样还怕控制不住，对挨近山区的村子，便派人化装成游击队员或红军的伤兵，半夜拍门谎称："我是分散的游击队，讲讲阶级友爱，弄点饭给吃吧！"老百姓答了话，立即抓起来，以此挑拨游击队与群众的关系。

此外，还有搞种种欺骗宣传，在我们内部组织叛变等政治手段。

这样，在切断我们与群众的联系之后，在军事上便是大规模喊叫，频繁地搜山。几路队伍，带上猎犬，围攻山区，到处打枪，到处喊叫，后来甚至连探照灯也搬到山里来了。

搜山搜不到我们，便将山林倒上洋油，纵火烧山，烧得野猪、山牛满山吼叫，长蛇到处乱窜。这样还找不到我们，便化装成老百姓，找个地主婆娘弄个饭篮子带着走前头，满山喊："游击队同志，反动派去了，我给你们送饭来了。"或者装成砍柴的、打猎的、种香菇的、烧炭的来欺骗我们。要不就派人到高山上去瞭望，看哪里有我们烧饭的烟；或是派人躲在山林草丛里，听有没有我们的动静；或是派人到小道上，看草、看山石，有没有我们的足迹……一发现痕迹立即追击。

在这样的情况下，游击队几乎失去了一切正常生活的条件。

房子是没有的。开始还能搭茅棚子，很简单，弄点树枝茅草，就搭起来。如果条件许可还可以用竹子搭，把竹子破成两半，在棚顶上排起来，像琉璃瓦。后来因为棚子目标大，不能住了，就用雨伞。下雨天，大树底下把伞一支，背靠背便睡起来。天晴，就往坟山的石板上一躺，卧看星星月亮，与天地同归了。大庾岭上的雨季十分讨厌，于是又想出了新办法：弄几块雨布，四只角上钉上绊子，往树上一挂，便可遮露挡雨；搬起来也方便，把雨布一解，地上扫扫，每班都有勺子，泼上点水，把痕迹灭掉。

在敌人"清剿"的时候，断粮是常有的事，这时就来上个"靠山的吃山",吃竹笋、吃野菜、吃各种野水果。有时还可以打野猪,打山鸡,或是干脆抓蛇吃,好在山是大山,只要胃口好,吃的东西总是不愁的。好比马蜂的蛹,就是一种美味。大树林里,大蜂多得很。搞个竹篾背斗护着头脸,把蜂窝一烧,马蜂飞去了,然后将幼虫掏出,拿来一炒,跟蚕蛹一样香脆。做汤吃,白的像牛奶。夏天,山里的田鸡很肥,晚上弄个松光,一照一大堆,又可以对付几天。

情况比较好的时候,有群众给送来米粮,也可以煮点饭吃,不过部队流动性大,煮饭的家具就要事先筹备,有机会搞些小锅子来,在野草丛中东丢一只,西丢一只,用时就去找。或者干脆将米和水装到鲜竹筒子里,丢到火里烧。此外,山上也不能完全断人,春天有造纸的来,冬天有烧炭的来,他们是反动派特许进山的,带得有配给的粮食,请他们匀出一点来,可以略做补助。所以,完全挨饿的时候也并不多。三年的时间,我真正吃不上一点东西的时间只有三天,那是与敌人猝然遭遇,被打散了,带的一小包盐,一天吃完了,只能爬到水沟里喝点水,嚼点野草,第四天便遇到了自己的同志。

不能走显眼的路,只能往没有路的地方走,不能讲话,不能咳嗽,更不能留下脚印。为了消灭形迹,走过之后要把踩倒的草扶起来。落雨天走路,走走又退回来,或者干脆就在河沟里走,而且不能丢落任何东西,否则东西顺流而下,敌人发现又要跟踪而至了。

四

斗争是艰苦而残酷的。在这样的条件下坚持斗争,正确的方针、统一的意志、紧密的团结具有头等重要的意义。

正确的方针是以对政治形势的正确分析为依据的。当时对政治局势的基本认识是:红军撤走,敌人进占苏区,这是一个大失败,是革命的低潮,是一次退却。但是革命是有希望的,希望在哪里?

回答不尽相同。有人认为："主力红军会派队伍回来。"这是不切实际的想法。主力正在进行艰苦的长征，无暇顾及我们；即使站住了脚，也要发展新的根据地。在这种情势下，我们南方是在援助主力；而主力的胜利和成功，就是对我们最大的支援。但要直接派队伍回来是不可能的。有人说："是不是再由小到大，搞个大苏区？"这也不可能，形势有了新的发展，已经不是 1927 年了。

我们所说的希望就在于革命高潮必然要到来。形势的发展已经出现了新的矛盾，这便是日益增长的民族矛盾。日本帝国主义占领了东北，一定要进攻华北，进攻全中国。一个全面的民族战争或早或迟，是一定要到来的。统治阶级内部的矛盾没有缓和，反而日益加深了。我们红军还有强大的力量。抗日战争全面爆发，革命又会走向新的高潮。

基于这种政治估计，敌后游击战争的方针，就不可能是进攻的，而是退却的。退下来，转变过来，保存革命力量，长期坚持，在革命受到挫折的时候保存党的骨干，牵制一部分敌人，提高群众的斗争信心，给时局以影响，准备迎接新的革命高潮。这样坚持到抗日战争爆发，那时，有几个人就可以成立几百人的队伍，有几百人就可以成立几千甚至上万人的队伍。那时，只有我们共产党的武装才是抗日的主干。党的领导，结合北方主力红军的夹击，打垮日本帝国主义。事后看来，这一分析是正确的。基于这种分析，我们当时对游击战争的前途判断是乐观的。

这是对形势的基本认识，是说明问题的出发点。由这一点出发，便可以说服同志们忍耐艰苦、坚持斗争；由这一点出发，便确定了长期坚持，保存自己，积蓄力量，等待时机的方针。

当然，这种从大处着眼的政治分析和论点，也不是每位同志都能认识到了的，因此，贯彻这一方针就必然充满着斗争。

这时，一部分同志存在着盲动主义的情绪，主张拼。他们认为：苏区失败了，我们躲在这里打埋伏是可耻的。打出去，"拼掉几个算几个"。这种主张形式上很"左"，实际是右的，他们不相信革命高潮必然要到来，不相信自己的力量。他们不懂得，这些留下来的同志虽然数量不多，但都是革命的"血本"，是经过大风暴锻炼过的革命的种子。保存下一个战士，将来局面开展了，可以当连长、营长；保存下一个县委书记，将来可以搞一个省委，怎么能放在炮筒子里轰掉呢？其实，这样做正符合了敌人消灭我们的意图，他们最希望我们去拼，拼掉一个少一个。

另一部分同志则是神经衰弱，被暂时强大的敌人吓倒了。经受不住失败的考验，悲观失望，丧失了信心。他们借口怕暴露，而主张消极地打埋伏，找个山深林密的地方蹲起来，不露面，不做工作，不进行战斗，坐等新形势的到来。由于斗志消失，慢慢地就走上了土匪主义的道路，搞点吃的，搞点钱，丧失了共产党的政治面目，变成了土匪，或者动摇逃跑，叛变革命。这是右倾机会主义的，是政治上脆弱的表现。他们不了解，我们到这里来打埋伏，不是为了逃命，不是消极地保存，而是为了发展。而要真正保持自己的力量，就必须发展，必须要有鲜明的政治目标、响亮的斗争口号，插一杆红旗在山上，才能动员广大群众，坚持长期艰苦的斗争，贡献自己的力量，给形势以影响，推进革命高潮；任何悲观消极的思想，不但不能保存实力，而且会导致自身的灭亡。

为了使正确的方针得以贯彻，就要不断地进行两条路线的斗争：反对盲动，反对悲观消极。正确地分析形势，不断地阐明我们的方针，天天讲，大会小会都讲，成了当时政治工作的中心内容。

经过这一番工作，绝大部分的同志都接受了这个方针。我们相信党、相信革命一定会胜利，积极地投入游击斗争。在这残酷的斗争中，我们流血牺牲，表现了最大的勇敢和坚定，是阶级的硬骨头。但是，也总有那么一小部分人，他们是随着土地革命的高潮卷进来的，在残酷的斗争面前动摇了，随潮而退。有的不辞而别了，有的留帖告别了，有的干脆叛变了。

　　当时，巩固部队内部的方式有两种。一种是强制的，有的表现不好，讲些怪话，便开斗争会；对动摇逃跑的，采取极端的手段镇压。夜间放哨，怕一个靠不住，便放两个、三个。显然，这种方式是极端错误的。这样做恰恰造成了内部的恐怖、疑忌，破坏了团结。有的地方就是因为这种方式而垮了的。当然，对于那些危害革命的叛徒应当坚决予以镇压。另一种是民主的。在队伍内部，主要是强调民主、自愿、说服。革命是自愿的，决不强迫。对于那些思想动摇的人，应该用说服的办法，劝说他留下来坚持。能坚持当然好，经过这段考验和锻炼，他将来能在新的革命斗争中成为骨干；但如果他一定要走，就让他走，甚至帮助他走，发给路费，帮他换好便衣，找好路线，让他安全地到达家中，甚至他路上被反动派抓住，还要组织"黄色村庄"的人去保他出来。这样公开地处理动摇的问题，做到仁至义尽。这种政策很好，公开了之后，有的本来动摇得要命，也不走了；有的走出去，也不会翻脸为仇，危害革命了。更重要的是，这样做提高了全体指战员的政治认识，巩固了团结。

　　民主，是革命军队内部生活的重要准则。越是在艰苦困难的情况下，越要充分地发扬民主。游击队严格地保持着红军的传统，坚持官兵平等，实行经济民主，打土豪得来的钱大家分着背，有什么开支经过民主讨论，定期公布账目，人人都是这个执行政治任务的武装集团的成员，人人都对集体负责。

　　还有重要的一条，便是保持艰苦朴素的生活作风。这在那种困难条件下更有着特殊的意义。那时钱很少，但大家一样忍受艰苦，吃草根，打赤脚，上上下下谁也不特殊。这样，保持党的作风，表现在日常生活上，不让党的政治形象受到损害，才能加强内外的团结。自然，最重要的还是正确地阐明局势，进行正面积极的政治教育。有人说打游击没法做政治工作，三年游击战争的实践否定了这种谬论。要做，要用各种各样的方式去做。只要条件许可，我们就搞起各种学习，讲游击战术，讲军事，讲苏维埃运动的总结，学文化。那时从外面搞到一些书报和小册子，便拼命地学，这也是为将来局面开展进行的必要准备。形势分析更是随时进行，讲日本帝国主义与中国人民的矛盾，讲抗日战争的必然到来，讲我们坚持斗争的意义和前途，使全体人员的意志在对客观形势的正确分析的基础上牢固地统一起来。这里必须注意的是，由于处境的艰苦、险恶，在指明前途的时候，特别要强调面临的困难。只有对困难有充分估计和思想准备的人，才能对革命前途抱有不可动摇的信念。只有把真实的情况公开出来，把命运交给群众自己掌握，才能战胜这些看来似乎无法克服的困难。

五

坚持敌后游击战争，是一种新的斗争形式，它不仅要有正确的方针、统一的意志，还要有正确的斗争策略、鲜明准确的政治口号和灵活的游击战术。

敌人对各游击区的进攻是疯狂的，但敌人内部的矛盾却暴露得更清楚了。这时，日本帝国主义已经进占了华北，抗日战争势必爆发。1936年夏，又爆发了"两广事变"，这个事变虽然以两广军阀投靠蒋介石而结束，但蒋桂、蒋粤之间依然存在矛盾。此外当地土豪与军阀之间、土豪与土豪之间，都存在着矛盾。作为领导干部，要正确地分析和掌握这些矛盾，利用这些矛盾，根据这些矛盾制定出新的斗争策略。

当时的主张是：对于重大的政策事件，游击队一定要以党的名义，表示态度，发表宣言，及时提出斗争口号。像"两广事变"，就发表了《为两广事变告群众书》；"华北自治事件"，就发表了《为日本侵占华北告群众书》《告士兵书》等。并派队伍出去，到很远的地方去展开宣传活动。

在那样的条件下，发传单并不是件容易事。没有印刷条件，只能用笔抄写十几份，派交通员冒很大的危险跑到公路口、桥梁、乡镇去张贴。最直接的影响就是把敌人引进山里了。这种活动当即遭到了右倾主义者的非难。他们借口避免暴露，反对提任何政治口号。他们说："有什么影响？自找麻烦！"

我们回答这种讥笑说："现在是有点儿麻烦，对将来却有很大好处。麻烦点儿不要紧，多走几步就是了。"

事实如此，鲜明而又及时的政治口号震惊了敌人，并在广大群众中产生了很大的影响。党的政治主张通过这些传单，印在了人民的心里，指导和鼓舞了他们的斗争。群众说："国民党天天说游击队垮了，其实人家还在，共产党还在。"

游击斗争必须和群众斗争、地下组织的活动结合，把公开、半公开和隐蔽斗争结合起来。结合的方式是多种多样的，游击队与群众秘密联系，组织群众的合法斗争，在城镇开展白区工作，进行针对国民党士兵的工作，甚至在南雄、大庾城里也建立起秘密工作机关。在实际斗争中，游击队摸索到了一种进行合法、半合法斗争的方式，便是搞"黄色村庄"。

在游击斗争开始的一段时间里，赤白尖锐对立——山上和靠近山区的村庄，凡游击队力量所及之处，都搞起了赤色区域，和反动派控制的白色区域对立。对白区的国民党政权人员和土豪劣绅，不加区别，一律镇压，并且不断扩大赤色区域。在当时的条件下，这是错误的。因为游击斗争是长期的，敌人的力量过于强大，搞一次"赤色村庄"，群众就受一次摧残。结果游击队成了"火神"（游击队一来，敌人就烧房子、杀人），这是不能长期巩固与人民的团结的。于是便改变方式利用敌人的保甲制度，结合军事压力，搞革命的两面派，从政治上争取反动保甲为我们工作，应付敌人，搞"白皮红心"。这样，既保护了群众，又保证了游击队与群众的联系，并且可以通过"黄色村庄"与比较进步的地主、开明士绅及知识分子建立抗日的统一战线，推动抗日工作。

这个策略很重要，但是在搞这种两面派时，除了警惕争取的对象可能反水之外，在内部还必须同一种倾向做斗争，那便是单纯做地下工作，下山到"黄色村庄"搞半公开斗争，而忽视坚持武装斗争的重要性。因为斗争实在是太艰苦了，以我为例，在三年中我只两次进了房子，四次看到老百姓。这长期的山林生活，餐风饮露，忍饥耐寒，有的人厌倦了，现在有了"黄色村庄"的条件，便插枪，到村镇里去，这是很危险的，因为这就削弱以致取消了武装力量。经验证明，游击队是只能加强不能削弱的，政治旗帜必须坚持。党的武装，是敌后游击斗争的主要方面，是我们的本钱，抗日高潮毕竟是要到来的。共产党在未来的抗日战争中地位的高低，取决于党的武装力量的强弱、武装的多少，只有有了枪杆子，我们才有发言权。

打游击，必须要有一套的游击战术。在 1927 年大革命失败之后，毛泽东同志在领导游击战争中，创造了系统的、宝贵的经验。这些经验，在三年游击战争中继续起着重大的指导作用。

经验证明，进行游击战争，必须要有一个根据地。粤赣边的游击斗争，一开始便是以油山地区为根据地，并且一直坚持了下来。在有根据地做依托的前提下，还要有一套灵活的战术。首先，我们打仗不是盲目地有仗就打，是有政治任务的。因为我们的斗争方针既不是开辟大苏区，也不是消极埋伏，因此进行战斗的原则也很明确：不常打，也不是长期不打。要打能发动群众的仗，打能扩大政治影响的仗，打能得到物资补充的仗，打没有损失或很少损失的仗。

既然是打这样的仗，就有这种仗的打法。游击队人少、枪弹少，打硬仗是蚀本的。因此伏击、袭击便是作战的主要形式。游击队三五个人、十来个人，分散活动，和人民结合，把情报、时间、地点搞清楚，弄准确，出其不意，隐蔽接敌，枪一响，几分钟就解决战斗，解决了就走。或者远途奔袭，一夜急行二三十千米甚至 50

千米，插到敌后去，来一个"摸冬瓜"，一下子把敌人的区公所、乡公所搞掉，土豪抓来。这样的战斗，再加上发传单、写标语、地下组织的策应，代价小，收获多，影响大，对敌人也构成了威胁。

当然，也不可能每次战斗都能取得主动权，在奔袭战斗或者在敌人"围剿"中跳圈子的时候，有时也和敌人遭遇，或者遭到敌人的袭击。这是最讨厌的情况。因为不成对手，一开打我们就只好分散隐蔽。这时，最要紧的是沉着。好在山深林密，你躲起来，只要敌人看不见你就别动。敌人是很狡猾的，看看搜不到，骂一声："哼，土匪都跑了，集合，回去！"哨子一吹，故意弄得人马杂乱，其实一个连走了不过一个排，三分之二留下来了。但我们是打埋伏的老祖宗，懂得他这一套，就不出来。两个钟头以后，敌人沉不住气了，对方军官跳出来，又是一阵咒骂："嗬，土匪真沉着。告诉你这次真走了。"又是吹哨子，集合，喊口令，叮叮当当，看样子真走了，但走过不一会儿，一个回马枪，又包围上来了。我们还是一样，树不摇，草不动。敌人这次更火了，跳着脚骂："好，有你的！你有本事出来干！"于是机关枪、迫击炮往山里胡打一气，一边打一边乱叫："看，那里一个，大石头底下。出来，出来，看见你了。"要不就弄个人假充游击队员："别打了，我讲，那边还有几个同志……"有时我们的人也会在这乱枪中受伤，但不管伤多重，都忍住不哼。敌人胡搞一气，只好灰溜溜地走了。

就凭着这套办法，游击队才能做到打得对、打得巧，杀伤了敌人，保存了自己。

六

我们的全部地盘就是这么几个"岛子"，但是我们有着浩瀚的海洋做依托，那便是广大的人民群众。在那样艰苦残酷的长期斗争中，没有人民的积极支持，没有与人民群众生死与共的团结，要想坚持下来是不可能的。

粤赣边的人民有长期革命斗争的经验。北伐战争的时候，这里就在共产党的领导下搞起过农民暴动，大革命失败，又暴动，搞起苏区，苏区又失败。在这长期的斗争中，人民不但有成功的经验，也有失败的经验。这一带差不多每个庄子都被烧过，反动派的恐怖手段、改良主义……什么阴谋他们都懂得。他们和反动统治、地主阶级结下了很深的冤仇；和共产党结成了生死的同盟。他们坚信革命只是暂时的失败，将来一定能够胜利，因此不管条件如何，总是舍生忘死地支持我们。

群众对敌斗争的方式是多种多样的。

有时便衣游击队员或地下组织的党员被捕了，群众便千方百计地去营救，组织起来去请求释放。群众的积极分子被捕了，他明知一切，但受尽各种酷刑，就是不讲。他们从切身的体验知道，讲了，敌人还要追查，要死就死一个，决不害共产党。这是全体群众的共同信念。儿子被捕了，母亲就给反动连长送老母鸡，又哭又叫，哭得敌人不耐烦了，骂一句："去劝劝你儿子！"儿子被打得半死了，母亲一面擦抹着儿子身上的血，一面哽咽着说："连长大人要我劝劝你，你要知好歹，千万别乱说，要讲实话，连长大人会开恩的。"儿子听了这样的嘱咐，心里明白了，更坚定。

敌人实行移民并村、封山封坑，群众与游击队联系不上了，老百姓就到敌人那里去闹：没有饭吃，没有柴烧，要进山去种地、打柴。敌人是不会掏腰包养活老百姓的，只好派出队伍押着进山去。于是，种田的带上干粮，打柴的把竹扁担打通，装满粮食、盐、报纸、咸鱼腊肉和敌人活动的情报，到深山里，四处一丢。我们得到消息，晚上去一摸，便得到了供给。这个办法后来被敌人晓得了，敌人便利用这个机会，到老百姓活动过的地方去伏击我们，但我们也很警觉，一定要看准了才去拿，或者乘机调动部队打他一下。有时敌人也用丢东西的办法侦察游击队的踪迹，但我们早已从群众那里得到了情报，根本不动他的。过几天，敌人看看东西还在，误以为游击队不在这山，倒可以过几天太平日子。这时只是怕便宜了老虎，老虎把东西吃掉，游击队倒跟着倒霉了。

对于靠近山区的村子，敌人知道游击队常常出没，便来个突然袭击，把庄子包围起来，等待游击队的人来。通知游击队是来不及的，但群众有的是办法，这时候，庄前庄后，庄里庄外，树梢、墙头、场坝边、窗户旁，到处是暗号。比方一位老太太在村头放牛或打猪草，反动派喊一声："土匪在哪里？"老太太回答："不知道！"反动派吼道："回去！"老太太说："回去就回去。"她随手把鞭子往草堆上一插，或是把草帽挂到竹头上，我们的交通员一见，就不进去了。

总之，群众的智慧是无穷的，群众支援游击队的动人故事是数不完、说不尽的。

他们这种忠心不二地支持游击队的行为，直接教育了我们。"人家那样对我们，我们要好好地干，不要辜负人家。"这成了全体游击队员的决心。有时，我们带些同志到老百姓家看看、谈谈，见到他们被敌人打断手、打断腿，房子被烧了，东西被抢光了，但他们毫无怨言，这等于给我们上了一堂生动深刻的阶级教育的课。同样的，我们在山上吃草、吃树根，冒着大风大雪打赤脚、睡树林，牺牲一个又一个，这也使老百姓很感动。我们对群众也无微不至地照顾，反动派把老百姓的房子烧了，我们拿打土豪得来的钱给修，反动派打死了老百姓，我们派人送钱去慰问。这样就巩固了我们与群众的生死同盟。就是这种始终不渝的生死同盟，保证了我们能生存，走向胜利。

七

西安事变后出现了国共合作的新局面，但在南方各省，和平却是在卢沟桥事变以后才实现的。

蒋介石被释放不久，表面上答应谈判，但实际上却集中了大量部队向各游击区疯狂地进攻。敌人的阴谋十分明显，是要消灭我们这些武装力量，把你搞完了，还谈什么？因此，从1937年1月开始了三年来最紧张的时期，天天打、日日夜夜打。七七事变爆发了。7月11日、12日，日子一天比一天平静，国民党军队撤走了，接着大庾、南康、信丰、南雄各县统统派出代表和我们联络，说什么"中共同志素主抗日救国"呀，什么"爱国志士，无任钦佩"呀，腔调大变。

于是，又一个新的大转变开始了。

游击队一面趁机扩大自己的力量，准备迎接大发展的局面，一面派人到大庾、赣州去探听虚实。派下山的人一路被国民党大拍马屁，他们希望游击区能派一个负责同志去谈判。我们和中央断了联系，已经在山里"面壁"三年了，对中央的政策不了解。没经请示中央，便擅自下山和阶级敌人谈判是不行的，但缩手缩脚又要丧失发展的机会。南方各省的游击队要能联合起来，会成为一支重要的力量，而要联合，就得充分利用这个谈判的机会。经过反复研究和考虑，我们决定利用这个谈判的机会。谈判的原则是：可以同意南方各游击区停止武装冲突，国民党应尽量给以交通的方便，以便能迅速和各游击区联络。至于武装冲突停止后，政治上和行动上怎样处理，由中央负责，游击队无权谈论。

于是，我们便派出代表到赣州、南昌和敌人谈判，最后会合了党中央派来的同志，在中央的指示下，和国民党订了一个协定，又派出人到各个游击区去，传达中央指示，建立联系。停战全面实现了。

从坚持敌后斗争到国共合作，这又是一个大的转变。它像开始转入游击战争一样，并不是每个人都能正确地完成这个转变。

这时，最主要的一种危险便是政治上的右倾，走向投降主义。由于形势来得突然，游击区有些人思想准备不足，因此在新形势下便过分相信敌人，敌我不分，以为合作了便是"一家人"，从而丧失了政治警觉，丧失了政治上的独立性。他们认为统一战线就是一切服从国民党，这种错误观点会导致我们在政治上陷于被动。而宣扬这一错误路线的结果，便是使本来就缺乏思想准备的某些人、某些地区，在政治上更加松懈，在敌人的阴谋袭击面前，手足无措，像闽南何鸣领导的游击队，就由于对敌人丧失警惕，而陷于失败。

另一种便是对新形势缺乏认识，拒绝新事物，固执地坚持旧的一套。有的发牢骚说："我们辛辛苦苦搞了这多年，现在却要与阶级敌人合作了，要编成国民革命军了。"这种想法本质上是好的，表现了坚定的阶级立场，但这是机械的阶级斗争观念，不能适应新的革命高潮，不能更好地发动群众，容易陷于孤立。

因此，坚持正确路线，就必须同这两种倾向进行斗争，纠正这种右的倾向，说服那些不愿合作的同志。特别是要在这个转变中扩大自己的力量，发展游击武装。

艰苦的三年游击战争结束了。我们真的在国民党欢迎的军乐声中走下了高山密林，告别了游击区的群众，走向了抗日的敌后战场。

关于"一二·九"运动的一次谈话

姚依林口述　兰铁白记录、整理

范瑾：最近，耀邦同志要郑伯克同志传达指示——写纪念黄敬同志的文章，主要讲黄敬同志一贯坚持党的好传统、好作风，是好党员、好干部。我们先是和周子健、段君毅、汪道涵等同志商量，以写一机部工作为主，耀邦同志说要写全面，从"一二·九"运动到一机部都可以写。一机部工作如有特点，又红又专，抓生产管理，就可以写两篇。事情由一机部负责。后来，兰铁白同志向周子健同志请示，周子健同志同意写两篇。现在借调来几个同志帮着写。全面介绍的那篇还没着手，一机部工作那篇有了个素材。现在想请您谈谈"一二·九"运动，以及对黄敬同志的评价，对文章署名问题也可请提意见，将来由子健同志来确定。

姚依林：好，我谈谈"一二·九"运动。

我认识黄敬同志是在 1935 年夏天，是因为民族武装自卫会。《毛泽东选集》1935 年 12 月《论反对日本帝国主义的策略》一文中有注，就有中国民族武装自卫委员会，由党领导，通过宋庆龄发起。名义是全国性组织，实际分散开来由各地党委领导。在民族武装自卫会工作的有彭涛同志、周小舟同志。黄敬什么时候参加的我不清楚，我是 1934 年 12 月经周小舟同志介绍加入的。黄敬应该是在 1934 年、1935 年的时候参加的，因为这个会成立是在 1934 年。

我认识他是在 1935 年 8 月。头两次在什么地方见面的记不得了。我印象清楚的一次是一起开会，由民族武装自卫会北平市委召开，地点在西山黄敬弟弟老四处。

范瑾：也就是俞启忠。

姚依林：老四在西山住。参加会议的有彭涛、小舟、黄敬、郭明秋，还有我。我们在那儿开过一次会。在那以前我就见过黄敬，是在彭涛那里还是在小舟那里就记不清了。我同黄敬同志从这次开会后就比较熟起来。那次开会，实际上就是"一二·九"运动的一个准备。会上成立了一个叫黄河水灾赈济会的公开组织。因为那时党的地下组织没有公开活动的机会，所以我们那次会研究如何利用黄河水灾赈济会的名义公开活动，可以公开去北平市社会局备案。当时就推选北京女一中一个叫吴闺箴的女学生，也是一个中间分子，用她的名义备案。会议让我帮助她工作，我就经常去女一中。女一中校长叫孙荪荃（新中国成立后当过一段国务院参事），后来成为谭平山的夫人。她同情抗日运动。女一中后院留了一间大房间，用于活动、开会、刻蜡版。所以我们选女一中作为大本营。女一中学生里面主要是郭明秋，当时她是共青团北京市委宣传部部长。

通过水灾赈济会的活动，我们联系了 20 多个学校，有一部分跟党和民族武装自卫会有联系，或者和社联、左联有联系，或者是全没有联系的青年积极分子，募捐 1 000 多元，我们是在大街上募捐的。从中拿出一部分，公开派黄河水灾赈济会代表团拿钱到山东救灾，余下三四百元是"一二·九"的经费。左翼教授张申府、张怀素等人也捐凑了一些钱。

水灾赈济会合法活动成功后，围绕搞一次公开抗日活动，党内发生了斗争。北平市委是在 1935 年 8 月被破坏的，有一个北平的共青团团委没被破坏，就用这个组织代替北平市委，继续工作，称北平市临时工作委员会。

我是 1935 年 11 月初入党的，此时黄敬的组织关系还没有恢复。虽然如此，但实际上我们知道的情况较多，因为那时候彭涛、小舟也不避讳我们。彭涛是北平市临时工作委员会委员，小舟不是，他那时是民族武装自卫会负责人，黄敬是武装自卫会负责人，后来不久，小舟被调去搞北平教联工作了。小舟在 1935 年夏师大毕业，本人去北京当教员，也做教员工作。小舟本人没参加"一二·九"运动，但我们常和小舟商量。

那时在讨论运动过程中，党内发生分歧，北平市临委书记王学明原来是团委书记，东北中山中学的学生（该同志已故，过去做过财政部副部长），他不赞成搞公开活动。围绕成立北平学联、"一二·九"运动的口号，党内产生了一系列争论。比如，"要求言论出版结社集会自由"，我们有人赞成，有人反对，说是社会民主主义口号；又如，提不提"打倒国民党"的口号，我们不主张提，提了很多中间分子不敢参加，有人坚持提这个口号。围绕能不能举行这一次公开示威游行，北平市临时工作委员会因为发生争论就不能开会，王学明放弃不管。彭涛出来说，咱们自己干吧。彭就组织一批人自己来校，在黄河水灾赈济会的基础上成立学联会，发表宣言，自己搞。

因此，11 月成立的学联会，是在北平市临时工作委员会临时不起作用、分裂的状况下，自己搞起来的。彭涛是党员，我刚入党，黄敬组织关系没恢复，郭明秋是共青团北京市委宣传部部长，不是党员。实际是以彭涛为主搞学生运动小核心，当时没有名义，现在回想起来，事实上是领导小组。

后来回想，这个问题实质上就是与第一次王明路线的斗争，当时没有意识到这是个斗争，就觉得你那口号不对，你提打倒国民党的口号不对，不是说国民党不应该打倒，而是要团结广大人民不能提这个口号，要提停止内战，一致抗日，要尽可能团结大多数人起来行动，团结进步一点的教员、抗日学生，尽可能团结大多数人，当时是这样一个看法。真正理解王明"左"倾路线是怎么回事，是在后来，开始不理解，开会不一致，就干，这是"一二·九"之前的情况。

"一二·九"爆发，直到"一二·一六"，这是发展很迅速的一个礼拜，开始参加的学校有20多个，后来到"一二·一六"时就发展为60多个。为什么选12月9日这一天？因为宋哲元冀察政务委员会当时计划在这一天成立，所以选这一天作为运动的开始，作为行动的一天。因为"一二·九"运动，冀察政务委员会没有成立，是过了几天才成立的。黄敬担任"一二·九"前后成立的中国民族武装自卫会主要负责人，这是在小舟调走以后。"一二·一六"又搞一次示威游行。黄敬那时23岁，我18岁。

范瑾：比他小5岁。

姚依林：我是1917年生，比他小。因为"一二·九"大家搞了一次，后来又增加到60几个学校，大家定的还可以再搞一次，"一二·一六"又组织了一次，还是这些人，以彭涛为首，那个时期北方局还是河北省委，大概是省委特派员李常青，他是来跟我们联系的。李常青同志（这人已经故去）对我们的行动采取中间态度，既不热情支持也不反对。"一二·九"前两天他就来了，他跟北平市临委王学明、彭涛，找我和黄敬都谈过，他也不表示明确态度。"一二·一六"我们自己又干了一次，宋哲元有准备，我们受到较大摧残，被打伤了几十个人。"一二·九"他没有准备；"一二·一六"他出动大刀队，用刀背砍人，伤了几十个人。

"一二·一六"后的一天晚上，彭涛、小高、老黄、小郭和我几个人一起讨论以后怎么办，地点就在彭涛住的地方，在辟才胡同一个洋车厂。国民党准备宣布放假，我们已经知道，放假后人就走了，中间分子都回家，就剩下少数进步分子，就孤立起来，搞不下去，再示威游行不行，暴动也没这个力量，后来就逼出一个道：南下宣传。当时并没有什么理论根据，主要是觉得搞不下去了，还有

2 000 多人，能集中的话别人就不好对付，要是分散在几十个学校就叫人家抓走了。怎样集中起来？集中起来往何处去？——南下宣传。

因为那时河北省小学教员和我们有联系。1934 年到 1935 年，瞿秋白创造拉丁化新文字，办了一个《北方新文字》刊物，由我在清华主编，发行量有两三千份，通过清华园邮局发行。清华园邮局有局长一人，邮务员一人。局长是个老人，不管事；邮务员是青年人，和我们关系密切，他也参加新文字运动，用假名寄来清华园的信，我们也能收到。那时，一两千个小学教员和我们有关系，发动一下，把他们都集中起来，就抓不了，于是就搞了个南下宣传。

南下宣传是 12 月 25 日或 26 日走的，那时彭涛、黄敬带队走，我和小郭留在北京。这期间，河北省委从天津派市委书记林枫于 12 月 20 日到京，北平市临时工作委员会不再负责工作。

南下宣传一直搞到 1 月 29 日，回来以后，这些人跑了这么一趟，经过锻炼。后来想怎么把这 2 000 多人的组织巩固下来，于是决定成立中华民族解放先锋队（简称"民先队"）。这是林枫、黄敬和我三个人讨论的。黄敬推荐李昌，说这次出去，清华的李昌不错，就准备把中华民族武装自卫会取消，扩大为民先队，把它半公开，确定李昌当队长，黄敬当政委，没有政委名义，用党团书记名义，2 月 1 日成立。

我和黄敬在一起工作比较密切的就是这一段，以后他去搞民先队去了，虽然常在一起开会，但见面没那么经常了。

那时成立民先党团，黄敬负责，学联党团由我负责，黄敬也参加学联党团。

后来，3 月初，国民党抓我，我隐蔽起来，组织上不让我出去，黄敬和我联系。

我还是清华正式代表，黄敬在北大是非正式代表，因为北大学生会当时没掌握起来，"一二·九"以后才正式组织起来。

5月，黄敬通知把我调天津。这一段大半年，我们在一起。当时清华同学会租了一间房子，我们两人在一个屋住了两个来月，所以比较熟悉。

现在讲一讲黄敬的作用，我讲这历史是为了说明黄敬的作用。

"一二·九"运动的主要领导人应该是彭涛同志。他没公开出面，同志们不太了解他。在这里边，团结一批同志，包括黄敬，包括我，还有孙敬文、郭明秋等，反对王明"左"倾路线，坚持正确路线，主要起作用的是彭涛，当时他是北平市临时工作委员会负责人。后来北方局处理这问题，没澄清是非，就把有争论的领导彭涛、小舟等调走了。问题没澄清，完全没谈就走了，就采取组织上调走的办法，另组织以林枫为首的市委，实际是接受继承"一二·九"路线。少奇同志是1936年4月来的，彭真同志好像是1935年下半年来的。那时我和彭真同志不认识，听说他在河北省委工作。"一二·九"运动的真正主要负责人，据我看是彭涛同志。在运动中，在整个过程中，经验最丰富的、组织能力最强的是黄敬同志。尽管他组织关系没恢复，但是和党员没有区别，大家知道他从在上海卖《大晚报》开始到青岛大学的经历，这段历史我们都清楚，把他和党内同志一样地对待。黄敬比我大，参加党的时间比我们久，他1931年或1932年入党的吧？在青岛？

范瑾：在青岛，1932年。

姚依林：他有一段"九一八"以后的抗日运动经验，他点子比我们多，成熟，所以实际前线工作是以黄敬同志为主。我、郭秋明、孙敬文，都很积极，但都缺乏经验。黄敬同志成熟一些，黄敬同志最成熟的是从事实际斗争，比彭涛同志更成熟一些，斗争经验更丰富一些。我觉得黄敬同志在"一二·九"运动中起了很重要的作用，而且他提出的意见，我们往往都接受，比如南下宣传这意见就是黄敬提出的，大家觉得没办法，黄敬一提，大家都赞成。比如国民党找我们做一次谈判，"一二·一六"以后，12月18号吧，国民党北平市党部负责人杨立奎，是师大教务长，正式向师大学生会提出，找北平市学联代表谈判，后来彭涛和我们研究决定派三个代表，黄敬、我、郭明秋，以黄敬为主，杨立奎请我们吃了顿饭，地点在现在西单卖烤鸭子的那个饭店。

黎光耀： 鸿宾楼？

姚依林： 对，当时不叫这个名。就四个人，我们三人，他一人。他大谈蒋介石"关怀"北平学生运动，愿意给北平学生运动"帮助"，认为北平学生运动抗日，反对华北特殊化。

"一二·九"运动发生后，《南京日报》在12月10日头版头条登载《北平学生示威游行，反对华北特殊化》，但是我们有些口号如"言论出版结社集会自由""停止内战，一致抗日"等没有登。蒋介石政府强调登北平学生运动反对华北特殊化，这反映出蒋介石和日本、宋哲元有一定的矛盾。宋哲元靠日本搞华北特殊化，而蒋介石政府想把学生运动纳入他的轨道。"反对华北特殊化"这口号我们也有，是我们口号的一部分。报纸总是有阶级性的，我们看报时注意到，《北平日报》全部开天窗，叫宋哲元查禁了。

18日杨立奎跟我们谈判时，中心是强调蒋介石的"关怀"，然后则希望我们接受"中央政府"的"领导"，还有经济上的"支持"，要把我们拉过去。还宣传了很多蒋介石准备抗日、陇海铁路准备多少防线、买多少飞机等虚假内容。我们事先讨论过，是根据讨论的意见讲的。黄敬同志说：蒋委员长我们拥护，但光靠说不行，要看行动；停止内战，一致抗日，出兵收复东北，进行抗日斗争。如果有这行动，我们一定拥护；如果没有这行动，光讲，我们还不能相信。

谈判后，很快南京下命令：解散平津学联。这是在南下宣传之前，20日左右。这证实平津学联不是南京方面能控制的了。我们就从女一中搬出来，搬到汇文中学的地窖子里去，我就是在地窖子里认识的邓力群。他当时是汇文中学学生，替我们搞保卫工作，组织人站岗放哨。

黄敬同志老练有经验，而且在"一二·九""一二·一六"两次运动中，包括南下宣传，他都在第一线指挥。"一二·九"确定两个指挥部，一个负责和各学校的联系，一个带领游行队伍。黄敬负责带领游行队伍，我负责各学校的联系，地点在西单咖啡馆，当时是二层楼，就是现在西单卖糖果的那地方，是我们的联络中心，各校学生出来后我们就跑进游行队伍。

"一二·一六"天桥大会也是黄敬同志指挥的，扒电车讲话，南下宣传，彭涛、黄敬一块儿去的。

所以在这方面，我觉得他有经验，比我们更加成熟，同时也是很勇敢的，在讨论中能够提出自己的正确见解。在"一二·九"运动中，我对他基本上就是这么个印象。

邵红叶：黄敬同志很勇敢，带领游行队伍，指挥，请谈一下有什么具体的事迹。

姚依林："一二·九"，队伍到北大，他跑出来碰上刘嘉林，刘在哪儿？

范瑾：不知道。

姚依林：黄敬同志就鼓动刘嘉林说：你去打钟，队伍在外边喊口号。刘说：你为什么不打？刘也是脱离关系的。结果老黄自己打钟，把队伍搞出来一部分。原来计划清华、燕大队伍进来冲到北大，结果被挡在西直门外，我们那时在西单临时调一部分人去冲北大，原来是老黄在北大等清华、燕大的队伍。

新华门集会请愿，当时黄敬在现场，我不在，因为我在西单和各校联络指挥部，我知道他在那里指挥，过后也没详细谈过。

"一二·九"运动应该说有客观条件，除了从政治形势上看，有平津危亡的形势，另外，国民党宪兵第三团撤退，宋哲元的特务组织还没组织起来，有一个客观空隙，所以一下子国民党统治就松了一些，这段时间很短，有两个来月，就是从宪兵三团9月撤走，一直到 12 月底,敌人镇压得少些。我们夹着大捆大捆的宣传品坐电车,出版《学联日报》,在大学出版社(南池子)印。"一二·九"全部传单都是铅印的,大学出版社赚我们一倍钱。我们出的报像《人民日报》那样大,一周出两次,全是铅印的。

············

姚依林:人参加革命有各种动机。

黄敬同志出身封建官僚家庭。1935 年我和他住在一起的时候,那时夜间外头有卖吃的,敲梆子。一天半夜,他推醒我:"去搞点儿吃。"吃馄饨后,聊天,睡不着了。我问:你怎样参加革命的?他说:我呀,那时在上海,1930 年左右,有时觉得这个人晚上跳跳舞,觉得很空虚,不能这样过一辈子,因此,就想找些书看,其中也有些马克思主义的书,后来就参加革命。去卖《大晚报》,做汽车司机的工作,在上海静安寺车站卖报,住在阁楼上。他又从汽车司机、工人中学到了一些东西,他也做他们的工作,那些人也给他教益。他就是这样参加革命的。

每个人都有不完全相同的动机。中国民族资产阶级出身的参加革命的少,而封建家庭出身的参加革命的多。他对封建家庭的腐朽、对他母亲受歧视的现象存有印象,详情我不了解。他从母亲受歧视开始有反封建意识,又受到一些革命宣传和工人的影响。他在青岛入党,在上海开始做工作。

在访问别的同志以后,认为需要再谈的,我们还可以再谈。

西安事变前后争取东北军工作的回忆

刘培植

"九一八"事变以后，日本帝国主义的铁蹄践踏我神圣的中华国土，东北三省沦陷。国民党蒋介石对外实行"不抵抗主义"，对内继续疯狂"围剿"工农红军，顽固地推行"攘外必先安内"的反动政策。

1935年秋，蒋介石调动几十万军队对陕甘苏区发动第三次"围剿"。这时，高双城的二十二军、高桂滋的十七军、邓宝珊的新一军、傅作义的三十五军从北面来，马家军从西面来，阎锡山所属陈长捷的六十一军、王定国的十九军、孙楚的三十三军和赵承绶的骑兵军从东面来，西北军从西南面来，形成包围圈。当时的东北军是奉命参加"围剿"的主力军，在第一线直接参战的就有7个师，分两路进攻，气焰嚣张。我红十五军团声东击西，突然围攻甘泉守敌，调动延安的东北军出来增援，使援敌在劳山中我埋伏，一举全歼一一〇师，击毙师长何立中和参谋长，俘敌3700多人，缴获大批武器。我军乘胜扩大战果，强攻甘泉境内的榆林桥，又消灭了一〇七师的4个营，团长高福源被俘。这个团是一〇七师的主力，团长高福源曾当过张学良警卫营的营长。打了这两次胜仗后不久，中央红军长征到达陕北，与红十五军团会师，联合作战，又在直罗镇和黑水寺消灭了东北军的一〇九师，并击溃了一〇六师。军事上的接连胜利，彻底粉碎了敌人的第三次"围剿"，为巩固陕甘苏区奠定了基础，使东北军得到了应有的教训，逐步认识到"剿共"是没有出路的。

东北军虽然在政治上有过反动的历史，在鄂豫皖苏区"围剿"过红军，之后又尾追北上红军，充当蒋介石对陕北红军实行第三次"围剿"的急先锋。但是，东北军是"杂牌军"，深受歧视，同蒋介石的矛盾由来已久。更主要的是东北军的官兵多系东北人，"九一八"以后流亡关内，怀念故土，厌烦内战，要求抗日，因而有争取东北军和我们共同抗日的可能。

1935 年 12 月，党中央瓦窑堡会议决定实行抗日民族统一战线政策。为了团结一切抗日力量共同反对日本帝国主义的侵略和挫败蒋介石消灭红军的阴谋，我们党决定争取东北军共同抗日。

成立东北军工作委员会

为了争取东北军，中央专门成立了东北军工作委员会，由周恩来副主席亲兼主任，李克农、朱理治等同志协助工作。

周副主席对于争取东北军的工作非常重视，在他的亲自指导下，东北军工作委员会成立训练班，培训做东北军工作的干部。与此同时，把在劳山、榆林桥、直罗镇三次战役中所俘虏的东北军 3 个师的中下级军官 120 余人，集中在瓦窑堡，成立"解放军官学习班"（"白军军官连"）。中央领导同志亲自讲课。毛泽东同志在讲课中讲了党的优待俘虏的政策，指出拿着枪是敌人，放下枪就是朋友。博古同志讲马列主义的基本知识和抗日的形势。邓颖超同志在讲课时，驳斥了国民党诬蔑共产党"杀人放火、共产共妻"的谣言。彭德怀同志在讲课中，揭露了蒋介石所谓"攘外必先安内"的反革命卖国阴谋。学习期间让他们观看了红军和赤卫队的阅兵式。我们党不仅在政治上不歧视他们，在生活上也给予优待，在吃的穿的方面他们都比红军官兵要好。通过教育，被俘军官的思想和政治态度有了明显的转变，对我党我军有了较正确的认识。他们表示再不能打共产党了，只有联合才是出路，并纷纷加入"抗日同盟会"，个别人还加入了共产党。组织上给他们发了路费，让他们回到东北军去。东北军骑兵六师十七团被我军全歼，该团所剩人马枪支全部被送还给东北军。对此，蒋介石十分恐惧。被俘团长董道源回到西安后，蒋迫令张学良把董枪杀了。但这也消除不了共产党和红军的影响。周副主席、彭总还亲自找高福源（被俘后已成为我党党员）谈话，交给任务，派回东北军，向张学良、王以哲等重要将领宣传我党的抗日主张和政策，收到了良好的效果。与此同时，周副主席又指示在党的活动分子中，挑选政治可靠、勇敢坚定的同志，以红军代表名义，秘密派往东北军的所属部队，做中、上层人物的统战工作和秘密建党工作。当时中央和苏区地方的党、政、军都十分重视争取东北军工作，加强了对这一工作的领导。据我所知，苏区直接或间接参加这一工作的有李克农、朱理治、欧阳钦、曹力如、萧劲光、朱瑞、白坚、聂洪钧、潘振武、萧向荣（又名肖向荣）、周桓等领导同志。同时，白区党包括上海党组织、北方局、东工委都做了大量工作，刘澜波、刘鼎、宋黎、苗渤然、高崇民、孙达生、郭维城等同志，都为争取东北军做出了重要贡献。我当时任陕甘晋苏维埃政府和省委白区工作部副部长兼在红二十九军政治部工作，也被派去做争取东北军的工作。

在争取东北军的过程中，周副主席总是不断地鼓励和指导我们，使我们在环境险恶、斗争复杂的情况下充满信心和勇气。1936年春，陕甘晋省委派我到瓦窑堡向中央汇报和请示工作，除总书记洛甫同志接谈外，周副主席在军委办公室也接见了我，张云逸同志也在座。当时军情紧急，敌人包围苏区，蒋介石命令东北军占领我中央所在地——瓦窑堡。我们党为了争取东北军，准备有计划地让出一些地方（包括党中央所在地瓦窑堡在内），让东北军来占领（后来占领瓦窑堡的不是东北军，而是高双成的二十二军），给东北军"立功"留面子的机会,使其能向蒋介石交差。这对于我们争取东北军的工作是有利的。敌人已经逼近瓦窑堡,中央正准备撤离,周副主席的马也已备好鞍,邓大姐在门口等着。周副主席仍然镇定自若,取出地图来挂在墙上,面对地图给我分析敌我形势,亲自给我部署了三项任务。第一,在敌强我弱的情况下,洛河川撤退不算退却逃跑(因洛河川撤退曾引起省委内部分歧,有的同志认为是逃跑,向中央告状),仍要坚持洛河川的游击战争。第二,省委内部要团结起来,共同对敌。第三,要坚定不移地把20万东北军争取过来,克服动摇思想,不要以为敌人一进攻,东北军就不可能争取过来了。当时,确实有人因敌军的不断进攻而动摇了争取东北军的信心。周副主席的指示给我们拨开疑云,坚定了信心。周副主席还就如何进一步争取东北军的问题,做了具体指示:要我们在苏区周围设立20个办事处,动员苏区地方的力量和红军的力量,广泛接触东北军官兵,积极主动地、有计划地做工作,如不失时机地组织火线喊话,与东北军交朋友、认老乡,建立感情。

我曾与红军指战员一起在两军对峙的战场上,通过喊话,使局部地区的东北军部队停止了向我们的进攻。利用东北军的俘虏喊话,也收到了较好的效果。在进行了一系列的工作之后,周副主席派我去甘泉城内,做东北军一〇七师刘翰东师长的工作,打通了关系,获得了成功。该师在榆林桥被红军消灭一个团另一个营,受到了沉重的打击,军心涣散,不敢再轻举妄动。广大官兵响应我党停止内战、一致抗日的号召,由下而上地推动上层人物转变思想,改变了对我的敌对态度。刘翰东师是东北军中和红军建立友好关系的第一个师,不仅不主动进攻我们,还在我们出入白区时给予方便。我几次都从甘泉师部和哨兵阵地穿过,并经常使用他们的汽车送人和运送大批军用物资。

接着,我被派到鄜县东北军一二九师做周福成师长的工作。此人顽固不化,扣押我一个星期,没做出有效成果。紧接着,我又被派去洛川做六十七军军长王以哲中将和一〇五师（军的编制，后改为四十九军）师长刘多荃中将的工作。刘多荃代表王以哲在洛川县飞机场秘密接见我，答应了我们提出的三个条件：一是停止对红军进攻，万一进攻，枪口朝天上放；二是万一蒋介石命令进攻，进攻前要先通消息；三是互派代表来往，建立联系，苏区被封锁，物资困难，设法替红军从西安购买和补给一批军用物资。条件谈妥后，刘多荃当夜派特务连长用大卡车从洛川护送我回苏区。我立即向陕甘省委和周副主席做了汇报，因我完成了任务他很高兴。我回到苏区后不久，王以哲、刘多荃信守诺言，在敌人封锁特别严的情况下，从西安给我军买运了40辆大卡车的军用物资，为我红军解决了全军冬装困难问题。我深深感到，周副主席对东北军兵运工作的指导既能统观全局，高瞻远瞩，掌握斗争大方向，具有无产阶级革命家的气魄和胆略，同时又能洞察入微，细致周到，令人惊叹不已！

兵运工作是在敌人眼皮底下开展工作，极其艰苦，甚至有牺牲的危险。我在五十一军做党的秘密工作时，公开的身份是该军一一〇师六二九团的传令兵。因军官身份不便掩护，传令兵很自由，可以到处与党组织联系，并且安全。我随身挂着"小黄包"，党的文件也装在里边，坐火车不要票，过关口不受检查。有一次，我去开党的会，两天未回来，传达长得知后很愤怒，以不请假外出问罪，罚我下跪，当着官兵的面，狠狠打我50军棍，打得我皮开肉绽。团长贾陶（党员）看到我遭毒打，又不便阻止，十分难过。事后，他含着眼泪对我说："你受苦了，我无能，对不起你。"我安慰他说："这不怨你，不要难过，挨打也是为了党的事业，为了革命！"公开场合贾陶是我的上级，背地里我是他的上级。

1936年春，周副主席派我去洛川进一步做王以哲军长、刘多荃师长和几个旅长的工作。临行前，我化装成军官，换上东北军军服，佩上"67A"臂章、"107D"胸章，去一〇五师（张学良的卫队师）。我持周副主席的信到师部，一位副官长接见了我。我当时不熟悉国民党军队里下级见上级的礼节，见副官长没有立正，引起怀疑。他那一双贼溜溜的眼睛从头到脚打量我，并当即撕开信一看，大声吼叫说："你是'共匪'代表！"我亮明身份。敌副官长暗中通知政训处主任密报蒋介石。这时王以哲、刘多荃不敢接见我。我被看押起来。先关在洛川城的一家布店里，后转移到飞机场附近，情况紧张，我下决心同他们做斗争。在扣压期间（21天），几个敌旅长威胁我，放肆地攻击苏联和我们党，我严词反驳。他们对我无可奈何，只好秘密关押。这时也有秘密来看我、表示同情我党主张的人，如王甲昌。敌连长武文祥，排长唐玉峰、葛宜芳、丁毅等人负责看守我，防我逃跑和别人接近。三个排长朝夕看守，正是我做工作的好机会，我给他们宣传党的抗日政策，赢得了他们的同情。一天夜里，三个排长悄悄地要保护我逃跑，我谢绝说："来得光明，去得正大，死了光荣，我不能逃走，我不能给红军丢脸。万一我在这里牺牲了，请你们给红军捎个信。"不料，这几句话使这三位排长大受感动，他们向我郑重地提出入党要求（以后经过培养考察，这三位排长经周恩来同志批准加入了我们的党）。一天半夜，看守连长突然叫起我来，说是要请我吃饭。按照旧社会的习惯，杀人前吃一顿"禄粮"是断头的信号。我气愤地说："要杀便杀，别来这一套，不要糟蹋人民的粮食。"连长笑道："你别介意，没别的意思，今夜师长要见你。"原来如此！师长总算知道我在这里。刘多荃师长来到飞机场看押我的地方，一见面就歉然道："刘老弟，对不起你……"后来我才知道，这次我被扣，不是王以哲和刘多荃的本意，因为副官长被国民党收买了，他通知政训处主任，并密告蒋介石。蒋下令枪毙我。张学良知道后，一面对上级说已把我枪毙了，一面暗中营救，给王以哲、刘多荃打电报说："最好秘密放回去，否则因小失大。"我当夜脱离虎口，到甘泉见到了敌一○七师师长刘翰东，他很友好地对我说："有人称你在洛川遇难。消息不好打听，现在回来了就放心了，我好向红军交代。"

深入做东北军的工作

1936 年夏秋间，正当我东征红军胜利回师，西进甘、宁，准备迎接红二、四方面军会合之际，蒋介石飞抵西安，下了消灭我军的反动命令，并要把东北军全部从陕北苏区南撤，开往甘、宁省境以南，阻拦我红一、二、四方面军的大会合。由于形势产生变化，周副主席指令我随东北军六十七军和一〇五师南下，然后再去红一方面军彭德怀同志身边工作，当中央的联络员。

我刚出苏区，在甘泉县的城门附近，碰上叛徒李金堂。李表面上应付我，然后狗一样尾随着我，一同进城时，叛徒给城门口的卫兵使了个眼色，通风报信去了。进城后，找不到躲藏的地方，我就藏在一位老妈妈家的磨盘后面，销毁了我带的党内文件。入夜，全城戒严。半夜，敌营长武敬三带许多敌兵破门而入，当即把我捆绑，问我是干什么的，我说是一〇五师情报队的。敌人不信，咬定我是"共匪"。我要求打电话给刘师长，问一问有没有我这个人，敌人撒谎说："电话线断了。"我说："电话线断了，我的命也断了，随你们的便吧！"随后搜身，搜出我在日记本上写的两句骂蒋介石的话："要抗日必须反蒋，不反蒋抗日不能胜利。"敌人审问，我坚持不招认真情，说这是我去苏区侦察时用的护身符，万一抓住了好脱身。敌人不信，因为叛徒李金堂在身边，我的身份暴露了。敌人把我关在一间小屋子里，威胁要处死我。他们关了我十几天也未从我嘴里套出什么口供。

一天，敌旅长高鹏云出现了。他和三旅从延安开拔路过甘泉县来见我，此人与我打过交道。一见面就开玩笑说："小'共匪'又来了！你什么任务？"我说："东北军、西北军、红军要实现西北大联合，一起抗日，望你认清形势。"高鹏云摇摇头，将信将疑，不表什么态，最后说："刘老弟，给你一匹马，一同行军到洛川县军部再向甘、宁进军！"我飞马去洛川见王以哲军长和刘多荃师长。

但王军长当时有些屈服于蒋介石的压力，以为红军真的不行了，可能被"一网打尽"，所以态度动摇，对建立统一战线信心不足。对此，我给他做工作，要他们相信红军是有力量的，不可战胜的，要坚定西北大联合的信心，不要上蒋介石的当。尽管王以哲动摇不定，但对红军仍持友好态度。他和刘多荃认为有人已知道我是红军，和他们一起行军不便，目标太大，先派车送我去西安他们的办事处，等他们到平凉驻防后再电告我去。

在西安，我住在西安市南广济街 45 号一〇五师的印刷所。这时，我常和所里的印刷工人接触谈心，宣传抗日。印刷所负责人是个军需官，叫颜广汉。他发觉我常和工人接触，对我很反感，于是，我转移到远东大旅社住，因为找不到组织关系，又没钱，两天多没吃一顿饭，幸好在西安街头巧遇朱理治同志。我们秘密地去珍珠泉洗澡吃饭，朱理治把他身上仅有的 3 块钱给了我，我用它度日，每天只吃一块锅盔。好不容易才盼到刘多荃来电报，要我去平凉他们的军、师部，并安排我坐政训处的车。车过彬州，突然车翻了，许多人倒在地上昏迷不醒。我趁此机会从地上拾起一枚政训员的证章，以备不时之需。

到平凉后，我住在恒顺成大布店，见到了刘多荃，向他宣传西北大联合的趋势，劝他识时务。第二天，我去七团团部见王甲昌，此人原是一〇五师的一个营长，我在洛川被捕时他来看过我，表示进步。在西安时朱理治同志说王甲昌表现不错，可以入党，因此我去找他，做他的工作。见面时，王开始还应付我，桌上摆着鲜桃要我吃。我试探性地和他谈话："王团长，祝贺你高升了！我在洛川被扣押时感谢你的同情关切。"不料我的话引起他的恐慌，马上翻脸，严声厉色地说："刘先生，你来干什么？你来对我的地位有影响。"我也马上改变态度："我来看看你，没有别的意思，又不抢你团长的饭碗。"王甲昌翻脸嚷道："你是'共匪'！"我镇定而严厉地回敬他说："现在红军三个方面军几十万人要大会合，东北军和我们关系很好，你不要破坏团结。"他继续狂叫。我说："别吓唬人。"
王甲昌想拿我请功，叫来两个政训员和一个排长带两个士兵将我捆
绑，进行搜身，搜出政训处的证章。政训员厉害起来："你不是政
训处的人，证章是从哪里来的？你偷证章，要搞什么鬼？"王甲昌
立即要把我解往政训处。从平凉东关一直走到西关，约 2.5 千米，
我以为要暗杀我，心里着急，因为周副主席要我去彭总身边工作，
现在还未见到彭总怎么就可以这样牺牲呢！于是，急中生智，我站
住不走，对押送的人说："我是一〇五师情报队的，要去师部。"他
不让，我说恒顺成大布店就是我们的机关，他信以为真。进大布店
后，由情报班的负责人高某证明说："刘先生是我们师长的朋友，
你们要干什么？"骂了押送的人。押送的人只好把我放了。后来，
刘多荃责怪我说："刘老弟，你怎么随便去活动我们的人呢？"我否
认说："我在洛川被扣押时他来看过我，今天在路上巧遇，一见面
就把我扣起来。"刘多荃还打电话骂了王甲昌……

红一方面军的司令部设在豫旺、固原两县交界处七营子对面的
一个土围子里。彭总住在一个窑洞里，土炕上放着门板，这就是彭
总睡觉的地方。我来到彭总身边，就像到了自己的家。彭总说：
"小刘，你就住在我这里！"他亲自为我搭床，让我读中央文件，传
达中央如何争取和联络东北军的指示，分配我在政治部工作。我在
彭总和政治部主任朱瑞同志的直接领导下，除继续做王以哲军长和
刘多荃师长的工作外，还去做敌骑兵第二军军长何柱国、骑六师师
长白凤翔的工作，并和这些部队中的一些党员同志周泽民、王敏
球、丁毅等取得了联系。

奉彭总指示，我曾去平凉市约请王以哲、刘多荃与固原县（现
固原市）骑兵军部的何柱国，同车到豫旺县七营子唐君尧二旅旅
部，商量停战事宜。因为马鸿逵的白团两个步兵营被我军团团围困
在豫旺堡，马家骑兵也遭到我红军的不断打击，损兵折将。马家兄
弟跪在蒋介石面前哭诉，恳求营救解围。蒋介石令东北军（刘多荃

指挥）解救，借以考验东北军的行动。当然，东北军感到左右为难，解救吧，要与红军打仗，心里不愿意，也打不赢，要损兵折将；不解救吧，又不好向蒋介石交代。抓住这个矛盾心理，我对刘多荃和唐君尧说："白团我们围住了，但不准备打，马家军我们也要争取，我们围而不打，你们也打不进去。为了给你们留面子，好交差，我们准备让开一条路，你们去把白团接走。"举棋不定的东北军当然高兴，双方达成了东北军与红军打假仗的君子协定。刘任指挥，我作为红军督战代表在围子上面"观战"。"打仗"那天，刘澜波同志也从西安赶来"观战"。一切都事先安排好了，东北军官兵从上到下都知道是打假仗。我方主动让开去豫旺堡的大路，放敌人出来，让东北军把白团接走。我看见敌炮向右前方彭总住的寨子上射击，立即要刘多荃制止。刘命令转移目标向正前方射击，避实就虚，后来炮弹都落在空地上，当时，还有敌机 5 架向空地上猛烈扫射。白团走了以后，我们在大路两旁贴标语，送开水，唱歌演戏，夹道欢迎东北军，对东北军表示友好，进行广泛的政治宣传和争取工作。事后，西安国民党报瞎吹他们的"战功"，说是消灭了"共匪"多少人，胜利突围，真令人好笑。

1936 年冬，西安事变前夕，蒋介石坐镇西安，调兵遣将，分五路向我进攻，妄图把红军"一网打尽"。打头的是东北军。我红军总部未及撤退被敌包围，彭总急令我设法阻止敌军前进。我衣服也来不及换就出发了。跑不多远碰上敌人的尖兵，将我抓住，说我是红军探子，乱打耳光。我说不是探子，是一〇五师情报队的。敌人说："你不是红军的探子，为什么穿红军服？"我说："红军服是我的护身符，我不穿红军服怎么到红军那边去探听情报？我刚从苏区刺探军情回来，红军满山遍野都设下了埋伏，赶快往后转，不要冒进。"敌人多次中过红军的埋伏，信以为真，不敢再前进一步，停滞了两个多小时，我红军总部得以安全转移。

以后，我回到平凉，住在一〇五师。一天，张学良来电报让刘多荃和骑六师师长白凤翔急赴西安，我预料要出什么事情。果然，当天晚上，东北军、西北军发动了西安事变，在临潼扣留了蒋介石。消息传到平凉，军民奔走相告，开庆祝大会。事变的第二天我就赶到西安。但是，匆忙而至，一时找不到组织，饿了好几天肚子，最后只好去刘多荃的公馆。刘告诉我说，周副主席来西安了，我高兴得跳起来，多想见到周副主席啊！刘陪我到金家巷张学良公馆，由张学良的秘书应德田带我见了周副主席。周副主席知道我在饿肚子时，便亲切地慰问我，并指示我参加西安东工委工作。临分手时，他对我说："没时间细谈，留下地址，晚上有人找你！"当晚，我在远东大旅社静候。10点以后，周副主席派罗瑞卿同志给我送来30元生活费，并给我介绍组织关系，要我移住西板坊门牌15号黄显声副军长的公馆，同东望小学一位女教师以姐弟关系住机关。我当时的任务是分管总部通讯大队、辎重大队、兵工团、总部电台、军官差遣队等直属单位以及一一五师、一〇五师、抗日先锋队、骑二军、六十七军等单位中党的工作。后来，周副主席和朱理治、刘澜波同志还来看过我，并在我住的地方开会。事情已经过去多年了，每当回忆起这一段不寻常的斗争生活，周副主席对我关怀备至的情景仍历历在目，我的心情总是难以平静。

随东北军东调

按照党中央和毛主席的主张，西安事变和平解决。蒋介石被迫停止内战。当时红军、东北军、西北军实现了三位一体的大联合，形势很好。但是，蒋介石被释放后，将伴送他回去的张学良将军囚禁起来，并对西北的三位一体采取了军事压迫和政治分化双管齐下的方针。汉奸、托派乘机挑拨红军与东北军、西北军的关系，造谣说红军出卖了东北军。东北军内部，以孙铭久、应德田为首的一批少壮派中下级军官，认为当时代理张学良负责领导东北军的中将军长王以哲等人怀有异心，不积极设法营救张学良而将他们杀死，造成东北军内部的分裂。这时，守潼关的西北军四十二师师长冯钦哉投向国民党中央军，引中央军开进潼关，入驻西安。东北军、西北军内部一片混乱。中央军从东门进，我乘马占山将军的汽车从西门出，随总部撤到彬州一带，在党的东北军工委领导下加紧工作，应付突然事变。1937年3月间，东北军东调河南、安徽、江苏等地，蒋介石对东北军进行限制、歧视、虐待，企图借日本侵略者的屠刀来消灭东北军。三位一体被拆散，西北大联合遭到破坏。形势骤然变坏，对我极为不利。

东北军东调后，我党争取东北军的工作又不得不从公开转入秘密。过去设立的东北军工作委员会撤销了，重新以军为单位建立党的秘密组织，独立作战。工作重点是进行坚持抗战、反对投降，坚持团结、反对分裂，团结友军、抗战到底的教育，改造旧军队，壮大抗战力量。这是西安事变后新形势下的新任务。

1937年3月间，我和欧阳钦同志到三原县云阳镇红军办事处，向叶剑英同志汇报并请示陕西省委和东北军工作，我把地方党（宜君县委）和东北军党的组织关系交给了剑英同志。他指示我暂时离开红军部队，随东北军东调去安徽、河南、江苏、山东，参加由抗日先锋队改编的一一〇师和五十一军党的工作。参加这项工作的还有伍石甫、贾陶、解方、王西萍、汪洋、张岗、王再天、徐瑞林等同志。我们遵照组织的指示，积极创造条件开展争取东北军的工作。主要有以下两个方面。

一是在东北军中秘密发展党员，建立党的组织。这项工作从1936年就开始了，如在五十一军上自军、师、旅、团，下至营、连，逐级建立党的秘密组织系统。当时，国民党、蒋介石限制我党活动甚严，特别是1939年国民党五届五中全会后，我们开展工作更为困难。敌人猖狂，许多人在政治上动摇不定，我们发展党员就很不容易，唯恐找错了对象而暴露党的组织。我们派进去的党员同志一般都是当兵的，或者职务很低。当兵的发展当官的，下级发展上级，就更困难。为选准发展对象，我们细心地与发展对象接触，注意观察、分析他平时的言论是否有进步性，在一些政治问题上立场是否正确，是否倾向共产党。经过反复观察，确定好对象，再经组织批准，才去"捅窗户纸"。有一次，我们七八个党员在麦地开党委会，被连长刘明显发现了，我们来不及躲避，虽然表面镇定若常，但心里有些紧张。我们当机立断，决定要么把他突击成党员，要么枪毙了他。他走到我们面前，神色自然，问道："你们在干什么？"我说："不干什么，天热，出来乘凉、散散步。"他笑笑说："你们是共产党开会。"从他的话音里听得出来他对我们不怀恶意，我们便没有对他采取武力手段，只是意味深长地对他说："我们很了解你，你原来是抗日先锋队的，很有爱国思想。"说罢便让他走了。事后，我们注意看他的动态，看他是否向上级告密。经我们调查，他没有告密，这说明他是同情和支持共产党的，后来经过教育培养，他被接纳为我党党员。

在发展问题上，我们的方针是绝对隐蔽，长期埋伏，提倡党员积极争取和掌握兵权。党员和组织采取单线联系，党员间、组织间不发生横的联系。尽管发展工作很艰难，但由于我党在全国人民中和广大官兵中的威信很高，我们做秘密工作的同志在平时和战时又能起模范作用，使一些发展对象愿意暗中主动靠近我们，所以往往一拍即合。一一三师六七七团文书周怒涛同志职务并不高，他经常与团长王协一接近，以进步的思想引导和影响自己的上司，结果王协一成了党员。之后，王协一和另一位同志又把一一三师三十四旅旅长张炳南发展成党员。除高级将领之外，还有一批营长、连长、排长都是相互发展或由战士发展成党员的。东北军的五个军都分别建立了党的领导机构和组织，三个军即五十一军、五十七军、四十九军建立了工委。党派了一批得力干部在各军搞建党工作。我在五十一军任工委副书记兼组织部部长，书记是王西萍。五十七军党的工作由谷牧、伍志刚、王振乾、郭维城、赵志刚同志负责。在六十七军负责的是郑里坚同志。在四十九军负责的是邹鲁风、杨西光、赵天野同志。在五十三军工作的是吕正操同志。在骑兵二军工作的是周北峰同志。由于全体同志的艰苦努力，在东北军中发展党员近千人，其中五十一军发展的党员人数最多（数百名）。当年，五十一军中建立了秘密的组织系统：军一级成立了工委，师一级成立了特委，团一级成立总支，各营成立特支，各连成立支部。担任各级党组织的负责人还有：伍志刚、张岗、汪洋、李震、范离、曲径、王学明、项鄂、李亚光、阎振兴、孙毅、张和如、张炳南、王协一、韩林英、张玉璞、张彬、张紧、刘放、林千、杨国治、赵久春、李长汉、王琳英、苑金勋、方树栋、于维哲、杨在田、苏恩启、丛芝发、丛树人、张鄂、任永安、毛真、张树华等同志。敌人监视严密，我们的地下工作小心翼翼。在五十七军工作的伍石甫同志以文书身份掩护自己，我公开的身份则是传令兵。我们经常接触，通过各种暗号在传达室、厕所、饭馆、麦地里接头，有时在野地里和海岛（青岛的薛家岛）上开会。

1937年10月，工委的几位同志（王西萍、王学明、敖北风、伍石甫等）在济南的一家旅馆被捕。我当时在青岛法海寺五十一军一一四师三四二旅旅部掩护，得知这一消息后，立即采取紧急措施，通知各级党组织隐蔽转移，互相调动，改名换姓，准备口供，进行保卫党的教育。我把党员名单改写成新文字埋在法海寺和尚庙附近，脱下军装，换上平时准备好的一套便衣（长袍、礼帽、皮鞋），去军部掩护，不幸在高密县（今高密市）车站被军警督察处抓住。敌人搜遍我的全身，把鞋底都撕开了。先是没有搜出什么把柄，后来从我的衣角里搜出一个我党中央迎接对日抗战的指示，当即进行毒打拷问。后来是二四二旅旅长李币林（东北抗日将军李杜的弟弟）出面，说了好话，他们才放了我。但是总的说来，由于我们有群众基础，由于东北军官兵同情我们，耳目灵通，因而我们能化险为夷。五十一军的参谋长解方同志和王再天同志被叛徒告密，国民党要抓他们，军长于学忠知道后，立即告诉他们撤退。——四师营长于维哲更是热心为我党工作，多次主动为我军送情报，并自己花钱买了 14 间半房子，专门给我地下组织开会用。1939 年春，我回到延安，中央政治局委员、组织部部长陈云同志和我长时间谈话，为我们总结这段工作时，肯定过这个成绩。

二是争取东北军积极抗日，坚持抗战。东北军东调以后不到半年全面抗战就开始了。日本侵略者大举进攻，国民党节节败退，韩复榘不抵抗就丢掉了全山东，形势发生了极大的变化。我党争取东北军的工作，就是要把这支军队变成抗日的军队，使之在思想上愿意抗日，在行动上英勇作战，抗战到底。为此，我们利用合法的形式，在广大官兵中散发宣传品和进步书刊，进行抗战爱国的政治宣传。由吴琨、刘放、黄玉齐等同志负责组织了战地服务团，在连、营、团、旅成立抗战室、救亡室和俱乐部。这些政治宣传活动，大大激发了东北军官兵的爱国热忱，增强了他们的抗战决心。表现最为活跃的是——〇师，这支队伍是抗日先锋总队改编的新军。师长张政坊同情共产党，参谋长赵龙韬很进步，六二八团和六二九团的团长都是党员。这支队伍高举抗日爱国的旗帜，官兵团结一致大唱救亡歌曲，走到哪里就宣传到哪里，对淮河两岸人民很有影响。国民党蒋介石说这支军队被"赤化"了，不给发饷。这也难不倒他们，他们就自己打土豪，借钱借粮进行抗日。蒋介石对此恨之入骨，把这个师解散，分编到五十一军其他各师。蒋介石自己弄巧成拙，这样做反倒把爱国抗日的种子撒遍全军，更有利于我们在全军开展争取工作。

东北军中有个学兵队，共 200 余人。他们是"一二·九"运动后，平津地区南下请愿的流亡学生，多系进步爱国的青年。西安事变后，学兵队的大部分成员被发展成共产党员。他们随东北军东调，被分配到各军、师、旅、团、营和连里，由于他们有文化，能说会写，在改造东北军的过程中发挥了很好的作用。

为了对付政训处的特务，我们派一些同志分别打进去，掌握敌人的活动，使其阴谋破产。张树华同志（五十一军工委的秘密交通员）打进政训处后，做了很多工作。他多才多艺，弹拉吹唱样样都会，又善于接近群众。他利用自己公开的身份与合法的手段，在敌人内部也组织了抗战室，进行政治宣传，并随时送回情报。军中担任一定职务的地下组织的党员则利用职务之便，提出各种积极的建议或方案，影响军中的当权者，使之做出有利于革命的决定。

东北军在淮河大战、保卫武汉的大别山战斗、台儿庄会战中获胜后，向苏鲁敌后挺进。历次战斗中，我们的党员同志都表现得很勇敢。1938 年 4 月，徐州大突围时，国民党指挥无能，部队溃不成军，秩序一片混乱，国民党军官扔下部队不管，自己穿便衣跑了。在兵败如山倒的情况下，我们地下组织的党员挺身而出，一一四师的副旅长贾陶同志、一一三师的旅长张炳南同志出来收容残部约万人，然后集中到河南整训，准备了向敌后挺进的力量。我们在大别山召开了军工委扩大会议，决定向苏鲁敌后挺进，到山东和一一五师会合。我们的党员英勇抗战，以身作则，深得东北军广大官兵的信任。在党的影响下，一般说来东北军的抗战是英勇的，不少官兵在战斗中壮烈牺牲。向苏鲁敌后挺进时，由我党力量强的一个营掩护全军挺进。日本鬼子两个旅团包围了我们的驻地——大店镇，房子被打平了。日本鬼子密集成环形冲杀过来，该营营长、共产党员张玉璞面对强敌，英勇战斗，直至壮烈牺牲。在这次战斗中，我负重伤，突围而出，和起义部队取得了联系。

国民党蒋介石对东北军越来越不信任，一直想暗算它，搞垮它，消灭它，这一险恶目的部分地实现了。1937 年冬天，六十七军（西安事变时和红军关系最好的一个军）在上海抗战失利。蒋介石要借机搞垮这个军，不补给、不增援。该军由于战场上损失惨重，剩余部队过江时不幸全军覆没。四十九军被东调西调，在江西会编缩编后也被吞灭了。在国民党顽固地推行消灭东北军的反动方针和我党正确政策的影响下，五十七军的一一一师于 1942 年 8 月 3 日起义。五十三军的一部分人，在吕正操等同志的领导下，后来成立了冀中军区，坚持了平原抗战。

在争取东北军的同时，我们党还派出一些同志去开展地方工作，争取其他友军和地方武装，壮大抗日队伍。例如，范离同志去西北军二十六路军开展工作；张何如同志去微山湖开辟根据地；伍志刚、王再天、邹鲁风等同志去高密县争取地方武装头子蔡晋原；我在东北军掩护下建立了宜君县委，并劫狱救出县苏维埃主席，我曾 9 次被捕被扣，虎口余生，险些丧命。

1939 年，由于形势的变化，中央决定凡是在友军中的党组织都撤出，不再发展。这时，我已回到延安，在各友军中做工作的同志，如潘纪文、韩立中、陈友三、邹大鹏、栗又文、李士原、谢仁杰等也陆续回到延安。回延安后通过总结工作，我们与总参谋部汇编写出了《中国军队概况》《友军与友军工作》《兵要地理》，还编写出国民党 102 个军和 240 个师的系统材料，供中央和军委对敌斗争时参考。

在民族生死存亡的关头，我党为争取东北军进行了极其艰苦的工作。争取东北军的成功，对于推动全民族一致抗日，反对日本帝国主义的侵略，具有很大的作用，这是我们党统一战线策略的伟大胜利，也是我党兵运工作史上光辉的一页。

争取十七路军联合抗日的谈判经过

汪　锋

1935年10月初，党中央和毛主席直接领导的中央红军主力，经过二万五千里长征终于到达了陕甘苏区根据地。当时蒋介石为了进攻红军和陕甘苏区，在西安成立了所谓的"西北剿匪总司令部"，调动东北军、西北军（十七路军）和一部分蒋嫡系部队对陕甘苏区发动了第三次"围剿"，以东北军为主力，由南向北疯狂进攻。中央红军一到陕甘苏区，就同红十五军团一起，参加了反"围剿"的斗争。毛泽东同志直接领导了这次反"围剿"斗争。著名的直罗镇战役，便是在毛泽东同志的指挥下取得胜利的。

中央红军到达陕北的伟大胜利，给面临亡国惨祸的中国人民带来了希望，给全国人民争取抗日与民主的群众运动以巨大鼓舞和有力推动，人民群众的爱国热情像烈火一样熊熊燃烧起来。党的巨大影响，不仅影响了人民群众，也影响了统治阶级的中上层。不但在统治阶级政界产生了影响，而且对那些具有爱国思想的国民党军人也有很大的震动。特别是在西北地区，对于被蒋介石驱赶到陕甘前线进攻红军的东北军和西北军，对于两军的统帅张学良将军与杨虎城将军，都产生了极其深刻的影响。这时候，我党中央分析了东北军、西北军的处境和现状，认为争取两军共同抗日是完全可能的。从此，党对张、杨以及东北军、西北军广大官兵开始进行耐心细致的争取工作。

红二十五军到达陕北前，我曾长期负责十七路军地下组织的工作。红二十五军到达陕北后，由于受王明"左"倾机会主义路线的影响，把刘志丹等一大批执行正确路线的同志抓了起来，造成陕北革命根据地的严重危机。中央红军刚到陕甘苏区南部鄜县一带的时候，我们还被关押在瓦窑堡。党中央派贾拓夫、王首道同志把我从红二十五军政工队释放出来。

11月的一天，贾拓夫同志通知我，要我赶到前总驻地——鄜县西边的套通塬东村谈工作。我由瓦窑堡星夜赶到前线总指挥部。当时，直罗镇战役刚结束，我军全歼了东北军牛元峰的一〇九师，大量物资和俘虏需要处理，前方异常忙碌。杨尚昆同志招呼我住下，告知是毛主席调我来这里的，将接受毛主席当面指示。

在我到达前总的第二天晚上，毛主席约我谈话。我怀着极其兴奋的心情去见毛主席。毛主席住在一个群众住的土窑里。毛主席一见到我先问了许多陕北同志的情况，然后谈到了将要分配我去做的工作。毛主席要我前往西安，代表红军同十七路军谈判，争取他们同红军互不进攻，联合抗日。

我向毛主席汇报了我所了解的杨虎城将军和十七路军的情况。我说，十七路军参加过北伐战争，受过大革命的洗礼。从大革命以来，有不少知名的共产党员如魏野畴同志等在这个部队中做过工作，还有不少党员至今还在十七路军中做秘密工作，在杨虎城将军周围还有一些同情我党的进步朋友（如杜斌丞先生等），谈判成功的可能性是很大的。我长期在陕西省委的军事委员会负责工作，对这个部队的历史和人物情况比较熟悉，我愿意尽力做好这项工作。

在那几次谈话中，毛主席反复分析了全国的政治形势，阐述了我党的政策。毛主席说，由于日本帝国主义妄想独霸中国，变中国为它的殖民地，国内阶级关系发生了新的变化。那时，民族矛盾上升，国内阶级矛盾下降了。在此民族危亡的关头，全国人民一致要求抗日，敌人阵营也会发生变化甚至分裂。在这种形势下，我党与民族资产阶级重新建立统一战线是完全有可能的。我们不能实行那种狭隘的关门主义政策，我们的国内政策要做适当的调整：要改变消灭富农的政策，要团结一切爱国的开明绅士，要争取中产阶级和地方势力，要大量吸收知识分子。对军阀，我们要向前看，对他们过去反人民的坏事，不要耿耿于怀，更不要只看他们生活怎么腐化，只要他们还有一点民族气节就好，要在抗日的旗帜下团结他们。我们要体谅他们的难处，打共产党是蒋介石胁迫他们打的，不打他们就完了。为了争取他们，在发生冲突的时候，我们甚至可以暂时让出一些地方。

接着，毛主席对东北军和西北军的情况做了精辟的分析。毛主席说，东北军和西北军都是地方势力，不是蒋介石的嫡系部队，是受蒋介石排斥和打击的。蒋介石让他们打红军，以达到两败俱伤的目的。由于蒋介石排斥和削弱"杂牌军"，他们与蒋介石之间的矛盾是不可调和的。东北军要求"打回老家去"的愿望很强烈。西北军是典型的地方势力，他们要扩大实力，控制地盘，对抗"中央"，同"中央"胡宗南部的矛盾必然日益突出。杨虎城和中下级军官都有反蒋抗日的思想。我们的方针是保存东北军、西北军，在抗日的旗帜下争取张学良、杨虎城，壮大抗日力量。在他们不觉悟的时候，还是要打他们一下，直罗镇战役就是这样。但打不是目的，目的在于促使他们觉悟，使他们认识到"剿共"是没有出路的。毛主席当时说，政治形势对我们很有利，我们提出"西北大联合"，争取同张学良、杨虎城将军搞好关系，然后才有全国的大联合。

最后，毛主席谈到派我去西安的任务。毛主席说：谈判成功的可能性是大的，但也有一定的危险性。谈判一定不要决裂，要谈和。我表示，完全接受主席的指示。这次出去，当力争谈判成功，如果谈不好，有危险，也不惧怕。主席说，你说得很对，现在的时机是好的，我们连续打胜仗，他们一定很动摇，成功的可能性很大，但困难和危险是有的；我们把各方面都想到，有了精神准备，事情就好办了。主席还具体指示，对杨虎城部队要有个分析，多鼓励抗日士气，少谈以往不愉快的事情，多看进步的，少看落后的……

听了毛主席对形势的分析和对我党政策的深刻阐述，我耳目一新，豁然开朗，思想实现了大解放。以王明为主要代表的"左"倾教条主义者，实行狭隘的关门主义策略，四处树敌，"为渊驱鱼，为丛驱雀"，把自己搞得很孤立，路子越走越窄，工作被动，损失很大。现在，党中央确立了新的政策和策略，革命道路开阔了，工作好开展了。我信心百倍地去完成党中央、毛主席交给的艰巨任务。

毛主席同我谈话结束，我在前总又住了几天，毛主席和周副主席又给了我不少指示和办法。等毛主席将写给杨虎城、杜斌丞、邓宝珊三人的亲笔信交给我以后，我就从前总出发，经过张村驿赶到关中特委所在地九头塬蓝衣村。

关中特委的许多同志是我很久不见了的老战友，为了保密，我没有一一见面。我只同有关同志积极地进行准备，找化装衣物、证件，研究和选择外出路线。关中特委特从边境调了一些地方干部为我提供情况，并参加研究。有的同志主张经赤水出苏区，有的主张经正宁县由庆阳出苏区。这些主张都有缺点。后来，我同在邠县北后区工作的地方干部赵洪同志谈话之后，决定从邠县与长武县之间出苏区。这个地区没有国民党正规部队驻守，虽有民团，但晚上不敢出来骚扰。只是我路不熟，需要找个带路的同志。路线决定以后，便起身，当晚到达赵洪家中。由赵洪找到了一个在乡苏维埃政府工作的人为我带路。我们研究了边界情况，便和带路的同志向长武出发。天明前已出了苏区到达泾河东岸。

离开关中苏区后，我一气走了大约75千米，虽然有些疲倦，但还是一帆风顺的。在距长武县十二三千米的地方，碰到了两个便衣特务，两人对我进行了仔细的盘问和搜查，缝在我的皮衣里边的毛主席写给杨虎城等先生的信，也被搜了出来。幸好这俩是"土特务"，当看到信是写给绥靖公署主任的时，便有些瞠目结舌，不知如何发落。我就装出一副国民党大官的神气，大声问他们是谁派出来的，并吓唬他们说：你们这样乱搞，杨主任知道了，对你们和你们的上司都是不利的。这两个家伙更加发慌，说他们是长武县政府派出来的。我知道长武县县长是党伯弧，乃十七路军中的老人，是忠于杨虎城的。这时，我比较放心，对两个便衣说：我是十七路军的高级特情人员，是杨先生派到苏区边界做工作的，现在回西安去报告工作，同你们的党县长也是老朋友。他们便相信了，请我们到附近的村子休息、吃饭，并把搜出的信件还给我。

当时我考虑，把这些信秘密地从长武县带到西安，是很不容易的，同时，这两个便衣也难免不走漏消息，但估计党伯弧还不至于破坏我们的事，因为这件事暴露出去，对于十七路军是很不利的。于是，我决定设法和党伯弧见面，争取他的同情，以免泄露秘密，从而顺利到达西安。长武县的城门是由中央军守卫的，这一关如何通过，是一个问题。为了避开进城的检查，我给党伯弧写了个信，说奉杨先生之命，有要事商量，要他到城外相会。此信由一个便衣先送去。大约下午 6 时，我们到达长武县北门外，党伯弧果然在路边等我。党伯弧命令便衣离开以后，我对党伯弧如实说明了来意，简略地讲了红军主力到达西北后的形势，蒋介石不信任并削弱十七路军的事实和杨先生同我们已有多次来往的经历，因此事关系国家大局，也关系到十七路军的前途，所以要他加以协助。我谈完以后，党伯弧县长表示帮助，并说他同十七路军是利害相连的，一定想办法送我平安到达西安。党伯弧所顾虑的是两个便衣知道了，不好保密，长武到西安 150 多千米，万一出了岔，不好办。我告诉党伯弧可以按我告诉便衣的说法，对付便衣；至于护送方法，为了保证安全，可以选择可靠人员用"押解"的办法，万一出了事，也可以避免连累他。他同意了，同我一块进城。第二天清早，党伯弧选派他的亲信——保安队队长带了四个兵，用大卡车"押送"我去西安，汽车一直开到西安新城绥靖公署。杨虎城先生见到了毛主席的信以后，让十七路军军法处长张依中接待我。此人曾参加革命，渭华暴动时，我们曾经认识，后来，他消极了，但还认识我，表现得特别热情。他们把我安置在西华门军法处看守所。张依中向所长吴怀仁介绍，我是十七路军的特情人员，是被红军俘虏后逃回来的，需要审查以后才能复职。看守所长是一个年近六十的老狱吏，习惯于奉迎，他看到我同他的长官平出平入，便尽量向我献殷勤，安置我住在一个较好的房间里，每天单独开饭，极表关怀。我名义上虽然是"犯人"，实际上却是比较自由的，可以到张依中、吴怀仁的办公室里去闲谈，了解情况。谈话中张依中一再表明他之所以脱离革命，只是同某些人有不同意见，自己并没有做过坏事，如有需要他的地方，他一定尽量帮忙。一次，谈起渭华暴动，张说他对刘景桂（刘志丹）同志印象极深，详细问了刘的情况。

大约一周后的一天晚上，张依中来说，杨先生约我谈话，并开来一辆小车，送我到新城。杨虎城先生在新城大楼门口等候，接我入西客厅谈话，没有别人参加。我首先代表毛主席向杨先生问好，说明了来意，谈了形势和红军联合抗日的主张。没有等我说完，杨先生就提出了三个问题。

第一个问题：十七路军认为红军不讲信用。他说，我部孙蔚如驻防汉中一度和红四方面军有过来往，但是红四方面军无故地攻击汉中地区，我部许多人至今还有不满情绪。

第二个问题：十七路军警三旅旅长张汉民，"中央"（指国民党）一再指责我，说张是共产党员，陈立夫也跟我亲自谈过。我认为张有魄力、能干，没有理他们的指责，但是红二十五军徐海东部在柞水九间房设伏击，并把张汉民杀害了，这是我们很不满的。

第三个问题：你们红军主力北上抗日，主张联合一切抗日部队，这个主张很好，但是如何帮助东北军和十七路军呢？

我对这些问题依次做了详细的回答。我说，贵部孙蔚如先生同我红四方面军有来往，我们是知道的。贵部派的张含辉，到过通、南、巴苏区，我红四方面军，保证了其安全，并且双方取得了谅解，因而贵我两军在两年中，没有大的摩擦，孙部得以安驻汉中，兵员有了很大的发展，说明红四方面军是信守了协议的。后来中央军第一师胡宗南部，依靠天水地区，积极向南扩展，势力伸张到四川西部，不仅我军侧面受到威胁，同时孙部也受到威胁，而孙部对胡宗南部不加抗拒，任其发展。特别是中央红军到达川西时，胡部已伸入嘉陵江西岸一带，阻碍红四方面军和中央红军会师。红四方面军为了顺利地同中央红军在川西会师，必须安全地渡过嘉陵江，要安全渡江，必须设法调离沿江驻守的胡宗南军队，所以才决定采取声东击西的办法，明攻汉中，威胁天水（胡军后方），调动胡军返回天水。胡部果然以为我军攻打汉中、天水，撤回了川西部队，集中天水防我进攻，给了我红四方面军回师西进的好机会，安全地暗渡嘉陵江，完成了和中央红军会师的任务。这种军事行动，说清楚了，先生是会谅解的。杨先生知道，汉中是个盆地，红四方面军如果决心消灭孙部，就可以依靠川北苏区，三路出击，东路依万源、城口进攻镇巴、西乡，中路依通、南、巴翻越巴山进攻南郑，西路依广元进攻宁强、勉县（别名沔县）。东、南、西合围南郑，汉中地区腹背受敌，不是更容易得手吗？何必单从西路一线进攻汉中呢？这点也正充分说明了我军攻击汉中地区，只是调动胡军之手段，并不以歼灭孙部为目的。

我说，红二十五军，从鄂、豫、皖苏区突围后，长期行动，得不到补充和休整，有困难。该部到达陕豫边地区后，是准备休整的。可是贵部柳彦彪旅，天天尾追，逼得红二十五军不得不自卫，山阳一战该旅溃败，而贵部警三旅张汉民部又接踵而至，并且张部尾随得比柳旅更为接近。红二十五军误认该部再寻机攻击，遂于柞水之九间房接火战斗。在战斗中，张旅长被俘。红二十五军由于自从突围以后，和上级失掉了联络，不了解张汉民同志的情况，所以误杀了他。这首先是我们共产党人的沉痛损失，因为张汉民的确是我党党员，现在我党中央已追认张汉民同志为革命烈士。这个事件，对于十七路军来说，当然也是一个沉痛的损失，但可以用来作为同国民党进行斗争的有力材料，以张汉民同志被杀来反击国民党陈立夫等的指责，说明十七路军并没有什么共产党员，挫败蒋介石削弱十七路军的企图。

我接着说，至于红军的态度，我党在《八一宣言》中有明确说明，毛主席给杨先生也写了信，想必杨先生也是清楚的。今后贵我双方如果不相互攻击，就会互不伤亡，这对十七路军之发展壮大和对抗日救国事业都是极为有利的。我们认为西北军和东北军都是要求抗日的，这些军队的扩大，就是抗日救国力量之发展，也就是对蒋介石卖国势力的削弱，所以我们一定会帮助其成长，防止其损失，这就是我们对西北军和东北军的明确态度。

杨虎城先生在谈话中多次暗示十七路军上下官兵都是齐心的，能够听他的话，但对谈判的具体内容没有明确态度。从语气和神态看来，他对联合抗日、互不进攻是赞成的，对这次谈话也是满意的。杨先生最后对我说，他今后不能多和我谈，指定王菊人先生（当时任杨的机要秘书）和张依中先生继续同我接谈，并说如果事情完了，有一位老朋友要我带往苏区。此后杨先生还同我接谈过两次，但都是礼节性的：一次（王菊人先生在座）是同意王先生同我谈话的内容和所定的联络办法；一次是我要返回苏区时的寒暄，表示代问毛主席、周副主席好。

同杨谈话以后的第三天，王菊人先生约我到中柳巷他的家里谈话。王在大革命时期参加过革命组织，我们是相互知道的，但这次见面，王却表示很疏远。他一开口就说红军经过长期行动，到达陕北可能很疲倦了吧！分明是暗示红军联合他们是出于不得已。我说：红军主力已顺利到达目的地陕甘边区了，初进苏区便打了几个胜仗，吴起一战歼灭马步芳的野骡子旅大部分，直罗镇战役全歼东北军牛元峰一〇九师，王先生大概听到了吧！因我这样回答，王就转换话题说：贵部到西北后，对马家军如何对待？马家军以强悍著称，搞不好，很麻烦。我说：马家部队也不是蒋的嫡系，如果他不积极骚扰，我军亦愿意互不攻击。同时，马家部队也和红军较量了一下，并未占到便宜，看起来也不像传说的那样勇猛。接着王表示同意同红军建立关系，但极力宣称十七路军是有革命传统的，这次和红军建立关系，是为了革命，望双方都能抱定互相谅解、互相尊重的原则。我说：我们都是西北人，十七路军的情况，我还知道若干。为了国家的利益、两军的利益，为了西北人民的利益，我们都应为两军的联合尽一份力量，促成两军的合作。

从王菊人家里出来，回到军法处，张依中早在他的办公室等我。他一见面，就对我说，王菊人不够朋友，爱弄小聪明，要我多加注意。张说这话的用意何在，我一时弄不清楚，只好随口应答几句。从张后来的谈话我才了解到他是在极力表示要重新参加革命工作。

由于张依中的帮助，我能够自由外出访朋探友了。于是我就设法会见杜斌丞先生，从朋友那里知道杜斌丞先生住在大湘子庙街。在一个晚上，张依中约我到他家谈话，张住在正学街。从张家中出来，我就去杜先生家中，杜先生亲自出门迎接。我告诉杜先生，毛主席有信给他，都在杨先生那里，不知收到否？杜说没有接到。他估计可能是被杨先生扣押了。杜先生表现得很热情，问了陕北许多熟人的情况，继而分析了杨先生的态度。他说杨敢干、直爽，对蒋介石的统治不满，也有一些进步思想，但有些简单，抱有统治陕、甘的"雄心"。杨先生对红军有些害怕，宜多做解释，以打消他的顾虑。随后杜先生也提到张汉民的问题，并说朋友们都很关心这件事的真相。我便老老实实地告诉了张遇害的经过，说明这个误会是大家的不幸，党中央已追认张为革命烈士。杜先生听了以后表示说党处理得很合适。对于争取十七路军联合抗日的问题，杜先生说，他是不准备离开十七路军的，今后当极力促成两军合作抗日。我辞出时请求杜先生代我约邓宝珊军长，他慨然答应了。以后我也还多次设法去杜先生公馆，了解西北各方面的情况。

有天晚上同杜先生谈完话回到住处，天已很晚了，张依中派人请我到他的办公室。张对我说，你近来活动得太多了，已引起一些人的注意，杨先生也知道了。不知什么人出的主张，杨先生已令我处庞志杰队长监视你的行动，怕你出岔子。如果在外边被"中央"发觉，立即设法把你抢回来；假如不可能，要先开枪伤害你，千万不能让国民党把你活捉了去。我很担心，所以才秘密告诉你。杨先生这样布置，是为了十七路军的利益。张这样告诉我，是真是假，我不太清楚，不几天庞志杰也把杨决定的内容秘密告诉我。这说明了我的行动已被十七路军方面注意了，必须小心一些。

过了几天，王菊人又约我到他家谈话，这次王的态度比较客气。他说你可以返回苏区了。杨先生认为红军和十七路军都是抗日部队，双方力量都不应削弱，要互相谅解，双方都应当避免冲突，将行动尽量告诉对方；如果遭遇，双方都不要包围追击。你需要什么东西，可以买点，前次杨先生告诉的××先生和你一块去，请你多加照应。

在西安住了约一月，到此告一段落。临行前我到杜斌丞先生家里辞别，被传告知杜先生去了三原，他代我约会的邓宝珊先生也没有可能见到了。

过了一天，张依中跟我通知行期和路线。他说，明天就走，同行人在北门外会齐。坐马车经三原去淳化，淳化驻军是特务二团，团长阎揆要。我听后内心确实高兴，因为我和揆要同志可以见面了，我们分别已有一年多了。张还说，杨有电话给阎团长，说你们是中央派去陕北谈判的大员，要阎亲自接待，要我不可露出马脚。

送我们的又是庞志杰。真凑巧，送的和接的都是共产党员和与共产党有关系的人，哪有不放心的呢。早7时在北门外集合后出发。杨先生要我带往苏区的那位先生在三原，我俩住在一间房子内，我才知道这位"代表"也是一个共产党员，他的名字叫王世英。

次日下午4时左右，到达淳化县，阎揆要团长在城南门外等候。庞和阎是老同事，庞先介绍了王世英同志是杨部高参，然后介绍了我是"中央大员"赵仲远先生。阎团长摸不着头脑，只是点头。回到团部后，阎说，原来"中央大员"就是你。在阎揆要同志的团部住了一夜，由雷展如同志送我们到苏区边界。雷当时任连长，也是一位老共产党员。

我们进入苏区走了不到一千米，就被一支武装包围了。他们是当地的游击队，看我们穿着长袍，戴着礼帽，不由我们分说，硬要捆我们到队部去，我们怎样解释也不听，队员叫我们"反对派"（陕北苏区群众把国民党叫反对派）。到了队部，见到队长，他笑着说："我的汪政委，几乎把你当反对派了。"队长姓杜，是红军二十六军的班长，他是认得我的。休息吃饭以后，我们由杜队长派人送往关中特委所在地蓝衣村。

漫忆在八路军西安办事处的日子

周子健口述 兰铁白整理

八路军西安办事处的由来

1936 年 12 月西安事变后，我党在西安市七贤庄设"红军联络处"，这是十年内战后中国共产党在国统区设立的第一个半公开办事机构，当时由叶剑英主持工作。七七事变后，由于中国共产党的倡导，建立了抗日民族统一战线，中国工农红军主力改编为国民革命军第八路军，同年 9 月，"红军联络处"改为八路军西安办事处（又称八路军驻陕办事处，简称西安办事处），首任处长为伍云甫。林伯渠、董必武等中央领导均曾作为中央代表住在办事处。

办事处根据党的独立自主原则，坚持"发展进步势力，争取中间势力，孤立顽固势力"的方针，掌握"有理、有利、有节"的斗争原则，积极组织人民群众抗日救亡，输送进步青年参加革命，为前方采购和运送必需物资，掩护和转送党的干部。1937 年至 1939 年，办事处积极适应抗战形势的发展，工作开展得比较顺利，在抗日战争的前方后方、人员往来、物资转运中起着"枢纽"作用。党的领导人（如周恩来、朱德、彭德怀等）、部分爱国民主人士、国际友人也曾通过八路军西安办事处，公开地或秘密地转赴革命圣地延安，或从延安经此处转赴大后方或敌后抗日根据地。特别是有大批进步青年通过八路军西安办事处涌向延安，参加革命。国际共产主义战士白求恩，印度援华医疗队柯棣华大夫、巴苏大夫及美国进步作家史沫特莱均曾在此住过。抗日战争胜利后，国民党一意孤行，发动反人民的内战，1946 年 9 月办事处被迫撤销。

1940 年 1 月，我被派到办事处工作。1943 年 4 月 5 日，中共中央书记处会议决定：重庆办事处工作直接归毛泽东领导，八路军西安办事处工作直接归任弼时领导。4 月 23 日，任弼时等中央领导来电指示：中央决定由任弼时直接领导八路军西安办事处的工作。在任弼时的直接领导下，八路军西安办事处进行了坚韧持久的工作和尖锐复杂的斗争。他领导我们开展抗日民族统一战线的组织与宣传工作；指挥我们对国民党顽固派进行"有理、有利、有节"的斗争；指示我们团结爱国民主人士并通过他们做国民党军政官员的工作；重视我们向中央汇报的社情反映；指示我们做好思想政治工作，搞好纪律、保密、气节教育；关心我们的工作、学习与生活。有党中央的关怀和任弼时的直接领导，我们在尖锐复杂的斗争中才不至于迷失方向，才能百折不挠地完成党所交给的任务。

八路军西安办事处所处的时代、地理环境和党中央赋予的任务，都具有不寻常的意义。办事处地处国民党胡宗南军警宪特的严密包围和监视之中，但在很长的一段时间里，它是在党中央领导下在西北进行抗日救国斗争和对国民党既联合又斗争的一个"战场"，是我党公开工作与秘密工作相结合，为公众所注目的一个重要处所。

我刚去的时候八路军西安办事处共 200 来人。后来少了，我撤离时还有 16 个人。办事处由中央派伍云甫领头，下边都是各部门派去的：管干部的刘一民（后任铁道部副部长）是中组部派的，经理科科长喻杰是后勤部派的，王平是康生那里（情报部）派的。总之，中央每个部门都派了人去。上边总的由林老（当时林伯渠为边区政府主席）负责。

这个办事处是以八路军的名义设立的，1940 年初，门口牌子换写为"第十八集团军办事处"。1937 年 9 月、10 月份挂牌叫"八路军西安办事处",后来蒋介石嫌八路军名声太大,想换小一点的名声,就下令让叫"第十八集团军办事处"。实际上,一直到撤销,里边外边的人都叫它"八路军办事处"。我刚去办事处时,林老还在西安,他于 1940 年底 1941 年初回到延安,以后就不常来西安了。1942 年,董老去住过一段时间,我那时常请示伍云甫、董老。当时国民党陕西省政府主席是蒋鼎文、熊斌,国民党省党部主任委员是谷正鼎。

在八路军西安办事处的工作思路

我当时的思想准备是这样的:第一点,只要蒋介石还举着抗日的旗帜,国共破裂的可能性就不大。只要他抗日,就不可能完全破裂。我是当时去了就没准备回来,不是没信心,是有信心、有决心。这靠我们党的力量,我们军队的壮大,斗争战略、策略的正确运用等。那时一心一意、全心全意投入到工作、战斗中去,顶多被关起来,或者被杀掉。气可鼓而不可泄,必须准备在最坏的情况下开展工作。

第二点,怎样进行工作。那就是利用各种条件、各种手段、各种人物进行调查研究。一是了解情况、研究问题,积极地利用敌人的报纸,敌人报纸上是有很多情报的;在社会上进行了解,办事处地处火车站附近的马路旁,从老百姓的只言片语中就可以听出很多问题。二是利用各种关系,几乎每个重要部门都有联系人,新老关系,而且是自行来找我们的。就是特务来了,我们也接待,在接待中慢慢了解他。当然,真正来的特务是不多的。例如有一次我去车站运东西,运到耀县,我找国民党军运主任,他说:我正忙军运。这一句话就是特别重要的情报,我及时报告了延安。三是我们主动出去与重要人员联系。如杜斌丞、杨明轩,这些人与我们关系好,有名望,常常向我们反映一些社会舆论以及对我党方针政策的一些不同意见等。四是打探内部的消息，如陕西省委、情报部门的他们不便来，我们就想办法出去。找国民党我白天去，找内部人士我晚上去。属于机密的内容我自己掌握，不交给别人。核心是调查研究。搞情报不要太神秘，太神秘就搞不到情报了。

我只遇到过一次跟踪。有一次我去看吕向宸（杨静仁的岳父，他常向我们提供一些情况），后面老有两个人，我干脆上街买点东西就回来了。有一次遇到"抄把子"，就是搜身，他们主要搜枪支，我带了宣传品，没被他们搜去。我有时利用上下火车的人流顺势挤入人群。特务一般不敢在我们门口待着。

还有一点，内部进行教育，就是任弼时电报指示的：第一，一直抓组织纪律教育。我们办事处人员不能随便出去。我白天出去带两个警卫员，夜里我自己出去。一般都是两个人以上同行。第二，始终抓气节教育、马列主义基本原理教育。从两个方面着手，一抓阶级教育，二抓文化教育。每月进行两次文化教育，坚持不懈。我经常讲时事、政治、思想、气节，中央来了重要的文电指示、传达，我们认真学习，反复讲。第三，持续抓保密教育。每个人只说自己身份："我是张三，文书或警卫员。""我们内部规定别的事不准问。"这三方面的教育是互相促进的。大家思想比较稳定。皖南事变后跑了一个警卫员，姓苟，被敌人抓了去，带走两匹布，没带枪；还有一个也是警卫员，要求走，我们就把他放了。多数都很好，都很团结。

在八路军西安办事处与国民党反动派的斗争

办事处的环境，每件事都涉及阶级斗争。在抗战的形势下，国民党不敢公开命令取消办事处。皖南事变是一个信号。毛主席、党中央与其针锋相对地进行斗争，以期打退这次反共高潮。那是最高的斗争形式。

抗日的局面维系着，但日常工作中每件事、每个问题都要斗争。比如人员来往的自由受到很大限制。1939 年底以前，持我方自己的护照还可通行，不用到国民党机关办手续；第一次反共高潮后，走人、走车，都需要经过国民党的警备司令或胡长官公署（第三十四集团军司令部），来往自由基本被剥夺了。除非秘密地走，公开走都得经过他。我们的人出去，特务公开盯梢（过去有时我们公开，他们那里秘密进行）。有时是一批特务跟着，我们在行动上受到很大的限制，工作上就困难了。过去到国民党机关办事，他们一般还客气，反共高潮后找人办事就不容易了，一看是八路军，就另眼看待，层层请示才敢办。一方面我们工作上遇到很大困难，另一方面生活上也受到很大制约。

我们一切生活用品都靠当地采购。以前做衣服，服装店没问题。皖南事变后就不敢给我们做衣服了，做了，老板马上就要受查询威胁。1943 年以后，我们就自己做衣服了，买了缝纫机，把穿着的衣服拆了，依葫芦画瓢。国民党不能公开宣布不许我们正常公开来往，买粮我们注意不在一个粮店买，在一个店买上两次，老板就得受传讯。

1944 年，国民党补给区有个和我们有联系的人，我问他，我弄粮食去，你给加工成面粉，有没有办法。他说，粮我也有，也能加工，就是运我没办法。我说，你给我加工两三百袋（够办事处两三年吃的），我雇大车去拉。你也可能受牵连，实在不得已你就走，我给你出路费。后来他给办完这件事就走了。面粉拉去办事处，大车夫被抓去拷问。车夫说，我也不知道他们是谁，人家给钱我就得拉啊。总之，那时办事处购物要蜻蜓点水，一次性的还可以，多了就不行了。

紧张的时候，吃水都困难。办事处院里有井，是苦水，用来搞清洁卫生还可以，饮用就不行了。于是我们买了水车，每天派人去拉水，特务找拉水的要他往水里放药，他回来把毒药交给了我们。后来我们又派了两个人跟水车。

住房也没办法，我们住 5 个门牌 5 个院（一部分是岳维峻姨太太的房产，我们一次给她两三年的房租，另一部分是省银行的房子）。

总之，当时是一切行动受制约，我们就把敌人研究透，见机行事，开展工作。

外边来人就很困难了。周围有很多监视哨，办事处去延安一年三五趟车；延安有什么号的车要来，我们就跟胡宗南部联系，让其通知沿途岗哨放行。他们的检查特别气人，一两辆车一走中山门（出北门）可能一两天也检查不完，检查人员把被子打开摸，把书一本本地翻，甚至一页页地翻，牙膏也要挤一挤，他公开告诉我们，只能忍耐。西安—咸阳—三原—耀县—黄陵……每道关口都要检查，站站检查，有时两三天、三五天过不去，真是"行路难，难于上青天"。李世英、李天佑 1943 年从苏联回来，到了办事处，他们自称是从北平来的，我电报请示中央，中央复电：不说明实情不能接收。我把复电给他们看，他们才说是从苏联回来的，又发电请示，中央让接收。我就给办了个手续：从前方来的，一个大尉，一个少校，编写职务，报胡宗南司令部，人就合法了。当时也有人来办事处要求去延安，我们就告诉他：你去豫西、晋西南都可以，我可以给发电报；去延安，敌人封锁太严。

总之，衣、食、行都受到很大制约，只有我到国民党单位办事还可以，还有就是出去买日用品，牙膏、毛巾、食糖什么的，受到的制约相对小点。

在这种情况下，公开工作和秘密工作就要严格分开。内部也是公开工作、秘密工作严格分开。秘密工作是我和下面一个科长负责。白天做公开工作，夜里我一个人出去，去看一些重要关系，如杨明轩、杜斌丞等。秘密工作只限极少数人做，其他人守住办事处据点就是胜利。凡是能公开做的都公开进行，如《评〈中国之命运〉》就公开发行，国民党的每个机关都给寄去，省政府主席也给寄去。

对于敌、友、我的情况，我们老在研究。我们虽为孤岛，但有千丝万缕的关系，而且只要办事处还存在，人家就会知道国共还在合作呢。分析环境，利用各种环境，还是有事可做的。

延安提出搞大生产运动，办事处门前有十几亩（1 亩约等于 667 平方米）空地（靠那时的革命公园一侧，冯玉祥时代起的名），我们就开荒种地，办事处吃菜基本上都能自给自足，这个意义不简单。第一，我们官兵一致，第二，自力更生、艰苦奋斗。9 个门牌我们占了 5 个，其他还有老百姓住着，政治影响超过劳动所得。

办事处的经费是由重庆办事处汇来的（中央统筹的），赖祖烈是长期搞特费的。1946 年我回延安，曾三管特费，他说，西安办事处非常节约。重庆办事处的名义，实际是南方局（后为西南局），国统区工作是周副主席负责。

抗战期间我们党有两条战线：一是集中力量打击日本侵略军，二是应付国民党的突然袭击。在这种情况下，斗争异常复杂。历经多年磨炼，我党不断走向成熟，1935 年瓦窑堡会议提出的关于建立抗日民族统一战线的理论和策略，表明我们党已经学会创造性地运用斗争的战略、策略、方式和方法。1940 年总结提出"有理、有利、有节"的斗争策略，这是总结了"四一二"反革命政变和全面抗战三年的经验教训而提出来的。皖南事变时，我们从最坏处着想，对全面内战有所准备，但斗争还是局部的。我们在外边的工作原则，坚信两条：一是只要两党不完全破裂，打日本还是第一位的，这第一位的目标不转移，国共合作就不会发生全面破裂；二是我党的领导更坚强，解放区发展得更快，反而可以巩固国共两党的团结。蒋介石集团设八路军番号，其实是想借日本人的力量消灭我们。如果国民党不坚持抗战，其威信就会一落千丈。我理解，1943年，我们发表的文章说的是汪精卫，实指蒋介石。坚持斗争、指导我们思想的理论基础是马克思列宁主义，领导我们事业的核心力量是中国共产党，只有这样，斗争才有信心。在民族矛盾、阶级矛盾复杂交织情况下，共产党要善于团结和斗争。我们在国统区工作，兰州办事处、洛阳办事处不能存在了，太原办事处取消了（当时太原办事处由彭雪枫负责，张震为秘书），国民党不愿意看到我们在群众中有威信，结果环境一天天紧张起来。开始八路军护照还可以在全国通行，后来国民党把我们自由通行的权利剥夺了，这是相当大的限制。

1938年，国民党成立了劳动营（集中营）。凡是去陕北找八路军的人，都不让去，让改去国民党的战干团。当时青年去边区，会受到公开限制，第一步到战干团，再到劳动营，下一步到监狱，使人不能正常活动。

国民党在宣传方面，对《新华日报》（报名是于右任题写的）一直加以限制。这个报纸也是国共合作的标志，国民党不能不让出，但它采取种种办法加以限制。报纸出后不久，通不过书报检查，常常被没收，只能在重庆发一点。还有，主要是文章要送新闻检查。皖南事变开天窗，这就是针锋相对的斗争：一种是公开批我方"消极抗日，游而不击"；另一种是我方有些文章，不让发表。

1943年，共产国际解散，国民党要利用此事取消共产党，搞所谓的民众游行，流氓阿飞也游行到办事处门口，我们不理它。

1941年，办事处就不能发送《新华日报》了。从重庆发往外地，就被没收。后来桂林办事处取消了，洛阳办事处的袁晓轩1942年带了一部分人投国民党，另一部分人经西安回延安，我到火车站把他们引到附近仓库，然后分别进老北门八路军办事处，没走中正门。如果下火车后走这个门，就被国民党扣住了。国民党没抓住这些人，气急败坏，我马上写文备案，他们没办法，但也不放行，最后中共中央电告重庆，周恩来与国民党交涉，我们这里也交涉，最后由我的勤务员姜清子带领这批人回延安了。

国民党给我们制造各种困难和限制，到1943年底，它抓不到我们什么东西，就抓了两批我方的警卫、勤务人员，头一天抓两个，第二天又抓两个。他们是：警卫班班长、老红军石作祥，警卫班赵祥（抗战初期参加革命），李玉海、陈元英（勤务员）。我们当时向国民党抗议，他们审问时的口供我们都知道，通过内线关系，知道他们什么也没说。有的承认是警卫员，有的承认是党员，有的说自己不是党员，对于别的问题，一概说不知道。我们平时的规定就是：不问和自己无关的事。这些都是经常进行气节、保密教育的效果。我们通过内线关系通知他们：延安已经知道情况，上下正在设法营救，坚定他们的信心。他们被捕后，我们与国民党多次交涉，旧政协开会时这四个人的名字还被提到了。这些人大部分为农民出身，多数没文化，从这四个人的表现来看，气节教育是有成效的。后来这四个人在监狱也知道我们在营救他们。到1947年春，四人均设法回到延安。1984年，我给中组部写了信，他们中三人的党籍、工龄得以恢复，重新入党。他们被捕后，西安办事处没受其他损失。

我去西安办事处一年以后和西安情报处（该处属中央社会部，中央社会部由康生、李克农负责）建立了联系。先是他们要利用八路军办事处电台与中央联系。1944年初，国民党对我们的电台采取行动，妄图切断办事处与延安党中央的联系。国民党军政部西安办事处通知我办事处，称：奉蒋介石、何应钦手令，以后各集团军不得在重庆或其他城市自设电台，并特别指明八路军办事处的电台亦不例外，限于1月15日前撤销，否则即以泄露军机，照敌探台治罪。国民党顽固派的这项命令，貌似一视同仁，声称禁止各集团军在各城市设电台，其实矛头单指我八路军在重庆、西安等城市办事处的电台。而且限令，如我办事处要发报，可到胡宗南长官部发，其反动用心昭然若揭。当时国民党在西安师以上部队几乎都有电台，他们根本不理会这项命令，如国民党第九军军长裴昌会在西安设的办事处处长说，他们的电台照常发报。

　　我将上述"命令"电报中央，请中央立即指示我处与延安通信的联络方式。1月15日收到电报复示，中心思想是：（1）你们立即准备秘密收报机，以与延安保持联络。已定从19日逢单日13时至15时，双日零时30分至2时30分向你们发报。（2）此间拟用朱总司令名义向国民党方提出抗议，但你们务须准备国民党派人前来搜查，强行没收我电台。

　　收到复电指示后，我连夜对办事处进行紧急部署，准备对付即将面临的突然侵扰。中央料事如神，果然，16日上午，国民党顽固派竟然趁我离开办事处去其警备司令部开会之际，突然派来宪兵特务40余人包围我办事处，强行进入搜查，要强抢我们的电台。当时我刚好赶回办事处，我们经过激烈斗争，迫使他们退出办事处，留下了电台。

　　处在蒋胡军警宪特包围监视之下的我西安办事处，仅靠电台与党中央保持经常性的秘密联系，下情上达，并接受指示开展工作，进行斗争，这是当时唯一的手段；没有电台，办事处的生存与工作将是难以想象的。在此以前我已与我党的情报机构建立了单线联系，现在，办事处发报有困难，我进一步与他们联系商妥，以后就利用他们的电台与党中央秘密保持联系。我党的西安情报处当时由吴德峰负责，后为王中（做过康生的机要秘书，新中国成立后做过安徽省副省长），王中后为曾三，曾三后为王石坚。1947年胡宗南进攻延安时，王石坚被捕。从兰州至平津的关系均由他联系，被捕后，他把自己联系的这一线暴露给敌人（最关键的没讲出），后来此人死在台湾。

　　当时国民党很纳闷，为什么西安与延安联系的电台老是切不断？那时林老、伍云甫知道电台情况，办事处其他人不知。我还在办事处内设置了备用电台，此外，有些电报，也有意前往胡宗南长官部去发。由于认真执行保密制度，直到1946年西安办事处撤退，在电台及与党中央的电讯联络上，我们也没有出现大的问题，完成了党交给的任务。

国民党的方针是"限共""溶共""反共"，因此，在国民党统治区，首先，必须提高警惕，任何时候都不能丧失警惕。其次，内部官兵一致，生活上大家一个样，我们贯彻得较好，没有上下级的界限，工作上对领导决定的事，有什么意见可讲可谈。有了官兵一致就有军民一致的基础。那时伙食一个样，星期天我们还帮厨，打成一片。再次，加强政治教育、文化教育。办事处的书不少，延安出的书我们都有。最后，不仅官兵一致，我们还注意内部生活的改善。政治生活、物质生活、文化生活都注意搞好。

归根到底一句话：坚定不移的必胜信念，是革命事业取得成功的根本保证。

1947 年 3 月，中共中央暂时撤离延安。之后，毛泽东等率中共中央和人民解放军的精干机关坚持转战在陕北，指挥全国各战场的作战。

这时，我们则到了在三交镇（山西临县）的中央后方委员会（书记是叶剑英，杨尚昆为副书记），准备接受新的任务。

洛川会谈前后

钱之光

　　1935 年 10 月 19 日，中央红军经过二万五千里的长途跋涉，突破了敌人的围追堵截，胜利到达了陕甘根据地的吴起镇。11 月，中央红军和红十五军团配合，在直罗镇打了一个大胜仗，全歼敌人一个师，击溃一个师。这一仗缴获了许多武器弹药，抓获了很多俘虏，给敌人以沉重的打击。同时我党抗日救亡的主张和优待俘虏的行动，对东北军产生了很大的影响。张学良本人也受到很大的震动，不得不重新考虑自己的出路。

　　我党在长征途中，就已经发表了著名的《八一宣言》，号召全国各党派、各界人士和各部队停止敌对行动，共同抗日救国。到达陕北后，12 月在瓦窑堡又召开了政治局会议，进一步确定了毛泽东同志提出的建立抗日民族统一战线的正确方针。对于我党团结抗日的这些方针政策，当时张学良将军已有所了解。为了争取东北军停止内战，我们释放了国民党军队被俘人员，首先释放了张学良的亲信六一九团团长——高福源。高是在榆林桥战役中被红十五军团俘获的，在瓦窑堡住了两个多月。他亲身体验到我军优待俘虏、纪律严明、秋毫无犯、官兵一致的优良作风，亲眼看到我党我军真诚团结抗日的行动，认识到只有团结抗日才有出路，悔恨自己不去打日本人，反而与自己的同胞红军作战，觉得对不起东北的 3 000 万父老兄弟，要求回去做张学良的工作，争取张共同抗日。周恩来副主席亲自接见了高福源，在问明他的安全确有保证以后，就同意让他回西安去对张学良进行劝说。

高福源本来是东北讲武堂毕业的学生，做过张学良卫队营的营长，以后升任为尖子团团长，很受张的器重。

高于1936年1月起程，先到洛川，经东北军六十七军军长王以哲引见，见到了张学良。高向张详细报告了在红军中的所见所闻和自己的切身感受，劝张学良同共产党团结抗日，"打回老家去"。高的劝说对张学良很有影响。与此同时我党也通过多种渠道对张做了工作。加上张本人有家仇国恨，听了高福源的陈述后便下了决心，决定与我党谈判共同抗日的问题。他让高立即返回瓦窑堡，请我军派出正式代表到洛川进行会谈。这样，双方开始接触并建立联系。

前往洛川

2月中旬，中央决定让李克农同志和我一起到洛川同张学良会谈。克农同志是代表团总的负责人。克农同志曾经长期从事党的地下工作，有丰富的斗争经验。中央到达瓦窑堡后，克农同志任中央联络局局长，当时的联络局对外实际上是外事部门的性质。因此，党派他全面负责这次会谈工作。当时我是苏维埃政府国民经济部贸易总局局长，让我负责谈判通商、贸易问题。如果会谈成功，还要我到白区采购一批苏区急需的物资。

我们是2月21日从瓦窑堡出发的。代表团一行除克农同志和我以外，还有：中央军委二局研究员戴镜元同志，他以机要译电员的身份参加；苏维埃中央政府的一位同志，负责警卫工作；中央保卫局的一位饲养员同志。此外，中央还派了两个同志护送，在我们到达富县后，他们就回去了。高福源作为联络员陪我们同行。

我们都骑着马，改了装。克农同志和我身着中山服。我改名叫"徐之光"。戴镜元穿学生服，当时他只有17岁，个子小，加上很少讲话，有些羞怯，很像刚出远门上学的学生。警卫员是陕北人打扮，头上围一条毛巾，身着对襟白布衫，腰间扎一根布带，怀里藏着驳壳枪，走在我们前面。高福源也着便服。

我们这次出来，是中央派的正式代表，首次与东北军会谈，能否谈成，是很难预料的。当时，我们做了两手准备：一是谈成，两军停战，互不侵犯，相互通商。根据张学良的态度和东北军的情况，以及我们党的政治影响和红军的作战能力判断，这种可能性是存在的。二是我们和东北军，到底是首次接触，我们也得做好谈不成的准备。当时我们大家对于党把这样重要的任务交给我们，都感到很振奋，愿意尽最大努力去完成，同时，也感到任务是艰巨的。

瓦窑堡位于延安以北。我们一路从北向南经蟠龙、甘泉、鄜县，到达洛川。为了减少沿途的麻烦，每经城镇总是绕道通过，夜间也总是住宿在红军驻地的村庄，只在鄜县进了城。那是2月25日上午，西北风卷着大雪，从我们的背后和侧面打来，路上积雪很厚，行路的确很艰难。我们暂歇在城外一个村子里，由高福源进城联系。城里驻有东北军六十七军一个团，他们早有准备，知道我们已到城外，就由团长亲自出来把我们迎进城去，还款待我们吃了一顿午饭。饭后，我们急向洛川赶去。这时风雪小多了，行军速度也快些，到洛川时已近午夜。

洛川会谈

洛川是东北军六十七军的驻地。我们到达时，军长王以哲、参谋长赵镇藩热情地接待我们。这次会谈是秘密进行的。我们出发时，没有对任何人讲过要到洛川进行会谈；王以哲、赵镇藩他们更是小心翼翼，生怕泄露出去。他们把我们安排在一个事先准备好的、周围行人稀少、非常僻静的院子里。六十七军军部驻屯在洛川东门附近的孔庙大院内，我们住的四合院，就在他们的军部旁边。这是一个有三进的四合院，我们住在最后一进，外面有哨兵把守。

他们派了参谋处长佟道和一名副官陪我们住在里面，负责双方的联络工作。在这里，他们把生活安排得很好，据说是他们的上级长官亲自交代的。

王以哲、赵镇藩接待我们以后，很快向张学良秘密发报汇报情况。我们在出发前，党中央也以总政治委员毛泽东和司令员彭德怀的名义，电告了张学良和王以哲。张曾表示要亲自参加会谈。但这时，张因事正在南京，所以回电要王、赵妥善招待我们，可以先谈局部问题、具体问题，重大问题等他回来再谈。

当时通商问题是双方都迫切要解决的问题，所以就先从通商问题谈起。在东北军方面有许多问题亟须解决。因为我们到达陕北后，接连打了几个胜仗，解放了许多地方，好些农村成了革命根据地。有些地方也是我们经常活动的游击区。六十七军的部分军队，几个月来被困在城里，买不到粮食和柴火。好些东西靠飞机空投接济，但数量远远不能满足驻军的需要。信件投递更谈不上。加上部队长时期得不到换防，军需装备不好解决。所以他们希望停止内战，互不侵犯，相互通商。当时我们红军也有些困难需要解决，如给养、被服、武器弹药、医疗器械、药品以及一些必要的电讯、文化设备。同时，陕北地广人稀，土地瘠薄，再加上国民党的祸害，人民生活极端困难。我们苏维埃政府和红军不但要解决军队自身的给养，还要解决人民生活疾苦的问题，因此通过会谈，打破封锁，也是我们在这次会谈中要解决的重要任务之一。

根据双方的迫切需要，我们到达的第二天就开始和王以哲、赵镇藩进行会谈。双方首先对通商问题交换看法。我们说：日寇烧杀掳掠，蹂躏人民，而蒋介石却搞不抵抗政策，给人民带来了深重灾难。我们都是中华儿女，应该枪口对外，收复失地。因此，两军不宜再对立下去，应该尽快解除封锁，实行通商贸易，互通有无，以解决彼此的困难。通过通商贸易，也可以相互走访，加深了解。为此，可互相派人到对方管辖地区采购所需物品，对方不得阻拦；还应给予方便，并保护办货人员的安全。他们说：城里部队被围困几个月，粮食、柴火、蔬菜等农副产品供应缺乏。他们希望：一是由他们派人下乡采购，二是由我们动员老乡送货进城。他们还要求恢复六十七军在鄜县、甘泉、延安公路上的交通运输，并允许被困在甘泉县的两个营换防。当时，克农同志又具体讲了大敌当前，应该停止内战、团结起来、一致抗日等我党的主张，并提出各守现有驻地等问题。我们把谈判的情况，随时用密电向中央做了汇报。

会谈就红军与东北军六十七军局部合作问题达成了几项口头协议：

政治方面：他们正式同意我党提出的"停止内战、一致抗日"的主张。

军事方面：确定双方互不侵犯，各守原防（包括六十七军在陕甘边区及关中地区的防地），我方允许在甘泉被围困半年的六十七军的两个营重新换防。

经济方面：恢复红、白区通商，恢复六十七军在鄜县、甘泉、延安公路上的交通和经济往来。延安、甘泉两地六十七军所需的粮食、柴火等物，一是六十七军自己向当地苏区群众购买；一是红军转饬当地苏维埃发动群众送粮、送柴进城出卖，以便利东北军。双方都可互派人员到对方驻地办货。双方对办货人员要负保护之责，并给予方便。但为掩人耳目，办货人员应着便服。

以上口头协议商定后，我们也以密电形式向中央做了汇报，得到了批准。双方约定自3月5日起秘密下达执行。

洛川续谈

张学良是3月3日从南京回到西安的，4日他亲自驾驶飞机，飞抵洛川。到后就来我们住处看望。他身着便装，手拄文明棍，貌似商人，用他自己的话说，"我是来做大买卖的，搞的是整销，不是零售。"克农同志握住他的手说："张将军，你解甲从商啦！"随即是一阵笑声。虽然是第一次见面，但主客之间都不拘束，比较随意。

下午3点左右，就在我们住地开始了会谈。张学良谈了几个方面的问题。他首先表示，会谈开始的情况，已听过王、赵的报告，认为很好，完全同意那几项协议。接着谈到国际国内形势。他先请我们发表中共方面的看法，并问中共对抗日战争的看法。对这两个问题，克农同志根据中央瓦窑堡会议的精神，做了解释说明。张又提出了抗日民族统一战线和我军东征的问题。他认为我们东征既然是抗日，就不应该走山西，而应该走宁夏、绥远；认为我们讲抗日民族统一战线，不包括蒋介石不行，他说蒋介石有国家政权、军队、财权，实力雄厚。

克农同志解释，红军东征取道山西，是为了号召全国人民起来共同抗日和解决我军军需与兵源的问题。至于抗日统一战线包括不包括蒋介石，这取决于蒋介石本人。我党《八一宣言》和瓦窑堡会议，对国际国内形势，对中日政治、经济、军事等情况，都已做了透彻的分析。提出停止内战、团结抗日、全国总动员、全民总动员、建立抗日民族统一战线等主张。目前我军正开赴抗日前线，对日作战。这些都是符合全国人民意愿的。而蒋介石从"九一八"事变以来，不仅不抗日，反而继续坚持反共反人民的政策，镇压抗日民众，"围剿"抗日红军，坚持他的"攘外必先安内"的错误政策。在这样的情况下我们与他合作岂不是与虎谋皮吗？在这个问题上我们双方展开了坦率的争论。最后克农同志表示：你的意见，我们可以向党中央汇报。这次会谈对联蒋抗日还是反蒋抗日的问题，双方没有取得一致的看法。

我们的会谈，持续到5日凌晨4点左右才结束。双方确定了这样几条协议：

（1）我方请示中央，请毛泽东同志或周恩来同志与张学良会晤，进一步商谈抗日救国大计。地点初步定在肤施县城（延安），时间由我方决定。

（2）为了推动国防政府的成立和组织抗日联军的活动，由我方派一位代表常驻西安（后来派的刘鼎同志），由张学良方面提供掩护，以便开展工作。

（3）红军与东北军派代表出国的路线问题，由张学良负责与新疆的盛世才联系。

（4）这是一次重要的秘密会谈，不登报，不外传，只在双方部队秘密实施。

会谈期间，除商定的这些问题外，彼此还做了进一步交谈，使张学良对我党抗日救国的一系列方针政策有了比较深刻的了解。这次会谈虽是初步接触，是打前站的性质，但的确是很重要的。这在联合抗日问题上迈出了可喜的一步，为周恩来副主席同张学良在延安进一步的商谈铺平了道路。

4月9日，周副主席偕克农同志等到（延安）与张学良、王以哲会商联合抗日救国大计。在谈到是否联蒋抗日这个问题时，恩来同志说：抗战如果争取不到蒋介石这个集团参加，将是一个大的损失，争取过来是有好处的。但蒋介石是中国大官僚买办阶级的头子，视人民为死敌，他的指导思想是西太后的"宁予外人，不给家奴"的思想，所以他采取了"攘外必先安内"的政策，对外实行不抵抗主义，使日寇占领了我东北全境，在华北长驱直入，如履平地使我无数中华儿女惨死在日寇的铁蹄之下。对内他又疯狂镇压抗日民众，"围剿"抗日红军，实际上充当了日本帝国主义的走狗。不过，为了抗日大计，我们可以既往不咎，愿意争取这个力量。但是先让步是不行的，让步太多，会使不知足的人认为我们软弱可欺，在这方面我们是有教训的。所以要让步，还得要斗争；只有经过斗争，才能达到真正的团结。最后商定：由张在里面劝，我们在外面逼，内外夹攻，逼蒋抗日。这次会谈，就成为震惊中外的西安事变和实行第二次国共合作的重要契机。

前往西安

由于洛川会谈顺利，我便执行中央交给的下一个任务——到西安采购苏区急需的物资。会谈后第二天，我单枪匹马前往西安。克农同志和戴镜元同志及一名警卫员共三人，于7日径返我军抗日前线——山西石楼，向毛泽东主席和周恩来副主席汇报。我在离开洛川时，为了让我行动方便，王以哲让我换上了他们的军装，骑上他们的战马，改扮成他们的军官，还派一名副官随行，作为我的联络员。

有一天上午，马跑得很累，需要加料，我们就在一个驻有东北军的地方休息下来。我让随行副官进营区联系，我一个人在路边徘徊。路边有个球场，一个正在打球的东北军士兵走过来主动同我搭话："你是哪一部分的？从哪里来呀？"我答："是军部的，从军部来。"他听我是南方口音，以为我是南京方面派来的。他说："你是南京派来的吧！我们政治部有个部门几乎都是南方人，他们都是南京派来的，你是跟他们一块的吧！"他边说，边用警惕和不满的眼光看着我。看到我随便点点头，他勉强笑了一下，说了句"对不起，打搅了"，就转身径向营区奔去。他的行动引起了我的注意。我本想同他聊聊，了解点情况。但他的突然离开，倒使我有点迷惑。我打量自己的装束，回想刚才的讲话，思考是否有什么破绽。等那位副官回来后，我问他："你们政治部是不是有个部门南方人很多？"他说："是的，这些人是蒋介石派来的特务。"这时我才恍然大悟，理解了刚才那个士兵为什么是那样的态度。从这件小事，就可以看到南京特务活动的猖獗，也可以看出东北军普遍对南京方面的不满和愤恨。

到了西安，我被安排在一个宿舍里住下来。这个宿舍，只有几个人住，很少有人往来。为了我的安全，他们告诉我尽量少出门，不要上街去活动。我要购买的东西，由我开出货单，交他们负责办理。有些东西，西安也没有货，要到上海、天津、北京订货。当时我们很需要一台好的石印机，解决印钞票的问题。本来在江西苏区时我们有印刷机，但长征途中由于要轻装简行，就把它丢掉了。到陕北后，要稳定金融，发展生产，必须自己发行钞票。可是，当时我们没有像样的印刷机器，要靠木刻手工印刷，要先在好的硬杂木上雕刻出图案、字码，然后再套色印刷。工序多、效率低，印不了多少又要换版，印出的票面很不清晰。印制速度慢，满足不了苏区生产发展的需要，而且图案不清，也影响货币信用的严肃性。所以到西安办货，购置一台好的印刷机，也是我这次出来要办的一件重要事情。后来，得到东北军方面的帮助，从上海买来了一台好的石印机。当然，他们是不知道我们的用途的。

为了掌握一些市场的情况，了解一些政治动向和西安的风土人情，以利于开展工作，有时我也单独出去活动。一次，我在大街上迎面碰到我的同乡张以民和他的爱人。张以民原是大革命时期的党员，他领导诸暨暴动失败，被国民党通缉，流亡在外。一段时间与党失掉联系。这时我忽然见到了他们，因为不知底细，想马上转身避开，但已经来不及了。他们老远就按在家乡的习惯叫我："光友哥，你在这里呀！人家都说你不在人世了，乡里人都传遍了，没想到你还在这里。"他们认为我死了，不是没有原因的。我参加革命后，反动派曾到我家里抓我，没有抓到。第二天夜间，我偷偷回去和母亲告别，就秘密离开了，从此和家里很少往来。到苏区后，就中断了音信。所以他们在这里突然见到我，自然十分惊讶。当时我不好如实回答他们热情的问话，只是说："我在军队里，住的地方经常变动。"后来，我知道张以民在西安《西北文化日报》工作，化名张从仁。同时知道，家乡的边雪风也在里边工作。边原来也是党员，不过已好多年不联系了。事后，我与张以民见了面。他邀我到饭馆便餐，我考虑后同意了。在吃饭中间，我问了他这几年的情况，从各方面来看，他还是朋友。后来我们又在莲湖公园密谈了一次，就谈得深一些。他说："报社的社长是宋绮云，比较进步，同杨虎城的关系密切，是杨的秘书。"其实宋是我们的秘密党员。由于张的介绍，我与宋绮云同志见了面。他很热情，谈了很多情况，我在他这里了解到杨虎城已与我们有了接触，杨也倾向停止内战，团结抗日。可惜后来宋绮云同志同杨虎城将军一起在重庆被国民党杀害了，他就是《红岩》中小萝卜头的爸爸的原型。

我在西安住了将近两个月，办了不少东西，除印钞票的机器外，还有无线电器材、烈性炸药、贵重药品、高级纸张等物资。这些东西，都由东北军用汽车送到洛川六十七军军部。我则由他们的联络员陪同乘汽车回到洛川。这次由六十七军的参谋长赵镇藩招待了我，并商定由他们负责把这批物资运到双方防地的交界处。

返回瓦窑堡

我在洛川休息了两天。东北军调集了二十几匹牲口帮助我们运送物资，并派人护送。长长的马队，蜿蜒行进在山谷、田野间，乍看起来，很是壮观。从洛川到瓦窑堡有好几天的路程。有时走了很长时间，还是人烟稀少，并且要经过一些深山密林，这一带有土匪出没，经常发生抢劫。有些地方的民团，也在此活动，杀人劫货，无恶不作。我们这么长的队伍，虽然进行了伪装，但还是很惹人注目的。这时虽有东北军的护送，但毕竟不是红军。我方只有我一个人，此时此刻，深感责任重大，所以警惕性很高，随时准备应付突然事变。每到险要的地方，我总要先派人探探虚实，然后再行进。晚上也尽量赶到有东北军驻屯的地方住宿。到达甘泉县时，东北军的驻防团团长张文清接待了我们。原先是准备安排我们过夜的，但他们看到有这么多东西，怕在他们管辖区域内出事，所以让我们略为休息后，继续赶路。

在一天夜幕将临的时候，我们到达了与苏区交界的地方。本来事先商定我们的人马到这一带来接应，六十七军护送的人马就撤回去。可是到了这里，却不见我们的人，等到晚上还未见来。护送人员看到天色已晚，再向前就是苏区，不便前进，要求在这里过夜。我即安排住宿，招待他们吃饭。我就去找当地负责人接头。

我们停留之处，是一个小村庄，这里已有半公开的党组织。村长是我们的同志。我找他商量动员送货的事。他见东西很多，非常吃惊，说："哎呀，这么多东西，动员人倒好说，一下子要那么多牲口，困难还不小。"我说："不管怎么样，你得赶快想办法，我们不能在这里久留。"我还从他那里了解到，这里地势险要，四周都是高山峻岭，悬崖峭壁，常有土匪。民团到这里袭击，也是常有的事。于是，我们进一步伪装货物，又交代村长注意封锁消息，并请他派可靠的人看守。但即使这样，这一夜我仍然辗转反侧，不能入睡，不时起来观察动静。天亮后，村长东跑西奔了一阵，动员的牲口陆续到齐。我很早就起来，先安排六十七军护送人员吃完早饭，送走了他们，我们的队伍才向前进发。大约上午 10 点，碰上了贸易总局派来接我的同志。他高兴地说："钱局长，可把你等来啦！"我见只有他一个人，不禁惊异地问道："还有人吗？"他说："还有呢，都在林子里。"说着用手指着路旁的树林，然后拾起几块石头，向林中抛去。不一会，我们的人和牲口都出来了。大家赶紧动手卸东西，换牲口。他们告诉我，他们已在这里埋伏等候一天一夜了，因为没有与我取得联系，不敢贸然行动，所以就在这条必经之路上隐蔽下来，等候我们的到来。

我们装卸好货物以后，辞谢了帮助运输的老乡，迅速赶回了瓦窑堡。当时采办的这些东西，对于本来就很贫困、又被国民党长期封锁的瓦窑堡来说，是十分稀罕的。老乡们都在门口看热闹。我回到外贸总局，我们的同志已来了不少。林伯渠、王稼祥等负责同志也来了解情况。他们听完我的汇报后，亲自去看买回的物资。他们都很高兴，认为这次收获不小。林老看到石印机后高兴地说："之光，你买回这部印刷机可解决问题呀！以后我们印票子，图案就不会那么模糊了，印起来也快得多了！"王稼祥同志见到买回的药品中有他所需要的药物，更为高兴，说："没有想到这种药你也弄到了！"我说："这是中央的决策好，也要感谢东北军的帮助。"稼祥同志的这种心情，反映了我们成百上千红军伤病员的共同心愿，因为有了药品，他们得到了治疗，才可以重返前线。后来，这批物资分别交给有关部门，解决了一些亟须解决的问题。

　　回忆这一段往事不难看出，洛川会谈为后来的延安谈判开辟了道路；对红军与东北军的全面合作、一致抗日，对彻底打破国民党的经济封锁都起到了积极的作用；对后来国共两党停止内战、建立抗日民族统一战线有很大的影响。洛川会谈的成功及在西安顺利完成办货的任务，都是我党在政治上、军事上取得胜利的结果。

山西抗战的回忆

任弼时

一、晋北战线的形势与山西在抗战中的地位

当八路军进入山西的时候，平绥线上的敌人已经攻破了南口、张家口，占领了大同，正向晋北屏障——雁门关东西长城各口进攻，企图乘势攻破长城隘口，逼取太原，而在平汉线上亦正积极进攻保定，期与平绥之敌取得配合与呼应，齐头夺取石家庄。根据平型关战斗中夺取的文件判断，当时敌之主力还是用在晋北方面的。

因为雁门关及其东西附近地势险要，而且构筑了比较坚固的国防工事，敌知正面攻夺之困难，仍以攻占南口、大同之经验，在正面以其一部向雁门关及其东西之杨芳口、茹越口佯攻，用其主力绕由蔚县向国防工程较为薄弱之平型关进攻。企图突破平型关绕至雁门关以南，以期雁门关不攻自破。

当时的形势是严峻的。因为前线退守雁门，长城各口的军队已相当疲劳，如果雁门长城各口被突破，敌有很大可能逼近甚至夺占太原，这将要影响整个华北的战局。

山西自雁门以南、娘子关以西系高原多山，对保卫华北、支持战局有极重大的意义。敌人要完成其军事上占领华北的目的，非攻占山西不可。如山西高原全境保持在我军手中，则随时可以居高临下，由太行山脉伸出平汉北段和平绥东段，威胁敌在华北之平津军

事重地，使敌向平汉南进及向绥远进攻感到困难，故山西为敌我必争之战略要地。

山西宽阔而复杂的地形条件，不仅便利于防阻和迟缓敌之前进，且利于我们部分地消灭敌人。因为敌人的攻击要依靠其重兵器——坦克、大炮、飞机。在山西的地理条件下，这些都大大地减少了作用，甚至失去了作用（如坦克、重炮在某种地形的限制下不能使用），而极利于我们进行运动战来打击或部分地消灭其有生力量。在全国范围来说，上海、津浦和平汉三方都是平原，交通便利，利于武装齐备日军之进攻，山西方面地形和交通限制了敌人之长处，恰又补足我们的短处，利于我们的防守、持久斗争与打击敌人。

从研究抗战经验教训的观点出发，我们觉得，在整个抗战布置，至少是华北抗战布置中，没有清楚地认识到保卫山西的重要战略意义，而未能以更多的精锐部队首先使用于山西的保卫，这是造成后来山西失利，致使整个华北局势处于不利的一个重要原因。否则，雁门关长城各口也不致那样快就被突破，还可能在比现在有利的局势下支持更长久的斗争，并且可给敌以更多的打击，华北局势也必与今天不同。

二、八路军作战的方针和平型关的胜利

八路军是在支持华北抗战的斗争任务下开进山西的。它是编入第二战区战斗序列，协同该区内一切抗日友军来进行战斗的。

在晋北战线严峻的局势下，八路军成为这一战局的一支生力军。所以八路军入晋时得到了群众的热烈欢迎与拥护，这对于华北前线抗战军队与全国人民是一种极大的激励，广大爱国同胞对我们抱有极大的期望。路透社的电报也带着警告式的口气说，日军还没有开始与中国有名的红军作战，而红军正准备着与日军进行长期斗争。

　　当时我们认为，与日本军队作战是一种弱国劣势兵器的军队与优势兵器的帝国主义国家的侵略军队作战，单纯采取正面防堵，依靠坚固阵地与敌对战是不适宜的，而且我们的消耗将比敌人还要大。我们认为应当采取新的战法，求得能消耗敌人，使敌人疲于应付，战争能持久，这就是利用山西有利的地形和群众条件，发挥我军历史上养成的特长——机动、果敢、迅速、秘密的运动战和游击战，同时组织和武装广大的民众，开展广泛的民众游击战，以这样的作战方针来配合我国其他部队，达到保卫山西、支持华北战局的目标。在这样的作战方针下，取得了平型关战斗的胜利，以及在敌人侧后取得了大大小小的战斗的胜利。平型关战斗，的确是给了敌人主攻方向以有力的打击，部分地更动了敌人的作战部署。

　　平型关的胜利告诉我们，日军并非是不可战胜的敌人。它虽是组织完备、有训练、有战斗力量的军队，但是它仍有很多的弱点。它的步兵攻击精神并不旺盛，它疏忽于侧后的警戒，它占的阵地并非不能攻破，它运动起来很迟钝，它轻敌的观念给我们许多可乘之机。特别是山地作战，以中国军队勇敢的牺牲精神，是可能给它以打击和战胜它的。平型关的胜利，给抗战的军队和爱国人民带来了极大的激励，并且大大地提高了自信心。

　　敌在平型关受挫，发现劲敌是八路军以后，也就不得不大幅改变自己的战术。它常用的支队包围或远离主力迂回我军侧后，逼我正面混乱撤退的战法，因怕我们在运动中消灭它，也就不敢轻易采用了。当它久攻忻口不能突破的时候，也未曾采用两侧山地迂回的战法，而这在别种情况下是必然会采用的。

三、忻口抗战的经过

　　在雁门关长城各口失陷后不久，保定、沧州相继失陷，平汉线上的国民党军队撤至正定、石家庄，敌进攻华北的第二步作战计划已完成，并开始了它的第三步计划——攻占太原、石家庄、德州，驱逐中国军队于黄河以南，完成其军事上占领华北的侵略意图。为着最后努力保卫太原，中国主力部队于此时向晋北开进。在晋北之崞县、原平、忻口的激烈战斗相继开始了。崞县、原平都经过了一星期的固守。我们对于崞县，特别是原平守城的晋绥军那种英勇壮烈的牺牲精神是非常钦佩的。由于他们的英勇抵抗，从正面延迟了敌人的前进，使增援的生力军得有充裕时间集结于忻口，所以忻口后来能够坚持将近一月的抗战。

敌深入雁门关以南作战，其后方交通愈加延长。当时，不仅同蒲路北段因车辆南移不能利用，且平绥路因被破坏一时也不能利用，敌依靠汽车和牛马车的力量进行运输。其主要运输线是经雁门至大同和经平型关、灵邱、广灵、蔚县至张家口的两条汽车路。敌人不仅要供给前线大量的弹药、汽油（坦克和飞机用），而且前线的粮食、菜蔬也靠后方供给，因此，后方交通成了敌人前线军队作战的重要生命线。

我们把扰乱敌之远近后方，破坏、切断敌之交通运输，阻断敌之接济与增援，作为我们配合我国主要部队作战的主要任务，而以一部协同我主力军作战，以期陷敌于孤军苦斗之中，求得在较长的斗争中，削弱以至最后消灭敌之主力，从而改变晋北不利的战局。

这时候，如果在晋北有充裕的生力军，能够抽出适当的精锐兵团组织得力的野战军，沿太行山伸出保定、南口间地区，做有力的活动，威胁敌平汉、平绥线策源地北平，断绝敌后路，调动敌于运动中而后给以打击，则是增加敌之困难，配合正面作战最有效的办法。在顺利的情况下，可以逼迫敌人改变其作战计划，引起战局的变化，至少使敌难以迅速完成预定计划。可惜，当时缺乏这种精锐兵团来组织这样的野战军。

敌曾以全力猛攻忻口，遭到了忻口抗战部队猛烈打击。忻口战斗是华北抗战中最激烈的战斗，郝梦龄、刘家琪两将军在前线阵亡，卫立煌将军指挥下的全线部队，虽遭受重大伤亡，但毫不动摇。许多忠勇将士的英勇奋斗，是值得每个同胞永远纪念的。

我军深入敌远后方，在平型关、灵邱以北及在崞县、雁门关、大同间活动的部队，经过无数次的战斗，打击敌之掩护部队和运输队，夺获很多辎重汽车，彻底破坏公路。将平型关、蔚县至张家口的交通线完全截断，并乘势克复平型关、繁峙、沙河、大营、灵丘、广灵、涞源、浑源、蔚县、阳原、易县、顺平县（别名完县）、唐县、行唐、平山等广大地区，进而搞乱与破坏平汉、平绥铁路。在雁门南北活动的部队，曾几次占领雁门关，将大同至崞县之汽车道上的桥梁、险隘、电线尽数破坏，阻挠、延迟敌之增援，袭击敌之飞机场，迫使敌人疲于奔命，无法保证其安全。因交通中断，敌辎重部队亦不得不停止行动；或者用大的兵力，附工兵与重兵器掩护辎重部队节节修路前进；然中途仍受我们多次袭击，才到达。待通过后，其交通联络仍被破坏如前。

敌攻忻口遭受严重打击，后路又被截断与扰击，曾陷于非常孤立、困难状况之中。弹药和一部分粮食依靠飞机运送。因为炮弹、汽油缺乏，所以大炮、坦克不能大肆活动。敌士兵依靠抢劫当地的小米等杂粮充饥。敌当时已无力量攻破忻口阵地。但同时，我守忻口部队经过20余天的战斗，又无新的生力军增援，要迅速消灭它亦不可能。但如果有长久的时日，逐渐消耗其力量，断其后方接济、增援，在我方增加新的生力军的条件下，消灭其大部或逼其向后撤退，就不是不可能的。

在晋北之敌处于危困待援的情况下，石家庄、德州相继失陷。敌乃以平汉线上的全部力量及津浦线上之一部沿正太路向娘子关、太原进攻，以策应和解除晋北敌人之危，完成其攻占太原的任务。由于晋东战况日益危急，我八路军为挽救东线危局，协同其他部队保卫山西大部领土之完整，乃以一部主力由五台以北急向东线转进。但在部队尚未到达预定地区以前，娘子关、旧关已被敌突破。我军虽有广阳，估尚有几日之战斗，然已无法挽回战局。寿阳失陷，太原已危，忻口抗战军队乃自动撤退，东北两面之敌得以会攻太原，太原失陷。

四、我们动员群众的基本方针

抗日战争是自卫战争，也就是革命战争。只有动员起全民族的力量，经过长期艰苦奋斗才能获得最后胜利。因此，我们把动员、组织和武装民众视为抗战过程中最重要的工作。几个月来的努力，在战区和敌人后方发动了广大的民众，建立起大批的民众游击队和义勇军。这些民众的组织和武装逐渐成为抗战中一支强大的力量。

根据以往经验，动员、组织和武装民众，虽然需要艰苦的工作和深入下层群众，但收到动员群众的实效，并不是很难。

日寇的进攻，特别是日军的残暴，是我们动员、组织群众最好的资料。

日寇在疯狂的侵略政策下，采用一切征服殖民地最野蛮、凶恶、残暴的行为来对待我被占区域的同胞。每到一个城镇，多将未逃走的居民杀去半数以上（崞县县城被杀者2 000余人）。对政府职员和抗日领袖分子，则用火烧和活埋的方法处死。两三岁的小孩亦为其俎上之肉，房屋大部被焚毁，青年妇女几无不被其轮奸的，奸死者不知其数，未死者亦多遭杀戮，且大批强征青年妇女以汽车运去（仅朔县维持会，就为日寇强征3 000青年妇女）。最残酷者，莫过于最近高邑县之惨案。其经过是：12月19日，日寇到东塔镇强奸妇女，激起当地群众的愤怒，群起抵抗。20日，日军开来，将该村群众100余人均以铁钩悬于树上，割开肚子，提出肠胃，复将人头击破，灌以洋油，燃火焚之，然后将房屋焚毁而去。

要把发动起来的群众组织成武装斗争的力量，要使壮丁离开家庭参加游击队、义勇军，要使妇女抽出时间参加洗衣队、看护队，要使群众参加放哨、侦察，组织担架运输队等。只要有人去指导、推动和帮助，群众是愿意的。我们看到，山西的人民是负担着繁重的战争勤务的，然而要使他们参加抗战的积极性提得更高，使他们无所顾虑地向前，则应从各方面减轻他们自身的经济负担，减少一些捐税、地租和利息，在可能的范围内改善人民的生活，优待直接参加武装斗争者的家属，这又成为发动、组织群众坚持斗争最重要的方法。

然而，使抗战的军队能够成为动员群众的组织者和领导者，首先取决于这支军队能够为群众所爱戴。这支军队如果处处脱离群众，侵犯群众利益，甚至抢劫奸淫，使群众望而远避，这就无法接近群众，更无法动员、组织群众，还会为军队本身的行动增加许多困难。因此，严明军队纪律，使每个战士都了解军队是人民的，自觉地爱护群众，使群众把其当作和蔼可亲的自己兄弟，这又是军队动员、武装民众的先决条件。我们是本着这些方针与方法协同当地政府、抗日团体与各军去进行群众动员工作的。

五、敌人远近后方的游击战争与敌人对晋察冀地区的"围剿"

有些人感觉抗战中群众动员工作是重要的，但总以为这非三个月、半年不能见效，但事实上并非如此。我们到晋后不到一个月，在东北和西北区就极大地激发了群众参战的热情，成立了大批游击部队。这些群众的武装组织留在敌人的远近后方，协同我们的正规军队在晋察冀地区、晋西北及正太路以南地区，进行着顽强的斗争。他们已不仅能够配合正规军的游击部队行动，而且可以独立行动打击敌人。那些区域，可以说是军队与民众亲密结合起来创立的与敌人进行持久斗争的坚强根据地。

在那些区域活动的我军及群众武装，开展了模范的游击战争。他们的积极行动，不仅使敌人后方交通时刻受到破坏与威胁，而且在很大的范围内，敌人无法建立其伪组织。敌人的小部队不敢进入游击区域，而游击区域又随着游击部队的积极活动不断扩大，游击队也越来越多。几百万同胞，在这些武装力量的掩护下保全了性命和财产。

敌未攻入太原前，虽已感受到其远近后方被破坏和骚扰而带来的各种损失与困难，然而为着达成其攻占太原的军事计划，不能分出大的力量以对付后方。占领太原迫使它不得不以大的力量来进行肃清后方的工作。它以将近两万人的军队，配备骑兵、大炮、坦克车、飞机，分成八路，对晋察冀地区，进行"围剿"，另以五个支队向晋西北地区进攻，以若干支队向正太路以南进扰，企图消灭晋察冀地区的军队和游击队，驱逐晋西北及正太路附近的游击部队，以便将来向南继续进攻。

一个多月的斗争，我们部队配合当地游击队，以灵活的游击战术，给进攻之敌以重大打击。虽有某些城市已被敌人占据，然而乡村仍在我游击部队手中。每次战斗的结果，敌人伤亡总是远远大过我们的。有些城市，敌来之时，我们坚壁清野；敌进之后，被我游击部队四面包围，阻断交通接济，敌在非常困难与不断被削弱的情况下，又将城市放弃。在那些区域，我们就是这样地与敌相互争夺着。

游击队在斗争过程中学得了许多战斗的经验。他们与当地群众有亲密关系，熟悉当地的地形道路，能常常给敌人以奇袭。有一次，敌千余人马由寿阳向盂县（今孟州市）进攻，事前被盂县游击队侦知。他们就埋伏于险道，待敌深入后突然袭击，敌伤亡五六十人，我游击队仅伤五人。敌人被迫停止前进。后敌查明是当地游击队，次日复进。然此时，附近正规部队已得游击队之报告赶来增援，又给敌以严重打击，敌伤亡百余人而退。这里可以看出，游击队不仅是正规军作战最有力的助手，而且时常成为正规军的"侦察员"。

地方群众在斗争的过程中也学到了许多斗争的经验。在敌人奸淫烧杀抢劫之下，群众情绪愈加激昂。他们逐渐学会了坚壁清野和种种对付敌人、封锁消息、肃清汉奸的斗争方法。有一次，敌两三千，以坦克为前导，由易县向紫荆关方向进攻。沿途群众坚壁清野，逃避于两边山地。敌进入后，正规军队袭击其先头，两侧群众协同游击队登山袭扰。敌疑被我大军包围，仓皇后退。此役敌伤亡甚大，我缴获步枪数十支，并夺坦克一辆。

在开展群众斗争的条件下，汉奸不敢抬头活动。敌人进到之处，已不能顺利地建立伪组织和伪军队。因为群众相信可以与敌坚持斗争，敌人无法欺骗群众，汉奸分子亦畏惧群众力量，不愿出头组织。敌这次进占涞源将近一星期，伪政权始终没有建立，游击队配合群众对敌进行包围和袭击，敌乘夜逃退。

晋察冀边区乃太行山脉、恒山、五台山脉纵横交接，复杂险要之广阔地区，极利于游击战争之开展，群众已经发动起来，敌人的"围剿"是无法征服我们的。相反，时日愈久，基础必愈巩固，将成为支持华北抗战的一个坚固的堡垒。

这样的形势迫使敌攻占太原后，不得不暂时停止南进，至少，这也是敌未立即南进的一个重要原因。这就使得山西抗战过于疲劳的部队，得到机会进行收容整理与补充，保存了晋南的大块土地。

六、山西抗战的几个经验教训

几个月的抗战，虽然有些地区暂时被敌人占去，但是敌人也付出了很大代价，而且被占领的地区只限于交通要道和重要城市，大块地区敌仍然无法统治。抗战的军队与人民中的自信心，在斗争中大大地增强了。那种认为日寇为不可抵御之洪水猛兽的恐日观念，逐渐消失。在山西抗战的军队，大家思考着如何巩固与加强抗战力量，怎样努力同敌人进行长期持久的斗争。这的确是一个极大的收获，将成为最后战胜敌人的保障、中华民族解放的基础。

战争的经验告诉我们，要同日寇进行长期斗争，必须改善我们的作战方法。我们要依靠持久抗战去消耗敌人，来争取最后胜利。单纯防御的正面抵抗是不能达到目的的。由于我们在敌人侧后的积极活动与配合，忻口坚持了将近一月的抵抗，而且还可以继续坚持。敌占太原后不得不停止前进而去肃清其后方，这就使战争能持久，敌人的消耗加大。平汉线的战斗，以绝对优势的兵力不能抵御敌人的进攻，如果当时将主力使用于平汉线之西，依靠太行山脉侧击或扰击敌侧后以配合正面抵抗，这种积极的防御，我们相信，敌人绝不能在突破保定后不遇抵抗地突进到达正定、石家庄。这样不仅平汉线可以持久抗战，而且能够配合晋北抗战获得胜利，以扭转华北的抗战局势。

敌占南京、杭州、济南后，中国不屈服投降，它是不会停止向华中、华南进攻的。但敌人战线愈长，兵力愈分散，困难愈多，弱点就愈容易暴露。根据山西抗战经验，我们认为之后的抗战，除正面必须选择要点，依托坚强工事，加以顽强抵抗外，其余应以精锐部队组织野战兵团，深入敌侧后，抓住敌之弱点，求得运动战给敌以打击，或诱敌于运动中消灭之。战争的运动性增大，是只利于我而不利于敌人的。

抗战的军队要有坚强的、统一的指挥，严格的作战纪律，军队间应有足够的互信，以求作战中切实协同与配合。抗战军队应在忠诚于民族国家的前提下去执行自己的战斗任务，一方面保障每一个命令的完成，同时又要能够伺机而动，不失每一个能够打击敌人的机会。高级指挥机关应给前线指挥员以机动的可能，对其机动处置所得的胜利加以表扬，不应其稍有过失便责之过甚。

山西抗战经验告诉我们，在敌人后方不仅可以发展人民的游击斗争，而且能够收复广大领土，成为持久抗战中一个极为重要的力量。敌人以正规战从正面击退我军比较容易，而肃清后方游击战争则不可能。在之后的抗战过程中，要以更大的注意和努力开展群众运动，特别是派出许多小的游击队，配带大批民运和军事工作干部，下定与人民同生死共存亡的决心，深入敌之远近后方，领导和组织民众游击战争，这是一个急迫的战斗任务。

　　抗战军队与人民的关系亟须求得改进。为了消除军队侵犯群众利益的现象，必须加强部队政治教育和严格军队纪律。纪律好的军队，要进一步在自己的活动区域加紧地方群众的动员和组织工作，要使一切抗战军队不仅成为群众亲切爱戴的人民武装，而且成为动员群众的组织者和领导者，真正达到军民合作、一致抗战的要求。破坏群众利益，就等于客观上帮助了敌人欺骗民众。

　　一切抗日军队必须高度重视并积极开展政治工作。应视政治工作为巩固和增强战斗力量的重要条件、抗战军队的生命线。要建立健全政治组织，把政治工作的基础建立在连队之中；要提高政治机关在部队中的威信，这需要政治机关做好自己所负责的实际工作和军事指挥人员重视与尊重政治机关。政治机关应当对部队进行系统的抗战教育，使官兵坚定必胜信念，保障战斗任务的完成；应当发动和指导部队开展群众的动员工作和瓦解敌军的工作。

追忆平型关血战

孙　毅

　　1937 年 8 月 25 日，根据国共两党谈判达成的协议，中央革命军事委员会正式下达命令，红军改编为八路军，下辖一一五、一二○和一二九师。一一五师师长林彪，副师长聂荣臻，参谋长周昆，政训主任罗荣桓。该师下辖三四三旅和三四四旅。我被任命为三四三旅参谋长，旅长是陈光，政委是周建屏。

　　未待改编完成，一一五师即分作两个梯队，离开陕西三原地区，渡过黄河，奔赴抗日前线。由于正、副师长去参加洛川会议，第一梯队由陈光率领，所带部队为三四三旅和独立团，第二梯队由三四四旅旅长徐海东率领，所带部队为三四三旅直属队和三四四旅。我在第二梯队，同三四三旅直属队一起行动。

　　洛川会议结束后，聂荣臻在侯马赶上了我们第二梯队，这时我们得知日军正兵分两路向太原推进，20 余万蒋阎军节节败退。干部战士听到这个消息，个个义愤填膺，恨不得插上双翅飞到前线。我们乘火车到达原平后，为了不让国民党军队的溃兵影响我军的行军速度和士气，改变了原定经代县沿大路向平型关的行军路线，绕向五台的山间小路前进。

　　9 月 22 日，日军第五师团一部，进占平型关以北东跑池地区。23 日，八路军总部命令一一五师向平型关、灵丘间出动，侧击向平型关进攻的日军。

我们第二梯队于23日到达上寨地区，先期到达的师长林彪等人刚刚看地形回来，在师部院子里，林彪和聂荣臻进行了交谈。林彪说，日军大队人马正向平型关方向运动，可以考虑利用这里的险要地形打一仗。接着，他摊开地图，同作战科科长王秉璋、侦察科科长苏静把平型关周围的地形和初步的作战设想做了说明，征求聂荣臻的意见。聂荣臻听后，果断地说："打！为什么不打呢？利用这么好的地形，居高临下，伏击气焰骄纵的敌人，这是很便宜的事嘛。现在不是打不打的问题，而是要在与日本侵略军的第一次交锋中，打出八路军的威风来，给全国人民的抗日情绪一个振奋！"在平型关侧翼山地打一个大仗的部署就这样定了下来，并当即电告了八路军总部。

当天，全师连以上干部会在平型关东南10千米的上寨小学召开，林彪、聂荣臻到会讲话，布置战斗任务。因师参谋长周昆未到职，我这时仍留在师部，聂荣臻对我说："老孙，周昆到现在还不来，你不能走，你走了就没人了。"我说："副师长，你放心开会去吧，我不走，我在家值班。"他们走后，我在家守电话，处理事情，并具体负责师直属队的工作，遂行师参谋长的职能。

会议结束后，一一五师主力连夜赶往平型关东南15千米的冉庄待命。

我从师部文件中看到了以下战斗部署：三四三旅两个团为主攻，三四四旅一个团断敌后路，一个团做师预备队。攻击部队全部在平型关东南山地设伏。同时，派出独立团、骑兵营向灵丘方向活动，牵制日军，保障主力翼侧安全。

24日，林彪、聂荣臻又组织营以上干部进行了现场勘察。傍晚，师部接到阎锡山部队送来的一份作战计划，说由他们担任平型关正面的出击任务。

当晚，天降大雨，我同林彪、聂荣臻分别住在老乡家。睡觉前，林彪、聂荣臻根据侦察员得到的情报，叫我通知部队：今夜 12 时出发，天明前进入埋伏阵地，并强调："暴露与否，是胜败关键。"我立即交代参谋下达电话通知，直到通知完毕我才回房休息。

睡到后半夜，外面的风雨声将我惊醒。我想着部队是否已经出发，出发后是否遇到了困难，是否已经进入埋伏阵地，想着想着，怎么也睡不着了。鸡叫时，我坐起来穿好衣服，轻轻来到林彪、聂荣臻住的房前，推开门一看，林彪的铺位空着，被子已经叠了起来，再朝里一看，煤油灯还亮着，林彪正戴着健脑器坐在桌前看地图呢。我轻轻走上前，小声说："师长，你起得这么早？"林彪打了一个哈欠，又看了地图一眼说："要熟悉地图，了解地形地物，才能指挥好。"聂荣臻听到我们说话，也匆匆起了床，对林彪说："你看了这么久，该熟悉了。你到炕上睡一会儿，有什么事情我来处理。"林彪看看手表说："时间不早了，不睡了。"

天亮了，雨也停了，雨后的山村显得宁静、清爽。早饭后，我们立即出发去师指挥所，一开门，一股凉风吹来，林彪打了一个冷战，警卫员急忙拿来一件雨衣给他披上。

师指挥所和三四三旅指挥所在一起，位置选择在平型关坐南方向石灰沟南山头一个小山顶上，那里长着几棵树，站在山顶，用望远镜可以清楚地看到沟底那条公路。我拿起望远镜向远处望去，但见群山之上，蜿蜒着古老雄伟的内长城，平型关坐落在群山之间。这一带山势不高，但是山连山，峰接峰，利于部队隐蔽。从平型关山口至灵丘县东河南镇，有一条由东北向西南伸展的狭窄沟道，沟道两侧，是刀削似的危岩绝壁，再上面是比较平缓的沟岸。这时沟底空无一人，两侧的山崖上，凋零的树木在秋风里瑟瑟发抖，枯黄的草丛上，雨珠闪着寒光。

在十里长沟的东南山上，左面埋伏的是杨得志、陈正湘率领的六八五团，右面埋伏的是李天佑、杨勇率领的六八六团。徐海东率领的三四四旅六八七团奉命隐蔽地穿过沟道通路，占领了东河南镇以北的高地，以便切断敌人后路。当时六八八团作为师预备队暂未进入战地。杨成武率领的独立团和刘云彪率领的骑兵营已分别向平型关东北和以东开进，配合主力作战。

战前的十几分钟，林彪和聂荣臻对前来受领任务的六八五团团长杨得志和六八六团团长李天佑讲明敌情和战场注意事项。两个团的指挥员便疾速地返回阵地。

上午7时前，日军来了。只见右前方先是出现一个小红点，慢慢地向前移动，后面黑压压一片，还能听见轰隆隆的马达响声。这是日军板垣师团第二十一旅团的辎重和后卫部队。小红点越来越近，用肉眼也能看得清清楚楚。为首的高举着一面太阳旗，接着是三路纵队的鬼子，往后是载着日本兵和军用物资的100多辆汽车，200多辆骡马大车拉着九二式步兵炮、炮弹和给养跟随其后，压阵的是骑着大洋马的骑兵。日本兵脚穿皮鞋，头戴钢盔，身穿黄呢大衣，晃晃悠悠，不可一世地走着。

伏击部队的报告同时汇集到师指挥所：敌军已经全部进入伏击圈。这时林彪喊："发信号弹！""砰！砰！砰！"三颗红色信号弹升上天空。顿时，沉默的群山怒吼了！满贮深仇大恨的枪弹和迫击炮弹带着啸音飞向敌群，手榴弹雨点般地飞进沟道，炸得日本侵略军鬼哭狼嚎，血肉横飞。日军汽车撞汽车，人挤人，马狂奔，指挥系统一下子就被打乱了。

当聂荣臻发现日军正利用汽车做掩护，进行顽抗，并组织兵力抢占有利地形时，连忙跟林彪研究，决定把敌军切成几段，分段吃掉它。随即命令部队出击，杀入敌阵地，并指令六八六团团长李天佑派出一个营，冲过公路，抢占在设伏前因怕暴露目标而来不及占领的老爷庙制高点，以便两面夹击敌人。

山谷间骤然响起激昂的冲锋号声和惊雷般的冲杀声。八路军勇士呐喊着向敌人扑去，同敌人展开了白刃肉搏战。战斗进行得异常惨烈。我透过望远镜看见那群经过武士道训练的日军虽然失去指挥，被分隔开来，但仍然利用汽车和沟坎，进行顽抗。八路军官兵前仆后继，以更加猛烈的攻势对付顽固到极点的敌人，只见枪托飞舞，马刀闪光，连伤员也与敌军官兵扭打在一起，互相用牙齿咬，用拳头打。六八六团副团长杨勇在激战中负了伤，仍继续指挥部队作战。六八五团一连连长曾贤生，带领战士们冲入敌群，在肉搏中壮烈牺牲。

战斗进行到大约8点多钟，林彪对聂荣臻说："老聂，你亲自出马好不好？"聂荣臻回答："好啊！"林彪说："你到六八五团去，督促他们把这一仗打好。"聂荣臻站起来说："好，我现在就去。"说完，他拄了一根棍子，带了一个参谋、一个警卫员和一个通信员，大步朝山下六八五团阵地走去。聂荣臻走后不久，为了安全，林彪立即转移到附近山沟隐蔽指挥。在隐蔽部里，就我和林彪两个人，他守着电话，随时询问部队情况，我同他面对面坐着，不时地聊点别的闲话。

鬼子拼命地争夺老爷庙制高点。几架敌机在上空盘旋。由于敌我双方距离很近，敌机不敢扔炸弹。经过一番激战，老爷庙制高点等有利地形全被我军占领。

中午时分，被堵截在辛庄、老爷庙、小寨村一线山谷中的1000多名日军全部被歼灭。缴获敌人步枪1000余支，机枪20多挺，击毁汽车100多辆，马车200多辆。板垣组织的增援部队被独立团和骑兵营阻击在灵丘以北和以东地区。独立团还在灵丘与涞源之间的腰站，击毙了增援的日军300多名。林彪和聂荣臻遂令部分部队打扫战场，其余部队乘胜向东跑池之敌发起攻击。由于国民党军未按预定作战计划出击，东跑池的日军由团城口突围。

下午2时许，林彪说："孙毅，辛苦你一趟，到山下电台去，给八路军总部并延安的毛主席发个电报，除报告战果外，告知我部队仍在积极围歼中。"我说："好，我马上就去！"我走出隐蔽部，随后拿起一根棍子准备出发。林彪说："你同聂荣臻一样，也爱拿根棍子。"我说："我是从长征开始拿的。"林彪好奇地问："长征到现在拿几根了?"我说："至少有七八根了。有根棍,上山下山,等于增加了一条腿。"

我沿着下山的羊肠小道,一路小跑,心里打着腹稿,大约半个小时就到了隐蔽在山下土地庙里的电台,我将心中拟好的电稿很快写在纸上,大约有150多个字,交给译电员,叫他立即发给八路军总部并报延安的毛主席。我坐下等着,直到对方回电已收到电报时,我才往回返。电报发出后,完成了一项任务,心里轻松了许多。这时才感到身体有点累,用了近50分钟才回到师指挥所。

这时已是下午5点多钟了,沟中的战斗早已结束,只有远处还不时地传来枪声。尽管这时我已经很累,但我急于想了解一下战场情况。便挂着一根棍子,带了两名参谋下到沟底,只见战后的十里长沟,日军人仰马翻,尸体狼藉。燃烧的汽车,遗弃的武器,散落的文件、作战地图,写有"武运长久"的日本军旗及各种罐头食品,满地皆是。我军也付出了不小的代价,牺牲了几百名同志。当我看到他们中有不少是经过长征过来的老同志时,心中十分难过。

当天晚上,我和林彪、聂荣臻住在距平型关不远的一个小山村,这个村子只有三四户人家,我们进房时已是晚上9点多钟了。因房子少,我和林彪、聂荣臻睡在一个土炕上。林彪说："今天打了胜仗,精神好,睡不着觉。"聂荣臻说："是啊,我也睡不着。"聂荣臻还说："日本鬼子搞武士道精神,死不投降,我们要研究如何对付他。"林彪说："我原来还想多抓些俘虏,结果一个也没有抓到。"我说："敌人不了解我们的俘虏政策,而我们的战士却还像国内革命战争时期对待白军一样对待日本军,结果吃了不少亏。"就这样,我们聊着,不知不觉鸡就叫了,谁也没有睡,只是在天亮前迷糊了一会儿。

平型关大捷,是八路军出师华北前线的第一仗,也是中国人民抗战以来打的第一个大胜仗。这一仗粉碎了日军不可战胜的神话,大大增强了全国人民的抗战决心和信心。战斗结束后，师参谋长周昆来了，我向他简单交接了一下，就打算到旅里去。聂荣臻对我说："老孙，你再待两天。"两天后，我接到命令，原一一五师教导大队大队长陈士榘同我对调，他担任了三四三旅参谋长，我担任了师教导大队大队长。不久，根据师里指示，我带教导大队1000多人，深入阜平、平山、行唐等地，开展扩兵、筹款和群众工作。

战斗在狼牙山

葛振林

每当想起中华民族的优秀儿女，在民族生死存亡的危急关头，用血肉筑成新的长城，抗击日本侵略军的可歌可泣的动人事迹时，我的心情就久久不能平静，那悲壮的战斗历程就又清晰地浮现在眼前。

我的老家在河北曲阳县。我8岁失去了母亲，从小给地主干活，受尽了压迫和剥削。1937年4月，我在地下组织的领导下投身革命，斗地主，斗恶霸。后来八路军来到我们村，帮助我们成立了各种组织，我便当上了民兵队长，带领民兵减租减息，征粮运粮，拥军优属，支援前线。1938年2月，我参加了八路军，被分配在晋察冀军区一分区一团七连六班，直接投入反抗法西斯、打击日本侵略军的战斗。在抗战期间，我参加过宋城、阜平、东庄、大龙华、黄土岭、南坡头、狼牙山等大大小小几十次战斗和百团大战。

1941年8月，华北日军总司令冈村宁次调集10余万兵力，对我晋察冀根据地实施规模空前的大"扫荡"，进攻狼牙山地区的日伪军是由敌酋旅团长高见指挥的部队。

狼牙山因其峰峦状似狼牙而得名，地势险要，是晋察冀边区的东线大门。它不仅在军事上有重要地位，而且是我根据地的仓库，山上存放着许多弹药、装备和粮食。

9 月 23 日，我们团长接到分区司令员杨成武的通报，得知正在扫荡的敌人对狼牙山周围可能有大的行动。他便立即进行部署。当时，团主力调出去保卫军区机关了，留在狼牙山的只有我们七连和部分民兵。我们驻扎在林泉，连长刘福山和指导员蔡展鹏接到要保卫狼牙山的命令后，立即集合部队出发。

9 月 24 日凌晨，日伪军共约 3 500 人在飞机大炮的掩护下，从四面八方向狼牙山包抄。被合围在狼牙山上的地方党政机关干部和周围村庄的群众达三四万人。团长部署我们七连担任后卫，掩护党政机关和群众突围，等大家安全转移后，留下一个班拖住敌人，最后转移。

我们班长马宝玉得知这一消息，便跑去找指导员求战，要求把最后拖住敌人的任务交给我们。连长和指导员一商量，同意了我们的请求。当时，我们班除因伤病住院的同志外，只剩下五人：班长马宝玉，战士胡德林、胡福才、宋学义，还有我，我是副班长。

24 日午夜，团长接到杨成武司令员命令："敌人口子已开，马上突围。"

眨眼工夫，在清冷的月光下，三四万名干部和群众由部队掩护着，井然有序地顺着盘陀路，悄悄地向碾子台方向转移。

团长临走时，特地看望了我们班，并对我们说："突围的队伍和连主力能不能安全地跳出包围圈，全看你们能不能把敌人死死拖住。从现在起，你们一个人要对付几十个，甚至上百个敌人，如果你们充分利用狼牙山的天险和改造过的地形，灵活机动地打击敌人，就一定能完成任务。"

我们异口同声地回答："请首长放心！"

1941 年 9 月 25 日，天刚蒙蒙亮，突围部队和群众已神不知鬼不觉地跳出了以狼牙山为中心的敌包围圈，敌人却认为我们的主力被他们包围住了。天一亮，便像群饿狼一样，恶狠狠地扑了过来。我们七连和留下的民兵密切协同，分兵把口，灵活御敌，在敌人必经之路埋下地雷，从各个方向朝敌射击，造成漫山遍野都是八路军的假象。从东西水村往棋盘陀爬上来的敌人，一路上伴着地雷的爆炸，死了四五十人。日军指挥官高见和伪军头目赵玉昆硬是确信网了一条大鱼，于是更加疯狂地进攻。

在激战中，连长刘福山负了重伤。他带领的二班和机枪班大多牺牲了，情况危急。指导员把连长转移到草丛里，让一个战士守着，然后对我们说："你们在山上掩护，争取让转移的同志走得更远些，保证连队的主力安全突围。你们坚持到中午，然后看情况，能往哪儿撤就往哪儿撤，明天到规定的地点集合。"说完后给我们补充了一些弹药，并留下所有的地雷，接着就带着连队主力向龙王庙方向突围。

这时，我们班的五个人赶紧在各个要道口上埋上地雷。指导员带人刚刚钻出敌人的火力网，我们就跟敌人打响了，为了吸引敌人，我们站着举枪向敌人射击。500多名日军和赵玉昆的伪军嗷嗷叫着，向我们扑来，他们踩响了地雷，炸得鬼哭狼嚎，尸体横飞。未死的战战兢兢挪动脚步，但仍然穷追不舍。见此情景，班长马宝玉趴着悄声说："注意！没有我的命令，谁也不许开枪，在这儿，每人最多只许扔五颗手榴弹。"

日军越来越近，我们死死盯着那一张张狰狞的面孔。

突然，班长马宝玉抬起半截身子，猛地扔出一颗手榴弹，大喊："打！"

手榴弹和子弹呼啸着飞向敌人，鬼子被炸得东倒西歪，退下去了。

打退敌人后，却招来一阵猛烈的炮火，山上的石头炸得满天飞，硝烟把我们笼罩着，啥也看不见。五人都彼此担心战友们遭到不幸。好不容易挨到敌人炮击停止。班长仔细一看，嗬！五人都在，谁都没伤一根毫毛。

我们一边用稀疏的枪声吸引敌人，一边往棋盘陀山峰爬。突然，碰到一个叫冉元同的老乡，就赶快喊："老乡，日本军来了，赶快找个地方躲起来吧！"

冉元同便问："你们上哪儿去？"我告诉他上棋盘陀。他便劝我们不要上那儿去，说是附近有山洞，日本军找不着，叫我们跟他去。我们感激地告诉他，我们不能躲，要把敌人引上棋盘陀。

这时，传来了日军的怪叫声，我们赶紧往棋盘陀山峰上爬，谁知敌人早已上去了，机枪一个劲地朝我们打，我们只好攀上棋盘陀附近的另一个山峰。

这个山峰叫牛角壶，异常险要，那凌空而起，伸出来像只牛角的悬崖叫人望而生畏。牛角壶三面是悬崖峭壁，我们等于走向了绝路。冉元同远远望着发呆了，日军发现了他，向他开枪，他连忙藏进牛角壶附近的大莲花瓣山上去了。

我们往牛角壶爬了一阵又停住了。大家知道，前面是一条绝路，这时我们仍可沿着隐蔽的盘陀路摆脱敌人，但是，大家担心部队和群众还没走远，敌人还会继续追击。

班长瞅着周围的地形说："在这儿顶一阵子吧！"大家便卧倒，打开手榴弹盖，在前面摆了一溜。这里有小树，有半人多高的草，藏下百八十人完全没问题。正因如此，敌人摸不清虚实，不敢贸然行动。对我们来说，又为主力部队转移赢得了时间。

扑向牛角壶的几百名日军，头一回冲上来七个，两人在前，五人在后。只听到"啪"的一声枪响，一个端机枪的日本兵往后一仰，旁边的那个赶紧扶住他，把他放到一块小草地下，用布给他缠头，然后把他背下去了。有个日寇一摇小旗，又上来30多个日寇，并在松树坨摆上小炮，在东西水村架上了重机枪，往牛角壶猛烈射击。

一阵炮火过后，敌人开始冲锋。我们连打退了敌人四次进攻，五个人一个也没少。"日寇又上来了，打！"班长马宝玉喊道。宋学义抓起手榴弹就扔，我打一枪就换一个地方，好像有使不完的劲。

半人深的山草被炮火打着了，火苗蹿得好高。胡德林推了我一把："班副，着了！"我一看棉袄背上冒火了，连扣子也顾不得解，使劲一撕，脱下扔掉。敌人的第五次冲锋又被击退了。

太阳偏西了，亲人和战友早已远去，掩护突围的任务早已完成，现在该撤了。可是，我们已经走不脱了。

一个指挥官指使敌人把一面日本旗插在地上，把另一面日本旗铺开，真是莫名其妙。忽然，空中一声巨响，两架敌机俯冲下来，我们刚卧倒，敌机便射出一串子弹，呼啸着擦地而过，弄得小树像醉汉一样直摇晃。接着山下的敌指挥官战刀一挥，敌人又冲上来了！我们往悬崖顶上爬，敌人紧跟着往上爬。为了不让敌人跟得太紧，凡是到了能射击的地方，我们都举枪向敌人射击。就这样，牵着敌人的鼻子往山顶上带。

太阳西斜时，我们登上了险峰之巅，再也无路可走了。三面都是万丈悬崖，一面堵满了鬼子兵。

"八路的，跑不了的……"秋风送来了鬼子得意的叫嚣。我们的手榴弹、子弹都打光了，大家非常着急。

"哎！"胡德林叫了一声，从地上捡起一颗手榴弹，他扬起后正要往下扔，班长马宝玉夺过来，别在腰上。大家明白，这是留给自己的。敌人呀呀乱叫，我们站起，举着石头往下砸，大的搬不动，就两人抬。石头滚下去砸得敌人乱叫。敌人像蝗虫一样，一批一批地往上涌。最后连石头也没有了，班长马宝玉拔出仅有的一颗手榴弹，用一种异常严峻的目光望了望，我们四人全明白，一齐靠向班长。

"八路的，投降！"

"抓活的，抓活的——"

班长扭头一看，吼了一声："啊！"将那颗手榴弹甩向爬上来的敌人。

"轰"的一声，前头的几个日军被炸翻了。

"撤！"马宝玉同志说。其实这只不过是他下意识涌到嘴边的一句话，周围三面悬崖，从前崖到后崖，只有十来步，往哪里撤？

我走在最后，等我赶上去，班长带着其他三人已经站在崖边了。这时大家的表情都异常平静。班长抓住我的手臂断断续续地说："老葛，咱们牺牲了，有价值，光荣！"我明白班长的意思。我是副班长，五个人中只有我们俩是党员，应该做出榜样，便说："人牺牲了，枪也不能叫敌人得。"

敌人上来了，班长随手一扔，那支崭新的三八大盖飞到悬崖下去了。我举起手中的枪往石头上砸，没砸烂也随后甩下悬崖。宋学义他们三人噙着泪，举起心爱的枪，狠狠地摔了几下。

敌人疯狂地嚎叫。

我们五人昂起头，一步一步走向悬崖边。

狼牙山像巨人一样耸立着，易水河像条玉带飘向远方。在这座狼牙山上，我们学习、练兵，欢迎新来的战友，不止一次地消灭过敌人；在这座山下边，我们吃过老乡们慰问时送来的玉米、红枣，听分区领导讲过古代壮士荆轲的故事，那"风萧萧兮易水寒，壮士一去兮不复还"的慷慨悲歌，一直回旋在耳边；我们在易水河畔洗过澡、做过饭，阻击过日本侵略军；如今我们又在这座山峰上掩护战友和乡亲们突出了重围，并消灭了100多个敌人，任务完成了！我们可以无愧地与祖国的山河诀别了！

敌人来到跟前想活捉我们，马宝玉正了正军帽，像发起冲锋一样，大声喊道："同志们跟我来！"顿时，狼牙山的群峰峡谷回荡着一阵阵气壮山河的口号声——

"中国共产党万岁！"

"中华民族解放万岁！"

"同志们，乡亲们，永别了！"

我们五人纵身跳下悬崖，惊得日本兵目瞪口呆。

我和宋学义侥幸被树枝挂住，绝处逢生。跳崖时的腰伤治好后，我继续跟随部队行军打仗，以后还参加了彭老总指挥的百团大战和后来的平津战役。

抗日战争的胜利，中华民族的解放，是我们无数革命先烈用鲜血和生命换来的。当我们隆重地纪念抗日战争和世界反法西斯战争胜利的时候，我们不能忘记那些为中华民族的解放而英勇献身的革命先烈，我们一定要继承先烈遗志，进一步振奋民族精神，为中华民族的腾飞、为祖国的繁荣富强而努力奋斗。

百团大战

彭德怀

1940 年 2 月，在反对国民党的第一次反共高潮取得胜利后，敌伪顽在华北地区制造谣言来迷惑群众，主要是挑拨八路军与地方民众的关系，如宣称："八路军游而不击""专打友军，不打日军"。有一部分人上了圈套，对八路军产生了怀疑。国民党以"曲线救国论"指使他们的一些部队降日，组织伪军，秘密承认伪军合法化。

当时，日军停止正面进攻，将兵力重点转移到华北，对敌后根据地不断进行"扫荡"。日伪军依靠几条交通线，不断向我根据地扩张占领区，增多据点。同时，日军采用多面政策，除军事进攻，还有政治诱降、经济封锁、文化欺骗。日军推行所谓"治安强化"政策后，伪军、伪组织扩大，敌占区扩大，我抗日根据地愈见缩小，部队给养供应困难。日军又封锁与隔绝我各抗日根据地之联系，特别是对晋东南实行"囚笼政策"，使形势日趋严重。敌伪依靠据点到处抢掠，实行"三光政策"，人民受到了严重摧残。

广大人民群众迫切要求给敌伪以沉重打击。亦有少数地区的群众处在敌人的严厉威逼下，甚至有动摇投敌者。从 1940 年 3 月前后至 7 月，华北抗日根据地大片、迅速地变为游击区。大破袭战之前，只剩下两个县城，即太行山的平顺和晋西北的偏关。原来一面负担的群众变为两面负担（既为抗日政府负担，又为伪政权负担）。

国际上，东方慕尼黑危险的增加，对敌占区人民特别是知识分子也有影响。

可是敌伪深入我根据地后，普遍筑碉堡，兵力分散，反而形成了"敌后的敌后"。主要是交通线空虚，守备薄弱，这对我方是一个有利的战机。

这些，都是促使我军组织这次战役的原因。

对敌人的动向有错误的估计，也是发起这次战役的重要原因之一。当时国际形势发生变动，西南国际交通线路被截断，加大了国民党的动摇，敌人又散布"八月进攻西安"的言论，我西北交通线有被截断之危险。在这种紧张的空气里，国民党就更加动摇了，投降危险随之加大。

在这种情况下，我们决定组织一次大破袭战役。八路军总部决定7月上旬开始准备，8月上旬乘青纱帐进行大破袭战。原定兵力是22个团（晋察冀10个团，一二九师8个团，一二〇师4个团），重点破袭正太路，其次破袭平汉路、同蒲路北段和白晋路，并拟于8月13日前后开始向敌各交通线进攻。任务分配是：太行山区是从娘子关起至太谷，从石家庄起至新乡；五台山区是从石家庄起至卢沟桥，娘子关至石家庄，以及南口东西段；晋绥区是从太原以北到雁门关北；太岳区是白晋路全段；冀南区和冀中区是从石家庄至德州全段。

总部决定后，7月22日发出电报给各区，也报军委。估计到破袭战开始时，日伪军会有相当一部分，必从我根据地由内向外撤退，故部署我各军区和军分区应预有准备，乘敌退出碉堡工事时，尽量消灭敌人，平毁碉堡及封锁沟、墙。各区接到此部署后，积极行动，提早准备和进入预定区域。当时是青纱帐茂密时期，虽敌伪碉堡密布，但我们还是未被敌人发觉。为防止敌人发觉，保障各地同时突然发动袭击，给敌伪更大震动，大概比预定时间提早了10天，即在7月下旬未等到军委批准（这是不对的），就提早发起了战斗。

在战斗开始并且取得了一些胜利以后，各根据地有不少武装力量乘敌伪仓皇撤退时，自动参加了战斗，自发地奋起追歼敌伪，加上原布置的 22 个团，共有 105 个团。故在发表战报时，名为"百团大战"。这说明在共产党领导下的军队，是有高度自觉性和积极性的。日本军华北司令部对此役名之曰"挖心战"。以后将每年的此日作为"挖心战"纪念日。

此役共消灭日伪军 3 万余人，自动瓦解溃散的伪军、伪组织比此数要大得多。正太路、平汉路一个多月才通车。收复大量县城，有些是得而复失。在破袭时一度收复的有四五十县，最后得到巩固的县城还有 26 个以上。太行山区有榆社、武乡、黎城、涉县、陵川、襄垣等 6 县，太岳区有沁源、浮山、安泽等 3 县，五台区有阜平、灵丘、涞源、浑源 4 县，晋西北有临县、兴县、岢岚、岚县、五寨、平鲁、左云、右玉等 8 县，冀中收复河间等数县，冀南区收复南宫等数县，冀鲁豫平原区收复南乐、清丰、内黄等县。从这一点来说，给日伪的震动是很大的。由于当时敌伪军把一些力量深入我根据地内部，分散守备那些星罗棋布的碉堡去了，造成了各铁路沿线守备减弱，所以战役开始后，进行得比较顺利。

这次破袭战，相当严重地破坏了敌人的交通运输，消灭了相当多的伪军和伪组织，摧毁了敌伪军在我根据地内为数不少的堡垒，收复了不少县城，缴获了大量物资，是抗日战争中缴获最多的一次。

这次战役大大增强了华北人民群众敌后抗日的胜利信心，给日寇当时的诱降政策以及东方慕尼黑阴谋以很大打击，给蒋管区人民以很大激励。此役也给了投降派又一次打击，提高了共产党领导的抗日军队的声威，打击了国民党制造的所谓八路军"游而不击"的谣言。蒋军有后方接济、国际援助。八路军深入敌后，毫无援助，为照顾大局，还能进行百团大战，把抗日救国的神圣事业引为己任。在对日的大规模破袭战中，我军也取得了一部分攻坚经验，便利了以后我们开展敌后武工队活动。华北伪军、伪组织的瓦解工作也迅速开展。大片解放区的恢复，改变了两面负担的局面，减轻了人民痛苦。

此役胜利的消息传到延安，毛主席立即给我来电："百团大战真是令人兴奋，像这样的战斗是否还可组织一两次？"

这次战役是取得了不少胜利的。

但是，我是有错误的。这个错误主要表现在我对日军进攻的方向估计得不对。本来敌人准备进攻中原及打通粤汉路和湘桂路，而我以为（根据我们情报工作者的报告）是要进攻西安，怕敌人进占西安后，截断中央（延安）同西南地区的联系（实际上这种顾虑是不必要的）；更没有估计到日本法西斯打通粤汉路，是为了便利进行太平洋战争。如果当时看破了敌人这样的战略企图，那就再熬上半年时间，或者等敌人进攻长沙、衡阳、桂林以后，兵力更加分散时，我军再举行这次大规模的破袭战役，其战果可能要大得多，其意义也要大得多。然而，过早举行了那次战役。虽然在战役上取得了胜利，但是推迟了日军打通粤汉路和湘桂路的时间（约一个月时间），而减轻了当时日军对蒋介石的压力，在客观上起了援助蒋介石的作用。这次破袭战役，迫使日军从华东、华中调回一个师团的兵力，加强了对我华北根据地之进攻。特别是太行山区，在敌人的"三光"政策下，人民遭受了一些本可以避免的损失。再者，破袭战役后期，我也有些蛮干地指挥。此役在太行山区破袭时间搞得太长了，连续搞了一个月，没有争取到休整时间，敌伪军即开始"扫荡"。在敌军"扫荡"时，日军一般的一个加强营附以伪军一路。我总想寻机歼灭敌军一路，使敌人下次"扫荡"不敢以营为一路，以使其"扫荡"的时间间隔增大，有利于我军民机动。我这一想法是不符合当时实际情况的。因部队太过疲劳，战斗力减弱了，使一二九师伤亡多了一些。

　　上面这些后果，是应当由我来负责的。但是我认为，对于这次战役的估价，不能离开当时我们所处的环境和当时担负的任务。如果抛开这些，不顾客观事实地说这次战役"就是为了维护蒋介石的统治""就是资产阶级思想的战略方针"，那么我认为这样来分析和推论一次战役行动，是有点过分，因为当时战役的胜利，实际上比损失大得多。

　　"文化大革命"中，有些人恶意攻击百团大战。他们说，皖南事变是因为百团大战暴露了力量，引起蒋介石的进攻。消灭新四军八九千人，这个罪责应该由彭德怀担负。好家伙，这些人是站在哪个阶级立场上说话？真令人怀疑。他们根本不懂得历史。百团大战是在蒋介石发动第一次反共高潮之后打的，而不是在第一次反共高潮之前打的。甚至还有人说，日本投降后，蒋介石发动对人民解放区前所未有的进攻，也是由于百团大战暴露了力量，使蒋介石过早警惕。这些人是健忘呢，还是有意违反历史事实呢？1927年上海四一二事变和长沙的马日事变，这又是谁在预先暴露了力量呢？谁在四一二事变前打过百团大战呢？蒋介石打过十年内战，在十年内战爆发以前，又是谁打过百团大战呢？没有人打过百团大战。那么，蒋介石集团为什么要打十年内战呢？这是由它这个集团代表地主买办资产阶级的本性决定的。他是个反共、反人民的集团代表，在抗日战争结束后，他有几百万军队，又有帝国主义援助，哪有不反共反人民的道理呢？哪有不进攻解放区的道理呢？

············

　　我认为百团大战在军事上是打得好的，特别是在打了反摩擦战役之后，必须打反日的百团大战，表示我们是为了抗日才反摩擦的。这才能争取广大的中间势力。当时，只有抓住"敌后的敌后"空虚，发动突然猛袭，才能有力地打击敌人，恢复大片抗日根据地。在敌后碉堡密布的情况下，组织这样统一有计划的破袭，是不容易的。百团大战的胜利，对于揭露日、蒋各项欺骗宣传是有利的，对于我们积蓄力量是非常必要的。如果当时还不给敌伪以必须和可能的打击，根据地就会变为游击区；我们就不会有近百万正规军、200万基干民兵和广阔的解放区作为解放战争的战场，给进犯的蒋军以适时的打击。

抗战时期，人民战争有了发展，比红军时期进了一步。如大规模的地道战、地雷战、麻雀战等多种多样的战法，各种各样的武器都加以利用了。武装编组也是多种多样的，如普通民兵、基干民兵，村乡有小组，区有区干队，县有独立团、营或支队。在百团大战后，发展了武装工作队（武工队），它是党、政、军、民统一的组织形式，他们的一般政策水平比较高，善于分析具体情况；他们的斗争非常灵活机动，处处为人民利益着想，把合法斗争与其他斗争结合得特别巧妙。这些都是在毛泽东人民战争思想的指导下，逐步成长起来的，可惜的是当时还没有系统地整理。

突破日军的"铁壁合围"

曾思玉

1942 年 9 月，我一一五师教三旅抽调第七、八、九团的第一连和班长训练队参加比赛，考核青纱帐期间部队的军事、政治、体育、文化训练成果，并观摩了王正南训练科科长的体育表演。

秋收季节，常是日军进行大"扫荡"的时候。抗日根据地的党、政、军、民也正在紧张地快收、快打、快藏，坚壁清野，准备反"扫荡"。

日军以驻兖州的三十二师团和驻邯郸、新乡的三十五师团为主力，并配属了驻开封的骑兵第四旅团、驻聊城的骑兵联队，出动坦克 30 余辆、汽车 400 余辆、飞机 10 余架，另外还纠集了周围 17 个县的伪军共 3 万余人，对我濮县、范县、观城中心区进行秋季大"扫荡"，采取"铁壁合围"的战术，企图摧毁我冀鲁豫抗日根据地，消灭我有生力量。

9 月 26 日，我和第八团参谋长王晓同志，率领第七、八团的第一连和两个班训练队，从鄄城以北的大石庄出发，黄昏前到达郓城以北的李楼宿营，准备召集当地党、政、军有关同志开会，布置秋季征粮任务。黄昏前部队刚刚到达宿营地，就得到了郓城北的侯集据点敌人增兵的情报。顿时，我就思索：日寇的秋季大"扫荡"这就开始了吗？我带着这个疑问，随即同第八团参谋长王晓同志进行研究，做出紧急布置。由王晓立即通知部队加强警戒，干部严格查哨，监视敌人的行动。

9月27日拂晓前，大约3点钟，王晓同志走进我的住处，急促地喊道："曾政委！曾政委！村南面野外发现敌人！"我从睡梦中惊醒，急问："是日本军还是伪军？"王晓同志说："侦察员还没有弄清楚，正在那里继续监视敌人的行动呢！"我果断地说："通知部队马上起床，不要喧哗，要肃静，迅速到村西打谷场上集合，准备战斗！"我又同王晓同志说："走，我们到村南头去听一听敌人的动静。"这时，正南、东南和西南方向，远近的村庄里都传来了狂乱的犬吠声。我判断：有敌情！敌人可能在行动了，而且距此地不远。此时，正前方有一个人影，通讯参谋王杰低声问道："谁？"来人低声回答："王参谋，政委在哪里？"未等王参谋回话，我急切地喊道："小李快过来！"侦察员小李气喘吁吁地跑过来报告："政委，在南面一二千米的坟堆里，发现有日本军趴着。"我问："情况确实吗？"小李肯定地回答说："确实是日本军，我们在道沟旁边大麻籽棵里还听到日本军的说话声音呢。"我立即说："那好，你们回去找到王班长和小刘，继续监视日本军的行动，注意和我们保持联系，有新情况立即向我报告。"

在这种情况下，不可能马上弄清敌情，当然也不可能在这种不利的地形条件下仓促同敌人作战。最好的办法是在拂晓前，争取时间把部队转移到黄河以北（黄河改道后，旧河床变成了沙滩），等天亮查明敌情后，再决定如何行动。于是我带领部队悄悄地离开了李楼，转移到黄河故道以北沙滩上的一个无名小村集结待命，战士们非常乐观和自豪风趣地吟着："黄河两岸度春秋，不灭日寇莫罢休……"

拂晓，突然从较远的西北方向隐约传来了"叭！叭！叭！"的枪声。这枪声使我做出进一步判断：可能西北方向的敌人也出动了。于是，我立即命令王晓同志带领部队向东北方向转移，我留下骑兵班，站在无名村南一座破窑顶上，进一步观察黄河故道以南敌人的动向。

太阳从薄雾中慢慢升起，我拿起望远镜向黄河故道南岸李楼方向观察，隐隐约约地看到，在黄河大堤的树林中，有三三两两鬼鬼祟祟的人来回走动。不一会太阳光射进了柳树林，这时才清楚地看到，日寇的大队人马正隐蔽在柳树林中休息。

7时左右，一队队的敌人纷纷站起来，枪上的刺刀在阳光下闪动着。只见他们走下黄河大堤，列成行军队形，打着大大小小的"膏药旗"，像一条条毒蛇似的从南向北扑过来。这时，我终于弄清楚了，这就是日本鬼子筹划已久的"铁壁合围"。我立即转身上马，带着骑兵班飞快地在范县赶上王晓同志带领的部队，命令部队就地隐蔽。我和王晓参谋长立即召集连以上军政干部开了一个短会，介绍了黄河以南敌人的动态，下达了我们突破敌人"铁壁合围"的作战决心，并做了简要的战斗动员，号召部队要趁敌人合围尚未形成之前，从东北方向——寿张方向坚决打出去。我还要求部队轻装上阵，甩下不必要的东西，连炊事班也要把炊事担子甩掉，拿起扁担铁锹做武器突围出去。

各连经过紧急战时动员之后，斗志旺盛，迅速做好了各项准备。9时左右，当我们利用道沟隐蔽地向东北方向运动时，四面八方响起了一阵阵的枪声，敌人的10多架战斗机，一对对地从远方袭来，在我们上空轮番俯冲扫射，并疯狂地投弹轰炸；侦察机也像饥饿的老鹰一样，在合围圈上空盘旋；地面上的敌步兵，打着大大小小的红、黄、蓝、白、黑各种颜色的旗帜，展开战斗队形向合围地区压缩；敌人的坦克、汽车越过一条条抗日沟道，颠颠簸簸地爬行着，步兵则强迫老百姓为坦克、汽车铺平道沟，开辟通路；敌骑兵部队打着黑色旗帜，在开阔地和村庄之间穿来穿去。敌人所到之处，烟尘四起，烽火冲天，枪声不断，大大小小的村庄陷入一片惊惶和恐怖之中，老乡们在呼儿唤女，扶老携幼四散奔跑，东走走西碰碰，传来凄惨的哭喊声。敌机的狂轰滥炸下，人群中血肉飞溅，尸体横陈，鲜血染红了黄河故道的沙滩……

敌人合围的圈子在逐步缩小，一路路敌人渐渐收拢"铁壁"，枪声、炮声、爆炸声像狂风暴雨。敌人到一村就抢一村、烧一村、杀一村，万恶的日本侵略军似野兽一般凶残。侵略者的铁蹄所到之处，村村冒起了浓烟烈火，滚滚冲向天空。这是敌人的第五次"强化治安运动"，是日军对我冀鲁豫边区濮范观中心区广大军民进行的灭绝人性的大屠杀。日军在无法征服我们广大抗日军民、无法控制冀鲁豫平原的绝望情绪的支配下，使用了一切野蛮手段，妄图用凶残的屠杀手段来镇压和消灭抗日根据地的军民。日军惨无人道的"三光"政策，使我群众遭受了深重的灾难，指战员们个个怒火满胸，悲愤难忍，在各连队党支部号召下，人人摩拳擦掌，纷纷宣誓："坚决消灭日寇，为死难的同胞报仇！"

中午时分，敌人的"铁壁合围"圈子形成了，开始向中心点范县地区压缩，枪声、炮声似狂风暴雨般地呼啸而来。日军进村就奸淫抢掠，杀人放火。每个村庄都遭受到法西斯兽军的蹂躏践踏，被洗劫一空。到处浓烟四起，烈焰冲天，死亡枕藉，惨不忍睹。中心地区各县、区的军政机关，群众团体的工作人员及后方工厂、医院、报社的同志们，也被敌人追逐驱赶着从四面八方转移到范县的沙滩上来了。有些地方武装小分队，在掩护群众转移时，知道有一支主力部队在这里，就先后向这儿靠拢过来，加上各村逃出来的男女老幼，一时在旧范县地区这个狭小的范围内，集中了党、政、军、民这么多人，到处人山人海，尤其是道沟里的人拥挤得水泄不通。当时天气干旱，骄阳似火，沙滩灼热，人们热得口干舌燥，饥渴交加，头昏眼花。在这硝烟弹雨交织的浓雾中，在这令人窒息的热浪的笼罩下，我们这支有着光荣传统的老部队掩护着成千上万的骨肉同胞，在炮火中奔波了大半天，吃不上饭，喝不到水，黄沙满面，汗水湿透了衣裳，体力消耗很大。指战员们更加清楚地意识到，在这关键时刻，人民军队要全心全意为人民，保卫人民是自己庄严神圣的职责。战士们个个紧握武器，忘记了疲劳，忘记了饥渴，复仇的怒火燃烧在每个人的胸膛，人人咬牙切齿，摩拳擦掌，恨不得一把抓住日寇，扒他们的皮，抽他们的筋。

下午3点钟左右，敌人进一步缩小包围圈，最严重的时刻到来了！

黄河故道北岸，沙丘起伏，只有几十户人家的甘草堌堆村，成了我部与日军鏖战的战场。在范县这块不到30平方千米的沙滩上，人们已被日军逼得无路可走，无处藏身。军队走一步，老乡们跟一步；军队走到哪里，老乡们就涌向哪里。条条道沟里人们都挤得满满的，在同生死共患难的战场上，这种相依为命的军民鱼水之情，更加亲密，令人感动！

突然从东面道沟里的人群中闪出一个彪形大汉——寿张县基干队黄大队长。他边走边喊："曾政委！曾政委！东北方向发现日军骑兵！后边还有坦克……"我急促地问道："你们的队伍呢？"他指着身后说："在那边道沟里！""好！你回去掌握好部队，听我的命令，我们决心从这里打出去！"我和王晓同志，站在交叉道沟的掩体里，仔细地观察了周围敌人的态势，选择突围方向。我们观察后判断：东北方向发现了敌人的骑兵和坦克，这是卡我们脖子的方向，不能硬碰。西北和西南方向，看来会碰到敌人的主力，那么，从正南方向浩瀚的沙滩中突围是否有可能呢？……我反复地思忖着要选择好敌人的薄弱点，用出其不意、乘其不备的战斗手段，集中兵力火力协同动作，勇猛顽强地同敌人做殊死的拼搏，以扼制敌人的嚣张气焰，突破敌人的"铁壁合围"。在此千钧一发之际，时间是宝贵的，迟疑不决就等于死亡，争取时间就是胜利！坚决打出去才是唯一的生路！我们再一次反复仔细地观察了敌人"铁壁合围"的阵势：从它的第一线一直到战术纵深，均有红、黄、蓝、白、黑不同颜色的大小旗帜，西南方向的黄旗是敌人的炮兵阵地，以炮火支援的敌步兵向合围中心运动。只发现在我们的南面，甘草堌堆村东北角，距我们约千余米的地段上，有几面"膏药旗"插在荫柳棵里停止不动。在敌人的纵深看不到其他的旗子了。这就是敌人的薄弱点！我们一定要在这个地段上大做文章！敌人判断我们绝不敢轻易从平坦开阔不便隐蔽的黄河故道沙滩上突围。我下定决心，坚决要从这里打出去，随即命令第八团参谋长王晓同志带领该团第一连和班长训练队，沿着正南道沟，利用荫柳棵、大麻籽棵做掩护，接近敌人，集中兵力火力，发挥刺刀、手榴弹的近战威力，采取突然动作，对甘草堌堆村东北角的敌人实施猛打猛冲，坚决突破这个缺口。又命令第七团一连和班长训练队及九团一个排（他们是上后方领棉衣的，遇上"合围"也集合到这里），组织轻机枪和用日式九九步枪配给特等射手，利用道沟就地射击，用准确的火力压制甘草堌堆村东北角荫柳棵下的敌人，支援突击部队的战斗行动。这时，日军正手忙脚乱地在荫柳棵下挖工事，发觉了我们的行动，就立即用机枪、掷弹筒一齐向我们猛烈地射击，子弹、炮弹从我们头上呼啸而过，像雨点似的落在道沟前沿。这些猖狂而愚蠢的家伙，满以为拉紧"铁壁合围"这张网，就可以吞掉我们这条"大鱼"了。

我站在战士们为我临时挖的一个单人掩体里，忐忑不安地注视着突击部队的一举一动。我急切地期待着英雄的战士们突破成功的喜讯。突然，从正南方传来了一阵激烈的手榴弹爆炸声和震撼大地的冲杀声，声声紧扣人们的心弦，大家焦急地等待着那即将来到的胜利。不一会儿，手榴弹的爆炸声和战士们的冲杀声逐渐停止了。这时，从正南方向道沟里的人群中飞快地挤过来一个小伙子，原来是通信员，他气喘吁吁地向我报告："政委，敌人封锁了道沟，部队突围没有成功，一连副连长王金山同志牺牲了。"听了之后，我想情况越来越紧迫了！我们这支南征北战有着红军光荣传统的老部队，又一次面临着严峻的考验！

不一会，敌人炮火又向我们准备突围的方向进行猛烈轰击，企图制止我们突围，炮弹在人群中爆炸，阵地上弥漫着浓厚的硝烟，刺激着人们的鼻子、口腔和眼睛。炮弹掀起的黄沙尘土遮天蔽日，在浓浓的硝烟迷雾中，我看到怀抱婴儿的妇女被炸得血肉横飞，我听到一阵阵号啕的哭叫声，老乡们大声呼喊道："八路军同志，快救命啊！……"这悲惨的景象，使我万分激愤，立即要通信员跑步去叫王参谋长等人快来。王晓、第七团一连连长赵林、指导员阎文康、两个训练队队长和指导员也先后跑来报到。他们一个个怒气冲天，齐声说："政委，下命令吧，我们和日军拼了。"我再次坚定地下达突围命令："同志们，第一次突围没有奏效，现在情况非常危急，每个干部和共产党员、青年团员起模范作用的时刻到了，全体同志要拿出英勇顽强、不怕死的精神来。我们是硬骨头的钢铁战士，一定要打破敌人的合围圈，冲出重围去！俗话说，一人拼命，十人难挡。我们要以一当十，要以少胜多，要有胜利的决心和信心，坚决服从命令，听指挥。部队要迅速做好冲锋准备，把背包全部甩掉，炊事员拿起伤员的武器，拿起扁担、锅铲、铁锹当武器。一定要带领人民群众突出重围。各部队利用道沟就地展开，各连的轻机枪要集中，射手挂皮带端枪射击，步枪上刺刀，手榴弹一律打开盖子。听到了冲锋号声，所有的机枪、步枪、掷弹筒对准日军那几面'膏药旗'，一定要在几百米宽的地段内，向荫柳棵下的敌人一齐开火。一直向黄河故道南岸的杨集、李集方向突围前进！现在你们马上回去，准备好了，向我报告！"

十几分钟之后，各连通信员跑来报告："一切准备完毕！"我叫司号员吹起冲锋号，在高亢激扬的号声中，轻机枪、步枪、掷弹筒一齐向敌人怒吼了。只见部队跳出道沟，田野上空响起了霹雳般的喊杀声，正面敌人的枪炮霎时哑火。这时，部队一鼓作气，在阵地上同敌人展开了生死搏斗。经过短促而激烈的浴血奋战，在这个地段上的100多名日军，死的死，伤的伤，有的趴在工事里装死。第七团一连炊事班长，举起扁担把一个装死的日军的脑袋打开了花，他还缴获了日军石井三十二师团九六部队黄番中尉的皮包、战刀等战利品。

敌人的"铁壁合围"终于被突破了！

部队继续向甘草堌堆村南面的黄河故道突围，这时，地方干部和人民群众像潮水般涌上去了。人们踏着敌人的尸体，紧随部队突围。我随部队抵达甘草堌堆村东的一个土堆上，拿起望远镜擦了擦镜头上的尘土，观察敌人的动态。忽然发现东北角上有敌人的骑兵向我们奔驰而来，企图拦截我突围部队。一个紧急的问题，迅速闪现在我脑海中："怎么办？面对这个严重的威胁，靠战士们的两条腿，对付敌人的四条腿？叫部队停下来与敌人的骑兵拼杀？都不行。此时，停滞于沙滩是十分不利的！"

我当即布置骑兵班去迎头痛击前来堵截的敌骑兵。我对骑兵班长具体交代了任务："你们骑兵班在这个沙滩上猛烈地快跑，尽量扬起尘土，造成疑兵，先敌占领前方那个小村庄，而后，用几个人拉马隐蔽在村南面，其余人疏散在村北道沟里，对准向南来的敌人骑兵，迎头猛烈地射击，阻击和延缓敌人的行动，争取时间，掩护部队和群众突围。"我又告诉他："要注意观察敌人的动向和观察我们的行动。如果情况不利，你们就乘马转移，机动灵活地吸引敌人，向黄河滩正西方向跑，再转向南来，迷惑敌人，保障部队胜利突围！"

骑兵班长接受任务后，转身回到骑兵班，向全班交代了任务，立即拍马扬鞭向指定的目标奔驰而去，沙滩上顿时扬起了一条"黄龙"。我们英雄的骑兵班风驰电掣般到达了指定的位置，10多分钟后，在小村庄以北的道沟里，传来了枪声。他们奋勇当先，一阵射击，以果断的行动打得骑洋马拿战刀的日军骑兵丧魂落魄，乱了阵脚，队形乱了，行动迟滞了。这个出其不意、乘其不备的战术动作的成功，为突围赢得了时间，减少了敌火力的阻击。此时突围的先头部队和群众已经抵达黄河故道南岸沙滩上。

　　第八团班长训练队学员董兆祥，外号叫董二，当过警卫员，作战勇敢，机智灵活有胆量，点子多。他在突围中夺了一面日军的"膏药旗"。他拿着"膏药旗"奋不顾身地向敌人冲杀。这种气壮山河、有我无敌的英雄气概，激励了士气，震慑了敌人。一时间，军民群情激昂，扶老携幼，像潮水一般涌向黄河南岸，转眼间已经胜利地冲破了敌人的合围圈，越过了黄河故道，抵达南大堤上郁郁葱葱的柳荫深处的村村寨寨了。

　　我们这支战无不胜的部队，经过这一场艰苦卓绝的浴血奋战，终于突破了日军的"铁壁合围"，跳出了敌人的包围圈，把成千上万的人民群众和地方干部从日本侵略者的虎口里解救了出来，用自己的鲜血和生命保卫了冀鲁豫抗日根据地！

美国"飞虎队"在中国

[美] 西蒙·范·莱特

我离开中国已经 30 多年了（截至作者撰文时。——编者注），我算是一个很幸运的人，中国给了我生命，美国给了我很好的成长环境。中国是我的根，美国是我的家。特别是我有幸和"飞虎队"结缘，学到了很多东西。我的先生、美国"飞虎队"飞行员彼特·莱特，在 2007 年去世前曾一再叮嘱我说："你是个中国人，懂两国文化，以后要为中美两国人民的友谊多做点儿事。"多年来，我经常聆听美国"飞虎队"队员讲述在中国抗日战争中的经历，听他们谈论从他们的角度看到的中国，一直被他们感动着，也一直很想把他们的故事带到中国来，因为他们在中国的故事值得我们了解。

特定历史条件下的政治产物

"飞虎队"的正式名字叫"美国援华志愿队"，英文名字是"American Volunteer Group"，简写就是"AVG"，指挥官为美国人克莱尔·李·陈纳德。这支志愿队于 1941 年初开始筹建，1941 年 7 月成立，1942 年 7 月 4 日解散。不同的文件标明的解散时间不同，比如蒋介石政府和他们签的合约是 8 月 1 日到期，我说的 7 月初，是根据我看到的"飞虎队"队员个人和中国方面签的工作合约上的截止日期。这支队伍在美国组建后，航行差不多一个月才抵达缅甸，在那里受训了 3 个多月。如果从"飞虎队"1941 年 12 月 18 日全部转移到中国昆明那天起开始计算，它在中国实际上只存在了 6 个月零 14 天。

"飞虎队"是特定的历史环境下的一个政治产物。众所周知，当时的美国刚刚从经济大萧条的困境中走出来，国内的政治、经济很不稳定，美国国会代表着大多数美国人对当时国际局势的态度，那就是闭关自守，"各人自扫门前雪，莫管他人瓦上霜"，他们对欧洲的战事持观望态度，对中国的抗日战争更是漠不关心。罗斯福总统不想与持中立态度的国会对峙，他不愿意花那么多、也没有那么多政治资本为中国与国会斗。1941 年春天，罗斯福总统在宋子文和当时担任中国空军顾问的陈纳德的一起游说下，才答应在白宫权限允许的范围内，利用《租借法案》，批准了美国"贷款给中国的计划"，并派特使直接到美军的基地为陈纳德招兵买马，直接与飞行员们面谈招募。被招募的这批军人必须脱下军装，以民间身份参加中国的抗日战争。这种非常规做法的好处是快，但是这让美国国防部极为不满，认为白宫的决定是政治行动，是失败的军事决策，白宫特使到基地招募是干扰军队的正常工作，从此种下了陈纳德与美军高级军事将领不和的种子。1945 年 9 月 2 日，在美国"密苏里"号巡洋舰上举行的接受日本投降仪式，美国方面没有让为中国抗日战争立下功劳的陈纳德出席。这件事至今仍使"飞虎队"队员耿耿于怀，因为"飞虎队"在中国的抗日战争中确实表现不凡，他们英勇善战，立下了赫赫战功。

被招募的"飞虎队"队员以普通老百姓身份，与当时中美合作的中央飞机制造厂签订了为期一年的工作合同。他们分别签的是制造飞机、修理和使用飞机的工作合同。这支民间的队伍在军事上受陈纳德指挥，行政方面由中央飞机制造厂管理。罗斯福本来打算派三个空军大队支援中国：两个战斗机大队，一个轰炸机大队。结果由于当年发生了珍珠港事件，美国正式参加对日作战，因此其他两队未能成行，抵达中国的仅仅是最初的 300 余人，其中有 100 名飞行员，200 多名军械兵、机械兵、无线电兵，还有一些指挥部人员和后勤保障人员、神职人员、医护人员等。因此在有关 "飞虎队" 最早期的文件上，都有 "美国援华第一志愿队" 的字样，就是因为原计划还有第二、第三大队。由于后面两队未能成行，美国援华志愿队也就把 "第一" 给去掉了，变成了 "美国援华志愿队"。

陈纳德把实际来华的美国空军第一大队 100 名飞行员分成三个中队：第一中队为 "亚当夏娃队"，是由原美国空军出身的飞行员组成；第二中队为 "熊猫队"，为纪念来中国战斗而取其名，由原美国海军航空母舰飞行员组成；第三中队为 "地狱天使队"，由原海军陆战队航空兵和剩下的原海军航空母舰飞行员组成。第一、第三中队的人很喜欢他们的名字，觉得他们的名字很棒，就各自在自己的飞机上画了大同小异的图案。"熊猫队" 的人虽然不知道怎么画熊猫，不过队里有一个叫博迪·奎斯的飞行员，参军前是很有名的漫画家，大家就让他为每个飞行员以熊猫为摹本，画一个卡通人物在他们飞机上，不要统一的图案。后来，由于这个漫画家在空战中牺牲了，未能在第二中队的全部飞机上画上卡通画。因为我先生戴眼镜、喜欢拳击，所以奎斯就给他画了一个戴眼镜的、正在打拳击的大熊猫；还有 "德州牛仔" 的样子；大卫·赫尔、约翰·纽克特等人的飞机上都有各自的卡通图案。目前（截至作者撰稿。——编者注），我收集到了第二中队 8 个卡通形象。

独具匠心的战法及和谐的战斗团队

"飞虎队" 是在缅甸经过数月的训练后才陆续到达中国昆明的。

"飞虎队" 是一支匆匆忙忙凑起来的队伍。飞行员来自空军、海军及海军陆战队，他们开过的飞机有轰炸机、运输机、侦察机、水陆两用机、双引擎战斗机，就是没有开过 P-40 这种飞机，这种飞机本来是为英国空军制造的。当时有美国军事专家断言："这支队伍存在不了几天。"但是陈纳德硬是不信那个邪,他要求"飞虎队"队员不仅要打胜仗,而且"还要活着回来"。陈纳德要他们放弃西方空军惯用的"三机一组",即"一主机、两僚机"的典型的编组和战法,采取"两机一组",即"一前锋、一后卫"的崭新的编组和战法。陈纳德给"飞虎队"队员们详尽分析美军 P-40 和日本军用战机的特点:美国的 P-40 比日机机身坚固,弹火杀伤力大,射程远,但是日机比 P-40 机灵活。有鉴于此,"飞虎队"队员必须采取迂回战术,打日机编队尾巴上的飞机,射出火力后利用 P-40 机身重的优势,快速离开战区,在射程外爬高回来再打,绝对不能和他们面对面在空中打绞杀战!这些小伙子是受过军队正规训练的,说:"两机一组编组战法可以学,但打了就跑,似乎有点儿胆小鬼的味道。"陈纳德说:"只要人活着,就有机会打敌人。敌我兵力悬殊、你死我活的空中格斗不能让你们以一当十,否则只会让你们死得更快一点儿。想死,就按照你的战术打。"小伙子们一听,都说:"谁想死啊。"于是,他们只好老老实实地学习和采用陈纳德发明的崭新的空中游击战战术。连续数月扎扎实实的战术训练,为"飞虎队"以后的成功打下了良好的基础。在最好的状况下,"飞虎队"也只有 60 多架飞机能够同时起飞,而他们要保护的是中国三分之一的领土,即中国的东南部和中国抗日战争的生命线滇缅公路。"飞虎队"的飞机分散在中国的云南、广西、贵州、四川、湖南的十几个飞机场,平均一个飞机场只有几架飞机,最多的也就四五架。那时他们一架飞机,就是一支空军队伍。"飞虎队"常常是三四架飞机在空中共同等待日机的到来,日机一旦飞入"飞虎队"的射程范围,"飞虎队"队员便立即进行猛烈的炮火射击,之后掉头就跑,飞机在远处飞到高空以后,又反过头再在敌机屁股后面一阵猛打,直到敌机被击落。日军战斗机有时连"飞虎队"的影子都没看到就挨了打。每场战斗一直持续到日军逃回基地,或者是"飞虎队"的飞机没有油了才结束。"飞虎队"队员们充分利用 P-40 战机的优势,狠狠打击了敌人。

在对日作战中,"飞虎队"官兵患难与共,关系和谐,杀敌心切,斗志高昂。"飞虎队"的成员来自美国的 39 个州,其社会背景五花八门。他们当中既有中学生,也有名牌大学的高才生;既有一贫如洗的农民子弟,也有一掷千金的富豪后生;还有颇有名气的艺术家;等等。说得好听点他们是战斗团队,说得不好听他们简直就是"大杂烩"。在当时有严重种族歧视和严格社会等级观念的美国,如何将他们凝聚为一体是个难题:在美国军队里,军官有军官食堂和俱乐部,士兵不得出入;不管什么场所,士兵见到长官都要敬礼。要改变这样的阶级意识和等级意识无异于一场革命。陈纳德以身作则,第一次见到这批小伙子的时候就告诉他们:"在中国,我们没有上下等级之分,只是分工不同。你们看到我不必敬礼,不必起立。"而这在美国军队的高官眼里是被认为目无长官、目无军纪的行为。"飞虎队"于 1942 年 7 月 4 日应时局变化解散时,便与美空军将领产生了矛盾。当时美军中的一些将领对"飞虎队"采取空中游击战术取得的胜利又气愤又嫉妒,强硬地坚持要他们归队,并说"飞虎队"队员加入空军后要重新培养他们的军人素质,不可再目无上级地自由散漫下去。经过战争洗礼和备受中美两国人民热爱的"飞虎队"不吃那一套。当时,"飞虎队"队员穿的是陈纳德从美国军需库里找来的美国军队在非洲和热带地区用的过期的军服,一句话就是乱七八糟,什么式样的都有。当他们看到正牌军官穿着整齐干净的军服时,心里就有气。战地的"飞虎队"队员有的时候胡子不刮、脸不洗,看起来像杂牌军。"飞虎队"里有个王牌飞行员就问这些穿着整齐的军官:"请问漂亮的男孩子,你打下过敌机吗?"这些带有刺激性的话语使这些军官们恼羞成怒,于是他们之间发生了冲突。最后只有 5 名"飞虎队"飞行员和一些地勤人员在陈纳德的恳求下加入了美国空军,其他的飞行员都拒绝入编美国空军而回到美国。

与中国人民的战斗友谊

美国"飞虎队"官兵与中国军民结下了深厚情谊，相互支持，共同对敌。

中国地下工作者在全国各地布下了庞大的情报网，及时为"飞虎队"提供了大量准确无误的作战情报。中国《永不消逝的电波》这个电影，可以说是这个情报网的一个缩影。当时如果一架日本飞机在基地起飞，中国的地下工作人员就用各种渠道例如电话、无线电等及时发出信号，通知中国空军总指挥部，总指挥部就根据日机飞行的方位，立即通知附近机场，机场得到情报后，马上升起第一个红灯笼，通知执勤的飞行员马上做好准备；升第二个红灯笼的时候，飞行员就在起飞道上待命；第三个红灯笼升起的时候，飞机马上升到指定的高度，等待敌机的到来。前面提到，"飞虎队"的飞机数量少得可怜，在以少对多、敌我力量悬殊的情况下，占领制空权是至关重要的。"飞虎队"在屡次作战中能取得敌我伤亡比例悬殊的骄人战绩，情报网起了关键性的作用。

"飞虎队"飞行员与地勤人员在共同的抗日斗争中，也与中国普通老百姓结下了深厚的情谊。当时，美国"飞虎队"出战回来的飞机都是耗尽燃油才回来的，很多飞机都被日军飞机打了很多洞，很多时候是飞机没油迫降在农田里，地勤人员还要把这些飞机搬运回基地，或者就地修理。没有拖车，没有厂房，他们就用大树做绞架，用竹子做梯子，晚上用煤气灯照亮来工作。他们在近乎原始的条件下，在时间紧迫、敌情紧急的情况下，进行着紧张的工作。当时飞机零件甚至缺乏到了要割牛角做橡皮圈的程度。负责机场管理、后勤、维修的中国人，既要克服语言障碍，还要承担最艰苦也是最危险的工作，他们在敌机轰炸的情况下抢修飞机的行为赢得了飞行员的尊敬，他们与飞行员们同甘共苦，共同创造了很多奇迹。

当美国"飞虎队"飞机遭受火力破坏迫降，甚至"飞虎队"队员受伤时，不管是在敌占区还是边远的乡村，中国的老百姓都不顾个人安危掩护他们，为他们疗伤、送水送饭，千方百计地救护他们并帮他们联络指挥部，把他们安全地送回基地。这批热血的美国青年深深地感激中国人民的救命之恩，他们亲身体验到中国人民对他们的深厚情谊，更坚定了他们誓死保卫中国人民的意志，他们对为什么打仗有了更明确的认识。

我在这里不妨引用一段"飞虎队"队员雷恩关于他的飞机迫降后，被中国老百姓抢救的回忆：

> 我迫降在中国东南部的一个边远地区，那里的老百姓几乎没见过外国人，赶来查看的中国农夫一开始把我当成日本人，对我极不友好。他们花了几小时的时间来回奔忙，想找出我的来历，决定我的生死。我的飞机机翼下有中国空军的标志，可是迫降的机翼贴在地面上，他们没法看到，直到一个中国士兵赶到现场才给我一点儿希望。天黑以后，我跟看守我的人走进一个屋子，屋子里挤满了人，有火把照明。一个士兵在角落里用一部第一次世界大战时期的旧电话机讲话，终于他把听筒递给了我，电话的一端传来了我的朋友汉克的声音，我请他告诉这边的人我是他们的朋友，汉克照办了。原先以为我是敌人的中国农夫此刻变得非常友好，我在稻草里睡了一夜。第二天他们牵来一头有木鞍的小水牛供我使用，还有一个 14 岁的牧童以及一队士兵护送我。夜里我们就在人畜混合的农舍里过夜，那个小牧童还不止一次地让我用他的牙刷刷牙，我终于还是与他共用了一把牙刷。第二天，他们找来一副滑竿，由四个士兵抬着我走。但是我还是坚持自己走了很长一段路。经过三天的跋涉，我来到砚山并等了很久，与其他几名迫降的飞行员一起乘卡车来到一个火车站。我们又坐了两天的火车才回到了基地。我很感激中国人对我的帮助。

我再引一段查理·邦德的日记，看他是怎样得到中国老百姓救护的：

> 当我的上半身爬出座舱外，猛烈的气流把我的整个身子弹了出去。我感到脖子、肩膀一阵剧疼，意识到我的飞行服、围巾上还有火苗，我躺在稻田的水沟里灭了火，我觉得头剧痛，伸手一摸都是血，我的双手、颈部皮开肉绽，肩膀烧伤了，眉毛也烧掉了。一个老百姓走过来，手藏在背后，我向他比画着打电话说："喂！喂！"他似乎明白我的意思，笑了。同时他把藏在背后的手拿出来，他的手里有一块大石头，他以为我是日本人呢，想用石头砸我。他带我穿过了一片简陋的棚屋，进入最后一间。那里有一部电话，在紧急情况下，肢体语言可以表达的事能让你吃惊。我不能与中国人沟通，但是他们明白我要一个医生。一个人拿起电话，把我的要求转到"飞虎队"，最后理查德医生出现在我的门口。缝合完我前额的枪伤、脖子后面的割伤、左手背上撞裂的伤口，又清理了左脸，还有右手臂和肩膀的烧伤。理查德医生要带我回基地，我的靴子不知道什么时候丢了，只穿着一双湿漉漉的袜子。一位中国人给了我一双布鞋。很多人扶我上了吉普车。那天晚上，医生给了我安眠药。我睡觉前默默地感谢上帝让我活着，感谢中国老百姓的救命之恩。虽然我压着的背部烧伤疼痛难忍，可我很快就入睡了。我知道我还活着。

这样动人的事例举不胜举。所以美国"飞虎队"的胜利与中国人民的帮助也是密不可分的。

2009 年 7 月我去波士顿开会的时候，当"飞虎队"的老队员以及他们的子女、亲友知道我要来中国做"飞虎队"的相关介绍后，纷纷让我把他们的问候带给中国的朋友们。"飞虎队"老兵们感谢中国人民给了他们一个为中国服务的机会，他们为"飞虎队"能在中国的抗日战争中洒下血和汗而感到骄傲和自豪。他们的子女、亲友让我告诉大家，他们谢谢中国老百姓的救命之恩。所有的人都告诉我说，他们会为增进中美两国人民之间的了解和友谊继续努力地做下去。大家都希望中国人民知道，"飞虎队" 的家人和亲友永远是中国人民的朋友。祝愿中国更加繁荣昌盛！

辉煌战绩以及历史影响

"飞虎队" 实际在华的 6 个月零 14 天的战斗记录是：共打下、摧毁日机 298 架；"飞虎队" 32 名飞行员，占飞行员数量的 1/3，成为王牌飞行员；与日军作战出动的战机的平均比例是 1：14，在出战的 50 多次战役中，没有一次战败；空战中，击毙 1 500 名以上日军飞行员及座机内人员；共 23 人在中国死亡或被俘（4 人空战牺牲，3 人被俘，6 人在地面阵亡，10 人死于飞行事故）。可谓战果辉煌，而且他们还创造出了美军战史上很多第一：队员周·尼欧是美国在二战中第一个王牌飞行员；查理·欧德是美国海军陆战队第一个王牌飞行员；"飞虎队" 在二战中是第一支常胜的队伍，一直保持着不败的纪录；敌我双方伤亡比例悬殊，重创日军的骄人战绩，打出许多至今还被各国军事专家津津乐道的经典战例。这些战绩在二战最黑暗的时刻，给中国人民的抗日战争带来了信心，给美国加入欧洲战场带来了鼓舞。

"飞虎队" 在中国的胜利同样使美国人感到骄傲和自豪。当时，美国大大小小的报纸和无线电广播每天都在报道 "飞虎队" 的故事，有美国报纸说："在世界反法西斯战争最黑暗的时刻，'飞虎队' 的胜利无疑给美国人民带来一线光明。" 有关 "飞虎队" 的漫画故事更是把飞行员吹神了，以至于美国的年轻人都向往参军当一名飞行员。小孩子天天趴在收音机旁边，收听有关 "飞虎队" 的作战故事。我的一个朋友跟我说，他小的时候看 "飞虎队" 的连环画入迷，他去上学时，还要让家人为他剪下那些漫画，以确保他能保存一份一天不差的关于美国"飞虎队"的剪报。他的房间里还挂着一幅比人还高大的画有鲨鱼的 P-40 飞机海报。那时他才 12 岁，可见"飞虎队"在美国也产生了很大的影响。

1942 年 7 月 4 日，"飞虎队"被正式解散，接防的是美国空军十军团。陈纳德以国民党政府空军顾问身份回到美国空军，军衔为准将，指挥在中国的这支美国空军。原"飞虎队"5 名队员加入该队，还有很多地勤人员留下，另外还有 19 名"飞虎队"队员留下两个星期，帮助接防的十军团二十三战斗大队，帮助他们熟悉中国的飞行条件、地理标志。美国援华特遣队即第二十三大队下有三个中队，即第七十四、第七十五、第七十六中队，由"飞虎队"留下的那 5 名飞行员担任中队长或分队长。这支部队的飞行员认为，他们受陈纳德准将指挥，也受成为中队长的"飞虎队"队员的直接指挥，加上很多机械师、枪械师也曾经是"飞虎队"队员，所以他们认为称自己是"飞虎队"队员是理所当然的。他们有很多图案、徽章，与"飞虎队"的差不多，也用那三个中队的图案。

大部分"飞虎队"队员回美国后，又各自加入了不同的部队，活跃在各个战场上。有的参加了空军第十四军团，有的参加了驼峰航线运输队伍，还有的参加了太平洋战场的中缅印战区，直接与日军作战，也有的加入了由美国控制的中航公司。但无论在哪里，"飞虎队"队员在各自的部队里均受到了英雄般的崇拜。

忆中外记者参观团访问延安

金　城

第二次世界大战爆发后，英、美等国为了最后战胜德、意、日侵略者，需要充分利用中国的军力与物力，不得不重视我党、我军、我敌后根据地强大的有生力量。英、美，特别是美国为了自身的利益，于 1944 年 3 月向我党提出要求，希望能允许英国、美国、加拿大、奥地利等国记者，到延安及黄河以东解放区了解我军力量及敌后斗争情况，并考察陕甘宁边区及敌后根据地实施各种政策的情况，目的是使我们能配合它们反攻日本。

美、英两国提出了这个要求之后，经党中央同意，由我党常驻重庆的中央代表董必武及重庆办事处向来访记者表示欢迎。

3 月 9 日，周恩来发电报给董老转外国记者团，电文写道："我受毛泽东、朱德两同志及中共中央委托，特电你们表示热烈欢迎。"同时，周恩来请董老通知当时驻渝的新华日报记者龚澎及十八集团军驻渝办事处交通科科长龙飞虎护送记者团赴延安。

国民党顽固派生怕外国记者冲破他们的新闻封锁，揭穿他们对我党、我军、我解放区的种种造谣和诬蔑，因而设置重重障碍，加以刁难、拖延。但是这一要求主要出自美国、英国记者，并得到各国外交使节的支持，国民党不敢公然拒绝。在外国记者们一再追逼下，国民党最后只得表示同意。以 CC（国民党的"中央俱乐部"

的英文简称）分子为主体的国民党中宣部，为了加强控制，想出一个办法，提出把外国记者团改为中外记者团，主要由国民党中央社、《中央日报》、《扫荡报》等记者参加，并派 CC 特务骨干加强"领导"，派他们的人担任团长、副团长，并制定了中外记者都必须在他们的领导下统一行动的纪律。

由于中外记者团是到延安并准备到前方去的大型团体，有国内外各大报著名记者参加，党中央对这次采访工作十分重视，中央政治局决定由周副主席亲自负责接待工作。我们交际处的政治、业务由当时的军委秘书长杨尚昆同志领导。

周副主席亲自召集延安党、政、军、民、学等参加接待工作的单位负责同志和干部，开了动员会，介绍了记者团的情况及采访的目的，交代了我们接待的方针、政策。他指出：外国记者在重庆已经向我们透露，他们这次来希望了解（1）各边区的施政纲领；（2）关于生产、物价、贸易、行政、教育、卫生保健计划；（3）日本俘虏情况；（4）参观人民代表机构；（5）赴黄河以东访问抗战前线军队等。多数中国记者也有同样愿望。周副主席指示各有关单位必须由主要负责同志亲自出面接待。既要准备好全面介绍本部门的材料，主动介绍实际工作情况，又要准备解答他们临时提出的问题；属于本部门本单位业务范围内的问题，必须明确负责地解答，不要回避和敷衍；属于别的业务机关的问题，可请他们向别的直接负责的单位提出要求。中国记者中的个别顽固分子，也可能提出一些故意刁难或挑衅性的问题，大家可以自己预先设想一下，以备解答或回击。周副主席指出：他们访问和参观，要让他们看到我们的工作成绩，也要让他们看看我们尚有什么不足之处，说明我们前进中的困难。为了做好这次接待工作，周副主席、尚昆同志向各机关借调了一批优秀干部和翻译人员。

我所在的交际处，由杨尚昆同志召开了全体干部大会，请周副主席再一次做了具体指示。会上，周副主席首先指出：交际处工作的根本任务就是"宣传出去，争取过来"八个大字，就是要把中央的各项政策、方针和我党、我军、我解放区的党、政、军、民、学各条战线在具体实践中的具体政策和具体成绩宣传出去。我们除有计划地组织他们参观、访问外，还要准备对记者团在参观、访问过程中反映出来的各种思想，多做解释工作，揭穿国民党的一切造谣和诬蔑，提高记者团对我们的认识，加深他们对我们的了解。要以诚恳、坦白、交往的精神同他们交朋友，以利于进一步开展国内国外的统一战线工作。只有提出具体材料，说明具体事实，才能取信于人。周副主席再次着重指出：宣传工作，要实事求是，既要介绍我们的成绩，也要说明我们工作中有错误、有缺点，说明我们有克服错误、缺点的办法，切不可虚张浮夸，更不可弄虚作假。中外记者特别是外国记者中的中间分子，在重庆、在大后方对国民党的宣传反感甚深，认为国民党真是"好话说尽，坏事做绝"，所以听到国民党的宣传就人人头痛。交朋友要站稳自己的立场，以诚待人，在公开讲明我们自己观点的同时，也要听取别人的观点，互相交流，才能澄清分歧，争取尽可能地取得一致。要善于求同存异，只求他们能在团结一切可以团结的人，集中全国一切人力、物力，共同打败日本侵略者等重大问题上和我们取得一致，其他方面，不能把我们的观点强加于人。这样，我们就会更广泛、更深入地交朋友。

周副主席指出：中外记者，既要一视同仁，也要有所不同，要明确工作的重点。一般集体访问、参观、请客、宴会、欢迎晚会等以及生活待遇方面，中外记者一律平等。至于记者中要求个别采访和谈话的，我们应当欢迎，以便我们打破国民党的控制，使我们能区别对象，分别对待，达到深入宣传、争取的目的。

周副主席还指出：这次我们的工作重点，应放在外国记者身上。外国记者中又要更加重视对斯坦因、福尔曼等人的工作。斯坦因是位很有政治见解，有活动能力的记者，他在苏联多年，后被当作"托派分子"赶了出来。但是他在中国多年，我们并没有发现他有什么托派活动。福尔曼是美国人，为人比较正直、单纯，政治上对国共两党也有明显偏见。他们在外国和中国的影响作用较大，至于塔斯社记者普金科当然也有较大的影响和作用，他是共产党员，政治立场、观点基本上和我们一致，不必我们去多费精力争取了。至于带领中外记者来的国民党人员，我们要坚持独立自主的方针，对他们要强调宣传抗日、坚持民主、坚持团结，防止他们挑拨，并打破他们的控制。

周副主席最后指出：生活方面的接待，要热情周到，在物质上我们尽量予以优待。但切不要搞铺张浪费。宴会也不用山珍海味。我们的工作人员都是立场坚定、工作积极、刻苦耐劳的，在这次工作中更要展现这些优秀品质。

记者到来以前，我们全处工作人员一起动手把交际处院内的草坪打扫得干干净净，客房布置得朴朴素素。周副主席在检查我们的准备工作后表示满意。他特别欣赏我们自制的土沙发。这种所谓"沙发"，有的只不过是在开凿窑洞时，在墙壁上按照沙发的样式挖凿而成的土靠椅，再加上棉垫子；有的是木板加棉垫的长木板椅，上面绷上蓝白两色土印花布，显得挺漂亮。周副主席也很赞赏我们交际处对当时同盟国"四大领袖"画像的挂法。我们的挂法是，既要从表面上看无高低之分而实际上则有高低之分，使国民党不能挑剔，又要表达我们自己的立场和倾向。我们的挂法是：从右到左为蒋介石、罗斯福、丘吉尔、斯大林。按中国人的习俗是以右为大，因此看起来是把蒋介石放在了首位，罗斯福第二，丘吉尔第三，斯大林最后。而按外国人的习惯是从左向右排列，第一位是斯大林，把蒋介石、丘吉尔放在后面了，对外国人也不会产生不好印象。周副主席对这种安排很欣赏，他说这虽是一个技术问题，但体现了我们的立场和政策，后来延安其他单位挂像也都按这样的顺序。

记者团于 1944 年 6 月 9 日到达延安，我们向正、副总领队谢宝樵（国民党外事局副局长）、邓友德（国民党新闻检查局副局长）索取了全体记者及工作人员的名单。

外国的媒体和记者有：美联社、美国《基督教科学箴言报》的斯坦因，美国《时代》杂志、《纽约时报》、《联合劳动新闻》的爱泼斯坦，合众社、伦敦《泰晤士报》的福尔曼，路透社、多伦多《明星》周刊的武道，美国天主教《信号》杂志、《中国通讯》的夏南汉神甫及塔斯社的普金科。

中国记者有：国民党《中央日报》的 CC 分子张文伯，中央社记者徐兆镛、杨家勇（杨是国民党中统特务，临时以"中央社"记者名义参加进来），《扫荡报》采访主任谢爽秋，《大公报》记者孔昭恺，《时事新报》记者赵炳良，《国民党公报》编辑周本渊，《新民报》主撰赵超构，《商务日报》总编金东平。

成员中还有国民党中宣部的人员，负责检查外国稿件的国民党宣传处处长魏景蒙及他的助手陶启湘，管业务工作的张湖生，搞党务工作的杨西昆。他们还带了电台。代表团路经西安时，他们安排了一个特务科科长化装成一般工作人员混进记者团内搞电台。这个特务科科长的真正任务是与国民党埋伏在延安的点线取得联系。一看国民党来员名单及其所带的电台，就可知道，顽固派和特务在大后方控制中外记者一切采访、写稿和行动自由的人马全部出动了。他们企图把国民党在大后方压制人民民主、破坏国共合作、窒息新闻出版自由的反动办法，不折不扣地搬到解放区来，而且企图利用这个机会大搞特务破坏活动。

记者团在到达延安之前，曾先到南泥湾访问了 4 天。外国记者到延安的当日，即纷纷到邮电局向他们的通讯社或报刊社发电报，报道他们进入边区后，特别是在南泥湾的所见所闻。

原来，记者团在 5 月下旬由重庆飞到西安后，领队坚持要先到山西看看，再去延安，所以记者团是从山西进入陕北的。

5 月 31 日晚，记者团住在陕北的凉水崖。6 月 1 日晨，三五九旅王震旅长亲自从延安带着一大批牲口来接，同来的还有翻译陈家康、徐克立夫妇。记者团即跟随王震走，当日宿营于固临。第二天下雨，记者团滞留固临，由王震旅长召开茶话会，向记者们介绍开发建设南泥湾的经过。

6月3日，记者团到达延安，记者们参观了延安油田。6月4日准备启程时，一件不愉快的事情发生了。原来，国民党《中央日报》记者张文伯、中央社的杨家勇和《商务日报》的金东平等，自进入边区后经常单独乱窜，企图找出一点可资攻击共产党的岔子来，王震同志看出他们的恶意，即当众宣布："哪个（国民党）《中央日报》记者要想搞什么名堂，就请他留下来！"说话时，瞪着眼睛，目光直逼着张文伯等人。他又说："你们来采访新闻，我们很欢迎，若来干特务破坏，我们不欢迎！"弄得张文伯很狼狈。

或许有人要问，王震同志这样做是不是太"厉害"了一点？其实不然。大家知道，王震同志是我们党内既善于打仗，又精通生产，还擅长做统战工作领导同志。他对于一切革命知识分子的关心、爱护和重用，很早就在党内外出了名。他对于党的上层统战工作"又团结又斗争，以斗争求团结"的策略方针把握得十分到位，表现得有圆有方。在原则问题上，坚持立场，严肃斗争，寸步不让，表现为原则性的"方"；在非原则的问题上，则求大同，存小异，妥协让步，表现为灵活性的"圆"。

记者团于6月6日到达南泥湾。当晚三五九旅旅部的指战员在金盆湾举行欢迎晚会。会上，王震首先向大家报告一个刚收到的振奋人心的消息：盟军已在法国的诺曼底登陆，开辟了欧洲第二战场。与会者不分中外、不分党派，莫不欢欣鼓舞。

第二天，记者团参观了南泥湾伤兵医院。当外国记者看到边区医院在国民党的封锁下，缺医少药，甚至连"磺胺"为何物也不知道时，十分不平。塔斯社记者普金科和《时代》杂志记者爱泼斯坦，当场提议以记者团名义电请国民党政府运输药品到边区，部分中外记者表示一定要将此情况反映出去。

以后，记者团又看了三五九旅开展大生产运动的成果以及该旅在前方作战时缴获的日军兵器，还参观了南泥湾干部休养所等。最后于6月9日满意地离开了南泥湾，到达延安。

记者团到来的当天，首先由杨尚昆同志出面，与正副总领队谢宝樵、邓友德及全体中外记者商定他们访问、参观的概略和日程安排，确定的程序是先在延安，然后去前方。在延安期间可边访问边参观，具体单位和时间由交际处负责与各方面联系安排，到时通知。中外记者完全赞成，谢、邓等人也表示同意。

下午5时，叶剑英以我军参谋长名义设宴为他们洗尘。出席宴会的还有杨尚昆秘书长，边区政府刘景范厅长。

为了打破谢、邓对记者的控制，在记者团到达延安的当晚，我即用电话请示尚昆同志，说明我们不能让他们擅设电台，得到尚昆同志的同意。为此我们与谢、邓的第一次斗争开始了。

10日早餐前，住在交际处旁边客店的国民党电台人员，把他们带来的电台，搬进交际处，预备架设发报。我们传达室的传达人员把他们挡住了，发生了争执。邓友德从住的窑洞直跑到交际处门口，气势汹汹地说：“电台是我叫报务人员进来架设的。有我的命令，不得阻挡。”硬要让我们的传达人员放行。我见邓友德在交际处门口大声恶言争吵，也走去与邓讲明不准他们架设电台的理由。邓竟蛮横地责问我：“我是国民党政府派来的领队，你们有什么道理不让我们工作？”我也不客气地告诉他：“我是陕甘宁边区政府派来接待你们的工作人员，我只能按边区政府的法令办事。没有经过边区政府批准，谁也无权在边区境内架设电台。”邓友德一时语塞，但摆出一副凶狠架势，支支吾吾地还想说什么。谢宝樵见势不妙，忙知趣插话说：“不要为此小事，伤了和气。”一面说着一面把邓友德拉走了。电台终于没有架成。

早餐时，中外记者见到一面盆一面盆的牛奶或稀粥，一盘盘的鸡蛋、面包、馒头、酥油（土制奶油）和小菜，兴致勃勃，狼吞虎咽，各自饱餐了。这时正是我解放区开展大生产运动两年之后，延安已初步达到了丰衣足食。

这时，我们交际处早已不是抗战初期由苏维埃外交部招待科遗留下来的状况了，在新市场南边向东的半山腰，我们已打了30多孔冬暖夏凉的窑洞，在山脚下建造了20来间客用房、工作人员的宿舍，还建造了可供七八十人使用的餐厅和会客厅。交际处的厨房能做中餐和西餐。为了响应党中央"自己动手，丰衣足食"的号召，我们参加了边区政府组织的开荒、种菜、背柴的农业生产，而且自己办起了一个食品商店"足食园"。自己用土产做牛奶糖、梨脯、饼干、核桃酥、鸡蛋糕、月饼、葡萄酒、梨子酒等，除供应交际处本身所需外，还向市场供销。

国民党顽固派劝阻外国记者不要来延安的谎言之一就是"延安生活艰苦，去不得"。中外记者们来到实地一看，国民党顽固派的种种捏造，不揭自穿了。原来外国记者在重庆，早餐时也只是稀饭、馒头和咸菜，很久没见过牛奶了，有时他们偶尔买到一个鸡蛋，也就心满意足了。

在早餐中间，我用勺子击盘示意大家安静后，向记者团宣布当天的工作日程及注意事项：

（1）今天下午朱德总司令接见和宴会，邀请中外记者团全体出席。

（2）外国记者先生们的新闻稿，按战时各国惯例，需经过检查才能发出。为了做到方便迅速，我们委托翻译组组长浦化人负责，由他审阅签发。

（3）中国记者的新闻稿亦须经柯柏年同志检查。

10日下午5时，朱总司令在王家坪礼堂设宴款待中外记者团。为了欢迎该团及庆祝第二战场的开辟，还特请延安大学文工团举行了音乐晚会，在中、美、英、苏四大盟国人士欢谈之际，高唱四国歌曲，会场洋溢着反法西斯的战斗友谊。

在欢迎会上首先由叶剑英参谋长代表朱总司令致欢迎词。之后，爱泼斯坦代表外国记者讲话，他首先开诚布公地说："来到延安是件很不易的事，因此我们感到很愉快。"他说："在同盟国家阵营里，不应该有任何一个地区关闭起来，对于职业的新闻记者，也不应该有任何一个地区不让他们看一看，因为他们是全世界人民的眼睛。"他说："这个地方很久以来是被关闭着的，这一次，我们打开了一个缝隙，从今以后要再强制地关闭起来是不可能的了。"他的这番话是委婉地抨击了国民党对我边区的封锁政策。他接着又诚恳地说："为了共同的事业，我们对你们的缺点是会批评的，对于你们的优点是会赞扬的。"最后，他对我国国内团结表示了热忱的希望。他说："只有团结，中国才能成为四大强国之一。"他的讲话，博得了热烈的掌声。

孔昭恺代表中国记者讲话，他在略述了进入边区后沿途参观的情形以后说："我们一定要把见到的一切忠实地报道给全国人民。"

讲话之后，举行了盛大的音乐会。第一首曲子是《同盟国进行曲》，然后演奏了各种民歌及《黄河大合唱》。

11 日，全体中国记者参观了新华社、解放日报社及中央印刷厂，并进行了新闻业务上的座谈。

12 日下午 5 时，毛主席在中央礼堂后面的客厅接见了中外记者代表团，毛主席首先致辞，对记者团的到来表示欢迎。毛主席说："我们的目的是共同的，就是打倒日本军阀与打倒一切法西斯，全中国，全世界，都在这个共同基础上团结起来。"毛主席对代表团来延安适逢第二战场开辟表示热烈庆祝。毛主席在谈到中国国内情况时再次着重表明：我们"拥护蒋委员长，坚持国共合作与全国人民的合作，为着打倒日本帝国主义，建立独立民主的中国而奋斗。中国共产党此种政策始终不变，抗战前期是如此，抗战中期是如此，今天还是如此，因为这是全国人民所希望的。"在致辞之后，毛主席逐一回答了记者们提出的问题，归纳起来有三点：（1）关于国共谈判；（2）关于第二战场；（3）关于中共的希望和它自己的工作。毛主席在回答第三个问题时，着重指出："远东决战亦快要到来了，但是中国缺乏一个为推进战争所必需的民主制度。只有民主，抗战才能够有力量……民主必须是各方面的，是政治上的、军事上的、经济上的、文化上的、党务上的以及国际关系上的……只有民主的统一，才能打倒法西斯，才能建设新中国与新世界。"

会见后，毛主席宴请了记者团，很多领导同志出席作陪。晚间请记者们观看了评剧。

中外记者都想不到毛主席能这样快地接见他们，并且详尽地回答了他们的问题，回到交际处，大家都十分兴奋。

几天后，记者团中有人在酝酿要求单独见毛主席，先由斯坦因私下向我们的翻译同志探问，说他想单独见一次毛主席。我们的翻译根据周副主席的指示，认为可以，并答应代为报告，斯坦因非常高兴。

一天，毛主席决定个别接见斯坦因，因此斯坦因未参加全团的集体活动。当全团人员上车后，邓友德在清查人数时发现没有斯坦因，他问我方人员，我们的翻译人员告诉他，斯坦因已声明他今天不去了。邓友德立即大发雷霆，当众叫喊说，我们这个记者团，在重庆出发时，已宣布了纪律，所有人员必须统一行动。斯坦因为什么不去？他转过脸来责问我，我对他说："你们团内的纪律，我不想干预，斯坦因去不去我们只好听他自便。我们解放区记者有新闻采访的自由，你们团有你们的纪律，你是队长，可执行你的职权，请你亲自去请斯坦因迅速来上车就是了。"邓友德还是嚷嚷不休，但并不行动，他很清楚，即使他自己去请，也会在斯坦因那里碰一鼻子灰。我示意司机等邓友德，但是许多中外记者却等得不耐烦了，急着要求开车。司机就把车开出门外向北转弯而去。只见邓友德久久仍悻悻然地带着他那副可憎的尊容，在车上摇晃着。

经过斯坦因这么一冲破，又加上邓友德在上车时的一场吵闹，记者们敏感地察觉到，以后他们可以不受邓友德的控制而单独行动了。从此，所有外国记者都陆续要求单独见毛主席、周副主席和朱总司令。继斯坦因之后，福尔曼公开提出来，我们立即表示同意。接着几个中国记者也提出，我们一视同仁地表示同意。

25日上午和下午，朱总司令和叶参谋长应美报记者斯坦因和英国记者福尔曼的要求，分别与他们进行了4个小时的谈话。谈话中朱总司令和叶参谋长向他们说明了几个问题：（1）从军事角度说明共产党军队在战时战后的潜在力量；（2）共产党对国民党的关系、态度及与国民党、美国及英国武装力量合作能够采取或应该采取的形式；（3）战后共产党军队为保持远东和平，在军事方面能负何种任务；等等。

从11日开始，中外记者团正式访问陕甘宁边区政府、自然科学院、日本工农学校、兵工厂、被服厂、难民工厂、皮革工厂、振华纸厂、光华农场、中央医院、和平医院、洛杉矶托儿所等单位，对我边区各方面的情况进行了全面的了解。

22日，叶剑英参谋长在王家坪礼堂向中外记者参观团做了报告。为了使外国记者正确地听清这个重要报告，我们分发了译成英文的小册子，附有说明八路军、新四军七年来抗战的成绩，民兵的分布及八路军、新四军发展情况的图表，还特别列举了八路军、新四军中与我军共同抗日而牺牲了的国际友人的名单。叶参谋长开宗明义地说："为使各位中外友人便于研究目前中国共产党抗战的具体情况，我向各位做一个关于敌后战场军事情况的一般介绍。这里所指的敌后战场，就是我八路军、新四军在华北、华中、华南坚持抗战的战场。自1938年武汉失守以后，敌后战场实际上成了中国的主要战场，但是由于国民党采取压制言论的政策，不但外国人不了解此种情况，就连中国也有很多人不了解。"叶参谋长说："我八路军、新四军在这个敌后战场上，坚持了13年抗战的过程是极其残酷、紧张的，并且是极其复杂、曲折的。"

叶参谋长在报告中分敌、伪、友、我四个方面介绍了敌后战场截至 1944 年 3 月前的基本情况。

在敌情方面，叶参谋长说：在华北、华中、华南三大敌后战场上，日军兵力共 34 个半师团，约 56 万人。从国共两党抗敌的情况看，我们八路军、新四军抗击了 64.5％的敌人，友军（国民党军队）抗击了 35.5％。其原因是"一九三八年十月武汉失守以前，日寇的主力是向着国民党正面战场的；但在武汉失守以后，日寇改变了政策，对国民党以政治诱降为主，以军事进攻为辅，而移其主力于敌后战场，残酷地进攻共产党。……国民党的政策则是招架与观望，敌人来了，招架一下，敌人走了，袖手旁观。"

在伪情方面，叶参谋长介绍说：由于一部分国民党军卑鄙无耻地投降与作伪，使伪军在敌后战场有 78 万之多。投敌的将级军官有 67 人之多。在抗战以前，老伪军只有 2 万人，至 1938 年也只有 6 万余人。到 1942 年春开始，伪军猛然增多，这些伪军反对八路军、新四军特别坚决。国民党不但不对投敌的伪军加以讨伐，反而暗中联络、勾结，搞"曲线救国"，使他们不仅在现时反对共产党，而且准备在将来、在日军失败退出大城市及交通要道之时，好让这些伪军打起"国旗"，宣布反正，配合国民党军队进行反共战争。日本投降后的事实，完全证实了叶参谋长的预言。

叶参谋长说："至于敌后战场以及一部分正面战场的友军和我军的关系，抗战初期还能配合作战，但是在一九三九年以后即集中力量对中共摩擦。我党担负抗击的敌人，占全部敌伪总数 134 万人中之 110 余万，即 84％，或六分之五以上。而国民党抗击的敌人仅占 16％，即不足六分之一。究其原因，就是国民党的方针是厉行专制，压迫民主。抗日依赖别人（国际依赖英美、国内依赖共产党），自己保存实力，准备铲除异己。"叶参谋长义正词严地对记者们指出："假如这种方针不变，中国不但不能反攻，就连保存现状也是不可能的。"

最后在谈到"我情"时，叶参谋长指出：中国共产党领导的一切部队，都执行中国共产党抗日民族统一战线的政策，执行孙中山的三民主义及中国共产党 1937 年 9 月间宣布的《共赴国难宣言》。在华北、华中、华南三大敌后战场上团结各界人民，创立了 15 个以上民主抗日根据地，军队发展到 47 万，民兵 200 余万，人口为 8 600 万。在各根据地，都由人民选举抗日地方政府，执行"三三制"（共产党员、非中共进步人士、中间派各占三分之一），减租减息、发展自卫军、民兵突击队，发展生产，肃清汉奸等政策。由于我们密切地依靠群众，党、政、军、民结合为一体，我们能在 13 年当中毙伤敌军 351 113 人，毙伤伪军 239 952 人，使敌我伤亡比例总计为 2∶1。叶参谋长还专门宣读了在八路军、新四军中，为中国人民的抗战伟业而献出了生命的国际友人名单，并对历年来盟国朋友对我国的援助表示感激。

叶参谋长在揭露国民党派遣军队对我根据地进攻、包围、封锁，派遣成千特务进行破坏，断绝一切接济，并阻断国际朋友对我们的援助，封锁我党我军抗战与民主建设的消息，不使国内人民与国际友人明白真相等恶劣做法后，在报告结束时，他诚恳地表示："我们希望尽可能迅速地结束这种状况，改善国共关系，而开辟一个真正团结抗战的新环境。"

这是一次全面介绍情况的报告，在中外记者中的反响十分强烈。在回交际处的路上，在饭厅里，多数人喜形于色。外国记者饭后立即回到自己房间埋头打字发稿了，但也有几个中国记者装成"不以为然"的样子，环顾左右而故意另找话题。更有甚者故意乘机进行挑衅活动。如"中央社"记者徐兆镛，在听完报告发电稿时，有意进行歪曲。叶参谋长在报告中有这样一段话："我们可以断言，只要我们得到最高统帅部的命令，我八路军、新四军就能将国旗插到北平、天津、上海、南京、武汉城头。"而徐在发稿中却有意去掉了"只要我们得到最高统帅部的命令"这一至关重要的句子，而将这句话窜改成"在战略反攻时，一旦时机成熟，八路军、新四军可以开入北平、天津、上海、武汉"，将插上国旗窜改为"悬挂我们的旗帜"。这完全是一种蓄意挑衅的行径。我们与之进行了针锋相对的斗争，要他根据叶参谋长的报告进行更正。然而这个国民党顽固分子仍不老实，继续玩弄花招，他在更改时加上了一句"据此间当局通知"，想造成是我们更改的原文，他不得不随之更改的假象。我们再次严厉驳斥了他的谎言，他才不得不老老实实地根据原报告做了更正。

叶参谋长的报告通过中外记者传播到中国大后方和世界许多国家以后，引起了全国人民和世界上许多国家政府和人民的强烈反响。国内外舆论对中国共产党在抗战中的地位和作用给予了新的评价，特别是对国民党已失望的美、英、法三个国家，开始关注共产党敌后战场。中国战区参谋长史迪威将军一再强调美国政府必须给共产党军队以与国民党军队同样多的援助。就在中外记者团访问延安以后一个月，美军即派观察组常驻延安，以加强联络。美国新任驻华大使赫尔利，初来中国时也一再主张国共调解，发挥共产党的抗战力量。总之，叶参谋长的报告在当时的形势下起了很重大的作用，意义深远。

除此之外，我们还组织了多次报告，如罗迈（李维汉）的报告，谭政关于部队政治工作的报告，边区政府李鼎铭副主席及各厅局长的报告，等等。

24日上午，延安文艺界在边区银行大楼举行了中外记者的集会。这是一次别开生面的聚会，人们三三两两地谈论着哲学、文学以及边区生活等各种问题，会场上充满了轻快的气氛。在分散闲谈一阵之后，诗人柯仲平介绍了延安文艺协会的一些情况，随后由丁玲、吴伯箫、艾青几位作家向记者讲了几件有意思的事情。丁玲说："有位先生问我，在延安发表一篇文章需要什么手续？初听这句话,我感到奇怪,因为在我们这里是不需要任何手续的。但是想起重庆的作家们反对出版法,就恍然大悟。原来这位先生是习惯了重庆的不自由了。"吴伯箫在发言中告诉记者们,听说在西安有一批小人扮作他的朋友,在 1944 年 3 月份为他开了一个追悼会。"大家看,我现在不是还健康地活着吗?"听到这里,记者们都不由得捧腹大笑,但是吴伯箫严肃地对记者们说:"这是对我的一种侮辱,希望记者先生们把我的抗议带到西安去。"艾青在吴伯箫讲话之后也发表了一个抗议性的发言。他说,大后方有个名叫《良心话》的刊物,实际上是发表些没良心人的话。他们在那里造谣说什么我要逃出边区,走到鄜县被保安队捉回了。艾青愤慨地说:"这真是活见鬼!现今的中国,哪里还有比边区、比共产党建立的根据地更好的地方呢?我为什么要逃呢?"

记者中有正义感的人,对于西安、重庆这种追悼活人、说没良心话的行为,也感到愤愤不平。而被国民党派来控制记者的那些人听到这些话则如坐针毡,低头不语。

座谈会结束后,大家一起到大众戏园去看秧歌,记者们和在场的延安老百姓一起,不断为精彩节目鼓掌,笑声不断。有些记者十分喜爱秧歌这种形式,有的甚至提出希望能学会秧歌。

周副主席这段时间很忙,对外要集体或个别地接见记者,对内要审阅各单位的报告。我们除了有事随时向中央领导同志做书面报告外,为节省周副主席的精力,总向尚昆同志请示。但周副主席每隔一两天就到交际处来探望一次,并帮助记者解决工作上的问题。他还分别约记者谈话,对我们的工作给予指示。我因为工作繁杂,一整天电话不断,晚上更多。为了方便,我把内线电话搬到自己床边。一天早晨 6 点多,电话响了,我拿起话筒一听,是周副主席的声音,他问我那天上午记者团采访日本工农学校,准备的日语翻译的数量,我如实回答。他表示满意。他听我说话带着睡意,就问:"你还没有起床?"我只好承认自己尚躺在床上接电话。我知道周副主席每晚睡得很迟，但起得很早，内心感到惭愧。

中国记者离开延安前的那几天，正是连日大雨。在记者团离开延安的前一天，我接到尚昆同志的指示，说崂山公路可能被雨冲坏，要我们把交际处的两部汽车送到兵站检修好，另外准备四辆胶轮大车，万一汽车过崂山发生故障，可改用胶轮大车送记者团过山去。第二天黎明，电话铃又响了。我很快接起电话，是周副主席，问我汽车检修得怎样，胶轮大车出发了没有。我答汽车已经检修好了，四辆胶轮大车，5点钟即将先行出发去崂山，在上山的路旁等着。看来天气不会下大雨，汽车过去不会出什么问题。周副主席又问："你对负责胶轮车的同志是怎样布置的?"我答："让他们在山下等着，看到汽车上山，才可回来。"周副主席又问："汽车上了崂山，你认为下山会不会出问题?"我答："大概不会。"周副主席对我这一回答很不满意，说："你只知上山会有困难，就不想想下山也可能出问题吗? 你真是齐桓公用兵，既想兴师动众，又怕劳民伤财……做统战工作是和打仗一样的，一切工作要预想到底，为什么只想其一不想其二呢?"听了周副主席的批评，我自知不对，很快回答说："我立刻设法转告负责胶轮车的同志，必须跟着汽车上、下崂山，保证把汽车送上平路。"周副主席严肃、认真、细致、周密的工作作风，给了我极大的教育。

在一个多月的参观访问中，中国记者由于国民党的压力，一般表现得谨小慎微，不多言语。唯有副领队邓友德到处挑毛病，如到医院参观，我负责人介绍边区缺医少药的情况时，他极不耐烦地说："你们老说没药没药，大后方也不是王道乐土。"一次在解放日报社看剪报时，他不仅随手乱翻，而且挑衅地说："你们的报纸不报道中央社的消息，有也不全，而且还放在很不重要的位置上。"对这种恶意挑衅，我有关单位负责人都毫不客气地予以回击。

谢宝樵、邓友德、杨西昆等看到中外记者们在我解放区真正受到了民主自由的招待，特别是外国记者对真实情况的报道越来越深入，而这对以蒋介石为首的国民党"消极抗日，积极反共"的政策越来越不利。于是他们便改换伎俩，最后甚至不择手段，企图拉他们在延安的亲友回国统区。邓友德有个弟弟邓友信是个革命青年，杨西昆有个女同学金鹤是个革命干部，那几年经过整风学习，他们对我党的信念更加坚定。见面时，邓、杨用转弯抹角的方法，想从他们口中套取一点可供他们做反共宣传的材料，可是结果也都落了空。邓友德苦劝硬拉，要弟弟邓友信离延安去重庆，也遭到坚决拒绝。

访问参观到 7 月上旬，中外记者都希望赴八路军前线访问，谢、邓等怕这样会扩大我党我军的影响，竭力阻止，后来又采取分裂中外记者团的办法，要把全部中国记者拉回重庆去。由国民党《中央日报》、中央社记者从中活动，逼迫态度中间的《大公报》记者出面，提出立即回重庆的要求。他们离开延安前，向朱总司令辞行，总司令接见他们并讲了话。7 月 6 日，周副主席为他们饯行。11 日，朱总司令再次在交际处为中国记者饯行。他们于 7 月 12 日离开延安返往重庆。

防民之口，甚于防川。中国记者回到重庆后，许多人在报上或私下仍如实地介绍了他们在陕甘宁根据地的所见所闻。《新民报》记者赵超构公开出版了《延安一月》，比较客观而巧妙地介绍了他在延安访问、参观的所得和感受，在国民党特务统治下没有新闻报道自由的重庆，这也可以说是"透露出一线新民主主义新中国一角的曙光"了。1945 年 3 月，董必武同志在一次报告中还提出："一个外国新闻记者对我说，他在来延安前，觉得我们的宣传，有些夸大，来延后，他觉得我们的宣传太不够了。"

外国记者除夏南汉随中国记者返回重庆外，其余的都留在延安未走。经过我们一番准备工作之后，他们于 8 月离开延安，赴晋绥抗日根据地参观。离开前，毛主席亲自到交际处为他们饯行。

外国记者在王世英、朱明、王再兴和翻译柯柏年、凌青的陪同下，东渡黄河，来到晋绥军区第八分区的防地。他们曾到离汾阳2.5 千米远的一个山头上，观看了我八路军拔日寇据点的一场战斗。据爱泼斯坦回忆，那是 9 月的一个晴朗的白天，在山头上看汾阳看得很清楚。战斗是罗贵波指挥的。我八路军战士冒着敌人密集的炮火，以坑道为掩护。将炸药送到了敌人碉堡底下。一声巨响，敌碉堡炸毁了，八路军指战员高喊着杀声冲向残破的碉堡，打死和俘虏了很多日本兵。指战员将日本俘虏押到外国记者面前，外国记者还和日本兵进行了交谈，了解日本兵的思想情绪。除了参观拔据点的战斗外，外国记者还参观了袭击日伪火柴厂的战斗。当堆满了火药和木料的火柴厂被我军点燃时，冲天的大火映红了半边天，给外国记者留下深刻的印象。

此外，记者们沿途考察了我党政机关的工作情况和人民群众努力生产、支援抗战的情况，沿途所见所闻均给他们留下了良好的印象。

外国记者返回大后方和本国后，许多人以翔实的文字，大量宣传解放区欣欣向荣的面貌，以及八路军、新四军的伟大战绩。如福尔曼 1945 年在美国出版了一本《红色中国的报道》，引起了美国人民普遍的关注。以后斯坦因又写了一本比福尔曼更好、更深刻的书——《红色中国的挑战》，于 1946 年在美国出版。他还写过《中国共产党与解放区》《8 600 万人民随着他的道路前进》等文章，在美国、英国的报刊上发表，影响很好。武道也写了《我从陕北回来》等文章，态度比较客观。特别突出的是爱泼斯坦，他曾给《时代》杂志和《纽约时报》写过不少文章，有说服力地告诉人们，中国共产党领导的抗日根据地是中国希望之所在；后来又写了《中国未完成的革命》一书，1951 年在美国出版。以后他参加了中国的社会主义建设事业，做出了宝贵的贡献。在第六届全国政协第一次会议上，他被提名为全国政协委员。

　　总之，中外记者团的延安之行，冲破了国民党的新闻封锁，将我党我军和抗日根据地的真实情况宣传到了大后方和世界许多国家，对大后方人民和世界人民以及美、英、法盟国政府重新认识我们，起到了一定的作用。

陕甘宁边区的政权建设

刘景范

一、陕甘宁边区政府的成立

1935 年 10 月 19 日，党中央和中央红军到达陕甘边苏区吴起镇。11 月中旬，党中央决定成立中华苏维埃共和国临时中央政府西北办事处，将陕甘边和陕北苏区，连同新发展的苏区，划分为陕甘省、陕北省、陕甘边省、关中特区、神府特区，统一于西北办事处的领导之下。西北办事处设主席团，博古为主席，下设土地部、教育部、财政部、国民经济部、粮食部、劳动部、司法内务部和工农检察局。1936 年 1 月，又增设外交部。西北办事处是当时苏区的最高政权机构，同时也是临时中央政府的办事机构。它是党中央直接领导下的工农民主政府。西安事变和平解决后，党中央为了促进国共两党合作抗日，于 1937 年 2 月 10 日致电国民党五届三中全会，提出五项要求和四项保证。经过多次谈判，达成原则协议后，西北办事处即着手准备"更名""改制"工作。所谓"更名"就是将西北办事处改为陕甘宁边区政府，作为国民政府的一个直属行政组织，但又保留相对的独立性。所谓"改制"，就是将工农民主制（苏维埃制度）改为普选的民主制（不分阶级的民主制），实行一种有利于发展和巩固抗日民族统一战线的政策。因此，"更名""改制"实质上是我党在策略路线上的一个重大转变。1937 年 2 月 24

日，中共中央政治局常委决定由林伯渠负责主持西北办事处的工作，开始筹建陕甘宁边区政府。同年3月，宣布陕甘宁苏区改为陕甘宁特区。5月，正式公布了《陕甘宁边区选举条例》和《陕甘宁边区议会及行政组织纲要》。从7月开始，边区进行了乡、区、县三级选举，建立了乡、区、县各级政府。这次选举，实行了"不分阶级党派"的普遍选举。由于举行选举的区域是原苏维埃区，因此在当选的议员中，工农基本群众占了95%以上。据固临、延长、安定、曲子四个县的统计，在县议员中，地主、富农、商人（边区没有工业资本家）占4%，在区、乡议员中，占5%。1937年9月6日，陕甘宁边区政府正式成立。党中央决定由林伯渠、张国焘、博古、董必武、徐特立、谢觉哉、郭洪涛、马明方、高岗九人为边区政府主席团委员，林伯渠为主席，张国焘为副主席。12月13日，中共中央政治局决定边区政府领导成员为：林伯渠（主席）、张国焘（副主席）、习仲勋、徐特立、刘景范、马明方、高岗。边区政府下设：

  秘书长 伍修权；
  财政厅 林伯渠兼厅长（1938年5月由曹菊如代理厅长，同年9月任命曹为厅长）；
  民政厅 厅长马明方；
  教育厅 厅长徐特立，副厅长陈正人；
  建设厅 厅长刘景范（前任陕甘宁省委书记，1937年9月调边区政府）；
  保安处 处长周兴。

边区保安司令部也同时成立。保安司令部由边区所属的各地游击队和地方武装改编而成，司令员高岗，副司令员周兴。

从1939年到1946年，边区召开了三届四次参议会，边区的民主政治制度日臻完善。

陕甘宁边区的政权机构，是按边区、县、乡三级设置的，另外设专员公署作为边区政府的派出机关，设置公署作为县政府的派出机关，乡政府下有行政村和自然村。各级政权组织的基本组织原则是民主集中制。

陕甘宁边区参议会是边区的最高权力机关，它同国民党召开的国民参政会和各省参议会，是有根本区别的。国民党召开的参政会和各省参议会只是一个咨询机关，参政员和省参议员都是由国民党选定的。边区参议会是由边区人民选举产生的具有人民代表大会性质的权力机关，它有选举或罢免边区政府的正副主席、政府委员及高等法院院长，监督及弹劾边区各级政府政务人员，创制及复决边区的单行法规，批准关于民政、财政、粮食、经济建设、文化教育、地方军事等各项计划，通过及审查边区政府的预决算，决定征收、废除或增减地方捐税，发行地方公债，审议和决定议员的各项提案，以及其他应兴应革事宜等职权。

边区参议会选举议长、副议长主持全会工作，并选举包括正副议长在内的常驻议员组成参议会常驻委员会。常驻会在参议会闭会期间，有权监督政府对参议会决议案的执行，听取政府工作报告，提出询问和建议，出席政府委员会以及召集临时参议会等。

边区参议会选出的边区政府主席、副主席和政府委员组成政府委员会，负责全边区的政务，并向参议会负责和报告工作。边区政府委员会在参议会闭会期间，是最高行政机关。

边区政府派出自己的代表机关——行政督察专员公署，按照边区政府的命令和指示，指导和监督所辖各县政务及边区政府驻在分区的附属机关。行政督察专员公署设专员、副专员，下设若干行政科室。

县级政权是推行边区各项任务的枢纽。县参议会是县的最高权力机关。县参议员由全县人民直接选举产生。县参议会的性质、职权与边区参议会大体一致。县参议会选举县长、副县长和县政府委员，组成县政府委员会。它是县参议会闭会期间决定政务的机关。县政府下设秘书、民政、财政、建设、教育、粮食、保安等科室，以及司法处、保安大队等机构。县派出自己的代表机关——区公署，协助县政府指导所属各乡的政权工作。区公署设区长一人，区助理员若干人和自卫军营长，组成区公署，在区长的领导下工作。

乡政权是边区的基层政权组织。乡参议会为乡政权的最高机关，乡参议会休会期间，乡政府委员会为乡政权最高机关。在乡一级实行议行合一的民主制度。乡参议员（后改人民代表）由选民直接选举产生，乡参议会不设议长和常驻会，只在开会时推选主席团三人（乡长为当然主席团成员）主持会议。乡参议会选举乡长、乡政府委员组成乡政府委员会，执行全乡任务，并对上级政府和乡参议会负责及报告工作。乡政府下设人民仲裁、锄奸保卫、卫生教育、妇女儿童、生产建设、优待救济等组织和自卫军连，在乡长的领导下进行工作。乡政府除乡长、文书为脱产或半脱产干部外，其他成员均不脱离生产。

乡政府下设行政村，设主任一人，辖若干个自然村；自然村设村长一人，均由村民直接选举产生，均不脱产。

以上，就是陕甘宁边区的整套政权体系和政权组织。边区的各项抗战动员和建设工作，都是在中国共产党的领导下，通过这套政权体系进行的。

二、边区三届参议会概况

（一）边区第一届参议会

1937年12月，边区经过选举产生了500多名边区议会议员。由于战争环境和其他原因，边区议会未能及时召开。1938年7月，首届国民参政会在武汉召开，并制定了省、市参议会的组织条例。为了抗日民族统一战线的需要，边区政府于1938年11月决定，将陕甘宁边区议会改为陕甘宁边区参议会，所选的边区议员改为边区参议员，并决定在 1939 年 1 月召开边区第一届参议会。原先选出的议员，一部分已经离开边区到前线去了，无法出席会议。边区政府决定召开各县议员复选会，由原选议员出席会议，互推原议员的 50％出席边区参议会。考虑到选举产生的边区参议员，几乎是"清一色"的共产党员和工农进步分子，边区政府特聘了 12 名民主人士为边区参议员。

1939 年 1 月 17 日至 2 月 4 日，陕甘宁边区第一届参议会在延安召开。到会的参议员 145 名（其中有边区政府聘请的 10 名）。毛泽东、洛甫、陈云、王稼祥等出席了开幕式，并做了讲演。这次会议的议程有三项。

第一，听取林伯渠的政府工作报告。林伯渠在报告中，阐述了当时的抗战形势和边区所处的环境，说明了边区在抗战中的重要性；总结了边区政府成立两年来在保卫边区和全国的抗战中所做的工作；提出了边区政府在抗战新阶段中的任务。林伯渠强调指出："边区今后工作的总方针，就是团结边区全体人民，坚持巩固和扩大抗日民族统一战线，坚持持久抗战，保卫边区，保卫西北，保卫全中国，为争取抗战最后胜利，实现三民主义新中国而奋斗。"在大会讨论政府工作报告的过程中，边区政府各厅、处，以及高等法院也分别做了工作报告。经过热烈讨论，大会一致通过了政府工作报告。

第二，讨论并通过《陕甘宁边区抗战时期施政纲领》及其他单行法规。

《陕甘宁边区抗战时期施政纲领》是由中国共产党陕甘宁边区委员会提出的。它是中国共产党为之奋斗的革命三民主义在陕甘宁边区的具体实施。纲领规定在边区实行"坚持巩固与扩大抗日民族统一战线，团结全边区人民与党派，动员一切人力、物力、财力、智力，为保卫边区、保卫西北、保卫中国、收复一切失地而战。"的彻底的民族主义，"发扬民主政治，采用直接、普遍、平等、不记名的选举制，健全民主集中制的政治机构，增强人民之自治能力"的彻底的民权主义；"确保私人财产所有权，保护边区人民由土地革命所得之利益""增加农业生产""发展手工业及其他可能开办之工业""发展边区商业"，以改善人民生活的彻底的民生主义。大会经过讨论，一致通过了这个纲领，作为"边区一切工作之准绳"。

大会还通过了《陕甘宁边区政府组织条例》《陕甘宁边区选举条例》《陕甘宁边区各级参议会组织条例》《陕甘宁边区高等法院组织条例》《陕甘宁边区土地条例》等，确立了边区抗日民主政治的基本法规。

大会还讨论和通过了 12 件重要提案。其中有：根绝汉奸、土匪，扩大地方武装案，统一战线动员案，发展国防经济案，工作人员参加生产运动案，发展国防教育、提高大众文化案，优待抗日军人家属案，提高妇女政治经济地位案，等等。这些提案，会后均由边区政府执行了。

第三，选举边区参议会和边区政府领导人员。

大会第一日，首先选举参议会正副议长，高岗当选为议长，张邦英当选为副议长。大会的最后一天，进行边区政府委员和参议会常驻参议员的选举。林伯渠当选为边区政府主席，高自立当选为副主席，林伯渠、雷经天、周兴、王世泰、高自立、周扬、曹力如、刘景范、阎红彦、霍维德、马锡五、王兆祥、贺晋年、李子厚、乔钟灵为边区政府委员。选举雷经天为边区高等法院院长。选举高岗、张邦英、毛齐华、崔田夫、陈伯达、周长安、路子亮（女）、王观澜、高述先为边区参议会常驻参议员。

2月6日，边区政府委员会召开第一次会议。会上决定高自立兼民政厅厅长；曹力如任边区政府秘书长兼审计处处长；周扬任教育厅厅长；刘景范任建设厅厅长，朱开铨为副厅长；张慕尧任财政厅代理厅长，艾楚南为副厅长；高岗兼保安司令，王世泰、周兴为副司令；周兴兼保安处处长。边区第一届民选政府于 2 月 6 日正式成立。以后在人事上稍有变动，1939 年 6 月，边区政府委员会决定由曹菊如接替张慕尧任财政厅代理厅长，12 月又决定南汉宸任财政厅厅长，霍维德任副厅长。1940 年 10 月，决定由谢觉哉接替曹力如任边区政府秘书长，高自立兼建设厅厅长，刘景范改任民政厅厅长。

边区第一届参议会的召开，具有重大的意义和深远的影响。它奠定了边区抗日民主政治的基础，保证和推动了边区政治、经济、文化教育等各项事业的发展，并且为各敌后抗日民主根据地，以至全国实行民主政治树立了榜样。这届参议会的不足之处是：政权机关领导成员中没有选进有代表性的党外进步人士。

（二）边区第二届参议会

1940 年 1 月，毛泽东发表了著名的《新民主主义论》，它是我党在整个新民主主义革命时期的基本理论和基本纲领。同年 3 月，毛泽东为中央起草的《抗日根据地的政权问题》中指出："在抗日时期，我们所建立的政权的性质，是民族统一战线的。这种政权，是一切赞成抗日又赞成民主的人们的政权，是几个革命阶级联合起来对于汉奸和反动派的民主专政。""在绥德、富县、陇东等地建立新的政权，也具有严重的意义。必须依照上述原则进行，力避过右和过左的倾向。"同时指出："根据抗日民族统一战线政权的原则，在人员分配上，应规定为共产党员占三分之一，非党的左派进步分子占三分之一，不左不右的中间派占三分之一。""必须使党外进步分子占三分之一，因为他们联系着广大的小资产阶级群众。""给中间派以三分之一的位置，目的在于争取中等资产阶级和开明绅士。"

1941 年 1 月，边区开始筹备召开第二届参议会，全面实施"三三制"的政权建设。为此，中共陕甘宁边区中央局（后改为中共中央西北局）起草了《陕甘宁边区施政纲领》，经党中央和毛泽东研究修改后，于 1941 年 5 月 1 日发布。这就是著名的"五一施政纲领"。4 月 28 日，施政纲领正式发布以前，毛泽东在给任弼时和边区中央局的信中说，"施政纲领的最后修改稿，附上二份，请在边区刊物上发表，并印多张广为散布于边区境内境外。支部书记以上，班长以上，乡主席以上之干部，须使人手一张，识字少者当作识字课本读。并张贴于通衢。《群众报》上，须为它逐条加以通俗解释。""此纲领发布同时，须由边区中央局发一通知，亦同样在报上发表，并使干部人手一张。"中共陕甘宁边区中央局于 4 月 30 日做出《关于发布施政纲领的决定》，指出："为第二届参议会选举向边区人民提出的本党在边区的施政纲领，业经中央政治局批准，兹决定于五一劳动节发布。此纲领之发布，具有严重政治意义。各级党组织收到后，须立即加以讨论。为本党同志所领导之一切机关、部队、团体、学校，均须讨论此纲领，或用为教材，加以熟读。对边区党外人士，应征求其意见，欢迎自由批评，对边区境外之友党友军及广大人民，须同样征求其意见，并欢迎批评。无论在选举前或选举后，一切为本党同志所领导之机关、部队、团体、学校，均须照此纲领坚决实施之。党员有违反此纲领之任何条文者，予以纪律之制裁。"这个纲领的基本精神，就是"团结、抗日、救中国"。其具体内容包括：边区境内各社会阶级、抗日党派，共同团结抗日；坚持与边区境外之友党友军团结抗日；提高边区武装部队的战斗力和做好优先抗日工作；实行"三三制"，共产党员同党外进步人士团结合作；保障人民的民主和自由；改进司法制度，厉行廉洁政治；发展工农业生产，实行减租减息，改善劳资关系，实行合理的税收制度；普及国民教育，发展文化事业，保障人民的健康；男女平等，保护妇女儿童；坚持民族平等；保障外侨和外国人的利益；给社会游民以公民平等的权利；优待敌伪俘虏；等等。这个纲领是新民主主义政治、经济、文化的具体化。

为了做好边区第二届参议会的参议员选举，成立了边区选举委员会。我被边区政府任命为选举委员会主任。选举工作分三个阶段进行。

　　第一阶段，进行宣传动员和选举准备工作。

　　党提出的"三三制"原则，引起了各界人士的关注，选举工作的宣传，就以贯彻和实行"三三制"为重点。当时许多人对这个问题认识不清，甚至怀疑，尤其是经过土改的原苏区的干部和群众的思想不通。他们说："咱们流血牺牲闹革命，打土豪、分田地，建立的政权，现在又让他们来参加，来管我们，敢保不吃亏上当?!""不要他们该有多省心，何必自找麻烦。""为什么要那么多的地主、士绅，'三分之一'呀!"一部分未经土地革命地区的农民害怕地主参了政，自己更没有翻身的希望。一些干部、党员，他们思想也不通，有的认为"三三制"是"三分天下"，担心实行"三三制"会削弱共产党的领导。一些地主和开明士绅，一面称赞"三三制"表现了"共产党的宽宏大量""从前不要咱们这号人了，今天又能参加政权""而今事情真不同了，咱们也有公民权，同别人平等了"；一方面又怀疑"三三制"的选举是"摆样子"。而多数的中间分子则持观望和等待的态度。针对这些思想情况，选举委员会做了大量工作。我们对地主、士绅说："现在实行民族统一战线，要团结一切抗日的阶级和阶层，共同打倒日本帝国主义，挽救中国的危亡。只要赞成抗日，赞成民主的，我们一律采取团结的方针。"我们对干部和群众说："大敌当前，只有团结一切愿意抗日的阶级与阶层，形成广泛的抗日民族统一战线，才能战胜日本帝国主义，建设新中国。""共产党员虽然只占三分之一，但有很高的威信，一定能够也必须保证在政权组织中的领导地位。""共产党员在全体人民中间毕竟占少数，我们一定要学会同党外人士合作共事的本领。"思想通了，选举工作就能比较顺利地展开。

　　在这个阶段中，边区选举委员会派出了一个工作组到延安裴庄乡进行选举试点。裴庄乡的选举从2月3日成立乡选举委员会开始，到3月10日乡参议会召开结果，历时一个多月。试点取得了两方面的经验：第一，在乡一级贯彻"三三制"的具体经验。裴庄乡共选出乡参议员 25 名（其中有妇女 3 名），候补参议员 7 名（其中有妇女 2 名）。从阶级成分看，贫农 3 名，中农 13 名，富农 6 名，土绅 1 名，地主 2 名，其中有共产党员 9 名，占三分之一强，如加上候补参议员，则共产党员只占四分之一，基本上符合"三三制"原则。第二，在选举过程中发动群众给乡政府的工作提意见，检查政府工作。这样做的目的，首先是发现问题，以便改进政府工作；其次是识别人才，以便改选。

第二阶段，县、乡两级参议员的选举和参议会的召开。

边区政府原定 6 月、7 月进行县、乡两级的选举，后因 7 月是边区夏收大忙季节，故延期到 9 月进行。9 月底，各县和乡（市）的选举基本结束，并召开了县、乡两级参议会。

乡是边区政权的基层组织，边区政府的一切政策和任务，都要经过乡政府去执行和完成。乡的选举搞好了，县和边区的选举就有了坚实的基础。

第三阶段，边区参议员的选举和第二届参议会的召开。

边区参议员的选举工作从 6 月开始准备。在"五一施政纲领"公布以后，各县即按照施政纲领的精神，提出符合"三三制"原则的候选人名单。7 月，西北局同边区政府经过研究和讨论，批准和补充了各县提出的名单。9 月 24 日，西北局正式发出通知，对于确定候选人做出了 3 点原则规定：（1）候选人必须根据党的统一战线政策与"三三制"原则来确定；（2）对于我党所提出的候选人，应向群众解释其履历，使群众了解和拥护；（3）凡属当地提出的党与党外候选人，如有不当者，在不增加党员人数的情况下，可酌量变动。

在 9 月、10 月间的正式选举中，由于有些党员干部对"三三制"认识不足，工作不深不细，加之群众对某些党外候选人不满意，故在选举结果中，党外候选人，尤其是开明士绅落选的甚多。在选出的 242 名边区参议员（包括候补参议员）中，共产党员占了多数。因为边区参议员是选民直接选举的，不能随便更换，所以，西北局和边区政府共同决定，聘请46名党外进步人士（主要是开明士绅）为边区参议员，使边区参议员的成分基本上符合"三三制"的原则。在这次选举中，有一批开明士绅当上了边区参议员，如米脂的士绅李鼎铭、贺连城，绥德的地主士绅安文钦、霍子东等。在当选的边区参议员中，有少数民族人士马生福阿訇（回族）、鲜维俊（回族）、那素滴勒盖（蒙古族）等6名。还有国际友人申健（日本）、武亭（朝鲜）、阿里阿罕（印尼）、巴素华（印度）等。这样，边区参议员具有了广泛的代表性，既表达了人民的意愿，又体现了党的政策，也符合边区的实际情况。

边区第二届参议会于1941年11月6日至21日在延安新建的参议会大礼堂隆重举行。到会的参议员219名（其中有18名候补参议员）。大会开幕那天，毛泽东、朱德等中央领导同志参加了会议。晋西北行署主任续范亭，晋察冀、晋冀豫、胶东、鲁西、华中、苏北等敌后抗日根据地也派出代表出席了会议。国民党军事委员会驻十八集团军的高级联络参谋陈宏谟、周励武、郭亚生等也出席了会议的开幕典礼。

毛泽东在开幕典礼上做了重要讲话。他指出："参议会的目的，只有一个，就是要打倒日本帝国主义，建设新民主主义的中国，也就是革命的三民主义的中国。""国事是国家的公事，不是一党一派的私事。因此，共产党员只有对党外人士实行民主合作的义务，而无排斥别人、垄断一切的权利。共产党是为民族、为人民谋利益的政党，它本身决无私利可图。它应该受人民的监督，而决不应该违背人民的意旨。"毛泽东号召参议员中的共产党员要克服自己的关门主义和宗派主义，倾听人民的意见，同党外人士实行民主合作。他要求党外人士帮助共产党克服关门主义和宗派主义的毛病，共同把国事真正办好。毛泽东的讲话，在参议员中引起极大的反响，受到高度的赞扬，成为这次大会的指导思想。

　　大会选举了边区参议会正副议长。高岗当选为议长，李鼎铭、谢觉哉当选为副议长。李鼎铭在当选副议长后，做了很好的讲话，他说："我今年61岁了，本来没有能力，加之衰病交加，10余年不出家门，纵然有点思想，也是闭门造车，不能出门合辙。今天大家选举我，我觉得惭愧得很。但是，既蒙选举，自当勉尽绵力。"又说："我是一个无党无派的人，无党无派中也有几等。一等是中立不移的，一等是倾右的，一等是倾左的。我本来倾右，觉得共产党的社会主义不对，转念我又想我们常常笑人盲从，我说社会主义不对，究竟从何处说起？于是我找到几种社会主义的书，加以研究，才知道社会主义是天公地道的主义。在现在世界，无论何国，非实行社会主义不可。中国今日强敌压境，资源薄弱，要实行社会主义，困难殊多，但当这生死存亡的时候，必须要努力进行，不过这种努力要有一个路线。我站在无党无派的地位，一方面对共产党进几句忠言，一方面奉劝我们无党无派、各党各派的人，大家都向一条大路前进。"李鼎铭最后讲了两点意见："第一，就是团结二字。昨天大会开会时，诸位对这团结，再三再四地指示，但是诸位先生指示的团结，究竟是怎样个做法呢？我想，最好不要责备别人，先从自己做起。第二，是经济问题。所有抗战建国的工作，都离不开经济，我们处在资源薄弱的地方，又加以连年灾荒，经济的困难，达于极点。但是，无论如何困难，我们抗战建国的事不能不做。因为处在生死存亡的时候，人人都应该毁家纾难，把中国救下来再说别的。"李鼎铭的讲话，得到大家的一致赞同，李鼎铭后来在边区政府中起了很好的作用。

　　边区政府主席林伯渠向大会做了政府工作报告。报告总结了边区第一届参议会以来，边区政府实施第一届参议会制定的施政纲领所取得的成绩和存在的问题，提出了今后的中心工作和方针。经过讨论，大会一致通过了政府工作报告，并做出关于政府工作报告的总决议。

这届大会的中心内容之一是讨论和决定是否接受中国共产党提出的《陕甘宁边区施政纲领》。中共中央西北局书记高岗向大会做了《关于五一施政纲领的解释》的报告，提请大会采纳中国共产党在 1941 年 5 月 1 日颁发的施政纲领。高岗指出，实施这个纲领的基本方法，就是共产党提出的"三三制"政权，就是大家都来参加政权工作，不是一意孤行，把持包办。

在高岗向大会提出这个纲领以后，贺连城等 108 人，樊作材、习仲勋等 73 人，分别提出了 6 个提案，提请大会接受"五一施政纲领"，作为全边区人民共同的施政纲领。经全体参议员一致通过，决议如下：

"本会同人听了中共中央西北局代表高岗先生的报告，并详细研究了中共陕甘宁边区中央局所提出的施政纲领之后，一致认为该纲领不但适合于边区的需要，而且完全符合于中国的国情，是唯一正确的边区施政方针，也是团结抗战以救中国的良策。因此，本会全部接受，作为政府今后的施政纲领，并责成政府指导全边区人民切实执行之。"

大会还通过了《陕甘宁边区保障人权财权条例》《陕甘宁边区行政督察专员公署组织暂行条例》《陕甘宁边区县政府组织暂行条例》《陕甘宁边区各级参议会组织条例》《陕甘宁边区各级参议会选举条例》等单行法规。

大会一致通过 1942 年度边区财政概算。在讨论财政概算时，李鼎铭等 11 位参议员提出《政府应彻底计划经济，实行精兵简政主义，避免入不敷出，经济紊乱之现象》案，这一提案受到大会的重视，以 165 票的绝对多数通过，并"交政府速办"。这就是后来实行精兵简政的由来。

大会收到有关军事、政治、经济、文化、教育、卫生、妇女、儿童方面的提案 399 件，均经分组审查，提出审议意见，由大会以全体或多数票通过，交由政府分别执行。

　　大会最后进行边区政府领导人员的选举。林伯渠当选为边区政府主席，李鼎铭当选为副主席。依法，李鼎铭不能同时担任边区政府副主席和边区参议会副议长职务。大会免去李鼎铭的边区参议会副议长职务，补选安文钦为边区参议会副议长。大会选举高自立、南汉宸、萧劲光、贺连城、刘景范、马明方、柳湜、霍子乐、那素滴勒盖（蒙古族）、毕光斗、肖筱梅、高步范、杨正甲、马生福（回族）、高崇珊、徐特立等 16 人为边区政府委员会委员。边区政府正副主席为边区政府委员会当然委员，并为政府委员会的主席、副主席。故政府委员共 18 名，其中有共产党员 7 名，超过"三三制"的规定，徐特立当即申请退出。经大会同意，依次由党外进步人士向文焕递补。大会选举雷经天为高等法院院长。

　　边区第二届参议会的胜利召开，为"三三制"的政权奠定了坚实的基础，使边区的新民主主义政权建设发展到一个新的阶段。

　　第二届边区政府的机构设置和领导人员如下：

　　　　秘书长　　谢觉哉；

　　　　民政厅　　刘景范任厅长，唐洪澄任副厅长；

　　　　财政厅　　南汉宸任厅长，霍维德任副厅长；

　　　　建设厅　　高自立任厅长，霍子乐任副厅长；

　　　　教育厅　　柳湜任厅长，贺连城任副厅长；

　　　　保安处　　周兴任处长。

此外，边区政府还设立了下列直属机构：

　　　　民族事务委员会　　主任委员赵通儒，委员谢觉哉、拉素（那素滴勒盖，蒙古族）、刘景范、马生福（回族）。专管少数民族工作事宜。

　　　　法制室　　主任委员张曙时，委员鲁佛民、李木庵。执掌边区的法律研究、草拟、修正等事宜。

　　　　禁烟督察处　　霍维德兼处长。执行边区境内鸦片及鸦片代用品的查禁事宜。

文化工作委员会　主任委员吴玉章，委员有林伯渠、李鼎铭、徐特立、丁玲、贺连城、柳湜、李丹生、周扬、萧军、丁浩川、艾思奇、罗烽、欧阳山、李卓然、江丰、马济川、高长虹、何思敬、周文、柯仲平、吕骥、舒群、塞克、艾青等27人。领导边区新民主主义的文化运动，统一管理边区的文化团体。

审判委员会和司法委员会　主任委员林伯渠，委员李鼎铭、刘景范、贺连城、毕光斗。受理不服高等法院判决的刑事、民事上诉案，行政诉讼、死刑复核及法令解释等。

从第二届边区参议会到第三届边区参议会的几年时间里，边区政府根据"五一施政纲领"进行了大量的工作，克服了重重困难，取得了很大的成绩。特别是从1942年和1943年先后开始的带有普遍性的整风运动和生产运动，曾经在精神和物质两方面起了决定性作用，为抗日战争以至解放战争打下了思想和物质基础，初步形成了边区新民主主义的政治体制、经济结构和文教网络，人民生活有了明显改善。

（三）边区第三届参议会

边区第三届参议会的选举，从1945年10月开始，至1946年3月结束，历时4个多月。

参加第三届边区参议员选举的选民平均占选民总数的82.5％，有些地区达到90％以上。共选出边区参议员170名，其中正式参议员135名，候补参议员35名；上届连选连任的57名，新当选的113名。从党派关系上说，共产党员61名，占35.9％；国民党员19名，占11.2％；救国会1名；无党无派（包括进步分子和开明士绅）89名，占52.4％。就阶级成分说：地主34名，富农26名，中农69名，贫农18名，工业资本家3名，中小商人9名，工人6名，城市小资产阶级 3 名，城市贫民 2 名。边区参议员中有少数民族 6 名，妇女 7 名，天主教徒 3 名。边区参议员的构成充分反映了共产党与党外进步人士、各阶级、阶层、各民族的大联盟。

边区第三届参议会于 1946 年 4 月 2 日至 27 日在延安召开。出席会议的参议员 139 名（其中候补参议员 21 名）。这次大会是在抗日战争胜利以后召开的，是一次民主团结的大会。这次大会的中心议题是争取和平与民主，把边区建设成新民主主义的模范民主自治区。

大会开幕典礼是在隆重、和谐和欢腾的气氛中进行的。在副议长谢觉哉致开幕词后，朱德代表中共中央向大会致贺词，他称赞了边区在抗战和建设中做出的贡献，及其对各解放区和全国的伟大模范作用，希望把边区建设成和平民主的新中国更光明的灯塔、更坚强的堡垒。

大会的第二日选举正副议长。当大会主席团宣布各议员小组提出的 9 名候选人名单时，参议员习仲勋当即郑重声明："候选人中共产党员已超出'三三制'名额，本人提请大会准予退出。"选举结果，高岗当选为议长，谢觉哉、安文钦当选为副议长。

大会从第三日至第十四日，进行各项政府工作报告、质询及讨论。林伯渠做了题为《边区建设新阶段》的报告，李鼎铭做了关于选举工作的报告，霍维德做了财政工作报告，霍子乐做了今后三年经济建设计划的报告，贺连城做了今后三年文教建设方案的报告，我做了复员方案草案的报告。阎揆要、贾拓夫、王子宜、周兴、唐洪澄等就军事、财经、减租减息、司法、保安及干部问题做了重要发言。

在讨论政府的各项工作时，大家都进行了认真、热烈的发言。发言中，大家赞扬了政府工作成绩，同时也直言不讳地批评了政府在工作中的缺点和错误。参议员们能够"知无不言，言无不尽"，政府领导人员能够虚心倾听意见，做到"有则改之，无则加勉"，使会议开得生动活泼，充分发扬了民主精神。农民参议员刘德富说："我们这些农民还能批评政府的干部，而且他们都虚心接受批评，这真是自开天辟地以来我从没有见过的事。"

4月25日、26日，进行参议会常驻会和政府委员会的选举。林伯渠连任边区政府主席，李鼎铭和我当选为副主席。马洛川、贺连城、霍维德、毕光斗、王子宜、王世泰、霍子乐、唐洪澄、霍祝三、刘文卿、阿拉并巴音（蒙古族）、杨正甲、蔡登霄、李仲仁、魏民选、靳体元为政府委员，连同3位正副主席，边区政府委员共19名。习仲勋、刘培基、曹力如、高愉庭、房文礼、霍仲年、蔡丰、谷莲舫、杜洪源为边区参议会常驻议员，加上3位正副议长，共12名。会议选举马锡五为边区高等法院院长。在政府委员和常驻议员中，共产党员都只占三分之一。

4月27日，大会圆满结束，副议长安文钦致闭幕词，强调"我们要求蒋介石实现四项诺言，坚决反对法西斯特务分子破坏中国的和平民主事业，边区人民要和全国人民团结一致，不达最后胜利，决不退让"。大会来宾贺龙（陕甘宁晋绥联防军司令员）、黎玉（山东省政府主席）、薄一波（晋冀鲁豫参议会议长）、邓子恢（华中军区政委）在会上讲了话。贺龙特别强调，要进一步加强边区的自卫力量。林伯渠最后号召"陕甘宁边区160万人民要成为一个融洽和睦的大家庭，要更进一步团结起来，为实现全国和平民主而奋斗"。

这届边区政府各厅、处负责人员是：

秘书长　王子宜，副秘书长常黎夫；

民政厅　厅长刘景范（兼），副厅长唐洪澄；

财政厅　厅长霍维德，副厅长黄静波；

教育厅　厅长贺连城，副厅长赵伯平（后为江隆基）；

保安处　处长周兴，副处长刘秉温、赵苍璧、李启明；

保安司令部　司令员王世泰，副司令员阎揆要。

第三届民选政府成立以后，蒋介石发动了全面内战，胡宗南调集军队准备向边区进攻，边区随即转入战争状态。第三届边区参议会通过的三年边区建设计划被迫中断。

三、精兵简政

精兵简政是边区第二届参议会通过的一个重要议案。毛泽东看了这个提案后批示："这个办法很好。恰恰是改造我们的机关主义、官僚主义、形式主义的对症药。"1942 年 9 月，毛泽东为《解放日报》写的社论中指出，精兵简政是"一个极其重要的政策"。同年12 月，毛泽东在陕甘宁边区高级干部会议上，又进一步指出："这一次精兵简政，必须是严格的、彻底的、普遍的，而不是敷衍的、不痛不痒的、局部的。在这次精兵简政中，必须达到精简、统一、效能、节约和反对官僚主义五项目的。"

边区政府从 1941 年第二届参议会闭会后先后进行了三次精简。第一次精简从 1941 年 12 月开始，到 1942 年结束。这次精简，侧重于减少机构和缩减人员。精简结果，裁、减、并机构百余处，缩减人员 1 598 名，占边区政府原有人数的 24%。第二次精简从 1942 年7 月开始，9 月结束。这次精简，主要是建立边区政府的工作制度，实行合署办公，政务与事务适当分工，加强下级，提高县政府的职能等。这两次精简，虽然有相当大的成绩，但尚未达到精兵简政的全部目的。

1942 年 12 月 13 日，边区政府委员会第三次会议通过了边区政府秘书长李维汉主持起草的《陕甘宁边区简政实施纲要》，并于1943 年 3 月明令公布，开始了边区政府的第三次简政。

这次精简工作经过一年的努力，基本上实现了简政实施纲要上规定的目标、任务和要求。

第一，边区各级政府都做到了生产第一，生产中又以农业生产第一。从 1943 年起开展的大生产运动，党、政、军、民、学，大家齐动手，取得了众所周知的丰硕成果。1943 年粮食总产量 184 万石，比 1942 年增加 16 万石，棉花和日用工业品也有较大的增长，实现了自给或半自给。

第二，政府机构做了调整，人员做了精简。边区政府各厅处的内部机构裁减了四分之一。边区政府本部原有 552 人，整编为 416 人，各厅、处的附属机关原有 1 140 人，整编为 911 人。各分区专员公署，原有 101 人，因为增设延属、三边两个分区，总人数增加到 148 人，但原有专员公署的人数减少了。各县原有 1 188 人，整编为 791 人。边区共有 213 个区公署，原有 1 250 人，整编为 955 人。区以上各级政府机关精简总人数为 762 人，占原有人数的 23.5%。边区共有 1 270 个乡，每个乡都增设了文书一人，调派 1 000 多名青年知识分子参加乡政府工作，既加强了乡政权，又锻炼了青年知识分子。他们中的大多数后来成了各条战线的领导骨干。一部分干部由上往下移，如延安县的 10 名县级干部调区工作，20 名区级干部调乡工作。初步实现了精简上层，充实下层的方针。

第三，加强了统一性。基本上实现了政策、法令、命令和指示的统一执行，干部的统一管理，"政出多门"的现象、本位主义的现象大为减少。

第四，提高了工作效能。许多单位过去由几个人做的工作，整编以后一个人就承担了。

第五，节约也取得了成绩。由于机关、部队人员减少，1944 年节约粮食 1.5 万石。民力的节约尤为显著。如延安县 1942 年动员民力 6 万多个，1943 年只动员了 2.8 万多个，减少一半多；绥德是 1942 年动员民力 7.5 万多个，1943 年只动员了 900 个。

第六，反对官僚主义的斗争有了进展。许多领导干部深入群众、深入基层、深入实际，调查研究，了解民情，改进了领导作风，改善了干群关系、军民关系、军政关系。

在这次精兵简政中，我曾担任简政委员会主任，做了一些具体工作。我深切地体会到：精兵简政是改善和加强政权工作的一个十分重要的措施，是一项经常要做的工作，正如毛泽东所说的，"是改造我们的机关主义、官僚主义、形式主义的对症药"，精兵简政过去需要，现在更需要。我们的历次精简，有一个大缺点，就是不能推广经验，成绩不能巩固，特别是在形势发展、情况好起来的时候，旧病复发，又走回头路。"庙"也多了，"神"也多了，机关主义、官僚主义、扯皮踢球、政出多门等现象也多了，给革命和建设带来很大的祸害。这是一个值得记取的教训。回想当年在延安工作和学习的同志，吃的是小米，少肉少菜；穿的是粗布衣服，单衣一年一套，棉衣三年一套；住的是自己打的土窑洞，只有一床、一桌、一凳；出门下乡靠两条腿，风餐露宿，艰苦备尝；工作之余，还要自己动手种地、种菜、纺线，还有一定的上缴任务。然而大家充满革命的乐观主义，一心一意扑在工作上，不顾身家性命和安危得失。这是什么精神？这就是延安精神、共产主义精神。我们的政权建设，如果没有这样一大批不谋私利、一心为公、一心为人民的人，是不可能取得成功的。

延安时期的"赵占魁运动"

杨长春口述　韦华、永康整理

赵占魁是抗日战争时期陕甘宁边区的特等劳动英雄。党中央、毛主席曾号召边区和各抗日根据地的工厂、企业职工"向模范工人赵占魁学习"。赵占魁爱厂如家、艰苦创业的事迹曾名扬国内外。在他的带动下,陕甘宁边区广大职工提高了工人阶级的主人翁觉悟,发展了工业生产,有力地支援了抗日战争。1938 年 10 月,我于中央党校毕业后,被分配到中央职工运动委员会筹委会,在张浩的领导下工作,同时在抗大二大队(职工大队)一队学习并兼任抗大二大队的联络员。赵占魁当时在二大队三队学习,是我们的重点了解对象。1939 年 3 月,我同赵占魁一起调到工人学校,他在建设队学习、生产,我在组织科任科长。同年 6 月,赵占魁又调到边区农具厂工作。当 1942 年边区农具厂扩建为温家沟兵工厂时,我因曾搞过兵工生产,被派往兵工厂任厂办公室主任和党支部书记。因此,我对赵占魁同志十分熟悉,现将延安大生产运动时期的"赵占魁运动"的情况做一些回忆。

一、赵占魁在党的培养下成长

赵占魁出生在山西定襄县的一个贫苦农民家庭,12 岁时就同两个哥哥一起当雇工,到十六七岁时他学会了打铁,当过壮工,近 30

岁时又到兵工厂当翻砂工，后来被工厂裁减，到同浦铁路介休车站当铁匠。抗日战争全面爆发后，日寇占据了同浦铁路，赵占魁流亡到了西安。1938年初，安吴堡青训班招收有志抗战的职工，他报名来到设在陕西泾阳县云阳镇的安吴堡青训班职工大队学习。同年5月，他随职工大队到延安，在抗大二大队学习。

赵占魁起初的目的是找活干，当他和从同浦铁路同来的崔锁贵一起领到了抗大发给他们的军衣军帽时，以为是叫他们去当兵，便非常伤感地说："人家都说好铁不打钉，好男不当兵，过去打铁打钉的事让咱们摊上了，如今来到延安，没想到还让我们这40开外的人当兵！"他们认为自己命苦，甚至想离开抗大另找工做。这件事让中共中央职工运动委员会领导兼任安吴青训班职工大队长的张浩知道了，便找他俩谈话，耐心地对他们说：旧社会，我们工人是为了谋生打铁，做牛做马。延安是共产党领导的新社会，是工人的家。这里穿军衣的都是工人、农民和学生，是共产党领导的工农武装，是人民的子弟兵。我们是为了不当亡国奴而努力抗战，这和旧社会为官僚资本家当兵卖命完全不同。他还说，到延安参加革命的是有觉悟的工农，是新社会的主人，旧社会说的那两句话应当改为：好铁要打钉，好男要当兵。你们现在穿上军衣，在抗大学习文化、政治、军事，毕业后将根据工作需要和你们的特长分配工作，如到兵工厂去修造枪炮，这也是抗战的需要。抗战胜利后，还要建设新中国，工人阶级要成为工厂和国家的主人。张浩说服了他们安心在抗大学习。这一年的12月，他们两人都加入了中国共产党。

1939年初，党中央在延安东郊桥儿沟成立了工人学校，由张浩兼任校长。抗大职工大队的大部分职工调到了工人学校。工人学校组成了以技术工人为主的建设队，其中有纺毛、印刷、肥皂、制鞋等生产组，赵占魁和崔锁贵等组成了烘炉组。他们自己动手修炉子、安风箱，很快就打出了镢头、锄头、铁勺、铁铲等用具，满足了农业生产、教学和生活的需要。

　　1939 年 6 月，赵占魁和崔锁贵被分配到边区农具厂工作。临行前，张浩又找他俩谈话，语重心长地说：咱们是老熟人了，现在调你们去边区农具厂，你们一定要以厂为家，要把这个家当好。你们已经是共产党员了，是受过教育的工人干部，但不能把这些当成金字招牌，要做实际行动的模范。你们首先要坚持参加生产、管理生产，把工厂的生产和生活搞好，要做到名副其实地为工厂当家做主。这些话给赵占魁留下了很深的印象，他后来经常感慨地说：我在工作上做出些成绩，都是党的培养和张浩教导的结果。

　　赵占魁在农具厂，先当化铁工，后来担任了翻砂股股长。他不论大事小事、别人的事自己的事，都以极大的热忱努力干好。他以厂为家，艰苦创业，处处起模范带头作用，成绩卓著，多次被评为农具厂和边区的模范工人和"特级劳模"。1943 年，他被选为代表工人的参议员，出席了边区参议会；1945 年，他出席了党的第七次代表大会。

　　1948 年夏天，赵占魁作为西北工会代表团成员出席了在哈尔滨召开的全国第六次劳动大会。由于他是抗日战争中著名的劳动模范，影响很大，新华社曾专门发表社论，号召全国工人向他学习。此后，赵占魁多次被选为中华全国总工会执行委员会委员。他还是第一届、第二届全国人民代表大会代表，第一届全国政协委员，西北军政委员会劳动部副部长，西北总工会和陕西省总工会副主席，为我国的工人运动做了许多有益的工作。

二、延安大生产运动中的温家沟兵工厂

　　1941 年到 1942 年，抗日战争进入相持阶段，日寇集中主要兵力对我党领导的敌后各抗日根据地进行"扫荡"，实行"三光"政策。国民党顽固派也加紧反共活动，对抗日根据地实行军事包围和经济封锁，我党我军面临极大困难。为了坚持抗战，党中央、毛主席号召边区军民自力更生，开展大生产运动，保卫陕甘宁边区、保

卫延安。这时，中央决定将原边区农具厂与原来红军的兵工厂、陕北红军修械所、延安何家岔的枪厂、安塞茶坊的手榴弹厂合并，扩建为延安温家沟兵工厂。兵工厂当时的任务很重，要承担复装子弹、制造手榴弹、掷弹筒，修理枪炮等任务，而工厂的设备又极其简陋。兵工厂由于是由几个工厂合并起来的，工人和技术人员中有的是老红军，有的是从敌占区沈阳、巩县（今巩义市）、太原兵工厂来的，有的来自各抗日根据地，有的来自大后方，还有的是海外归来的华侨。大家的思想觉悟和生活习惯都不相同，但绝大多数职工都能够为了抗战大局，艰苦奋斗，不计报酬，服从分配，为抗战做出自己的贡献。其中赵占魁就是具有工人阶级主人翁态度和先进思想的典型代表。

当时为了适应战争需要，上级决定把刚合并到兵工厂的原茶坊手榴弹厂迁往黄河边的葭县（今佳县）去，那里接近前线，既可减少运输又便于分散和机动。可是当时担任厂工会主任的狄建德却不顾大局，利用修改集体合同的机会提出无理要求，煽动部分职工闹事，致使工厂中一些职工思想混乱，严重影响了支援前方作战的生产任务。这时，赵占魁与那些闹事的人截然不同，他带领工人按时上班坚持生产，给青年工人做了大量的思想工作，并主动团结那些跟狄建德跑的落后分子。中央职工运动委员会邓发派李颉伯和边区总工会章萍等到兵工厂深入调查、研究，处理问题，及时表扬了赵占魁的主人翁思想，批判了狄建德的落后思想，并对其做了组织处理，使广大职工提高了觉悟，受到一次深刻的教育。手榴弹厂由梁平带领顺利地迁往葭县，延安温家沟兵工厂也稳定下来，逐步扩大了生产。

为了加快和扩大军工生产，上级领导机关非常重视兵工厂的工作，扩充了职工队伍，加强了材料的供应，加强了行政技术领导和政治思想工作。从中央机关、学校、部队抽调了一批干部到兵工厂工作。任命徐驰、汤钦训为正副厂长，许云峰、王立为工务科科长，罗坦为总务科科长。工科大学生佟浪、徐继刚、萧淦、余侠平，以及李震、陈传标、杨硕昆等专业人员都成为厂里的技术骨干。此外还从党校、抗大、工人学校的学员中选调了一些干部，从胶东、晋东南来的一批青年充实了工人队伍。中央职工运动委员会派章智、梁平、骆鹤士和我到兵工厂加强了党务等各部门的工作，由我兼任支部书记。在中央职工运动委员会、军工局、边区总工会的领导下，兵工厂的党组织和领导收集了赵占魁的模范事迹，总结了他爱厂如家、艰苦创业的主人翁精神，逐步开展了向赵占魁学习的群众运动。

三、赵占魁的模范事迹和"赵占魁运动"的开展

延安《解放日报》等报刊先后报道了赵占魁许多的模范事迹，这些事迹给人感触最深的是：他以实际行动坚持抗战到底的大方向，勤勤恳恳，埋头苦干，艰苦创业，参加生产和领导生产，大公无私，舍己为人，始终如一。

赵占魁以厂为家，具有新的主人翁劳动态度。他多年如一日，坚持早上班、晚下班，没有假日，有时还连续上两个班甚至三个班。他长期安心干最苦、最脏、最累的活。他常在上千度高温的化铁炉旁工作，终日汗流浃背，还得穿上湿棉袄代替石棉工作服。日晒火烤把他的脸变成了紫黑色，他从不叫苦叫累。有一次，他左手指受伤，医生要他休息，他仍坚持用一只手干活。还有一次，一个工人违反操作规程打翻了铁水，他为了抢救别人被烫成重伤，住进了医院。他把上级和老乡慰问他的食品送给别的病号，自己刚能下床就拄着拐杖上班。他说："前方战士打日寇流血牺牲，轻伤不下火线，我这点伤没什么了不起。"

赵占魁虽然文化水平不高，但他用心钻研技术，能虚心向大学生、技术人员求教，并经常主动提出改进生产的建议。例如他曾建议用大飞轮带动的鼓风机代替人力拉的大风箱，后来又改为用汽车

发动机烧木炭来带动鼓风机，解决了当时生产上的大问题。

赵占魁以身作则，努力培养青年工人。他培养教育人的特点：一是凡是叫别人做的首先自己做到；二是在生产上以及生活上，随时帮助青年，并且诚恳、耐心、从不训斥别人。有的青年工人怕苦怕累不安心，他就带头苦干，教育青年工人树立为了抗战胜利、为工人求解放的信念。他手把手地教青年技术，并告诫他们节约。一个青年因嫌熔炉太烤用凉水浇身以致感冒，他就为他找医生治疗，并亲自送水送饭，关怀备至。因此青年工人都很尊重他，愿意向他请教，说他是亲如兄长的好师傅。不少后进青年在他教育下变得先进起来。

赵占魁担任工会生活劳保委员、伙食委员会主任和农业生产指导员，关心改善职工的伙食，经常征求职工对伙食的意见，利用业余时间帮食堂干活、研究改进伙食的办法。他还抽空指导养猪、种菜。他很注意搞好工厂和附近农民的关系，常用自己节余的钱帮助农业合作社发展生产，逢年过节请乡亲们来工厂看文艺演出，组织工农联欢。他在调解附近农村发生的民事纠纷方面很有些名气，附近大人小孩没有不知道他的。他说："我是参议员，应当为大家多做点事。"

赵占魁在荣誉面前谦虚谨慎，从不骄傲。他常说："这都是党的教导和大家努力的结果，自己为工农大众做点事是应当的。"

赵占魁的事迹都不是什么非常惊人的事，但他确实是"寓共产主义精神于平凡的工作中"。他也有弱点，如文化水平低、开会不积极发言、缺乏斗争经验等，但他正视自己的缺点，并制定出个人计划，提出改进措施。

兵工厂的党、政领导与工会总结和宣传了赵占魁的模范事迹。他的平凡而又不平凡的事迹确实值得大家学习，而且人人都可以学习。向赵占魁学习的群众运动首先在他所在的班、股，进而在全厂逐步开展起来。军工局、边区总工会、中央职工运动委员会也都相继发出号召，在延安和全边区的职工中开展"赵占魁运动"，并派干部到中央印刷厂、茶坊机器厂、延安被服厂等工厂广泛宣传赵占魁的模范事迹，组织推动开展"赵占魁运动"。1942 年 9 月 11 日，边区总工会正式发出《关于开展赵占魁运动的通知》。同年 12 月，毛主席发出指示："应改善职工会的工作，发展赵占魁运动于各厂。"《解放日报》记者穆青、著名音乐家贺绿汀以及鲁迅艺术学院的作家、诗人们纷纷来兵工厂采访，编写了"学老赵、唱老赵，老赵是工人的好代表"等歌曲和文艺节目，在边区广泛宣传赵占魁的事迹。从此，全边区各公营工厂都掀起了轰轰烈烈的"赵占魁运动"。

1943 年初，邓发在中央职工运动委员会召开座谈会，请兵工厂的党、政、工会干部以及赵占魁本人参加，分析了"赵占魁运动"开展的情况，讨论制定了进一步广泛深入地开展这个运动的措施。邓发指出：开展"赵占魁运动"就好比开动一部机器，所有的部件、各个环节都要动起来，行政管理部门、技术部门、生活部门、党支部、工会、青年等都要动起来，既要抓生产技术，又要搞好生活，生产才能持续地发展。会后，兵工厂的各车间、各部门以及党群组织研究了存在的问题，找出薄弱环节，制订了进一步开展"赵占魁运动"的计划。厂领导先帮赵占魁制订了生产和群众工作等方面的具体计划，然后带动全厂职工制订出向赵占魁学习的计划，并在全厂公布，以便相互监督。从此，"赵占魁运动"在兵工厂更深入扎实地开展起来。

1943 年 4 月，赵占魁和兵工厂工会向边区各工厂发出挑战书，各工厂纷纷响应。接着，党中央号召各抗日根据地公营企业的职工都要向模范工人赵占魁学习。各根据地也先后掀起了"赵占魁运动"的热潮。同年 7 月，邓发到兵工厂蹲点调查、研究，检查深入开展"赵占魁运动"以及落实中央职工运动委员会座谈会精神的情况，帮助赵占魁修订了个人计划，进一步总结了"赵占魁运动"的经验，提出了劳动模范的基本标准，并把生产数量和质量提高到新的水平，为使"赵占魁运动"全面持久地开展，提供了具体办法和措施。这些经验很快传播到全边区以及各抗日根据地，推动了"赵占魁运动"持续不断的深入发展。

1944年3月，陈云派主管工业的陈郁到温家沟兵工厂了解武器生产质量和"赵占魁运动"情况。4月，陈云在西北财经办事处召集兵工厂主管生产子弹的行政和技术干部孙云龙、龚家宏，以及厂长、党支部书记、工会干部等领导开座谈会。陈云严肃又风趣地说：前方战士反映你们厂生产的子弹有"神经病"，一出枪口就翻跟头，打不准。请你们来会诊，把"神经病"治好。到会同志认真研究提出了改进弹头壳铜的质量，增加弹头壳的厚度和匀度等具体措施。经过组织技术攻关，反复试验，终于解决了子弹翻跟头的"神经病"问题。兵工厂的技术人员和工人为了前方山地作战的需要，还在军工局李强局长的领导下，用土办法试制成功了掷弹筒。兵工厂全体职工在"赵占魁运动"的推动下，日夜奋战，有力地支援了前方部队。

四、"赵占魁运动"的成果和影响

陕甘宁边区通过开展"赵占魁运动"，取得了显著的成果。首先，在抗日战争最困难的年代，推动了兵工厂以及其他公营工厂工业生产的发展，不断克服了战时供给的困难，有力地支援了抗日战争。其次，提高了职工的思想觉悟，爱厂如家、自觉遵守劳动纪律、努力生产、不计报酬的主人翁精神得到了发扬，在运动中涌现了一大批赵占魁式的劳动模范，培养出了一批技术熟练的工人、技术干部和管理人才。全边区80多个工厂，1.2万多名职工在运动中经受了锻炼，绝大多数人后来在解放战争和新中国成立后成为各方面的技术骨干与党、政、军领导干部。仅温家沟兵工厂在新中国成立后就有6人担任省部级干部，50多人担任厅局级干部，而担任厂长、书记、工会主席的处级干部就更多了。再次，"赵占魁运动"确立了人与人之间新的关系，互相爱护、互相帮助、尊师爱徒，增强了职工队伍的团结。最后，工厂、企业、党政部门与职工会的工作作风有了转变。党、政、工会精兵简政，深入基层，带头劳动，发现问题，及时解决，建立了正常制度，明确了责任范围，提高了工作效率。

"赵占魁运动"不仅在各根据地内，而且在全国以至在国际上也有一定的影响。1944年6月，由苏、美、英及国统区的记者20多人组成的中外记者团来到延安。为了使他们深入了解我党领导人民艰苦奋斗、坚持抗战的真实情况，周恩来亲自安排他们到温家沟兵工厂参观。厂领导向他们介绍了赵占魁的模范事迹和开展"赵占魁运动"的情形。一个英国记者说："我们这次亲眼看到工人们都像赵占魁一样艰苦创业，生产军火也用了人民战争的办法。中国人民真是不畏强暴的英雄人民，中国共产党一定能领导抗战取得胜利。我们要如实报道你们在极端艰苦的条件下生产武器，宣传你们艰苦奋斗坚持抗战的精神！"外国记者对我们用土办法炼铁、用简陋的工具制造武器弹药的做法感到非常惊讶，说："真是世上罕见！"有个国民党记者挑衅地问赵占魁："你为共产党立了功，共产党为什么不把你妻子接来？"老赵回答说："不是共产党不接我老婆，是日本的侵略造成我们无数同胞家破人亡，妻离子散。中国人要不当亡国奴就得一条心打日本！"最后，美国记者斯坦因紧握着赵占魁的手说："你们是不可战胜的英雄人民，你们一定会胜利，我们在南京再见！"

1945年9月，邓发出席了在巴黎举行的世界工联成立大会，他在大会上发言："我们各解放区的工人，正在广泛开展一个新的劳动者运动，也就是1942年首先在陕甘宁边区开展起来的改造劳动态度、提高劳动生产率的'赵占魁运动'。赵占魁是一位特等劳动英雄，他不仅在生产中积极努力、有创造精神，而且大公无私，舍己为人，埋头苦干，始终如一。因此全边区的工人公认他是自己的旗帜，都向他看齐。"

总之，"赵占魁运动"是在党中央和毛主席的关怀下，在中央职工运动委员会和边区总工会等的直接领导下开展起来的群众运动。广大职工通过向赵占魁学习，改变了许多工人群众存在的雇佣观点、行会观点和保守落后的思想，发扬了艰苦奋斗、自力更生的精神，提高了解放区职工的阶级觉悟，增强了主人翁的责任感，从而推动了生产发展，有力地保证了抗日战争敌后战场的物资供应。

在延安参加整风运动和七大

曹　瑛

回延安途中

1941 年 10 月，我奉命从重庆回延安。

和我一起回延安的八路军重庆办事处的一批干部中，有南方各省参加七大的党代表，还有一些去延安学习的同志。我们分乘四辆大卡车，押车的是龙飞虎同志。由于政治环境很坏，国民党到处设卡，阻挡我们，路途非常艰苦。在重庆以北 75 千米有一个地方叫青木关，是出入重庆北面的门户，国民党军队在这里设卡，过往行人一律严加检查。由于周恩来同志亲自送我们过青木关，国民党特务不敢胡作非为，我们较顺利地通过了青木关卡。

"双十节"这天我们到了成都，这天是当时的"国庆节"，晚上全城提灯游行，我们的汽车在街上穿来穿去，找不到出路，穿到天亮才出了成都城。从成都往北前进，经过栈道，到了剑阁；"剑阁天下雄"名不虚传，盘山路又窄又曲折，傍山险路悬崖绝壁，危险得很。越过秦岭来到宝鸡，国民党特务机关把我们的车扣留了两个晚上，对我们一个一个地检查，我们就打电报给八路军西安办事处，叶剑英同志闻讯赶到宝鸡，经过一番交涉，国民党特务才放我们过去。但有一个人被留下了，就是白崇禧的私人医生周泽昭，他是一位医术很高明的外科医生，在桂林时就跟中国共产党有联系。

特务发现了周医生，就把他留下弄回去了（后来他还是到了延安）。被动员到延安去的医生有好几个，其中有一位是我在贵州认识的医生，叫李志中。他爱人是护士叫沈元晖，他们一起到了延安。

在党中央机关工作

回到延安的第二天，组织上就分配我到中央办公厅秘书处工作。中央办公厅由任弼时和李富春同志负责，秘书处处长是王首道同志，我协助王首道同志工作，主要负责党的机密，还有一项任务是为中央政治局和中央书记处的会议做记录。当时由首道同志和我轮流做记录，谁有时间就谁去。1944年11月，王首道同志离开延安，和王震同志一起率领三五九旅南下，我接任秘书处处长，为中央做记录的工作就由我一个人承担了。秘书处下设6个科室：机要科、材料科、电讯科、文书科、交通科、速记室。秘书处还办了几个刊物，有一个编辑委员会，成员有任弼时、李富春、王若飞、王首道、李华生（电讯科科长）和我。我主要负责编辑《党务广播》，《中央电讯》《中央通讯》《支部生活》等是电讯科管的。所谓《党务广播》，就是把关于党务方面的材料，党的中心工作，每个根据地后方、前线的情况，工作经验，用电报的形式发到全国各地，发给全党。有的提供给新华社广播电台，向全国全世界播发。《党务广播》现在在中央档案馆还保存着一部分，当然是很不全的。

电讯科经常收到全国各地，主要是敌后抗日根据地党组织用密码发给党中央的报告，内容非常丰富而且重要。有一次，我要李华生同志给电讯科密家凡同志一个任务，编写一篇关于揭露日本侵略者对我抗日根据地进行"蚕食"、"扫荡"、实行"三光"政策的稿子。密家凡把各根据地给中央报告中的情况加以分析综合，写了一篇很好的文章，我把它发给了全党，新华社广播电台也播放了。有些材料，是我党同国民党蒋介石进行斗争的有力依据，是宣传抗日、反对投降派的有力武器，我们把它整理好发到八路军、新四军各地办事处。董必武同志在重庆同国民党蒋介石做斗争，动员大后方的广大人民抗日就很需要这方面的材料。1943 年 8 月有两份《党务广播》发往重庆给董老：一份是《中国共产党抗击的全部伪军概况》，一份是《国共两党抗战成绩的比较》。在《中国共产党抗击的全部伪军概况》中指出："全国伪军 62 万余人，大部分为国民党军所伪化，其中 90％（56 万人）以上为共产党所抗击，国民党对之一枪不打。"《国共两党抗战的成绩比较》以具体事实揭露了国民党蒋介石消极抗日的真实面目，说明：共产党抗击了全部侵华日军共 36 个师团，60 万人的 58％（35 万人），国民党仅抗击了 42％（25 万人）；共产党抗击了伪军 62 万人的 90％以上（56 万人），国民党仅牵制伪军不足 10％。

这些刊物，也是整风准备工作的一部分。

参加整风运动

1942 年，我党开展了具有伟大历史意义的整风运动。2 月 1 日，毛泽东同志在党校开学典礼上做的《整顿党的作风》的演说，2 月 8 日在延安干部会上做的讲演《反对党八股》，连同 1941 年 5 月在延安干部会上做的报告《改造我们的学习》共三篇文章，是毛泽东同志关于整风运动的基本著作。毛泽东同志讲得很清楚，"反对主观主义以整顿学风，反对宗派主义以整顿党风，反对党八股以整顿文风"，这就是整风的任务。1942 年 6 月 8 日，党中央发出了《关于在全党进行整顿三风学习运动的指示》，从此在全党开展了以整顿三风为任务的整风运动。中央成立了由毛泽东、任弼时、王稼祥组成的三人领导小组。

整风就是通过学习文件，开展批评与自我批评，总结历史的经验，以达到统一全党思想的目的。

在组织上，首先是整顿中央党校。毛泽东同志亲自担任了党校校长，并把中央党校分为四个部："党校第一部"，学员是高级干部和七大代表；"党校第二部"，学员是地师级，以及团级领导干部；"党校第三部"是培养马列主义理论干部；"党校第四部"的学员，是文化较低的干部。他们在中央党校，首先参加了整风运动。"实事求是"就是在整风运动中提出来的，中央党校校训"实事求是"四个大字，就是毛泽东同志的亲笔题词。为了搞好整风学习，从中央到基层都成立了学习委员会，中央是总学委，毛泽东同志总负责。中央办公厅秘书处学委成员有王首道、我、李华生、李金德、曾三等，王首道同志总负责。

整风运动的发展过程，分为三个阶段。第一阶段，学习整风文件，提高干部思想认识。规定学习 22 个文件，高级干部专门学习《六大以前》《六大以来》，研究党的历史上"两条路线"的斗争，总结历史经验。5 月 2 日、23 日，毛泽东发表《在延安文艺座谈会上的讲话》（简称《讲话》）。随后，文艺界即以学习《讲话》为中心，进行人生观的教育，进一步提高了干部思想水平。第二阶段，理论联系实际，主要对各种错误思想进行批判。第三阶段，审查干部。这次整风运动很民主，没有抓辫子、打棍子的现象，真正做到了畅所欲言。

整顿党风，主要是反对宗派主义，特别是山头主义。山头主义是不自觉形成的，是历史的原因和战争环境造成的，各根据地被敌人封锁切割，互不联系，这样很容易形成山头。敌人占据着大城市，当然我们只有占据山头打游击战。山头有井冈山、太行山、大别山、五台山、武夷山，等等。"山大王"占据着山头，有的山头别人插不进去，考虑问题、处理事情非常缺乏全局观点，只从本山头的利益出发，这就是山头主义。我们的党、我们的军队，当时确实存在着比较严重的山头主义，这个地方的干部调到那个地方去工作就不行。新四军就是由湘鄂赣、闽浙赣、海陆丰、湘鄂西、鄂豫皖等根据地的军队组成的，就是新编第四军。为什么叫"新编"？因为北伐战争时有一个第四军，李济深为军长，后来是张发奎为军长，我党派出的叶挺则担任第四军独立团的团长。抗日战争时期组成的新四军，叶挺任军长，由于他刚从德国回来，尚未回到党内，属于统战人物，蒋介石也比较容易接受。皖南事变后，陈毅同志为代军长，刘少奇同志为政治委员，张云逸为副军长。新四军由很多山头组成，如果不反掉宗派主义，这支军队怎能打仗？怎能团结到一起呢？

整顿学风，就是反对教条主义。当时教条主义的代表人物是王明、博古。教条主义者就是本本主义，照抄照搬苏联经验，搬马恩列斯的本本，生吞活剥，讲起话来引经据典，但并不理解其精神实质，只是会背诵一些词句概念，开口就是马克思、恩格斯、列宁、斯大林怎么讲的。我们的党员大多是工农出身，本本知识很少，没有什么理论，很容易做教条主义的俘虏。特别是一些青年学生，听了感到很新鲜，很带劲。王明、博古、凯丰等人，根本没接触中国革命的实际，讲起话来，只会引用马列主义的一些词句，空洞无物，实际对马列主义也不真懂，只不过是用马列主义的一些词句吓唬人。要指导中国革命取得胜利，不反掉教条主义，不把马克思主义原理同中国革命的实际相结合，是不可能的。

整顿文风，就是反对党八股。八股调是古代科举制的一种作文格式，我们党当时的文风是一种新八股，讲话、写文章都是首先从国际形势开始，其次是国内形势，一整套形式主义的东西，空洞无物。王明的一篇典型文章叫《为中共更加布尔塞维克化而斗争》，不是讲实际斗争，不是有什么写什么，而是生搬硬套，矫揉造作。封建社会统治者用八股调来束缚人们的思想，为的是不让人民起来造他的反；教条主义者用这种八股调来僵化人们的思想，脱离实际。

在整风运动的第二阶段，大家认真学习文件，联系实际来提高思想觉悟，热心地帮助有思想错误的同志，积极开展批评和自我批评。对待犯有错误的同志，坚持了和风细雨、摆事实讲道理、以理服人的方针，不论是比较正确地执行了中央路线和方针政策的同志，还是犯有错误的同志，都解决了思想问题。错误非常严重的王明，他不承认错误，总是把责任推给共产国际，他说：那些东西不是我们的，而是共产国际的指示。就是对王明这样顽固坚持错误的人，整风运动也没有斗他，而是坚持摆事实讲道理，把他的问题严肃地指出来。后来王明要求去苏联治病，党中央照样同意他去了。

整风学习开始强调民主，号召大家提意见，即使是错误的意见，也不立即反驳。可是不久，在某些单位出现了对错误思想开斗争大会的现象。

1943年4月3日，中共中央做出决定，在整风的同时进行一次普遍的审查干部运动。审干本来是正常的事情，在当时的历史条件下，国民党反动派妄图消灭共产党、八路军，通过各种渠道往延安派遣特务，搞我们的情报。为了纯洁我们党的队伍，消除异己分子，防止敌人钻进我们内部来搞破坏，为了不让敌人的破坏阴谋得逞，审干完全必要。但是不能乱审查，要有事实，不能毫无根据地猜测。在康生极左思想的指导下，审干越搞越厉害，搞逼供信，搞得人人自危。毛泽东同志最后总结了"一个不杀，大部不抓""严禁逼供信"两条方针的经验。这两条方针对整个解放区是重要的，当时各根据地也搞整风运动、审干运动，要是没有这两条方针，把根据地搞乱，问题就更大了。

延安整风运动后期极左的"抢救运动"很快被党中央纠正了，毛泽东同志指示"抢救运动"停下来。1943年8月15日，中央通过了《关于审查干部的决定》，提出9条方针，即首长负责，亲自动手，领导骨干与广大群众相结合，一般号召与个别指导相结合，调查研究，分清是非轻重，争取失足者，培养干部，教育群众。10月9日，毛泽东提出"一个不杀，大部不抓"的方针政策。党中央及时地做了善后工作，给被审查受迫害的同志赔礼道歉。毛泽东同志有一次去党校讲演，我陪他一起去，我亲眼看到，在讲到"抢救运动"时，他脱下帽子，深深地鞠了一躬，向被"抢救"的同志表示道歉。这种实事求是的作风，使在场的同志非常感动，我至今记忆犹新。

整风运动是中国共产党党史上一次伟大的学习运动，通过这次整风大大地提高了全党的马列主义理论水平，提高了识别能力，使广大党员认识了什么是正确路线、什么是错误路线，什么是符合马列主义的、什么是违反马列主义的。全党对宗派主义的认识比较清楚了，看到了它对革命事业的危害性。有这种思想的人，感到不合法了，没有市场了，见不得人了，从而宗派主义得到了纠正和克服。主观主义、教条主义更是没有市场了。全党明确了要指导中国革命直到胜利，必须使马列主义的普遍真理同中国革命的实践相结合；党八股从此使人见了就讨厌、就抵制，一种新的文风在全党开始形成。当然，这些非马克思主义的东西，要一下子完全去掉也不可能。苏联有一本小说，叫《前线》，讲的是苏联反法西斯战争中，斯大林反主观主义、反教条主义的故事。小说中一个前线的高级指挥官，名叫哥尔洛夫，他是保守思想的典型代表，被斯大林撤职了；另一个叫客里空，是教条主义的典型，夸夸其谈不干实事，是一个受到了各方面批判和鄙视的知识分子。这本小说，当时配合整风运动被当作教材学习，对干部教育的意义很大。那时候，一提"哥尔洛夫"，谁都懂得是批评主观主义的代名词；一提"客里空"，谁都知道是指代表讲空话的知识分子。

整风运动的成绩是伟大的，为我党第七次全国代表大会的胜利召开奠定了基础，为中国革命胜利的到来准备了条件。

出席党的七大

为了召开七大，中央政治局和中央书记处，很早就决定在大会上由毛泽东同志做总报告，朱德同志做军事报告，少奇同志做修改党章的报告，周恩来同志做统一战线工作报告。中央书记处还决

定，要写一个《关于若干历史问题的决议》。这样大会之前要起草5
个重要文件。那时起草文件不像现在有专门的写作班子，那时是领
导同志亲自动手，最多由秘书做些记录和帮助抄一下。毛泽东同志
写《论联合政府》，刘少奇同志写《关于修改党章的报告》，朱德同
志的《论解放区战场》，周恩来同志的《论统一战线》，任弼时同志
的《关于若干历史问题的决议》，都是自己动手，当然找一些资料，
查一些文献，也要有秘书帮助。少奇同志修改党章的报告第一稿就
是王发武同志抄写的，任弼时同志的《关于若干历史问题的决议》
是张树德同志帮助记录和抄写的。文件写好后，中央书记处要开会
讨论、研究，加以修改，而且要经过反复的修改。一个文件一个文
件地讨论，我都参加了，都是我做记录。至于讨论了多少次我记不
清楚了，当时也没有统计。每次会议结束后，我都把记录交给王发
武同志，他送文书科抄写清楚（那时抄写得比较好而且经常抄写的
是裴桐同志），然后王发武同志送毛、刘、周、朱、任5位领导审
阅。王发武同志在整风期间是王若飞同志的秘书，王若飞同志是中
央秘书长。

后来王发武同志兼任任弼时、刘少奇、彭德怀3位同志的秘书。
我们秘书处的秘书是黄德同志。那时，我真是忙得很，住的窑洞和
秘书处一些同志的窑洞挨着，旁边就是王首道和纪均同志的窑洞。
白天忙一天，晚上还要开会，有时通宵达旦，休息不好；我的大儿
子羔羔刚刚两岁多，晚上他有时哭闹。所以中午我经常到单身汉密
家凡的窑洞里临时搭个铺休息一会儿。从1944年11月到1945年4
月七大开幕的半年时间里，各方面的准备工作都十分繁忙。

5个重要文件，在七大开幕前准备好了。1945年4月20日召开
了扩大的六届七中全会，会上讨论通过了《关于若干历史问题的决
议》。

七大是在整风运动提高了党员队伍思想水平和理论水平的基础
上，在《关于若干历史问题的决议》分清是非、解决思想问题的基

础上召开的。

1945年4月23日至6月11日，党的第七次全国代表大会在延安举行。大会正式代表547人，候补代表208人，代表121万党员。以根据地为单位划分，分为几个代表团，国统区的代表团团长是董必武同志，副团长是叶剑英同志，我是中央机关的七大代表，同时兼国统区代表团的秘书。

大会下设秘书处、警卫处、行政处。大会秘书长是任弼时同志，副秘书长是李富春同志，我是大会秘书处处长，警卫处长是吴烈，邓洁是行政处长。秘书处负责大会的文件、会议安排，保卫工作由警卫处负责，行政处负责吃、住、用等生活事项。

大会在中央大礼堂举行。谈到大礼堂还有一段故事。在杨家岭原来的一座旧的大礼堂，1942年春节前夕不知什么原因起火，礼堂被火烧了，邓洁同志不敢报告毛主席，他要我去汇报。毛主席听了这消息，不仅没有责怪，反而说："不要紧嘛，旧的不去新的不来嘛！"后来才又修建了一座以石头做建材的大礼堂，这座新礼堂是由武汉大学毕业的工程师杨作才设计的。大礼堂的旁边还设计了一间舞厅，中央机关每周末举行一次舞会。可惜这座大礼堂在胡宗南进犯延安时给烧毁了。现存的中央大礼堂是后来重新修复的。

七大正式开幕，由毛泽东同志亲自主持大会。毛泽东同志向大会做了《论联合政府》的政治报告，朱德同志做了《论解放区战场》的军事报告，刘少奇同志做了《关于修改党章》的报告，周恩来同志做了《论统一战线》的重要讲话。大会通过了新的党章，选举了中央委员会，通过讨论决定了党的路线。大会6月11日闭幕，开了50天。七大充分发扬了民主，与会同志都畅所欲言，对毛泽东同志、朱德同志、刘少奇同志所做的3个报告，进行充分讨论，发表了很好的意见。在历史上犯过错误的同志都主动地做了自我批评。不论是比较正确的还是犯有错误的同志，都解决了思想问题，心情非常舒畅。

在我们党召开第七次全国代表大会的同时，国民党正在开第六次代表大会，两个大会的目的完全是相反的。毛泽东同志在《愚公移山》的报告中说：我们坚决相信，中国人民将要在中国共产党领导之下，在中国共产党第七次大会的路线的领导之下，得到完全的胜利，而国民党的反革命路线必然要失败。实践证明了毛泽东同志的预言是完全正确的。

七大的伟大历史功绩之一，是制定了正确的政治路线："放手发动群众，壮大人民力量，在我党的领导下，打败日本侵略者，解放全国人民，建立一个新民主主义的中国。"中国人民在中国共产党和毛泽东同志的领导下，贯彻七大的政治路线，取得了新民主主义革命的伟大胜利，成立了中华人民共和国。

我们党的七大以团结的大会、胜利的大会载入史册，特别是新党章规定以马克思列宁主义的理论与中国革命的实践相结合的思想——毛泽东思想作为我党的一切工作的指导方针，是非常正确的。代表们回到各自的岗位，坚决贯彻七大的路线、方针、政策，使中国革命的面貌为之一新，为革命胜利的早日到来奠定了坚实的基础。

东北抗日联军和苏联远东军关系回顾

彭施鲁

东北抗日联军曾在苏联境内组建了自己的教导旅，集训时间将近 5 年之久。最后又直接参加了苏联红军解放全东北的战役，消灭了日本关东军，从而完成了自己的历史使命。东北抗日联军与苏联远东军之间的关系是在国际主义基础上建立起来的，在中国人民解放军发展史上有其特殊意义。

东北抗日联军是在中共满洲省委的直接领导下创建的。自中共中央于 1933 年由上海迁至江西苏区之后，满洲省委和党中央的联系只得通过驻共产国际的中共代表团来取得，直到 1937 年年底中共代表团大部分离开莫斯科回到延安为止。当时在苏联的海参崴设有赤色职工国际太平洋秘书处这一机构，东北的党组织就是经过海参崴和莫斯科建立起交通联络的。当时，党驻太平洋秘书处的中国工作人员叫杨春山，也叫斯达干诺夫。

东北党的国际交通员经常来往于牡丹江、绥芬河、海参崴之间。驻该秘书处的另一位中国工作人员吴平同志也多次被中央代表团派到东北各地传达代表团的指示并巡视东北党的工作。由东北的地方党和游击队派到苏联学习的先后有 300 余人，其中少数人学完之后又返回东北工作。但是，直至 1937 年底，东北抗日联军和苏联远东军或边防军之间没有发生过直接的接触。

1933 年，东北的抗日救国军、自卫军、护路军等缺少国民党政府支援，供应得不到保证而无法坚持与日本侵略军的作战，被迫陆续撤退到苏联境内，苏联又将他们一批批转道新疆遣返中国。这些做法说明了当时苏联对中日关系所采取的"严守中立"的态度。

到了 1938 年，东北的抗日游击战争形势发生了重大变化，出现了对抗日联军极为不利的态势。由于驻莫斯科的中共代表团已返回国内，东北各省委和我党中央的联系完全中断。这时处在松花江下游的抗日联军，几个领导人都想通过苏联的协助和延安建立起直接的联系，同时想试探一下苏联能不能在武器方面给我们一点帮助。在 1938 年的 1 月、2 月间，先后有抗日联军第三军军长赵尚志、第六军军长戴洪滨、第十一军军长祁致中越过了黑龙江进入苏联境内。戴洪滨是率部在萝北县境与日军作战失利的情况下，为了免遭围歼而带领 500 余人的武装队伍越境的。赵尚志和祁致中则都是仅率少数随从人员进入苏境。由于他们事先和苏方没有任何联系，苏联对他们都是按非法越境者处理的。戴部 500 余人被集体遣返新疆，交给了国民党政府。到新疆后他们要求去延安，国民党未予理睬。以后他们被分散地安排在当地就业，许多共产党员也从此失掉了组织关系，处境相当不好。三位军长虽未被送往新疆，但被长期拘留，直到 1939 年夏天苏联才允许他们返回东北。

抗日联军第二路军总指挥周保中也于 1938 年 2 月经饶河县境越过乌苏里江。他是利用抗日联军第七军的关系和苏联的边防军接头的，第七军的队伍是从 1934 年起在饶河地区发展起来的，因为和苏联只有一江之隔，早就有了相互间的来往。军参谋长崔石泉多次进入过苏联境内，但是交谈的内容多限于有关日伪军的情报方面，不过也可以从苏方得知国际共产主义运动的一些发展状况以及中国关内的抗日战争形势。周保中在崔石泉的引导下和苏联边防军的代表见了面，提出要和中共中央取得联系，要求经过莫斯科发电报给延安；或者是去海参崴，设法到赤色职工国际太平洋秘书处找到斯达干诺夫，即杨春山。但是很快了解到杨春山已不在海参崴。苏联人以后又答复说莫斯科和延安之间联系不上，对此苏方表示颇为遗憾。

周保中此行未能达到预期目的。但是由于他在莫斯科学习过两年多，能用俄语和苏联人对话，又有和苏联人交往的经验，因之苏联边防军的代表对周保中产生了信任感，表示愿意保持相互间的联系。苏联人为周保中配备了无线电台和报务员。除此之外，还将他们能够得到的中共中央的报纸和书籍，如《新华日报》《论持久战》等给了周保中准其带回东北。从这时起，东北抗日联军和苏联边防军之间的关系才开始有了一点变化。

抗日联军的三位军长赵尚志、戴洪滨和祁致中，长期被苏方关押，直到 1939 年 6 月苏方才准许他们返回东北。是什么原因促使苏联这样做呢？我估计可能有如下两个原因：一是苏方不知道东北抗日联军是共产党的队伍，对待几位军长的口头陈述采取不信任的态度，将他们按非法越境者看待。二是苏联在 1938 年之内正在清党，远东军区司令员布留歇尔元帅是清理对象。赵尚志在去苏联之前，曾派第六军第二师师长陈绍滨先去苏联联系过，当时接待的苏方人员曾向陈绍滨表示过愿意接待抗日联军的军以上负责人。赵尚志是在得知有这样的许诺后才去苏联的。从时间上看，赵尚志进入苏联境内时正是苏联清党开始之后，已经发生了一系列的人事变化。如果原先许诺赵尚志可以入苏的有关人员当时已成为阶下囚的话，那么赵尚志等人的长期被关押，就有比较合理的解释了。

这样，在 1938 年及之前，东北抗日联军和苏联边防军之间的关系，只是有个别人之间的联系，其目的只不过是相互交换有关日本关东军的情报而已。

后来，在 1938 年至 1939 年的两年当中，苏联和日本的关系发生了一些变化。这就是哈桑湖地区和哈勒欣河地区的两次边境冲突。事件是由日本关东军挑起的，也是日本帝国主义入侵苏联的试探行动。这促使苏联方面对东北抗日联军的态度发生了变化。1938年底，曾有两批为数不多的抗日联军队伍被迫分别于虎林地区和黑河地区进入苏联境内。苏方对他们只做了短期的拘留审查。当确信他们是抗日联军成员之后就将他们暂时保留在苏联境内。其中有些人经短期训练后被派回东北进行武装侦察活动。原抗联第三军的一个团长李铭顺就长期带领着三五个人多次进入东北境内执行这样的任务，完成得相当出色。他们的工作直到1945年8月才告结束。

到了1939年夏季，苏联远东军事当局就释放了抗日联军的三位军长赵尚志、戴洪滨和祁致中，还将保留在苏联境内的抗联人员100余人合编为一支武装队伍，其中包括陈雷、于保合和李在德等人。苏联人向这支队伍宣布赵尚志为总司令，戴洪滨为参谋长兼总队长，祁致中为副官长。这支队伍返回东北境内之后第一仗攻打乌拉嘎金矿取得了胜利，还吸收了不少金矿工人入伍，队伍扩大到200多人。但是很快在攻打汤旺河七号桥时损失重大。同时派到绥滨活动的一支队伍也连之失利。到了年底，赵尚志身边人员又仅剩下了二三十人，无法坚持过冬，就重新越过边境进入苏联。这次不成功的军事行动使苏联人有些失望。

同年9月，北满省委常委冯仲云在事先征得同意后也到了苏联，他这次受到了苏远东军代表的友好接待。他此行的目的，一是想了解一下长期滞留在苏联的三位军长的情况，他当时还不知道赵等已在6月间返回东北；二是想通过苏联和中共中央取得联系；三是想借苏联的帮助和吉东省委及抗联第二路军的负责人周保中取得联系。因为在1938年遭受严重挫折之后的抗日联军仍处于极端困难的境地，每逢冬季，连起码的生存条件都不具备。苏联人对冯仲云的请求持积极态度并给予了协助，除了表明莫斯科和延安之间的通信联络尚未进行沟通并对此表示遗憾之外，为了寻找周保中，苏联人立即派出以李铭顺为首的侦察小分队进入东北宝清和依兰一带。周保中11月到达苏联，12月赵尚志也到了苏联。就是在这样难得的机会下，周保中和冯仲云、赵尚志做了长时间的交谈。

在周保中的主持下，周、冯、赵三人共同研究了东北地区党及抗日联军的领导机构问题、部队整编问题、武装斗争方针问题以及和苏联的工作关系问题。在领导机构上，研究了吉东与北满两个省委合并的可能性，也提出了第二路军和第三路军合并的设想；还希望在与东南满取得联系之后能建立起东北党的统一领导机构。关于部队的整编，鉴于兵员日益缩减，建议各路军将自己的部队改编为几个支队，支队不设大队、中队。支队番号是：第一路军为一、四、七；第二路军为二、五、八；第三路军为三、六、九。在抗日游击战争的方针上，由于在 1939 年之内部队遭受的损失依然较大，决定今后应以保存实力为主，尽可能地使部队缩小目标，活动分散一些。

周保中和冯仲云还认为应该借此机会明确东北抗日联军和苏联远东军之间的关系，在无法取得我党中央的直接领导期间，应争取确立苏联边疆党委以及苏联远东军对中国的东北党组织以及抗日联军的指导关系。为此，苏方派出了联共远东边疆委员会书记伊万诺夫和远东军内务部长王新林，以他们为代表与周保中、冯仲云、赵尚志等三人进行了会谈。同时苏方还决定伯力和双城子两个地区的部队负责人也列席会议，因为抗联人员穿越国境线的地区都在他们的管辖范围之内。会议确定了联共远东边疆党委会和远东军司令部对中国东北党及抗日联军的指导关系，同时双方都声明这是在未与中共中央取得联系之前的临时措施，并且明确了苏方不干涉中共党的内部事务。除此之外，双方还达成了一项协定，即当抗联各部战斗失利或因其他原因而必须转移至苏联境内时，苏方应予接纳并提供生活上的方便。

这次周保中、冯仲云和赵尚志以及有苏方代表参加的会议，在抗联历史中被称为第一次伯力会议。在会议结束之后，赵尚志随同周保中经饶河，冯仲云则经黑河返回中国东北。

1940 年 9 月，苏联远东军以其联系人王新林的名义给抗日联军一些领导人发出通知：12 月将召开东北党和游击队干部会议，将有中共中央代表参加此会。预定在此次会议上解决与东北党组织和抗日游击队有关的一切问题。各军事领导人、政治委员和党委书记要在 12 月前到伯力报到。被通知到会的有：第一路军总指挥杨靖宇、政治委员魏拯民，第二路军总指挥周保中、副总指挥赵尚志，第五军（尚未改为支队）军长柴世荣、政治委员季青，第二支队（原第七军）支队长王效明，北满省委书记金策，第三路军总指挥李兆麟、政治委员冯仲云等人。

陆续接到上述通知的抗联领导人都喜出望外。和党中央取得联系，是大家盼望等待了几年的事情。因此，从 11 月到 12 月，各领导干部在部队的护送下，突破日伪军的"围剿"网，相继进入苏联境内。但是，杨靖宇已在 1940 年春季牺牲。魏拯民当时被日伪军围困在桦甸县（今桦甸市）牡丹岭的密营中。他和苏联人没有建立起无线电联系，无法得到通知。在长时间断粮之后于 1941 年春去世。1940 年 12 月前后，第一路军仅有少数部队冲出敌人的包围并从珲春方向撤退至苏联境内，其中领导人有金日成、安吉、徐哲、崔贤和朴德山（金一）等人。金日成、安吉和徐哲三人被指定为东南满省委和第一路军的代表参加了第二次伯力会议。

当周保中和李兆麟等人到达伯力之后，苏联人才告知实际上并没有中共中央代表要来的事，因为当时苏联和延安之间依然没有联系。苏联人解释了他们的用心，他们认为这样的会议是非常需要召开的，考虑到中共党员的自尊心，认为只有用中共中央代表的名义才能把各位请来，希望大家谅解。

当时抗联同志虽然很失望，也对苏联人的做法不满。但是也认为有这样广泛代表性的领导干部在一起开这样一次会议很有必要，而且在冬季最险恶的环境中，使抗联队伍转移至苏联境内度过冬季也是有利的。不过，在会议的酝酿过程中，与会人员发现苏联人有一个关于东北抗日游击队的领导关系和斗争方针的新设想，他们的这些设想是有损于中国共产党和兄弟党之间的关系和原则利益的。

在正式开会之前，苏方代表王新林先以个别交谈的方式透露出自己的方案来试探我们的反应，他的谈话可以归纳为以下几点：(1) 东北抗日联军按当时那样的游击作战方式是难以维持长久的，这样的惨重损失是谁也无法承受的；(2) 日本人严密封锁的隔离政策，使东北抗日联军无法得到人民群众的支持，东北抗日联军缺少最起码的生存条件，这是游击队屡次遭受挫折的原因，这种情况在那时看不出有任何转机；(3) 抗日游击斗争的方式应更加小型化，以三五人的小分队单独行动的办法为主，但不是执行一般的游击作战任务，而是以最隐蔽的方式执行武装侦察任务，广泛收集军事情报，为最后解放全东北消灭日本关东军做长期的准备工作；(4) 由一名苏军人员担任抗日联军总司令，中国共产党东北的几个省委则不要再管抗日游击队的事情。

王新林所指出的抗联所处的环境，应该说是符合当时实际情况的。东北抗日联军在 1938 年之内，人数由 3 万余人锐减至 5 000 人；到 1939 年底，总人数可能还有 2 000 人；而到 1940 年底，抗联撤退到苏联境内的加上仍然留在东北境内斗争的合计起来已不足 1 000 人了。每年夏秋两个季节里可以打几次胜仗，增加一些兵员，但一到冬季又损失惨重。因此斗争方针确有重新研究的必要。第一次伯力会议虽说是提出了以保存实力为主的方针，但是抗联由于无法抵御敌人冬季的重点"围剿"，损失依然巨大。至于苏联人提出的要把抗联队伍全部改编为武装侦察小分队，虽然总的目标也是对日斗争，但是它改变了东北抗日联军的性质。同时侦察分队有它自己的特点，保密性强，派遣出去和返回必须是极端秘密的，而且又必须是经苏联人才能实现的，这种情况任何抗联领导人都无法插手，因此无法继续保持和保护抗日联军的指挥管理系统。这样下去，有朝一日苏日战争爆发之后，在东北境内就不可能再出现一支东北抗日联军的队伍，在抗日联军中的中国共产党员和青年团员也无法形成政治上的核心力量来领导东北人民的解放斗争。这将有损于中国共产党和中国人民的利益。如果再加上由苏联人担任抗日联军总司令，那显然是剥夺了中国共产党人对自己的武装部队的领导权。让省委和抗日联军分离开来，也是我们无法接受的。

在有关上述问题的个别交谈中，多数抗联同志都感觉到苏联人的意见是不能同意的，不过因为事关重大不便表态。只有苏联代表王新林找周保中交谈时，遇到了周保中的强烈反对。周保中同意王新林所说的东北抗日联军当时的损失过于惨重，因而必须在保存力量方面有些新的措施。但是坚决认为抗日联军的性质不容改变，不能把它变成苏联人的情报工作队；由党指挥自己的军队是一项不可改变的原则，苏联如此，中国共产党也是同样，由苏方人员担任抗联总司令是不可取的，它违反了兄弟党之间互不干涉内政的原则，抗日队伍必须由中国共产党的省委领导。王新林仍然想说服周保中，两人甚至争吵起来，但周保中坚决提出，如果王新林一定要坚持己见的话，他只好带着自己的队伍返回东北战场，即使是死，自己也应该面对着日本侵略者的枪口而倒下。王新林和周保中之间的谈话最后陷入了僵局。

与此同时，周保中也和其他抗联领导人普遍地交换了意见。他从理论上阐述了国际主义与爱国主义两者之间的关系，认为日本帝国主义者是中国和苏联的共同敌人，苏联支援东北抗日联军是在履行自己的国际主义义务；同时抗日联军与苏联进行某种形式的合作来搜集日本关东军的情报也是在履行我们的国际主义义务。但是，中国共产党必须是在独立自主的情况下进行反日游击战争，不能放弃我党的自主权。我们共产党人是国际主义者，但同时也是爱国主义者，我们决不能使东北的党组织和它的武装队伍处于被取消的状态。

在周保中的引导下，抗联的其他领导人取得了较为一致的认识，都说自己原来也感到苏联人的意见不对头，只是不能从道理上像周保中说得那样清楚。于是，12月20日，他们以周保中和李兆麟两人的名义，向王新林递交了一份书面声明，其大意是：按你们原来的通知有中共中央的代表参加我们的会议，如果是那样的话，将应由中共中央代表和你们来共同制定东北抗日联军今后的斗争方针，并确定我们和苏联远东军之间的工作关系准则。12月16日，你们告知我们，没有中共中央代表前来。这样我们只能继续依照第一次伯力会议所制定的各项原则办事。也就是说，会议所要决定的，必须是由东北的党组织来进行讨论并加以批准才能有效。因为：第一，东北的抗日游击运动，不论其现在的情势如何，它依然是中国共产党整个革命斗争不可分离的一部分。党领导游击运动，游击运动的一切问题必须由党组织决定。第二，东北抗日游击运动接受你的指导，这是在特殊的条件下的临时措施。第三，按照现实的环境，不论是为了加强中国的民族独立解放斗争，还是为了巩固苏联远东地区的边防而工作，东北抗联与苏联远东军之间的相互支援关系显然都是重要的。为此，中国共产党在东北的组织，必须依照中国共产党的战略和策略的一贯精神，做出自己的决定。因之，要求王新林作为会议召集人，必须对这次会议的性质、任务及范围做出明确的规定，并要求由我们东北党的领导干部和东北游击队领导干部先后开一次预备会议，集中讨论东北的全部问题。

这个声明实际上是对王新林想要直接把东北的抗日游击队控制在自己手中的意见的最明确的反驳。而当时参与这一工作的其他几个苏联人都感到周保中的意见有高度的原则性，并且表示支持周保中，致使王新林陷于孤立。苏联远东军也很快做出决定，由另一位负责人接替王新林的工作。但是为了工作上的方便，仍然沿用"王新林"这样一个中国姓名作为代号。这后一个"王新林"和原先的"王新林"有明显的不同，他表示同意由中国同志自己首先开会研究自己需要研究的问题，而后再和苏联同志共同协商双方有关的问题。

在这样的情况下，第二次伯力会议在 1940 年的 12 月下旬至翌年 1 月上旬举行。会议的参加者，有北满省委和抗联第三路军的李兆麟、冯仲云和金策，吉东省委和第二路军的周保中、季青、王效明、崔石泉和柴世荣，东南满省委和第一路军的金日成、安吉和徐哲，共 11 人。

这次会议在与会者广泛交换意见之后，逐步形成了以下几点共识：（1）此次会议的性质是全东北党的会议；（2）会议一致同意第一次伯力会议关于几个问题的决定和那次会议所规定的东北抗日联军与苏联远东边疆党组织以及远东军之间关系的几条原则，也一致同意以周保中和李兆麟两人名义致苏方王新林的声明信；（3）提出了一项为统一东北党和抗日联军领导机构的建议报请党中央批准。

在会议的结束阶段，新的王新林被邀请参加了会议，由周保中向王新林介绍了会议中所研究的几个重要内容以及大家的共同意见。王新林表示完全支持中国同志的决定，同时他代表苏联远东军声明：他们将依然遵照第一次伯力会议所确定的原则行事，即远东军对东北抗日联军的指导关系只是临时采取的必要措施，而这样的指导关系又必须是在不干涉中国共产党的内部事务的原则下进行的。这样，这次会议便圆满地结束了。

从这次会议之后，东北抗日联军和苏联远东军之间的互相支持与合作的关系一直是很好的。在 1941 年的 3 月、4 月间，他们同意了抗联做出的重返东北战场的决定，并用日式轻武器和日军军装把游击队员装备起来，分批通过黑龙江和乌苏里江进入中国。但是在 4 月 13 日，苏联政府公布了苏日中立条约，苏联远东军立即通知了抗联部队停止行动。他们认为出于外交上的考虑，希望抗联同志理解他们的决定。这样，周保中和冯仲云（李兆麟已在此之前率队返回东北）来到北野营和抗联同志共同研究了这一情况，大家认为应该尊重苏联的这一措施，并动员大家扭转思想，准备在苏联境内长期整训，待机再战。

1941 年 6 月 22 日，德国法西斯突然发动了对苏联的进攻，周保中和王新林立即研究了这一形势，认为日本帝国主义有可能配合希特勒在远东入侵苏联，为此做出决定，抗联人员要加强敌后游击战争的战术和技术训练，除轻武器使用外，爆破、军用地图的使用、游泳等的训练时间都增加了。此外还在 7 月以一个月的时间在伯力郊外集中进行了空中跳伞训练，参加此次训练的有 200 余人，其中包括 20 多名女同志。

此后，为了不断取得日本关东军的情报，抗联和苏联远东军共同成立了 15 个战略侦察小分队，它们经常地被派到东北的腹地，以获取飞机场、铁路和公路桥梁、铁路和公路运输枢纽兵营、要塞工事等目标的情报。这 15 个小分队，一部分归远东军情报部直接掌握，一部分由野营临时派遣。这一工作颇有成效，一直到 1945 年 8 月底才告结束。

1942 年 8 月 1 日，东北抗日联军教导旅正式成立。设旅、营、连三级，军政主官都由抗联人员担任，另由苏联军官担任副职，以协助进行军事训练。为了保密，也为了有正常的供应渠道，由苏联最高统帅部授予教导旅以苏联远东红旗军第八十八旅番号。武器装备和物资供应同苏军完全相同。抗联干部都佩戴相应军衔，领取与苏联军官相等的薪金。与此同时，组成了抗联教导旅中国共产党委员会，与苏联共产党的委员会并存于旅内。这些措施，都是苏联远东军保证抗联领导人对抗联人员的领导权以及中国共产党的独立性的具体表现。从 1942 年 8 月到 1945 年 8 月，在苏联军官的直接帮助下，抗日联军指战员的政治水平和军事素质都有很大的提高。

1945 年 5 月，苏联远东军情报部部长索尔金少将（王新林）向周保中旅长传达了远东军司令员普尔卡耶夫大将的指示，大意是：预定在最近几个月之内将有一场苏联对日本的战争。这场战争将会是历时较久的和相当残酷的。八十八旅将编入远东第二方面军的战斗序列。此外，还将有两个方面军的兵力参战。在战争的进程中，八十八旅应逐步扩大自己的队伍，建立起一支为数达 10 万人的正规部队。进入东北境内之后，八十八旅准备沿松花江两岸西进，初步预定将参加解放佳木斯市这一战役。

15 个侦察小分队受周保中和王新林之命加紧活动。8 月初，从八十八旅抽出一部分官兵，其中有些被派到第二方面军第一线部队担任翻译和向导；有些被编入第一方面军的空降敌后战斗队，在苏联对日宣战之后立即于 8 月 9 日、10 日夜晚伞降到牡丹江以西与以北的海林和林口地区，其中有些在空降作战中光荣献身。

8 月 9 日苏联对日宣战之后，第二方面军司令部立即派出一艘运输舰来到八十八旅驻地黑龙江岸边，准备将教导旅输送到东北境内，在同江和富锦地区上岸投入战斗。但由于战争形势出乎人们预料地急转直下，将八十八旅集中使用于佳木斯地区的方案已不合适了。苏军远东战线总司令华西列夫斯基元帅认为应该使用这批抗日联军指战员协助苏军执行在全东北境内的军事占领任务，同时也在考虑当朝鲜解放之后将抗日联军中的所有朝鲜同志使用于三八线以北地区的问题。8 月 26 日，苏军远东战线总司令部军事委员会希金中将召见周保中旅长，向他传达了华西列夫斯基元帅的决定：八十八旅所有的抗联成员中的中国人和朝鲜人要分别行动；中国同志要随同苏军的三个方面军分别占领东北各战略要点，其中的主要负责人将被指定为当地苏军卫戍司令部的副司令职务；朝鲜同志将随同苏军进入朝鲜半岛北部，并立即着手建立自己的武装部队和政权机构；在东北境内各苏军卫戍司令部工作的抗联人员的任务是，协助苏军维持占领区的革命秩序，利用自己的合法地位重建中国共产党的组织，开展群众工作，在苏军主要占领区之外建立人民武装和根据地。

在希金中将讲完上述几点之后，周保中表示他完全赞成华西列夫斯基元帅的决定，所有抗联干部将会坚决完成这些任务。周保中还说：估计我们党中央将会派八路军和成批的党员干部进入东北，我们要准备迎接他们；但也有可能由于国民党的力量较强，八路军会受阻不能进入东北，而国民党又取得了对东北的统治权；这样的话，抗联人员将不得不重新上山打游击和国民党做长期斗争。希金中将说：他完全赞同周保中的意见，如果今后有需要的话，苏联会随时伸出援助之手的。希金中将还说，远东军总司令部已准予八十八旅中的一批优秀士官晋升为少尉；同时还为全部军官授勋章，大尉以上军官将被授予苏联红旗勋章，上尉以下军官将被授予苏联红星勋章，以表彰他们在八十八旅工作期间的成绩。周保中对此表示感谢。

8 月 27 日，周保中到远东第二方面军司令员普尔卡耶夫大将的驻地，同他商谈了抗联人员返回东北的编组方案以及分批进入东北的日程安排，并达成了一致意见。

8 月 30 日前，授衔和授勋仪式进行完毕。

9 月 1 日至 10 日，苏军分别用飞机和火车将各组抗联人员输送至长春、沈阳、哈尔滨、大连、齐齐哈尔、吉林、牡丹江、佳木斯、延吉、绥化和海伦等地，抗联人员先后进入大中城市以及重要县城，共 57 个要点，并立即参加了苏军卫戍司令部的工作。

9 月中旬，八路军进入沈阳地区，与在苏军司令部工作的抗联同志取得联系，并和苏军开始接触。苏军根据军事占领期的规定，告知中国同志：中国的正规军队不能停留在占领区之内。但在通过协商之后，在苏军的默许下，由抗日联军干部和八路军、新四军共同组建了若干支地区性人民自治军。到了 10 月底，人民自治军已遍布于东北各地，并从苏军手中取得了大量的日军武器装备，部队迅速地发展壮大。

9 月中旬，由党中央派出的东北局部分领导人员乘苏联派出的飞机从延安飞抵沈阳。从此，东北的党组织和党中央之间中断了 8 年之久的关系，终于恢复。原东北党委会书记周保中宣布：分散在各地由抗联人员所组建起来的共产党组织机构将陆续移交给新组建起来的省委、地委和县委。这一工作完成之后，原东北党委会的职能将自行停止。

1945 年 12 月，在东北主持工作的苏联元帅马林诺夫斯基向周保中告知了苏军的撤军时间表。据此，周保中向所有抗联同志发出通报，要求他们利用自己的有利条件使人民自治军在苏联撤退的同时立即接管驻地，抗联人员也在此时宣布脱离与苏军的关系。这一工作，直到 1946 年的 4 月下旬全部顺利完成。至此，东北抗日联军与苏联远东军长达 7 年之久的相互支持与协作关系，由于已经胜利地完成了这一时期的历史使命，而光荣地结束。

从延安到哈尔滨

——回忆党中央先遣组派往东北

钟子云

　　每每想起日本帝国主义政府宣布无条件投降，我国人民欢欣鼓舞，以及我奉党中央命令去东北所遇到的艰险，工作中所遇到的严重困难及复杂斗争，我总是激动不已。

　　1944 年 7 月，我由晋察冀边区分局社会部调任冀热辽区党委社会部部长兼行署公安科科长。当年 10 月中旬我和几个战友到冀东杨家铺活动时，在那里遭到日寇"扫荡"队的包围，我在战斗中负了重伤。于 1945 年 3 月被转移到晋察冀边区治疗，6 月中旬回到延安。又过了两个多月，到"八一五"时，日本帝国主义就投降了。这时党中央正准备向东北派干部。

　　1945 年 8 月 28 日，毛主席去重庆参加国共谈判，我也参加了到飞机场为毛主席送行的活动。过了三天，党中央决定派陈郁、孔原和我三个人先去东北。这是第一批由延安派往东北的干部。因毛主席此时不在延安，由刘少奇同志代理主席。他找我们谈话时交给的任务是：到东北后，首先要与苏联红军取得联系，提出对他们的希望和要求，看能够给我们哪些帮助，而后就抓紧建立军队和地方政权。为了便于和苏联红军的交往，临出发前，组织给我们三人写了介绍信，说明我们为中共中央代表和八路军总部少将参议。文件是由刘少奇同志和朱德总司令分别签署的。我们带着这封介绍信和有关证件出发了。

稍休整，北上哈尔滨

我们到沈阳后，才知彭真、陈云同志已先到达了。他们住在原张作霖的"大帅府"，我在那里住了一星期。彭真、陈云同志召集我们谈了话，并分配了任务，决定把陈郁、孔原同志留沈阳，孔原到抚顺市当市委书记，我带领由张家口来的十几名干部乘火车去哈尔滨。

长期以来，日、俄、英、美、德、法等帝国主义列强把哈尔滨当作争夺和角逐的市场。这里曾聚集过33个国家的十几万侨民，设立过24个国家领事馆，以及一些间谍机构。外国资本家在哈市开设的工厂、商店、银行、学校等数以千计，国外向哈市输入的资本也多达几亿元。

1931年"九一八"事变后，日本帝国主义的经济势力涌入东北。日资的商社、银行、公司、洋行以及会社、组合等经济组织很快控制了哈市的经济命脉。它们对全市的私人工商业，按行业性质加以组合，使之为其侵略战争的需要而进行加工订货，并实行统购包销、低价强购产品的掠夺政策，使哈市许多民族工商资本家破产，使那里的人民生活处于水深火热之中。

接收、解放和巩固哈尔滨，这无论对我们在政治上、经济上和交通运输上巩固北满、西满、东满根据地，还是在军事上运输物资、调动部队以及以物质力量支援前线等方面都具有重大战略意义。而且它还是我军具有强大力量的标志，对我北满、西满、东满等根据地广大军民将起着巨大的精神鼓舞作用。

见苏联红军，在"军管"中开展工作

1945 年 10 月初，也就是我们由延安出发后大约一个月，我们到达哈尔滨。因 20 世纪 30 年代我曾在这里做过 6 年地下工作，这次重回故地，格外高兴。我们很快找到了李兆麟同志。当时，哈尔滨有个"中共北满临时省委"。其中的成员有的是过去地下组织的党员被捕后从狱中放出来的，有的是从韩光同志所领导的东北党组织及其他根据地党组织派来做地下工作的，也有的是由我们的情报系统派来的，还有的是由苏联情报部门派来的。这个"临时省委"是他们在苏联红军刚进哈尔滨时，在"东光寮"（原日特公寓）组建的。当他们知道陈云、彭真同志到了沈阳后，便派周维斌、张观去汇报情况，陈云同志代表东北局接见了他们，指示他们要在李兆麟同志的领导下进行工作。他们回去几天后，我们就赶到了哈尔滨。由于这个"中共北满临时省委"的成立未经过上级党委批准，所以，我们到哈市后，就根据东北局的指示把它撤销了，并重新成立了中共滨江地区工作委员会。这个工委管辖的范围包括 14 个县和哈尔滨市。工委委员除李兆麟和我以外，还有张观、张罗、周维斌等原"中共北满临时省委"的几位主要负责人。工委会由我任书记。和我一起从张家口来的十几位同志则参加了哈尔滨市的工作，其中有王建中等同志。

滨江地区工委成立后，发表了宣言，颁布了各项方针政策，如没收敌人财产、清除敌伪残余、改善职工生活、恢复生产、保护工商业等。这既宣传了中国共产党的主张，扩大了党的影响，也安定了民心和社会秩序。这时的哈尔滨为特别市，已有人口近 70 万。

苏联红军进入哈尔滨的初期，曾委派李兆麟同志任滨江省副省长，原滨江省伪民政厅厅长谢雨琴被留用任省长。苏联红军热情地支持我们工作，我们就利用这个时机抓军队建设。10 月 14 日，由李兆麟同志出面以滨江省政府的名义宣布成立由我们党领导的哈尔滨市保安总队。总队部设在哈市南岗原第三中学。王建中任总队长，我是哈市市委书记兼政委，刘铁南任政治部主任。这个保安总队以原由"中共北满临时省委"组织的"吉、黑人民秋收自卫队"为基础，经过整顿后，对其中的400多名来自旧军队的中下级军官和失业工人进行了集训。由王建中等同志负责向他们宣讲我军的优良传统作风、战术和纪律。然后以他们为骨干，并派出一批干部，深入群众动员参军，使保安部队很快发展到3 500多人。这是我们初到哈尔滨时，在既无党领导的老部队又缺少干部的特殊情况下，不得不采取的一种建军办法。

不久，党中央为东北调去的11万人的部队、2万名干部和10名中央委员、10名候补中央委员陆续到达。分配到哈尔滨市的干部有些被派到各县宣传群众、发展武装，还有40多名营连级干部充实到市保安总队，成为我党在总队中的骨干力量。这时，刘子奇任保安总队长，王建中任政委，齐渭川任政治部主任，吕天任参谋长。由于党、政、军、民各方面的关心和支援，保安总队很快发展到5 000多人，分设5个大队，每个大队约1 000人，其影响也不断扩大。

在这段时间内，我们在抓党的建设、军队建设的同时，还抓了人民政权的建设，接收了哈尔滨周围14个县的政权，成立了哈北、哈西、哈东、哈南4个专署和党的地区委员会：

哈北地委、专署和军分区设在呼兰，地委书记李建平、专员钟声、军分区司令员谭友林；

哈西地委、专署和军分区设在肇东，地委书记王建中、专员王效明、军分区司令员汪奎先；

哈东地委、专署和军分区设在阿城，地委书记陈达、专员何延川、王景侠，军分区司令员温玉成；

哈南地委、专署设在双城，以后又成立了军分区。

1945年11月中旬，陈云同志带领张秀山等同志从长春来到哈尔滨，撤销了滨江地区工委，重新组建了松江省委和松江省军区。张秀山任省委书记兼军区司令员，我任省委副书记兼军区副政委，聂鹤亭任省军区政治委员。省委的成员中，先后担任组织部部长的是李华生、陈达，先后担任宣传部部长的是李海涛、李建平和于林，邹向轩任秘书长。

与此同时，又组建了中共北满分局和哈尔滨市委。北满分局的书记是陈云，委员有张秀山、李兆麟，刘达任秘书。

苏联红军把政权交给国民党

就在我们的各项工作全面展开和进行得很顺利之时，驻哈地区苏联红军的领导突然提出：让我们的军队和公开的党、军领导机关马上退出哈尔滨市，准备把政权交给国民党接收。

当时苏联红军驻在哈尔滨的部队是远东红旗第一军。他们有个军事委员会，其中有一位专职的军事委员叫斯莫林科夫，少将军衔，负责政治工作和军事委员会的全面工作。因他们实行了军管，所以我们所有的工作，特别是一些重大决策都要经过斯莫林科夫的同意，比如，我们要到哪个地方接收政权、怎样建军、设什么机构等都要事先与他们商量好，请他们通知所在地区的红军部队。我们刚进哈市时，一无所有，从住房、烧柴到吃饭，就是安部电话机这样的事，也都得依靠他们的帮助才能解决。

当苏联红军叫我们退出哈尔滨时，斯莫林科夫说：你们要准备好，尽快把哈尔滨交给国民党政府。哈尔滨市要出《哈尔滨日报》，你们的党群干部可以留下。工会、青年团、妇女会等地方群众工作也仍由你们负责。只是把你们穿军装的部队和大的党、军机关撤出到外县去剿匪、锄奸、做群众工作、建立革命根据地。我们暂在这里保护和帮助你们做群众工作。我向陈云、张秀山等同志如实转达了苏军的要求。有些同志思想不通，说什么也不愿退出哈尔滨。我们为不退出哈市的问题曾连续多次去找斯莫林科夫，他因没办法答复，也就不再出面接待我们了。因为很多干部想不通，不愿撤离哈尔滨，于是就请陈云同志出面找苏联红军领导商谈这个问题。最后决定由我陪陈云同志去找苏联红军领导。我们去红旗一军找斯莫林科夫，他没接见，只叫卫戍区司令官卡扎科夫中将来接待我们。陈云同志说：我们是奉中共中央和毛主席的命令来的，不能退出这个城市。围绕这个问题讲了很长时间。开始时，卡扎科夫还比较客气。谈着谈着，他态度严肃强硬起来说：这个地方的政权是我们苏联红军的。你们退也得退，不退也得退。这是我们上级的命令，你们必须在 11 月 23 日退出哈尔滨市。从此以后，我们再不坚持说不退了。

回来后，我们根据苏军的要求，立即研究退出哈尔滨市的部署。决定北满分局、松江省委、省军区撤到哈市东面约 25 千米的宾县。哈尔滨市的保安总队大部撤到哈市西约百千米的"三肇"，即肇东、肇州和肇源，司令部驻在肇东县（今肇东市）昌五镇的一座道德会院内。11 月 22 日晚上，我们的各个机关和部队全部撤出哈尔滨。这时保安部队中虽有一些是从老八路来的骨干，如刘子奇等，但部队的基础比较弱，成员较复杂，有些人是散兵游勇，也有混进来的国民党的"地下军"。为了避免在撤退中发生问题，在撤退的前一天晚上，临时召开了营连以上干部的紧急会议，共约有 200 人参加。在会场上对不可靠的分子采取了果断措施，并说明愿去者欢迎，不愿去者不勉强。经过做动员说明工作，绝大多数人都表示愿意跟我们部队一起撤走。由于 11 月 22 日晚上组织得很好，部队撤离得很顺利也很快。

保安总队部和三个大队撤到"三肇"后，"三肇"军分区、地委和专员公署也分别很快成立起来。随后，陈云同志同北满分局、松江省委、省军区及一个保安大队和朝鲜人大队随北满分局和松江省委也撤离了哈尔滨。我暂时留在哈尔滨市继续工作，因城里还剩下一批干部，便又重新组织了哈尔滨市委。因为国民党还未派人来接收哈尔滨，所以，我们的公安局局长也留下来和苏联红军一起维持城市的社会秩序，我们的工会、青年团、妇女会等群众组织也留下来继续做群众工作。

在这一时局变动中，一些干部和地方部队发生了思想动荡，各地方的保安队中也有一些人相继叛变。我们不久前派往各县的少数干部，有些被叛军打伤，有的牺牲了。在苇河当县委书记的张林同志就被打瞎了眼睛。

当我们的军队和主要机关撤出哈尔滨后，苏联红军把这一情况通告了国民党政府，要求他们派人来接收。因为当时的津浦铁路，以及从北平、天津到沈阳的铁路不通，由沈阳到长春至哈尔滨铁路沿线又都驻有大批八路军，所以，国民党的军队通过铁路运输来不了。他们便要求苏军缓期撤退（苏军应允缓期3个月），同时要求苏军协助他们从空中运送两个旅的兵力来接收松江省和哈尔滨市，对此，苏军未答应。后来，国民党方面再三要求能否少运一些，苏军决定允许他们空运100名"接收大员"和300人的警卫武装。

1945年12月下旬，国民党从关内空运来100名"接收大员"和300名保安队员后，苏军就把省、市政权交给了他们。这时，哈尔滨市市长张庭阁、市公安局局长周维斌都辞职了；谢雨琴和李兆麟也辞去了省长和副省长的职务，把政权交给了国民党。国民党派来的保安队驻扎在哈尔滨市道里区原第一中学里。因他们来的人很少，怕出事，整天龟缩在一中里面不敢出来。那些国民党"接收大员"一旦有外出活动，都得通过苏联红军安排，并保护他们的安全。他们虽然也有乌七八糟的"地下组织""地下军"等，如国民党市党部、三青团及公开半公开的军统和CC等特务组织，但苏联红军早已明文规定不允许他们公开活动。如国民党军统局驻哈特派少将组长张勃生等即是由赵纯同志带领红军去逮捕的。这样一来，他们在市内或外围没有实际的势力，手中又缺少武装，所以不敢胆大妄为。

"老八路"来到局面大改观，从此走上新阶段

1945 年 11 月 23 日以后，在各地临时组织的保安队，虽然有些人叛变了，但关内的"老八路"部队陆续赶到北满，在苏联红军的协助下，又及时地发动了广大农民群众进行清算分田斗争等，很快把那些叛变武装镇压了下去，扭转了混乱局面，恢复了革命新秩序。从此，我们就全力以赴地组建自己的军队，发动群众进行反清算、土地改革、清剿土匪等项斗争，建立和巩固革命根据地。这时，便以关内来的部队为基础进行扩编，原来的一个班排老兵，扩编为一个连或营。为更快地发展武装，壮大全省革命武装力量，我们也按原来的营团编制，成建制地将骨干调给各军分区，然后扩编成几个营团，形成一个军分区强有力的整体武装力量。我们全省的部队就是这样发展起来的。有了自己的军队，各项工作就好开展了。

我们的领导机关和军队一直驻守在哈尔滨周围，在松江省的 14 个县开展工作。在这种情况下苏联红军仍对我们很支持。不但供应生活用品，还提供武器弹药，把过去日寇的军火仓库打开，利用晚上派各种车辆把枪支弹药源源不断地送给我们，使我们军队的装备得到了很大改善。今天回忆这些情况时，对苏联红军的国际主义援助，我仍充满感激。从 1945 年底国民党派人接收松江省和哈尔滨市，到 1946 年 4 月 27 日苏联红军全部撤走，在 4 个多月里，国民党只是接收了政府机关里的一套虚设机构，和一座省政府办公大楼。外县的各级政权机构，他们一个也没能接收，一直掌握在我们的手中。在苏联红军撤走时，那些国民党的"接收大员"和近 300 人的武装也待不下去了，他们都卷起铺盖绕道苏联返回了国民党统治区，而我们的主要党、政机关同志和部队的同志却于 4 月 28 日浩浩荡荡、兴高采烈地返回了哈尔滨。从此，松江省与哈尔滨市的革命和建设又进入了一个新的阶段。

重庆谈判

余湛邦

毛泽东到重庆

抗日战争胜利是大事，毛泽东到重庆也是中国现代史上的一件大事，它象征着胜利和团结。胜利与团结是双喜临门，不仅全国人民为之欢欣鼓舞，国际舆论亦寄予热情的期待。重庆各界更是人心振奋，期待着毛泽东的到来。

1945年8月28日凌晨，我和两位同事坐了张治中的车从城里出发。重庆地区经常多雾，今天却天气晴朗，难得的秋高气爽。我们中途在一个小镇休息，用电话和机场联系，知道从延安过来的飞机要到下午才到。我们从从容容地下午两点才赶到九龙坡机场。当时已经黑压压地站满了一大堆人，有国民党军政人员，各民主党派人士，社会贤达，知识分子，新闻界、文化界、各国通讯社记者和八路军驻渝办事处及新华日报社的工作人员。除蒋介石指派的周至柔外，特别引人注意的是邵力子、张澜、沈钧儒、谭平山、黄炎培、郭沫若、冷遹、陈铭枢、左舜生、章伯钧、李德全等人。

下午3时45分，机场上空响起了轰隆隆的声音，一架草绿色的飞机徐徐下降，人群像潮水一般涌向停机坪。机门开了，毛泽东出现在门口，群众中爆发出热烈的欢迎掌声。毛泽东身穿蓝灰色的中山装，头戴巴拿马式帽子，脚上穿着黑色布鞋，显得雍容、凝重、容光焕发。他一面手挥帽子，一面同赫尔利同时下机，张治中、周恩来紧跟着走了下来。张治中为毛泽东逐一介绍来接机的重要人士。大批新闻记者早已摆好相机，顿时前后左右响起了咔嚓嚓的快门声。

照相之后，毛泽东发表了简短的书面谈活，主要指出："目前最迫切者，为保证国内和平，实施民主政治，巩固国内团结。国内政治上军事上所存在的各项迫切问题，应在和平、民主、团结的基础上加以合理解决，以期实现全国之统一，建立独立、自由与富强的新中国。希望中国一切抗日政党及爱国志士团结起来，为实现上述任务而共同奋斗。"

在蒋介石的统治下，当时重庆情况复杂，社会秩序混乱，毛泽东到重庆谈判，确实是身入虎穴，体现了无产阶级革命领袖的大无畏气魄。

毛泽东到重庆后，周恩来首先要考虑的是毛泽东的工作场所与安全问题。关于住处，毛泽东一下飞机，周至柔就说已为他准备了接待美国客人的招待所，说是地方好、设备全。毛泽东笑笑说："我是中国人，不是美国人，不住美国人的招待所。"张治中在汽车旁对毛泽东说："已为您准备了市郊黄山和山洞林园两处，任您选择。"毛泽东没有表态。在这方面，操心最多的是周恩来。他原来设想让毛泽东以红岩办事处为起居、工作、活动的中心，但一住下来就感到不合适。红岩不仅地方较偏，路不好走，上下山石级太多，而且周围又特务密布，对来客不方便，对毛泽东不安全。至于曾家岩50号他自己的住处，地点较好，但地方狭小，且二楼是国民党人居住。唯一比较合适的是张治中官邸（上清寺桂园）。那里的房舍虽不大，设备也一般，但还合用，而且距离曾家岩50号和红岩新村都不远，又在马路旁边，地点适中，汽车进出也很方便。周一开口，张治中慨然答应，全家搬到复兴关中训团内一所狭小破旧的平房里。于是，毛泽东就以桂园作为会客、工作、休息之所。每日上午由红岩村来，下午会客，晚上回红岩村睡觉。

"桂园"这名字，大家并不陌生，它曾经是中国现代史上一个有名的地方：房子是孔祥熙的爪牙、后来任财政部部长的关吉玉的产业。1938年冬，国民政府迁都重庆，陈诚就租作官邸。1939年，张治中调任蒋介石的侍从室主任，桂园邻近蒋的侍从室，所以张和陈商量，租了过来，一直住到抗战胜利。

房子不大，一楼一底。楼下是会客室、餐厅、备餐间、秘书室、副官室、盥洗室。楼上是卧室，大小五六间，张一家十来口，也够拥挤的。楼南是个院子，院子东面是大门口，传达室、汽车间各一。院子西面是警卫员室，经常住着一个手枪班，楼房北面是一排平房，包括厨师和工作人员住房。院子的四周是竹子编的围墙，很不严实。值得一提的是客厅，它是"双十协定"的产生地，是名流荟萃的场所。那是一间20多平方米的长方形房子，周围摆上朴素的沙发，只能坐十来个人。东面、南面是窗子，外层是百叶窗，里层是玻璃窗。墙角处摆着两三盆花草，什么古董摆设都没有。南墙悬挂着孙中山先生手书"天下为公"的横幅，结体雄浑，笔力遒劲。东墙悬挂蒋介石手书的戚继光语录："若谓战无不胜，固属欺人之谈，然劲敌从来未尝不败……"西墙是女画家红薇老人画的一幅花卉。北墙是《秦淮夜泊图》，是一位87岁高龄画家的作品，上题七绝一首：

> 春风吹梦到天涯，人在天涯梦在家。
> 梦到秦淮秋月夜，系船水阁听琵琶。

这些字画，体现了当时主人的身份、思想和性格。

毛泽东住桂园，安全是个首要问题，最操心的是周恩来。他不仅对毛泽东的睡床、座椅、房子逐一详细检查，而且对警卫工作也亲自布置。毛泽东从延安带来一位颜太龙同志，龙飞虎原在重庆，加上陈龙共三人，力量是单薄些。开始，张治中对周恩来说："政治部有警卫营，大多是我家乡的子弟兵，我准备用他们来担任警卫工作。"周考虑再三，认为当时重庆十分复杂，散兵游勇多，前线下来伤兵多，袍哥帮口多，一般警卫管不了他们。两人商量，决定派宪兵担任警卫工作。张治中和宪兵司令张镇一谈就解决了。

在接下来43天的谈判中，毛泽东除了头尾三天在林园外，其余全在桂园。早上八九点由红岩村来，晚上回红岩村歇。白天工作和休息在楼上，会客在楼下。有时谈判也在会客室内进行，不少次还进行到深夜。所以当时的桂园，既是毛泽东在重庆活动的中心，也是中国政治旋涡的中心。

毛泽东到重庆的消息，号外一出，广播一播，如同强劲的东风，迅速吹遍山城。各阶层人士、中外友人，都以争先一睹毛泽东风采为快，纷纷来到桂园。国民党的达官显贵，上自蒋介石，下至"五院"院长以及各部委会的负责人；国内进步人士，知名人士，文化学术界、新闻界人士，如宋庆龄、冯玉祥、郭沫若、柳亚子、陶行知、谭平山、侯外庐、翦伯赞、邓初民、周谷城等；民主党派领导人，如张澜、沈钧儒、黄炎培、章伯钧、罗隆基、张申府、左舜生、陈启天、王昆仑等；社会贤达如冷遹、褚辅成、傅斯年、王云五等；实业界巨子，如刘鸿生、李烛尘、吴羹梅、吴蕴初、范旭东、章乃器、胡西园、潘昌猷等，加上国际友人、进步作家等，纷纷来见。

毛泽东在这里会见了中国民主革命同盟的领导人王昆仑、屈武、侯外庐、许宝驹、谭惕吾、于振瀛、曹孟君、倪斐君等，听取了大家对时局的看法。王昆仑还提到了对《红楼梦》的研究，屈武提到了于右任对和谈的态度。毛泽东强调"和为贵"，谈到和平、民主、团结的方针。谈到如何做好统战工作时毛泽东还风趣地说，国共两党婚姻没有问题。侯外庐笑着说，老头子和青年人难成婚姻。毛泽东说，不行的话，可以刮胡子嘛！

沈钧儒不相信蒋介石对和谈有诚意，而且很为毛泽东的安全担心，希望毛泽东提高警惕。毛泽东为他耐心地解释：我们共产党对和谈是有诚意和信心的。我们干一件工作，开始感到没有什么把握，这可以理解。如果一开头就有了一半把握，再加上大家的努力，事情就比较好办了。比方两人谈恋爱，一方表示了很大的诚意，就已经有了一半的希望了，现在就看国民党方面了。

毛泽东和周恩来同时还招待了在重庆的各国援华救济团体的负责人：保卫中国同盟主席宋庆龄、英国援华会薛穆和夫人、美国联合援华会艾德夫以及公谊救护队、英国红十字会、世界学生救护委员会、国际救护委员会等团体的代表，对他们过去对中国人民的友谊表示感谢，并征询他们对中国时局的意见，讲解中国共产党对时局的方针和政策。

毛泽东还会见了1945年7月间访问过延安的六位参政员：黄炎培、章伯钧、左舜生、傅斯年、冷遹、褚辅成，与他们交换对和谈的看法。此后，毛泽东还举行茶话会，招待实业界人士章乃器、刘鸿生、李烛尘、范旭东、吴羹梅、吴蕴初、胡西园、潘昌猷等，对他们在工业方面的成就表示赞扬，同时指出，在半殖民地半封建的中国，民族资本是得不到发展的，只有在国家独立、民主、自由之下，民族工商业才有发展的前途。我们不会把民族资本家看作敌人，而是看作朋友，不没收产业，而是调节劳资关系。

唇枪舌剑

来桂园拜访毛泽东的人，多数是善意的、关心国家和平的，但是也有例外。CC头目陈立夫在会见毛泽东时，竟然要求中国共产党放弃外国的思想观念（按：指马列主义的理论原则），放弃一党的武力政权。这一要求遭到毛泽东的严正驳斥。最激烈的一次是9月22日上午蒋匀田和毛泽东的对话，可谓是唇枪舌剑！

"毛先生到渝20天了，谈判结果如何？"蒋匀田问。

"事关保密，本不能告人，蒋先生是友党领袖，不妨实告。商谈近 20 日，时间白费，毫无结果，已面临僵局了。"毛泽东答。

"20 日来谈及哪些问题？僵在哪一点？能否相告？"蒋匀田刺探地问。

"两个问题：一是军队分配的比例问题，一是我们管理地区的自治问题。没有协议，可以说商谈已经失败了。"毛泽东坦率地回答。

"对你们来说，失败是可惜的，但从人民角度看，如商谈成功，那才是真失败！"蒋傲然地说。

"你意何所指？"毛泽东问。

"第一，如军队分配获得协议，将来政府增一团，你方亦必按比例增加，否则失其比例；如双方俱增，那将演成国内军备竞争，人民何能负此重担？第二，如你们就划分领土管理权达成协议，贵党将深入绥远、热河、察哈尔等省，省主席由贵党人士担任，但如将来实行民选，同时中央政府又有权调动省主席，将贵方的绥远省主席调为浙江省主席，贵方如遵命，则失去绥远省管理权；如不从命，则不免重发战争，鄙见认为，其结果不外延缓今日之战争为明日之战争而已。故对人民来说，你们商谈成功，将是人民的大失败！"

蒋匀田侃侃而谈，面现得意之色。

"那么，你们有何高见？"毛泽东迂回地问。

"最好恪守你在机场的书面谈话，争取民主与自由，只有真正的民主，才能为人民谋福利，在野党的安全也才有保障，此其一。其二，商谈不宜于只限贵党与国民党，其他少数党领袖亦应参加。"蒋匀田答。

"希望你的高见能够实现。如果国民党提出商谈参加人问题，我们一定主张邀请其他党派参加。"毛泽东说罢，又提出一个具体问题："贵党张君劢先生给我的公开信，主张我方把军队交给蒋先生（按：指蒋介石）。老实说，没有我们这几十万支破枪，我们固然不能生存，你们党派也无人理睬。你看，照张君劢先生所说，把军队交给蒋先生个人，能解决问题吗？我想，如果张君劢先生有机会练兵，他也会练兵的。"毛严正地指出问题的要害所在。

"我党自成立之日起，政纲规定不吸收现役军人为党员。因为我们深信民主政治的成功，是以全民信心与力量为基础，不愿以武力为建立民主政治的工具。我们反对一党专政，不计较个人得失，只要能启发人民对民主的认识与信心，就可以促成民主趋于成功。"蒋匀田书生气十足地大谈迂阔之见。他还进一步问道："假如有一天不需要枪杆保卫，像欧美民主国家一样，你愿意放弃所有枪杆吗？"

"请先回答你相信共产党的政治斗争技术吗？"毛泽东反问一句。

"我确信你们的政治斗争技术不在任何党派之下。"蒋匀田答。

"那好，你刚才提的问题自己已经答复一半了。试想，如单凭政治斗争就能取得政权，我们为什么搞几十万军队？请注意，别说是军队可以杀人，就是特务跟踪，你在前面走，他们在后面跟，步步威胁你，你受得了吗？"毛泽东进一步为蒋指出问题的要害。

蒋匀田听了，若有所悟，便换了一个问题问："请问，你对中国文化的估价如何？"

"你是否怀疑我们相信共产主义就不懂中国文化和历史呢？"毛泽东反问一句。

"不，不。我当然相信你读通了中国历史，不然怎能以史话填出《沁园春》的名词呢。"蒋匀田觉得有点不好意思地解释。

和谈能成功吗？这是社会上普遍发出的问号。事实上，当时国统区大致可分为三种人：第一种是期望派，占多数。由于人心厌战，人心思变，人们认为谈判困难虽多，但大势所趋，期望能达成协议。第二种是摇头派，人数不少。他们认为国共两党斗争了几乎20年，和平是不可能的。这里头包括国民党右派、军人集团，亦包括"战难，和亦不易"的胡兰成之流。第三种是主和派，人数不算多，属于国民党左派，主要是社会有识之士、知识分子和华侨等。他们坚决主和，主张维护"三大政策"，如张治中、邵力子等。他们对和平存在强烈的愿望，以致知其不可为而为之。

毛泽东到重庆是轰动国内外的大事，蒋介石的内心打算是另一回事，但他对此却是十分重视的。毛泽东刚到重庆的第一天，征车甫歇，张治中就在当晚8时半邀请毛泽东和代表团到蒋的官邸山洞林园，蒋盛宴表示欢迎，第二天下午和毛泽东做第一次直接交谈。9月2日，又再次邀请毛和代表团到官邸宴会，会后蒋、毛两人又做了第二次交谈。从8月29日至9月3日，以周恩来、王若飞为首的中国共产党代表团，同以张群、王世杰、张治中、邵力子为首的国民党代表团，不断交换意见，各项问题都接触到了，并由张治中和周恩来直接商量，初步确定了商谈的议程。

蒋是个阴谋家，有他的一套。他当时的设想是：先由双方交换意见，摸中国共产党的底，自己先不说话，然后提出要点逐一进行谈判。不过中国共产党方面确实掌握主动，先声夺人，在8月25日就发表了《对目前时局的宣言》，提出以和平、民主、团结、统一为解决中国问题的原则和前提。重庆谈判开始，中国共产党始终坚持这一原则，国民党对此义正词严的原则无法阻拦，终于不得不同意写入协议之中。但是蒋介石是另有打算的，就是准备抽象地赞成、具体地抽调。他的具体做法是提出"政令统一、军令统一"，而且"先军队国家化、后政治民主化"，首先把中国共产党的军队"化"掉，其余的再说。

谈判桌上的斗争

谈判是异常艰巨的，一开始就出现了针锋相对、各不相让的对抗态势。9月3日，中国共产党代表提出《谈话要点》交给张治中等。内容共11项：以和平、民主、团结为统一的基础，实行三民主义；拥护蒋介石的领导；各党派平等长期合作；承认解放区政权及抗日军队；严惩汉奸，解散伪军；中国共产党参加受降；双方军队停止冲突，原地待命；结束党治，实行政治民主化，军队国家化，党派平等合作；政治民主化方面应包括召开政治协商会议，实行普选，调整行政区域及人事；军队国家化方面应包括整编全国军队，中国共产党应有 16 个军 48 个师，中国共产党军队后勤由国家补给，集中淮海流域及陇海以北地区，中国共产党参加军委及其各部工作，设置北平行营及政治委员会，中国共产党参加领导；党派平等合作方面应包括释放政治犯，取消特务机关，保障人民自由等。

蒋介石于同月 4 日，根据他和毛泽东的谈话和王世杰提供的《今日交谈之结果》，亲拟了一份《对中共谈判要点》，交给张治中等。蒋一开口就以极端傲慢的态度指出："中共代表所提之方案，实无一驳之价值，既然同意实行三民主义及拥护我的领导，其余各条就互相矛盾，不该提出。"然后更具体规定："中共军队整编数字，应根据张治中、王世杰去年与林伯渠商定 8 至 10 个师，最高不得超过 12 个师之数；解放区于抗战胜利后根本不应存在，如中共真能做到政令军令的统一，则从中央至地方各级政府中共优秀人士均可参加；国民大会即将召开，原选代表均有效，如中共愿参加会议，代表可增选。"

从蒋介石亲拟的这个《对中共谈判要点》看，他确实毫无诚意。不过张治中等仍不得不据此和中国共产党代表商谈。蒋、毛面谈和双方代表初步交谈是在山洞林园，不设记录，以后双方指定代表的商谈，则改在城内的桂园和尧庐（蒋的官邸），双方都派了人记录，谈了 10 多次，合计在林园、桂园、尧庐三地共商谈 23 次。

整个谈判尖锐、紧张、曲折、复杂，多次濒于破裂。在国民党 6 位代表中，最积极、最活跃的是张治中。每到紧急关头，他都挺身而出，力图转圜。我眼看他活动频繁，在室中时而冥思苦索，时而摇头叹息，或则绕室彷徨，或则喃喃自语，显得饮食无心，坐卧不安。

经双方多次商谈之后，9月8日，国民党代表对中国共产党3日所提《谈话要点》做出了书面答复，除了强调统一为民主的基础，暗示政令与军令的统一是不能退让的，并具体答复："党派在法律之前平等，但平等并非均等；解放区须撤销，人员可酌用；惩治汉奸、解散伪军可同意，但须依法慎重进行；参加受降须在接受军令政令统一之后；冲突可停止，但中共不得阻挠政府之接收工作；政治会议亦可不常设，仅由蒋主席召集国民党和各党派代表商讨决定有关事项，内容不预定；各省市的领导须依法任用，如指令某省市主席，副主席必由中共推荐始得任用，即非真正接受政令军令的统一；中共整编军队数字最高额为12个师，不可变；北平政治委员会无设置必要，北平行营人选不能由中共推荐；释放政治犯，中共可提出名单由政府主动办理；中统、军统只办情报，严禁拘禁、逮捕行为。"

从国共两党所提条件看，双方距离甚远，似乎达成协议是根本不可能的。但是，如从事武力解决，不但为国内外形势所不许可，而且条件也不具备，只能力求妥协。问题的核心是军队的数目和解放区问题，双方如能在这两个问题上实现突破，便有可能达成一致意见。经过差不多43天的拉锯战，日谈、夜谈、集合谈、个别谈，终于获得暂时的协议。

毛泽东在重庆的日子里

毛泽东到重庆后，除了参加谈判外，还做了大量的统战工作，会见了左、中、右的各方面人士，连最反共的顽固分子如陈立夫、戴季陶他都去看望。戴后来还托张治中代为邀请毛泽东和代表团人员到他家吃饭。他在给张治中的信中说："前日毛先生惠访，未得畅聆教言，深以为歉……一别20年，此20年一切国民所感受之苦难解决，均系于毛先生此次欣然惠临重庆，不可不一叙也……"可见戴季陶还是意识到毛泽东到重庆的重要性。毛泽东虽然活动安排极其紧张，但还是应邀前往。

这里还有一个重要的插曲。毛泽东的安全是许多人担心的事。他在桂园所会见的爱国民主人士中，有人谈话时暗示说："重庆气候不好，易犯感冒，您还是早点回延安吧！"另一位写了一张字条，上书"三十六计走为上计"。这些话不是毫无根据的。和谈期间，国共两党的摩擦仍然不断发生，上党战役蒋介石的部队吃了败仗，外间暗传流言，说国民党特务将有不利于毛泽东的行动。

以毛主席的安全为己任的周恩来殚精竭虑。同时，谈判已到末期，协定的主要条款除军队数目和解放区问题外，已基本达成协议。周恩来于9月底对张治中说："毛主席想早点回去，早点签订协议好不好？"张问："预定哪一天走？"周答："预定10月1日。"稍停又说："让毛主席一个人回去，我们可不放心呀！"张慨然说："我既然接毛先生来，当然要负责送他回去，但10月1日不行，我的活动很紧张，都安排了日程，要在10月10日后才行。"周说："好，我回去商量看。"（新中国成立后周和张谈起往事说："你那次答应护送毛主席回延安，我才放下心来，不然，真吃不下、睡不着！"）

在重庆谈判的43天中，毛主席活动频繁，席不暇暖，走遍整个山城。刀枪如林的反动巢穴、人山人海的闹市、偏僻少人的山沟，乃至郊区的大学，他都到过了。接触极其广泛，包括极端反共的上层头目，左、中、右的社会人士，妇、青、工、商各界代表，外国使节，记者，军人。说实在话，随时随地都存在着危险的因素。当时有两件事，我至今记忆犹新。

9月1日，中苏文化协会为了庆祝《中苏友好同盟条约》的签订，举行鸡尾酒会，同时还举办了苏联建设和抗击德寇的图片展览，邀请毛主席参加。

中苏文化协会所在地是我常去的地方。地处闹市，建筑并不好，也不很宽敞。那天下午，在张治中未到之前，我早就去等着了。没多久，小轿车鱼贯而来，孙科是会长，先到。以后陆续来的有国民党上层人物，如陈诚、陈立夫、朱家骅、吴铁城、覃振、贺耀祖、王世杰、梁寒操、鹿钟麟、翁文灏等。最值得注意的是宋庆龄、冯玉祥和苏联驻华大使彼得洛夫夫妇、罗申武官。此外还有许多知名人士，如郭沫若、李德全、王昆仑、许宝驹、傅斯年、王芸生、刘清杨、张申府、沈钧儒、马寅初、左舜生、高崇民、史良、茅盾、侯外庐、张西曼、阳翰笙、曹孟君、倪斐君等等，实在是盛况空前。

毛主席要来参加活动，群众事前并不知道，但一下车进去就被群众发觉了。毛主席到重庆的消息，如同一阵春风吹遍山城，人人都以一见为幸，如今被发觉了，一传十，十传百，可不得了！不仅路的两旁站满了人，挤进会场的也很多，把门的工作人员来不及看请柬，事实上也拦阻不了。毛泽东、周恩来由张治中、邵力子、冯玉祥陪同进去，张等逐一介绍来宾，互相握手问候。好些大革命时代的熟人，经过了几十年的阔别，更是热情握手，殷勤致候，有的感动得泪满双颊，说不出话来。千百双眼睛注视着毛主席，千百双热情的手伸向毛主席。

人越来越多，实在拥挤得厉害，会上致词的、讲演的，匆匆草草，我连内容都没听清楚。张治中看到人流如此拥挤，有些着急了，劝毛主席早点离开。毛主席仍然毫不介意，举止从容，一面和人谈话，一面观看图片，最后连陪同参观的张、邵、冯都被挤散了。好不容易由警卫人员和周恩来在人丛中开出一条路，才把毛主席接出门口，张治中跟着也出来了。

在这种情况下，警卫是十分困难的，万一有少数暴徒混进去，后果不堪设想。我们回到军委政治部和同事们谈起那天的情况，大家都为之担心，张治中舒了一口气说："今后再不能出现类似的情形了。"

另一件是宴会上发生的事。

10 月 8 日，张治中在军委大礼堂举行盛大的宴会，欢迎和欢送毛主席，到会五六百人，主要是国民参政员，新闻界、文化界人士，社会贤达，还有国民党大官。在当时的重庆来说，这是规模最大的盛会了。

在会上，张治中有一篇热情洋溢的欢迎词。他首先指出毛泽东到重庆来的重要性，为全国全世界人士所关注，然后说明双方商谈的情况，在大前提、大原则上已完全一致，具体问题中 70％已达成协议，其余的继续磋商，准备发表公告，让全国人民知道。最后还说："毛先生准备月内回延安去，所以今天的集会既是欢迎，也是欢送。毛先生来重庆，是本人奉蒋主席之命，偕同赫尔利大使迎接来的，现在毛先生回延安去，仍将由本人伴送回去。"

毛泽东当时也有一个简短的答词。首先对蒋介石的邀请和张治中的接待表示谢意，并同意张治中对商谈结果的估计和说明。然后特别提出："中国今天只有一条路，就是和，和为贵，其他一切打算都是错的。""和平与合作应该是长期的。""全国人民、各党各派一致努力几十年""建设独立、自由、富强的新中国！"最后说："困难是有的……中国人民的面前现在有困难，将来还会有，但是中国人民不怕困难""在和平、民主、团结、统一的方针下，一切困难都是可以克服的。"

紧跟着是宴会，饭后有京戏晚会。那天晚上，我们在张治中身边工作的几个人早就到会场张罗了。晚会进行到一半，一个人忽然跑到周恩来身旁附耳说了一会儿话，周突然起身离开毛泽东往外走，脸上显得有点紧张，我们感到纳闷。散会后回到政治部，才知道十八集团军驻渝办事处秘书，也就是廖仲恺的女婿李少石被人开枪击中在公路上。这事使大家非常震惊，张治中更是神情紧张，马上用电话和各方联系，一直忙到深夜，也没有得到明确的答复。

到底是误杀还是预谋？是政治事故还是责任事故？一直是人们

脑海中的疑问。问题的严重性在于，它是"双十协定"签字前发生的，是毛主席还在重庆时发生的。消息一经传出，山城为之震动。经过多方调查核实，才弄清了真相。

事情是这样的：10月8日下午5时，李少石坐小车送柳亚子由曾家岩回沙坪坝寓所，回程经下土湾时，适有国民党重迫击炮团一名排长护送30名新兵向壁山前进。一士兵正在路旁解手，少石同志的轿车无意将士兵的头部撞伤。司机未发觉，没停车，该排一名班长鸣枪警告，子弹刚好从小车后工具箱射入，穿过少石同志右肩胛入肺部，司机急驱车送市民医院抢救。由于流血过多，到7时许不幸去世。事件引发广泛关注，宪兵司令张镇和十八集团军驻渝办事处主任钱之光先后在报上发表谈话，才算平息下来。周恩来还到医院看望李少石同志和受伤的新兵，答应负担医疗费，指示钱之光办理一切善后事宜。

这几天真紧张，万一毛泽东坐车外出也遇到意外事件，那可怎么得了。真使人提心吊胆，捏一把汗。当时张治中的紧张焦虑，就更别提了。

签订"双十协定"

局势虽然诡谲多变，但谈判还是达成了协议。10月10是辛亥革命34周年纪念日，就在这一天下午，国共双方在桂园签订了"双十协定"（《政府与中共代表会谈纪要》）。

难忘的1945年10月10日，这是中国现代史上一个重要的日子。不仅亲身参加谈判的代表感到协议得来不易，满怀喜悦，就是办理事务的人员、知道谈判详情的我们，也是喜气洋洋，十分高兴。从一清早，大家就忙开了，把小小的客厅和衣帽架收拾整理，茶水香烟准备好，在会客室北墙"天下为公"的横幅下横摆着一张条桌，覆以桌布，摆上签字用的笔墨。会场简朴、肃穆、庄严，没有邀请记者参加，所以具体情形当时报上并没报道。

下午4时许，一切准备就绪，双方代表先后到场，互相致意，并审阅了事先誊写好的"双十协定"全文，表示同意，就按名次先后签上自己的名字。他们虽然没有说话，但从脸上表情看，显得既严肃又高兴。全体代表中，只有张群因公外出，不在重庆，他的名字是事后补签的。协议的全文于10月12日在报上公布。

签字完成后，邵力子先生向双方代表建议："这次商谈，所以能够获得初步成功，达成协议，多有赖于毛泽东先生的不辞劳苦奔波，应请他下楼相见。"大家欣然同意，于是毛泽东主席下来和大家逐一握手，互致祝贺。

应该说，协议的达成是中国共产党方面识大体、顾大局、多次让步的结果，例如中国共产党在商谈中和协议上始终表示接受蒋介石的领导和实行三民主义；部队数目中国共产党愿意由48师减为20个师；解放区问题中国共产党愿意以后继续协商。这些让步，有利于说服国民党中的右派同意协定的签订。张治中在新中国成立后写回忆录时也说："实在说起来，凡是具有定见、远见的人，对于这个协议应该感到满足；特别是亲身参加商谈的我们，真是几经折中，舌敝唇焦，好容易才得到这样的结果，自然更感到愉快。"

重庆谈判意义重大。事实说明，没有这个协定，国共两党的公开斗争就不能暂告一段落；没有这个协定，以后的停战协定就不能产生；没有这个协定，也不能为解放战争积聚足够的力量以至于统一全国。这个协定是具有转折性、历史性的伟大意义的文件。问题在于蒋介石缺乏诚意，再好的协定也终必成为一纸空文而已。

"双十协定"签字后两小时，蒋介石全副武装，佩着短剑，到桂园拜访毛泽东。两人略事寒暄，互致祝贺，即乘车同赴国府路国民政府礼堂参加国庆招待会。会后，毛泽东回桂园休息了一会儿，就乘车直奔山洞林园，夜歇林园，与蒋介石就未了问题最后交换意见。

第二日（11日）凌晨，毛泽东由张治中陪同赴九龙坡机场，飞返延安，蒋介石特派陈诚代表他到机场送行。到机场送行的还有各阶层、各方面人士数百人，毛泽东是在双重胜利的欢呼声中飞返延安的。当晚，中共中央在延安举行欢迎晚会。第二日（12日），张治中飞返重庆，毛泽东亲自送至机场，路上又再次表扬了张治中。这是张治中二到延安。

"双十协定"的签订是政治的胜利，击破了国民党的内战阴谋，取得了国内外广大中间分子的同情，迫使国民党承认了和平团结的方针和人民的某些民主权利。

追记"一二·一"运动

郑伯克

"一二·一"运动是继五四运动、"一二·九"运动之后规模巨大的青年学生爱国运动。这一运动是在中国共产党的领导下开展并取得胜利的。

逆流而进

抗日战争胜利后,蒋介石为了在内战期间有可控制的稳固的大后方,于 1945 年 10 月 3 日,指使昆明警备司令杜聿明以军事政变的方式,逼迫云南省政府主席龙云下台,另派 CC 分子李宗黄到云南省任民政厅厅长,代理省主席,妄图在云南建立蒋介石嫡系的直接统治。李宗黄来云南之前,蒋介石曾多次秘密召见他,要李到云南后消灭民主堡垒、学生运动、地方军政势力等。李宗黄上台后就叫嚣要全力镇压民主运动。国民党第五军军长邱清泉以查户口为名,逮捕进步人士。邮局非法扣留的《新华日报》堆积如山,反共不积极的学校校长被撤职,白色恐怖又严重地笼罩着昆明。

面对险恶的局势,我和华岗商量,要他及时撤离昆明,设在龙云"绥靖公署"的电台也及时撤离。在华岗临行前,我要他向南方局反映:几年来省工委已按照隐蔽精干政策做了可进可退的两手准备,积蓄并发展了力量。在民主运动中,由于有了严密的部署,布置了一线、二线、三线，组织没有暴露。我们当遵照《中共中央关于同国民党进行和平谈判的通知》中"又团结，又斗争，以斗争之手段，达团结之目的；有理有利有节；利用矛盾，争取多数，反对少数，各个击破"等项原则，谨慎地应付各种复杂险恶的局面。

为了应对各种突发情况，省工委也做了一些调整和准备。

当时联大已接上关系的共产党员，由省工委分别联系。我联系的有：第一支部的袁永熙、洪季凯、王汉斌等同志，以及由他们领导的民青一支部；第二支部的马千禾、何志远、齐亮、许乃炯、李明、许师谦、陈彰远（刘新）、李凌等同志，以及他们领导的民青二支部；皖南事变后，没有暴露而留下的郭沂曾，由我个别联系；一度疏散出去又返校复学的吴显钺，由我经张文澄和他联系。由侯方岳联系的李祥荣（李德仁），已回昭通工作，由李联系的唐祺尧（陈光邃）等仍由侯方岳联系，联大工学院从重庆转来的王世堂、方复由刘清联系。

云大学生自治会由民青二支部的侯澄负责，云大民青三支部归潘汝谦等领导，潘由我直接联系。

局势逆转后，民青一支部的绝大部分党员和干部由于不大暴露，仍让他们留校工作。而二支部比较暴露的马千禾、齐亮、李晓、许寿谔等，则转移到滇南等地；民青二支部重新调整，何志远调昆明市，主要负责中学工作，李明因病休养，由许乃炯、王树勋（王刚）、侯澄、陈彰远、汪子嵩等组成支委。联大学生自治会于1945年进行改选，程法伋、杨邦祺、李健吾组成常委，程法伋抓总，他属民青一支部，杨、李属民青二支部。

当时，昆明中学以上学校学生支部的工作，由何志远、卢华泽等分别联系，大学教职员的工作，由殷汝棠等负责。在全市大中学中，党员虽然较少，但民青成员却分布各校，至"一二·一"运动前盟员发展到300多人，全市各大学和35所中学里分别建立了民青的支部、分支部或小组。党的政策、决定，由省工委直接传达到联大一、二支部，再由它们经民青向下布置贯彻。昆明市职工方面的工作，分别由岳文彬、詹猛然（王斗光）、萧松等负责，我分别与何志远、岳文彬、詹猛然等联系，萧松仍由袁永熙继续联系。

鉴于当时昆明处于白色恐怖下，省工委主要采取个别联系、分别交换意见的方式进行组织联系，以防敌人破坏。

时事晚会

1945年"双十协定"签订后，国民党动员80多万军队进攻解放区，11月5日，中共中央号召："全国人民动员起来，用一切方法制止内战。"11月19日，重庆反对内战联合会成立，号召各地成立反对内战联合分会。11月21日，延安《解放日报》号召国民党统治区的同胞，起来响应重庆反内战联合会所发起的运动。延安广播在联大、云大等校学生中传播时，许多同学已有组织反内战分会的要求。

11月中旬，我分别同联大第一、二支部的袁永熙、何志远等同志碰头，再分别同省工委其他同志交换意见，大家都认为应以行动响应中央号召。11月22日，我分别同联大支部及昆明市同志研究，就全国形势看，抗战胜利后，和平建国是全国人民的要求，亦为云南人民群众的要求。10月初蒋介石以军事政变改组云南省政府，云南当时的局势险恶严峻。既要响应中央号召，又应因地因时制宜，争取合法，遂决定召开一次以反内战为内容的时事讲演会，请几位敌人不注目的教授讲演后，发表一个通电即散会。大家都同意，分头具体布置、落实，先在学生群众中酝酿。

11月22日至24日，联大冬青社、文艺社、社会科学研究会、南院女同学会等15个团体，联名请求联大学生自治会，通电反对内战。

联大党支部经民青一、二支部向学联提议，以联大、云大、中法、英专四大学生自治会的名义，召开一次时事晚会。四大学生自治会举行了联席会议，决定在 25 日晚上请老国民党员钱端升教授、伍启元教授，无党派人士、社会学家费孝通教授，中国民主同盟成员潘大逵教授讲演。联大党支部就邀请这四位教授讲演向我汇报时，我认为这样安排很好。省代主席李宗黄等闻讯，惶恐万状。24 日，李主持的云南省国民党的党政军联席会议决定，"凡各团体学校一切集会或游行，若未经本省党政军机关核准，一律严予禁止"，并派人前往云大威胁校长熊庆来，要他不借礼堂（即至公堂）做会场，国民党云南警备司令部又函告联大当局，不得举行任何集会。

按照有理、有利、有节的原则，我同联大第一、二支部同志商量：学生情绪很高，四位教授已请并答应讲话，要尽量避免硬碰硬。党支部经民青一支部王瑞沅与民青二支部侯澄商量，决定将会场移往大西门外联大新校舍，改为以联大学生自治会的名义主办的校内集会。按当时情况，课余校内集会已成习惯，地方政府从未干预过，群众认为课余校内集会是不成文法的合法。为稳慎计，让联大党支部经学生自治会请张奚若教授向关麟征疏通，同时也将上述决定向联大当局做了说明，此时联大已收到省府和警备部的公函。代常委叶企荪认为，学生开会一事，"似无劝阻必要"，表示同意学生在校内举行时事晚会。

晚会 19 时在联大开始，除四大学生自治会的成员外，有昆华、天祥、南英、五华、联大附中等中学同学参加，还有新联和工盟动员来的一部分工人和职业青年以及各界人士，共有 6 000 多人。大会由联大学生自治会常委王瑞沅主持，四位教授分别从政治、经济等方面论述中国不能打内战。晚会进行中，国民党第五军军长邱清泉派军队把联大新校舍层层包围，多次用冲锋枪、小钢炮向会场低空发射，子弹从人头上飞来飞去，群众伏地听讲，讲演照常进行。特务又将电线割断，灯光熄灭。主持大会的立即点燃原来准备好的汽灯，群情镇定，晚会仍坚持下去。这时有一个人自称老百姓，不顾讲演程序，要上台讲话，跳上台后大放厥词，说是"内乱"不是内战。当时，台下云南昭通籍学生孙志能（党员）就递一个条子给主席台，说此人不是老百姓，是昭通人，叫查宗藩，是云南省党部执行委员兼中统局云南调统室主任，大会主持人王瑞沅就在台上揭露了这个特务的真面目，他在群众的怒斥声中被学生纠察队带出了会场。大会通过了昆明市各大中学校学生反对内战的通电，呼吁美国青年反对美国派军队参加中国内战的通电。散会后，国民党当局在会场外面紧急戒严，不许行人通过，约两小时后与会群众才绕道由云大后门进城，至深夜才得回家。

总罢课

学生在自己校内举行反对内战、呼吁和平的集会，竟然遭到国民党军队包围并以枪炮进行威胁，这是对"双十协定"规定的人民享有的最起码的民主权利的最粗暴的践踏。时事晚会结束后，学生们无比愤慨，多数同学彻夜未眠，纷纷要求罢课以抗议。联大第二党支部党员、民青二支李凌和吴鸣锵等在新校舍发起要求罢课的签名，当夜签名的达 500 多人，各种抗议书贴在民主墙上。一夜间，学生到处酝酿串联，联大新校舍、南院女生宿舍、联大师范学院都纷纷响应罢课的要求，理学院的学生为响应罢课，凌晨把平时敲击发上课号令的半截钢轨藏了起来。民青第一、二支部及党的第一、二支部先后召开紧急会议，分析形势，都认为群情愤慨已极，须支持群众的罢课要求。

26 日《晨报》载国民党中央社消息说："本市西门外白泥坡附近，昨晚 7 时许，发生匪警。当地驻军据报告，即赶往捕捉，匪徒竟一面鸣枪，一面向黑暗中逃窜而散。"这一造谣，更加重了群众的愤怒情绪，罢课的要求立即传遍全校每个角落。

26 日晨，我从住处福照街华兴巷出发到磨盘山黔灵中学同联大第一党支部的袁永熙碰头，听了袁的详细汇报，考虑后，决定支持群众的要求，同意罢课。分析情势的发展，估计云大、中法等校很可能亦将罢课，风声传出，有些中学亦可能响应，如此，25日晚会前的布置，亦将改变，遂决定由昆明市学联（以联大为首主持）派出联络员到各校联络全市总罢课。接着我去金碧路业余中学与联大第二党支部的许乃炯碰头，再到绥靖路何志远当家庭教师的一个大商人家与他碰头，他们都同意总罢课的意见，并立即向各校传达。我也分别与省工委委员碰头，向他们通报有关情况和意见。刘清说，拓东路迤西会馆的联大工学院已于今日（26日）中午一致决定罢课。我们估计全市党和民青能够控制的学校约占全市学校总数近二分之一，少部分学校当局属于进步势力，在野的地方实力派以及地方开明人士等，经各种渠道可争取其支持，有些学校还有党员和进步分子当教师，当会发挥其作用。这些力量都用上，约占全市学校的大多数，国民党能控制的学校是极少数。近一年来，党所领导的以联大为中心的学联，在全市学生中已有号召力，只要我们充分发动学生，就能够达到总罢课的目标。

当时昆明全市中等以上学校共45所（包括中技校），学生自治会、班联会、报联会、罢委会为党员或民青所掌握的有：

西南联大：王瑞沅（民青一支）、李健吾、杨邦祺（李定）（民青二支）

云南大学：侯澄（党员）、李济昌（李艺群）（民青二支）

中法大学：朱润典（丁江）、陈炳均（安阳）、王健（民青二支）

英　专：万若愚、罗应仙、田培宽等（民青二支）

联大附中：罗广斌（民青二支）

云大附中：温宗姜、阎士颐（民青二支）

昆华女中：徐菊英（徐淑贞，党员）、范映霞、史锡如（史坚）（民青二支）

　　中山中学：毕恒光（党员）、赵春和（向克勤）、王家栋（王伯林）（民青二支）

　　天祥中学：张国士、甘娥（甘廷芳）、屈翠云（民青二支）

　　龙渊中学：杨性聪、张从龙、赵春锦（赵以群）（民青二支）

　　昆华工校：王以怡（党员）、李云、王绍荣（民青二支）

　　昆华商校：刘永富、张家俊（吴祺）（民青二支）

　　昆华中学：王立政、杨益民（均党员）

　　市立女中：舒莲玉（舒彬）、段菊芬、杨剑辉（民青一支）

学生自治会、罢委会主持人为民青成员，姓名不详的有：

　　长城中学：（民青二支）

　　五华中学：（民青二支）

　　中法中学：（民青二支）

　　昆华女师：（民青二支）

以上共计 18 所。

学校当局或教师、学生中有党员、民青成员或进步分子的有：

　　金江中学：董事长龙奎垣（龙云之侄）；教师党员：潘明、陆子英（陆光亮）；学生自治会：钱在兴、李培基、唐肇槐、张芸华（进步分子）

　　求实中学：校长苏鸿纲（民主人士）

　　黔灵中学：校长汪颂鲁（开明人士）、校务主任孙仲宇（党员）

　　俄语专科学校：校长刘振寰（开明人士）、校务主持人白麦浪（裴黔农，进步人士，后来入党）

　　中华业余中学：校长孙起孟（民主人士）、教师许乃炯（党员）

　　昆华师范：校长倪中方（开明人士）

昆华农校：教师王云（党员）

南菁中学：教师于再（党员）

建国中学：教师岳世华、郭用（党员）

护国中学：教师宋启华（宋树言，党员）

天南中学：教师何志远（党员）

峨岷中学：小学部主任祁亮珠（祁山，党员）

昆华护士学校：护士、学员吴世华（进步分子，后来参加民青）

惠滇护士学校：外科主任任天锐（任慰农，党员）、护士戴凤仙（进步分子，后来参加民青）

培文中学：教师党员袁永熙等

实用女子职业学校：学生施佩珍（党员）

南英中学：教师、联大毕业生刘克（进步分子）

建设中学：教师屈容（党员）

以上共计 18 所。

属于中间状态的有：

明德中学　衡岳中学　市立中学

大同中学　粤秀中学　省立体专

以上共计 6 所。

属于国民党三青团控制的有：

云瑞中学　富春中学　中正中学

以上共计 3 所。

26 日起，即由联大、云大、中法等学联常委派出联络员分赴全市各大中学联络，掀起了罢课斗争的高潮。每天罢课的学校不断增加，计 26 日有 18 所，27 日有 27 所，28 日达 31 所。

联大罢课后，全校班级代表大会通过决议，授权学生自治会理事会扩大组织罢课委员会。11 月 28 日，昆明市学联组成了昆明市中等以上学校罢课联合委员会（简称"罢联"），选举联大、云大、中法大学、昆华女中、云大附中 5 校为罢联常委，各校学生自治会也相继成立了罢课委员会（简称"罢委会"），统一领导罢课事宜。

《告全国同胞书》

11 月 26 日晨，我约袁永熙碰头时，他交我一份他们起草的《罢课宣言》（简称《宣言》）稿要我审改，我让他下午来取。我回到住处，正巧，南方局派来的交通员王时风来我处，他见着《宣言》稿，建议态度明确地下笔。我考虑，现在理由较充分了，但环境仍然险恶，大规模的战斗打响了，要及时休战，把《宣言》标题定名为"为反对内战及抗议武装干涉集会告全国同胞书"。修改后的正文第一部分，指出国民党发动内战违反全国人民意愿，激起全国人民愤怒。第二部分，控诉国民党对关心国事的学生们在校内组织的自由集会进行武装镇压、造谣诬陷，因此，学生们被迫罢课。最后提出要求：

第一类，关于全局性的：（一）立即停止内战，要求和平；（二）反对美国助长中国内战，立即撤退驻华美军；（三）组织民主联合政府；（四）切实保障人身自由。

第二类，关于昆明事件的，要求云南省国民党当局：（一）追究射击联大的责任问题；（二）取消 11 月 24 日禁止集会游行之非法禁令；（三）保障同学人身自由，不许任意逮捕；（四）要求中央社更正诬蔑联大之荒谬谣言，并向与会师生道歉。

第一类全国性的为长期奋斗目标，第二类是地方性的，罢联在《罢委会通讯》里明确提出：第二类要求得到相当结果后即可复课。

《为反对内战及抗议武装干涉集会告全国同胞书》（简称《告全国同胞书》）在全市已罢课学校学生自治会（罢委会）的主持下，由全体学生逐字逐句地充分讨论。

11 月 26 日下午，联大国民党三青团开紧急会议。从新中国成立后所查档案得知，国民党中央直属西南联大分团部书记长姚从吾教授 12 月 11 日给陈雪屏的信中说："对罢课不但不能挽救，且只有随声拥护。""决定采取分化方略。"国民党三青团以"无党无派"面目出现，重心转移至《告全国同胞书》所提要求，他们在群众中提出：要求重庆、延安、张家口、成都都罢课；昆明、重庆、延安都要反内战；要求罢课第一类第二条改为反对美苏助长中国内战，要求美苏撤退在华驻军。

在联大新校舍，曾有人以"政治系一九四六级"名义招人签名。参加签名者到 27 日达 350 人，联大工学院全体学生 26 日晚对罢委会所提出的《告全国同胞书》表决时，曾出现 138 票（赞成"无党无派"主张）对 73 票（赞成罢联会要求）的比例。工学院驻院代表王世堂向刘清反映，刘清把情况告诉我，袁永熙也向我反映了当时的情况，并谈到，支部认为，为争取多数同学，所提要求建议改为反对外国干涉中国内政，要求撤退驻华美军，我当即同意这个意见，并告联大第二支部及何功楷等，决定修改口号。关于停止内战部分，首先，重点说明：谁发动内战，我们就反对谁。其次，将"反对美国助长中国内战"，改为"反对外国助长中国内战，要求撤退在华美军"。理由是任何一个外国助长中国内战，我们都反对。但现在的事实是苏联已宣布撤军，由于中国政府要求延期，苏联才改为延期撤军，而美国却在昆明及其他许多城市派驻军队，毫无撤退迹象，因此我们要求撤退驻华美军。修改后的要求条件，在联大工学院重新表决。结果，工学院以 109 票对 5 票通过。

11 月 28 日参加罢课的学校都讨论通过后，罢联会以昆明市 31 所大中学校的名义公布了《为反对内战及抗议武装干涉集会告全国同胞书》。

同时，省工委经过交通员设法把《告全国同胞书》送到重庆，再转送到延安。《新华日报》（12 月 2 日）、《解放日报》（12 月 22

日）都全文发表。对所提要求，12 月 5 日重庆《新华日报》社论指出："这几项要求，实在非常温和而合理。"社论暗示南方局同意所提要求。

针锋相对

李宗黄、关麟征等贯彻国民党中央的指示，以宣传对宣传，以组织对组织，以行动对行动，妄图把学生爱国的民主运动镇压下去。

"以宣传对宣传"，即指使各报发表反动社论污蔑罢课"不是学潮是政潮"，说什么当时形势"不是内战是内乱"；国民党中央社又以通讯、读者来书等种种方式统发新闻，强令各报刊登，对学生罢课极尽诬蔑之能事。

针对敌人造谣，罢联会出版发行《罢委会通讯》（由工盟金永康等主办的地下印刷厂印），驳斥国民党的诬蔑，指出国民党当局以武力威胁反内战晚会的师生为"匪"，这正好证明国民党当局反对和平、坚持内战。昆明党所领导的以及民主同盟的期刊，例如《妇女旬刊》《民主周刊》《昆明新报》《自由论坛》《人民周报》都发表文章，驳斥国民党的造谣、诬蔑。罢委会还开展不听中央社造谣、不看国民党《中央日报》的运动；在近日楼等处张贴罢委会大壁报，并派出宣传队、宣传组，向市民宣传，以粉碎国民党的反动宣传。

李宗黄所谓"以组织对组织"，是指国民党中央军嫡系第五军军长邱清泉 11 月 27 日在小东门灵光街薛家巷警备总部某部召开会议，组成"反罢课委员会"。邱任总指挥，下设行动、情报、破坏、撕毁等组，机构设在如安街三青团云南省支团部。并盗用联大滇省籍以及川陕晋冀鲁等外省籍学生名义，反对罢课。学联争取了多数学生，联大云南同学会发表《驳斥宵小盗用名义发表谎言并告同胞书》，不承认这个所谓的"反罢委会"；外省籍同学会亦纷纷发表声明否认有所谓"反对罢课"之事，争取了滇省籍及外省籍学生。

李宗黄等还"以行动对行动"。11月27日至30日，有组织的特务每队5人、10人、30人、50人、100人不等，到处横行，殴打学生，捣毁学校。仅29日，学生被打事件就有25起，被捕事件15起。30日，联大师范学院、中法大学、云南大学的壁报及罢委会办公室均被破坏。

从11月28日起，便有大批武装特务闯入各罢课学校强迫学生上课。粤秀中学门外架起机关枪两挺，对学生进行威胁；市立中学门外停有吉普车一辆，见学生会负责人即绑架而去；昆华中学则被军人驻扎，关上校门，禁止与外界联络；昆华女子师范大门亦被关起，强迫复课。

11月27日、28日，李宗黄以国民党省党部主委名义密令各级党部选派打手并集中到国民党中央军校第五分校聆训后，分别化装出发至街头行凶。

各校学生在我地下组织的党员、民青盟员带动之下，团结一致，机智勇敢地同敌人展开斗争。中山中学校长郜重魁威逼利诱学生反对罢课，被学生一致拒绝；昆华女中校长召集学生训话，强迫复课，学生一哄而散，关麟征警备司令部派特务到该校索取罢委会负责人名单，全体学生一致拒绝；五华中学、粤秀中学等校学生密约，如特务进学校时，大家静坐教室，继续罢课；昆华中学、昆华商校照常摇铃吹号，实则没有上课；市立中学、黔灵中学、天祥中学等校学生自治会组织纠察队维持秩序，把守校门，会客须经过正当手续，以抵制特务入校。

在特务密布的情况下，有的学校组织校工传送信息，有的学校组织附小学生担任交通员，校与校之间，互通情报，联系从未中断。

为了保证街头宣传的顺利进行，避免学生被打被捕事件，罢联将身强力壮的男学生组成若干个纠察队，跟随保护宣传队行动。

得道多助

李宗黄等的迫害，更坚定了广大学生的斗志。群众积极性高涨，但一种"左"的倾向潜滋暗长。此种倾向表现为：部分激进学生甚至包括一些党员和民青成员提出"罢工、罢市"等宣传口号；在行动上不同意罢联会的复课标准（第二类要求获得相当结果），主张直至内战停止时罢课方告结束；商校、昆华女中、市立中学等校部分学生一再要求举行游行示威。

针对这种情况，11月28日、29日，我几次分别同联大第一、二支部以及何志远等同志反复研究，认为：我们是地下组织，应保存自己发展自己，打击敌人。在当前反动派压力太大的情势下，应竭力避免不必要的牺牲，不宜硬碰，群众以至党员中的高涨积极情绪要爱护，不必过多责备，但必须加以启发，以理说服劝导，联大党支部和中学的民青支部尽量说服群众不要游行。29日联大剧艺社演出《匪警》等活报剧，欢迎各中学学生观看。国民党便衣特务集中在翠湖边中央军校第五分校，待机出动，一部分同学跃跃欲试，要求即刻游行。我听到汇报后，立即通知联大党支部，经罢联会分别派人说服，因而未发生事故。通过我们细致的思想工作，学生的口号和行动没有超出广大普通群众能够接受的范围，他们的行动始终得到了广大群众的支持，最大限度地团结了多数同学。

教授们对于学生遭受的迫害，尽管有不少同情，但在反动派高压之下，也有所顾忌。联大教授会出于对学生学业和安全的考虑，29日在图书馆前召集学生，劝学生复课，一些教授在谈话中告诫学生说，如继续罢课，将危及学生前途，荒废学业。对教授们出于同情和善意的关怀，学生们是理解的，他们表示，在那时的条件下，无条件的复课，将会增加反动势力的嚣张气焰，会使民主运动遭到严重的挫折。事后，罢委会分别访问了几位有影响的教授，向他们说明，学生本不愿意罢课，现在的罢课是不得已，只要当局接受学生提出的一些起码的要求，就可以立即复课。经过多方面的工作，左派教授更加积极地支持学生，中间派教授态度也有了改变。

11月30日，民主同盟云南支部发表声明，认为"罢课是正当的唯一的抗议手段"，学生"所提的八条不但合理，而且合乎人情，合乎国法"，表示"完全同情这一运动，声援这一运动"。11月29日，联大教授会向国民党当局提出《抗议书》，认为云南省国民党当局11月25日晚间的暴行"不特妨害人民正当之自由，侵犯学府之尊严，抑且引起社会莫大之不安"。全体一致决议，"对此不法之举，表示最严重之抗议"。11月30日，联大工学院全体助教捐款法币5万元以支持罢课。针对特务到处殴打学生、捣毁学校设施，联大教职员68人联名发表声明：反对武力威胁，维护学府尊严；维护各种自由；反对内战，要求立即停止军事冲突；请全国各党各派人士共商国是。

罢课得到了社会各界的支持，自罢课以来，罢联会每天都会收到大量的捐款和慰问信。一个国民党军队的士兵来信说："我等受了一班（般）贪官污吏的压迫，只得忍奈（耐）。一定要我去打内战，就是自杀，也绝对不拿枪屠杀自己的弟兄。"联大新校舍门口一个小贩，把他一天卖豆腐干的收入，全部捐出。有一对新婚夫妇捐献了他们的结婚戒指，来信说："让它干些更有意义的事。"云南省政府有五位下级公务人员来信说："看见你们罢课，恨不能马上用行动来响应你们，不幸我们所服务的机关是成天灌输只准拥护一个政府、一个领袖、一个主义的，因此只有凑了5 000元表示声援。"中央电工器材厂一个职工来信说："野蛮的军事当局法西斯党徒摧残青年，蔑视自由的卑鄙手段，诚令人愤恨之极。"

惨　　案

自罢课以来，特务到处殴打学生，形势很险恶。我与联大支部及市里的同志商量如何复课，结束此战役。而当时学生的情绪很高，反动派的压力越大，学生的反抗就越是激烈，社会各界和昆明市民对学生行动的热情支持，极大地鼓舞了学生。

从 11 月 28 日起，李宗黄、关麟征等对学生的迫害逐步升级。29 日学生被打事件 25 起，被捕事件 15 起，至 30 日情势更加严重。29 日、30 日，在武成路、南屏街、华山西路等处，发生多起学生被便衣特务打伤、刺伤、手枪击伤事件。

11 月 30 日，国民党第五军政治部主任张濯域、中统云南调统室主任查宗藩、三青团昆明市书记长高云裳等密谋镇压学生。三青团云南支团部秘书周绅，率领特务在中央军校第五分校演习投掷手榴弹；辎汽十七团用美国卡车满载石块砖瓦，倾倒在联大新校舍墙外；《新华日报》营业处、联大师范学院、云大、中法大学都有武装特务闯入。

11 月 30 日下午，我分别同联大党的一、二支部负责同志碰头，分析情势，认为应做最坏的估计。经罢联通知各校加强戒备，暂停上街宣传，要求同学不要单独外出。

12 月 1 日上午 8 时，李宗黄在五华山省政府参加卢汉就任省主席仪式后，即匆匆赶往华山南路省党部，同已集中的国民党骨干和便衣特务讲话，他说，学生又向我们进攻了，"这是大家效忠党国的时机，我们要以宣传对宣传，以流血对流血，进行还击"。暴徒们各自携带凶器，由国民党省党部科长杨灿带队前往如安街三青团省团部集合。

国民党省党部一个同情学生的会计员，立刻把这个消息告知云大民青支部一成员，云大党员和民青支部立即向党反映并经罢委会讨论，采取紧急措施，之后很快通知了联大，罢联会立即决定：整理内部，加强防御，准备战斗。党员和民青成员把秘密材料收藏起来，以防不测。

12 月 1 日上午 10 时左右，查宗藩率领近百人，暗藏凶器攻入云大。云大校门大门内有高台阶，同学居高临下，与特务对抗，特务不能得逞。同日上午 11 时，国民党政府军政部第二军官总队学员100 多人由一军官率领，进攻联大新校舍，学生罗纪行、向大甘、张君平等被打伤。暴徒攻击联大大门时，袁复礼教授前来劝阻，竟遭野蛮毒打。南菁中学教师、共产党员于再，和教师张人鹤路过联大门前，见军人蛮横无理攻打手无寸铁的学生，前去劝告，亦被打伤。于再见一军人正拉开手榴弹的导火线准备向校内投掷，不顾个人安危，强忍伤痛，上前劝阻，手榴弹爆炸，于再重伤牺牲。

同日中午 12 时，周绅带领三青团骨干、第五军便衣队数十人向龙翔街联大师范学院猛攻，女共产党员潘琰英勇牺牲。联大同学李鲁连、昆华工校同学张华昌，亦于此时殉难。联大工学院、联大附中、昆华女中、南英中学亦于同日被捣。当日总计牺牲师生 4 人，被打伤的教授有袁复礼、马大猷等，还有云大医院护士马静成。共计重伤 25 人，轻伤 30 余人。

大 反 击

惨案发生后，全市大中学生群情愤慨，斗志更加高昂。在联大新校舍，罢委会组织学生修理校门，加强巡逻，学生纷纷自动组织起来，参加保卫校园的斗争。工学院吃饭时全院默哀 3 分钟，向死难同学致敬。昆华、惠滇护士学校学员听到学生被暴徒打死打伤的消息，立即携带药品到联大主动担任救护工作。郊区龙头村的云大附中学生，全部搬进云大，积极参加战斗。各校原来未参加罢委会工作的学生，现在自动参加了。原来对罢课不积极的学生，现在也积极起来了。

在社会各界的一致谴责下，关麟征到联大假装慰问、道歉。以后又派人送花圈一对，法币 50 万元，棺材两口，被罢联会严词拒绝。当时，关、李之间内讧，国民党与三青团，中统与军统互相推诿责任，凶手中有一些人当街互相争吵和殴打。12 月 1 日晚，关麟征招待各报社时说，希望大家不要刺激学生情绪。于是公开横行的特务不见了，反罢委会的公开文字宣传暂时收敛。重庆国民党中央被迫电令云南反动当局："暂停武力镇压，以免事态扩大。"

12月1日下午，我分别同联大一、二支部的同志收集有关情况，和昆明市何志远等同志碰头，并在省工委会上汇报。我们经研究一致认为：反动派竟在光天化日之下行凶，打进最高学府，屠杀师生，这就激发了广大学生的义愤，激起了社会各界对学生的同情，我们便处于更有理的地位。关麟征道歉，尽管是假意，但也明显表示敌人缺理，乘此敌人互相矛盾时机，我们应当大举反攻，向社会控诉反动当局的罪证，以争取更有利的地位。决定：加强并扩大以学生为主的战斗队伍，争取工人、职业青年、教师及公务人员等各方面的支援，利用反动派内部矛盾，集中一切力量，向以李宗黄、关麟征为首的国民党反动派大举反攻。在宣传方面，公布惨案事实真相，做到有理有据地揭露反动当局的残暴罪行，争取社会多数的同情，孤立国民党中央嫡系的反动派。

为加强战斗队伍，我同联大党支部负责同志碰头研究，调整领导机构，在民青一、二支部执委会中选拔互相未打通关系的党员干部（以民青身份出现），成立行动委员会，担负运动指导责任，实际起党组作用。罢委会设常委，由王瑞沅、程法伋、王树勋三人组成，王瑞沅抓总。另设治丧委员会，由王树勋、施载宣、李新亭三人主持。

12月2日下午，全市大中学6 000多人参加了烈士入殓典礼，联大代常委叶企荪主祭，联大教授会特推派周炳琳、汤用彤、霍炳权三教授参加。入殓时，大家失声痛哭，有的女生因悲痛过度而昏倒，主祭亦泣不成声。

12月2日晚、3日晨，我分别同联大第一支部袁永熙、第二支部许乃炯碰头，主要了解入殓典礼情况，我问校门口那些盯梢的、照相的、来回走动的特务是多还是少，他们反映不见了，我认为敌退我进，入殓仅是预演，乘此有利条件，我们更应有把握地大反攻。3日，袁永熙把第一支部起草的《昆明市大中学生为"一二·一"惨案告全国同胞书》（简称《为"一二·一"惨案告全国同胞书》）送我审阅，我稍加修改后，交袁经民青一、二支行动委员会，再经罢联常委提出，全市中等以上学校罢委会分别开会讨论，获得通过。在具体要求上，原提第一、二类条件不变，增加第三类，即关于昆明血案部分的要求：（一）严惩祸首关麟征、李宗黄、邱清泉；（二）抚恤死者，医治伤者；（三）赔偿一切公私损失。省工委派交通员将《为"一二·一"惨案告全国同胞书》送到重庆向南方局汇报，经南方局电台再转送到延安党中央。12月5日重庆《新华日报》社论指出："流血的惨剧是绝对掩饰不了的。当局首先应该严惩杀伤学生的凶手及负责人，立刻接受学生的要求，并付予实施，以谢学生，以平众怒。"

12月7日，延安《解放日报》社论说："对于昆明的学生表示极其真诚的同情，昆明学生与教授的命运，也就是全国人民的命运，我们声援在苦难中的昆明学生与教授，因为他们的奋斗就是为独立、自由、幸福的新中国的斗争，是这个斗争的一部分。"

各界的同情和支援

"一二·一"惨案后，教师大多同情学生。12月1日下午，云大教职员发起声援学生的签名，当晚参加的即达71人。他们发表《敬告各界书》说，"对于本市各大中学同学反对内战争取民主的运动，在原则上表示衷心的同情与赞助"，认为国民党当局"杀死同学多人""实开民国史上未有之恶例"。他们"相信同学们反对内战是出乎忠诚，绝非一二流言所能诬蔑"。他们"对于那些以反内战而遭逮捕、殴打、枪伤的同学，谨致由衷的慰问；对于那些横遭残杀的同学，表示无限的哀悼"。最后要求"合理的解决，俾使内战早日停止，学生早日复课"。12月2日，联大教职员56人写信慰问负伤学生，同日，中法大学全体教师表示支持学生罢课。

从 12 月 2 日起，联大讲师、教员、助教及联大附中教员先后开会决议："一致罢教，以反对内战，抗议（国民党）当局暴行，至学生复课时为止。"同时，全市大中学教师发起罢教签名，一日之内参加的达 31 所学校。12 月 6 日，全市大中学教师 298 人签名发表宣言："同人等目击心伤，念是非之不彰，痛正义之不伸，凶暴违法之徒如不除，就国家言，将何以建国？就同人言，将何以为教？何忍为教！故决于即日起一致罢教，至学生复课日止，以示抗议。"

联大教授会发表由法律委员会蔡枢衡、费青起草的《呈国民政府军事委员会告诉状》，列举确凿罪证百余件，以证实李宗黄、关麟征、邱清泉等"阻挠集会，伤害自由，聚众强暴，扰乱秩序，滥用权力，违法杀人，加侮辱伤害于教授，施毒打轰炸于青年，败法乱纪，罪大恶极"，要求政府对他们依法严惩。

重庆《新华日报》12 月 9 日社论指出："云大教授 71 人联名声明，对学生表示同情，联大全体教授罢教一星期以响应，更是过去任何一次学生运动中所未曾有过的。"

自 12 月 2 日起，全市工人、店员、职业青年、国民党军队中的官兵，以及各界人士纷纷以各种方式支援学生运动。

当时顾映秋（龙云夫人）捐款 50 万元，龙云次子龙绳祖捐款 10 万元。联大校友会在龙云家属支持下，由吴征镒主持，在临江里龙云公馆开会声援学生运动。

仅 12 月 5 日一天，罢联会就收到职业青年联谊会、中央机器厂工友读书社、店员 8 人、北平研究院校友 7 人、198 个工人、1 个军人、某兵工团一些士兵等的捐款和来信声援。国民党中央军驻昆明工兵某团一些士兵捐款 9 600 元，附慰问信说："将我们仅有的薪饷，捐给你们，以表示热烈的同情心。"国民党军队中一个陆军上校先后捐款 4.7 万元，12 月 2 日来信说："内战是爱国军人的耻辱，昨天野蛮的屠杀，使身为军人的我感到无限的悲痛，为了保持抗战爱国军人的荣誉,现在向诸位亲爱的同学保证,我决不参加内战,且自即日起辞职,决不去做屠杀同胞的刽子手。"

12月2日,中国民主同盟云南支部声明:除对"摧残文化,蹂躏民权,草菅人命之负责机构及其主使人员,再度提出严重抗议外,同时以最悲愤严肃之态度,声援被迫害者的呼吁和要求",并"请全省、全国、全世界一切主持正义、尊重人权的人士,一致支援"。在"新联"的发动下,职业青年1 500人签名呼吁,主张惩凶,抗议国民党当局暴行。在新闻文化界党组织的推动和民主同盟的支持下,文化界《民主周刊》《时代评论》《昆明新报》《大路周报》《人民周报》《文艺新报》《妇女周刊》等期刊联合发表声明,抗议国民党当局的暴行。

12月2日,省参议会召开临时会议,邀请罢联代表报告惨案经过,并决议请国民党政府保障学生安全。

揭露反动派的阴谋

12月1日惨案发生后,国民党中央社继续造谣。12月2日国民党中央社电称:"第二军官总队一部分学员经过联大发生殴斗。"12月3日中央社电称:"联大新校舍投掷手榴弹,系第二军官总队第二队学员所为。"但该通讯社12月4日电说:"联大新校舍手榴弹,系由院内投出,伤军官总队学员一人。"对在联大新校舍投手榴弹案,中央社又说:"系失业军人所为。"中央社还凭空制造出一个名叫"姜凯"的人,说是他指使"失业军人"所为,国民党当局还演出一场所谓"公审"凶犯的丑剧。

针对敌人的造谣,罢联会指出,所谓"失业军人"并非真正凶手,一切罪行都应由李宗黄、关麟征等完全负责。

对国民党"公审"假凶犯,联大学校当局和罢联会拒绝参加"公审"。

为揭破国民党阴谋,省工委从国民党省党部内一下级职员那里搞到一份参加行凶人员的名单，经联大支部用街头壁报等宣传品把它公布了出来。

为孤立大学，国民党反动派又强迫中学提前放假。12月6日，李宗黄召集各中学校长会议，决议各中学立即放假，通知学生家长负责将子女领回。昆华女中校方强迫学生离校，大同中学停止开伙，龙渊中学破坏分子窃取学生膳团经费，全校一时断炊。对此，我同何志远等同志研究不同情况，采取了对策。各中学在可能的条件下，组织留校，伙食自办，秩序自己维持，或进入会馆或到联大、云大住宿。昆华女中、五华女中、中山中学、昆华工校、南菁中学、天祥中学、黔灵中学、昆华商校等部分或大部分同学留校工作，云大附中、联大附中等绝大部分同学留校工作。利用这一机会回乡的同学则组织农村宣传队，到云南外县展开援助昆明的运动。

国民党反动派的种种阴谋失败后，蒋介石于12月7日发表《告昆明教育界书》，要学生遵守纲纪，诬蔑学生运动"妨害青年学业，贻误建国前途"，最后威胁学生说："切不可任令罢课风潮再有迁延，一切问题以恢复常态为前提。"否则他"不放弃安定社会之职责"。

罢联会公开回答，逐条驳斥。在社会各界压力下，国民党被迫宣布关麟征停职议处，派霍揆彰代理其职务，并派其教育部次长朱经农和联大常委傅斯年来昆明要学生复课。傅斯年一方面欺骗学生，另一方面挑拨中间派教授来反对学生，联大支部及时给予揭露，国民党阴谋失败。

12月9日，卢汉（云南省主席）发表《告各校同学书》，要学生"即日复课""静候法律解决"。

同日，卢汉、朱经农、霍揆彰等代表国民党政府邀请罢联会代表谈判。对惩凶等项要求，则说，"将秉承蒋主席意旨办理"。

国民党政府还经过省市农会、省市商会等向罢联之治丧委员会提出了希望早日出殡的意见。

国民党中央社迫不及待地散布谣言:"学生所提条件,已圆满解决,昆明学潮已告结束。"学生群情愤慨,有部分积极分子提出罢课到内战结束为止的口号,也有少部分参加罢联工作的学生,提出不必待复课条件有结果即可出殡的意见。

针对当时复杂的斗争形势,我同联大支部同志、昆明市同志进行了分析和研究,认为在政策上仍应利用矛盾,中立地方势力,孤立蒋介石,争取在适当条件下复课。

我同袁永熙等同志研究后,经他们去跟吴晗教授商谈,讨论如何集中力量打击国民党中央嫡系的李宗黄、关麟征,争取地方实力派,但必须有条件地争取,吴晗教授支持学生的意见。

12月10日,罢联会公布同国民党政府谈判的经过,以反驳中央社的造谣,并郑重声明:在国民党"中央应负责处理的各点没有得到合理解决之前,碍难复课"。治丧委员会发出公告:"现因各界人士前来吊祭者甚多,墓地亦未能如期建竣,公祭日期,必须延长,原拟即日发引,故特延期举行。"

决　策

国民党中央企图以关麟征停职、枪决假凶犯等花招来强迫学生复课,失败后,又阴谋组织联大教授集体辞职,逼迫云大校长熊庆来、联大常委梅贻琦下台,还准备强迫联大提前复课、云大提前放假,以釜底抽薪的办法来破坏运动,孤立运动。

12月8日、9日,我同交通员王时风碰头,我详细谈了运动情况和对策,要他尽快口头报告南方局,但因交通不便,他几天后才成行。14日,我分别同联大第一、二支部袁永熙、许乃炯、李凌等以及市区的何志远,还有个别联系的郭沂曾等同志碰头,对运动发展形势进行了分析研究。12月初,联大新校舍(校本部)参加罢联工作的学生,约为学生总数的三分之一强,12月10日以来逐渐下降到四分之一左右,一部分工作人员已从工作中退出,一部分在职工作人员有疲倦的感觉。不少中间派同学对运动逐渐冷淡，坐茶馆聊天、看电影消遣成为他们的主要生活。

就整个运动看，14 日前参加公祭的已达 10 万人次以上，占全市总人口三分之一以上，捐款近 3 000 万元。

我翻阅了 13 至 15 日那段时间的《新华日报》，就全国各地支援昆明的形势来看，12 月 9 日起重庆 3 天公祭，成都"一二·九"大游行，遵义浙大罢课一小时，运动已达高潮。12 月 10 日以后国内各省市大规模游行、罢课消息已渐减少，各地各界捐款援助昆明罢课的单位和人数亦逐渐减少。

12 月 14 日，卢汉前往联大吊唁遇难师生，《新华日报》在 12 月 15 日第二版新闻中有"卢主席招待学生代表经过"的消息，报道了学生代表所提条件，卢汉对学生所提条件例如保障人身自由、赔偿损失、抚恤公葬等一一做了答复。我揣测此消息是否有倾向性、有所暗示。党中央多次指示斗争策略是"有理、有利、有节"，"有节"，便是适可而止。我担此重任，须谨慎从事。

14 日、15 日，我分别和联大一、二支部负责同志碰头，支部反映几日前派王汉斌、程法伋去重庆，现未返昆，群众情绪正高，当时复课的话，转弯太急，难以做思想工作。

了解这些情况后，我到了马市口五华坊与《云南日报》的欧根商量，我们又一同到绥靖路中国工业合作协会找到周新民、李文宜等同志，互相交换了情况和意见。周谈了国民党中央和地方的矛盾，也谈了民主人士和社会各界对运动的反应，我把那时我所考虑的问题详细地对他说了，对怎样适可而止，他提出停灵复课的意见。他说，这是老百姓的办法，被仇家打死了人，把丧停在屋里，打官司，官司不赢不出丧。

我从周新民处出来，回到福照街顺便到进修教育出版社孙仲宇处找来一本《"一二·九"——划时代的青年史诗》，感到要重视"一二·九"的宝贵经验和教训。

我决心按照周新民的意见结束此"战役"。和省工委及联大的同志碰头后，他们都同意了。1946年2月，我在重庆向南方局汇报此事时，中央青委书记冯文彬在场，他插话说，中央很关切运动进展情况，少奇同志当时曾说，是时候了，该复课了。

停灵复课

1945年12月10日，傅斯年主持召开了联大教授会，做出立即劝告学生复课的决议。11日，联大常委会决定并且布告12月17日一律复课，并禁止校外学生住宿校内。学生闻讯，群情愤慨。16日晚，罢联会在联大举行反内战座谈会，会后举行校内游行，参加者达2000余人。到17日学生中无人上课。

从12月16日起，停灵复课的决定在联大一、二支部、云大支部以及中等学校党组织中传达和讨论。与此同时，联大一支的袁永熙将复课宣言送我审改后，再交民青一、二支部以罢联名义提出，经党员骨干，再经民青第一、二支部在盟员中传达。12月18日在联大召开全市大中学罢委会（学生自治会）全体代表大会。全体代表大会决定修改条件，停灵复课。

这时反动派正在阴谋破坏运动，逼迫联大常委梅贻琦、云大校长熊庆来辞职。傅斯年在教授会上主张做出"教授会辞职的决议"，并说他与梅贻琦辞职。闻一多向袁永熙、洪季凯透露了梅贻琦与傅斯年有矛盾的信息，袁永熙和洪季凯请闻一多做梅贻琦的工作。闻一多以老清华关系同梅谈了四个钟头的话，告诉他国民党怎样迫害学生，罢课是出于不得已而采取的手段；学生有核心领导，他们顾全大局，热爱民主自由，也珍视联大前途，并把所知道的运动的来龙去脉告诉梅，要他放心，只要在适当的条件下，学生是会复课的。经过这番谈话，梅改变限期复课的主张，并表示愿意支持学生所提条件，积极同政府当局进行交涉和商谈。18日，云大校长熊庆来的辞职电报，和90位教授讲师限学生必须于3日内复课，否则

"将与校长同进退"的电报同时见报。云大罢委会负责人侯澄、李济昌及时向熊庆来坦诚建议，表示学生保证一定复课，学生爱戴熊校长，希望不要提出辞职，并且告诉他云大教授中的国民党党棍正在活动校长位置，其辞职电稿是别人从他的抽屉里拿去发表的，请他勿中奸人之计。熊当时感动得流泪。他说现在才知道学生是纯洁的，顾大局、识大体。经过商量，由云大学生自治会致函报社对熊辞职消息进行更正。

联大、云大争取到校方的支持，罢联会把复课条件交全市中等以上学校自治会讨论。12月20日，召开全市大中学校全体代表大会，经过热烈讨论后一致同意复课条件。接着，罢联会代表同卢汉、霍揆彰进行交涉，对所提条件，卢、霍等大都接受了。

12月25日，全市中等以上学校学生自治会（罢委会）经过热烈讨论，一致通过停灵复课宣言。

宣言发表之同日，国民党《中央日报》等各报刊登了复课启事，内称：本市各大中学3万同学为反内战、争民主举行罢课以来，为时已经一月，兹决定即日起，宣布复课。本市中等以上学校全体同学在此郑重声明，对反内战、争民主的斗争，自当继续努力，对罢课以来各界之同情与支援，深致无限谢意。

12月27日，在罢联会号召之下，全市中等以上学校45所全体学生一律复课。全市中等以上学校教师同时复教。

抗暴运动亲历记

李 凌

毛泽东在 1947 年 5 月写的《蒋介石政府已处在全民的包围中》一文中指出:"和全民为敌的蒋介石政府,现在已经发现它自己处在全民的包围中。……现在又出现了第二条战线,这就是伟大的正义的学生运动和蒋介石反动政府之间的尖锐斗争。"抗暴运动则是第二条战线打响的第一枪,取得了胜利的第一枪。笔者作为亲历者,拟对事件的来龙去脉做客观、翔实的阐述。

抗暴运动不是偶然发生的,它是美国支持蒋介石政府打内战的必然结果。美国用飞机、军舰将 100 多万由美国装备的蒋军运到华北、东北内战前线。为执行这项任务,美军大量官兵驻在中国各地,驻华美军成为国民党统治区新的占领者和"太上皇"。他们在中国境内横行霸道,犯下累累罪行,仅在北平、上海、天津、青岛、南京 5 个城市,据不完全统计,从 1945 年 8 月到 1946 年 11 月,驻华美军制造的暴行,包括轧死中国人、把中国孩子当作枪靶子打赌、强奸等共有 3 800 起,死伤人数在 3 300 人以上。仅北平一地,从 1946 年 9 月至 11 月,美军暴行有 32 起,造成 15 人死亡,25 人受伤。辅仁中学学生曹桂明、律师王振华、警察李耀昌、铁路工人王恩第等分别被美军枪杀、轧死。这些罪行激起中国人民特别是有爱国民主传统的学生的愤怒。但蒋介石政府对此噤若寒蝉,这使人们更加认识到，美蒋勾结是种种灾难的根本原因。广大中国人民对美军的愤恨越积越深，孕育着一场反蒋反美的革命风暴，一触即发。

抗暴运动的前奏："一二·一"运动

抗暴运动首先发生在北平，不是偶然的。北平是五四运动、"一二·九"运动的发源地，中国共产党地下组织在北平有强大的基础。北平是北大、清华、燕京大学、中法大学等校所在地，这些大学在抗战期间曾南迁到昆明和成都，北大、清华和南开3所大学组成的西南联大（联大）被称为"民主堡垒"。在中国共产党的影响和领导下，联大学生多次发动了爱国民主运动，并经受过"一二·一"运动的血的战斗洗礼。

1945年8月，日本投降，举国欢腾，以为和平有望，民主可期。但蒋介石却阴谋发动内战，为解除后顾之忧，他密令嫡系杜聿明部于10月3日以武力突袭的方式，把对爱国民主运动抱开明态度的云南省政府主席龙云劫持到重庆，并任命反共老手李宗黄和关麟征、邱清泉等掌握云南省的党、政、军大权，下一步就准备镇压联大等民主力量。为了反击反动派，在中共云南省工委领导下，联大、云大、中法和英专等4所大学学生自治会于11月25日在联大民主广场召开有6 000多人参加的时事晚会，请钱端升、伍启元、费孝通、潘大逵四位教授讲演。他们从各个方面分析不能打内战的道理，并指出，美国的支持是蒋介石敢于发动内战的根源，因此必须要求美国停止支蒋，要求美军撤出中国。正在讲演中，邱清泉的第五军在会场周围放枪炮，子弹从低空掠过，威胁师生。联大、云大、中法、英专等昆明的31所大中学3万多学生先后罢课抗议，并组成昆明学生罢课联合委员会（罢联），发表《告全国同胞书》，提出停止内战，美军立即撤出中国，组成民主联合政府，保障人权以及关于处理枪击晚会事件的具体要求等8项条件（"一二·一"惨案发生后，又增加严惩李宗黄、关麟征和邱清泉等主要凶犯以及发放抚恤费、赔偿一切损失等条件）。罢联罢课后宣传队上街宣传反内战，被特务殴打。12月1日，数百武装特务进入联大及各校，杀死于再、潘琰、李鲁连、张华昌等4人，打伤30多人。昆明惨案震惊海内外，引起各方面的强烈抗议，掀起全国范围的反内战高潮。联大教授会和昆明各校教师纷纷罢教。各解放区、各大城市举行群众集会或上街游行，上海万人追悼于再烈士，宋庆龄主祭。蒋介石陷于孤立，在各方面强大压力下，不得不密令云南当局暂停镇压。关麟征被撤职、调离。当时国内各地，都对"一二·一"运动大力支持，但中共云南省工委并没有被冲昏头脑，而是冷静思考：在美国的支持下，蒋介石不会因这一罢课而停止内战，美国也不会撤军，如果坚持《告全国同胞书》所提出的条件，就意味着无限期罢课，而无限期罢课就会脱离群众，使运动失败。因此根据"有理、有利、有节"的原则，应修改条件，适时复课。省工委分别和联大各支部和罢联的同志商量，大家一致同意，于是通过联大、罢联的代表大会，将条件改为惩凶、澄清事实真相、赔偿损失、保障人民民主自由等。李宗黄在众人唾骂声中，也于12月24日悄然离昆。在上述条件基本得到满足后，学生于1945年12月27日"忍悲抑痛、停灵复课"，并宣布继续为反对内战、要求民主而努力奋斗。1946年3月17日，3万多名学生和昆明市民为4烈士举行了盛大的出殡仪式，"一二·一"运动胜利结束。1946年5月，北大、清华、南开3校师生意气风发、斗志昂扬地回到平津复校，其中分到北大、清华的学生1 759人。他们成为后来抗暴运动的主力。

中共中央对"一二·一"运动给予很高的评价。1945年12月15日，毛泽东在《一九四六年解放区工作的方针》一文中说：以昆明罢课为标志的"国民党区域正在发展的民主运动，使反动派陷于孤立，使我党获得广大的同盟者，扩大在我党影响下的民族民主统一战线"。

周恩来在 1945 年纪念"一二·九"运动 10 周年大会上说:"我们处在新的'一二·九'时期,昆明惨案就是新的'一二·九'。五四青年运动未完成的任务,由'一二·九'青年运动继承起来,'一二·九'未完成的任务,由今天的青年运动继承起来。"

"一二·一"运动未完成的任务,由抗暴运动继承起来。

抗暴运动的中坚力量:学生组织的壮大

在"一二·一"运动中,中国共产党地下组织、党员和党的外围组织民主青年同盟(民青)起到了骨干作用,受到了严峻的考验,也得到了很大的发展。联大的党员由"一二·一"运动前的 18 人,增加到运动后的 71 人,其中随学校北上的党员编为三个支部。第一支部党员 21 人,负责人袁永熙、王汉斌;第二支部党员 19 人,负责人为我和陈彰远(刘新);工学院支部党员 5 人,负责人方复。三个支部共领导外围组织民主青年同盟(民青)成员 200 人左右。另外,原由第二支部联系的中法大学党员朱润典(丁江)及民青盟员 5 人,到北平后仍由我联系。三个支部平行,不打通组织关系,工作上密切配合。袁永熙、王汉斌都已经在联大毕业,到北平后,袁在"敌伪财产管理委员会"工作,王在《平明日报》工作。我分到北大,陈彰远分到清华,每周陈彰远进城和我碰头一次商量两校的地下组织如何配合。按当时中央政策,转地不转党,我们三个支部都要根据联大发动群众和"一二·一"运动的经验开展工作。我因为要独立"作战",深感责任重大,更因为脱离了上级党在当地的直接领导,心里很紧张。我和袁永熙、王汉斌在联大共同战斗多年,都是老朋友。我知道,袁是抗战时从北平到昆明的,估计他在北平一定会找到中国共产党地下组织。我们约好每周在北大红楼或红楼后面的广场接头一次,运动紧张时几乎每天一次,共商一、二支部如何配合工作。后来,从谈话中,他常谈到"外面的朋友的意见",我就猜到,他已经和北平的中国共产党地下组织联系上了,我就放心了（新中国成立后才知道，他是通过亲戚孙国梁和北系的学委书记佘涤清联系上的）。

曾经在联大学习过的党员李炳泉、刘时平、邢方群、陈琏（陈布雷的女儿），这时分别在《益世报》《平明日报》等报社工作。他们组成一个职业青年支部，由袁永熙联系。他们经常在报刊上揭露蒋介石政府"劫收"大员"五子（金子、房子、车子、票子、女子）登科"的大量贪污腐败事实，以及驻华美军的种种暴行。因此，"想中央，盼中央，中央来了遭了殃"的民谣在当时的北平广为流传。陈琏同时在贝满中学教书，在学生中传播先进思想，她还联系其他中学教员参加进步活动。

此外，中共晋察冀中央局（后为华北局）城工部（部长刘仁）非常重视北平的学生工作。1945 年 8 月日本投降后，城工部组成北平学生工作委员会（学委），书记佘涤清，委员先后有杨伯箴、铁岗、张文松、孙国梁、崔月犁、张大中等。学委成功地领导了反对国民党政府歧视北平学生的"反甄审斗争"。1945 年 9 月，国民党政府教育部颁布的《收复区中等以上学校学生甄审办法》规定：大专学校的学生要经过包括国民党党义在内的考试甄审，合格后才能分发。这个规定把没通过甄审的学生视为"伪学生"。这种做法遭到学生的强烈反对。在北平学委张大中、张文松、宋汝棼、傅秀、徐伟、沈勃、宋硕的领导下，学生进行了"反甄审斗争"。他们在各大学成立了各种学生组织，并召开学生代表大会，发出公开信，做出决议，据理力争，要求停止甄审，继续上课，学年考试及格就应能升级、毕业。他们向国民党官员质问："为什么政府承认伪治安军为先遣军，反把学生当作伪学生？"官员们无言以对。他们还把反甄审和反国民党"劫收"官员的腐败行为结合起来，先后到北平行营主任李宗仁和北平市长熊斌处交涉，并召开记者招待会，说明道理，揭露国民党当局的丑行。在斗争中，北大学生程璧、史会、张振纲、王宏钧、王文魁、张家骏等 6 人被捕，后经广大学生的抗议和营救，6 人才被释放。

由于甄审政策不得人心，"反甄审斗争"蔓延到天津、上海、南京、青岛等城市，参加者 10 万余人。在"反甄审斗争"期间，12 月 1 日发生了震惊全国的昆明"一二·一"惨案，消息传来，进一步打破了北平学生对国民党政府的幻想，坚定了学生斗争的决心。国民党政府被迫改变办法，把原来的"先甄审，后补习"改为"一边接收，一边上课"，宣布将原在北平的各校改为临时大学补习班，北京大学原理、文、法、农、工、医学院分别改为临大补习班的一至六班，其他各校也分别编入有关各班，当时这些学生称为临大学生，后来分别插入北大、清华等校。

曲折复杂的"反甄审斗争"历时 8 个月，国民党政府步步后退，所谓"甄审"，最后不了了之。在中国共产党地下组织的领导下，学生取得了胜利。

中共北平学委还组织了各大中学的几百名学生分批去张家口解放区参观，学生受到了深刻的教育。他们回到学校后积极参加进步社团和进步活动。进步的社团如"女同学读书会""野草文艺社""鲁迅研究会""星海合唱团"等影响较大。学委还及时调整组织，把抗日战争时期在大中学中团结在党周围的一批积极分子吸收入党，党员人数增加到 500 多人，在各大学和部分中学建立党支部，广泛开展争取民主的斗争。

获悉西南联大等校学生将回北平后，刘仁指示学委说，南方来的同学经过"一二·一"运动的锻炼，有丰富的民主斗争经验，要虚心向他们学习；我们长期在北方工作，是土生土长的，对情况比较熟悉，我们应该发展这方面长处，帮助南方来的同学尽快了解情况，要从一开始就打好密切合作的基础。刘仁还派学委委员张大中回燕京大学复学，做地下工作。

按当时中央规定，转地不转党，联大北迁的党组织到北平后，第一、二、三党支部组织关系仍相互独立，分别由南方局（后改称上海局）组织部部长钱瑛领导（习惯称为"南系"）。袁永熙到北平后，通过亲戚孙国梁的关系，同北平地下学委（习惯称为"北系"）书记佘涤清建立了工作联系（但未打通组织关系），从此南北会师，并肩战斗，写下了学生运动史上光辉的新篇章。

当时在具体工作方面，党指示我们，要打破两个小圈子：在1946年复员北返途中要打破民青和进步同学温情的小圈子，要广泛和其他同学接触，多做好事，团结更多的群众；到北平后，要打破南方同学的小圈子，要主动热情地接近和团结北方同学，要向北方的党组织学习。

从昆明到北平（当时的路线是从昆明坐大卡车到贵阳，再到长沙，然后乘火车到武汉，再乘船到上海，再乘海轮到秦皇岛，再乘火车到北平），要经过一两个月几千里路的长途跋涉，困难很多。在出发前，党组织就按上级的指示，打破平常熟人温情的小圈子，有计划地把党员和民青成员分配到不同的车组，以结交更多的新朋友。他们主动地为大家服务，一路上搬运行李、联系食宿、安排休息和文娱活动等，不怕苦不怕累，都做得很出色。如由大一和先修班同学组成的第一批复员生，共270人，由共产党员尚嘉齐和周桂棠（沙叶）分任车长，他们为大家做了很多好事，获得了大家的信任和拥护。通过这些活动，进步同学和一般同学之间互相更了解了，感情更融洽了，同学之间曾有过的矛盾和隔阂也消除了。因此，到北平后，分配到北大、清华的同学都非常团结。

到北平后，另一个重要任务就是积极主动地接近和团结北方同学。北系的党组织也要求党员和进步同学主动和南方同学多接近，双方互相靠拢。

南北同学最方便、最容易的接近方式是同系同班同学，天天一起上课，天天接触。另外，北大文理法学院的女同学都住在沙滩女生宿舍（灰楼），接触也很密切。南北同学开始时是组织共同复习功课、到风景名胜地区游览联欢等活动。双方熟悉以后，北方同学讲"反甄审斗争";南方同学讲西南联大"民主堡垒"的光荣传统,讲"一二·一"运动,讲李公朴、闻一多惨案等,双方都受到教育和鼓舞。

国民党当局为了挑拨南北同学的关系,散播谣言,对南方同学说:"临大学生都是伪学生。"对北方同学说:"联大来的学生说你们是伪学生,看不起你们。"同时有意制造所谓"黄白之争",分配给来自联大的同学的公费较多,食堂吃白馒头;而发给临大同学的公费少,只够吃玉米面窝窝头。针对这种情况,在北大的中共南系地下组织提出"北方南方同学是一家"的口号,发动争取南北方同学公费待遇应一视同仁的斗争,由学生福利委员会出面,争取到煤火补助费,全部拨给临大同学的食堂,改善了他们的伙食,使他们也能吃上白馒头。清华大学也由南方复员的同学出面,为临大分到清华的同学争取到同联大同学一样的公费待遇。根据联大的经验,中国共产党地下组织派能干的热心服务的党员、民青成员分别到各伙食团监厨,精打细算办好食堂,取得了同学的信任,粉碎了国民党当局挑拨分裂南北同学的阴谋,为以后共同行动打下了基础。

建立多种多样的社团,把群众团结起来,西南联大学生运动中的这个成功经验也被应用到北方。曾经在联大"一二·一"运动中起过重要作用的进步社团如剧艺社、新诗社、阳光美术社、高声唱歌咏队以及各个壁报社、体育会等,来到北大、清华后都吸收了大量临大同学和新同学参加,还成立了新的社团(有的保留了原名,有的取了新名),如"高声唱歌咏队"在北大组成沙滩合唱团和大一合唱团(到二年级后改名为大地合唱团),共有成员400多人;清华有"大家唱""清华合唱团"等6个音乐团体,他们经常排练演出。壁报就更多,《风雨》《呐喊》《实学》《文艺》《冬青》《除夕》等共几十种,如雨后春笋般涌现出来。在北大沙滩广场(后命名为民主广场)、清华的大饭厅、各宿舍的过道,到处贴满了壁报,栏目有时事分析、诗歌、散文、论坛、译文、报刊剪贴等,其内容多是抨击蒋政权的腐败和蒋坚持内战的反动政策、揭露驻华美军的暴行等等。每一个壁报的编辑部往往就是一个秘密读书会，结合讨论办报方针和组稿计划，学习中国共产党的文件和毛泽东的著作以及进步书刊。在这些社团中，中国共产党地下组织的党员与民青成员起到了领导和骨干的作用。

1946 年 12 月 1 日，北大、清华分别举行了昆明 4 烈士死难周年祭。北大钱端升、清华褚士荃和李继侗教授先后讲话，新诗社的同学朗诵了挽歌，沙滩合唱团唱起"一二·一"运动中的革命歌曲，各壁报社团分别出版大型的纪念特刊，展出史料和照片，系统地介绍"一二·一"运动始末。清华大学还组织"一二·一"图书馆，帮助同学们长期阅读有关书刊。剧艺社演出"一二·一"运动中由共产党员、联大同学王松声创作的起过重要作用的反内战独幕话剧《凯旋》。他们还走出校园，在校内外演出 40 多场，观看的大中学生和市民达 4 万多人次，每次演出都使观众感动得流泪，连续高呼"反对内战"的口号。

中法大学在复员北返的路上就由中国共产党地下组织的党员朱润典（丁江）和民青成员冯度带头组成"共鸣合唱团"，到北平后，发展到 100 多人。另外，进步同学还组成"新诗社""顽强""大家乐"等社团，开展多种多样的活动。

在抗战期间，燕京大学一部分由北平迁到成都。在中国共产党地下组织的领导下，建立了进步青年组织"民主青年协会"（简称民协），在"一二·一"运动期间，展开了大规模活动，使许多同学受到深刻的教育。迁回北平后，燕大的地下组织的党支部有曲慎斋（书记）等 5 人，组织关系也在南方局，也属南系。燕大是美国教会主办的学校，在校方倡导下，全校成立基督教团契 20 多个。我地下组织的党员和民协成员也打进去，积极参加各种活动。基督教团契有时举行一些宗教仪式、读读《圣经》和唱唱《圣诗》，进步同学利用机会组织大家阅读一些中间偏左的报刊文章，唱些抒情的进步歌曲，还出版一些有进步色彩的壁报，实际上和其他进步读书会没有很大不同，但因团契表面上政治色彩不太浓，而且方式活泼多样，把宣传、教育融于友谊活动之中，从而吸引和团结了大批中间、落后的同学。通过事实的教育，他们的思想逐渐转变，后来有的成了共产党员。

北系的党组织在抗暴运动以前在北平各大专院校中有 200 多名党员，在党的统一布置下，他们在各校也陆续建立了各种社团，如北平师范学院建立的壁报有《人间》《处女地》《生活小报》《新时代》《海燕》《原野》《东风》《野火》等，文艺社团有"新诗社""黄河合唱团""群声合唱团"等。进步社团共 36 个，社员 400 多人。北洋大学北平部社团有"野草文艺社""新诗社""工学院合唱团""山东同学会"等。朝阳学院的壁报有《风帆》《怒情》《海啸》《五月》等，进步社团有"新涛""诗韵""呼唤歌咏团"等 20 多个。

根据西南联大学运的经验，在发动群众、建立起多种社团的基础上，应该尽快建立起学生自治会，以公开合法的身份，统一领导全校学生的各项活动，把秘密工作与公开工作结合起来。

各校的情况有所不同。北大的 6 个学院比较分散，农、工、医学院都离沙滩校本部较远，且各院的进步力量也不平衡，建立全校的学生自治会一时有困难，因此，就在联大来的同学比较集中（在沙滩）、进步力量较强的文、法、理学院先建立系、级会，如史学会（负责人南系党员胡邦定）、大一同学会（负责人南系党员周桂棠）和北大社团联合会（负责人南系党员孙清标），同时建立了北大女同学会（负责人北系党员有刘俊英、杜平，南系党员有耿仁荫、刘容、伍骅等）。清华大学于 1946 年 11 月 1 日开学。联大来的同学 8 月、9 月间到达北平，进校时间较早，开学前他们就以党员、民青成员为骨干建立复员委员会，在临大同学和新同学入校时，复员委员会组织几百名原联大的同学排在校门口热情迎接，高喊"南北同学是一家""新老同学团结起来"的口号，并帮助他们背行李，引他们进宿舍，帮助他们安排伙食、办好各种入学手续并向他们介绍联大、清华的光荣传统。因此，南北、新老同学很快就有了融洽的感情，建立信任。在此基础上，迅速选举了各系级代表，于1946年11月16日召开全校系级代表大会并选出负责人。南系进步同学、"除夕社"负责人之一严令武和南系党员徐裕荣分别当选为全校系级代表大会正副主席。接着选举自治会理事会，经过激烈角逐，击败了三青团分子，12月26日选出21名理事，其中中国共产党地下组织的党员、民青成员和进步同学17名，占绝对优势。南系党员方复、杨立和进步同学邓乃荣当选为常务理事，掌握了自治会领导权。这对几天以后的抗暴游行起到决定性的作用。清华大学是著名的大学，当时有学生2 300多人，其中有联大来的学生1 000多人，经常参加进步活动的有2 100多人，人数多，所以成为当时学运的主力。

中法大学11月16日选出民青成员缪祥焘等7位进步同学为自治会理事，缪祥焘为主席。

燕京大学选出的学生自治会的负责人殷书训、沈立义等都是南系党的外围组织民协的成员。

在北系方面，进步力量分配不平衡。在抗暴运动前，北洋大学、北平师范学院、中国大学、华北文法学院等院校，有的过去没有学生自治会，有的自治会领导权尚被国民党、三青团分子掌握着，所以当时我中国共产党地下组织只能通过进步社团来发动同学参加学生运动。

但无论如何，清华、燕大、中法等都已建立起由进步力量领导的学生自治会，北大进步同学在沙滩校本部建立了史学会、女同学会和拥有600多人的大一同学会（当时在沙滩校本部只有1 600多名学生）。通过"一二·一"周年祭等活动和各壁报、各社团的经常性的宣传，包括北方同学、新同学在内的广大同学对反内战、反蒋、反美也有一定的思想认识基础，所以在开学不到两个月的时间，当美军暴行一发生，经中国共产党地下组织的发动，就能迅速掀起一场有组织、有领导的伟大的抗暴斗争。

抗暴运动的爆发

1946 年 12 月 24 日圣诞节前夕，驻北平美军伍长皮尔逊和下士普利查德在东单广场对北大先修班女生沈崇施暴。北平民营亚光通讯社获悉后，于 25 日发了一条新闻。市警察局以国民党中央社名义给各报发了一个通知，要求各报不要发表。警察局局长汤永咸还将亚光社总编辑王柱宇与其他一些报社的主编和记者叫到警察局，要他们不许发表。但北平《经世日报》《世界日报》《新民报》等几家报纸不顾禁令，于 26 日刊登了亚光社的新闻。《新民报》还将国民党中央社有关此事的电令改成一条新闻登出来，揭露他们封锁消息的丑恶勾当。

驻华美军暴行累累，行凶、车祸、强奸等事层出不穷，而国民党当局怕得罪主子，对此噤若寒蝉，北大、清华的壁报多次刊登此类消息，同学们对其恶行早已恨之入骨。作为中共南系二支部在北大的负责人，我感到，美军这类暴行过去不断在报刊、壁报上被公布，但未能引起广大同学的注意，因此改用在联大时经常采用的发动群众的方式，把报纸上的这条新闻剪贴下来，并用显著的大字抄写，加上按语，贴在沙滩校本部文理法学院学生及大一新生上下课必经之道的墙上。这种类似"特大号外"的形式，比一般壁报更能引起广大同学的注意。果然，一石激起千层浪，同学们围观，群情激愤。通过中国共产党地下组织的通知，各院校的同学纷纷来传抄，并贴出标语、大字报，表示强烈抗议。南北系地下组织党的领导人商议后，决定发动群众罢课抗议，至于是否游行，则视群众情绪而定。此次受害者是北大女生，由北大女同学会首先出面抗议，合情合理。清华大学学生人数最多、影响最大，且已组成由进步力量占优势的学生自治会，因此决定由清华学生自治会带头，并串联各大中学，组织共同行动，中国共产党地下组织的党员、民青、民协以及各进步社团要全力以赴，务求首战必胜。

国民党当局封锁新闻的阴谋破产后，就极力造谣、诽谤，无耻地为美军罪行开脱，说什么"沈崇不一定是北大学生""沈崇似非良家妇女"，甚至说"沈崇是延安派来的女特务，故意勾引美军成奸，以制造反美事端"等等。反动派的这些无耻勾当起了相反的效果。学生们的驳斥书、抗议书贴满了各大学校园。为了弄清事实真相，南系党员、原联大同学、已在北平《益世报》当记者的刘时平，以记者的身份到北大教务处查明沈崇确是北大学生，并在报上披露。北系党员、北大女同学会主席刘俊英等8位女同学还前往沈崇在亲戚家的住处（王府井八面槽甘雨胡同14号）进行慰问，沈的表姐杨振清夫人接待了她们，并针对反动派的诬蔑进行了驳斥。她说：沈崇是福建闽侯人，19岁，是名门闺秀，是清朝两广总督沈葆桢的曾孙女，南京国民政府交通部简任官员（约相当于司局级官员）的女儿，而且是北大训导长（也是三青团头子）陈雪屏的亲戚。沈崇刚从南方到北平来求学，为人一向正派，与美军素无来往。刘俊英等返校后将访问情况用大字报公布，澄清了事实。大家对特务的谣言更加痛恨。

12月27日下午，在沙滩的北大女同学会首先提出，由女同学会、史学会和大一同学会共同发起晚上在沙滩北楼召开各社团、各系级代表会议。各社团、各系代表热烈响应。开会时，大批三青团分子闯进来，企图夺取主持会议的权力。经过斗争，大家推举女同学会主席刘俊英主持，三青团分子无可奈何。大会决议要求严惩犯罪的美军及其长官，要美军立即撤出中国，反对美军助长中国内战，并决定30日罢课一天，成立"北大学生抗议美军暴行筹备会"。刘俊英、胡邦定被选为领导成员。筹备会成立后，立即派人到各大中学和报社联络，并派专人访问教授，以取得老师们的支持。

12月29日晚6点半，北大在沙滩北楼召开各社团、各系级代表大会，讨论下一步的行动。沙滩校园突然闯进几辆大卡车，运来100多名暴徒，他们捣毁了会场和筹备会的办公室，并且殴打了办公室的同学吴谟（石羽，南系党员），还到广场撕毁了壁报和标语。他们以为这样的卑鄙行径就能把广大同学镇压住。但是结果相反，原来中间、落后的同学也被激怒了，原来只赞成罢课的同学也纷纷要求游行了。北大上千名同学奋战通宵，准备游行的旗帜、标语和传单。第二天一早，新的标语、壁报又贴满了校园。

南北系中国共产党地下组织原来商量决定罢课，至于是否游行，则要根据群众情绪而定。现在群众已被暴徒"发动"起来，情绪高涨，游行条件已经成熟。党组织还进一步分析，北平行营主任李宗仁和蒋介石素有矛盾，可以利用；而且内线从北平市社会局局长温崇信处获悉，国民党反动派当局对如何对待学生抗暴运动尚举棋未定。党组织于是决定，抓住有利时机，迅速行动，举行游行示威，并连夜派骨干到各校做发动工作。

12月26日、27日，清华大学各系级和各社团对美军暴行的抗议书即已贴满校园。29日晚，召开系级代表大会，一致同意30日罢课一天，对是否游行没做决定。特务殴打北大学生的消息传来，同学们义愤填膺，奔走相告，一个小时就有1 000多人签名，要求游行示威。于是自治会决议30日游行，并连夜与邻近的燕京大学学生自治会负责人、南系党员曲慎斋和梁畏三等商量，这时北大代表也及时赶到。组成游行队伍主力军的三所大学的学运领导人，共同商定游行的具体事宜。

12月29日下午，中法大学召开了学生自治会理事会和院系代表联席会，一致同意罢课，深夜，获悉北大学生被打后，决定游行。

其他院校因进步力量尚小，由进步同学领导的学生自治会尚未成立。但这些院校的共产党员和进步同学仍贴出许多壁报、标语，抗议美军暴行，并克服了许多困难，参加了游行。如师院女同学、北系党员赵庆媛，于28日发起组织了女同学会，29日在举行全校抗议美军暴行大会时，特务分子搞破坏，会场被捣毁，但30日在中国共产党地下组织的党员带动下，师院仍有几百名学生冲出去参加了游行；朝阳学院校方不许学生游行并关闭了校门，但许多学生翻墙跳出校园，参加了游行队伍。清华、燕京游行队伍进城路过辅仁大学时，这所国民党势力较强的教会学校再也封锁不住了，在地下组织党员带动下，几百名同学冲了出来，汇入抗暴大游行的洪流。

12月30日上午8时，在北平市西郊的清华和燕京大学的2 000多名同学，冒着零下十六七度的严寒，步行一二十千米，进城游行。当他们到达集合地点——沙滩北大广场时，已近中午，中法大学200多人（约占该校学生80%）最早到达。这所大学，曾在昆明"一二·一"运动时和联大并肩战斗，同学们到了北平，仍然和北大、清华的同学一起战斗。各校队伍陆续到齐后，经过协商，推选出一个指挥小组，成员为北大的庞邦镛、胡邦定、聂运华，清华的方复、杨立（以上均为南系党员）以及燕京大学的南系进步同学殷书训、沈立义（轲犁）和包儒。下午1点钟，游行队伍以数百辆自行车为先导，依次顺序是清华、燕京、朝阳、中法、辅仁、师院、铁道学院、北平艺专、华北文法学院、中国大学、师大女附中、女一中、贝满中学、育英中学等，沈崇所在的北大先修班和北大的队伍殿后。由北大出发时，游行队伍约5 000多人（当时北平各校大学生总共只有1万多人），沿途各校和中学同学、市民临时参加，游行人数达1万多人。

游行队伍由沙滩出发，经东黄城根大街、东华门大街、王府井大街直奔协和医院东院的北平军调处（当时有美军军官参加的由国、共、美三方组成的军调处），同学们一致用中、英文高呼"反对美军暴行！""美军滚出中国去！""美军不走，内战不止！"等口号，市民纷纷走出家门，向游行队伍欢呼鼓掌。平常趾高气扬的美军官兵，此时则龟缩在内，不敢露面。

　　游行队伍沿途散发了大量《告北平市同学书》《告北平市父老书》《一年来美军暴行录》等文告，并在沿途的建筑物和电汽车上贴满了各种传单。行至东单广场，这是沈崇受侮辱的地方，在这里，举行了控诉美军暴行的大型集会，数千名市民和慕贞、汇文、艺文等中学的学生前来参加，他们冒着严寒倾听北大女学生李凤仪等朗诵《告受难者》等控诉诗文，大家悲愤填膺，泪光闪闪。

　　北洋大学的同学没有赶上 12 月 30 日的大游行，第二天他们400 多名同学单独举行了游行。他们的勇敢行为，受到广大同学和市民的称赞。

　　当日，北大袁翰青、吴恩裕、费青、沈从文、周炳琳、杨西孟、冯至、任继愈、钱端升、郑华炽、向达、郑昕、江泽涵、闻家驷、马大猷、朱光潜等 48 位著名教授发表了《致美驻华大使的公开信》，抗议美军暴行。向达教授在北大沙滩广场因批评特务撕毁抗议美军暴行的壁报而被特务殴打，教授们对此事都表示极端愤慨。北大秘书长郑天挺和教务长郑华炽都表示支持学生。他们说，北京大学和西南联大几十年来的一贯传统，没有干涉学生运动的先例。清华大学的教师 99% 赞成学生罢课，90% 赞成游行。朱自清、张奚若等著名教授专门发表讲话，抗议美军暴行。清华大学校长梅贻琦、教务长吴泽霖和训导长褚士荃都表示不能强迫学生上课，不能阻止学生游行，并要求国民党当局保障学生游行的安全。清华大学美籍教授温德发表声明说："我完全同意学生们的行动，要是我事先知道，我也要参加学生的游行。"燕京大学校长陆志韦同情学生运动，并说："驻华美军一天不走，类似之事必有其继续发生之可能性，我们呼吁政府，驻华美军立即退出中国。"燕京大学美籍教授夏仁德始终和燕大同学一起游行，雷洁琼教授也参加了游行。

　　抗暴运动是北平学生运动由弱变强的一个转折点。从此以后，在蒋管区内，以学生为先锋的群众运动进入一个新高潮，汹涌澎湃，使反动派陷于彻底的孤立。抗暴运动在全国获得了广泛的响应，各大城市参加的群众达 50 多万人。1947 年 5 月 20 日，北平以及南方的大学生又举行了反饥饿、反内战的"五二〇"大游行；1948 年 4 月，国民党特务在北平抓捕学生，各大学掀起反迫害运动，亦称为"四月风暴"；1948 年 6 月，全国掀起反美扶日运动；1948 年 7 月，北平各校学生大示威，抗议反动派屠杀东北同学；1948 年 8 月，各大学展开反对"八一九"大逮捕；等等。这些运动影响越来越大，客观上也是由于国民党政权的腐败愈演愈烈，千方百计掠夺人民的财产，贫富差别越来越严重，国民党政权已经失尽人心，众叛亲离。轰轰烈烈的运动使得中间甚至落后的群众迅速提高了觉悟，参加各项运动的还包括工人、市民各阶层，人数也越来越多，在全国数以百万计。每次群众运动的胜利，都是对反动派的沉重打击，有力地配合了解放军的战略进攻。在"四月风暴"以后，曾任联大和北大三青团的头子，后任国民党中央委员、青年部部长的陈雪屏哀叹：国民党的失败，"比丧失 20 万大军还惨"。这从反面说明了在蒋管区开展第二条战线的重大作用。

从以上对历史事实的叙述和分析中，我们可以看到，抗暴运动和以后一系列群众运动之所以取得胜利，是和正确运用"一二·一"运动的成功经验分不开的，但这又不是简单的继承，而是在新的条件下，南北系党组织、进步组织和广大师生共同努力的新创造；继承了"一二·一"运动的经验，但更加成熟，有更大的提高和发展。因此，运动的规模也比"一二·一"运动时更大，影响也更广泛。特别是根据中共中央的指示，在上海局的领导下，在华北学联和各地学联的基础上，1947 年 7 月全国学联成立，全国各地的学生运动有了统一的领导，各地彼此呼应，相互支援，使反动派疲于应付，顾此失彼。

在两年多的并肩战斗中，南北系党组织各有优点，相互学习，相互补充。北系党员人数较多，经过敌伪统治时期艰苦斗争的考验，熟悉本地情况，广泛联系群众，情报及时（包括敌特方面的内部情报），特别是可以直接就近取得华北局城工部的及时指示（十分宝贵），是一支很有战斗力的坚强队伍。对于南系的党组织，北系学委书记佘涤清在总结抗暴斗争的《中国革命史册上的光辉一页》一文中说："南系党组织有同国民党反动派做斗争的丰富经验，他们在昆明成功地领导了著名的'一二·一'运动。在抗暴运动中，北系党组织向他们学习了不少领导群众运动的方法和对敌斗争的巧妙艺术。这种学习和取长补短是必不可少的。"

一系列运动获得的成功经验

"一二·一"运动后期，中共云南省工委书记郑伯克曾分别组织联大一、二支部负责人袁永熙、王汉斌、陈彰远和我等，结合联大学生运动和"一二·一"运动的经验，学习党的群众路线和在白区工作的斗争策略，并就如何正确理解和执行党的"荫蔽精干，积蓄力量，长期埋伏，以待时机"的十六字方针，进行分析研究。所谓"荫蔽"，并不是像一些动物冬眠那样消极地隐藏起来，而是要深入群众之中，为群众服务，发动、组织群众。

除了白色恐怖极端严重的情况外，只要有可能，共产党员和进步分子都应充分利用各种合法的方式组织或参加各种群众社团，勤学、勤业、勤交友、做好事，把群众团结起来，并从中发现和培养大批积极分子。共产党员活跃在广大群众和积极分子之中，就不容易被敌人分辨出来，这才是最积极的隐蔽方法，同时也就积蓄了力量，到一定时机，就能发挥巨大作用。"一二·一"运动不是突然发生的，它是中国共产党地下组织和进步分子长期进行艰苦的群众工作的结果。

斗争要"有理、有利、有节"，这也是"一二·一"运动取得胜利的重要经验。"有理"就是要抓准题目，师出有名，以争取广大群众，包括中间群众、教师和广大社会人士的同情。如"一二·一"运动的口号是"反对内战，要求民主，要求美军撤出中国"；

又如此次抗暴运动，就符合群众的爱国思想、民族观念，激发了群众的义愤；又如1947年"五二〇"运动提出的"反饥饿、反内战"的口号巧妙地把经济斗争和政治斗争结合起来，取得了广大人民的同情和支持。这些合理的斗争口号，使得某些学校的反动当局也不便反对，也使敌人找不到镇压的借口。所谓"有利"就是每次斗争都要求取得成效，使群众的觉悟得到提高、革命热情得到激发、革命力量得到发展。但是又要"有节"，就是见好就收，适可而止。

学生运动要取得教授的支持，这是"一二·一"运动取得成功的一条重要经验。联大中国共产党地下组织充分认识到这点，在联大时就有计划地分配一些党员助教、讲师专门做教授的工作。先后担任过这项任务的同志有殷汝棠、汪子嵩、吴征镒、吴惟诚等，他们经常将学生运动中的情况向教授们汇报，给教授们送去有关的资料，每有大事，通过系级、社团、壁报社访问教授，请他们发表意见和提供指导，争取他们的支持。他们对学生和社会影响很大。特别是联大的进步教授，他们经过"一二·一"运动的风雨，政治上能明辨是非，与学生建立了共同战斗的感情，他们的态度对其他教授也有很大影响。即使对像北大校长胡适这样的人物也多做工作，避免公开的对立。后来在学生运动中有同学被捕，还争取得到胡适和教授们出面同国民党反动当局谈判，营救被捕的同学出狱。1948年8月，国民党开出"黑名单"，要进校搜捕进步同学，北大的中国共产党地下组织争取胡适等出面，阻止反动军警进校，争取了时间，使已上"黑名单"而尚未离校的党员和进步同学得以安全撤退。

正是总结和正确运用了这些成功的经验，我们才取得了抗暴运动及以后的一系列群众运动的胜利。

在国民党统治区，总的力量对比是敌强我弱。敌人有武装到牙齿的军警，而我们只有正义和广大群众的支持，赤手空拳，因此不能和敌人打阵地战、消耗战，更不能冒险硬拼，只能抓住敌人弱点，突击作战，速战速决。如抗暴运动就是这样，罢课游行只一天，取得了胜利就结束。这样既打击了敌人，又使群众经受了斗争的锻炼，提高了政治觉悟，为下一次行动做好准备。北平地下组织在以后多次的斗争中都掌握这个原则，不搞无限期罢课，同时不提过高口号，不搞过火的斗争形式。在历次运动中，只提反内战要求民主的口号，而不直接反对国民党地方当局如李宗仁、傅作义等。这样就利用了他们同蒋介石的矛盾，我们和地方当局也有谈判缓冲的余地。另外，也不公开提"拥护共产党""打倒国民党"等口号，以免把中间群众吓跑，并授人以柄。这样，每次运动都能在有利于学生运动的条件下结束，并为下次行动创造更有利的条件，使群众始终保持饱满的战斗热情，使运动一浪高过一浪地向前发展。

忆党中央在转战陕北中召开的小河会议

习仲勋

    1947 年 3 月，蒋介石在全面进攻我解放区的计划遭到严重挫折后，被迫改取对山东和陕甘宁两解放区实施重点进攻。3 月 13 日，集结在西北的十倍于我的敌胡宗南集团和宁青马鸿逵、马步芳集团，分由南、北、西三面向陕甘宁边区进犯，主力直取我党中央和人民解放军总部所在地延安。

    面对这一严峻的形势，中共中央决定主动撤出延安。3 月 16 日中央军委发布命令，陕甘宁边区各野战兵团和一切部队，统归中央军委副主席兼总参谋长彭德怀和中共中央西北局书记习仲勋指挥。同时决定组成西北野战兵团，以彭德怀为司令员兼政委，我为副政委。中共中央决心利用陕北的复杂地形和老根据地军民团结一致的有利条件，诱敌深入，与敌周旋，在运动中各个歼灭敌人，彻底粉碎敌人的进攻。

    我军撤出延安后，中共中央又相继决定，由毛泽东、周恩来、任弼时等组成前敌委员会，代表中央继续留在陕北，指挥全国的解放战争；由刘少奇、朱德、董必武组成中央工作委员会，前往华北进行中央委托的工作；由叶剑英、杨尚昆等组成中央后方委员会，率领转至晋西北的部分中央和军委工作机构统筹后方工作。小河会议，就是中央前委转战至陕北靖边县小河村时召开的一次扩大会议。

这次会议的最初主题，是准备商讨晋冀鲁豫野战军陈（赓）谢（富治）纵队到陕北战场配合作战的问题。敌胡宗南部占领延安后，我西北野战兵团根据中央军委的作战方案，采取"敲核桃"和"打西瓜"的战法，积极歼敌。集中优势兵力，消灭各点上立足未稳的小股敌军，这叫"敲核桃"战术。一口吃掉，吃了就走，再捕捉下次战机，通过这么几个回合，疲劳敌军，消磨敌军士气，而我军则就地隐蔽，以逸待劳，就可以抓住战机，争取在运动中歼灭大股敌军，积小胜为大胜，从而使敌我力量对比由量变到质变，这叫"打西瓜"战术。从3月底至5月初，我军相继取得了青化砭、羊马河、蟠龙镇三战三捷的重大胜利，奠定了粉碎胡宗南集团重点进攻的基础。为加强西北战场我军的力量，5月初，中共中央决定，陈谢纵队在结束晋南反攻战役后现地待命，准备西渡黄河至陕北，受彭、习指挥，协力击破胡宗南系统，收复延安，保卫陕甘宁，夺取大西北。6月中旬，毛泽东主席电告陈赓，要他于二十五六日动身来中央商量作战方针。这时，我西北野战兵团刚刚胜利结束陇东战役，为策应陈谢纵队西渡黄河，彭总和我向中央军委提出，准备乘胜北进，收复被宁夏马鸿逵部占领的我三边（定边、安边、靖边）分区。6月20日，毛主席复电：陈谢纵队准备7月初由曲（沃）翼（城）地区出发，约7月15日在绥德集结完毕，20日左右开始向榆林方向出击；约一个月完成任务，然后向南作战。你们边区野战军月底开始执行歼灭宁马十八师，收复三边之任务甚为适当。胜利后并有望向西扩大战果。指出，依西北之敌情、地形、补给等条件来看，边区野战军与陈谢集团在数个月内似宜分开行动，而不宜集中行动。并提出在榆林、三边两役完成之后，准备向南出击之前似宜开会一次，讨论作战及补给等事，届时当请你们及陈谢来中央集会。

正当我西北野战军收复三边的时候，山东战场的战局发生了变化。6 月 30 日，刘邓大军发起鲁西南战役，一举突破敌人的黄河防线，迅速控制了黄河南岸的广阔地区，与陈粟野战军形成夹运河东西呼应作战的态势。中央军委对于整个战略部署有了新的考虑。7 月 4 日，我们刚到被收复的定边地区驻扎下来，就收到毛主席给彭总和我的电报，提出："关于击灭胡宗南，夺取大西北，有两个方案仍然值得考虑：（一）陈谢纵队照原议来边区，从内线歼灭其相当数量，然后出外线（陇南），与边区集团直接协力完成任务。（二）估计到边区人口稀少，粮食及各种供应颇为浩繁；又估计到鄂豫陕三省交界及平汉以西、汉水以北、渭水以南广大地区敌力空虚；又估计到假如使用陈纵于该区，必然要吸引胡部一个军（五个到八个旅）使用于该方面，而如果胡部有一个军出该方面，则边区敌力大减，利于边区集团各个歼敌；又估计到刘邓十二万人已渡河向陇海前进，如若陈纵到鄂豫陕边开辟新战场，对刘邓亦有帮助，但陈纵基本任务是协同边区集团击灭胡宗南，夺取大西北，并不变更。以上两案究以何者较为适宜，请予考虑。"并通知我们在收复盐池后到小河开会。7 月 7 日，我军攻克盐池，三边全境收复。11 日，毛主席又明确电告彭总和我：陈赓 19 日到小河，请你们亦于此时到达或提早数日先来。

7 月 16 日，我和彭总从野司驻地张家畔（靖边）出发，跃马扬鞭，前往靖边小河村。我们一到中央驻地，毛泽东、周恩来、任弼时等中央领导同志就与我们及随后到达的陕甘宁晋绥联防军司令员贺龙，一起研究磋商了陈谢纵队使用方向的两个方案。还向我们介绍了为正确解决陈赓纵队使用方向这个战略性问题，此前不久，中央领导同志曾召见绥德分区负责干部，商讨筹集粮食的问题。绥德分区的同志说，要 2 万兵不成问题，要 2 万石粮食可是大问题。毛主席还为此组织调查研究组在农村进行了调查，了解一个区一年收成多少，交公粮多少，敌人破坏了多少。调查结果证实，由于敌人的破坏，群众存粮很少。毛主席认为在陕北打这么多人的仗是不可能了。所以，中央鉴于刘邓野战军主力实施战略突破后，战局已有重大变化，决心改变在陕北打大仗的计划，决定陈赓纵队由原定西渡黄河来陕北腹地，改为南渡黄河出豫西，协助刘邓经略中原，从相反的方向牵制敌人，配合陕甘宁边区军民击破胡宗南集团的进攻。7月19日，陈赓带领部分侦察人员到达小河村，中央领导同志在听取了他关于部队准备情况的汇报后，向他说明了上述情况和中央的决策，并最后与大家一起研究决定："（一）为着协助陕甘宁击破胡宗南系统，同时协助刘邓经略中原，决将陈谢纵队使用方向改为渡河南进，首先攻占潼洛郑段，歼灭该区敌人，并调动胡军相机歼灭之。尔后，向豫西、陕南、鄂北进击，创建鄂豫陕边区根据地，作为夺取大西北之一翼。陈谢纵队仍属彭习序列不变，同时仍属晋冀鲁豫建制。（二）提议赵基梅纵队（五师主力）、秦基伟纵队及孔汪三十八军与陈谢纵队一同南进，统受陈谢指挥。（三）上述陈、赵、秦、孔四部统于电到二十天内完成一切政治、军事、经费、干部等项准备工作，未皓以前渡河。"（未皓指8月19日。——编者注）

接着，中央领导同志又同我们一起进一步全面地研究和讨论了军事形势，认为这时解放战争已进行了一年，在这一年中，人民解放军在中共中央、中央军委和毛泽东主席的领导下，正确地执行了积极防御的战略方针，内线歼敌百余万，战争形势已经发生了重大变化。虽然敌人在解放区东西两翼发动的重点进攻还没有被粉碎，但它的主力已深深地陷入了解放区腹地。敌人的战线之长和兵力不足之间的矛盾，已经十分尖锐，在全国战场上已经没有进行战略进攻的能力了。根据军事形势的新变化，人民解放军有必要而且有可能打到外线去，将战争引向国民党统治区。我军在各战场的局部反攻和刘邓野战军兵出鲁西南，转入外线作战的胜利，都显示了我军转入战略进攻的时机已经成熟了。因此，中央领导同志决定召开一次前委扩大会议，进一步讨论如何组织和发展战略进攻问题。

经过几天的酝酿和准备，中央前委扩大会议于 7 月 21 日至 23 日正式举行。会议是在小河村中间的一座大院里召开的。简陋的会场设在一顶用树枝、草席搭成的天棚下面，桌椅是临时从乡亲们家里借来的。三天的会议都在这同一地点进行。参加会议的有：毛泽东、周恩来、任弼时、陆定一、杨尚昆、彭德怀、习仲勋、马明方、贾拓夫、张宗逊、王震、贺龙、张经武、陈赓等同志。

会议的第一天，首先由毛泽东主席就军事计划、战争形势做了讲话。他说，原先计划边区、陈赓两部集中打，现在决定分开打，从战略上与粮食上均有利。今年（1947 年）只能削弱胡宗南，到明年可以形成消灭他的条件。毛主席说，对蒋介石的斗争计划用 5 年（从 1946 年 7 月算起）来解决。这个计划，看过去一年的成绩是有可能实现的。山东战场局面最近可以转变，陕甘宁边区还不可能，但基本上停止了敌人的进攻，这就为以后转变局面打下了一个基础。现在我们有主力军 90 万，地方军 60 万，如能把主力军发展到 150 万，就足够解决问题。毛主席在讲话中分析了战争形势。指出，现在，蒋介石在政治上更加孤立，就是群众更加不信任他，他更加众叛亲离了。当然还没有达到绝对孤立的地步，还有一些人迷信他，这需要有一个过程。在日本投降以后，国共和谈是必要的。虽然我们希望全部问题政治解决的目的没有达到，但蒋介石的确是更加孤立了。对蒋介石的斗争计划用 5 年来解决，现在不公开讲出来，还是要准备长期斗争，5 年到 10 年甚至 15 年，而不要像蒋介石那样，先说几个月消灭共产党，以后又说还要几个月，到现在又说战争才开始。毛主席还向我们分析了统一战线的形势。他说，现在是一部分人减少了，一部分人增加了。减少的是解放区的地主，因为我们现在要土地革命，不像抗战时期仅仅减租减息。但南方的地主却因征兵征粮首先与蒋介石闹翻，而同我们还没有决裂。增加的是中间派，这些人在抗战时期更相信蒋介石，现在则和我们共同反抗蒋介石。坚持土地革命不至于吓跑民族资本家，但不坚持土地革命势必会丧失农民，从而丧失革命战争，也丧失民族资本家。现在我们是采取打倒官僚资本而保护民族工商业的政策。毛主席说，蒋介石最近颁布的总动员令，解决了一个极大的问题，就是使要求和平的人民认清了国民党发动内战的本来面目。要看到全国人民的同情、全世界人民的同情、民族民主统一战线、土地革命，这些是经常起作用的因素，而国民党军队的优势，发动突然的进攻，这些因素是临时起作用的因素。总之，蒋介石内部紧迫的危机，美国即将到来的危机，终归要使他们走向众叛亲离。众叛是群众不要他；亲离是内部不和。蒋美之间也不和。毛泽东主席讲话之后，周恩来同志接着在会上总结了解放战争第一年的战绩。他说，过去一年内敌军有了极大变化。从建制、人员、武器来说，都损失了三分之一，若从质量说，则不止降低三分之一。他说，到 1947 年 3 月至 6 月，敌军攻势已成强弩之末，仅在山东、陕北两处进攻，在其他各处我军均转入反攻。敌正规军由 190 万降为 150 万，明年仍照此推算，则我正规军在数量上亦将超过敌人。我军去年停战时，主力、地方部队共为 140 万，复员中减掉一些，7 月大打后又陆续增加，连后方机关现已达 195 万人。但解放区能实际负担的人口不足 1 亿，负担脱离生产人员以 1.5% 计，已经超过负担能力，所以今后发展必须求之于新区，而主力的发展则须求之于地方部队之升级。

毛主席和周副主席的讲话，给我们以极大的鼓舞，使我们加深了对战争全局的了解，增强了对党中央提出的军事计划和战略决策的认识与信心，但同时也感到要实现中央的计划和决策还需要我们做出艰苦的努力。为了保证后方对前线的支援，建立巩固的后方基地，会议从第二天起，认真研究了陕甘宁、晋绥两解放区的地方工作和西北局的工作。彭德怀、贺龙同志和我以及西北局副书记马明方、西北局秘书长贾拓夫分别就陕甘宁、晋绥两解放区在土改中的问题和财政经济、后勤供应上的种种矛盾和不良现象做了发言。任弼时在会上介绍了陕北土改的一些情况，提出要保护中农以及如何斗争地主和加强群众团体的问题。

贺龙同志在会上提出，陕甘宁和晋绥两个边区党和军队早就统一，就是财政和行政不统一。如果不统一，就很难支持当时的战争。并就两个边区的统一问题谈了自己的意见。毛主席对此表示，边区在军事上与财政上均以依靠晋绥为主，今后更加如此，决定由贺龙同志以联防军司令的资格来统一指挥，解决统一后方、精简节约、地方工作三个问题。

彭德怀同志在发言中谈到陕甘宁、晋绥两区统一和财政与粮食问题时说，拥护两个区统一，这很必要；财政统一也很重要。他认为由于敌人的进攻，边区缩小，人口减少了，因此精简节约非厉行不可。以 90 万人养 9 万人，甚至不能维持 3 个月。农村粮食枯竭，人力浪费太大。前后方均应有严格的编制与制度。财政工作中存在从财政而不从经济出发、从干部而不从人民出发的错误偏向。他指出团以上干部生活标准同下级过于悬殊，应该纠正；战士生活水平不能太高，群众负担不起，亦不能太低，影响体力。指战员的生活只能随着群众生活水平的提高而改善。对于战争，他说有人对胜利仍抱着侥幸心理，在领导机关中也存在，寄希望于陈赓来陕，而不认真准备艰苦奋斗。胜利并非唾手可得，侥幸思想必须切实解决。根据 1947 年 2 月中共中央关于在军队中组织党委会的指示，结合西北野战军的实际，彭德怀同志还在会上建议，在西北野战兵团中成立党的前线委员会，以讨论重大方针政策和执行战略任务。对于彭总的建议，毛主席当即表示同意。

我在会上对西北土改中出现的问题谈了自己的看法，认为土改中损害中农和民族工商业利益、乱斗乱打、抓"化形地主"等偏向应该纠正，否则对战争和发展经济都不利。

最后，毛泽东同志做了会议结论。他说地方工作就是要联系群众，其中心就是土地问题。关于财政和粮食问题，毛泽东同志指出，"处处从全面、长期着想"，这一个口号非常重要，要在全党全军中去解释。敌人把取胜放在我们不能长期支持这一点上，我们的对策就是主力转入外线，内部精简节约，实行军民兼顾。土地政策今天可以而且需要比《五四指示》更进一步，因为农民群众要求更进一步。平分土地是一个原则，但按情况不同可以有某些伸缩，如对杜斌丞、侯外庐，但对共产党员则不应该有例外。中农的土地应该不动，但在群众运动的大潮流中和中农同意的情况下，要富裕中农拿出少许土地也是许可的，这种做法不要正式写在文件上。我们的部队打到外线去以后，与其马上没收地主的土地，不如先按阶级路线摊派征税，立即实行耕者有其田势必造成强迫群众去做。西北局的领导应该增加魄力。陕甘宁这个区域有几个有利条件便于团结群众坚持斗争：第一，有本地的领导骨干；第二，有政治上可靠的军队；第三，人民是好的；第四，保留了土地革命时期老区的许多好的工作作风。有了这些条件，敌人是可以被战胜的。

根据会议的决定，为了进一步组织和发展战略进攻，确保与扩大已经开始取得的主动权，会议结束的当天，中央军委即致电刘伯承、邓小平、陈毅、粟裕、谭震林及华东局，做出军事部署："刘邓对羊山集、济宁两点之敌，判断确有迅速攻歼把握则攻歼之。否则立即集中全军休整十天左右，除扫清过路小敌及民团外，不打陇海，不打新黄河以东，亦不打平汉路，下决心不要后方，以半个月行程，直出大别山，占领大别山为中心的数十县，肃清民团，发动群众，建立根据地，吸引敌人向我进攻打运动战。我们已令陈赓纵队，并指挥太行纵队、五师、三十八军共七万余人，八月下旬出豫西，建立鄂豫陕边区根据地，吸引胡宗南一部打运动战。""陈粟谭率鲁中主力并在刘邓到大别山后，指挥陈唐担负整个内线作战任务。陈谢集团至豫西后受刘邓指挥作战。"

小河会议决定的加强西北战场的一些措施，在会后也迅速得到了落实。7月底，中央军委即批准由彭德怀、习仲勋、张宗逊、王震和刘景范组成西北野战军前委，彭为书记；将西北野战兵团正式定名为西北野战军，彭德怀为司令员兼政委，我为副政委；将抗日战争胜利后，从陕甘宁晋绥联防军分出来的晋绥军区，重新并入陕甘宁晋绥联防军，由贺龙任联防军司令员，我为政治委员，统一领导陕甘宁和晋绥两个解放区的地方武装。贺龙同志还兼任西北财经委员会和财经办事处主任，以他为核心，统一领导这两个解放区的地方工作和财经工作，以加强陕北作战的后勤支援。由于会议确定组成西北野战军前委，决定西北局回后方主持工作，会后，我即与彭总分开，与贺龙同志一起前往绥德，统筹后方工作，全力支援野战军作战。

会后不久，根据中央军委的部署，西北野战军于8月中旬在沙家店战役中，一举歼敌整编第三十六师主力共6 000余人，彻底粉碎了敌人企图将我军歼灭于陕北或赶过黄河以东的狂妄计划，此战即成为西北野战军转入战略反攻的转折点。

小河会议形成的指导人民解放军大举出击、经略中原、发展战略进攻的正确方针和加强西北战场的重要措施，反映了毛泽东等中央领导人关于把中央的决心与前线指挥员的见解有机地结合起来的战争指导艺术，对我军在陕北战场迅速转入战略进攻，解放大西北，夺取全国解放战争的胜利有着重要的历史意义。

新式整军运动的回顾

傅　钟

解放战争中，毛泽东等老一辈无产阶级革命家领导的，全军指战员在作战间隙中积极参与的，以诉苦、"三查"和群众性练兵方法进行的大规模整训，被毛主席称作"民主的群众性的新式的整军运动"。

毛主席的这句话是 1948 年 4 月在晋绥干部会议上的讲话中说的。这个讲话公开发表之前，毛主席特意发给了远在河北省平山县农村的刘少奇、朱德同志领导的中央工委征求意见。这是个极其重要的文件。它要求全党全军和人民群众密切结合，做清醒的革命者，不只是记住党的具体的工作路线和各项具体的政策，还要记住党的总路线和总政策，有效地执行党中央规定的一切政策和策略。毛主席明确指示："这种民主的群众性的新式的整军运动，今后必须继续进行。"重点主要是在中高层干部中进行提高政策和纪律水平的教育。这样，到 1948 年 9 月，全军便按 1947 年 9 月党中央关于由上而下和由下而上分两步进行整党的要求，圆满完成了整军任务。

1948 年 10 月 10 日，毛主席在《中共中央关于九月会议的通知》中写道："两年内，特别是最近一年内，在人民解放军中，实行了有秩序的、有领导的、由全体战斗员和指挥员一起参加的民主运动，开展了自我批评，克服了和正在继续克服着军队中的官僚主义，恢复了在一九二七年至一九三二年期间曾经实行有效、而在后来被取消了的军队中的各级党委制和连队中的战士委员会制，这样就使军队指战员的政治积极性和自觉性大为提高，战斗力和纪律性大为增强，溶化了大约八十万左右从国民党军队来的俘虏兵，使他们变为解放战士，掉转枪口打国民党。两年内，从解放区动员了大约一百六十万左右分得了土地的农民参加人民解放军。"这是对新式整军运动做出的完整、科学的概括和最基本的总结。

那些年，我在中央军委总政治部负责常务工作，在毛主席、朱总司令和周恩来副主席兼总参谋长、刘少奇副主席兼总政治部主任的直接领导下，参与了新式整军运动的全过程。1948 年春，我写了《新式整军初步总结》。1949 年 1 月初，中央政治局通过了毛主席起草的《目前形势和党在一九四九年的任务》，其中规定军队政治工作的任务之一，是在军委政治部领导下做出"新式整军运动"的总结。由于这项任务进城后没搞成，直到 1966 年之前，我一直保存着当时的大量文字材料。后来那些材料不知到了哪里，但我一直认为那确实是一部内容无比丰富、生动的政治工作"教科书"，就是在改革开放、建设中国特色社会主义时期，我们也可从中汲取到智慧和力量。现在，我就这个运动的兴起及几个重要侧面，做个简要回顾。

一

1946 年 7 月，面对得到美国支持的国民党军队的大举进攻，毛主席指出：全党必须下最大决心，努力准备一切条件，粉碎蒋军进攻，"其中最重要的是充分发动群众，使我党与人民密切结合起来。只要广大人民的力量增加到我们方面，就会使敌我力量发生有利于我的变化"。

无疑，这个指示当中也包括了对军队政治工作的要求。其中心，就是要认真恢复和提高我军在土地革命战争年代政治工作的负责精神，坚持古田会议决议和谭政的政治工作报告阐明的方针，深入实际，发扬民主，充分调动群众的积极性和创造性，一切为着夺取战争的胜利。正是在这种情况下，部队积极开展有效的政治工作，积累了一些经验。

到 1946 年 10 月，战争打了 3 个月，我军歼敌 25 个旅。毛主席指示今后一个时期内的任务，是再歼灭敌军约 25 个旅。这是一个重要而困难的时期，"必须实行全党紧张的动员和精心计划的作战"。他明确要求，"今后各区必须利用作战间隙，加强军事训练。一切军队必须加强政治工作"。这时，各区经过连续作战的部队，在政治工作上已经有了许多新鲜创造，党中央立即通过自己的机关报——《解放日报》，从 9 月到 12 月接连加以报道，并发表社论、专论加以肯定和赞扬，以先进典型和正面经验，进一步推动了政治工作的蓬勃发展。

具体说来，得到推广和普及的是以下三项。

先是 9 月 10 日的社论《好好进行俘虏工作》，称赞"许多地方进行的'反内战诉苦大会'是很好的一种方式"，对教育被俘人员的五分之四即 10 万蒋军士兵转到人民方面成为解放战士，起了重要作用。社论还指出："组织这种诉苦运动，是一件重大的、实际的教育工作，军队与地方应该协力进行，使其发挥最大的效果。另一教育工作，就是根据这种极其生动具体的材料，做出总结，向放下武器的蒋军官兵，指出他们受苦受难的总的原因和中国人民今后的出路。这个出路就是为独立、和平、民主奋斗到底，为反对卖国、反对独裁、反对内战奋斗到底。"在此期间，许多部队也采用"诉苦"方法进行思想工作和战前动员，以纯洁部队、巩固部队、密切军民关系等等。

接着 11 月发表短评《广泛开展立功运动》，称赞华中野战军一师二团搞的"为人民立功运动"是"人民自卫战争中的一个创举"，号召全解放区进行革命英雄主义竞赛，普遍开展杀敌立功运动。曾对八路军新四军的英雄主义做过精辟论述的朱总司令说："过去我们认为，共产党打仗、红军打仗都是为人民服务，有什么必要表功呢？最近开展了立功运动，的的确确有很大的好处。部队中人人精神振奋，你也想立功，我也想立功，这样就会打胜仗。"立功运动在全军很快开展起来，一些领导机关立即制定了评功、记功、报功制度，有的颁布了立功条例，极大地鼓舞了前线、后方广大军民的士气，促进了团结，使我军源远流长的英模运动，在广度和深度上都开创了崭新的局面。

还有个以团结互助为主要内容的"王克勤运动"，也产生了广泛而深远的影响。王克勤是晋冀鲁豫野战军六纵队的一个班长，解放战士的榜样，"一级杀敌英雄"，共产党员。他当班长时，组织思想互助、生活互助、军事技术互助，使他们班成为"三大互助模范班"，也是野战军首长提倡的"战斗与训练、勇敢与技术结合"的一面旗帜。12月的《解放日报》详细报道他的事迹后发表了《普遍开展王克勤运动》的社论，号召部队都要按照自己的条件，选择自己的典型，通过这种运动"进一步提高战斗力和瓦解敌军"。正是在这种运动中，各野战军都涌现出了自己的爱兵、带兵模范和团结互助模范，使毛主席在延安倡导的"尊干爱兵"传统在全军得到发扬光大，带动广大基层单位真正成为能打能走又会做群众工作的战斗集体。

与此同时，军委总政治部还按中央指示，电函各军区各纵队首长、参谋长、政治部主任：要带领部属认真学习毛主席的战略战术思想，掌握"集中优势兵力，各个歼灭敌人"的作战方针；在炮兵中"展开赵章成运动"，大量培养神炮手、各种模范射击手和技术骨干；继续改进政治教育，"以诉苦大会的方式，启发全体战士，自己教育自己，提高阶级觉悟"，为了农民阶级获得土地而英勇奋战；政治工作要贯彻群众路线，采用"从群众中来到群众中去"的生动活泼的工作方法，紧紧依靠党支部，以民主方式选英模，大胆提拔新干部，经常注意拥政爱民教育，紧紧依靠人民群众，完成再歼敌 25 个旅的任务，迫敌停止战略进攻而转为防御，我军由战略防御转为战略进攻。

党中央、毛主席之所以这样大力普及来自部队的新鲜经验，直接对高级将领电函政治工作要求，是因为这些新鲜经验显示了指战员的高昂士气和觉悟水平，领导的责任就在于要更多地在群众中发现并扶植这类新生事物，促进部队战斗力的巩固与提高。这既是最有效地进行紧张的动员和精心计划的作战，也为大规模展开整军创造了良好的群众条件。

在此期间，党中央还有一个重要的部署，是指示部队恢复各级党的委员会。总政先是审查了"关于党的团委会（即团党委）暂行工作条例草案"。这个草案是 1946 年 10 月晋冀鲁豫军区政治部报上来的。经过审查，认为很好，党中央立即颁发全军试行。接着，总政着手草拟军队中党委员会条例初稿，并向一些中央委员和部队首长征求意见。先是贺龙、罗荣桓同志，稍晚一点还有罗瑞卿同志等都予以肯定，并提出了修订意见。到 1947 年 2 月，党中央向全军发出《关于军队中党的组织形式给晋察冀军区政治部的复示》，并转发了晋冀鲁豫军区有关实施党委制的经验和文件。自此，1932 年以后被取消了的党委制很快在各部队恢复起来，取代了当时军分区以上的军政委员会和党务委员会。党委制的建立、健全，大大加强了党对军事工作、政治工作的一元化领导，保证了部队思想上组织上更加团结一致，军事工作、政治工作搞得更加生机勃勃，部队的民主生活空前活跃。不仅在政治、经济方面，而且在军事方面出现的诸如战前的"诸葛亮会"，战后的评指挥、评战术、评技术的军事民主，也普遍有了发展，这就为整军运动的开展奠定了坚实基础，在组织上有了完善的准备和保证。

二

确定整军，是中央工委在 1947 年 7 月 17 日至 9 月 13 日的全国土地会议上，确定结合土改进行整党时提出来的。

会议在河北省平山县西柏坡村举行。刘少奇、朱德同志主持会议。到会的有东北、山东、晋冀鲁豫、冀热辽、晋绥、晋察冀、陕甘宁等解放区的主要领导人，华北解放区各地委的负责同志，晋察冀野战军各旅的代表，共 100 多人。我参加了这次会议。

土地会议开幕后，7 月 21 日至 23 日，毛泽东、周恩来、任弼时同志，在陕北靖边县小河村，主持召开了中央前委扩大会议。会议对我军由战略防御转入战略进攻，打到蒋管区，发展解放区，做了重要部署。周恩来同志说，经过一年作战，我军已由 120 万发展到 195 万，歼敌 112 万；敌军之建制、人员、武器都损失了约三分之一，这就为我们夺取战争胜利奠定了基础。毛主席在会上明确指出，由于战争迅猛发展，农民对土地有进一步的要求，需要制定比 1946 年的《五四指示》更进一步的政策。全国土地会议正是在这样的形势和方针下，纠正了解放区土改在政策上的不彻底性，为全国农民制定了彻底平分土地、消灭封建剥削、实行"耕者有其田"的伟大纲领。

在土地会议上，还反复讨论了整党问题。刘少奇同志在会议的结论中指出："实行土地改革是争取爱国自卫战争胜利最基本的一环，有决定意义的一环"，"整顿党，整顿作风，直接目的是为了广大农民的利益……同时也是全民族的利益，是中国人民最大的最长远的利益，是中国革命的基本任务。只有发动群众，彻底进行土地改革，把党整纯洁，才能战胜蒋介石。"他还强调指出，军队必须参加土改工作，给翻身农民撑腰，反对军阀主义和官僚主义。

会议在反复讨论结合土改开展整党、整军运动时，把具体内容和要求归纳为进行"三查"，即在地方是查阶级、查思想、查作风；

在部队是查阶级、查工作、查斗志。随后进行"三整",即整顿组织、整顿思想、整顿作风。

朱总司令对于整军问题极为重视。在会议期间,他深入各组,悉心听取地方上的同志对部队的意见。许多同志反映,有的地主、富农钻进了部队躲避群众斗争,有的甚至换上军装反对土改,有的干部干涉农民斗争,包庇地主、富农,等等。随后,他在9月7日的报告中专门讲了《整军问题》,提出部队需要"三查"。他说:"我们的军队需要从思想上组织上加以整顿,需要一个查阶级、查思想、查作风的运动,使军队在思想上达到一致拥护土改,组织上纯洁严密。"他直截了当地批评部队中有些干部沾染了封建社会的不良习气。他说,过去我们没有做假报告的,现在有了,贪污腐化也有了;浪费民力、物力现象很严重,官兵关系,军政、军民关系发生了不少问题。他语重心长地指出,这些恶习的传染源,"是地主富农思想,容许这种思想侵入军队中,是很危险的,必须扫除。"到会的军队干部都认为朱老总的报告切合部队情况,不仅使人看到了整军的迫切性,还从他所讲的政治教育、军事训练都要贯彻群众路线的指示中,明白了整军的方针、方法。这实际上是一次进行整军的有力动员。

土地会议结束后,中央又经过周密的准备工作,决定10月10日同时公布《中国土地法大纲》(以下简称《大纲》)、《中国人民解放军宣言》(以下简称《宣言》)、《中国人民解放军总部关于重新颁布三大纪律八项注意的训令》(以下简称《训令》)和以"打倒蒋介石,建立新中国!"为头条的67条解放军口号。准备颁布《训令》之前,中央电示各野战军首长,请他们对如何根据当时情况和我军新的使命修订原先八路军时代的"三大纪律八项注意",于9月底报来意见。对报来的意见,中央格外重视倾听出征到国民党统治区的野战军的声音。这样,又经过中央前委、工委和叶剑英、杨尚昆同志领导的中央后委多次往返交换意见,最后由毛主席定稿颁布。在

1937 年 8 月的洛川会议上，为八路军出征抗日前线，党中央集体修订了红军时代的"三大纪律八项注意"的词句。这次我军出征夺取全国胜利，又一次修订它，表明党中央、毛主席对于步调一致、统一全军行为准则、加强纪律保证，看得是何等重要！

就是这样，在人民革命涌现高潮、解放战争开始全国性大反攻的形势下，强大起来的我军肩负新的使命，开展了新式整军运动。

三

抗日战争全面爆发初期，我在太行山八路军野战政治部，参与了 1939 年、1940 年的两次"政治整军"。但这次新式整军和那时的整军大不相同。其不同点，就在于毛主席说的，"是完全有领导地和有秩序地采用民主方法进行的"。而实施领导、保持秩序、发挥民主效力的首要一环，则是紧密联系实际的理论学习和教育，用马列主义、毛泽东思想、党中央的方针政策，武装指战员的头脑。它是开启诉苦闸门的钥匙，进行三查的镜子，开展三大民主的指针，调动革命积极性和创造智慧的先导，完成整军的保证。不论是由上而下的整顿过程，还是由下而上的整顿过程，都必须抓好这种同实践相一致的理论学习和教育，才能实现无产阶级先进思想的领导，使运动沿着正确轨道前进。这对于我们这支以农民为主要成分的革命军队来说，是非常重要的。

在近一年的整军过程中，这种学习、教育有三次。第一次以学习《大纲》《宣言》《训令》为中心内容，解决阶级立场和投入土改的问题；第二次是学习《目前形势和我们的任务》《在晋绥干部会议上的讲话》等毛主席的著作和指示，解决树立夺取全国胜利的信心和贯彻执行民主革命总路线、总政策的问题；第三次是以中高级干部为对象，学习《中共中央宣传部关于重印〈左派幼稚病〉第二章前言》及列宁的《共产主义运动中的"左派"幼稚病》第二章，解决加强纪律性，反对无组织、无政府状态的问题。自然，学习内容不只这些，各野战军都按不同情况有所增减，比如，中原野战军还学习了《中共中央关于增强党性的决定》（1941年）以及《人民解放战争两周年的总结和第三年的任务》等新华社的重要社论。

自9月中旬全国土地会议结束，到1948年春，各军区、野战军普遍按土地会议精神进行了土改政策的学习和教育。广大指战员热烈拥护彻底平分土地，对于学习土地法大纲兴趣极高，还想出许多办法宣传土地法大纲。许多刚刚下连的解放战士纷纷给家里写信，将土地法大纲寄回家乡，告诉家人，别再还债，打倒蒋介石回家分田翻身的日子快到了。

晋察冀中央局自10月3日到石家庄战役开始后的11月9日，召开了晋察冀边区土地会议。随后，中央局和晋察冀军区做出决定：贯彻整党整军，各纵队抽出人员在自己的作战地域参加由当地党委领导的土改工作；领导干部下部队讲解土地法，普及平分土地的政策及知识，提高骨干向驻地群众做社会调查和宣传土地法的本领；号召并组织指战员给家里写信，鼓励亲人积极参加土改斗争。部队的行动，为边区广大农村形成"前边打老蒋，后边挖蒋根"的轰轰烈烈的群众运动，起了很大作用。

东北野战军11月9日结束秋季攻势后，立即传达全国土地会议文件，要求部队领导结合诉苦运动讲解《中国土地法大纲》及东北局的《告农民书》，深化土改教育。这对于随后展开冬季攻势，是极好的政治动员；对于冬季攻势后转入整党整军，也是很好的思想准备。

在进行土改学习和教育中，除了以会议方式传达和贯彻中央精神外，陈毅同志等华东军区首长，于12月15日下达了《华东军区关于全军坚决拥护土地改革的命令》。

命令昭告：伟大的爱国自卫战争也就是伟大的土地革命战争。我们目前的任务在于"积极赞助与支持农民正在进行的'彻底平分土地'的正义行动，以达到消灭封建与半封建的剥削制度，实现耕者有其田的土地制度"。

命令指明：全体人员立即加紧土改学习，不准有任何人站在这个学习之外；在实际行动上，必须站在群众方面，不准有任何一个机关采取袖手旁观与漠不关心的态度；出身地主、富农或家庭为地主、富农的干部，应当坚决抛弃原来的阶级立场，不准写信回家或暗或明地支持地富家庭；工农干部则应坚决保持其阶级的纯洁性，随时随地不要忘本，不得有任何假公济私与包庇、袒护地富的行为。

命令最后号召全体指战员，普遍地贯彻三查三整以适应土地改革要求，以高度的政治自觉遵守上述铁的纪律。

1948年初，华东野战军开始集中学习土改政策。许多参加过第一次大革命的老同志，也都以亲身经历告诫部下，必须坚定无产阶级立场，对农民彻底平分土地、消灭封建剥削的要求，采取明确的政治态度。粟裕同志说得好："土改学习，是人民解放军内部的一次革命。不仅是一般的思想改造，工作检查，更重要的是阶级界限的明确划分，阶级成分的彻底检查，改造非工农出身的同志，使之无产阶级化，肃清地主、富农、小资产阶级及一切非无产阶级思想意识，保持人民解放军的纯洁性。使解放军的每一个成员，都全心全意地为中国人民的彻底解放而奋斗。"

粟裕同志还说，我们的反攻，不同于拥有强大国防工业基础的苏联红军对德国法西斯的反攻，也不同于1925年至1927年被蒋介石篡夺了领导权的"换汤不换药"的国民革命军的北伐。今天我军还未取得对敌军绝对的优势。反攻是包括军事、政治、经济、文化多方面的斗争，尤其重要的是群众翻身实行土改的斗争。他要求部队完成土改学习，发扬红军的光荣传统，人人都随时随地做群众工作，帮助群众平分土地，建立民主政权，扩大和巩固新解放区。

陈老总把打到国民党统治区，叫作"用蒋介石的骨头熬蒋介石的油"。的确是这样。而且国民党统治区到处是干柴。受尽地主和国民党残酷剥削、压榨的国民党统治区老百姓，天天盼我们、等我们去。我军到了新区一讲平分土地，群众就热烈欢迎，纷纷起来分地主的粮食、浮财，青年竞相参军。往往我军在村子住一夜，第二天就有一二十个青年走进部队行列。

与此同时，随着老解放区平分土地的胜利，仅在 1947 年下半年几个月，就有 60 万翻身的青年农民入伍。他们政治觉悟高，斗志旺盛，一到部队就问："离南京还有多远？""什么时候去捉蒋介石？"他们尽管缺乏军事训练，但打起仗来十分勇敢。更重要的是，他们的到来，给部队学习土改政策，进行诉苦、三查，增添了朝气蓬勃的新生力量。

四

全国土地会议闭幕不久，中央军委批转了经毛主席亲自修改的辽东三纵队学习土改政策中开展诉苦教育的经验，极大地推动和提高了各野战军的诉苦运动。一个是诉苦内容以揭发封建压迫为主，把土改教育引向深入；另一个是扩大范围，号召团结。官兵和军民同诉旧社会反动派所给予劳动人民之苦，提高工农兵血肉相连、天下穷人是一家的认识，使工农分子的阶级觉悟提得更高，非工农分子彻底转变阶级立场，站在劳动大众一边，一心一意为人民服务。许多部队还开展"一条心"运动，官兵、军民一条心，奔向一个目标：打倒蒋介石，解放全中国。

中央军委批转辽东三纵队的诉苦教育经验之后，晋冀鲁豫军区、晋察冀军区都总结了各自部队久已开展的诉苦运动经验。华东野战军政治部为进一步加强对诉苦教育的领导，下发了《连队诉苦运动实施方案》。12 月，毛主席还对西北野战军一旅的"九天阶级教育"的总结报告批示："此件很好。"表明全军上下都十分重视诉苦运动的深入发展。

各部队进行诉苦教育的方式方法多种多样，内容极其丰富，很感动人，但诉苦教育的进行步骤和过程，大体一致。就是先倒苦水，后挖苦根，清除"宿命论"等糊涂观念，明白什么是剥削，什么是阶级，再通过归纳总结，认识到列宁所说的：一切革命的根本问题是全国政权问题。这样，有切合实际的政治引导，挖苦根自然就挖到蒋介石国民党所代表的旧社会"三座大山"（帝国主义、封建主义、官僚资本主义）那里，军民的共同心愿，自然就是推翻"三座大山"，建立新中国，彻底挖掉苦根子。

的确，诉苦运动是集中群众意志和智慧的一个创造，是政治教育的一场革命，其效果之大、影响之深远，超出了想象和预料。

全军诉苦运动中有个共同特点，是解放战士苦水最多，效果也最显著。本来，在抗战末期，解放区农村开展的"减租减息"运动中，贫苦农民向地主、高利贷主进行说理斗争时，先开"诉苦会"，既是思想动员，也是斗争演练。这种方法很快便在部队中开始运用。1945 年 9 月、10 月，参加上党、平汉战役的晋冀鲁豫六纵队，开展"诉苦复仇运动"，有个班里被解放的蒋军士兵，控诉在家乡遭受豪绅地主保长甲长的种种盘剥、迫害，被抓壮丁到国民党军队里又遭反动军官种种残暴的侮辱、虐待。他的苦教育了老解放区参军的新战士，增加了他们对国民党统治的仇恨，全班的团结加强了，各项工作任务也完成得很好。纵队党委将他们的经验普及到全纵队，用以改造被解放的蒋军士兵，使部队全体指战员更自觉地贯彻人民军队全心全意为人民服务的建军宗旨。他们的经验很快在晋冀鲁豫野战军得到推广。

这期间，彭德怀副总司令对解放战士的成分有个调查统计：一般的贫农约占 70%，中农、雇工和其他贫民约占 25%，出身于地主、富农和其他剥削阶级的占 5%。所以大多数解放战士经过诉苦有了阶级觉悟，作战十分英勇。1946 年 9 月，《解放日报》在《好好进行俘虏工作》的社论里也说，俘虏的蒋军官兵，大多数是工人农民，一部分是知识分子。蒋介石强迫他们来打内战，来残害中华民族和他们自己。我们人民军队是一所大学校，我们的目的是要救中国，我们珍视中华民族的精华，要尽可能最好地教育他们，组织他们为中华民族的独立和解放而奋斗。正是基于无产阶级的博大胸怀和我军政治工作的基本原则，瓦解敌军的工作才获得了巨大成绩，越来越多的解放战士加入我们的队伍。

朱老总在土地会议上讲整军问题时也说过，现在部队中出现了"三合一"班：从国民党军队过来的解放战士、"老八路"、土改后参军的新战士。三种人编在一个班里，开个诉苦会就都合拢了。解放区是怎样土改的知道了，国民党统治区农民的苦处怎么样也知道了，八路军的好传统、好作风也知道了。这种会开上一天两天，一班人的阶级觉悟就会大大地提高。我们野战军一定要进行这种教育，时间紧张也要想法抽出一点来搞。这也是政治教育中的群众路线问题。

随着我军进攻作战的胜利发展，诉苦运动的影响日益扩大。我军人力、物力的来源，主要在前线。这成为毛主席所总结的十大军事原则之一。1949 年 4 月，周恩来副主席在北平对一些爱国人士和大学教授说，我们人民解放军已发展到 400 万人以上，"我们的战士有很大部分是俘虏过来的，称为解放战士，有的部队，解放战士竟占百分之八十，少的也占百分之五十至六十，平均约占百分之六十五至七十。对于俘虏，我们实行即俘、即查、即补、即训、即打的办法，就是说士兵一俘虏过来就补充到部队，经过诉苦教育，就参加作战。在打黄百韬时，情形竟发展到上午的俘虏下午就参加作战。当时的解放战士现在有许多已经做了排长、连长。这种情形是世界战史上所少有的"。

同年 7 月，周恩来副主席在全国第一次文代会上做政治报告，更精确地讲到：3 年解放战争，我们伤亡 143 万人，消灭敌人 569 万人，其中被我们俘虏的人数达到 70%，即 415 万，而俘虏中变成解放军的有 280 万。所以"最近三年来，人民解放军又经过了一次改造。我为什么要用改造这两个字呢？因为他的绝大部分战士，不久以前还是俘虏兵，不经过改造就不能遵守解放军的纪律。最有效的改造武器，就是唤起他们的阶级觉悟，实行诉苦运动和查阶级、查工作、查斗志的三查运动，评干部、评党员、评战功的三评运动，使他们感觉到大家的出身都是劳动人民，都曾经受过反动派的压迫剥削，人民解放军是劳动人民的军队，大家应该团结一致，为自己的利益，向曾经压迫他们、剥削他们的仇人作战"。

可以说，周副主席的上述论述，对诉苦运动的伟大历史作用，做了最确切的概括和总结。

很显然，这种诉苦运动，使群众根据自己的切身痛苦揭发反动统治阶级的罪恶，认识工农阶级被剥削、被压迫、被奴役的社会地位。每个人诉出来的苦，都是活生生的教材，最容易为群众所接受，所以也就最能从每个战士的心底召唤出要彻底埋葬旧社会的无穷力量，凝聚成一往无前的推翻蒋家王朝的战斗力。

诉苦运动的成功，大大克服了以往政治教育中教条主义、形式主义的弊端。大批干部下到基层，同战士打成一片，深入了解战士疾苦和心理变化规律，精心掌握诉苦进程，从培养典型引路，布置肃穆的诉苦环境，启发战士剖析受苦事例，进行解放区、蒋管区新旧社会对比，到为战士给被害亲人祭灵，宣誓，订立苦情簿、报仇登记簿等等，带领战士认识自己，跟着党走自己解放自己的道路。这种深入细致的阶级教育运动，实质上就是军队的民主运动，或者说是民主运动的重要一步。

早在 1928 年井冈山时期，毛泽东同志就说过："中国不但人民需要民主主义，军队也需要民主主义。军队内的民主主义制度，将是破坏封建雇佣军队的一个重要的武器。"毛主席还把红军比喻为火炉，俘虏兵过来马上就熔化了，昨天在敌军不勇敢，今天在红军很勇敢，其原因，"就是民主主义的影响"。在中国革命走向胜利年代的诉苦运动，不仅使土改翻身参军的战士和老战士认识到党的伟大、斗争成果之珍贵，从而倍增革命自豪感和责任心，更使解放战士认识了自己的阶级地位，做人的权利与尊严，从而在练兵、作战中奋勇当先，创造出光荣业绩。这充分证明，军队中的民主，是中国人民解放军不可战胜的力量源泉之一。

1948 年 9 月，总政治部为新华社起草了社论《军队中的民主运动》，总结了诉苦教育及新式整军运动在政治、军事、经济三大民主方面取得的伟大成果，以及所产生的巨大影响。

五

大多数部队查阶级、查工作、查斗志的三查，是紧接着诉苦进行的，战士们的主动精神很强，肯自我批评，敢进行批评。查出的问题，证明了朱德同志在土地会议上提出的进行三查的要求，是合乎实际的，是非常必要的。以西北野战军的几个纵队 11 月中下旬 10 天的检查为例，有的地主出身的干部对平分土地不满，在战斗中进行破坏，致使部队受到损失；在战斗作风上，有些干部造假情况，打滑头仗，阳奉阴违，不负责任；等等。在深入检查中，战士们坚决反对这样的坏干部，这对部队教育很大。

这种情况，在其他部队也有。问题之严重，正如刘少奇同志所说："党内不纯的情况不改变，即便（土地）政策彻底也不行，不只是不能完成土地改革任务，也不能进行战争，还会使党走向灭亡。"

到中央 12 月会议，毛主席做《目前形势和我们的任务》的报告，说得更清楚：我们党已经发展到 270 万党员，成为一个在中国历史上空前强大的党，"但是缺点也就跟着来了。这即是有许多地主分子、富农分子和流氓分子乘机混进了我们的党"。毛主席指出，这种严重情况，就在我们面前提出了整编党的队伍的任务。"党的全国土地会议彻底地讨论了这个问题，并规定了适当的步骤和方法……其中首先重要的，是在党内展开批评和自我批评，彻底地揭发各地组织内的离开党的路线的错误思想和严重现象……使党能够和最广大的劳动群众完全站在一个方向，并领导他们前进"。全党全军积极进行三查三整，正是由于和党中央思想一致，才能认识到这是解决土地问题和进行长期战争的一个关键性环节。

进入 1948 年，周恩来同志听取了西北野战军领导同志的汇报，肯定了他们进行诉苦、三查的成绩，指出：放手发动群众，高度发扬民主的诉苦、三查运动，是整军与土改结合起来的一种群众性的政治工作。三查，查出特务、伪军官、异己分子及坏人，这是群众运动的火力，是群众较高高在上的领导机关更有成果的地方。自然这样就更能巩固部队，团结自己，加强对敌的战斗意志。

朱老总在我军解放石家庄之后，给毛主席写信说，攻城之前，上下级干部均先开（攻城战术）学习会，"打时又开会，打不进时又开会。在火线上，三五人仍是开会，特别是支部开会，起了领导作用。老兵带新兵，促进了学习。结果是群策群力，人自为战，取得了胜利"。后来，毛主席加上按语，向全党全军批转了朱老总这封信。按语中还提道："陕北将此种情形，叫做军事民主，而将诉苦运动，三查三整，叫做政治民主与经济民主。这些军队中的民主生活，有益无害，一切部队均应实行。"

朱老总在信里还提到，他到了冀中，主持整顿渤海军区的张云逸同志特来同他见面，谈了渤海那里的一些问题很严重。毛主席、党中央对于渤海地区的问题十分重视。1948 年 1 月 28 日，毛主席对渤海的整党、整军、整财情况报告做了批示，指出："在一切官兵关系恶劣、纪律不好、战斗力薄弱之部队，应采取渤海整军经验，组织士兵委员会，放手发动士兵群众的民主运动，只有益处，没有害处。"

紧接着，1 月 30 日，毛主席为中央军委起草指示，再次明确提出："部队内部政治工作方针，是放手发动士兵群众、指挥员和一切工作人员，通过集中领导下的民主运动，达到政治上高度团结、生活上获得改善、军事上提高技术和战术的三大目的。目前在我军部队中热烈进行的三查、三整,就是用政治民主、经济民主的方法,达到前两项目的。"毛主席的这个指示和《关于目前党的政策中的几个重要问题》,还有任弼时同志在西北野战军前委扩大会议上的讲话《土地改革中的几个问题》,对于在全军诉苦、三查运动中防止和克服"左"的偏差,使之健康深入发展,有重大指导意义。

华东野战军前委,1948 年 1 月接连发出了《关于三查结合三整工作的原则指示》等文件,再次明确指出:成分不纯、组织不纯、思想不纯、作风不纯,军队与地方处于同一状态。要使我们的军队真正成为土地革命的军队,必须认真地彻底地进行全军上下毫无例外的三查,不允许查下不查上,光查战士不查干部,要做到全军"没有一个空碗(指个人)""没有一口空锅(指伙食单位)",全军人人要查,也只有人人都查才能整好全军。同时,强调掌握政策的界限:要把原则性问题和生活上的缺点区别分开;对抗拒土改的严重军阀主义、严重违抗纪律的坏分子的处理,必须经过上级党委批准才能执行;严禁超出思想斗争以外的任何做法。我们的民主是集中领导下的民主,不是自由主义、尾巴主义的民主。

2 月 21 日,坚持大别山斗争、转战中原的刘邓野战军前委,对三查工作发出指示,进一步阐明三查是集中领导下放手发动群众及指挥员、工作人员的民主运动,也就是发动他们展开批评与自我批评,纠正一切干涉土改、包庇地主的行为及军阀主义、本位主义、享受思想。指示还明确指出三查的基本方针,仍是治病救人,不能乱打一气,不能乱扣帽子,不要把一切不好都说成是地富思想,任何处分必须经上级批准。三查的目标,是达到全军政治上的高度团结。为此,指示还在工作步骤上做出规定:全军每个同志都要经过三查,从查作风、查思想着手,最后达到查阶级;连以下干部战士在支部领导的班、排或连大会上查;营团干部三查,在上一级党委领导下、有下级干部和本支部代表参加的会上进行；等等。

石家庄战役后，总政的同志主要为刘少奇同志主持召开的全军敌军工作会议进行准备工作及会务工作，也派人到附近部队了解整军情况。这时，晋察冀野战军即将向绥远和北宁线出击，前委举行的扩大会议提出，诉苦、三查已使部队有了新的气象，但不能估量过高，三查必须深入下去，各级党委、政治机关要加强对三查的领导，不要在部队中建立贫雇农的单独组织，不要搬用农村整党时"搬石头"的错误口号；属于三查内容的会议，只能说理，不能硬逼、硬压、硬追；组织结论不应轻易做，并允许本人上诉。同时，会议还就整顿纪律、制度、作风问题，进行了详细讨论，要求在三查基础上形成广大群众自觉遵守纪律、维护铁的纪律的作风。

这期间，朱总司令对担任内线作战任务、已打下运城正准备打临汾的部队很关心，嘱托指挥这支部队的徐向前同志，把部队培养成"专门的攻坚部队"。徐向前同志 2 月 23 日在前指营以上干部会上讲过朱总司令的要求后，专门就三查、三整和民主运动有个很长的讲话。

徐向前同志首先提到，1 月底，毛主席来了一个电报，特意讲到军队中的民主问题。然后他结合部队情况指出：我们部队凡是没有发扬民主的，逃亡就多，就打不好仗，就不称其为铁的拳头，而是豆腐拳头；凡是接连打胜仗的，都是对内团结，对民团结，都在部队中发扬了高度的民主。现在各部队进行三查三整，这就是民主。今天部队的三大民主，基本问题在连队上，在连队里开展民主运动，是今天军队政治工作的中心。我们研究士兵逃亡，90% 是逼跑的，你不爱他，不把他当兄弟看，而把他看成奴隶，所以他只有跑。好多同志认为讲民主不是涣散军心吗？难道下个命令也要讨论讨论？假若有人批评他，他就说影响他指挥的威信，于是就把民主否定了，这是不对的。须知军队里高度的集中，是以高度的民主为基础的，没有高度的民主，就不能有高度的集中，二者是一个东西的两面，不能分开的。

徐向前同志还结合党对军队的绝对领导与政治工作基本原则，阐述了毛主席的电报指示精神。他指出：现在我们党内不纯，一些坏分子混进我们部队，带进来很多坏意识、坏作风。要克服这些坏现象，军队就要发扬民主。讲民主，干部要勇于自我批评，战士要勇于批评，干部与战士，互相教、互相学，这样部队团结了，技术提高了，干部威信也提高了。三大民主要在连队中贯彻下去，不能打一点折扣。

东北野战军经过诉苦、土改教育后，士气很高，在历时 3 个月的冬季攻势中，变害怕寒冷的情绪为战胜寒冷的勇气，这是胜利完成战役任务的一个重要原因。野战军前委考虑到绝大多数干部和骨干是由关内来的，很少参与驻地土改的事情，故将整编党的队伍的基本内容定为主要解决干部和骨干在作战、建军中暴露的思想立场和作风纪律问题，通过运动提高部队官兵的思想觉悟和政策水平，更好地贯彻全心全意为中国人民服务的建军宗旨。主要是进行"五整一查"：整思想、整作风、整纪律、整关系、整编制，查阶级。运动的进行采用各级党委领导的党委扩大会议形式，先是纵队、师一级的，再是师、团一级的，后是团、营、连级的（连干部主要参加连队土改教育和民主运动）。这样按级检讨，按级解决问题。由于在批评问题上有领导做示范，会议进行顺利，效果好，偏差少。

在 2 月的东北野战军政治工作会上部署运动时，罗荣桓同志指出："五整一查"要强调整思想，而且要着重整干部，先解决干部的同级关系与上下级关系问题，自上而下地展开自我批评；同时学习毛主席的著作，尤其要学好十条军事原则，党中央的土地政策，整党指示，工商业政策。战士教育，诉苦运动没搞好的还要搞，搞好了的要提高。对于整顿作风，罗荣桓同志说，首先要发扬民主，一切工作、生活、制度都要有民主精神，这也要着重整干部。规定的制度，只要战士遵守，干部不遵守，首长不遵守，这叫什么民主呢？政治工作是群众工作，不能图简单。诉苦运动搞好的就是走了群众路线，没有搞好的就可能是犯了命令主义、形式主义错误。干部不懂得群众路线，命令主义是反不掉的。

这次政工会后，于1947年冬开始的参军热潮中，又有大批翻身农民参军，到3月，有70个团补充到了前方，大大增强了东北野战军的战斗实力，部队呈现出一派新气象。野战部队的攻坚技术、战术水平有很大提高。从实战中总结出的"一点两面""三三制""四组一队""四快一慢"等战术原则，为广大指战员所熟悉、掌握。在西北野战军，指战员新的技术创造是：过五关式瞄准检查法、反光的瞄准镜、不改装的迫击炮抵近平射、挖坑道不响而快的办法、多种多样的排雷办法等等。这些都受到彭德怀同志的称赞。总之，经过诉苦、三查之后，全军指战员焕发出了极大的革命热情，在全面展开的攻势作战中，大量歼灭了敌人，取得了更大的胜利。

六

3月初，西北野战军向南进攻作战，旗开得胜，攻克了宜川城，歼敌5个旅3万人。党中央致电祝贺，称赞宜川大捷，"证明用诉苦及三查方法整训部队，发扬政治、经济、军事各项民主，收效极为宏大"。

3月7日，新华社发表毛主席写的《评西北大捷兼论解放军的新式整军运动》，第一次将诉苦、三查概括为"新式整军运动"，并给予高度评价。紧接着，3月20日，毛主席在《关于情况的通报》里，评述了我军南线各部队在第一次大休整中，"采取群众诉苦（诉旧社会和反动派所给予劳动人民之苦）、三查（查阶级成分，查工作，查斗志）和群众性练兵（官教兵，兵教官，兵教兵）的方法"，进行整军取得成果；4月1日，毛主席《在晋绥干部会议上的讲话》，在对新式整军运动做出完整概括的同时，指示要继续进行这种整军。在学过毛主席的上述三篇文章之后，我起草了总政治部的《新式整军初步总结》，论述"这种完全有领导、有秩序地采用民主方法进行的整军，乃是人民解放军长期经验积累与发展的成果，为任何古典军事学说所没有，因而它是一种新式的整军方法。是毛主席建军思想的具体体现"。

有些部队，开始三查三整和参加平分土地时，发生过这样那样的偏向，但很快得到了纠正。正如当时毛主席说的："在这些工作中所发生的偏向有了着重的纠正，或正在纠正中，这样就可以使整个中国革命走上健全发展的轨道。只有党的政策和策略全部走上正轨，中国革命才有胜利的可能。"

西北野战军的夏季整训，就是在"健全发展的轨道"上进行的。前委鉴于某些领导干部中存在斗志不强、阶级责任心不高、自由主义严重等情况，不是再搞三查，而是决定进行"群众性的整党评斗志运动"。有的纵队搞"三评"，有的纵队搞"四评"：评斗志、评政策、评纪律、评工作。群众称之为给干部"过秤""照镜子""看骨头""量水平"。彭总给毛主席的报告说，这基本是在三查运动基础上新的发展，使干部对民主作风与群众路线，得到更进一步的认识。两者不同的是，"三查运动着重于暴露坏的，联系到表扬好的；四评运动是着重于表扬好的，联系到暴露坏的"。10月间，西北野战军政治部给军委总政送来了夏季整训的报告，周恩来同志让转给我，并批示："此报告甚好，可稍加改编后发表。"

有件事给我印象很深。彭总一再讲，诉苦、三查，是我军有史以来的第一次伟大的群众运动，就是因为采取了放手的民主和群众路线的方针。对此他有许多精辟论述。他认为，有些同志说民主不好，在哲学上讲，这是只见树木不见森林。不管三查也好，四评也好，如谓西北野战军是新式整军运动的创造者，就会给自己背上包袱。从历史上发展来看，我们只是给新式整军运动充实和增加了内容。但是西北野战军的整军成果和经验毕竟产生了广泛影响。1948年4月初，陈毅同志从陕北返回华东，在团以上干部会议上赞扬西北野战军的宜川战役取得胜利，主要是由于他们的团以上干部会议造成了内部坚强的团结，在意志上与执行政策上的统一。陈毅说他到这个会上听了许多同志发言，他们的自我批评精神都很好，特别是有些同志严肃地检讨了和平时期的许多缺点，过去打城市不注意政策，等等。毛主席在会上讲了话，鼓励了他们的自我批评精神，使这个会议取得更大的效果，保证部队一出马便取得很大的胜利。因此新华社发表一篇评论称之为新式整军，因为旧式整军只是整下面不整自己，认为自己是没有毛病的，新式整军主要是整顿领导，整顿干部，并与全军土改学习结合，这才是战斗力坚强的决定因素。

刘伯承同志给一个纵队的干部做报告，讲到整党要与整军作战相结合，也高度评价了宜川大捷。他说，西北野战军此次练兵整训后，一出动就歼灭敌人 5 个整旅，这就是整党与群众路线的练兵和作战结合得最好的一个榜样。就此他还指出，毛主席提出"整编党的队伍"，因为这是关乎革命成败的重大问题。我们整党必须与土地改革一道进行，这样才是一个领导人民的革命政党，才是联系群众站在群众之中的政党，而不是孤立的。他深刻地论述了整党整军的基本目的就是为着与群众保持密切联系。他尖锐指出，现在我们部队官僚主义的作风还很严重，主要表现在瞒上欺下，认为自己是干部，群众就必须无条件地听从我，尊重我，一点不顺心，就给难看，大家不敢说话，不敢大胆反映问题，使得上级的东西不能下达，下级的意见不能往上反映。他热诚希望大家努力，来把自己在政治上提高一步，推动全党向前进一步，争取胜利的早日到来。

彭德怀、陈毅、刘伯承等同志的话，从不同角度阐述了新式整军运动的基本特征和意义，同时反映出全军互相学习，取长补短，共同丰富和完善着新式整军经验，使之在健全发展的轨道上，日益取得新的成果。

七

1948 年 5 月，前委和工委、后委会合不几天，周恩来同志问我去看主席了没有。我说怕干扰他，还没有去。周恩来同志告诉我，明天可以去，不要谈工作，说笑说笑，这一段太紧张了。

毛主席见到我还是那么亲热，说到刘筱圃（我爱人）撤出延安前给他的那些豆豉，在陕北是好菜，吃光了，要谢谢她。后来问我："傅主任（这是毛主席对我的习惯称呼。1946 年秋，我从重庆回到延安重新分到总政工作时，毛主席说，'傅主任还是我们的副主任'），我们进关了吧，离'咸阳'还有多远？"我想他是用刘邦打败项羽的故事，来比喻我们打败蒋介石，夺取全国胜利，已经临近。毛主席大概听我回答得体，笑了！我们就项羽、刘邦不同的为人和不同的结局说笑了一阵。毛主席又问我在重庆（1946 年我曾在重庆任四川省委宣传部部长兼新华社代理社长）交了哪些朋友，说他们快来了；我们已邀请了关中父老、豪杰，下一步就看我们的"约法三章"抓得如何了！

毛主席说的重庆的朋友快来了，指的是党中央已给上海局发出指示，邀请各民主党派代表来解放区，协商召开全国人民政治协商会议之事。

在解放战争取得节节胜利的那段时间，中央对党的政策和纪律问题抓得非常紧，要求极为严格。正如中央对山东兵团领导人的指示所说的："我党已处在夺取全国政权的直接的道路上，这一形势，要求我们全党全军，首先在一切政治上的政策及策略方面，在军事上的战略及重大战役方面的完全统一。"正是基于这种形势和任务，1948 年 4 月、5 月以后，党中央、毛主席对继续进行新式整军运动提出了新的更高、更全面的要求。

实际上，毛主席早在 3 月 7 日的评论中就指明了整军运动要同正确进行的整党运动、土改运动相结合；同整党的缩小打击面、严禁乱打乱杀、团结 90% 以上的人民大众，亦即贯彻反帝反封建反官僚资本主义的爱国统一战线方针相结合；同实行正确的城市政策、保护和发展民族工商业的方针相结合。这三个"相结合"的要求，也就是要求整军运动要推动全军全面、无误地贯彻执行《中国人民解放军宣言》（简称《宣言》）的几项基本政策。

《宣言》提出几项基本政策时就曾强调："必须提高纪律性，坚决执行命令，执行政策，执行三大纪律八项注意，军民一致，军政一致，官兵一致，全军一致，不允许任何破坏纪律的现象存在。"这种对于执行政策、遵守纪律的要求，对于主要是农民成分的我军来说，越是到胜利的时候越是重要，不仅对基层指战员重要，而且对中高层尤其是高层干部同样极为重要。

邓小平同志 1948 年 3 月间给干部做报告时说，党的路线、党的政策，在全军中，人人能够办到的和必须办到的，就是三大纪律八项注意。这是毛主席在开始建立红军时就规定下来的。把军队的三大任务集中了一下，能够适合每个军人都能做到和必须做到。把打仗集中成为一切行动听指挥，把群众工作集中为不拿人民一针一线，把经济集中为一切缴获都归公。把我们的任务和政策具体到八项注意中去，如说话要和气，是反对军阀主义，买卖公平是工商业政策，不搜俘虏腰包是俘虏政策等。所以小平同志教育干部，不能把三大纪律八项注意只看成是上级简单的规定，只是群众纪律问题。应该知道，把三大纪律八项注意办到了，才是一个革命军人够了格，只靠两个冲锋，是不够格的。由于大家都知道士兵委员会是毛主席首创的，小平同志说，以后要恢复"老章程"，连队成立士兵委员会，只要这件事办好了，力量就是无穷的。

在进攻作战的胜利形势下，城市纪律成为部队非常突出的问题。1948 年初，拿下高家堡的部队，有强令商人捐款、没收敌军官家属财产等破坏纪律的行为。毛主席得知后，立即批示："高家堡破坏纪律的行为，应追究责任，并向全军施行政策教育与纪律教育。"

反复地、深入地进行这种教育是整军的重要课题。朱德、刘伯承、徐向前、罗荣桓等同志，在亲自对干部授教时，都以李自成、洪秀全领导的农民革命失败的历史教训，发人深省地说明，如果破坏党的政策，享乐腐化，得了天下还会失掉天下。罗荣桓同志还说：北洋军阀来个大翻把，辛亥革命夭折了；大地主大资产阶级来个大翻把，第一次大革命失败了；抗日战争胜利后，蒋介石还想再来个大翻把，发动全面内战，我们有毛主席英明领导，没有被吓倒，才有即将在全国胜利的形势，但是必须加强思想领导，提高指战员的政策水平。

党中央接连发出指示。3月11日，中央转发西北野战军前委扩大会议决定，批语指明：放在我们面前的将是广大新区及城市工作的开展，都要懂得党在新区和城市中的正确政策，而不至重复过去的许多错误。20日，中央转发东北野战军政工会议情况的报告。报告既肯定经过多次教育，部队入城纪律已见进步，同时指出，唯因本位主义思想作怪，争抓物资与强买强卖的现象仍未根除。

3月21日，毛主席就各种政策的执行向全军发出指示，肯定西北野战军南进执行政策有进步，对征借粮草和偿还与买粮等问题，重申了规定，并由此而责成各旅委书记必须每半月向前委报告一次新解放区各项工作，各野战军前委各军区对部队执行党的政策与策略没有抓得很紧的事，必须从自己领导方面加以检讨。就是在这个指示中，毛主席强调指出："须知政策与策略，是我党我军的生命。不注重政策与策略的教育，不使这种教育贯彻到底，使全体指战员充分明了，不加检查，让单纯军事观点占了统治地位，不尖锐全面彻底地反对单纯军事观点，向这种错误观点让步妥协或者隐瞒这些现象不向前委或军区反映，而前委或军区则不向或少向中央反映，只将战绩向上级及中央反映，如果是这样，那就是不对的，是离开了或多少离开了党的路线的，必须认为是极端严重的现象，应当立即加以检讨。"

紧接着，党中央、毛主席又对报告制度进行了补充规定，要求自 4 月起，各中央局、分局、前委，对下发出的一切有关政策及策略的指示，包括下级向其做的政策与策略性报告并对之做的答复，均应同时发给中央一份。

由此可见，在迎接全国胜利的关头，毛主席、党中央对政策与策略问题是一抓到底的，非常周密，尤其对高层领导干部抓得紧而又紧。

这方面的收效是巨大的，但由于胜利形势发展迅速，加上自身种种原因，要使党的政策和策略完全走上正轨，不可能一蹴而就。当时有件突出的事情是：山东兵团在对昌潍地区之敌宣布宽大政策时，把罪大恶极的为广大人民群众所痛恨的大反革命分子、大恶霸，也和敌方其他人员一样，不加区别地一概宣布既往不咎，将功折罪。党中央立即发出指示，指明这"是直接违反我党政策及人民解放军宣言中首恶者必办一项规定的"，并对其没有事先请示，粗率地向敌方发出这项不正确声明，予以严肃批评。同时尖锐地指出了必须立即克服的五种恶劣作风，即"自由地迫不及待地粗率地冒险地规定及执行明显地违背中央路线和政策的某些政策。地方主义的和经验主义的恶劣作风，事前不请示事后不报告的恶劣作风，多报功绩少报（甚至不报）错误缺点的恶劣作风，对于原则性问题粗枝大叶缺乏反复考虑慎重处置态度的恶劣作风，不愿精心研究中央文件以致往往直接违反这些文件中的某些规定的恶劣作风"。中央要求，对所有这些不良现象，一切受中央委托的领导机关（野战军前委包括在内）的负责同志，应严肃地加以改变，并指导所属中级及下级领导机关的负责同志，同样严肃地注意加以改变。中央指出，我们这样做是完全合乎中国革命形势的要求的。这种形势要求我们党缩小各地方各兵团的自治权，而将全国一切可能和必须统一的权力统一于中央。各地各军领导同志，必须迅速完成在这方面的一切必要的精神准备和组织准备。

1948 年 5 月，陈毅、粟裕同志到中央来见毛主席，毛主席提了三条方针。一是重申将战争引向国民党统治区的战略方针，强调内线、外线的分工，南线、北线的配合，纪律与政策的提高；二是老解放区生产长一寸；三是为保证前两项方针的实施，必须在全党全军反对无政府主义，中心是杜绝无纪律和破坏政策。对事前不请示、事后不报告的做法，毛主席号召全党讲纪律，讲政策，服从统一领导，进行正规建设。后来，陈毅同志和华东野战军前委为此做了大量工作，使部队在山东、中原的作战与纪律方面，都取得了重大成绩。

在此期间，邓小平同志模范地遵循党中央、毛主席的指示，深入开展党的政策策略教育。他以自己学习研究党的路线和政策策略的体验和心得，给干部做过一次教育作用很大的报告。他说，夺取全国范围的胜利的形势与人民的觉悟是具备了，但如果我们犯错误，革命还是要失败的。按毛主席指示，在战争、土改、整党、杀人、工商业五个问题上不犯错误，就能很快胜利；搞错了，或其中任何一个搞错了，都会使革命失败，或者延缓革命胜利的时间。因此中央号召我们执行党的政策和策略。没有正确的政策和策略，路线是空洞的。这一点，每个党员，每个干部，负的责任越大就越有认识的必要，越是领导机关，就越不能粗心大意。

小平同志联系部队情况说：在我们实际行动中，却往往忽视了党的生命——政策和策略。这是和胜利局面相连的。抗日战争最困难时，我们用心钻研政策和策略，比如实行革命的两面政策，现在已迫近胜利，又不认真讲究政策和策略了，有的只记得中央路线的几个口号，不去好好体会路线下面的政策和策略，把新华社广播的东西当作对国民党区的宣传，不当作对我们的指示，认为自己还有一套，不懂得我们共产党是表里一致的，能做的就能说，能说的就能做。

在报告中，小平同志对右的、"左"的偏向做了具体分析，并指明怎样才是正确的。他说：今天是胜利的局面，主要是"左"的错误。不讲政策、策略叫"左"，忘了党的路线叫右。"左"的偏向表现在多方面，如土改中侵犯中农；对地富无区别，对大中小地主一律扫地出门；斗争中乱打乱杀；在新区不估计到斗争环境，操之过急，打击面过大，工作步骤犯急性病；等等。但反对"左"的偏向不是把土改放在一边，另外搞一套政策、策略，而是正确执行土改这条路线下面的政策、策略，土改不但不能动摇，而且要加速把它完成。战争之所以胜利，是因为有土改的老区。土改是取得胜利的保障。小平同志还对什么叫策略，按毛主席思想做了精辟阐述，并语重心长地提醒大家：中央的政策是非常明确了，但为许多党委所忽视，以致许多行动都带有盲目性，使革命遭受损失。经过中央天天喊，现在开始警觉到了，每个党员每个干部都必须警觉起来，加强对党的政策、策略的学习和掌握。

后来，小平同志在豫陕鄂前委和后委联席会议上，做了长篇报告——《跃进中原的胜利形势与今后的政策策略》，联系我党我军的历史经验，从理论与具体实践的结合上，透彻、全面地阐述了党中央、毛主席的战略方针和政策策略等思想，对部队政策水平和纪律水平的提高，产生了很大影响。在此期间，刘伯承等野战军领导同志，也亲临讲坛，对部队主要是中高层干部，进行政策、纪律教育和马列主义、毛泽东思想的理论灌输。他们率领中原野战军顺利完成了整党和新式整军第二阶段的任务，进一步整顿了连队党支部，加强了士兵委员会的活动，普遍建立了营党委和纵队、旅直属党委，在大规模作战中贯彻和执行了党的新区政策、城市政策，争取了军政双胜利。到5月下半月，举行了旅以上干部参加的政治工作会议，总结了各级党委建设、巩固与发展三大民主等整党和新式整军运动的经验。

6月16日，《人民日报》发表了《重印"左派幼稚病"第二章前言》（简称《前言》），传达了毛主席的指示："请同志们看此书的第二章，使同志们懂得必须消灭现在存在于我们工作中的某些严重的无纪律状态，或无政府状态。"文章指出："坚持党的铁的纪律，巩固党与群众的联系，这是毛泽东同志的一贯的思想原则与组织原则。一九二九年古田会议的决议案与一九三七年《反对自由主义》的提纲，便是毛泽东同志为这种原则而写作的。"从延安整风到七大，党中央、毛主席还有过多次这样的指示，要求维护党的统一意志、统一行动、统一纪律和集中领导。随着人民解放军的胜利，我们党将成为统一的全国人民民主政权的领导政党，"集中的革命纪律，便具有头等的决定的意义"。《前言》公开地重申了中央于 4 月对山东兵团领导指示中的原则和基本精神。

各野战军首长认真学习了《前言》，贯彻了毛主席的指示精神，并重读了列宁的《共产主义运动中的"左派"幼稚病》的第二章"布尔什维克成功的基本条件之一"。彭德怀同志在西北野战军前委扩大会上，还指名道姓地催促一位高级干部补课，学习列宁的这篇著作。

中原军区及野战军前委，于 7 月底 8 月初在豫西宝丰，召开了全体团以上干部会议，系统学习党中央、毛主席有关准备夺取全国胜利的重要指示（主要是《目前形势和我们的任务》），通过批评和自我批评，检查团以上领导作风，并将其作为整党和新式整军运动的第三阶段。

刘伯承同志在会上提出，要达到上级、同级、下级"三层亮"，解决纵队、旅、团三级领导作风问题。会议按此三级顺序，从党委领导、作战、建军、执行新区政策和党内团结等方面，进行了认真检查。干部们发扬"脱裤子割尾巴"的整风精神和"闻过则喜"的传统美德，本着"知无不言，言无不尽"的对党对人民负责的态度，对各级领导及部队中存在的无组织无纪律、经验主义、官僚主义、骄傲自满和不团结等不良现象，进行深刻揭露和严肃批评，同时提出了许多建设性意见。这就是在当年有典型意义的著名的宝丰会议。它使到会领导干部受到一次深刻的建军思想教育，认识到加强党对军队的绝对领导和提高政策水平与纪律水平的重要性，还看到了新式整军运动、三大民主的作用与深远影响，对进行大兵团作战、全歼中原敌军，是有力的政治动员。

会后，部队以多种新鲜、有效的方法，开展了思想政治工作和大练兵运动，并在攻坚组织与方法上有了许多发明和创造。刘伯承、陈毅同志亲临练兵场，观看并指导攻城演习，对指战员研制的"飞雷"即炸药抛掷筒，给予了很高评价。这时部队的战斗力，显然已全面得到提高。所以淮海战役后小平同志说，胜利的重要源泉是整党，是战斗意志坚强，是不叫苦。1948 年 8 月、9 月的整党，对各级干部教育很大，官僚主义大为减少，干部责任心大大增强，在战斗中从上到下都颇为坚强。各纵队虽经过三次到四次的火线编队，但没有叫苦的。

党中央、毛主席抓全军纪律，越是取得重大胜利之后抓得越紧。6 月指示之后不久，中央军委又对整顿全军纪律发出了《训令》，要求全军各前委、各军区、分区、纵委、师委，均须检讨无纪律无政府状态及整顿纪律问题，均须做出关于此两项问题的简明扼要的决议，而且明确规定：两项检讨应分别开会，不要混在一次会上检讨，须写出两个决议，不要将两项问题写在一个决议上。直至指令，若有某一纵委、师委、军区、军分区没有开会检讨，没有做出决议，必须补开、补做，以此定为一项纪律。之所以这样严厉要求，三令五申，就在于我们要有"铁的纪律""达到全党的政策与纪律的完全统一，以便迎接全国人民革命的胜利"，使我党我军能够更加成为人民的模范，早日完成革命任务。

正是新式整军运动的继续进行和整党的相结合，才有了全军政策水平和纪律水平的提高，才创造了许许多多动人的事迹，为 1949 年向全国胜利进军，模范地执行"约法八章"，打下了坚实基础。

八

从毛泽东、周恩来、任弼时等同志在西柏坡同中央工委、后委会合之后，中央书记处指定我列席中央政治局会议，参加解放军总部搞的战局汇报会。毛主席在《中共中央关于九月会议的通知》中，对有秩序、有领导的全军指战员参加的民主运动给予高度评价。

1949年1月，毛主席起草的经中央政治局通过的《目前形势和党在一九四九年的任务》指出："必须使人民解放军的政治工作，在军委政治部领导下，做出关于'新式整军运动'、'党委制'、'革命军人委员会'、'连队支部工作'等项的总结，并制成条例或章程，以便普及全军，成为定制。"

1947年，总政治部颁布了《中国人民解放军党委员会条例草案（初稿）》，1948年2月5日，发出了《关于在部队中建立士兵委员会的通知》，其中还规定"应将连队党的支部完全公开，使与士兵委员会之民主生活结合起来，更加密切党与群众的联系。以后支部开会，应邀请士委会的非党战士参加，保证他们在会议上对党员有自由批评与建议之权……使支部不脱离群众，使党员接受群众监督"。同年10月，总政批准华东军区部队先试行《连队支部工作条例（草案）》和《革命军人委员会条例（草案）》。到1949年底，三个条例（草案）颁发全军实行。至此，毛主席在井冈山时期亲手创立的这些"老章程"，成为向全国胜利进军的人民解放军的新的定制，它是"民主的群众性的新式的整军运动"的伟大成果，对于我们这支新型的人民军队永远保持鲜红的颜色，具有不可估量的作用。

许多老同志说，解放战争中的新式整军运动，全面恢复了以毛泽东同志为代表的无产阶级建军路线，在军队政治工作方面结合新的历史条件，创造性地全面落实和发展了古田会议决议案及其所确立的原则。新式整军所积累的宝贵历史经验，将永载人民军队建设的史册。

千里跃进大别山的第三纵队

陈锡联

解放战争第一年的伟大胜利，使全国形势发生了重大变化。一年来，解放区军民在党中央的正确战略方针的指引下，歼灭了敌人97.5个旅，连同非正规军，共歼敌112万人，胜利地粉碎了敌人的全面进攻，并有力地打击了敌人的重点进攻，奠定了我军战略进攻的基础。党中央、毛主席确定的第二年作战的基本任务是：立即由战略防御转入战略进攻，把战争引向国民党区域，将中国革命推向新的高潮，以争取在全国范围内的胜利。制定了两翼牵制、中央突破、三军配合的战略计划，以晋冀鲁豫野战军为主力，于7月以前，在鲁西南强渡黄河，跃进大别山；以晋冀鲁豫野战军一部，在晋南突破黄河，挺进豫鄂陕；以华东野战军主力，在打破敌人重点进攻后，挺进豫皖苏。三军在中原布成品字阵势，互为犄角，密切协同，歼灭敌人，发动群众，建立中原根据地。

根据上述任务，我纵队在刘、邓首长直接领导下，在豫北作战之后，于安阳以西地区休整一个多月，学习了野司颁发的《敌前渡河战术指导》，围绕大反攻进行了思想与组织等方面的准备工作。

羊山集位于金乡城西北15千米，居民千余户，镇北面靠山。北面的这座山是东西长约2.5千米、高400米的孤山，山上突出三峰，以中峰（羊身）最高，形势险峻，能瞰制集镇及村落，形状似羊，因而得名"羊山"。山上有日、伪时筑的碉堡。敌六十六师被围后加修了一些工事,构成核心阵地,据守顽抗。

各旅接到任务后,情绪极为高涨,提出"攻下羊山为人民立功"。1947年7月13日,我纵队进抵羊山附近,当夜开始攻击,首先消灭敌外围据点。当部队爆破敌鹿砦向村内突击时,遭山上敌火力压制,八、九两旅攻击未成功。

14日夜,一、六纵队在六营地区全歼敌三十二师和七十师、二纵队歼灭谢家集之敌的胜利消息,极大地鼓舞了部队的斗志。羊山之敌在三十二师、七十师被歼后,极为恐慌,于16日中午,以一个团的兵力,向南做试探性突围,为我九旅歼其一部,余敌逃回羊山。

15日,二纵参加对羊山作战,由西面对敌实施攻击。我纵队随即调整部署,于17日、20日两次与之协同作战。但因对地形、敌情摸得不清,部分干部有急躁情绪,组织工作粗糙,几次攻击,均未奏效。

此时,金乡援敌五十八师及一九九旅进至万福河南岸,为军区独立旅所阻,7天未前进一步。19日,蒋介石飞临开封督战,一面从西安、洛阳、山东调兵遣将,驰援鲁西南;一面严令王敬久率五十八师及一九九旅由金乡北援,解羊山之围。刘、邓首长决心除以一部继续围困羊山之敌外,集主力先在运动中歼灭援敌,而后再打羊山。二纵四旅及军区独立旅占领袁庄以西布阵。我三纵九旅二十五团位刘庄、韩楼正面阻敌,二十七团位左翼杨庄、徐楼地区,迂回敌人。七旅进至张庄、陈庄待机,准备适时投入战斗。20日6时,敌一九九旅在飞机、坦克、炮火掩护下渡过万福河,其前卫五九九团16时接近韩楼以南。我二十五团适时组织反击,歼敌一部,并击毙敌五九六团团长王鸿昭。时降大雨,道路泥泞,敌坦克运动困难,其炮兵亦不易占领阵地,协同困难,前卫孤立。九旅童国贵旅长及时抓住这一有利时机,组织二十五团主力从敌两侧,二十

六、二十七两团迂回敌后，歼敌五九六团大部。七旅主力多路出击，将敌一九九旅主力分割包围在杨楼以北地区。此时，二纵部队亦从西侧出击，经彻夜激战，全歼敌一九九旅。我纵俘敌旅长王仕翘以下2000余人。23日至24日，敌五十八师又数次增援，均为我纵所阻，即龟缩金乡。

23日，毛主席指示我野，对羊山集之敌，"判断确有迅速攻歼把握则攻歼之。否则立即集中全军休整十天左右，除扫清过路小敌及民团外，不打陇海，不打新黄河以东，亦不打平汉路，下决心不要后方，以半个月行程，直出大别山"。刘、邓首长认真分析当时敌情，认为各路援敌尚在调动中，且金乡敌再无力北援，羊山集敌人已遭到削弱，我可以集中全部主力，速歼敌完全有把握。随即重新调整部署，以二纵一部由西向东攻击，以我纵七旅和六纵十六旅由北向南攻击，以八旅由东向西攻击，并调野司榴弹炮营、一纵炮团加强火力，置重点于夺取制高点。以一纵位羊山以东地区，接替军区独立旅的阻击任务。24日，我和曾绍山、郑国仲、阎红彦同志分赴各旅，召集干部会进行动员，研究攻击受挫原因。和干部一起到前沿观察地形、敌情，并和战士座谈，分析研究打法。最后一致认为，攻下制高点羊身是整个战斗的关键。遂以七旅（附一纵山炮团）和六纵十六旅为主攻部队，首先由北攻占羊身，而后该两旅分别向东向西攻击羊山集；八旅二十四团协同二十团攻羊头，主力位羊山集以东以南布阵，捕捉突围之敌；九旅阻止增援之敌并在姜庄、后刘庄相机攻村。

27日18时，发起总攻，我担任主攻的十九团三营在营长南峰岚率领下，以迅猛动作，从正面一举突破敌阵地，攻上羊身主峰。19时，与从羊尾攻上主峰的十六旅一起，将敌人压到南侧半山坡凹部。八、九两旅也在羊山集以东、以南突破敌阵地，向村内发展。战至28日12时，我纵共毙、伤敌4000人，俘敌7000余人，缴获榴炮9门，汽车30余辆，鲁西南战役胜利结束。我纵队杀敌英雄史玉伦同志和十九团三营营长南峰岚同志光荣牺牲。此役历时 28 天，我野战军在战略进攻的主要方向上，歼敌 9 个半旅、4 个师部，共 6 万余人，揭开了战略进攻的序幕，迫使敌先后从西北、山东和中原等地调动 9 个整编师 22 个半旅向鲁西南驰援，打乱了敌人的战略部署，为跃进大别山开辟了通道。

千里跃进

鲁西南战役后，我野战军主力和华野外线兵团 5 个纵队，集结于巨野、郓城地区，形成强大的进攻态势，处于主动地位。刘、邓首长决心利用这一有利时机，让部队休整半个月，于 8 月 15 日南进大别山。

但是，这时调进鲁西南的国民党 13 个师 30 个旅，分五路正向巨野、郓城地区分进合击，企图迫使我军背水连续作战。还阴谋破坏黄河大堤，把我军和河南岸数百万人民淹没在鲁西南。加之当时连日阴雨，河水猛涨，南岸之老堤由于敌人破坏，未加修复，时刻有决堤的危险。新的情况已不利于我久停。刘、邓首长审时度势，当机立断，决心提前于 8 月 7 日经巨野、定陶之间跳出敌人的合围圈南进，并要求我们勇往直前，不向后看，坚决勇敢地完成这一光荣艰巨的战略任务。这迅速得到中央军委、毛主席的批准。当时，毛主席对我野战军主力南进大别山，曾估计了三个前途：一是付了代价站不住脚，准备回来；二是付了代价站不稳脚，在周围坚持斗争；三是付了代价，站稳了脚。要我们从最困难方面着想，坚决勇敢地战胜一切困难，争取最好的前途。

为了保持我军行动的隐蔽突然，给敌人制造错觉和出其不意，刘、邓首长确定野战军主力分三路南进，即以一纵并指挥中原独立旅为西路，沿曹县、宁陵、柘城、项城之线以西南进；我三纵为东路，沿成武、虞城、夏邑、界首之线以东南进；中原局、野战军指挥部和二、六纵为中路，沿单县、虞城、亳州、界首、临泉之线以西南进；千余名地方干部分随各纵队行进，以便于迅速开展地方工作。为配合和掩护我野战军主力南进，刘、邓首长还确定：北面以十一纵和冀鲁豫军区部队在黄河渡口佯动，造成我军北渡的假象，吸引敌人继续合围；东面以暂归我野战军指挥的华野外线兵团 5 个纵队的少数兵力钳制敌人，主力积极寻机打击敌人，掩护我军主力南进；在西面以豫皖苏军区部队破击平汉路，断敌交通，中原独立旅参加破路后，绕道平汉路西侧南进，分散迷惑敌人。

当时，我军是胜利之师，群情激昂，信心十足，有完成各项任务、克服任何困难的思想基础。但在实际工作中，存在不少问题，如部队连续作战一个月没有休整，对新解放战士来不及进行教育和训练，对进军大别山还没有具体动员和充分的准备。敌重兵压境，从鲁西南到大别山，远隔千里，横在前进道路上有陇海路、黄泛区、涡河、茨河、沙河、泉河、淮河等许多天然障碍。加之正值雨季，我纵队又行进在东路，河宽水深，大多数河流不能徒涉，运动困难。且东临津浦路，如敌人察觉我战略企图，沿铁路向南，堵截我去路，将造成我更大的困难。克服障碍，使部队迅速进到大别山去，是亟待解决的重大问题。刘、邓首长果断决定采取三路前进的队势，固然已为我们创造了进军快的前提，但我们靠两条腿行动，是比不上敌人的车轮子的。因此，做好战备和组织好行军，就更显得重要了。我们反复琢磨，既要前进快，又要保持部队的体力和持续的韧性，采取了各旅交替前进的办法。首先以七旅为先遣队，掩护纵队通过陇海路，抢占新黄河（沙河）渡口，架设浮桥，保障主力通过沙河。而后由九旅担任先遣任务，过沙河迅速前出，抢占淮河渡口，攻占固始。八旅即向皖西展开。要求各级干部深入下去，边前进、边动员、边整补，开展思想、体力互助，切实做好巩固部队的工作。经过动员，各部队都抢着在千里跃进中立战功。

8 月 7 日，我纵队与兄弟纵队一起，开始了千里跃进的壮举。

黄昏时部队出发，连续四个夜行军，跳出了敌重兵集团合围圈。先遣部队七旅二十一团于 11 日夜攻占陇海路上马牧集车站，歼守敌一部并对东西铁路进行破坏，炸毁了桥梁；纵队主力于 12 日胜利越过陇海路。同时野战军各纵队也跨过陇海路，向敌人辽阔空虚的战略纵深疾进。这一突然的战略行动，将敌人主力甩在陇海路北，彻底粉碎了蒋介石企图在鲁西南合击我军的计划。开始，敌人判断我军要北渡黄河，结果合围扑空；继而又误认为我是在大军压境情况下"北渡不成而南窜"。因此，仅令驻蚌埠的四十六师一部西进太和，结合地方团队在沙河布防，堵截我军；以主力罗广文兵团、张淦兵团等部共 12 个旅分路尾我南进；并以 4 个旅在平汉路侧击，妄图把我军一举歼灭在黄泛区。可是我军已先敌两天进入黄泛区，把敌人远远抛在后边。

8 月 14 日，刘、邓首长指示：决乘敌分散，对我企图尚未判明之前，乘隙以三日急行军向太和、阜阳、界首之线前进，抢渡新黄河。据此，纵队令先遣队七旅直趋沙河。纵队主力过涡河后，即进入黄泛区。早在 1938 年，为阻拦日军进攻，蒋介石在河南中牟县花园口破坏河堤，使黄河决口，招致数百万人民生命财产的严重损失。1947 年蒋介石为防御我军的进攻，又引黄河水归故道，就造成了当时的黄泛区。它宽 15 千米至 20 千米，遍地积水、淤泥，没有道路，没有人烟，行军、食宿均很困难。全体指战员以惊人的毅力战胜重重困难，经过 4 天艰苦行军顺利通过了黄泛区。8 月 17 日，七旅十九团进至太和，与已占领太和城之敌四十六师先头部队（约一个团）展开激烈战斗，该团二营袭占沙河渡口——旧县集，并在旧县集渡口搭好了浮桥。18 日纵队主力通过沙河。19 日，尾追我纵队之敌第三、五十八师与我八旅后卫部队接触，遭我顽强阻击，未敢冒进。

我军渡沙河后，蒋介石才大梦方醒，察觉到我军并非"南窜"，而是矛头直指大别山。于是急忙调动部队，沿平汉路南下堵击。我为抢占淮河渡口，8 月 21 日，改九旅为先遣队，令其先行出发，抢占三河尖渡口。同时令纵队教导团和补充团抢占洪河口、祝皋集渡口，以保障主力通过。8月22日，敌四十六师抢占了三河尖下游20千米之南召集渡口并向三河尖运动。我二十五团轻装疾进，于23日夜抢占了三河尖渡口。与此同时，教导团、补充团亦抢占了祝皋集渡口。他们架好了浮桥，保障纵队主力于8月25日全部顺利渡过淮河。

此时，传来陈赓、谢富治兵团于8月23日夜在平陆、济源间渡过黄河的胜利消息，极大地鼓舞了我们的胜利信心。为保障纵队主力顺利向南挺进，九旅二十六团渡淮后立即出动，于8月26日拂晓，占领固始县城。至此，经过20天的连续急行军，摆脱了敌人追堵，克服了重重的天然障碍，胜利地进入了大别山，完成了千里跃进的战略任务。

在皖西展开

进入大别山后，刘、邓首长明确指出，今后的任务是：全心全意地义无反顾地创建、巩固大别山根据地。与友邻兵团配合，全部控制中原。具体部署是：以一纵、二纵钳制尾我之敌，三纵、六纵占领南线诸城，打开创建根据地的局面。并明确指示我三纵队，应迅速攻占立煌（今金寨县。——编者注），并侦察六安、霍山、舒城、庐江、桐城、潜山、太湖诸城，准备占领之。

3月29日，纵队确定由郑国仲副司令员率八旅由固始直取立煌，纵队主力于30日经叶家集向皖西六安、霍山挺进。八旅为了抓住敌人，令先头部队改穿国民党军服装，于9月2日攻占立煌城，全歼守敌四十六师五六四团大部及保安队大部，俘敌千余人。而后，该旅迅速东进，分路出击，连克舒城、庐江、桐城、潜山等县城。九旅二十六团于9月2日袭占六安城，俘敌百余人。而后，该旅即在六安城以东之十五里墩、徐家集地区阻击敌人并掩护开展地方工作。七旅二十一团于8月31日全歼叶家集之敌四十六师五六四团二营及安徽省保三团一部，俘敌 480 余人。该旅主力位六安以南地区，配合南下工作团开展地方工作。其十九团三营于 9 月 3 日袭占霍山，二十团于 9 月 9 日至 20 日逼近六（安）合（肥）公路椿树岗、官亭镇一带，进行游击活动，并在防虎山歼六安逃亡的国民党县政府及保靖大队一部，俘敌百余人。

我纵队以半月时间，解放了固始、立煌、六安、霍山、舒城、桐城、庐江、潜山、岳西等 9 个县城，消灭了守敌，摧毁了国民党县政权，建立了 9 个县的民主政府，初步打开了局面。我军所到之处，都受到当地群众的热烈欢迎。

我纵队在实施战略展开过程中，到处得到皖西游击队的配合和支援。皖西地区力量较强的有皖西人民自卫军。他们是原中原军区一纵队副司令员、我的老战友刘昌毅同志率领的 800 余名鄂豫皖人民子弟兵，于 1947 年 4 月从鄂西北打回大别山，在潜山地区与长期坚持敌后斗争的皖西工委书记桂林栖同志领导的一支隐蔽的革命武装会合后组成的。刘任指挥长，桂任政委，下辖 3 个支队，共 2 400 余人，活动在东从巢湖、无为，西至潜山、岳西，南自太湖，北达定远的广大地区。他们时刻盼望主力打回来。这支人民武装与我纵队会合后，如虎添翼，声威大震。9 月中旬，各支队先后与我纵各旅会师，并积极配合，于 9 月、10 月间，连续攻占潜山、岳西、安庆附近的石牌镇、太湖、望江、华阳镇以及庐江县府所在地盛家桥。他们还积极配合建立地方政府，开展地方工作，为大军筹集粮秣、侦报情况等等，不仅为主力展开创造了极有利的条件，而且是建设皖西根据地的重要力量。

在我实施战略展开时，蒋介石急令尾我南下的 23 个旅追过淮河，分路扑向大别山区，妄图乘我立足未稳，寻歼我军或将我军逐出大别山。9 月上旬，北线敌四十六师进入六安、霍山地区，五十八师进到固始、商城地区。为打击敌人气焰，掩护展开主力，刘、邓首长于 9 月间在商城以北、以西地区连续组织了以歼敌五十八师为主要目标的三次作战，仅歼敌两个团。这三仗打得都不够理想，原因很多：在展开初期，由于我军刚刚由内线转到外线，由北方转到南方，各方面都发生了很大变化，许多同志一时难以适应这种情况，部队中出现了一些纪律松弛的现象。为解决部队的思想问题，野战军于 9 月 27 日在光山以南王大湾召开会议。会上在肯定成绩的同时，着重严肃批评了一些干部和部队存在着的右倾情绪和违法乱纪行为。刘、邓首长指出：增强斗志，反对右倾情绪，克服纪律松弛现象，是大举歼灭敌人、充分发动群众、建设大别山根据地、实现党的战略进攻方针的根本环节。要求各级干部要牢固地树立以大别山为家的思想，严肃军纪，发扬勇敢顽强的战斗作风，率领部队克服暂时困难，担负起打仗、做群众工作、筹集给养等三大任务。这次会议，对坚持大别山斗争，实现党中央的战略进攻方针，起了重要作用。

张家店歼敌

10 月初，敌从鄂东调七师、四十师，从皖西调四十八师、四十六师一部，并结合在山北地区的八十五师、五十八师、五十二师等部，对光山、新县地区之我野战军主力进行合击。野战军根据这一情况，令我三纵"趁敌西调，皖西空虚，迅急回师，放手歼敌"。我纵主力由商城、一部由固始，于 10 月 1 日兼程东返。为了隐蔽行动企图，我们绕道山地，在崎岖小路上行军。连日阴雨，道路泥泞，经 7 个昼夜，才如期赶到霍山、六安之间。此时，敌八十八师师部率六十二旅由舒城沿舒（城）霍（山）公路向西进犯。真是冤家路窄，八十八师曾与我纵在正月鱼台战斗中交过锋，我们同兄弟部队一起，消灭它一个半旅，剩下的逃回徐州去了。这次是经过补充由徐州调来合肥，9 月中旬进占舒城、庐江、桐城地区。现该敌处于运动中，是我歼灭的良机。为防敌逃跑，纵队指示各旅：只要抓住敌人，不必请示即可合围歼击。

　　10 月 7 日，沿舒霍公路东进的九旅二十五团与该敌先头部队在山望河遭遇，敌迅即龟缩抱儿岑一带。纵队当即下达命令：七、八、九旅分由北、东、西三面向抱儿岑三保墩及其以北山地合围该敌，务期一举歼灭。纵队特别强调：必须机动灵活捕捉战机，积极主动协同作战。

　　8 日晨，三保墩之敌继续北撤，我九旅二十六团乘势逼近敌人，敌以小部队与我接触，主力趁黑夜绕道北窜。九旅童国贵旅长亲率二十六团和二十七团两个营取捷径向北追击。二十六团在马长岗捕捉敌哨兵，查明敌全部猬集在张家店后，当即占领 295 高地，向敌开火。接着，七旅赵兰田旅长率二十团也赶到了。赵、童两旅长立刻以到达的部队，大胆地包围了敌人。次日拂晓，敌发现被围，当即抢占有利地形，构筑工事，并以两个营至四个营的兵力，在炮火掩护下，连续猛扑北面二十团阵地，企图夺路而逃。在紧急关头，赵旅长立即对团的干部进行了动员。该团奋勇反击，打退了敌人一次又一次的突围，阵地失而复得，最后把仅有的预备队——团特务连用上去，就连旅的侦察连也投入了反冲击。由西南方进攻的二十六团在打退了敌人反扑后，以炮火支援主力出击。下午 3 时，敌人倾全力做最后挣扎，猛烈地突围，但在我二十、二十六两团密切协同、奋力夹击下，被彻底粉碎了。与此同时，郑国仲副司令员率领的八旅正在张家店以东展开，九旅后续部队也赶到了。这里，需要特别提到的是：由当地政府和群众组织的 1000 副担架也赶来支援，极大地鼓舞着全体指战员的杀敌斗志，大家决心全歼敌人，来报答新区人民对子弟兵的爱戴和支援。

　　为迅速歼灭该敌，刘、邓首长要求各旅针对山地、稻田，认真区分任务，严密组织火力。以九旅全部由西南两面主攻，大部炮火也集中在这里；七旅由北面攻击；八旅由东面攻击。由于部队攻击勇猛，一个小时就肃清了外围。此时，敌人依靠优势火器，利用村沿顽抗。我各旅不给敌人以喘息的机会，迅即向村内突击，四面八方的炮火齐向村内射击。10日1时许，纵队配属九旅的化学臼炮，命中敌师指挥所，引燃了村内草房。风助火威，整个张家店顿时变成火海，敌阵大乱，我各攻击部队趁势发起总攻。九旅二十六团首先从南面突破，七、八两旅同时向敌猛扑，攻入村内。各部队一面奋勇歼敌，一面协助群众救火。混乱的敌人，抱头鼠窜。战至10日拂晓，除敌八十八师副师长张世光化装逃跑外，其师部及六十二旅全部被歼，战斗胜利结束。此役共毙、伤敌副团长以下500余人，俘敌六十二旅副旅长汤家揖以下4300余人，缴获战利品甚多。当张家店的敌人被围时，敌四十六师3个团的兵力，由六安驰援，8日进至槐树岗。我二十一团发扬以少胜多、英勇顽强的精神，在敌前进道路两侧选定有利地形阻击敌人。经持续3天的激烈战斗，敌前进只不过5千米，被阻于距张家店尚有15千米的中店子地区，保障了张家店作战的胜利。

张家店作战，取得了我军在无后方依托的条件下，第一次消灭敌人一个正规旅以上兵力的重大胜利。它对发展和巩固皖西根据地，提高群众的胜利信心，教育和鼓舞部队，都有极重要的意义。正如中原军区12日贺电所指出的："你们此次大捷，对建设皖西根据地关系极大。"这次胜利，也标志着我们在皖西完成了中原局及野战军首长所赋予的战略展开任务，打开了皖西斗争的新局面。

皖西根据地的创建

皖西地区位于大别山东南，面积近3万平方千米，有着光荣的革命传统。刘邓大军到达前，皖西人民自卫军在潜山、岳西一带，保有较完整的根据地，周围各县是游击队经常活动的地方。它与鄂豫连接，威逼南京、武汉，又南锁大江，历来为兵家必争之地。

在我军进入大别山之初，中原局即决定，在新区党、政组织机构未建立之前，先成立豫东南、鄂东、鄂皖、皖西等四个区工委，负责开展地方工作。8月30日，还明确划分了部队展开和各工委的工作区域，其中规定皖西区为我三纵队展开地区，辖桐城、庐江、舒城、霍山、六安、无为、寿县、霍丘（今霍邱）8县，并决定书记由皖西人民自卫军政委桂林栖担任，于一川副之。部队进入皖西地区后，纵队领导分工：我和曾绍山、郑国仲副司令员负责指挥作战，阎红彦副政委率领纵队教导团、补充团一部和纵队辎重部队，一面在霍山、岳西地区安置纵队后方，一面负责和皖西中共地方组织联系，肃清土顽，发动群众，开辟根据地工作。

10月10日，人民解放军发表宣言，提出了"打倒蒋介石，解放全中国"的口号。同一天，党中央公布了土地法大纲，宣布废除封建性及半封建性剥削的土地制度，实行耕者有其田的土地制度。为了贯彻宣言和土地法大纲，中原局于10月12日发出《放手发动群众创建大别山根据地的指示》。根据上述精神，纵队党委为加强皖西根据地建设，指示各级党委向军民宣传土地法大纲，立即发动群众开展分浮财、分田地的斗争。决定各旅着重工作区域为：七旅加强桐城、安庆，八旅加强舒城、庐江，九旅加强六安、合肥；教导团和补充团加强三工委，纵队直属队加强潜山、太湖。各旅组织两个武工队，每队50人，由坚强的军政干部和翻身农民战士组成，作为潜（山）怀（宁）、舒城、庐江、六安、合肥县地方武装，归县委领导。主要任务是开展群众工作，进行土改，摧毁旧保甲，建立基层政权，发展和巩固游击队，建立根据地。到10月中旬，在已解放了的12个县中，建立了固始、立煌、六安、霍山、舒城、桐城、潜山、岳西、庐江、太湖等10个县的民主政府，为创建皖西根据地奠定了基础。

11月上旬，我纵队在太湖、潜山一线休整时，刘、邓首长来到太湖刘家畈视察，接见了皖西人民自卫军刘昌毅、桂林栖同志和我们纵队的领导同志，我们纵队政委彭涛同志也从后方赶来了。刘、邓首长一是看望坚持大别山斗争的皖西人民自卫军指战员，听取他们关于坚持大别山斗争情况的汇报；二是开会研究、部署成立皖西区党委、军区和行署等问题。会上宣布刘昌毅同志来我纵任副司令员。11月15日，皖西区党委、行署、军区在岳西县汤池畈成立。曾绍山为军区司令员，彭涛为区党委书记兼军区政委，桂林栖为区党委副书记兼军区副政委，于一川为区党委副书记，罗士高为行署主任，何柱成为军区政治部主任，徐立行为军区副参谋长。下辖3个地委、专署、军分区。全区共17个县（包括新设的县在内）。

为了坚持皖西的斗争和武装力量的建设，由纵队调出七旅二十团、八旅二十四团、九旅二十七团，共7 000余人作为3个军分区的基干团；以皖西人民自卫军第一支队编为三十七团，归皖西军区建制。此外，由纵队、各旅抽调大批干部（仅八旅就抽调300余名）组成军区、军分区领导机关。后来由二十、二十四团各调3个连为基础，组建6个县独立营。这些部队在区党委和军区领导下，在配合主力作战、反对敌人"合围"与"清剿""驻剿"的严酷作战中，经受了很大的锻炼，战斗力大为提高，对剿匪安民、建设和巩固皖西根据地，发挥了重大作用，深受皖西人民的拥护。随着形势的发展，部队进一步扩大。以6个县独立营同皖西人民自卫军组成基干第一、第二团，与三分区的二十七团编成皖西军区独立旅。又由纵队教导团、补充团、皖西人民自卫军各一部组建三分区基干团和两个县大队。由于区分了纵队与军区两套机构，纵队可以实施宽大机动，歼灭敌人；军区部队则可扩大地盘，发动群众，广泛开展游击战争，消灭反动地方武装和打小仗，进一步解决了分遣与集结的问题。

在皖西根据地建立的同时，在鄂豫区也成立了区党委、军区和行署。这样，以鄂豫和皖西为核心的大别山根据地就形成了。我军在大别山深深扎下了根，实现了毛主席估计的三个前途中最好的前途。

辗转机动，粉碎敌人围攻

我军在大别山取得的重大胜利，使敌人极为惊慌。为了与我争夺大别山这一战略要地，敌人从山东和豫皖苏战场调来 5 个师，加上原在大别山的 9 个师，共 14 个师 33 个旅，于 11 月 27 日开始对大别山展开全面围攻。

为了坚决粉碎敌人的围攻，野战军司令部制定了"内线坚持和分兵向外，内外配合，寻歼弱敌"的方针。根据这一方针，我纵进行了紧急动员和战前准备。随后，立即投入了反对敌人围攻的战斗。

在经过新县县城北的行进途中，我到野战军前方指挥所，见到了邓小平政委和李先念副司令员。一见面，李副司令员就开玩笑地讲：锡联同志，背得动吗（指背着敌人行动）？邓政委接着说：就是要多背一些，背重一些；釜底抽薪就不要怕烫手。调动敌人回援根本重地，这是个关系到全局的战略行动。我们多背些敌人，宁愿本身多忍受一个时期的艰苦，也要拖住敌人几十个旅于自己的周围，使山东、陕北的兄弟部队能腾出手来，大量消灭敌人。现在陈粟、陈谢的部队，为配合我们粉碎敌人的围攻，已开始向陇海、平汉路的敌人出击。我们准备告诉他们，要做长期打算，我们在大别山背重一些，他们可以放手歼敌，对全局极为有利。

12 月 7 日，纵队由麻城白果地区北上，拖着敌人几个师在麻城、新县、黄安（现称红安）、商城、潢川、固始等地区周旋，最后强渡史河，跨过六（安）叶（家集）公路，于 24 日到达英山以北地区。部队在冰天雪地里连续战斗 18 天，行程千余里，胜利地完成了吸引多路强敌并将其拖疲拖困的艰巨任务。在此期间，我们曾先后摆脱了敌七、二十八、四十八、五十八、四十六等师的多次大合围。12 月 13 日，当我纵队全部进至新县正向商城以西转移时，敌五十八师在余家集与我前卫九旅接触，后面敌七师已越过麻城北上，步步逼近，构成合围态势。我九旅二十五、二十六团连续击退敌五十八师多次进攻，激战终日，顺利地掩护了纵队主力的转移。为了把五十八师拖向西南，九旅单独向福田河方向运动。以后该旅即在麻城以北山区机动作战。16 日，七旅十九团在商（城）潢（川）公路上的江家集，与尾追之敌展开激烈战斗。战至黄昏，冒着大风雪，徒涉泼陂河，摆脱了敌人。第二日，当我纵队连续行军到达商（城）固（始）公路之上石桥时，上有敌机轰炸、扫射，前有敌军拦阻，后有追兵，侧翼敌人正在运动。在此紧急情况下，我和八旅、二十二团的领导同志共同研究决定：该团一营抢先渡过灌河，占领阵地；团主力就地展开，阻击敌人；纵队主力连夜冒雪破冰迅速徒涉过河。部队过河后，夜行百余里，终于摆脱了敌人。12 月 20 日，部队在黎集以南渡过史河后，原准备休息一两日，但刚进入宿营地，即获悉敌四十六、四十八与五十八师，正分别由六安、商城、固始向叶家集地区合击。为迅速跳出合围圈，部队马上向麻埠方向转移，高速通过了六（安）叶（家集）公路。在我主力通过不久，几路敌人即接踵而来。为迷惑和拖住敌人，纵队令七旅出皖西霍山、舒城，纵直率八旅经霍山以西进入英山以北地区。原留在麻城以北地区拖敌的九旅，经过连续行军作战，克服了重重困难，于 12 月 25 日到达英山以南四姑墩地区。七旅在皖西辗转歼敌后，也于 1948 年 1 月 10 日转移至英山东北陶家河地区休整。

在此期间，皖西军区部队及广大地方干部，以英勇顽强的精神，积极投入到艰苦的反"围剿"斗争中。他们一面发动群众反抓丁、反抢粮、反掠夺，破坏敌人设置的"三网"和经济封锁政策；一面组织游击集团，配合主力部队作战。12 月份，皖西军区部队积极出击，连续攻克宿松、岳西、潜山、太湖县城和望江以北之石牌镇，俘敌潜山县县长以下 250 余人。较大的战斗还有：在六安姚李庙击退敌四十六师部队 3 次进攻，毙、伤敌 50 余人；在攻占桐城南部重要据点青草隔时，歼敌 400 余人，俘敌 200 余人；在六安东南之张家店歼敌保安队 300 余人。皖西区游击活动战绩甚大，荣获中原军区通令表扬。

正值我纵队在英山休整之际，敌又调集七、二十八、四十八、

五十八、十一、二十五师等部，向英山以东、罗田以北、商城以南、岳西腹地进犯，并派出大批特务与土顽结合，企图对我主力进行"重点合围"。为粉碎敌人新的围攻，我纵于1月28日转向皖西。纵队副司令员郑国仲率八旅向桐城、舒城、霍山、六安地区机动，以九旅向太湖、英山、罗田地区机动，七旅向罗田、商城边界地区机动。当敌人跟踪我转到外线的主力准备合围时，我各旅便甩开集中的强大敌人，辗转机动，攻歼分散之敌。九旅1月6日在太湖以西李杜店战斗中，给敌二十五师一〇八旅以重大杀伤。八旅2月8日在桐城挂车河伏击敌四十六师五六二团和四十八师五二七团，毙伤敌300余人，郑国仲副司令员负伤。

在整个反"围剿"过程中，大别山广大人民群众，给了我们很大支援，除供应军队粮食、柴草外，还协助部队作战，当向导，送情报。特别是在救护工作上，帮助部队抢救伤病员，把一些经治疗、包扎后的重伤病员，隐藏在自己的家中或山上，他们采药送饭，送衣送被。当蒋军"清剿"时，又想尽一切办法，积极保护伤病员，充分体现了军民的鱼水之情。

在我野战军主力内线坚持的同时，陈粟野战军和陈谢兵团在平汉、陇海线积极活动，破路420余千米，歼敌2万余人，攻克县城23座，有力地配合了我们在大别山区的反"围剿"斗争。一纵在淮西展开后，与陈粟野战军、陈谢兵团胜利会师，进一步巩固和扩大了豫陕鄂和豫皖苏根据地，并使两区连成一片，为大量歼灭敌人开辟了广阔的战场。敌人在我强大打击下，被迫先后从大别山调走13个旅，其在大别山的全面围攻惨遭失败。敌人大量被歼，平汉、陇海铁路干线被切断，重要据点被包围，这就使其中原战场的全面防御体系遭到粉碎，被迫转取分区防御。从战略进攻开始，经过半年的作战，南下大军已在江淮河汉之间的广大地区站稳了脚跟，全国各个战场的进攻和反攻，也大量歼灭了敌人，形势有了进一步的变化，战争已经主要是在国民党统治区里进行了。

1948 年 2 月，中央军委为了使中原地区各野战军集中作战，打中等和大的歼灭战，确定我野战军主力转出大别山，进至淮河、汉水、陇海路、津浦路之间广大地区，寻机歼敌。我纵队奉命于 3 月 28 日北渡淮河，而后转入豫西地区。当时部队中有的同志认为，这是"前进一千里，后退五百里"。邓政委批评这是从形式上看问题，不是从本质上看问题。他说，我们是"前进一千里，又前进五百里"，因为大别山仍然在坚持，并没有放弃，而且今后还要坚持。大别山斗争已经前进了一步，前进到当地的人民和军队已经能够坚持大别山，前进到主力已经可以逐步抽出来集中机动作战。

1949 年春天，在第二野战军刘、邓首长的直接指挥下，我们又回到了大别山。这时，经过严重斗争的大别山，已成为渡江作战的前进基地，为支援解放全中国，继续做出贡献。

忆济南战役

王济生

1948 年 7 月中旬，津浦路中段战役结束，我当时在华东野战军第九纵队二十五师七十三团任政治处主任。七十三团奉命进至泰安以东山口镇整训。在整训中战士们自发地提出"打开济南府，活捉王耀武"的口号，团报随之刊登，极大地激励了指战员的练兵热情。就在大家热火朝天练兵的时候，纵队政治部仲曦东主任来电话找我。仲主任严厉地问我，你们团报上登"打开济南府，活捉王耀武"的口号了吗？我回答后，仲主任严肃地批评说，你们怎么乱提口号呢？我说这是战士提出来的，我们觉得登出来，可以鼓舞士气。仲主任说战士们说说可以，你们怎么把它登在团报上呢？我还要解释，仲主任说别说了，赶快处理掉，把团报收回来。我虽然不解其意，但立即照办了。事后，仲主任给我解释：这个口号是华野已经内定的战役口号。过早提出口号，暴露战役企图，惊动王耀武，于战役行动不利！

9 月 16 日，济南战役全线展开。经六昼夜鏖战，至 9 月 21 日晨，我纵兄弟团队将济南东郊敌军外围主阵地茂岭山、砚池山、燕翅山等全部攻克，东线我军进逼外城下，给济南城之敌以巨大震撼。同时，西线守敌整编第九十六军军长吴化文被迫率部举行战场起义，我攻城部队乘势逼近商埠和内城。9 月 22 日凌晨，我团进入攻击出发地霸王桥。霸王桥是外城永固门通往东郊的一座古老石桥，离永固门只有不到 1 千米，从这里可以清楚地看到外城城墙、敌设工事及敌人的活动。

为了不给敌喘息机会，我团奉命当天攻击外城永固门。此次由于是白天在开阔地带攻击，我团受到外城敌之火力侧射及暗堡火力杀伤，攻击失利。

聂凤智司令员打电话直接找张慕韩团长说："王耀武在我军迅速攻克外围据点后，最头痛的是感到时间不够用。我们就是要发扬连续作战、勇猛突击的作风，不给敌人调整部署的时间，趁敌人部署混乱、举棋不定的时候，攻下外城攻内城。"又说："有许多兄弟部队向你们挑战，条件就是看谁先攻进城去。为了迅速攻下外城，上级特派来 4 辆坦克给你指挥。"张慕韩一边听着电话，一边向聂司令员表态说："请首长放心，今晚一定攻进外城。"

张慕韩放下电话即命一营长董万华来开协作会议。

这是七十三团第一次召开步兵、炮兵、坦克兵协同作战会议。为示郑重，参谋人员还特地用弹药箱拼成了"桌子""椅子"，团首长各自拿出自己的香烟招待"客人"。会议开始，董万华首先介绍了攻击失利的主要原因，并提出了下一步攻击方案。炮兵、坦克连长因为都已看过永固门外地形、敌堡和敌城头的工事，也提出了作战想法和对步兵的要求。团长张慕韩听过大家意见后，激动地说："今天是我们团，也是我们师，部队历史上多兵种联合作战的第一次，我相信一定能配合好，一定是胜利的开端！"随即讲了联合作战的具体部署，特别要求一营：一是必须抓住坦克攻击的有效时机歼敌，占领敌人阵地，攻占永固门；二是要绝对保护坦克的安全。

下午 4 时，攻击开始。榴弹炮首先怒吼起来，一发接一发地向预定目标轰击，一时敌人哑巴了。坦克直向永固门外敌人工事扑去。鹿砦被碾碎，铁丝网被压垮，穿甲弹、高射弹一发发准确地钻进敌人的工事里爆炸。

这一下把敌人打蒙了，他们不相信"共军"也有坦克。有的敌人钻出地堡，一边打着联络信号，一边扯着嗓子骂："你往哪儿打？瞎眼啦？我们是保六旅，八路在那边……"话音未落，两声炮响，那个喊叫的家伙就和地堡一起上西天了……

坦克打得好，战士们从战壕里跳出来叫好。跟随坦克冲击的二连战士，更是把什么都忘记了，他们和坦克比赛起来。排长于子安带领战士于瑞荣也连续炸毁敌3个地堡，又消灭了一批残存在地堡内的敌人，使攻城道路更为安全。董万华向团里报告："永固门外敌人已被肃清。"张慕韩团长马上命令榴炮营长胡建胜向永固门开炮，永固门上立刻火光闪闪，浓烟翻滚。永固门在我炮火和坦克攻击下很快便垮了。

董万华一看，永固门城楼不见了。此时，离总攻时间还差10分钟，为不失时机，他果断命令三连向城头突击。三连连长董崇信，政治指导员尹秀亭率领全连奋不顾身搭梯登城，迅速占领永固门两侧。顷刻间，部队潮水般冲上城头，巩固和扩大突破口。战士冷乃福在随队冲击城头时，突然发现城门北侧还有一个地堡在射击，他三步两步冲上去，向地堡扔了两颗手榴弹，说了声"见鬼去吧！"地堡随即哑巴了。与此同时，副班长和另一名战士也把两个地堡消灭掉了。一营、二营迅速突进城关，展开激烈巷战。

在此前，七十五、八十、八十一团也突破了敌防御前沿，登上城头，并打退敌多次反扑，扫清了城头之敌及火力点，下城投入纵深战斗。渤海纵队由花园庄突入，三纵队由杆石桥突入，十、十一纵队又攻下永镇门。西线我军也攻下商埠敌占各点。我军从四面八方向敌人攻击。

所谓"聪明过人的国民党才子王耀武"没想到我军这么快攻老城，他一面调整部署，一面急切地向蒋介石求援，但蒋介石要王耀武沉住气等待援兵，叫他像陈明仁守四平街一样来死守济南。

9月23日拂晓，天降寒雨，多批敌机对我军阵地狂轰滥炸，战场上炸得乌烟瘴气。我团指战员忍受着寒冷和彻夜作战的疲劳及敌机的轰炸，顽强勇猛地向敌突击，步步逼近内城护城河边。

为了不给王耀武以喘息的机会，兵团指挥部命令各攻城部队抓紧一切时间做好今晚攻内城的准备工作。

团长张慕韩带参谋到三营阵地前沿观察敌情和地形，选择突破点。他看到城墙约有十四五米高，在此处拐了一个90度的弯，这里正是内城的东南角。城上有一高大建筑物气象台，它是全城的制高点，敌人利用城东南角可以封锁好大一片地区。城墙上又有上、中、下三层火力点，城墙根躺着一条宽大的护城河，此处水流缓慢，只在东南角拐弯处激起旋涡。这里靠近黑虎泉，那一抱多粗的老虎头，还喷着水柱。张团长感叹地说，想不到这个供人欣赏的胜景，如今成了战斗的障碍。

经过观察并与营连干部研究后，张团长立即召开团党委会，研究攻内城的问题。大家一致认为，突破口选在城东南角比较合适，这里护城河虽宽，但水流不急，亦不很深。城东南角上有气象台，便于我登城部队扩大和守住突破口，王耀武不会料到我们在他认为最安全之处登城，打他个"出敌不意"。

张慕韩将团党委研究的方案报告给师、纵队首长。不长时间，电话铃响了。聂司令员说的第一句话是："张慕韩，你们好大的胆量。"聂司令员接着说："你们的方案，我和刘政委研究了，你们决定的是正确的。从东南角突击，看来困难很大，但我们可以打敌人料不到的地方，敌人是不会认为我们敢从险地选突破口的。"聂司令员继续说："山东政府和人民授给我纵'打进济南府，活捉王耀武'的大旗，纵队党委研究就授给你们团，希望你们团不辜负山东人民的希望。"张慕韩立即表态：请纵队党委首长放心，我们团一定把胜利的红旗首先插上济南城头。

会后，团领导各自深入营、连，帮助做当晚攻城的准备工作。张慕韩到三营，研究攻城的具体部署，我到七连送旗，并帮助做攻城的思想政治工作。

23日下午4时许，我和团政治处干事冒着敌机轰炸，来到七连，在指导员彭超陪同下，看望和问候全连干部和战士。随后，在靠近护城河东南一座院子里，七连召集全连各战斗组的骨干，举行授旗仪式。我在讲话中说："同志们，我是代表团党委给七连送旗来的。这面红旗是山东3 800万人民授给九纵队的，纵队党委又把它授予担负主攻内城任务的连队，这表示上级对我们七十三团和英雄连的信任。我相信，七连的英雄们、共产党员同志们一定能把这面旗子插到城头上！"大家齐声回答："请上级放心，我们一定把红旗插到城头上！"

9月23日18时整，夜幕刚刚降临，我军总攻城的炮声响了。刚才还一片沉静的内城，顿时炮火轰鸣。我军远射程炮摧毁皇亭体育场、警察局以及旧省政府等处的敌炮兵群。各种抵近射击的炮、轻重机枪，各自对准预定的目标，准确地射击着。城东南角城头上一团团火球升起，声响如雷。大地震动了，天空被撕裂开来，曳光弹飞驰，照明弹腾空，城上敌人被打哑了。

炮火延伸后，攻击信号升起，紧靠护城河半壁街的七连开始攻击。连长肖锡谦立即命令五班爆破手孙喜上。孙喜抱起炸药包，趁着烟雾掩护顺着河岸的一条斜坡小路而下，蹚着水过了河。爬上岸一看，原设鹿砦、铁丝网已被我军炮火炸得七零八落，不用爆破了，随即他扒开一条通道。忽然，城墙根下响起一排枪声，一看，暗堡敌人在那里作怪。他悄悄地从侧面上去，把炸药包贴在暗堡上，一拉弦，敌人的暗堡上天了。六班长孙高亭随即带领全组扛着百斤重的炸药杆踏着孙喜指引的小石桥冲过护城河，靠近城墙，找准爆破点。孙高亭用力举着炸药包，两个战士各持一撑杆，3人用熟练的动作，迅速把炸药竖起。炸药杆稳后，一拉弦，"轰"的一声巨响，城墙上砖头石块乱飞，城头上出现了一个缺口。肖锡谦认为口子太小，命令继续爆破，王硕文、曲传海、张云青按照孙高亭指给他们的路，冒着敌人的火力封锁，冲过护城河。高大的城墙已被我军的炮火和刚才的爆破炸得面目疮痍，乱石、碎砖成了他们竖炸药的最大障碍，他们3人吃力地竖了几次才弄好。被我军打得晕头转向的敌人清醒过来，拼命地向城下投手榴弹。张云青负伤了。王硕文叫小曲把小张背下去，小张说："组长，不用管我，我能坚持，你们赶快下去。"张云青忍痛从地上站起来，扑到炸药杆上，抓住导火索恳求说："组长，让我拉这次弦吧！"时间就是生命。在张云青恳求下，王硕文只好答应，弦一响，小张倒在血泊中，接着副班长孙景龙小组又送上一包炸药，刚竖起炸药杆，不幸失利，人员全部伤亡。等待不及的孙高亭又一次上去拉响炸药。经过七连英雄的连续爆破，城墙终于被炸开了一个豁口。

肖连长借着火光看到爆破成功，命令梯子组架梯子，三排突击，火力组集中火力掩护。陈序芳等4人抬着300余斤重的梯子蹚着水直奔城下。他们按照战前练兵的方法，把梯子往城墙一靠，中间用撑杆顶着，梯子前面的小车轮向上滚动，没用两分钟，12米多高、300多斤重的梯子便牢靠地架在城墙上了。突击队飞快地冲上梯子，可爬到上面一看，离城头还有一截，一时爬不上去。就在这时，被打昏苏醒过来的敌人投下手榴弹，突击队好多人负伤，第一次登城失利。

肖锡谦命令火力封锁敌人，三排继续突击，接着七连战士们前赴后继顽强突击，但终因我军炮火已延伸，火力压不住敌人。连续两次突击均失利，梯子也被敌炸断。七连攻击受挫，全连指战员心情沉重，怒火心中烧，第四爆破组又冲了上去。

透过敌射火力的火光，大家看到炸药包已顺着城墙竖起来了，但一分钟、两分钟……没有听到爆炸声。这时，城上的敌人手雷、轻重机枪一起猛打，企图封锁我过河的突击部队，孙高亭看得清楚，迅速冲过护城河，扑向已竖起的炸药包，拉着导火索，孙高亭这一惊险的壮举，终于把城墙顶端炸开一个三四米宽的大口子。

不等硝烟散尽，七班长李光臣就带领梯子组抬着梯子飞身过河。但是，敌人的反应也很快，我炸药爆炸一过，敌军官就催着工事里的敌人爬出来向突破口射击。敌人的轻机枪、重机枪、手榴弹、照明弹、燃烧弹一起向我突击队的位置倾倒，燃烧弹击中半边街的民房，大火燃烧起来，给七连攻击造成极大困难。

营长王玉芝看到七连的情况紧急，问肖连长、彭指导员："你们连还有没有力量继续攻击？八连要求好几次了！"肖锡谦、彭超焦急而肯定地说："我们有力量，我们保证完成攻击内城的任务！我们爆破伤亡两个组，还有两个组；梯子组有伤亡，但不大；突击队伤亡一个班；三排可以合并成两个班，一排还没动呢。就是缺炸药和梯子。"营长说："好吧，我们召集战士研究失利的原因和再次攻击的办法。你们派人到营部取炸药和梯子去。"

肖连长和彭指导员立即在阵地上召集支委和党小组长开会，研究失利原因和再次攻击的方案。这时，传来不幸消息：营指挥所遭炮火轰炸，教导员郭奎武和负责指挥炮兵的副团长李靖受伤；右翼七十九团一度登城成功，但在敌人猛烈反击下，后续部队没突上去，突破口又被敌占领，攻上城头的指战员壮烈牺牲；从西南角坤顺门攻击的十三纵队一〇九团突进两个连，经过激烈而残酷的争夺战，突破口也被敌人重新封死。

于是，攻城部队全线受挫，一时间，东、西、南三个方向全都处于沉寂之中。

团指挥所一次次接到三营关于七连攻城失利的报告，大家心情沉重，思考失利的原因。就在这时，电话铃响了，打破了沉闷的气氛。

聂司令员问："你们的情况怎么样？如果今晚继续攻击没把握，许司令说可以撤下来整顿再攻。你们意见怎么样？"张慕韩马上回答："我们把情况研究过了。七连三次攻击失利，虽有一些伤亡，但指战员们信心十足，再次要求继续攻击。三营还有八、九连随时可接替七连，请首长放心，我们保证今晚把内城攻破！"我们马上就到七连组织第四次突击。聂司令员是七十三团的老首长，他知道这个团从来就是英勇善战、百折不挠的。他关切地问张慕韩还有什么要求，张慕韩提出要 20 发炮弹。聂司令员爽快地说："给你们 50 发！"并提醒说："一是不要蛮干，要在战术上多动脑筋，关键是要找出失利的原因；二要接受兄弟部队的教训，上城后要迅速向两翼扩展，巩固住突破口。二梯队上去要大胆揳入，插进敌人纵深，打乱敌人部署。祝你们成功！"

9 月 24 日零点，张团长和我来到七连前沿阵地，七连干部战士见到我们来了，就嚷："首长快下命令吧，我们研究好了，也准备好了，保证再攻完成任务！"这时肖锡谦把七连三次攻击失利的情况和支委、小组长研究的情况向我们做了汇报。随后，我和彭超到二班突击队找战士了解情况。

班长李永江正在与全班议论着什么，看到我们来了，就站起身着急地说："主任，我们早准备好了，这次突击登城，我保证在敌人没有醒过来时就叫他上西天！"我表扬了他们的英雄气概，鼓励他们克服困难，保持后劲，最后 5 分钟夺取胜利。我又到爆破组、后勤组一一看望。然后和张团长来到了营指挥所，这时炮兵营营长也来了。张慕韩团长主持召开步炮协同会，分析了前几次攻击失利的原因，研究制订了不待炮火延伸，突击队即迅速攻敌登城的方案。

9 月 24 日凌晨 1 时 30 分，第四次攻击内城的战斗打响。全纵队的炮火都支援着这个方向，炮弹以排山倒海之势向敌人飞去。直接支援七连登城的炮弹，一颗颗落在城东南角上，城墙上工事被炸毁，城头上砖头、石块在空中乱飞。就在炮火猛烈轰击城头的时候，七连连长肖锡谦、彭指导员把指挥位置又向护城河边前移一步，直接指挥各组人员攻击。孙高亭率领 2 人，冒着砖头石块迅速过河，把炸药送上城墙。梯子组在炸药爆破的火光中过河架梯。组里有 4 人负伤，有的血流满面，但没有一人畏缩不前。由于梯子不够长，几个人把梯子推到顶端，他们牢牢地抱住梯脚。连长即命突击队登城。第一突击队刚冲上就被敌侧射火力打下来。宝贵的时机再也不能错过，肖锡谦命二班长李永江突击。李永江说了声"二班跟我来！"便以娴熟的动作登上云梯，当他登到梯子顶一看，大吃一惊，梯子比城头短了半人高！关键时刻不容迟疑，他急中生智，一脚踏着梯子顶端，双手扒住城墙上的石头，霍地一下登上城头。然后机智地占据有利地形，向反击的敌人一阵猛扫。在万分紧急之时，共产党员于洪铎带领着滕元兴、周顶仁、机枪手王会、机枪班班长冯立国也紧跟上来。李永江当机立断地说："老于你和小滕向西打，我向北打，冯班长和王会守住突击口，联系后续部队登城。突破口是咱的命根子，决不能丢掉！"

李永江刚向北走出几步，就发现一股敌人嚷着："快占阵地！"李永江用冲锋枪一个点射，敌人有的倒下，有的向后跑。李永江紧追不放，追到气象台门口，他开展政治攻势，说服 20 多个敌人缴枪投降。李永江发现另一处敌人不肯投降，就用手榴弹和冲锋枪消灭了他们。于洪铎带着小滕向西进行，没走多远，迎面上来一群敌人，于洪铎和小滕端起冲锋枪扫了两个扇子面，敌人死的死、伤的伤，其余的扭头向后跑。于洪铎和小滕紧追不放。忽然发现从西面又跑来一股敌人，一个军官喊："不准跑，谁跑枪毙谁！"于洪铎随手把两枚手榴弹扔进敌群，小滕用冲锋枪扫，把敌人打得鬼哭狼嚎，乱成一片。有一敌机枪手还想向我射击，于洪铎一个箭步扑上去，抓住枪筒就夺，敌人惊慌地扣动扳机，子弹从于洪铎腋下飞过。正在危急之时，小滕赶来用枪托砸碎敌人的脑袋。两人又向敌人扫射，并喊话叫敌人投降，十几个敌人乖乖地放下武器。机枪班班长冯立国和王会守在正面，发现左侧有敌人叫："快扔手榴弹，他们上来了！"王会用机枪消灭了敌人。这一切，都发生在短暂的时间里。七连勇士们用智慧和勇敢消灭了当前之敌，继续与敌人厮杀。

在登城战斗情况危急之时，头部已负伤的连长肖锡谦，带着突击队登上城头。肖锡谦看到李永江等，高兴地说："同志们打得好，给你们报功！我们要像钉子一样钉在这里，誓死守住突破口，保证八连、九连登城！"肖锡谦立即把已经登城战士分成3组，规定具体任务。各组刚刚就位，敌人就开始顺城墙西边和气象台北边向我反扑。这是王耀武特选的"敢死队"，一手提大刀，一手持短枪，"嗷嗷"叫着冲过来。肖连长和战士们毫无惧色，等敌人靠近我工事前沿，肖锡谦首先一枪把冲在最前面的大个子敌人击毙，王会的机枪接着射向敌群。敌军官在后督阵，敌人又冲上来。李永江依托工事对付从北边来的敌人，连续投出70多颗手榴弹。他头部负伤，血流满面，包扎一下，继续坚持战斗。机枪班班长冯立国腮和眼被弹皮崩伤，一时昏了过去，醒来后又继续打击敌人。一班长郑田芳右手负伤，就用左手扔手榴弹。三班长王新庆腰和腿负伤，仍带着战士向西打下去。指导员彭超在登城时右腿中弹，通讯员要背他下去，彭超说："我不能下去，我要上城！"说着咬紧牙关，强忍剧痛，靠一只腿和右手的支撑，在通讯员的帮助下，艰难地登上城头。彭超摸到气象台时，再也走不动了，倚在工事上喊道："同志们，坚决守住突破口，后边部队上来了！"

城头上的混战拼杀更显出七连"常胜连"的英雄本色。部队建制乱了，干部及时编成战斗组织，战士自觉地听从指挥；自带弹药打光了，就找敌人的枪、弹打敌人，枪、弹没有了，就用石头砖块砸。

七连指战员鏖战城头是整个攻城战中最壮烈的一幕。战前七连144人，经过4次攻城和城头浴血奋战，绝大多数同志均带伤战斗，终于打垮了敌主力整编七十三师十五旅四十三团的10多次反扑，牢牢守住了突破口，践行了"把最后一滴血洒在济南城头"的誓言，再次表现了"常胜连"不可战胜的英雄气概。指导员命令宋炳科把红旗插上气象台的顶端，在硝烟弥漫、火光闪闪中飘扬的红旗，鼓舞着全团和兄弟团队奋勇攻城。

八、九连登上城头后锐不可当，沿着城上交通壕向敌猛打。八连向西冲垮敌人的反扑，打出40余米。九连向北打，恰逢敌十五旅通信营疯狂地扑过来，二班长王其鹏迅速投出手榴弹，并用冲锋枪打退敌人，乘机占领工事，和3个战士一起利用敌工事与敌人对阵。三营登城后经过激烈反复的混战，七连打开的突破口终于牢牢地巩固了。二营长崔玉法带部队登上城之后，敌我势态已有所改变，但敌人仍然利用火力反击，企图大量杀伤我登城指战员，阻止我军下城投入巷战。

团指挥所登城后，张慕韩团长为巩固突破口的胜利，于24日晨4时50分命令部队下城投入巷战。但因背绳、布的同志牺牲了，原准备下城的绳和布没有了。正在为难之际，九连二班长王其鹏高呼："争取下城第一名，活捉王耀武当英雄！"说完，首先跳下城去，其他同志也都紧随其后，跳下城去投入激烈的巷战……

经过半天多逐街逐巷的激烈争夺战，24日13时许，四连攻进旧省政府，尔后直扑新省政府。七连下城后向西攻进，转而插向西北角，打遍半个内城，所向披靡。下午5时又首先攻进新省政府，相继与兄弟部队会合，将突围之敌歼灭。大部敌人在我凌厉攻势面前放下武器投降。傍晚，内城守敌全部被歼，济南战役胜利结束。

第二天，我站在城头仔细观察，东南角又高又陡的城墙，虽然被炮火、炸药炸开了口子，但并不大，梯子直立距城头还差近一人高。在炮火齐鸣、炸声似雷、碎砖石块乱飞的情况下，人是怎样"飞"上城来的呢？我自己爬不到梯顶上去，一名侦察员从城头上递给我一条步枪叫我抓住枪托，警卫员在梯头上用肩托、用手推我，我是手抓枪托、脚蹬人肩才上来的！仅此，我完全可以想象得出昨夜七连城头争城厮杀的情景是多么壮烈。

战后，中共中央发来贺电，新华社专门发表社论，表彰济南战役中建立特殊功勋的英雄部队。9月24日济南解放当天，中央军委复电华野：批准授予九纵二十五师七十三团"济南第一团"荣誉称号。10月10日，在济南城东历城县的港沟举行隆重的授奖命名大会。纵队司令员聂凤智宣读了嘉奖令，并将一面绣着"济南第一团"的红旗，授予团长张慕韩。七连获"济南英雄连"称号，并给该连记集体特等功一次；七连二班班长李永江、二班战士于洪铎、九连二班班长王其鹏3人荣膺"济南英雄"称号；七连六班班长孙高亭立特等功，七连连长肖锡谦、指导员彭超以及战士滕元兴、张云青、王硕文、曲传海、冯立国、李光臣、陈序芳、孙喜、宋炳科等一大批同志，都记功受奖。我团在济南外城、内城的突破、巷战中有将近2000位同志流过血，400余人付出宝贵生命。他们用血的代价，换来了胜利。我们活着的人应继承他们的遗志，保持和发扬光荣传统，争取更大胜利。

淮海战役亲历记

迟浩田

淮海战役，我军一举歼灭国民党军55万余人，使长江中下游以北广大地区获得解放，敲响了蒋家王朝的丧钟。当时我在被中央军委授予"济南第一团"荣誉称号的华东野战军第九纵队七十三团。虽然时过多年，但一幕幕惊心动魄的战斗场景，依然历历在目，令人难以忘却。

冲进黄百韬司令部

淮海战役打响后，因为我们团七连指导员彭超负伤，我从机炮连调到七连担任指导员工作。七连是我们团的英雄连队，曾获过"胶东战斗模范连""高密城第一连""常胜连"等荣誉称号。在济南战役攻击内城时，全连指战员冒着敌人密集的火力，率先登上城头，为打开济南城起了关键作用。战后七连被授予"济南英雄连"称号。我去七连很高兴，但也感到有压力。团政治处王济生主任鼓励我说："迟浩田你行，大胆干，组织上相信你能干好。"

济南战役胜利后的第二天，中央军委就决定举行淮海战役。短期整训时，我们进行了"军队向前进，生产长一寸，加强纪律性，革命无不胜"的教育，大家有了打大仗的思想准备。10月25日，我们在"发扬'济南第一团'荣誉，为解放华东再立新功"的口号鼓舞下，从山东南下，奔赴淮海战场。

淮海战役第一阶段的目标是消灭黄百韬的第七兵团。黄百韬是蒋介石的一名得力干将。在孟良崮战役中，我们团"三打黄崖山"，对手就是黄百韬任师长的整编第二十五师。后来黄百韬又率部与李弥的整编第八师及整编第九、五十四、六十四师等一起进攻胶东，并放出狂言，要把胶东解放军"赶到大海喂鱼"。黄百韬对山东人民欠下了累累血债，我们绝不能放过他！

根据华野的部署，我们九纵正准备在 11 月 8 日向盘踞在新安镇、阿湖地区的黄百韬兵团发起进攻时，黄百韬根据徐州"剿总"的命令，急忙向西撤退。我们奋起直追，越过陇海路，西渡沭河，直扑运河。行军途中，我领着大家唱《追击歌》："追上去，追上去，不让敌人喘气！追上去，追上去，不让敌人跑掉！"

为了鼓舞士气，我给大家讲了纵队《胜利》报上登的"十人桥"的故事：二十七师潍县团一营二连在过一条 10 多米宽的河流时，由于架桥器材不足，桥桩不稳，副排长范学福等十位同志跳入冰冷的水中，分成五对，抬着、扛着木板桥，使部队顺利通过，及时追上敌人。这一英雄事迹激励了大家，全连同志情绪高涨，每日以 70 千米的速度追击，11 日下午进抵碾庄以南的高桥一带，与兄弟纵队一起，将黄百韬兵团包围在碾庄一带只有十几平方千米的狭小区域内。

碾庄位于运河以西、陇海路北侧邳县（今邳州市）境内，周围地形平坦开阔，村落房屋密集，四周筑有内外两道土圩，外圩四面环水，壕水宽 30 米至 50 米，深约 2 米，不能徒涉；土圩内侧还筑有 1 米至 2.5 米高的土堤，陡滑难以攀登。黄百韬部又连夜加修了许多掩体、明暗地堡、壕沟、隐蔽部，壕外还有三道鹿砦、铁丝网。整个防御体系纵横交错，异常复杂。

11 月 17 日，我们纵队与第八纵队同时向碾庄圩的敌人发起攻击。我们七十三团在碾庄圩正面担任主攻，但三次进攻都没有成功。纵队司令员聂凤智和师长萧镜海到阵地前沿召开"诸葛亮会"。与连队干部一起研究失利原因。那时领导同志都很注意发扬军事民主，虚心听取大家的意见，我们在首长面前也不拘束。聂司令问我们有什么困难，我反映炸药容易受潮，好不容易送到前沿，结果炸不了，影响战斗效果。他听了这个意见非常重视，当即指示，发给连队的炸药，一定要用油纸包好，不能受潮，谁出了问题拿谁是问。从那以后，再也没有因炸药受潮吃亏。我还提出攻击失利的主要原因是对敌人的暗火力点摸得不准，加之交通壕距水壕还有 100来米，突击队员暴露攻击的时间长，造成伤亡严重。聂司令听后说了声："说得好！"当即决定派侦察小分队，把敌人的暗堡摸清楚，继续近迫作业，把交通壕一直挖到敌人的水壕边，做到一出交通壕即可涉壕攻击，以避免过早暴露和增加伤亡，同时搞好步兵、重机枪和炮兵的协同作战。入夜，我又带了 3 个班排干部仔细看地形，进行火力侦察，把敌人的明碉暗堡摸得一清二楚。

19 日午夜，经认真准备后，我们重新向碾庄圩发起猛烈进攻。20 日凌晨，七十三团胜利突入碾庄圩，第三营沿街两侧合击第七兵团的司令部，连长萧锡谦和我带七连从街南向街北攻击，一直冲进黄百韬司令部，缴获了黄百韬的一辆崭新的美式吉普，车上还有一副象牙麻将和一只紫铜火锅，都成了我们的战利品。这一仗，我们俘虏了国民党军 1 000 多人。

夜行军的意外战果

黄百韬兵团被歼后，淮海前线总前委决心以华东野战军一部配合中原野战军主力，围歼孤军冒进的黄维第十二兵团。11 月 25 日，中原野战军将黄维兵团包围于宿县西南双堆集地区。杜聿明集团奉蒋介石之命放弃徐州，企图南下解黄维之围。华东野战军首长决心以十个纵队和两个独立旅的强大兵力展开追击。聂司令命令我们不要怕打乱建制，要在追击中把敌人打乱。于是，在广阔无垠的徐淮大地上，双方几十万大军相互交错在一起。

我和萧连长带着七连连续急行军，两天两夜几乎没有合眼。肩扛机枪和迫击炮的战士们太疲倦了，有的走着走着睡着了，撞在前面同志的身上。我的眼皮也不听使唤老是打架。这时候最需要鼓舞士气，我狠狠地拍拍脑袋，边走边动员大家战胜疲劳。全连同志都是好样的，虽然脚板上布满血泡，但仍个个健步如飞，我们星夜抄近路朝西猛追。

这一场大追击惊心动魄，华东野战军开始是尾追，后来平行追击，最后把西逃之国民党军兜头截住，我们的两条腿再一次赛过了汽车轮子。而仓皇撤退的杜聿明集团混乱不堪，车炮骡马的撞击声、士兵和家属的哭叫谩骂声，乱作一团。

12月3日凌晨2时许，我们七连在急行军间，隐隐约约地看到不远处有一队人马也向同一方向行进。有个机灵的战士感到不对头，轻声向我报告："指导员，旁边的队伍可能是敌人！"我心里"咯噔"了一下，马上警觉起来，迅速打开了手枪保险，悄悄告诉他："别声张，注意观察。"随即部署连队警戒。这时，侧面传来了问答口令的声音。我仔细一听，都是南方口音，心想肯定是国民党兵。因为国民党部队南方人多，我们部队多是北方人。

我将情况报告了随三营行动的团政治处王济生主任。他仔细一看，旁边队伍中的军官戴着大檐帽，果真是敌人。怎么办呢？这种仗还从来没有打过。王济生和我及营领导悄悄商量后，决定先不惊动敌人，寻机前后夹击，迫敌就范。

于是，战士们低声一个传一个，都知道了旁边行进的是国民党兵，悄悄地压好子弹做好了战斗准备。当行进到有利地形时，我们全营同志一跃而起，把国民党军两头截住，齐声大喊："缴枪不杀！"

"干什么？干什么？你们怎么连一家人都不认识了？"国民党兵急忙叫喊，还未闹明白是怎么回事，就乖乖地做了俘虏。天放亮时一清查人数，大伙儿高兴得跳了起来：好家伙，摸黑中稀里哗啦缴了敌人的枪，哪知道俘虏的国民党兵比我们全营的人数还多。

"一炮打下一辆坦克"

经过三昼夜的迂回追击堵截，华东野战军完成了对杜聿明集团的战役合围。被围困在陈官庄一带方圆十几千米内的杜聿明集团，断水断粮，饥渴难耐，于是抢掠百姓，宰杀军马，甚至挖老鼠洞求食，惨状难以形容。从12月下旬起，连降几天大雪，到处白茫茫一片，气温骤然下降，猬集于田野、沟壑中的国民党兵，冻饿而死者不计其数。而我军在人民群众的大力支援下，粮食、弹药供应充足，士气高涨。我让战士一面用广播筒劝降和瓦解敌军，一面用馒头等食物诱降国民党兵。开饭时，大家就喊："蒋军弟兄们，我们这里有热包子、大馒头。过来吃点吧！我们保证不开枪……"那些饿极了的国民党兵，不断偷偷溜出来向我军乞食。有的战士开玩笑说："只要有个馒头，就能抓到俘虏。"

1949年1月6日，我军向杜聿明集团发起总攻。我们九纵担任西面和西北面的主要突击任务。在第七十三团的阵地上，七连掩护三营进攻。国民党军的坦克喷射着火舌，向七连阵地扑来。战士们急中生智，在战壕前挖一些小坑，堆上高粱秆、玉米秸和干草，燃起浓烟。国民党的坦克兵闹不清这是什么战法，我们则趁着敌人的"乌龟壳"畏缩不前时，加紧修复掩体、工事，把战壕连成一体，有的战壕挖到了国民党军阵地中，打起了"地道战"，逼得国民党军只好步步后撤。

1月10日拂晓，天刚放亮，凛冽的寒风使劲儿地刮着，空气中夹杂着浓浓的火药味和国民党军施放的毒瓦斯气味，极度疲劳的战士们，正在战壕里抱着枪熟睡。我担心国民党兵偷袭，和连长轮流值夜班，一连几夜熬得眼泡又红又肿。查完一遍哨后，我找到一片洼地想"方便"一下，可是由于连续缺水上火，大便干结，蹲在那里怎么使劲也拉不出来。这时，突然从远处传来"轰隆轰隆"的马达声，我意识到是国民党军的坦克来了，急忙喊司号员吹号。急促的号音真灵验，不但驱散了疲劳，连大便也痛快地排下来了，我马上组织迎击敌人。

国民党军的坦克共有 20 多辆，在我军层层阻截下，冲到我们团阵地时还剩下 11 辆。大家对打坦克感到很新鲜，情绪高涨，一点也不害怕。我说："蒋介石送来了坦克，让我们尝尝'啃'坦克的味道。几十万敌人都被消灭了，剩下几只'乌龟壳'还能让它跑掉？我们的穿甲弹就是它的'克星'，一定能打它个底朝天！"战士们个个"嗷嗷"叫："打，打，打它个底朝天！"

我带着班长陶仁祥和战士李洪各、李彪，抱着火箭筒和炸药包冲上去堵截。国民党的坦克兵，连忙开炮轰击，可慌忙之中哪还有准头，我们机警地避开敌炮火，快速地匍匐前进，几下就靠近了坦克，然后沉着冷静地以坐射的姿势端起火箭筒，只一发穿甲弹，就击中了坦克的右前侧。随着剧烈的爆炸声，坦克里冒出一团浓烟，但它还在挣扎着跑。陶仁祥火了，他赤手空拳冲到坦克跟前，"噌"的一下子爬了上去，大喊一声："缴枪不杀！"

坦克盖掀开了，4 个国民党兵双手举着枪，钻了出来，战战兢兢地喊着："别打了，我们缴枪！"为首的一个高个子，向我乞求说："长官，我们投降，我是战车一团三连连长陈荣基。我们已经好几天没吃饭了，肚子都饿瘪了，能给我们弄点吃的吗？"其余几辆国民党军坦克吓得逃之夭夭。我们团立即集中所有的火箭筒，乘缴获的汽车紧紧追赶，我也带了几个战士，坐上一辆汽车，瞅准一辆坦克追去。在兄弟部队的配合下，终于将敌人的坦克全部截住。

几天后，第九纵队政治部蜡版刻印的《胜利》报上，登出了我写的新闻稿：《一炮打下一辆坦克》。

永远抹不去的记忆

淮海战役历时 66 天，一举歼灭国民党精锐部队 55.5 万人，加速了解放战争胜利的进程。为了赢得胜利，我们连付出了惨重的代价。连日来大家都是饿着肚子打仗，40 多岁的炊事班长李振军，找到一匹打死的马，砍下 4 条马腿用麻袋扛了回来，想张罗着为战士们包包子吃，可喊来喊去没有人响应。一问才知道，我们连 120 人伤亡得只剩下 30 多人，李班长难过得趴在地上号啕大哭。饭做好了，大家却默默地埋着头不肯吃，个个沉浸在失去战友的悲痛之中。

这时，我又想起在攻击窦庄时和教导员的一段谈话。那天是 12 月 7 日，我们团与第七十四团合力攻击窦庄。守卫窦庄的国民党军是一个步兵团加一个山炮营，还有大批坦克，火力强劲，抵抗异常凶顽，况且地形平阔，不利攻击。我们团曾一度突入村内，但在敌人的强力反击下，立足未稳，只得返回，就地近迫作业。国民党军在猛烈炮火的支援下，出动大批坦克和步兵反击。这场搏杀异常激烈残酷。我们有 10 多个连以上干部牺牲，第三营的伤亡也十分严重，营长王玉芝和副政治教导员负伤，副营长的腿被打断，在阵地前沿的营领导就剩下政治教导员郭奎武一人。

在战斗的间隙，郭奎武来到七连，他关切地问了连里的情况后问我："小迟，你这儿有吃的吗？我的肚子可饿坏了！"郭奎武是模范共产党员，是我在抗大学习时的领导，原任团的保卫股股长。这年他刚满 28 岁，不久前才谈了对象，是师医疗队一个漂亮的护士，我到医疗队为伤口换药时，曾替郭奎武给她送过几次信。

我掏出身上揣的饼子，递给郭教导员。他一掰两半儿，自己吃一半，另一半又还给了我。这是支前老百姓用高粱面做的，因为天冷，饼子硬邦邦的像块石头，咬一口一道白茬儿，费很大劲儿才能咽下去。我们两人蹲在壕沟里，边吃力地嚼着饼子，边聊了起来。

教导员说:"在抗大毕业的学员中,你是进步最快的,现在已经当上连级干部了。你要继续努力,为咱七十三团争光。"

面对敌我相持的严峻形势,看着受伤的战友,我们的心情都很沉重。郭奎武说:"浩田啊,这仗打好了,很了不起;如果打不好,我们都要见马克思。咱俩订个协定吧,如果我死了,你往我家带个信;如果你死了,我给你家报个信。你还年轻,咱俩中如果要死一个,算我的。"

在战场上,每个人都会想到死,但是作为革命军人,谁也不怕死。我们俩身上只带着党证,把平常记事的小本本都烧掉了,做好了牺牲的准备。这时能和战友说说心里话,觉得轻松些。我安慰教导员说:"国民党兵没什么了不起,不要想那么多!"郭奎武淡淡一笑:"你不要轻看他们,前面的敌人比我们多好几倍,而且我们的后路也断了。"

这时,对峙的双方在战壕里互相对阵叫骂,并用冷枪对射。八连有一个班被敌人火力压制,撤也撤不出来,进也进不去,处境很危险。郭教导员十分着急地说:"小迟,你们掩护好,我到前面去看看。"说罢,弓着腰沿着壕沟向前面跑去。

为了把国民党兵的嚣张气焰压下去,教导员在前沿一边指挥还击,一边组织部队对国民党兵喊话。有个国民党兵在壕沟里扯着破锣般的嗓子叫喊:"共军弟兄们,我们是新五军,快投降吧,我们的坦克马上就要开过来了。"这一下激怒了郭教导员,他火冒三丈,头探出壕沟,跳起来对着敌人大骂:"你们这些国民党的儿子、坏蛋,美帝国主义的走狗,你们算什么东西?我们是百战百胜的解放军,什么时候投降过?你们赶快投降吧!"国民党兵"嗖"地一梭子弹打过来,击中了郭奎武的左胸,他当即倒在血泊中。我和几个战士匍匐着把他拖进战壕时,他已经停止了呼吸。我拼命喊:"教导员,教导员!……"他刚才还活生生地和我说话,现在却永远地合上了眼睛,我怎么也不能接受这个现实。我命令全连一齐开火,把对面壕沟里露头咋呼的几个国民党兵撂倒了。

新中国成立后，每当我去瞻仰烈士墓地时，总会想起郭教导员和我谈话的情景，想起那些与我一起战斗，在我身边倒下去的战友。当我看到修葺一新、绿树葱葱的烈士墓地时，心里感到安慰；当我听到随意拆迁、破坏烈士陵园的事情时，心情异常沉重。我们不能忘记：今天的幸福生活是千千万万烈士的鲜血和生命换来的！

淮海战役一共打了66天。我军以60万人，打败了近80万的国民党军。这次战役规模之大、时间之长、歼灭敌人之多，不但在中国战争史上，而且在世界战争史上都是少见的。我们取得这样伟大的胜利，首先是由于以毛泽东同志为核心的党的第一代中央领导集体的英明决策，和刘伯承、陈毅、邓小平、粟裕、谭震林组成的总前委的出色指挥，及广大指战员的英勇战斗。但是最根本的原因，是反动腐败的蒋介石集团彻底丧失了民心，而共产党和解放军赢得了全国人民衷心的拥护和支持。淮海战役我军参战部队60万人，而参加支前的老百姓就有500多万人。真是车轮滚滚，轰轰烈烈。陈老总说得好："淮海战役的胜利，是人民群众用小车推出来的。"在国民党部队当兵的，很多是抓壮丁抓来的，他们不愿意为蒋介石卖命。可是被我们俘虏后，通过诉苦教育，知道了为谁当兵为谁打仗，马上拿起武器，和我们一起战斗，而且奋勇当先，有很多在战役第一阶段被俘的，到了第三阶段就当上了班长。那时国民党军有飞机、有坦克、有大炮，武器装备比我们强得多，但是我们靠军民团结、官兵团结的合力，打败了蒋介石。我们党来自于人民，植根于人民，坚信人民群众是真正英雄的历史唯物主义观，是永远不能丢的。这也就是今天我们倡导的以人为本的精神。

中共迟复香港民主人士响应"五一"口号的实情

杜襟南

新中国成立后出版的《毛泽东选集》第四卷中《中共中央关于九月会议的通知》一文的注五，各种党史、近代史大事记，以及一些有关文章，均记载了中共中央"五一"口号、香港各民主人士的响应及毛泽东复电这件事，但都没有说明毛泽东 8 月 1 日复电中第一句说的"五月五日电示，因交通阻隔，今始奉悉"的缘由。"五一"口号发布后，在港民主人士 5 月 5 日致电毛泽东，响应中共"五一"口号，毛泽东何以延迟了两个多月才看到复电呢？根据当时香港的情况，是不可能将刊登民主人士等复电的《华商报》寄去或派人送给中共中央的。那么，"交通阻隔"到底是指什么呢？对这件事的内情很少有人知道，我作为当事者，有责任将此事说明清楚，以解开这一历史之谜。

中共号召召开新的政治协商会议

1948 年，在人民解放战争顺利进行之际，中国共产党深刻分析了国内形势的重大变化，认为召开新的政治协商会议不仅"业已成为必要"，而且"时机亦已成熟"。为此，中共中央于 4 月 30 日发布了"五一"口号，号召"各民主党派、各人民团体、各社会贤达迅速召开政治协商会议，讨论并实现召集人民代表大会，成立民主联合政府"。

在"五一"口号公布的同时，为了及时具体地了解各民主党派的意见，以便做进一步的决策，5月1日，毛泽东亲自写信给在香港的民革主席兼致公党主席李济深和民盟中央负责人沈钧儒：

任潮、衡山两先生：

在目前形势下，召集人民代表大会，成立民主联合政府，加强各民主党派、各人民团体的相互合作，并拟订民主联合政府的施政纲领，业已成为必要，时机亦已成熟。国内广大民主人士业已有了此种要求，想二兄必有同感。但欲实现这一步骤，必须先邀集各民主党派、各人民团体的代表开一个会议。在这个会议上，讨论并决定上述问题。此项会议似宜定名为政治协商会议。一切反美帝反蒋党的民主党派、人民团体，均可派代表参加。不属于各民主党派、各人民团体的反美帝反蒋党的某些社会贤达，亦可被邀参加此项会议。此项会议的决定，必须求得到会各主要民主党派及各人民团体的共同一致，并尽可能求得全体一致。会议的地点，提议在哈尔滨。会议的时间，提议在今年秋季。并提议由中国国民党革命委员会、中国民主同盟中央执行委员会、中国共产党中央委员会于本月内发表三党联合声明，以为号召。此项联合声明，弟已拟了一个草案，另件奉陈。以上诸点是否适当，敬请二兄详加考虑，予以指教。三党联合声明内容文字是否适当，抑或不限于三党，加入其他民主党派及重要人民团体联署发表，究以何者适宜，统祈赐示。兹托潘汉年同志进谒二兄。二兄有所指示，请交汉年转达，不胜感幸。

5月2日，中共中央连续给中共上海局和香港分局发出指示，要求他们就召开新政协问题，用非正式的或交换意见的态度，与各真诚反美反蒋的民主党派、人民团体及社会知名人士交换意见，并将各方面反映报告中央。指示全文如下：

沪局、港分局：

（一）我党准备邀请各民主党派及重要人民团体的代表来解放区开会讨论：（甲）关于召开人民代表大会并成立民主联合政府问题。（乙）关于在反对美国帝国主义侵略及蒋介石卖国政府的斗争中加强各民主党派各人民团体的合作及纲领政策问题。

（二）我党认为召开此项会议讨论上述问题的时机业已成熟，但须征求各民主党派的意见，即他们是否亦认为时机业已成熟及他们是否愿意派遣代表来解放区。

（三）会议的名称拟称为政治协商会议。会议的参加者一切民主党派及重要人民团体（如职教社、民主建国会、学生联合会）均可派遣代表。会议的决议必须〔由〕参加会议的每一单位自愿同意，不得强制。开会地点拟在哈尔滨。开会时期拟在今年秋季。会议拟由国民党革命委员会、民主同盟及中共联名发起。

（四）为着上述目的，我党拟邀请李济深、冯玉祥、何香凝、李章达、柳亚子、谭平山、章伯钧、彭泽民、史良、邓初民、沙千里、郭沫若、茅盾、马叙伦、章乃器、张绚伯、陈嘉庚、简玉阶、施存统、黄炎培、张澜、罗隆基、张东荪、许德珩、吴晗、曾昭抡、符定一、雷洁琼及其他民主人士来解放区开会。其中有被敌监视不能来者，可派遣本人的代表。

（五）上述各点，请你们征询各人意见，首先征询李济深、沈钧儒二先生意见电告。

（六）你们对于上述各点有何意见，各民主人士来解放区有何困难，亦望电告。

5月7日，中共中央（毛泽东起草）再次致电香港分局、上海局并潘汉年：

> 中央已于五一节提出召集人民代表大会成立民主联合政府的口号，而其第一步则拟召集各反美反蒋的民主党派、人民团体及不属于各民主党派、人民团体的社会知名人士开一次政治协商会议。自然这些在目前均尚是宣传和交换意见时期。尚未到正式决定和实行时期。你们可用非正式交换意见的态度（不是用正式决定和邀请的态度），和各真诚反美反蒋的民主党派、人民团体及社会知名人士交换意见，并以各方反映电告。

5月13日，周恩来让胡乔木电示香港分局，要求将响应"五一"口号的电文内容、署名全文电告中央。到6月13日，中共中央又电示沪局、香港分局及潘汉年，要求向各民主人士征询有关新政治协商会议和人民代表会议的具体问题（开会时间、地点、如何召集、到会代表、应讨论的问题等）。中共中央和毛泽东接二连三地去电，可见中共中央极为重视香港民主人士的反应和意见。

在港民主人士积极响应中共的"五一"口号

其实，在香港的民主党派、人民团体负责人和社会贤达，看到了《华商报》上刊登的"五一"口号，早于5月5日，由李济深等联名通电全国，并致电毛泽东予以响应。刊于《华商报》5月6日头版头条的致全国电称：

国内外各报馆、各团体并转全国同胞公鉴：

> 南京反动政府，窃权卖国，史无先例。近年与美帝互相勾结，举凡政治、经济、军事，国命所系者，无不俯首听命。破坏政治协商会议，撕毁五大协议，遂使内战延绵，生灵涂炭。今更伪装民主，欲以欺蒙世界。甚至忘国之大仇，同意培植日

本侵略势力，使之复活。吾国目前已等于美帝之附庸，全体同胞恐亦将为未来世界大战之牺牲。同人等日深焦虑，力图对策，盱衡中外，正欲主张，乃读中国共产党"五一"劳动节号召第五项："各民主党派、各人民团体、各社会贤达迅速召开政治协商会议，讨论并实现召集人民代表大会，成立民主联合政府"，密合人民代表时势之要求，尤符同人等之本旨。除电达中共表示同意外，事关国家民族前途，至为重要。全国人士自宜迅速集中意志，研讨办法，以期根绝反动，实现民主。用特奉达，至希速予策进，并盼赐教。

报上注明该电已分送冯玉祥、陈嘉庚等人。

5月5日，李济深、何香凝、章伯钧、马叙伦等致电毛泽东并转解放区全体同胞：

中国共产党毛泽东先生并转解放区全体同胞鉴：

南京独裁政府，窃权卖国，史无先例。顷复与美国互相勾结，欲以伪装民主，欺蒙世界。人民绝不受欺，名器不容久假。当此解放军队所至，浆食传于道途，武装人民纷起，胜利已可期待。国族重光，大计亟宜早定。同人等盱衡中外，正欲主张，乃读贵党"五一"劳动节号召第五项："各民主党派、各人民团体、各社会贤达迅速召开政治协商会议，讨论并实现召集人民代表大会，成立民主联合政府"，适合人民时势之要求，尤符同人等之本旨，曷胜钦企。除通电国内各界暨海外侨胞共同策进、完成大业外，特行奉达，即希朗洽。

李济深、何香凝（中国国民党革命委员会），沈钧儒、章伯钧（中国民主同盟），马叙伦、王绍鏊（中国民主促进会），陈其尤（致公党），彭泽民（中国农工民主党），李章达（中国人民救国会），蔡廷锴（中国国民党民主促进会），谭平山（三民主义同志联合会），郭沫若（无党无派）

然而，直到 8 月 1 日，毛泽东才复电：

> 李济深、何香凝、沈钧儒、章伯钧、马叙伦、王绍鏊、陈其尤、彭泽民、李章达、蔡廷锴、谭平山、郭沫若诸先生，并转香港各民主党派、各人民团体及无党派民主人士公鉴：
>
> 　五月五日电示，因交通阻隔，今始奉悉。诸先生赞同敝党五月一日关于召开新的政治协商会议讨论并实现召集人民代表大会建立民主联合政府一项主张，并热心促其实现，极为钦佩。现在革命形势日益开展，一切民主力量亟宜加强团结，共同奋斗，以期早日消灭中国反动势力，制止美帝国主义的侵略，建立独立、自由、富强和统一的中华人民民主共和国。为此目的，实有召集各民主党派、各人民团体及无党派民主人士的代表们共同协商的必要。关于召集此项会议的时机、地点、何人召集、参加会议者的范围以及会议应讨论的问题等项，希望诸先生及全国各界民主人士共同研讨，并以卓见见示，曷胜感荷。

中共中央迟复的内情

8 月 1 日，中共中央致电香港分局及潘汉年，对拖延各民主党派复电进行了批评：

> 　中央"五一"口号发表后，港、沪各民主党派及各方面人士均有热烈响应。中央亦曾电告你们，向各方征询对召开新政协，讨论并实现人民代表会议、成立联合政府的意见。但这件事对你们并未引起足够重视，如香港各党派 5 月 5 日两份通电，你们延至辰寒（5 月 14 日）还只约略告大意，我们当电索全文，你们直至 7 月中始将全文拍来，延迟两月之久，而对其他通电、宣言，直到现在也未转来，使我们对此事的回答，延搁几至三月，引起各方面不必要的猜疑。从这件事上，证明你们

的政治注意力甚弱。

这个"延搁"与我工作有关。当时中共中央香港分局（书记方方）为与党中央联系设有秘密电台，我当时负责此项工作。1948年5月1日《华商报》公布了《中共中央重要宣告》，即提出"五一"劳动节口号23条，5月5日发表了在港各民主党派、民主人士给全国的通电与答复中国共产党的电文，方方当时即要我将复电全文上报中央，并无拖延。我即与中共中央办公厅机要部门联系，认为按照机密原则，鉴于该电已在报上公布，必须另编临时密码发出。当这个意见被采纳后，我即将全文发出。如果不是全文，亦无须另编临时密码。可是，在电报发出以后，中共中央办公厅机要部门几次来电，说译不出来，或是译到中间后面译不出，或是文句不明，译不明白（来电云"约略告大意"）。为此，我均亲自对临时密码做了仔细检查，技术上毫无错误，故此我一一都做了答复。中共中央办公厅机要部门于7月中旬才将我们发的该电全文译出上报。

看到中央发的批评电报，我即向方方当面陈述事情经过。方方当时并未责备我。我立即电复中办，除了做自我检讨外，同时说明，在技术上我方没有错误，推迟原因不在我们。事后，中办对我亦无责备。以上就是所谓拖延的真相。也许正是这个原因，毛泽东复电民主人士时，只好以"交通阻隔"为由，以免民主人士误会中共中央有意迟复。

现据《毛泽东年谱》和《周恩来年谱》记载：1948年3月到5月，正是毛泽东与党中央从陕北向华北作战行军时间。3月23日中央渡黄河入山西（晋绥解放区），4月10日入河北，13日到阜平县城南庄（晋冀察军区所在地），毛泽东住了下来，周恩来则与中央机关于23日到达西柏坡，与刘少奇、朱德相见。4月30日到5月7日，在城南庄召开中央书记处扩大会议，周恩来、朱德等均参加了会议。到了5月27日，毛泽东才迁到西柏坡。在这期间，中央机要人员可能比较奔波，照顾不及，安定后又因技术原因，以致延误译出。故拖延时间是有主客观原因的。

依照上述实情，拖延民主人士复电 3 个月之事，与香港分局及方方无关，并非他们的责任，而且事实上，他们非常重视中央的号召。所以，香港分局及方方在"五一"口号公布后，香港分局领导下的《华商报》，于 5 月 3 日发表社评《一个响亮的号召》，认为召开政治协商会议、召集人民代表大会、成立民主联合政府，对解放中国起了推动作用。接着，5 月 13 日，方方写了《为成立民主联合政府而奋斗》一文（《群众》2 卷 18 期），号召各民主党派等，不仅响应号召，还要行动起来，建立民主联合政府。6 月 30 日，方方召开民主党派、民主人士座谈会，出席者有马叙伦、王绍鏊、郭沫若、沈钧儒、谭平山、茅盾、李济深，香港分局参加的有潘汉年等，研究筹备召开政治协商会议的具体问题。这期间，方方还登门拜访民主人士，与他们倾心交谈，推动了新政治协商会议运动的深入发展。香港各界为响应"五一"口号，纷纷发表声明，如 6 月 4日香港各界爱国人士冯裕芳、柳亚子、茅盾、章乃器、朱蕴山、胡愈之、邓初民、侯外庐等 125 人联名发表声明；6 月 16 日，民盟发表声明，主张迅速开展新政治协商会议运动；6 月 23 日，留港妇女界何香凝、刘王立明等 232 人发表宣言，要求迅速召开新政治协商会议；中国学术工作者协会留港理事郭沫若、陈君葆、沈志远、翦伯赞、邓初民等发表声明；7 月 7 日，人民救国会发表"七七"宣言。与此同时，许多知名民主人士纷纷发表文章谈论自己的看法，如马叙伦的《读了"五一"口号以后》、郭沫若的《脑力劳动者对"五一"口号应有的觉悟》、章汉夫的《论旧政协与新政协》等，各进步报刊几乎连续发表文章，各界还以召开座谈会、聚餐会等形式进行响应。8 月后，周恩来派钱之光来港，与方方、潘汉年等联系，经过妥善安排，终于将民主人士和文化精英分多批由香港秘密送往东北、华北解放区。

筹备召开党的七届二中全会

杨尚昆

1949 年 1 月底，叶剑英同志来电，要我到北平去，筹划把中央机关迁入北平。恩来同志对我说：你抽不出身，因为"客人"马上就要到，二中全会还没有召开，让李克农先去吧。他说的"客人"就是苏联共产党中央政治局委员米高扬。他这次来化名安德列夫，是斯大林派他来同中共中央商讨党、政、军大事的，因为毛主席暂时不去苏联了。1 月 31 日，米高扬一行 10 人，经大连飞抵石家庄，再到西柏坡。第二天起就同毛、刘、朱、周、任会谈。这件事是严格保密的，书记处的同志在这段时间内全力以赴。周恩来同志主持的"大办公"也停了一个星期。我主要忙于安全警戒、生活接待以及处理各地来的电报。

2 月 7 日，"客人"走了，周恩来同志告诉我说：中央决定 3 月 1 日召开七届二中全会，希望中央委员尽可能多地到会，中央机关的迁移推迟到 3 月。这一天，华北局机关从平山迁到了石家庄，所以恩来同志说，如果 3 月有必要进行和平谈判，可以在石家庄举行。

二中全会的会务工作，恩来和弼时同志责成我具体负责。晚上，"大办公"结束后，我又到恩来同志的住处，就会议筹备和后勤工作等请他指示，谈完已是凌晨 2 时了。

2 月 12 日，我约伍云甫、叶子龙、汪东兴共同商量，安排分工：住房和生活接待由伍云甫负责，机要文件的阅发由叶子龙负责，安全警戒由汪东兴安排。这时邓洁已到平津去调查情况，杨立三将去天津工作，李克农又抽去北平安排迁移问题，中央办公厅头绪繁多，实在感到人手不足。

　　这天是周末，晚上我回夹峪去看看孩子们。我的家到西柏坡后分成三摊：李伯钊是华北局文委副主任，兼华北文工团团长，此刻已进入北平，任接管委员会文艺处副处长（处长是沙可夫），忙得连写信的功夫都没有。小二绍明和小妞住在夹峪的家里，由晋西北带来的青年保姆照管。刚到夹峪时，没有小学，由叶子龙的爱人蒋英教在那里的一些孩子识字。后来办起了育英小学，小二才正式入学。我经常住在西柏坡，晚上有空时才回夹峪看看孩子们。农历大年初一那天，我抽不出时间回夹峪，初二才回去同孩子们团聚，放了三颗信号弹，算是过节给孩子们乐一乐。第二天（2 月 13 日）是小妞一周岁的生日，虽然连日春雪，路上行走困难，但我必须回去一下。送什么礼物给小妞呢？做个生日"蛋糕"吧！没有奶油，只是用"洋菜"（又叫石花菜）熬一熬，装进一个大碗里，凝结起来后扣在盘子里，面上铺一层罐头水果，这就是土制的"蛋糕"。小妞已经牙牙学语了，长得很可爱！

　　3 月 1 日，东北、华北的同志都已到达西柏坡，盛况空前。我到代表驻地去看望他们。从东北来的林伯渠、洛甫、稼祥和富春等同志，从延安分别以来，我常常在新闻纪录片《民主东北》中看到他们，这次重新见面令人兴奋。大家谈到在辽沈战役打锦州时牺牲的朱瑞同志时都很惆怅。这一天，为了保证七届二中全会的防空需要，从东总调来的高射炮四门、高射机关枪两挺已经运到，还派一名师参谋长前来联络。他名叫杨尚德，和我只有一字之差。他说：五六〇团明日可到两河地区。我们商定对二中全会会场的防空阵地，设在东柏坡附近的山头上。

　　3 月 5 日上午，我最后检查了会场布置、警戒、新闻摄影等工

作。下午 3 时，七届二中全会在周恩来同志的主持下开幕。到会的
有中央委员 34 人（这段时间出缺的 4 个名额由廖承志、王稼祥、陈
伯达、黄克诚递补），候补中央委员 19 人，中央各部委列席的 11
人。这是七届一中全会以来到会领导同志人数最多的一次重要
会议。

会议把毛主席起草的决议草稿和我们收集并经少奇同志核定的
《政策汇编》印发给与会同志。会议首先由毛主席做报告。

毛主席指出：党的七届一中全会后的 4 年里，战争激烈，我军
由小到大，地域也扩大了；国民党的军队，由 430 万减少到现在的
100 多万，分布在从新疆到台湾的漫长战线上。我军再做若干次重
大攻击，国民党的反动统治机构即将土崩瓦解，归于消灭。在这样
的胜利形势下，毛主席着重讲了 10 个问题：

第一，今后解决国民党的残余力量有三种方式，即天津方式、
北平方式和绥远方式。要中立一部分地方势力，如桂系，这是必要
的，当然有麻烦，不痛快。对于归顺我们的力量，绝不可能一下子
变成革命党，一般不是杀头，而是洗脸，即改造。若干反动分子杀
头是不可免的。

第二，战斗意志不可松懈。有阶级，有帝国主义，就有战争。
所谓人民共和国，就靠人民解放军。蒋介石的亡国也就是亡了军
队。斯大林在这点上有所阐明。一切马列主义的基本观点不容修
正，我们不是修正派。自有党以来，就是布尔什维克，我们自己的
只是枝节、细节，就是灵活性。如果离开布尔什维克的原则性，就
是行不通的。根本是马列，细节是中国的实际；骨头是马列，肌肉
是中国的。这是国际主义。全国的军队以 500 万为适当，全国底定
之后，就要精兵简政。解决残余的敌人，分三路出兵：京沪 70 万，
武汉 70 万，西北 30 万，因为中国的反革命中心在京沪。第一步 9
个省，然后其他。

第三，今后工作的重点转向城市。从全党领导机关来说，东北

首先转过来了，其他地区还没有解决这个问题。不转就不得了，不会胜利，可能犯路线错误。城市是"正规军"，乡村是"游击战"，不能不照顾"正规军"。没有工业和城市革命是会失败的。打下城市后，要接得好，管得好，必须有两好才行。管好大城市，我们确实不懂，单独管还不行，必须加上专家。我们要重新学起，学会管理城市。由学到会，由会接到管好，是一大胜利。过去没有提醒大家，现在提出任务要学，解决问题——要会。

第四，城市中依靠谁？工人阶级。现在有许多市长是乱抓乱搞，这是不能允许的。一定要发展生产，把消费城市变成生产城市，否则不能持久。其他工作应该围绕发展生产这个中心。肃反工作也是十分重要的。群众生活应该注意，否则不能够巩固我们的政权。一切都需要，但工业生产的恢复和发展是中心。这是列宁多次告诉我们的。

第五，南北方条件不同，任务也不同。南方还在国民党手里，我们的任务首先是消灭国民党的武装力量，建立政权，发动民众，建立民众团体，恢复和发展生产。北方是另一种情况，重点是动员一切力量恢复和发展生产事业。

第六，讲到经济。毛主席在 1 月会议上曾说，关于经济建设方针，需要做两条战线的斗争：一方面要反对不承认新民主主义经济的发展方向是社会主义。国营经济就全国来说比重不超过 10％，量不大，但它是领导力量，不是向资本主义发展。另一方面，不要急于搞社会主义，必须十分慎重。合作社是必须发展的，很快的发展也不可能，必须有 10 多年。全国胜利后会有一个长时间的斗争，是耐心地、长期地、稳健地向前进，不可操切。急了要犯错误，会翻筋斗的。在这次会议上，毛主席进一步提出现在国营经济的数量和质量问题。他说：东北有了提纲很好，但还没有解决全部问题。工业比重究竟有多大，要心中有数，由数量的变化变为质量的变化。任何性质的变化没有数量的变化是不可能的。对私营经济，采取限制政策，但限而不死。从活动范围、市场价格、税收政策等方面加以限制。现在许多大城市不收税，这实际上是剥削人民，养地主资本家。领导权是物质的，是要逐步取得的。给农民以土地是一半领导权，加上合作社又有一半。民主人士认可我们的领导权也是物质基础的，这就是对私营资本的政策，地主分有土地，加上军队的威力。

第七，外交政策，现在不急于要帝国主义承认我们，这比较主动，事情好办。这不等于不做生意，生意是要做的。帝国主义会采用各种办法勾引我们，我们不要上当。

第八，必须同党外人士合作，要把他们看成我们自己的干部，当然，经历不同，思想上会有必要的斗争，原则性要坚持，所谓灵活性是说许可的、必需的；也不是不择手段，是要择手段的。

第九，要提出新任务，使全党同志来不及骄傲！不要成为горнов（哥尔洛夫，苏联名剧《前线》中的一位高傲自大的将军。——编者注）！中央提议，10年之内不做寿，不送礼，不要用人名改县名地名。

第十，书记处自一中全会以来的工作，值得批评的有两点，一是无政府无纪律状态，不能只责备下层，还因为上面没有抓紧。三种状态：不抓，抓而不紧，抓紧。1948年1月提出任务后，现在书记处有资格要求你们了。二是土地改革中犯了错误，就是只有战略指示，没有策略指示，划分阶级的文件发迟了，中央没有系统的说明。

毛主席一口气讲了3个多小时，散会时已是晚上8时了。

从6日到13日，除三八妇女节休会一天外，共有27人发言，其中王明发言两次。

许多人在发言中谈了把党的工作重心从农村转到城市的问题，有的还提出以城市为中心的最本质的问题是开始工业化。但也有一些分歧。对财经统一问题，饶漱石发表了不同意见。攻打济南时，中央曾规定后勤供应由华东、华北负担，责成华东军区组成"坚强健全的后勤司令部"随军工作；淮海战役中，中央又规定"华东、华北、中原三方面，应用全力保证我军的供给"，华东区的负担无疑是不轻的。1949年1月初部署大军南下时，遵照必需和可能的原则，又分配了各地区的后勤任务。我认为恩来同志当时贯彻了既逐步统一又照顾各地的原则。听了饶漱石的发言后，恩来同志非常重视。第二天，也就是三八节那天，他召集我们讨论。我认为：在组织大规模战争的形势下，战勤工作有必要逐步统一，互相调剂。统一就是要加以限制，加以管束。这就会使有些同志感到不"自由"、不舒服。这是必须经过思想斗争过程来克服的，不能有所姑息。但这绝不是一切皆统，不顾客观条件，不顾可能与必需。既要反对乱干，也要反对"游击主义"，否则全国革命将无法进行。恩来同志非常慎重，在12日、13日两个上午又召集座谈会，同有关同志交换意见。从座谈情况看，对逐步统一的原则没有人提出异议，但一接触实际的问题，大家的思想还是有分歧的。它的原因在于：过去战争中长期处于分割的状态，现在要逐步走向统一，大家在心理上、习惯上仍有阻力；而中央手里又没有掌握足够的财力、物力去支援地方。1月政治局会议时，毛主席曾指示：凡属友邻地区的关系问题，要个别解决，只要不是原则问题，应"小事化无"；要时刻注意大团结，忍让是必要的，切忌急躁操切，鲁莽从事。3月13日下午，周恩来同志在全会的发言中，对统一财经问题做了说明。他说：毛主席所说的"必需和可能"就是要从现实性出发，逐步走向统一。

最后，毛主席做会议结论。他讲了三个方面的问题。

第一，对七大以来工作的评价。他说：七大以来大家是努力的，有成绩，包括73个中央同志与各中央局同志。工作中也犯了一些错误，大家都已指出。各军也做了工作。五师转移，基本上是正确的，说是路线错误的意见是不对的。抗战胜利后，国民党的"大水"首先冲向他们的地区，这支队伍钳制敌人，对华北、华中根据地起了堤坝的作用，意义甚大。东北成绩更大，是全党全军奋斗的结果。我们是用走路去索取的。林、罗、高、陈等的意见，我们接受了，对工作有帮助。晋察冀现在工作好，有一段时间处于被动。客观原因是傅作义部强大，我们的力量不足。1947年下半年起走上了轨道，华北局成立后，一天比一天好，他们支援华东、中原，支援平津和西北。西北面对第三个大敌人，艰苦奋斗，成绩伟大。华东和西北是敌人重点进攻的大战场，环境是严重的，遭受敌人最大的破坏，是用全力争取胜利的。国民党区的5万党员，配合作用是很大的，这是将来在南方的可靠基础。

第二，具体生动地总结了党委会的工作方法。这就是后来编入《毛泽东选集》第四卷的《党委会的工作方法》一文。

第三，澄清王明对"毛泽东思想"的错误提法。

关于马列主义与中国革命的关系。毛主席认为王明给"毛泽东思想"下的定义是"不妥当"的。"马列主义在殖民地半殖民地的具体应用和发展"这个提法，有划分"市场"的嫌疑。我们的东西就是有一点普遍性，也没有超过马列的原则。斯大林对列宁主义下定义，是为了同第二国际及季诺维也夫做斗争，中国无此必要。不应当把马克思、恩格斯、列宁、斯大林、毛泽东并列起来，我们应当宣传马列主义，而比较缺乏的也正是马列主义。我们自己的东西，还是说马列主义的普遍真理与中国革命实践相结合为好。这不能拿谦虚来解释。不能有两种主义。要学习12本干部必读的书，提高马列主义理论水平，才能有共同语言。

如何帮助王明改正错误呢？毛主席在结论中说：王明在会上说了许多，昨天的发言有进步。他是被动的，没有主动权，因为他不肯承认自己错误的基本点。他的错误是完整的路线，"左"右都有。这是社会现象，中国社会的产物，恐怕不能避免。他承认了个人主义，已谈到本质了，不必勉强要他承认有领袖野心。他是不肯承认

的。他虽然没有总书记或主席的名义，但政治上是两次错误的代表
人物。十年内战时期是急躁疯狂，抗战初期一变而为右倾。六中全
会，王稼祥传达国际指示，一洒酒精，微生物缩小了。七大加以肃
清，但王明头脑中的错误没有缩小。我们还是按照惩前毖后、治病
救人的方针办。

派傅冬菊做傅作义的工作

王汉斌

记者按

  第七、八届全国人大常委会副委员长王汉斌同志，中华人民共和国成立前曾担任北平地下组织学委委员、大学委员会书记，直接参与和领导了傅冬菊、李炳泉等人争取傅作义与共产党合作、和平解放北平的工作。为进一步挖掘北平和平解放背后鲜为人知的故事，保存珍贵史料，我们访问了王汉斌同志。王老带着我们穿过历史的长河，一起回顾了那段往事……

派傅冬菊做其父的工作

  记者：1949 年 1 月 21 日，傅作义召开高级军官会议，宣布接受和平改编。31 日，傅作义部 25 万人全部开出北平城，人民解放军东北野战军第四纵队开进北平城内担任卫戍任务，古城北平和平解放，平津战役胜利结束。这看似简单顺利的历史背后一定有着许多鲜为人知的故事。傅作义下决心接受和平解放北平，他女儿傅冬菊起的作用肯定是无可替代的。听说您和傅冬菊是同学，您能介绍一下傅冬菊参加革命的情况吗？

王汉斌：傅冬菊是傅作义和原配夫人张金强的大女儿。抗战初期，傅冬菊在重庆南开中学上学，经常和进步同学一起在节假日到重庆新华日报社，与中共南方局青年组负责人刘光、朱语今联系，接受革命教育，参加进步的读书会。傅冬菊高中毕业后，考入在昆明的西南联合大学。在联大傅冬菊与我是同班同学，我和她相识是由她在南开中学的进步同学介绍的。1945 年"一二·一"运动时，我介绍她加入党的外围组织"民主青年同盟"。西南联大毕业后，傅冬菊到天津《大公报》担任记者。她利用自己的特殊身份，通过"华北剿总"在天津黄家花园设立的办事处，掩护一批进步同学到解放区，我也在黄家花园住过。1948 年，我提出并由天津南系地下组织发展傅冬菊入党。同时，天津南系地下组织安排和介绍傅冬菊的爱人《平明日报》记者周毅之入党，并由我为其举行了入党宣誓。

记者：您作为北平和平解放的亲历者，能否讲讲当年共产党是怎么开展争取傅作义的工作的？

王汉斌：1948 年 5 月前后，就已经提出要争取傅作义。当时华北局城工部派曾平到天津《大公报》找傅冬菊，要她做傅作义的工作。傅冬菊向我们汇报了这个情况，我们对曾平毫无所知，觉得如此重大的事情应该通过组织系统来安排，就决定让傅冬菊不必答复曾平。

到 1948 年 11 月初，人民解放军解放了沈阳，东北野战军即将入关解放平津。城工部的刘仁同志专门派撤退到城工部的南系地下组织的党员回来传达指示，说北平很快就要解放，为配合解放，党中央决定找傅冬菊做争取傅作义的工作；平津南北系地下组织立即合并。根据刘仁同志的指示，南系地下组织学委立即把傅冬菊从天津《大公报》调来北平全力做争取傅作义的工作，同时又布置职业青年支部书记李炳泉通过他的堂兄"华北剿总"联络处长李腾九做傅作义的工作，并调来周毅之做傅冬菊的联络员，以便随时同傅冬菊联系。

记者：现在一些影视作品对傅冬菊如何做她父亲的工作，有不少描述。您作为知情者，能介绍一下这方面的细节吗？

王汉斌：傅冬菊根据我的布置，劝说傅作义同共产党谈判。她对傅作义说：您现在是仗打不下去了，如果逃到南方去，从以往的历史经验来看，在蒋介石那里，您没有军队，也是吃不开的。还是同共产党谈判，能争取较好的前途。当时李炳泉找他堂兄李腾九做傅作义的工作，傅作义对李腾九说，我对共产党的政策不了解，能不能找点资料看看。我们研究以后，给了他毛泽东的《论联合政府》。傅作义看后说，联合政府我还是赞成的。这就让我们有了活动的余地。

当时，傅冬菊每天都到傅作义的办公室观察情况。我每天同傅冬菊会面一次，她向我汇报傅作义的情况。然后，我将傅作义的情况报告给城工部。那时傅作义思想矛盾激烈，有时唉声叹气，脾气暴躁，有时接连咬断火柴棍。这些情况，我们都随时详细地报告城工部。傅冬菊在与父亲傅作义谈的时候，一再劝傅作义要跟共产党谈判，不然没有出路。当时，傅作义提出："共产党里面我就相信两个人，一个是王若飞，一个是南汉宸。"我们琢磨他的意思是想让南汉宸来跟他谈判。我们认为这个情况很重要，就发了电报报告了城工部。

当傅冬菊根据城工部指示跟傅作义摆明"要么投降，要么起义"时，傅作义都不接受，他说："起义，我就对不起蒋先生；投降，我傅作义的面子太难看了。"

当傅冬菊向傅作义提出希望他放下武器，与共产党合作，接受和谈，和平解放北平时，傅作义很有政治经验，怕是"军统""中统"特务通过他的女儿套他话，于是就追问："是真共产党还是'军统'？你可别上当！"傅冬菊肯定地回答："请爸爸放心，是我们的同学，是真共产党，不是'军统'。"傅作义告诉傅冬菊："你每晚从我这里回家是否有人跟踪？一定要当心！"又问："你是不是参加了共产党?"傅冬菊说："我还不够格。"在谈判时，傅作义还一再让我们把电台放到中南海他那里，说放到外面不安全，我们没敢答应。

1948年12月10日左右，解放军攻占丰台。第二天傅冬菊告诉我说，傅作义凌晨两三点从位于万寿路的"剿总"总部跑回中南海，因为事先一点儿情报也没有，解放军就突然出现在丰台了。傅作义对傅冬菊说："回天津去，你在这儿碍事。"傅冬菊表示铁路都断了，无法回去。傅作义说派飞机送她回去。傅冬菊说："我是你的大女儿，现在你遇到这么大的困难，我还得陪着你，不能离开。"对这些情况，我们都随时向城工部做了汇报。

多种途径对傅作义施加影响

记者：资料显示，当时北平地下组织有几方面的人在做傅作义的工作，听说北平工厂、学校、报社、铁路局、电信局以至国民党的党、政、军、警、宪、特等机关，到处都有中共地下组织的同志，是这样吗？

王汉斌：是的。北平地下组织通过多种途径对傅作义施加影响。当时，曾由北平地下组织学委秘书长崔月犁，请出傅作义的老师刘厚同劝说傅放下武器。在对傅作义做工作时，针对傅作义的犹豫动摇，刘厚同反复向他谈形势、摆利害，转达我党的政策和对傅作义的希望及要求；明确指出傅作义要顺应人心，当机立断，切不要自我毁灭。傅作义决定接受和平改编后，刘厚同不以功高自居，表示从此隐退，回到天津。

邓宝珊当时是国民党"华北剿总"副总司令兼榆林地区国民党军司令。邓宝珊与崔月犁曾多次接触。他曾提醒崔月犁，"军统"活动很厉害，要崔多加小心。傅作义由犹豫到下定决心，邓宝珊是起了重要作用的。他曾多次出城与我前线总指挥部商议起义的具体条件和细节问题。

记者：李炳泉受党委派代表北平地下组织参加了敦促傅作义和平解放北平问题的谈判，做出了贡献，后来有的资料却把李炳泉说成是傅作义的代表，请问这是怎么回事？

王汉斌：李炳泉怎么会是傅作义的谈判代表！他也是我们西南联大的同学，很早就入党了。1946年秋，傅作义在北平创办《平明日报》。李炳泉的堂兄李腾九是傅作义"华北剿总"联络处处长，他推荐李炳泉去平明日报社担任采访部主任。李炳泉到平明日报社任职后，把地下组织的党员李孟北、王纪刚也安排到报社任记者。同时，李炳泉出主意，让我找傅冬菊推荐，这样我也当了《平明日报》国际版编辑。

李炳泉的夫人为了澄清这个事实，给我写过信。我向有关方面专门写信，说明李炳泉不是国民党的代表，而是共产党的代表，他当时是南系地下组织平津学委职业青年支部书记。

记者：北平和平解放时，您在做学生工作。实际上，北平学生对北平和平解放也起了很大作用。

王汉斌：为了统一行动，北平地下组织的"学委"（学生工作委员会）、"平委"（平民工作委员会）、"工委"（工人工作委员会）等配合起来，展开了一系列的工作。当时，崔月犁负责利用上层的社会关系做傅作义的工作。我们地下组织负责联系广大群众，把国民党一些中下级军官争取过来。还有少数高级军官也被争取，并已经开始准备配合起义，例如九十二军军长侯镜如。总之，傅作义最终能够同意和平解放北平，离不开各方面许多同志的辛勤工作、默默奉献。

北平和谈详情

记者：最初双方的谈判顺利吗？具体是如何展开工作的？

王汉斌：经过傅冬菊反复劝说，在解放军攻占新保安、张家口的压力下，傅作义被迫同意派代表同地下组织的代表谈判。开始谈判时，我们考虑还要李炳泉通过李腾九做傅作义的工作，决定派

《益世报》记者刘时平为地下组织的谈判代表，同傅作义的代表李腾九进行谈判。刘时平也是西南联大同学，他是绥远人，同傅作义"华北剿总"的人比较熟悉。在谈判进行中，刘时平因一个涉及民主人士的案件被捕，我们又改派李炳泉为谈判代表。经过双方商定，傅作义派崔载之为代表，由李炳泉带领，于1949年1月13日出发，一同到解放军前线司令部谈判。崔载之是平明日报社社长，深得傅作义信任。傅作义通知其政工处处长王克俊挑选可靠人员做好秘密出城的安排。我们通过地下组织的电台，把李、崔出城的事报告城工部。根据城工部布置，我们安排李、崔两人坐吉普车从西单出发，经广安门到丰台，由解放军派人将他们送到解放军平津前线司令部。后来傅作义又调来周北峰、邓宝珊，帮助做和谈工作。

在谈判过程中，在有些问题上，我们同傅作义的意见还有距离，迟迟未能达成协议。在这种僵持的局面下，党中央决定先攻打天津对傅作义施加压力，从1月14日发动进攻，只用29小时就打下了天津。这时傅作义着急了，提出要立即同共产党谈判，表示解放北平可以迅速达成协议，还说天津其实也可以不用打。

1月15日，傅作义派出的和谈代表——国民党"华北剿总"副司令邓宝珊和周北峰到解放军平津前线司令部谈判，双方达成和平解放北平的基本协议。1月21日，傅作义在北平召开高级军官会议宣布接受和平改编。1月31日，"华北剿总"、正规部队、特种部队及非正规军部队总计25万人，全部开出北平城，听候改编；东北野战军第四纵队开进北平城内，接手全城防务。至此，平津战役胜利结束，北平以和平方式回到人民的怀抱。

记者：听说有一个小插曲，一封给傅作义的信差一点使北平和谈成果受影响？

王汉斌：不错，是林彪给傅作义的信。那封信比较尖锐地指责了傅作义，周北峰带回来后不敢交给傅作义，就让傅冬菊交给他。傅冬菊感到这封"最后通牒"措辞严厉，担心父亲在部队出城改编时被激怒，就放在父亲的文件堆下面。结果新华社在和平协议签订后发表了这封信。傅作义很不高兴。最后，只好向他解释，那封信是因为当初在傅部占领张家口时，他的气焰非常嚣张，说要毛泽东下台，自己也下台。所以，解放区人民对他很不满意。信是为了向解放区人民有个交代，对他没有什么影响。虽然傅作义不高兴，但事已至此，也就让它过去了。

记者："北平方式"成为后来解放湖南、新疆、云南等的范例；它使驰名世界的文化古城免于战火，完整地保存下来，为新中国定都北平创造了便利条件。

王汉斌：对！"北平方式"是毛泽东主席讲的，它对以后解放湖南、新疆等地确实起了很大的作用。北平和平解放，使北平这个城市保留了文化古迹。为了避免打到文化古迹，那时每天都试炮，我们每天要报告试炮的炮弹都落在哪儿。我当时住在东厂胡同北大文科研究所，离我住房几十米的地方就落下过一枚炮弹。

记者：资料记载，1949 年 2 月 22 日，傅作义到西柏坡见了毛泽东，说："我有罪。"毛泽东则说："你做了一件大好事，人民是不会忘记你的。"

王汉斌：北平和平解放后，毛泽东主席曾几次接见傅作义，同他亲切交谈，称赞："和平解放北平，宜生（傅作义字宜生。——编者注）功劳很大！"而后，又安排他担任全国政协第一、二、三届常委，全国政协第四届副主席，第一、二、三届全国人大代表，国防委员会副主席，水利部部长，水电部部长。1955 年全国人大常委会授予他一级解放勋章。1974 年，傅作义病重，周恩来总理抱病到病房探望，转达毛主席的问候："毛主席叫我看你来啦，说你对人民立了很大的功！"傅作义逝世后，周总理亲自主持追悼会，叶剑英同志致悼词，代表党和政府给予傅作义极高的评价。他的女儿傅冬菊在北平和平解放后，由组织上分配到人民日报社工作，为我国新闻事业做出了重要贡献。

第三野战军的渡江作战

张　震

淮海战役胜利后，我二野、三野百万大军前出于长江北岸，威胁国民党江南基本统治区。其反动统治的中心地区——南京、上海，已经直接暴露在我军强大攻势之下。

一

渡江南进是我军最高统帅部长期以来周密擘画的战略目的。辽沈、淮海、平津三大战役之后，最终实现这一目的的时机才完全成熟。

早在解放战争爆发之初，面对国民党军的全面进攻，我军曾确定敌进我进、外线出击、逐步向南、进逼长江的战略计划。后来，由于客观情况的变化，转入外线作战的设想数度推迟。经过一年的自卫战争，在内线大量歼灭敌人有生力量之后，1947 年夏秋之间，中央军委决定，由刘伯承、邓小平同志率领晋冀鲁豫野战军主力出击鲁西南，并于 7 月 23 日提出：刘邓大军"直出大别山""建立根据地"，另以"叶陶两纵队出闽浙赣，创造闽浙赣根据地"。此后，在刘邓大军千里跃进大别山，陈粟、陈谢两军与之互为犄角，密切协同，经略中原之时，中央军委、毛泽东同志又于 1948 年初提出由粟裕同志率华野外线兵团分两批渡江，创建并发展东南战略根据地的重大决策。上述战略计划的基本意图，就在于逐步将战争推移至国民党统治区，以减轻我根据地连年战争的负担，同时以强有力的军事行动，威胁敌之腹心重地，扭转敌攻我守的局面，夺取人民革命战争的战略主动权。但由于敌强我弱的战略形势当时尚未得到根本改变，南渡长江的时机尚不成熟，因此，在1948年9月中央政治局会议上，最高统帅部决定：人民解放军第三年仍然全部在长江以北和华北、东北作战，以大量歼灭国民党军重兵集团，为而后的渡江作战、解放全中国创造条件。

1948年10月11日，中央军委、毛泽东同志在关于淮海战役的作战方针电报中再次提出渡江作战的大体构想。要求我们华东野战军"以十一月、十二月两月完成淮海战役"（当时的战役目的仅仅是歼灭黄百韬和海州、两淮地区之敌），然后仍分为东西两兵团。东兵团（以大约5个纵队组成）在苏北、苏中作战，其余主力为西兵团，出豫皖两省。还指示我们于1949年1月休整，2月西兵团转移至中原，3至7月同刘邓协力作战，将敌打至江边各点固守，秋季主力大约可以举行渡江作战。

随着我军在南北两线各个战场上的胜利，渡江南进的条件日趋完备。中央军委于1948年12月12日电示淮海前线总前委，提出准备在1949年5月或6月举行渡江作战的大体设想，并要求召开一次总前委会议加以商讨。12月下旬，刘伯承、陈毅同志赴中央开会，具体研究确定了渡江作战问题。

1949年元旦，毛泽东主席在《新年献词》中正式向全党全军发出"将革命进行到底"的伟大号召，同时指出："国民党的主力在长江以北被消灭的结果，大大地便利了人民解放军今后渡江南进解放全中国的作战。"明确提出了"一九四九年中国人民解放军将向长江以南进军"的战略任务。1月8日，中央政治局会议通过的《目前形势和党在一九四九年的任务》决议再次提出："一九四九年夏、秋、冬三季，我们应当争取占领湘、鄂、赣、苏、皖、浙、闽、陕、甘等九省的大部，其中有些省则是全部。"要求在"平津、淮海、太原、大同诸役以后，几个大的野战军必须休整至少两个月，完成渡江南进的诸项准备工作。然后，有步骤地稳健地向南方进军。"根据党中央、毛主席的指示精神，中央军委命令中野、华野在结束淮海战役后，以两个半月时间分五期（从1月15日起至3月31日止）进行整训，并完成渡江作战诸项准备工作，待命出动。

遵照党中央、中央军委上述指示，我华东野战军在胜利结束淮海战役之后，迅速转入整训，加紧渡江南进的各项准备工作。华野前委于1月19日至26日在徐州东北贾汪召开前委扩大会议，听取了陈毅司令员关于1月8日中央政治局会议决议的传达报告，对党中央关于当时形势的6条结论和1949年度的17项任务进行了认真的讨论。粟裕副司令员代表华野前委在会上做了关于淮海战役的伟大胜利与华野全军1949年六大工作任务的报告，其第一项任务就是：在全国作战总任务下，与兄弟兵团密切协同，坚决与完满地完成1949年我军的作战任务，将革命进行到底。粟裕同志特别强调，部队整训的目的就是为了过江。因为南进最困难的一关是渡江，我们两个半月的休整，就是为了打过长江去，一切是为了如何渡过长江。因此，能不能顺利地打过长江，取决于此次休整的好坏。他还说，过江不能光凭勇敢，还有许多技术问题、思想问题和物质准备问题，要反对"歇一歇"的思想，树立远离大后方作战的观念。陈毅司令员从对形势的分析、民族立场与阶级立场问题、任务问题、编制问题、政策与纪律问题、参谋工作、后勤工作、减租减息以及会议传达等9个方面为会议做了总结。前委扩大会议经过讨论，做出决议，拥护中央政治局会议1月8日通过的《目前形势和党在一九四九年的任务》的决议。

前委会议精神在各部队进行了传达、贯彻。各单位一是针对部队现实思想情况，深入开展了以"将革命进行到底"为中心的形势任务教育和阶级教育、党的各项新区政策和城市政策纪律教育，以及与江南地方组织和游击队会师的教育等。二是对预定渡江地段实施大规模的战役战术侦察，在江南地方组织和游击队的配合下，展开全面的侦察活动，初步查清了敌兵力分布、工事构筑和沿江两岸地形情况，掌握了长江水情，为部队拟定渡江登陆计划提供了依据。三是针对渡江作战这一新课题，开展以横渡长江作战为重点的技术、战术和协同训练。四是筹集船只，训练水手。根据分散筹集、统一分配、集中训练的原则，团以上单位成立船舶管理机构，协同地方党、政机关筹集船只，动员船工、渔民随军参战。编组突击、火力、运输三种船队，进行训练，并构筑船舶隐蔽场所，防敌轰炸、破坏。五是动员和组织广大人民群众，开展规模巨大的支前工作。修复公路、铁路，架设长途电话线，进行大规模的疏河开坝等工程保障，并集中大量粮草军需，组织船只、车辆和民工的庞大运输队伍，以保证我军渡江作战的需要。

贾汪会议后，华野全军按照中央军委关于统一全军编制和番号的规定，进行了整编。华东野战军改称第三野战军，辖第七、第八、第九、第十共四个兵团。第七兵团以王建安为司令员，谭启龙、姬鹏飞分任正副政治委员，辖第二十一、第二十二、第二十三、第三十五军。第八兵团以陈士榘为司令员，袁仲贤、江渭清分任正副政治委员，辖第二十四、第二十五、第二十六、第三十四军。第九兵团以宋时轮为司令员，郭化若为政治委员，辖第二十、第二十七、第三十、第三十三军。第十兵团以叶飞为司令员，韦国清为政治委员，辖第二十八、第二十九、第三十一军、两广纵队。陈士榘参谋长调第八兵团工作后，我由华野副参谋长接任第三野战军参谋长。唐亮、钟期光仍任野战军政治部正、副主任。刘瑞龙副参谋长改任后勤司令员兼政治委员。华东军区与华野特种兵纵队番号不变。华东军区机关南下后，在山东另组山东军区，以胶东军区新五、新六师组成第三十二军。在整编中，我们特别强调了加强团结、加强纪律性，展开了反对本位主义的教育。第三野战军整编任务的顺利完成，使我三野全军的正规化建设向前迈进了一大步，从体制、编制上保证了渡江作战的顺利进行。

二

2月4日中午，粟裕同志告我：中央在2月3日关于渡江问题的指示电报中认为，"国民党有在京沪线组织抵抗及放弃该线将主力撤至浙赣路一带之两种可能"，而当时"第二种可能性业已增加，即是说用解决北平问题的方法和平地解决南京、芜湖、镇江、苏州、无锡、杭州、上海等处的可能性业已增加。我们应当针对这两种可能情况，准备两种对付方法"。如果"国民党仍然采取在京沪线组织坚决抵抗的方针"，则按原定计划，"休整至三月底为止，准备四月渡江，五六两月夺取宁、镇、锡、苏、杭、芜诸城"。如果国民党改取弃守南京等城，"而将主力撤至浙赣线布防，则我们应做提早一个月行动的准备"，"休整至二月底为止，准备三月即行渡江，于占领镇江、芜湖之后，即去占领南京"，然后"逐步地去占领苏杭"，部队"可于占领南京后再行休整"。据此，我们立即向各兵团发出《关于渡江侦察工作问题》的指示，规定了各兵团的侦察区域，明确了侦察的主要任务，提出了具体要求和注意事项，令各兵团按此即行派出侦察。我们将此情况于当日报告了中央军委。

2月5日晨，由司令部情报股重新整理标绘敌江防示意图，展开各种作战资料的准备工作。从2月6日开始，我与刘瑞龙等同志一起在作战室反复研究了渡江作战的具体问题。

一是根据各单位侦察后所掌握的最新敌情资料，基本弄清了敌江防整个部署情况。其中，敌京沪杭警备总部汤恩伯所属24个军45万人，布防在上海至湖口段沿江地区及浙赣线以北地区。第一线部队共18个军，即淞沪警备司令部所属第三十七、第五十二、第七十二军防御金山卫、吴淞口至白茆口段；第一绥靖区所属第四、第二十一、第五十一、第一二三军防御白茆口至镇江段；第五十四军位于丹阳、武进地区，为预备队；第六兵团及首都卫戍总部所属第二十八、第四十五、第九十九军防御镇江以西之桥头镇至马鞍山段，重点置于南京及两浦（浦口、浦镇）地区；第七绥靖区所属第二十、第六十六、第八十八军防御马鞍山至铜陵段，第十七兵团之第一〇六军位于泾县、宁国地区，为预备队；第八兵团所属第五十五、第六十八、第九十六军防御铜陵至湖口段。上述江防之敌分别以一部兵力控制长江北岸之八圩港、三江营、两浦、裕溪口、枞阳镇、安庆、望江、湖口等据点及若干江心洲。第二线部队共 6 个军，即第十八、第六十七、第七十三、第七十四、第八十五、第八十七军等，配置于浙赣线及其以北地区。华中"剿总"白崇禧所属 16 个军 25 万人，布防在湖口至巴东段沿江地区。敌海军第二舰队（各种舰艇 89 艘）位于长江下游，江防舰队（各种舰艇 44 艘）位于长江中游。飞机 300 余架分别置于上海、南京、武汉等地，担任支援陆军守备任务。此外，美、英帝国主义的海军舰艇一部，也停泊于上海及长江口，企图伺机对我军渡江行动进行干扰破坏。

二是具体研究了渡江作战的地理环境条件，主要是对长江天险的特征及其两岸的地质、水文情况做到心中有数。我们感到江阴至芜湖段江身向北弯曲，成一大弧形，利于我军实施钳形突击，达成战役合围。平时长江中下游水流平稳，但安庆以东受潮汐影响较大，落潮时近岸边有大小不等的泥滩或沙滩。每年春雨桃汛之际，水位渐涨，水流渐急，但对航渡影响不大。长江两岸多半为土堤，多港汊，利于军队、船只隐蔽和进行水上训练。江内有数量较多的江心洲。下游各省除皖南、苏南有部分山区与丘陵地外，多为水网稻田地，河港湖泊较多，不利于大兵团行动。

三是从我军渡江作战的主要困难入手，预筹对策。我们感到最主要的是：缺乏现代化渡江器材，我军将以木帆船为主要航渡工具，对付全部机械化的陆、海、空军联合作战，所以要在部队中广泛开展以"将革命进行到底"为中心的形势任务教育，坚定全体指战员敢打必胜的信心；部队广大指战员多属北方籍，不习水性，缺乏组织指挥大兵团强渡江河作战的经验，必须有针对性地加强部队关于航渡组织、登陆突破、步炮协同以及水上射击、救护、游泳、划船等战术技术训练；新解放区和江南新区基础尚弱，后勤给养特别是粮食补充困难，必须做好充分的物资准备，制定周密的战役后勤部署。此外，为了更好地发挥各部队的特长，我们还建议将熟悉苏南情况的第二十三军和第二十军由第七、第九兵团分别调归第十、第八兵团指挥，将熟悉苏浙边区和皖南情况的第二十四军和第二十五军由第八兵团分别调归第七、第九兵团指挥。

2月8日，粟裕副司令员、谭震林副政委等去总前委参加会议，研究贯彻中央2月3日电报指示精神，具体商定渡江作战部署。总前委会议讨论决定了如下内容：（1）确定了渡江作战时间。即3月半出动，3月底开始渡江。因为敌人正在固守沿江一线和京沪杭诸点，或将主力撤至浙赣路沿线两侧之间徘徊，无论从政治上还是从军事上讲，都有提前渡江的必要，这也是一个难逢的战机。从自然天候上看，3月底4月初长江水少，雨季未到，也便于渡江。当然，由于时间提前，一些准备工作可能比较仓促。但只要加紧准备，是完全有可能和有把握的。（2）明确了渡江战役部署。确定以三野四个兵团和二野一个兵团为第一梯队，三野四个兵团分别在江阴、扬州段，南京东西段，芜湖东西段，铜陵、贵池段展开。二野一个兵团在安庆东西段展开。二野另两个兵团除以一个军进至黄梅、宿松、望江段佯动外，其余五个军作为总预备队；主要突破地段选择在芜湖、安庆段。（3）关于各部队开进问题。因三野两个兵团已在两淮及蚌埠以南，其余两个兵团尚在宿县东西地区，所以，拟先移一个兵团至合肥，另一个兵团于3月半出动，以半月行程到达江边。三野指挥机关拟于3月初移合肥。二野各部因路程较远，拟于3月初移至潢川、固始、六安之线，休整数日后，即向江边指定位置开进。二野指挥机关拟于3月初移六安。此外，为保证渡江作战的顺利进行，总前委建议立即成立安徽省委或将豫皖苏分局移至合肥，以统一组织领导原江淮、皖西、豫皖苏等解放区的力量，支援渡江作战；并建议第四野战军以三个军约20万人迅速南下，于3月底进至武汉附近，牵制白崇禧部，以保障二野、三野的渡江行动。

中央军委于2月11日复电总前委和华东局："同意你们三月半出动，三月底开始渡江作战的计划，望你们按此时间准备一切。"为便于统一领导，协调行动，中共中央还决定刘伯承、邓小平、张际春、陈赓四同志参加华东局，并要求立即召开一次华东局会议具体研究渡江作战诸问题，以及统一江淮、皖西和豫皖苏地区的领导关系问题。中央还重新明确："总前委照旧行使领导军事及作战的职权，华东局和总前委均直属中央。"

2月18日至21日，三野前委于贾汪召开第二次扩大会议，传达学习了中央军委、毛泽东同志2月8日关于"把军队变为工作队"的电报指示，研究如何顺利完成我党从城市工人运动中产生，而后走到农村，经过20多年又重新回到城市的根本性转变问题。陈毅司令员做了重要报告。他指出，要正确地理解和把握毛主席提出的这一根本转变的精神实质，如果坚持20多年来先农村后城市的观点不加改变，跟不上革命飞速发展的形势需要，这就是错误的。但是，如果单纯强调动员一切力量放到城市，无限制地取给于农村，不是树立无产阶级的城市观点，而是继承资产阶级的城市观点，同样也是错误的。陈毅同志还强调指出，军队作为一个战斗队又是一个工作队的双重任务，就是说要一面作战、一面建设。人民解放军是打仗打出来的，也是做群众工作做出来的，不能认为现在大规模的战争阶段已经过去，就产生轻敌麻痹的思想。同时，也要反对把形势看得过于严重，产生"恐美病"。要反对单纯军事观点，不学习城市政策，忽视城市建设的偏向，也要反对只强调工作队，借此脱离军队的个人主义愿望。他说，今天军事的重要性并未减轻，不能让胜利冲昏了我们的头脑，要把美帝国主义占领我沿海城市列入我们的作战计划之内。我军的作战任务并未完结，许多敌人要我们去消灭，许多地方要我们去占领。作为军队来讲，第一位的问题是要把仗打好。即使全国胜利了，我们还要建设一支强大的正规军，并准备击退任何帝国主义的进攻，还要防止敌人和我们打游击，所以，任何时候都不能减弱军队的重要性，而是要加重军队工作的任务。陈司令员的讲话，使与会同志更加明确了人民解放军作为一个战斗队的根本职能，以及立足于用战斗方式渡江是全军的基本任务。2月20日，在会议即将结束之际，第三野战军正式下达了京沪杭战役预备命令。

前委扩大会议结束后，陈毅等同志赴中央参加党的七届二中全会。粟裕同志原定一同前往，但因长期指挥作战，极度劳累，头疼病复发，遂请假改赴济南做短期休养。由我和唐亮、刘瑞龙同志主持召开了三野参谋长会议，具体研究了加强司令部工作、渡江物质准备、战备训练和部队正规化建设问题。

三

2月底3月初，我三野部队按预定计划沿津浦路两侧南下，先后进抵长江北岸。第七兵团进至庐江地区，第九兵团进至无为、含山地区，第八兵团进至扬州、仪征地区，第十兵团进至靖江、泰兴地区。按照中央军委指示，为密切配合当时进行的和平谈判，同时为渡江作战创造条件，各兵团均派出部分部队对妨碍我军渡江准备的敌江北桥头堡据点达成包围封锁，并以炮火控制江面，积极打击敌人舰艇的活动，有效地控制渡口、船只，开辟渡江交通要道，保障大部队迫近江岸，全面展开渡江之前的各项准备工作。

在我军兵临长江之际，国共两党的和平谈判也即将开始，中央军委要求我军做好先行攻占浦口并炮击南京的准备。3月1日，粟裕同志在赴济休养临行前，召集唐亮、钟期光同志和我商定了具体攻击部署。我即组织司令部拟定了攻占浦口、炮击南京的作战预案，各兵团均依据野战军预定决心起草了作战预备命令。3月6日，中央军委决定，渡江作战时间推迟一周。陈毅司令员、饶漱石政委也给我们发来电报，要求我们按军委推迟渡江时间的决定充分做好准备工作。3月14日，我们下达了关于肃清江北桥头堡作战的指示。3月17日，中央军委又来电告诉我们，"渡江战斗之确定日期为4月10日"，并提出"攻占浦口、浦镇的准确时间，必须由中央临机决定。至于浦口、浦镇以外沿江各点之攻占，则由你们自己规定攻击时间"。据此，我们确定了攻占浦口、炮击南京和肃清江北桥头堡的作战部署。同时，考虑到保持而后渡江作战的突然性，我们特向中央军委建议，攻击浦口作战推迟至4月1日开始，以便与4月10日的渡江作战相衔接。

中央军委十分尊重前线指挥员的意见，于3月20日复电：攻占两浦如非渡江所必要，则以一个兵团监视该敌。江北岸据点4月2日开始攻击，4月5日或6日完成此项任务，再以一周时间开辟港口并布置船只，如此，则全军可于4月13日或14日开始渡江。军委复电并征询我们的意见。我们随即按照中央军委指示精神，加紧准备，调整部署，并决定三野指挥机关向南开进。出发之前，三野前委召开会议，听取陈毅司令员关于党的七届二中全会精神的传达报告，大家对于毛泽东主席报告中讲的"人民解放军永远是一个战斗队"的光辉论断，以及对于用天津、北平、绥远三种方式解决残余国民党军的战略思想，倍感英明正确，进一步统一了大家的思想认识，提高了我们以中央的方针、政策指导渡江战役的自觉性。

3月23日夜，三野指挥机关按照预定部署，转移至蚌埠以南孙家圩子。3月25日，总前委邓小平、陈毅同志在这里召集了三野兵团负责同志会议，听取了我对第三野战军渡江准备工作的汇报，具体研究了渡江作战的部署问题。邓政委告诉我们，第二野战军第三、第四、第五兵团已于3月5日起，从阜阳、漯河、沈丘等地出发，向长江北岸挺进，4月初可分别进至枞阳镇以北（第三兵团），高河埠以南（第五兵团），望江、宿松（第四兵团）地区。为配合二野、三野渡江，中央军委已令第四野战军第十二兵团第四十军、第四十三军分别由马驹桥、马头镇地区南下，大致于4月初可进抵湖北浠水及汉口以北地区。邓政委还提出，拟以第三兵团附第十五、第十六军肃清枞阳镇至望江段，攻击目标首先指向安庆。该部先头已距安庆10千米。白崇禧为保守武汉，已将安庆之敌第四十六军西撤，敌第七军、第四十八军集结于平汉线。汤、白之间的矛盾可供我们利用。为协同动作，四野两个军归二野指挥，并以主力出宣化店，力争以两个师兵力在4月10日前出现在宣化店，吸引白崇禧部主力，以配合二野、三野渡江。同时，总前委陈毅、邓小平、谭震林同志还提出，中央军委原定4月13日渡江之时，正是阴历十六，月光通宵，不利于求得攻击的突然性，因此，主张推迟到4月15日黄昏渡江。这样，我们对总前委的整个渡江作战部署及考虑有了较为全面的了解。

3月26日，会议继续召开，大家听取了谭震林同志关于党的七届二中全会决议的传达报告。会上，我们与各兵团负责同志研究了作战部署问题。大家感到，在我百万大军直逼长江，拥有战略战役主动权的情况下，可采取在宽大正面上同时展开强渡与有重点的突击相结合的打法，使敌防不胜防，以保证一举渡江成功。我们还向各部明确：4月15日黄昏发起渡江；对于敌江北桥头堡，凡对我准备工作及渡江无大妨碍者则不攻击，凡对我准备无妨碍但对渡江有碍而又容易拔除者，则在渡江先一日或数日拔除之，凡对我准备及渡江妨碍甚大者，则视情况于4月2日或2日以后立即拔除。此外，还决定不攻浦口、浦镇；将第二十六军东移，加强东集团兵力；留第三十四、第三十五军在两浦正面积极佯动牵制敌人。总前委首长批准了我们的意见，并于3月26日电告中央军委。3月27日，中央军委复电：同意15日发起渡江及对敌江北据点的处置。

正当会议进行中，我们接到报告，国民党首都警卫师师长王宴清率部起义，但为敌发现，仅少数人员乘船抵北岸。王宴清师长到野司后，我接见了他，并进一步了解了南京周围地区的敌军部署，以及南京市区内的情况。3 月 27 日，我们继续研究作战部署问题。

3 月 28 日，粟裕副司令员返回野司，我把整个部队的作战部署情况向他做了汇报。傍晚，我们再次研究作战方案，最后确定野直东移泰州附近地区，加强东集团渡江方向的指挥，将主渡方向选择于苏中地区，以求迅速切断宁沪交通，切断南京周围敌之退路。随后，我召集司令部各处长研究了野直东移与指挥所组成等问题，指定专人分工负责，组织拟制行军计划与汽车分配等。3 月 31 日晨，根据粟裕同志指示，我将整个作战部署拟成电文致二野并报中央军委。

3 月 31 日，总前委书记邓小平同志在广泛听取各野战军情况报告的基础上，统筹全局，最终确定了渡江作战的决心部署。当时，小平同志要陈毅同志草拟作战计划，陈毅同志遂告我起草一份包括两大野战军行动的渡江作战命令。我草拟后交陈毅同志转呈小平同志审阅。小平同志指示对大兵团指挥不能太具体，主要是说明战役目的、可能预案等即可，随即亲自草拟了百万雄师过大江的战役纲要，即《京沪杭战役实施纲要》（简称《纲要》）。4 月 1 日午前，小平同志召集我们逐段讨论了这一《纲要》，上报中央军委并下发各野战军兵团以上单位。中央军委很快于 4 月 3 日批准了这一《纲要》。

《纲要》全文共八个部分：第一，敌情。第二，我军战役目的，发起战役时限。第三，我军渡江后，敌军可能的变化（四种变化）。第四，我军的作战纲领（共七项）。规定了各阶段（分三个阶段）任务，要求战役准备应围绕主要方案进行，指出无论出现何种情况，割裂敌人各个歼灭是关键。第五，第一阶段作战部署。要求我军分为东、中、西三个突击集团。第三野战军组成东、中两集团，粟裕同志和我负责东集团（第八、第十兵团）；谭震林同志负责中集团（第七、第九兵团），并确定以上两路（四个兵团）归粟裕同志和我统一指挥；第二野战军（第三、第四、第五兵团）则组成西集团。第六，指挥与联络问题。第七，各种保障（由各野战军自定）。第八，《纲要》未尽事宜，随战役发展另以命令规定。

《纲要》是周密计划战役、进行宏观决策的典范，为渡江战役的胜利奠定了坚实基础。《纲要》充分体现了我军渡江战役目的的坚决性。规定我军要歼灭沿江与浙赣线之敌全部或大部，迅速夺占苏南、皖南及浙江全部；夺取京、沪、杭，彻底摧毁国民党反动政府的政治、经济中心。战役纵深达 500 余千米。为此，《纲要》确定了我百万大军强渡长江的战役布势。以第二、第三野战军组成东、中、西三个突击集团，在总前委统一指挥下，在张黄港至望江段实施宽正面有重点的多路突击，求歼沿江防御之敌，突破长江天险。另以第四野战军第十二兵团归第二野战军指挥，位于武汉正面，在鄂豫、桐柏、江汉各军区部队配合下，钳制白崇禧集团，策应第二、第三野战军作战。

《纲要》对我军渡江后敌情可能发生的变化进行了细致分析，保证了战役计划的周密性。《纲要》分析指出了在我军渡江后敌情的几种变化可能性，即（1）收缩兵力于京、沪、杭三角地区和南京、芜湖地区，控制南京、上海、杭州、芜湖、镇江、无锡诸要点，并企图于我东西两军相距甚远之际，集结兵力与我突进至京沪线上之东线兵团实行决战；而芜湖以西各部退至浙赣线上，以保障其退路。（2）向后撤收一线，在无锡、南京、芜湖及其以南地带布置防线，利用浙赣铁路，迅速转运兵力控制浙赣沿线，确保南京、芜湖两要点，并求割裂我东西两军之联系。然后再视情况，或在京、沪、杭三角地区与我决战，或退至浙赣线上与我决战，或沿浙赣线作战略之撤退。（3）主动放弃武进、镇江、南京、芜湖地段，沿江各敌全线向南退集浙赣线上和无锡、上海、杭州沿海地带，以便利用铁道和海口，作顽强之抵抗，或作有秩序之撤退。（4）在情况不利于撤退时，分别固守京、沪、杭诸点，以图顽抗。《纲要》还针对上述可能情况，分别提出了相应的行动预案，并强调指出，"只要我军渡江成功，无论敌人采取何种处置，战局的发展均将发生于我有利之变化，并有可能演成敌人全部混乱的局面"。要求我军应从最困难的情况出发，以准备敌乘我三个突击集团相距甚远之际，与我决战为基本出发点。为此，我第三野战军两集团渡江后，应并力对进，力求迅速会合，集结力量割裂包围敌人；第二野战军渡江后以主力出浙赣路，在断敌东西转用兵力的通道同时，以一部兵力迅速东进，逐一接替第三野战军攻歼芜湖、南京之敌的任务。

《纲要》既从大处着眼，提挈全军，又不统得过死，充分体现了战役计划的灵活性。在赋予各野战军、兵团任务时，指出各部可根据情况的具体变化机断专行。一些具体的打法及各项保障均由各野战军、兵团自定，指挥责任明确，保证了各级指挥员主观能动性的充分发挥，给各级指挥员在作战中根据情况变化实施临机处置留有充分余地。《纲要》是渡江作战的纲领性文件，其所确定的具体设想，在渡江战役中完全得到了实现。

四

4月1日下午，粟裕同志和我率三野指挥机关，经凤阳、临淮关、明光、盱眙、汊涧、天长、扬州、泰州，于4月4日夜抵达泰州东南7.5千米之白马庙。4月6日，我们召集第八、第十两兵团军以上干部会议。首先，由第十兵团参谋长陈庆先汇报该兵团渡江准备工作情况。其次，第十兵团叶飞司令员，第八兵团陈士榘司令员报告本兵团作战方案。唐亮主任、钟期光副主任和我也讲了话。最后，由粟裕同志做总结报告。他代表三野前委向第八、第十两兵团传达了总前委的基本决心和战役指导思想，明确了由以上两兵团组成的东集团渡江作战的决心和部署，并提出战役发展可能出现的三种情况和相应对策。粟裕同志认为，在我东、中、西三个突击集团渡江后，一是敌可能以南京、芜湖地区的兵力，对付我中集团，阻止其向东发展，同时集中南京至上海之间的兵力，寻求在京沪之间与我军决战。如是，则要求东集团在渡江成功后，主力控制在江阴、武进、无锡三角地带，下决心在京沪线上打一个恶仗，打上三五天，打出一个好的局面来。这样就要求中集团在渡江成功后，除留足够兵力歼灭沿江当面之敌外，主力迅速向东发展，与东集团打通联系。二是敌可能将南京、镇江等地之兵力，向杭州、衢州撤退，在浙赣线上组织第二道防线；京沪线之敌向上海收缩，固守上海。如是，则三野先集中兵力协同二野解决浙赣线上之敌，然后再围攻上海守敌，各个击破之。三是我渡江一举成功并迅速突入敌防区纵深，把南京、镇江之敌退路切断，敌人全线溃退，一片混乱。如出现这种情况，则要求东集团只用一部兵力监视上海之敌，主力迅速向吴兴急进，与中集团密切配合，将逃敌围歼于郎溪、广德地区。同时，也要求中集团渡江成功后迅速东进，到达吴兴地区与东集团会师，围歼逃敌。粟裕同志要求全军力争第三种情况的出现，同时，也做好应付第一种情况的准备。

4月8日晚，我们下达了对东集团渡江作战部署的补充命令。确定我第八、第十兵团主力，决定由扬中、护漕港（江阴东）段强渡。为求主攻方向之强渡顺利，决定八兵团以积极动作钳制镇江、扬中段之敌，而以十兵团附二十三军、特种兵纵队主力于江阴东西地区强渡（前头部队采取偷渡），力求当晚南渡四个军或四个军之大部，务须于当晚控制江阴、武进、无锡三角地区，坚决歼击敌之反击，而后乘胜扩展，开辟镇江、无锡段南北地区广大战场，以利野战军主力而后之作战。这一指示在下达东集团的同时，报告了总前委和中央军委，还通报了谭震林同志和中集团，并要求东集团根据上述决心拟制具体实施计划上报。

4月10日，中央军委发来电报，告诉我们和谈可能于15日左右签订正式协定，和平渡江的可能性增大，因此渡江时间将推迟半个月或一个月。同时还询问江水情形究竟如何，推迟渡江有何不利，要我们立即提出意见以便军委决策。前委几个同志都认为，从当时各方面情况看，不宜推迟渡江时间。总前委也坚持认为，如情况许可最好不推迟原定时间，或在 20 日左右渡江为好。并提出"先打过江，然后争取和平接收"的建议。中央军委于 4 月 11 日电复总前委并告二野、三野：依谈判进展情况需要，决定将渡江时间由 4 月 15 日推迟至 4 月 22 日。遵照中央军委指示，我们即令各兵团、各军按重新确定的日期进行战斗准备，并规定各部在 4 月 12 日至 16 日间不得发起任何战斗，以免过早暴露我军攻击目标，给敌军以调整部署的时间。同时，粟裕同志还致电军委，再次申述如情况许可时，不要再推迟至 22 日以后渡江，以 20 日前后为好的意见。

4 月 14 日，和谈情况逐步明朗化，中央军委电告我们：谈判决定以 4 月 20 日为限期，该日以后我军即须渡江。4 月 16 日，中央军委、毛泽东主席来电告诉我们：和平协定方案已在今日上午送达南京，如 20 日不签字则谈判宣告破裂。电文强调我们的"立脚点应放在谈判破裂用战斗方法渡江上面，并保证于二十二日（卯养）一举渡江成功"。至此，渡江战役的发起时间由开始提前到后来数度推迟，终于最后确定，全军指战员朝夕盼望的伟大的历史性时刻即将到来。

根据中央军委的要求，总前委于 4 月 17 日呈报了我军发起渡江战役的具体作战部署。中央军委、毛泽东主席于 4 月 18 日复电："完全同意总前委的整个部署，即二野、三野各兵团于二十日（卯哿）开始攻击，二十二日（卯养）实行总攻。一气打到底，完成渡江任务以后，再考虑略作停顿，采取第二步行动。请你们即按此总计划坚决地彻底地执行之。"中央军委、毛主席强调指出："此次我百万大军渡江南进，关系全局胜利极大。希望我二野、三野全军将士同心同德，在总前委及二野、三野两前委领导下完成伟大任务。"当日，总前委还电示我们："整个战役从 20 日晚开始后就一直打下去，能先过江就应该先过江，不必等齐。"此外，总前委还估计到东集团渡江后可能面临的严重困难，决定中集团较东、西两集团提前一天渡江，以便吸引敌人并有力地支援东集团作战。

4月19日，我们在白马庙召开东集团渡江作战会议。第八、第十两兵团8个军及野直机关等单位的师以上干部全部到会。会议传达了中央军委、毛泽东主席和总前委关于渡江作战的命令指示；各兵团首长对作战方案做了简明扼要的报告，并提出了需要议决的事项；粟裕副司令员做了总结讲话，进行了简短有力的作战动员，再次检查了各部队的准备工作情况，最后明确了渡江作战的具体要求。此时此刻，全军上下，群情激奋。大家都抱定一个坚强的信念，就是"打过长江去，解放全中国"。

五

4月20日晚，国民党政府最后拒绝在国内和平协定上签字。当晚8时，我中集团在谭震林同志指挥下，在枞阳镇至裕溪口段，首先发起渡江作战。第一梯队4个军（第七兵团之第二十一、第二十四军，第九兵团之第二十五、第二十七军）在我强大炮兵的掩护下，于9时许攻占黑沙洲、鲫鱼洲、闻新洲、紫沙洲等江心洲，进逼南岸，迅速突破敌人防线，建立了滩头阵地，并乘胜向敌纵深发展。江防守敌在一片混乱中仓皇南逃。21日，毛泽东主席、朱德总司令正式发布《向全国进军的命令》。我军在进军令的强劲号角声中，向敌发起猛攻，先后攻占铜陵、顺安、繁昌等地，中央军委也发来电报："祝贺七、九两兵团渡江胜利"。至22日中午，中集团突入敌防御纵深已达50千米。23日，中集团第二梯队各军也全部渡过长江。

在东集团方向，我军于4月21日19时许从三江营、张黄港段发起强大的突击。第十兵团第一梯队之第二十三、第二十八、第二十九军首先在天生港、王师塘、长山等地突破敌江防阵地，登上南岸，连续打退敌人的多次反扑，于 4 月 22 日中午进抵百丈镇、南闸镇、秦皇山、香山之线，建立了正面宽 50 千米、纵深 10 千米的滩头阵地，肃清顽抗之敌，并向西南方向挺进。当日，江阴要塞守敌在我秘密党员策划下宣布起义，我第二十九军迅即占领并控制了要塞及所有炮台。我特纵炮兵封锁了长江，断绝了敌舰东逃的航道。23 日，我军占领武进、丹阳等城，切断了京沪铁路。在此期间，我第八兵团之第二十军，在龙窝口至永安洲段向扬中岛发起突击，22 日占领该岛。23 日，渡过夹江登上南岸，并乘胜向敌纵深发展。是日，第三十四、第三十五军从南京正面乘胜攻占了浦口、浦镇和镇江，并于当晚占领了国民党反动统治中心——南京。

在我东集团胜利渡江之际，国民党海军第二舰队在林遵司令率领下，于 23 日下午在南京东北笆斗山江面起义，另一部在镇江附近江面向我投降，还有一小部分逃往上海。另外，英帝国主义悍然派出军舰 4 艘于 20 日、21 日两次驶入我东集团渡江地段，炮击我军阵地。对于帝国主义军舰干扰、破坏我军渡江的挑衅行为，我强大炮兵予以有力回击，将"紫石英"号击伤，其搁浅于镇江附近（后于 7 月 30 日午夜逃跑），其余舰只被迫缩回上海。在我军胜利渡江的隆隆炮声中，人民海军的前身——华东军区海军于 4 月 23 日在白马庙宣告成立，这一天便成为中国人民解放军海军诞生纪念日。

当我中集团渡江成功后，根据敌沿江防御抵抗甚弱的情况，粟裕同志判断，我东、西两集团全面渡江后，定将造成敌全线溃乱的局面，我军应乘登陆胜利之势，迅速展开并插向敌之纵深。这样，不仅可使敌无力重新调整部署，甚至还将促使敌全面崩溃，以达成我军分割包围、各个歼敌的有利态势。于是，我们在 4 月 21 日致电总前委和中央军委，建议第九兵团渡江后，除以第三十军监视芜湖之敌待交二野第四兵团外，主力应即沿南陵、青弋江、宣城、十字铺之线及其以北地区向东北挺进，控制溧阳，截断"京杭国道"，使南京敌人无法向杭州退却，以达成孤立分割敌人、有效地协同东集团作战之目的。该兵团先头部队应于 4 月 25 日前进至郎溪及其东北地区。第七兵团攻歼当面之敌后，应尾第九兵团后沿南陵、宣城、十字铺以南地区急进，力求于 4 月 27 日前后进至广德地区待命。第十兵团大部南渡后，第二十八军出宜兴，第二十三军出丹阳、金坛，并以一部向溧阳挺进。第八兵团第二十军及第二十六军一部渡过夹江后，向镇江、丹阳间挺进，策应第三十四军南渡攻占镇江。总前委接到我们的电报后，迅速做出决定，于 4 月 22 日、23日连续电示我们：我军主力大部过江，渡江任务业已完成。今后应力争迅速完成东西打通联系，割裂敌人，截断浙赣路。并同意谭震林同志率中集团迅速东进策应东集团行动。为便于渡江后的统一行动，总前委还重新明确第七、第九兵团直归粟裕同志指挥，同时确定南京城防改由第八兵团担任，二野第四兵团改出浙赣线。

战机稍纵即逝，我们此间的指挥重心已大部转移到怎样追歼逃敌上来。4 月 22 日，在收到第七、第九兵团向郎溪、广德地区进军的部署电报后，我们认为还应加速该兵团的行程，即令第九兵团率先头第二十五军、第二十七军，以急行军经青弋江、宣城向郎溪、溧阳挺进，不为小敌所阻惑。令第七兵团迅速将攻击箭头转向南陵以东宣城方向，在第九兵团右侧后成梯次队形前进。令第十兵团第二十八军兼程南进，攻占宜兴。第三十一军尾二十八军后跟进，在第二十八军继续向长兴推进时控制宜兴。第二十三军由滆湖与长荡湖之间急进，截断溧阳、宜兴间交通，协同第二十八、第三十一军合围歼敌。4 月 23 日，我们又连电催令第十兵团第二十三军"尽可能于明晨赶到金坛及其以南，并继向西南挺进"；第二十八军应"不顾疲劳于明晨攻占宜兴及其西南，并继向西南挺进，不得延误"；令进至无锡的第二十九军"设法乘火轮渡太湖南下，抢占长兴、吴兴，以截断由南京、镇江南逃及由宣城东逃杭州敌之退路"（后因合围达成，改沿沪宁铁路向苏州攻击前进）。令第九兵团第二十五、第二十七军"到达宣城后不必向东北，应即沿广德、吴兴公路南北向吴兴急进，以完全封锁敌人之退路，望克服疲劳、迅速猛进，至要至要"。

我军广大指战员在渡江成功的胜利鼓舞下，发扬连续作战的优良作风，昼夜兼程，追击逃敌。4月25日，第二十八军占领宜兴，第二十三军占领溧阳，切断了南京至杭州的公路交通。溃逃敌军只得改由宜兴以西的山区向郎溪、广德方向突围。4月26日，我中集团先头部队已进至郎溪、广德地区，第二十八军亦进占长兴。4月27日，中集团之第二十七军在吴兴附近与东集团之第二十八军打通联系，封闭了合围口。南逃之敌第四军、第二十八军、第四十五军、第六十六军及第五十一军一部10万之众，在太湖西岸郎溪、广德之间山区东逃西窜，乱作一团。4月28日，鉴于逃敌已被我合围的情况，我们对三野全军部署做出调整与区分。决定由宋时轮、郭化若同志统一指挥第九、第十两兵团负责全歼被围之敌，谭震林、王建安等同志率第七兵团速向杭州攻击前进。陈士榘、袁仲贤同志率第八兵团担任南京警备任务。

4月29日，我第九、第十兵团实施多路向心突击，被围之敌全部被歼。我们向总前委、中央军委报告了这一胜利消息，同时令第九、第十兵团负责继续清剿残敌，并对我军下一阶段的作战部署做了具体规定。一是明确了各部归还原建制问题，并令第二十六军归三野司令部直接指挥，沿武进、无锡、常熟之线向上海攻击前进。二是将第九、第十两兵团集结于太湖南北地区，准备攻击上海。三是令第七兵团经广德、吴兴之线以南地区向杭州进击，并强调了夺取钱塘江大桥之极端重要性，要保证不为敌人撤逃时所破坏。中央军委于4月30日复电我们并告总前委："（1）歼灭诸敌甚慰。（2）部署甚妥。如你们能于一星期内完成此项部署，并完成对于攻占上海的政治准备工作与军事准备工作，则你们可以立于主动地位。（3）总前委除直接领导南京工作外，请迅速抓紧完成占领上海的准备工作，以便在一星期以后假如汤恩伯从上海逃跑时，你们能够主动地有秩序地接收上海。"

在我围歼郎溪、广德地区之敌同时，第七兵团在谭震林、王建安等同志指挥下，于 4 月 28 日占领宁国，5 月 1 日占领孝丰，5 月 2 日占领余杭，5 月 3 日，先头第二十一军乘胜进占杭州。由于我军行动迅速，敌人来不及爆炸钱塘江大桥便为我军歼灭。杭州的攻占，形成我军会攻上海的有利态势，并确保了我军继续向南、向西南进军的通路。5 月 4 日至 7 日，第二野战军占领了上饶、贵溪、横峰、金华、衢县（今衢江区）等地，控制了浙赣线，并于 7 日与我第七兵团部队胜利会师于诸暨，完全切断了汤恩伯集团与白崇禧集团之间的联系。与此同时，第四野战军第十二兵团和中原军区部队先后占领孝感、黄陂，威逼武汉，有效地牵制了白崇禧集团。从我第三野战军开始渡江到郎溪、广德追击战结束，我军共计歼敌 13.9 万余人，缴获各种火炮 950 余门，汽车 140 余辆，舰艇 61 艘（含起义）。至此，第三野战军在渡江战役第一、二阶段的任务胜利完成。

六

在渡江战役第三阶段中我们第三野战军的任务，就是攻占上海，歼灭负隅顽抗之敌。

早在淮海战役结束之时，敌人就以抗战爆发前上海原有的工事为基础，开始了整个上海地区防御工事的构筑。由于我军迅速扩大了渡江战役的胜利，国民党军兵败如山倒，士气低落，再加器材不足等方面的原因，所以，工程进展迟缓，直到我军兵临上海城下，仍然未能完成整个防御体系，但其主阵地防御工事已经十分坚固。4 月 26 日，蒋介石还亲自乘舰到吴淞口召开军事会议，研究部署上海防御问题，企图凭借上海丰富的资财和已经完成的 4 000 多个永备工事做困兽之斗，以争取时间，抓紧抢运物资，并准备大肆破坏该市，阴谋挑起国际事件，促使帝国主义出兵武装干涉。

上海地区守敌为国民党京沪杭警备总部汤恩伯指挥下的残余部队。除第一绥靖区丁治盘率暂编第一军位于崇明岛外，其余8个军25个师连同其他特种部队、勤务部队、保安团队及交警总队等，共计20余万人，军舰30余艘，飞机120余架，密集驻防于上海市及其附近港口、村落地区。其具体部署是：以6个军20个师配属坦克、装甲车各约百辆，防守黄浦江以西地区；以两个军5个师，防守黄浦江以东地区。整个防御阵地编成，是以浏河、嘉定、南翔、华漕、七宝、北蔡、川沙之线为警戒阵地，以月浦、杨行、国际无线电台、刘行、大场、真如、北新泾、虹桥、龙华及浦东之高行、高桥地区为主要防御阵地，并以其右翼月浦至虹桥及其纵深约3千米地带为防御重点，借以屏障吴淞及市区，保障其出海通路；在市区则利用火车站、码头、工厂、仓库等高大建筑物，构成要点工事，形成核心阵地。

当时，我随粟裕同志率三野指挥机关已于4月27日夜由白马庙经江阴转至常州。随着郎溪、广德地区逃敌被我合围后，我们指挥的重心即已转到对上海的进攻上来。

4月底5月初，我军经侦察获悉，上海之敌已运走万余人，很可能提早撤退。中央军委提出，以一个军先行攻占浏河，威胁吴淞，使敌不敢从海上逃走。但总前委和我们均顾虑我军一旦行动，可能促使蒋军迅速撤退，造成我们接收不及，引起上海城市的动乱。于是，总前委于4月30日向中央军委建议：为做好准备，避免被动，应推迟进占浏河以及进入上海等地的时间。这一建议得到中央军委的采纳。确定我军在5月10日前不占上海，以便充分准备，待命行动。根据中央军委上述决定，粟裕同志和我们在常州进一步研究了攻占上海的部署以及接收准备问题。

5月2日，粟裕、唐亮同志赴丹阳将我们的大体设想与工作部署向总前委做了汇报。5月4日，三野前委召开接收工作会议，传达并学习总前委的指示精神，以及研究接收任务的具体区分等问题。5月6日，前委开会布置工作，第九兵团及第二十六军的领导同志参加了会议，粟裕同志做了关于淞沪警备问题的报告，我向大家明确了警备任务的区分及注意事项，最后，由唐亮主任做了接收上海政治上和政策纪律上必须注意的问题的报告。

5月7日，中央军委来电，重申"何时占领上海，仍须依照我方准备工作完成的程度来作决定，最好再有一个月左右的时间，充分完成准备工作"，并令我们"即行部署于5月10日以后、5月15日以前数日内，先行占领吴淞、嘉兴两点，封锁吴淞口及乍浦海口，断绝敌人逃路，使上海物资不致大批从海上运走"。

根据军委上述指示，结合总前委原来设想的方案，我们迅速拟制了攻占上海的整个战役计划，于5月7日报请中央军委批准。决心集中第九、十两兵团8个军首先扫清上海郊区敌之据点，然后从两翼迂回钳击吴淞口，切断敌人退路，阻止敌人抢运上海物资或提前逃走。待接管工作完成后，如敌继续顽抗，即对市区发起总攻，解放上海。为使城市居民生命财产和公私建筑物尽量不受或少受损失和破坏，我们还规定部队在市区作战时，力争不使用火炮等重武器。

5月8日23时许，我随粟裕同志率指挥机关移至苏州，完成了指挥战役实施的准备工作。9日午后，收到中央军委复电，同意我们对上海战役之部署。我分别转告第九、十两兵团领导同志，并于5月11日下达了淞沪战役作战命令。

5月12日，我军向上海外围守敌发起进攻。至当夜，北线第十兵团左翼第二十九军、第二十八军分别攻占浏河、太仓、嘉定等地。13日后，继续向月浦、杨行、刘行攻击前进，守敌第五十二军在海、空军支援下，依靠密集的钢筋水泥碉堡（有的阵地多达七八道工事和障碍），以炽烈的火网封锁我军攻击道路，并在坦克、装甲车的掩护下，向我连续实施反冲击，争夺十分激烈。15日，敌又增调第二十一军、第九十九师加强该地区的防御。我军虽顽强攻击，付出较大的代价，但始终未获大的进展，与守敌形成胶着状态。右翼第二十六军经过反复争夺，占领昆山，进逼南翔。

南线我第九兵团第二十军、第二十七军、第三十军、第三十一军进展顺利，先后占领了平湖、金山卫、奉贤、南汇及松江、青浦等地，进逼川沙，威胁沪敌侧背。14日，敌被迫由市区抽调第五十一军至白龙港、林家码头地区，企图阻止我军继续向浦东发展进攻。

根据战况发展，我第十兵团调整了攻击部署，并使用二梯队加入战斗。第九兵团也全力向川沙、高桥地区攻击前进，力求以炮火封锁黄浦江面，迅速达成对上海之敌的钳形合围。5月16日，根据粟裕同志指示，我起草了淞沪作战战术指示下达各部队，要求：对敌永久性设防阵地的进攻，必须周密组织，选择其弱点，揳入其纵深，然后从敌侧背或由内向外打；集中火力突击其一点，实行对壕作业接近敌碉堡，以小群动作，轮番实施攻击，以炸药包开路，改变集团式进攻的办法；等等。我进攻部队也及时总结了前段攻坚战的经验教训，改变战术，取得了一定的效果。至22日，我军已先后攻占月浦、刘行、国际无线电台、周浦、川沙、白龙港、高行等地。

在10天的外围作战中，我第九、第十兵团共歼敌第五十一军、第二十三军等部2万余人，占领了敌人的外围阵地，部分突入了敌人的主阵地，迫使敌人集中更多的兵力于吴淞口两侧地区，造成我攻取市区，全歼守敌的有利条件。同时，也由于我军避免攻击市区，仅以主力一部从敌人两翼实施突击，地区狭窄，部队不易展开，使敌有可能集中力量坚守上海市区至吴淞通道，我每攻一点，费时较久，消耗较大。市区守敌虽已倾巢出援，但由于我军受接管准备时间的限制，不能乘虚攻占。

鉴于此，粟裕同志于5月18日向总前委、中央军委建议：如对沪攻击不受时间地区限制，我们准备从四面八方向市区发起攻击，北线力求揳入吴淞，南线先解决苏州河南与南市区之敌，而后会攻苏州河北敌人；并询问了接管准备工作是否已经完成。当日，总前委复示：进入上海的政治准备业已初步完成，攻占上海的时间不受限制。我们遂于 5 月 19 日召开作战会议，第十兵团政委韦国清、参谋长陈庆先和政治部主任刘培善参加了会议。我们商定增调第七兵团之第二十三军、第八兵团之第二十五军及特纵炮兵第一团和第三团各两个营及第二团全部，分别加强和配属第九、第十兵团，第二十四军做好参战准备。当晚，我们接到中央军委来电，指示我们：在上海已被我军包围后，攻城时间不宜拖得太长；如接管准备工作就绪，可于 25 日前后总攻。并提出：攻击前，必须调齐兵力，充分准备；攻击步骤以先解决上海，后解决吴淞为适当。据此，我们即令第九兵团首先歼灭浦东之敌，而后以 3 个军歼灭苏州河南之敌，并令第二十三军于 23 日集结于松江。同时，派特纵陈锐霆司令员前往第十兵团部署炮兵火力组织等诸问题。21 日，三野司令部根据粟裕同志指示，拟定了如下作战计划：第一步，以第九兵团之第三十军、第三十一军和第二十军主力迅速攻歼高桥和浦东市区守敌，控制黄浦江东岸阵地，第二十七军、第二十三军和第二十军一部积极钳制浦西之敌；第二步，第九、十两兵团协力夺取吴淞、宝山及苏州河以南市区，完成对苏州河以北地区敌军之包围；第三步，聚歼退缩于江湾地区之残敌，达成攻占淞沪全区之目的。中央军委于 22 日复示："同意 21 日午电所述之攻沪部署，望即照此执行。"

5 月 23 日，我们查明汤恩伯等已登舰出海，在吴淞口外指挥退却，苏州河以北敌之主力正向吴淞收缩，苏州河以南市区之交警总队亦已北撤，即令各部迅速发起总攻，大胆揳入敌人纵深，截歼逃敌。第二十九军于当日夜攻占月浦南郊高地，并连续击退敌四次反冲击。24 日，第二十七军占领虹桥及徐家汇车站并攻入市区，第二十三军也由龙华附近攻入市区，第二十军攻占浦东市区，并从高昌庙西渡黄浦江攻入市区。至 25 日晨，我军全部占领苏州河以南市区，并乘胜向苏州河以北追击。当晚，第三十军、第三十一军攻克高桥，至 26 日午肃清了浦东地区敌人。同时，第二十六军攻占大场、江湾，第二十五军、第二十九军攻占吴淞、宝山，第二十八军、第三十三军攻占杨行等地。5 月 26 日，我们三野前指随粟裕副司令员经南翔于次日晨抵上海，在圣约翰大学成立指挥所。27 日下午 3 时，残留在杨树浦之敌 4 万余人，在敌京沪杭警备总部副总司令齐昌义率领下向我军投降，上海宣告解放。三野司令部即移至北四川路新亚酒店，而后又移至四川路原日寇的港口司令部办公，继续指挥部队向浙东、福建地区进军。

在上海战役中，我军共计歼敌 15.3 万余人，缴获各种火炮 1 300 余门，坦克、装甲车 110 余辆，汽车 1 100 余辆，舰艇 11 艘及大批军需物资。汤恩伯率第五十四军等约 5 万人先期登轮出海，逃往台湾、定海等地。6 月 2 日，第二十五军解放崇明岛，歼敌 3 700 余人。至此，整个京沪杭战役胜利结束。

接管南京前后的回忆片段

宋任穷

　　1949 年 4 月，中国人民解放军胜利渡江，我奉命进入南京，协助刘伯承同志进行接管工作。同年 9 月，我又随第二野战军进军西南。现就我参加南京接管工作的情况做一回忆。

南京解放，军管会宣告成立

　　辽沈、淮海、平津三大战役之后，国民党军队主力被我人民解放军歼灭。我军厉兵秣马，准备打过长江去，解放全中国。在此形势下，蒋介石于 1949 年 1 月 1 日提出愿与我党进行和平谈判的建议。我军虽然有足够的力量和充分的把握在不长的时间里全部消灭敢于顽抗的国民党反动军队，但为了争取一切可能尽早结束战争，减少人民痛苦，表示愿意以真诚的态度进行和平谈判，并提出 8 项条件作为和谈的基础。从 4 月 1 日起，国共两党经过半个月的谈判，共同拟定了 8 条 24 款的国内和平协定。当时，中央指示，如"协定签订成功，则原先准备的战斗渡江即改变为和平渡江"，但着重强调"立脚点应放在谈判破裂用战斗方法渡江上面，并保证于二十二日（卯养）一举渡江成功"。4 月 20 日，协定被国民党政府拒绝，这充分暴露了他们阻挠用和平方法解决问题、坚决与人民为敌到底的反动立场，也充分表明，他们当初提出和谈建议，只是为了取得喘息时间，妄图重整旗鼓，卷土重来。翌日，毛主席、朱总司令发布《向全国进军的命令》，发出了"坚决、彻底、干净、全部地歼灭中国境内一切敢于抵抗的国民党反动派，解放全国人民"的伟大号召，我各野战军奉命向尚未解放的广大地区展开了规模空前的大进军。

也就在这个时候，即1949年的4月，我奉命协助刘伯承同志接管南京。在进南京前，我们为参加接管南京的工作进行了紧张的准备。我们组织干部认真学习七届二中全会决议和毛主席在七届二中全会上的讲话，使大家明确认识到党的工作重心已由乡村转移到了城市，入城后党的中心任务是动员一切力量恢复和发展生产；全心全意依靠工人阶级，团结其他劳动群众，争取知识分子，争取尽可能多的能够同我们合作的民族资产阶级分子及其代表人物站在我们方面；必须学会在城市中向帝国主义者、国民党、资产阶级做政治斗争、经济斗争和文化斗争，并向帝国主义者做外交斗争。在学习中，强调了要防止骄傲情绪、以功臣自居的情绪以及贪图享乐不愿再过艰苦生活的情绪，特别要警惕敌人用糖衣裹着的炮弹的攻击。为了使解放区干部了解南京的情况，我和张霖之、彭涛同志组织了一些从南京来的地下组织的党员编写了一套介绍南京概况的资料。这些同志积极性很高，多方收集材料，在不长的时间里编印出了介绍南京的土地、人口、风俗习惯，国民党的政治、经济、文化机构，党派、社团、公共事业、工矿企业、手工业以及军、警、宪、特组织等情况的材料，供南下的同志们参考。

4月21日，第二、第三野战军在500余千米的战线上强渡长江，迅速摧毁了敌人认为难以逾越的长江天险。4月23日午夜，第三野战军第三十五军由下关经挹江门开入南京，宣告了国民党反动统治的覆灭。中共中央电贺南京解放，贺电说："此皆我前线将士英勇善战，后方军民努力支援，江南民众奋起协助，其他野战军、地方军一致配合行动所获的结果，当此伟大节日，中国共产党中央委员会特向你们致以热烈的祝贺。……现在整个形势对于人民和人民解放军极为有利，尚望前线将士继续攻进，后方人民努力生产，解放全国人民，为建立统一的民主的新中国而奋斗。"4月25日至28日，邓小平、陈毅、刘伯承、饶漱石和我先后到达南京。

4月28日南京市军管会宣告成立，并发表如下布告：

奉

中国人民解放军总部电令："南京已获解放，为保障全体人民生命财产，维护社会安宁，确立革命秩序，决定在南京市实行军事管制，成立中国人民解放军南京市军事管制委员会，为该市军事管制时期的最高权力机关，统一全市军事、民政等管理事宜。并任命刘伯承为该会主任，宋任穷为该会副主任。"本会遵即于四月廿八日宣告成立，本主任并于同日到职视事，奉行中国共产党所制定的城市政策，遵照中国人民解放军约法八章，实施军事管制，特此布告周知。

此布

主　任　刘伯承

副主任　宋任穷

军管会委员共18人，除刘伯承和我，还有张际春、李达、陈士榘、陈修良、江渭清、柯庆施、张霖之、周兴、段君毅、徐平羽、王明远、黄华、陈同生、罗士高、孔从周、刘宠光。

与地下组织会师

南京地下组织为迎接南京解放，在白色恐怖的艰苦条件下进行了大量的工作，在保护人民财产、维持社会治安和保证我军顺利渡江等方面做出了很大贡献。在战火迫近南京时，地下组织积极组织人民自卫队护厂、护校，英勇机智地防止和抵抗敌人撤退前的破坏，同时在各阶层群众中间宣传我党的方针政策，稳定人心。地下组织还打入敌军警宪内部进行瓦解工作。由于地下组织广泛发动群众，进行了卓有成效的工作，大军入宁后，水、电、通信一日未停，学校始终未辍课，火车和市内公共交通很快得到恢复。

南下干部同地下组织会师后，互相尊重、互相团结，这乃是今后完成各项任务的基础，是第一关键之工作。5月1日，在华东局的直接领导下，召开了会师大会，来自9个不同解放区的干部和地下组织的同志共3 000余人参加了大会。邓小平、饶漱石、陈毅、刘伯承都讲了话。他们都强调要互相学习，以对方的成绩来勉励自己，各自克服缺点。会议提出不仅要实现组织上的会师，还要真正做到思想上和政策上的会师，团结一致，同心同德，下苦功夫，花大力气，为建设一个崭新的、人民的南京而共同奋斗。领导同志的讲话受到与会者的热烈欢迎，会场洋溢着团结、热烈、欢乐的气氛。

在会师大会上宣布成立新的南京市委，由刘伯承、宋任穷、张际春、陈修良、李达、陈士榘、柯庆施、张霖之、彭涛、周兴、黄华、陈同生、段君毅、徐平羽、江渭清、王明远16人组成。刘伯承（市委书记兼统战部部长）、宋任穷（市委副书记）、张际春（宣传部部长）、陈修良（组织部部长）、陈士榘（南京警备区司令）5人为常委。此时，华东局委托南京市委代管皖北、皖南、赣东北三个区党委和芜湖市委的工作。陈锡联、谢富治率领的解放军南下干部同以胡明为首的地下组织在皖南的会师是最成功的。

南下的同志和地下组织的同志对解放与接管南京都做出了积极的贡献。但是，由于过去各自的斗争环境、经历和工作方式不同，也发生过一些不够协调的现象。南京市委常委会对此做了认真研究，并于5月7日做出了相应的指示，要求南下同志与地下组织同志共同努力，真正做到从组织、政策和思想三方面会师。5月23日，南京市委就会师工作向中央、华东局写出报告。毛主席看到此份报告后于当天电告华中局、西北局："兹将南京市委关于外来党与本地党会师问题的经验转发你们，请你们充分注意此项问题，务望抓紧指导，不可再蹈我党历史上对此问题处理不善的覆辙。"在以后的接管工作和其他工作中，南下干部和南京地下组织干部的关系有较大改善。

一个月完成接收工作

三十五军入城后，即将全部物资严密看管起来。会师大会之前，我们即对重要部门进行接收，会师大会以后，接收工作全面展开。在市军管会统一领导下，大致分为军事、行政、财经、交通、文教等几个接管委员会及公安部、警备司令部、外侨事务处等部门，分头进行。华东局专门派曾山同志来宁协助和指导南京的接管工作。

南京市委在总结初期接收工作的基础上，于5月7日发出《关于今后接管工作的意见》，明确做出四项指示：一、接管原则是行政方式的，但须与群众路线相结合。接管方式是自上而下，但必须结合群众，联系群众。二、建立军管、党委统一领导的组织系统。军管会各接管部门的党委、党组（由军事代表、工作组组长与支部书记三人组成）到党的支部，统一贯彻接管的原则和政策，及时总结经验，互通情报，互相学习，统一步调，并有系统地向全党进行思想教育、政策教育，以求得全党在组织上、思想上、政策上、步骤上的一致。三、为加强党的领导，原地下组织应做到大部公开，一般的做到公开70%。四、向全党说明，接是短期的，管是长期的。先要接好，接着要管好。为搞好接管工作，要加紧学习有关政策，学习毛主席的思想作风，以此为团结的基础。党员应联系群众，倾听群众意见。要发现人才，勿使物资流散和损失，以奠定生产、建设的基础，防止犯偏"左"和偏右的错误。

在接收工作中，时有敌对分子进行抵制和破坏。为了打击反动势力，保护人民群众，保卫新生的人民政权，军管会于6月初发出布告，宣布国民党、"三青团"、"青年党"等为非法的反动组织，"中统"、"军统"及其所属组织为法西斯特务组织，一律予以解散，其所有公产、档案一律没收，并警告一切反动组织之一切人员必须立即停止活动，向人民政府悔过自新，立功赎罪。军管会将执行"首恶者必办，胁从者不问，立功者受奖"之政策，对继续进行反革命活动者定严惩不贷。布告震慑了敌人，分化瓦解了反动阵营，挽救了一批愿意悔罪、走自新道路的分子。同时，对执迷不悟、怙恶不悛的反动分子抵制和破坏接收工作的罪恶行径，予以坚决揭露和打击，保证了接收工作和其他各项工作的顺利进行。

南京的人民群众多年饱受国民党反动派压迫之苦，初获解放，热情很高，积极协助我们搞接收工作，同破坏分子进行斗争。在军管会的统一领导下，经各方共同努力，接收工作进行得比较顺利，只用一个月的时间，全市原属国民党中央和南京市系统的 1 000 多个单位的接收工作便大体完成了。

依靠工人阶级和广大群众，恢复和发展生产

接收工作的顺利完成，使南京未遭受过多的破坏与损失，为新南京的建设奠定了基础，这是解放南京后的第一个大胜利。接着，我们的工作便由接的阶段转向管的阶段，即动员党、政、军、民共同努力把南京管好，全力恢复生产，并在此基础上发展生产，逐步把消费城市建设成属于人民的生产城市，这是当时第一位的任务。

南京原为国民党反动统治中心，是一个畸形的城市。这里拥有臃肿的国民党官僚机构和庞大的非生产的消费人口，遍布全市的衙门和公馆在全市房产中占的比重很大，美、英等帝国主义分子及其帮凶横行无忌，是一座典型的半殖民地的消费性城市，其工业生产基础十分薄弱，120 万人口中产业工人只有 2 万人左右。我们接收下来为数不多的近代化企业，由于成本高昂，管理不善，冗员太多，无不亏损。私营企业 800 余家，除永利铔厂等几家外，其余均

规模不大，且设备简陋，基础也相当薄弱，手工业生产更是破敝不堪。同时，我们又遭到帝国主义的封锁和国民党反动派、封建地主阶级的阻挠、破坏，内外交流和城乡交流均受到极大限制，以致物价不时发生波动，大大阻碍了生产的恢复和发展。因此，在这样的形势下建设新南京，比起接收工作来要困难得多。我们以恢复与发展生产为中心而进行的各项工作，都是在封锁与反封锁、破坏与反破坏的斗争中进行的，是一项更加艰巨、更加复杂的任务。

在七届二中全会精神的指导下，有一点我们很明确：恢复和发展生产，必须全心全意依靠工人阶级，依靠他们的觉悟和组织性。伯承同志多次深入工人群众当中，同他们恳切谈心，并讲解党的路线、政策，讲解工人阶级的领导地位和历史使命。伯承同志5月9日在一次干部会议上讲了一段寓意深刻的话：我们说依靠工人，联系群众，但工人是否一定让你依靠，群众是否一定让你联系，这就必须加以主观的努力，贯彻我党正确的政策，把工作做好，造福于群众才行。这就是说，要联系群众，团结群众，依靠群众，就要解决群众必须解决的问题。古人说："为政不在多言，顾力行如何耳。"其意也在于此。

南京解放之初，只有解决好工人阶级和其他劳动群众最为关心和迫切要求解决的物价、复工、工资和失业等问题，才能稳定工人阶级和其他劳动群众的生活，也才能依靠工人阶级和联系广大群众。当时金圆券不断贬值，严重影响群众生活，我们决定迅速排除金圆券，发行人民币。5月2日公布了人民币和金圆券的比价及限兑办法，不过几天时间，即完成了排除金圆券的工作。同时，为防止银元买卖引起物价波动，加强了对银元市场的管理，允许银元持有者到人民银行按牌价兑换，但禁止银元在市场上流通。这个时期，物价虽然有波动，但总的来说是平稳的，南京的物价还略低于镇江和芜湖。存在大批失业、失学人员的现象，是个严重的社会问题。我们采取的办法大致是：凡有益于国计民生的一切公私工商业均有步骤地协助其复工，吸收一大批人员参加生产；有专门技能及特种研究之专家、学者、技术人员及政治条件好、年轻体健、有改造前途者留职或送去培训；开办工人政治学校、军政大学、华东人民革命大学南京分校等培养建设干部的学校与训练班，招收一部分失业工人、公务员和学生入学；对老弱病残、无专长和只能消费的人，送回原籍从事生产或转业；收容散兵游勇，发放路费，建立交通站，护送他们回家生产。工资问题，我们遵照中央的指示，采用"三个人的饭五个人吃"的办法，一方面，对解放区来的干部和一些新参加工作的地下组织干部、学生等实行供给制；另一方面，对接收的员工按中央原职原薪的原则，加紧研究和制定新的工资标准。在新标准未确定之前，5月4日和17日发放两次预借费，6月按新工资发给，稳定了广大职工的情绪。初步解决上述几个问题之后，工人和其他阶层的群众都比较安定，积极投身到恢复和发展生产的工作中来。

伯承同志在一次工商界代表座谈会上详细地阐述了毛主席提出的"公私兼顾，劳资两利，城乡互助，内外交流"的经济政策，提出要照顾到矛盾的8个方面。他讲，公私是一面的两方，既要顾公，又要顾私；劳资又是一面的两方，既要顾工人的利益，又要使资方有利可图；城乡是另一面的两方，城市要为农村服务，农村则供给城市的生活必需品；内外又是一面的两方，既有对内的贸易，又要有对外的贸易。只有照顾了这四面八方，才能达成发展生产、繁荣经济的目的。伯承同志的论述，受到各界赞赏，也给我们的工作指明了方向。我们在工作中，注意合理地兼顾城市各阶层的利益，适当调整工人过高或过低的工资，适当调节资方的合理收入，调动各方面积极性，努力发展独立的新民主主义经济，打破敌人的海上封锁。同时，大力增强农村工作的力量，占领农村阵地，努力促进城乡交流，打破封建势力的封锁。解放初期上海曾一度缺粮、缺煤，为了使这座大城市不断粮、不断煤，我们努力向上海提供一部分粮、煤，满足上海的需要。自己不够，再设法从山东、芜湖、淮南等地调进。

伯承同志在许多场合一再强调群众路线是人民政权的根本路线，一刻也不能脱离群众。他在一次报告中以安泰脱离大地母亲被人悬在空中扼死的神话，教育大家要高度警惕脱离群众的危险，并严厉批评了极少数干部以胜利者自居、盛气凌人、动辄训人等恶劣作风。他发现个别入城部队与人员不按规定购买车票，恃强乘车，以及不购门票，强行进入娱乐场所的情况后，即于 5 月相继发出市军管会军字第一、二号布告，严令禁止上述行为，宣布除对违反者依法惩处外，给各部主管负责人以应得处分。伯承同志还严厉批评了极少数干部要住好房子、坐好汽车、骄横蜕化、铺张浪费等现象，号召大家同这种恶劣倾向进行坚决斗争。

积极进行宣传文教战线的工作

在新中国成立前的南京，国民党反动政府利用报刊、电台等各种宣传工具以至学校的教科书，大肆进行反动宣传，向学生和群众灌输反动思想，散布各种毒素。因此，肃清帝国主义、封建主义、官僚资本主义的文化宣传余毒，努力建设民族的、科学的、大众的文化，是我们面临的又一项艰巨任务，也是顺利进行建设新南京的重要保证。

伯承同志和南京市委非常重视宣传文教战线的工作。6 月下旬，伯承同志亲自宴请路经南京赴北京开会的沪杭宁文艺界代表团，并讲了这样一段话："革命有今天的胜利，我们能够在这里会师，除了有解放军流血作战，也有文化界朋友的斗争，是在中国共产党领导下各种力量斗争的总结果……今后的任务是如何建设新中国的问题。生产建设也要靠文化界在文化建设上与之协同动作。经济建设、文化建设是我们向新民主主义社会前进的两个车轮。我们要彻底摧毁帝国主义、封建主义、官僚资本主义的文化。各位以前在国民党统治压迫下，向反动文化做斗争，不得不用打游击的办法。今后有条件打正规战了。"

进城之初，南京的报纸种类很多，为数不少的报纸（包括小报）起的作用很坏。为此，我们发出通告：过去本市的报纸通讯社一律重新登记，并呈缴各该报纸在新中国成立前一年之合订本一份，新中国成立后每日三份；任何新建立之报纸通讯社，未经登记及批准者，概不予以承认和存在。经过审查整顿，我们取缔了一批反动报纸，并于4月30日出版了我党领导的《新华日报》，派有办报经验的石西民同志主持报社工作。为了加强党的宣传工作，坚持正确的舆论导向，伯承同志对报纸特别重视。他眼睛不好，指定我负责审阅《新华日报》的大样。每天清晨4时左右大样送到，新华社发的消息，我只看标题标得是否适当；南京自己撰写的重要消息和文章，我都过目，经我审定后才付印。为此，每天要花个把小时的时间。我后来视力不好，恐怕与这一时期的这项工作有关。

南京是知识分子集中的城市之一，有大中学校和科学研究院等近百所，知识分子和青年学生成为我们工作的重点对象。我们遵照4月25日发布的《中国人民解放军布告》的精神，通过《新华日报》公开宣告："人民政府本着严格保护学校、文化教育机关的政策，对于有成绩的科学研究机关和专家的工作，一定帮助其有更大的成就与进步。对于原有教职员，除极少数极端反动分子和破坏分子以外，则采取团结与教育的方针，帮助其学习，照顾其生活。希望真正有学问的专家学者和广大教职员、学生来和南京市人民政府合作，共同来推进南京的新民主主义教育和文化。"我们废除了学校的反动训导制度，取消了宣扬反动思想毒素的公民课，革除课本中的反动内容，努力把教育机关逐步变成培养有用人才的园地。伯承同志还在文化科学界座谈会上同专家学者们诚恳谈心，交换意见。他说，今天文化科学界欢聚一堂，大家都是主人。在建设中，无论是自然科学或社会科学方面，都需要大量人才，希望共同工作，开展南京市的文化科学建设。专家、学者对南京各方面的工作提出许多建议和意见，伯承同志代表市委、市政府和军管会表示热诚欢迎。伯承同志在南京学生代表座谈会上以深入浅出的语言，向学生们讲形势、讲任务，宣传共产党的方针、政策，勉励同学们努力学习，树立为人民服务的思想。市委负责同志还向知识界及学校师生做报告（当时把这种听众人数多的报告叫作"上大课"），讲解马列主义的基本原理，讲政治经济学，讲党的方针政策。尽管当时工作很忙，做报告的同志仍抽出时间进行认真的准备，报告的效果都很好。我也应邀到中央大学去做过一次报告。那天正下大雨，同时市公安局的负责同志告诉我，他们获得情报，国民党特务要在做报告时暗算我，建议取消这次报告。经过分析，大家认为国民党特务是准备长期潜伏的，不敢轻易在公开场合下手，我们不要放弃向青年学生做工作的好机会，决定还是去。听报告的学生坐满了大礼堂，我讲了两个多小时，主要讲学习问题，反应热烈，效果也不错。事实证明，不取消这次报告是对的。

中华人民共和国成立初期，人民群众对共产党和人民政府是热烈拥护和衷心爱戴的，但有些人对共产党能否长期保持优良作风，是否具有领导经济建设的能力存有疑虑。有一次，我陪同伯承同志参加一个座谈会，有位学者提出这样一个问题：共产党坚持 20 多年的人民战争，建立了人民的新中国，纪律和作风都很好，我们很佩服。但会不会像泡茶一样，第一、第二杯味道很浓，很有味道，后来逐渐变了，喝起来就没有什么味道了呢？我代表伯承同志回答说：这位先生的担心不是没有道理，但是我们共产党将不断加强党的建设，坚持对党员进行教育，必要时还要进行整风，如延安整风，批评和纠正不良作风，清除不良分子，并且按照党员条件吸收新鲜血液入党，我们党将永远保持无产阶级先锋队的作用。因此，绝不会像喝茶那样，越喝越没有味道。这点请大家放心。

我们还登门拜访了一些知名的专家、学者。上海解放前，陈毅同志在南京曾亲自到中央科学研究院拜访吴有训、陶孟和、杨钟健等专家，同他们谈心，向他们做工作。陈老总知识渊博，风度潇洒，谈笑风生，专家、学者们对他很钦佩。4月底，毛主席曾致电二野领导同志称，南京中央大学教授熊子容是他在湖南第一师范的同学，愿向我们靠拢，嘱将他的复电转交熊教授。伯承同志派我持毛主席致熊的复电去拜访熊先生，复电是："南京中央大学熊子容先生大鉴：邵力子先生带来3月29日一信及卯有来电均悉。兄有所见请与刘伯承市长、宋任穷副市长接洽为盼。弟毛泽东卯艳。"（当时我没有担任南京市副市长，市长是刘伯承，副市长是张霖之、柯庆施。）我转交了毛主席的复电后，熊先生表达了对毛主席的敬仰之意，对我党和人民政府的主张表示拥护和支持，并愿意积极参加新中国的建设。我向熊先生表示感谢，希望他今后对我们的工作多提出批评和建议，帮助我们把工作做得更好。我拜访熊子容先生是不公开的，但第二天南京市的许多小报都发表了这个消息。

南京的名胜古迹很多，进城不久，市委发出内部通知，为了缅怀先烈，学习先烈的革命精神，继承和发扬艰苦奋斗的传统，严格规定外来干部必须首先到大批共产党员和先进分子壮烈牺牲的雨花台瞻仰，然后再到其他名胜古迹参观。同志们目睹被反动派枪杀的无数烈士的遗骨，悲愤流泪，受到了生动、深刻的革命传统教育。

同帝国主义做外交斗争

南京是各国大使、公使集中之地，涉外工作相当多。由于外事工作政策性极强，刘伯承同志除掌管全面外，还亲自主管这方面的工作。同时，中央特派外语好、有外事工作经验的黄华同志任南京市外事处处长，协助刘伯承同志处理具体涉外事宜。

《中国人民解放军布告》第八条规定："保护外国侨民生命财产的安全。希望一切外国侨民各安生业，保持秩序。"我们反复强调，一定要认真执行布告的规定，严格遵守外事纪律。

4月20日至21日，当我军攻击北岸敌桥头据点及江中许多洲岛准备大举渡江的时候，侵入我国内河长江的"紫石英"号等 4 艘英国军舰和国民党军舰一道向我军开炮，妄图阻止我军渡江，致使我军死伤 252 人。我军进行还击，"紫石英"号被我击中负伤，被迫停于镇江附近江中，其余 3 艘英舰战败后向江阴以东逃去。英国海军竟如此横行无忌，同国民党反动派勾结在一起，向中国人民和中国人民解放军挑衅，闯入人民解放军防区发炮攻击，直接参加中国内战，致使人民解放军遭受巨大损失。"紫石英"号事件震动世界各地，英国舆论也纷纷责备英政府，激烈抨击其错误。我党的原则立场是：英方必须承认错误，并要求英方赔偿损失。英国当局曾派人与我军代表进行多次谈判，要求将"紫石英"号放行，但采取狡猾态度，拒不承认错误。同时，英国首相在议会的讲话中还造谣说，中国军队准备让英舰"紫石英"号开往南京，但要有一个条件，就是该舰要协助人民解放军渡江。这完全是无稽之谈。当谈判尚在进行之际，"紫石英"号于 7 月 30 日夜趁我一客轮经过镇江下驶，强行靠近该轮与之并行，掩护逃跑。当我军警告其停驶时，"紫石英"号竟开炮射击，撞沉木船多只，逃出长江。"紫石英"号事件充分暴露了英帝国主义侵犯我主权的霸权主义行径。处理"紫石英"号的整个过程，都是在中央和毛主席的直接指示下进行的，表现了中国人民为捍卫国家主权不畏强暴的原则立场，同时也表现了灵活的斗争策略。

在其他众多的涉外事件中，在中央的及时指示及伯承同志的亲自主持下，处理得也都很得体。我们由于缺乏经验，以及外事纪律的教育不够深入，在这方面也出现过一些失误。三十五军入城的第二天，发生了我军误入美国大使司徒雷登住所的事件。三十五军一〇三师的一位营长带着一个通讯员，在为部队安排食宿的时候，不慎误入司徒雷登住所，很快便退出。可是，当天夜里，美国之音就广播了所谓中国人民解放军搜查美国大使馆的新闻。不久，又发生了南京电报局未经中央同意，擅自停止外国记者发新闻电的事件。

中央对此类违反外事纪律的事件十分重视，及时指示陈士榘、江渭清同志调查处理。毛主席亲自电告总前委，指出"三十五军进入南京纪律严明，外国反映极好，但是侵入司徒住宅一事做得很不好"，并批评说，这"不但证明你们部队（三十五军）对如此事件不经请示擅自行动是错误的，而且证明关于外交问题你们对下级似乎事前毫无教育，此事必须立即引起注意"。中央要求"一切外交事务不论大小均须事前向中央请示"，郑重指出"我党政军人员未奉命令不能和任何外国记者和外国人谈任何事情"，并要求"各级干部一体遵照"。针对外事纪律方面出现的一些问题，中央要求我们：领导机关关于政策及工作方法的指示，主要应当靠写电报、发通令，而不要只靠开干部会口头讲。口头指示也是必不可少的，但是一则无文字可凭，二则范围不见得很明确，三则到会的少数人听到了，没有到会的多数人没有听到，有挂一漏万的缺点。此次外交政策方面出现的一些问题，就因为对于这个问题没有文电指示，中央告诫我们务必从中吸取教训。

南京解放初期，我们在伯承同志的直接领导下，工作是十分紧张的，大家夜以继日地处理各条战线千头万绪的工作，往往一天睡不了几个小时的觉。但是，同志们同心同德，团结一致，情绪十分高涨，工作得非常愉快。

我军渡江后，形势发展很快，接连打了几个大胜仗。国民党军队不断被歼，残敌溃退华南和西南一带。6月，中央开始部署向华南、西南的进军。为解决进军西南的干部不足问题，小平同志建议在南京、上海招收一批青年知识分子，组成西南服务团。6月下旬，伯承同志让我负责筹组，并任西南服务团团长。7月，我交代了南京的工作，主要从事进军西南的准备。9月，我随第二野战军进军西南。伯承同志和我调离南京后，由粟裕同志接任军管会主任、市委书记，唐亮同志任军管会副主任、市委第一副书记，江渭清同志任市委第二副书记。

接收中南海亲历记

夏杰口述　龚喜跃整理

1949 年 1 月北平和平解放时，我曾参与了接收中南海的工作。我当时在华北人民政府交际处做统战联络工作，随齐燕铭、申伯纯、金城、周子健等从西柏坡赶赴北平，为中央机关进驻北平打前站。到北平后，按照周恩来的指示，我们首先接收了中南海，并对中南海的一些建筑做了初步勘查。这件事虽然过去了多年，但毕竟是一段记忆犹新的亲身经历。现记述下来，以使后人了解这段历史。

赶赴北平

1948 年 10 月 1 日，在人民解放战争进入夺取全国胜利的战略决战时刻，在辽沈战役的隆隆炮火中，我由河北平山县的中共华北局党校直属班调至设在石家庄花园饭店的华北人民政府交际处做统战联络工作。当时，交际处处长申伯纯一直在位于西柏坡附近的李家庄中央统战部工作，主持交际处日常工作的是副处长高铁英。

1949 年 1 月中旬，随着张家口、天津、塘沽等大中城市的相继解放，北平和平解放的谈判进程也临近尾声。高铁英根据上级指示精神，要求交际处的所有同志即时投入接收北平的准备工作。他还让大家清理个人卫生和物品，有条件的抓紧时间拆洗棉衣、棉被。

他对大家说："我们党经过 28 年的浴血奋战，终于走出了丛林山沟，要进城了，要去大城市接管旧政府、建立新政权了，我们要给大城市的老百姓和旧政府的军政人员留下个好印象，尽快改掉不讲卫生和满不在乎的游击习气。"我那时还是个毛头青年，拆洗衣被的事干不来，只好用毛巾沾肥皂水把棉衣棉裤上的污迹擦了擦。

1 月 31 日，人民解放军全面接管北平城防，北平和平解放。这天晚上，周恩来副主席在西柏坡召见了中央统战部秘书长齐燕铭和申伯纯、金城、周子健三位处长，要他们即刻行动，连夜出发到北平，为中央机关进京打前站。周副主席选派齐燕铭等人去北平打前站，是经过再三考虑的。齐燕铭早年生活在北京，毕业于中国大学，抗战时期曾是延安中央研究院研究员，是党内不多的宏达博雅才子。1945 年 7 月筹备解放区人民代表会议时担任过副秘书长，抗战胜利后任中央统战部秘书长、新政协筹备会副秘书长。周子健是安徽人，1930 年到北平读书，1937 年赴延安，先后入抗大、中央党校学习。从 1940 年起，先后任八路军西安办事处科长、处长，中央统战部秘书处副处长、处长。申伯纯是北京人，早年参加了冯玉祥的西北军，倾向革命后曾积极促成杨虎城联共反蒋。1941 年被推选为晋冀鲁豫边区参议会议长，解放战争初期曾在八路军驻北平办事处任处长。金城是浙江人，1937 年到延安抗日军政大学学习。结业后，留陕甘宁边区政府工作。此后 10 年中任边区政府交际科科长、处长，长期从事统战工作，是一位优秀的统战工作者。

当日，申伯纯接受任务后赶回石家庄布置工作。2 月 1 日上午，他率领我们首发小组乘坐一辆卡车赶赴北平，同车的小组成员有：郭西（人事秘书）、陈群海（保卫干事）、钟农、刘光、郑亮和我。另外，申伯纯和郭西夫妇的两个孩子也和我们同车。交际处其他同志则在高铁英带领下分批乘火车进京。车过河北正定，我们到华北大学带上了沙里、常捷、武治平、武再生、郭原等 15 位新参加工作的青年学生。他们一上车，就给车上带来了青春的气息和活跃的气氛，一路高唱革命歌曲，向着北平高歌猛进。当天夜宿保定。由于了解到前面路况不好，次日只好换乘 3 辆马车继续前进，深夜在北平丰台火车站休息。2 月 3 日晨，北平军管会派一辆卡车接我们进城。

周恩来的电报

我们进城那天，正值人民解放军在前门大街举行入城式。接我们进城的卡车在前门大街打磨厂胡同一家小旅馆停下，下车后我们与部分乘火车先到的交际处人员会合。在申伯纯处长批准后，大家稍加洗漱就赶着上街观看入城式。

一出打磨厂胡同就是前门箭楼，此时的箭楼已简单布置成阅兵台，城楼周围和前门大街两侧挤满了欢迎的群众。参加入城式的解放军部队从永定门方向源源不断地涌向市区，走在前面的是装甲车、坦克车、汽车和骡马拉的各种火炮，接着是骑着高头大马的骑兵部队，再后边是一队队扛着各种枪械的步兵。受阅部队入城后，从前门箭楼右侧通过，随即拐进东交民巷。东交民巷曾是一些外国列强的驻华使馆区，平津前线指挥部有意安排解放军在东交民巷走一走，用意深刻。北平举行的解放军入城式，不但震撼了全中国，也震撼了全世界。这激动人心的场面就像一道将革命进行到底的动员令，深深地激励着我们，更加坚定了我们为新中国、新政权的建设竭尽全力，努力工作的理想、信念和决心。

2 月 3 日凌晨，齐燕铭、周子健、金城连同随行的十几位民主人士也从西柏坡赶到北平。他们刚一下车喘息未定，周恩来的电报便追到了北平。在北平市军管会，叶剑英一见齐燕铭就把周副主席的指示转达给他，周恩来要求齐燕铭先把中南海和北京饭店接收下来。中南海后来成为新政协筹备会议和正式会议的会址，而北京饭店则是参加会议的代表们的下榻之地。

齐燕铭接到周恩来指示后，立即与军管会及北平纠察总队接洽，准备接收中南海。当时北平刚刚解放，新旧政权交替很不稳定，为防止意外发生，齐燕铭得知申伯纯带交际处的人已到北平后，马上通知申伯纯到六国饭店接受任务并立刻安排当天下午到中南海办理交接手续。

中南海里第一夜

2月3日下午3点，我们观看完解放军入城式后，正在前门大街牌楼西侧的华北饭庄吃饭，从齐燕铭处回来的申伯纯对我和陈群海说："你们俩马上去旅馆取行李，随我一同进中南海。"我和陈群海随即取来行李，上了申伯纯从军管会带来的吉普车，向中南海驶去。

车到新华门，见大门敞开并无军警守卫。我们沿南海西岸向北，径直驶达丰泽园大门口。下车后，见丰泽园门廊柱上挂着"中南海公园管理处"的牌子。我们随申伯纯直接走进丰泽园的颐年堂大厅。这时齐燕铭已经先到了，大家见面后，齐燕铭让申伯纯立即找公园负责人谈话。申伯纯出去不大会儿，带进一位50岁上下的先生，他进来后毕恭毕敬地向屋里的人点头施礼。申伯纯高声向他宣布："我们是北平军管会派来接收中南海的军管小组，我叫申伯纯，是军代表，这两位是陈群海和夏杰同志，其他同志随后就来。他们两人今天就不走了，请你给他们找两副床板，他们就睡在这里。"说完申伯纯将盖有北平军管会大红印信的公文交给了那人。那人静静地听完申伯纯的宣布后立即点头称是，并到屋外叫人去找床板，随后邀申伯纯到里屋谈话并办理交接手续。不一会儿，就有人为我们搬来床板和长凳，我和陈群海在大厅靠西墙处架起两张床，随即打开了各自的行李。接收手续很快办完了，申伯纯和齐燕铭将要离去。临走时申伯纯对我们说："今晚辛苦你们了，明天会派郭西、郭原等同志来。你们是中央机关入住中南海的第一人，责任重大，意义重大。住下后先初步摸一下中南海的情况，院里情况复杂，晚上注意安全!"说完他看了一眼保卫干事陈群海斜挎在腰间的手枪。

送走了两位领导,我和陈群海回到屋里。晚上睡觉前我们决定到外面走走。出了丰泽园大门,对面是瀛台小岛,北平的 2 月夜幕来得快,才下午 5 点天色已是一团暗黑,影影绰绰地只能看见岛上参天的古树和古建楼阁的轮廓。丰泽园门前不远处有条带花格高护墙的引水沟,我们沿护墙下的一条窄路向西漫步,边走边警惕地观察着周围既生疏又神秘的房宅院落。突然,前面不远处的一座房顶上发出一阵响声,抬头只见一个黑影一闪而过。陈群海迅速拔出腰间的手枪顶上了膛火,一手举枪一手打亮手电,厉声高喝:"什么人?站住!"房上的黑影见状惊慌失措地沿着屋脊奔跑,飞身翻出不远处的围墙。后来我们了解到围墙外是"四存中学"的校址(1957 年中南海改建时这里成为中办机要局的办公区)。毛贼跑了,我们不便追赶,立即走进那处房门大开的屋中察看。在手电筒的照射下,只见屋里杂乱无章地堆放着许多书籍,仔细翻看才知道是些国民党当局查抄的进步刊物。我无意中从地上捡起一本石印的小册子,"毛泽东论辩证法"几个醒目大字赫然映入眼帘,革命战争年代像我这样的基层干部很难读到这样珍贵的著作,惊喜之余已经爱不释手。我征得陈群海的同意,将此书带回阅读。后来,这本书在交际处中传看,可惜不知传到谁手中再也没有归还。

回到住所,由于屋里没有生火,数九寒冬只能和衣而卧。我躺在床上久久不能入睡,想到 3 天来从石家庄到中南海的经历,想到上午观看解放军入城式的宏大场面,也想到了眼前身处的中南海。据史料记载,历史上这里曾是明清两朝皇帝的御花园,史称西苑。1885 年,50 岁的慈禧太后授意光绪帝重修西苑,作为她撤帘还政后的颐养之所。1898 年戊戌变法百日后,慈禧发动政变,把光绪帝召到中南海的仪鸾殿,剥夺了皇权并将他软禁于瀛台岛上。1915 年袁世凯复辟称帝把中南海作为他的行宫,抗战胜利后李宗仁在这里成立"北平行辕",傅作义进北平主政后又把"行辕"改成"剿匪总部"。饱经沧桑的中南海，在内忧外患的摧残中已是满目疮痍，破败不堪。眼下这处历史上的军政要地竟是城门洞开无设防，难怪毛贼横行。看来我们的接收任务将面临许多困难。就这样，我和陈群海满怀思绪地在既寒冷又陌生的中南海里度过了进京的第一夜。

初探中南海

2月4日早晨，交际处因故未派郭西、郭原同志来，只派了从石家庄带来的两位厨师，他们在丰泽园东配院的南小院里暂住并架锅做饭，这所东配院就是后来毛主席长期居住的院子。吃饭时我留意察看了这幢宅院，它有一个十分儒雅的名称——菊香书屋。这是一座标准的老北京四合院，它配有东西厢房和南房。南房松寿斋亦是南小院的北房，周恩来初进中南海曾住在这里。走进菊香书屋院子，沿向北的甬道走20余步就到了院子的北房。北房双门对开，上方横挂一块木匾，雕刻、彩涂着"紫云轩"3个大字。紫云轩共5间正房，是历代皇帝栖身西苑时读书阅览之处，其中有较宽敞的藏书室。后来，博览群书的毛泽东久居此处，也算是居有所归了。菊香书屋的紫云轩匾下有副楹联"庭松不改青葱色，盆菊仍霏清净香"，由此可推知当年的繁花似锦，是用盆栽菊花摆放出来的。院内还有几棵苍劲挺拔的松柏分布在甬道两侧，它们给这所凝重的老宅平添了几分历史的沧桑。虽说此宅因久疏修葺，其建筑的漆饰已剥落，隐露凄怆，但幽静雅致、古朴淳厚的遗韵犹存，林伯渠进入中南海时首选此宅作为办公歇息之处。当毛泽东入住紫云轩时，已经是继周恩来之后的第三位主人了。

饭后我们又对丰泽园的其他宅院进行了勘查。丰泽园的主建筑是颐年堂和春耦斋，它们那种宫苑书斋式的建筑风格显得格外素雅浑厚。尤其是春耦斋，单檐四角攒尖屋顶，灰筒挂瓦灰外墙，地上铺着紫绿石，整个建筑面阔5间，进深3间，室内虽雕梁红柱，彩绘饰顶，但因年久失修，漆彩斑驳，已经褪去了当年的富丽。党中央入驻中南海后，这里一度成为首长们和机关干部休闲跳舞的场所，而颐年堂则是中央政治局和小范围领导开会的地方。颐年堂的北面还有一座叫含合堂的宅院，初进中南海的朱德总司令最先入住这里，院里有座小楼，后来曾作为中办机要室的办公场所。丰泽园西北角有个叫纯一斋的宅院，我和交际处的几名同志后来曾住过这里。中央统战部部长李维汉进城后就住在纯一斋。一天，院里施工，一个地井盖没盖好，晚上李维汉出来上厕所不慎落入井中摔坏了腿。原本由他负责的新政协筹备工作只好交给了林伯渠。

从春耦斋往西，就是素有园中之园美誉的"静谷"。走进静谷，门前有株根基两处、柔干交合的"连理柏"，此柏为静谷园中草木之一绝，其生死相缠、盘根错节的形态给人印象极深。园内到处是山石、古木、卉草相依相偎，轩庑、亭台、楼阁俯仰遥迓。乾隆曾为此园题联："月地云阶，别向华林开静境；屏山镜水，时从芳径探幽踪。"这形象地描绘出此园佛宇梵境的建构和超凡脱俗的意韵。院内散落的房宅很多，但大多破损陈旧，党中央进驻中南海后，这里曾作为机关干部、警卫部队的宿舍，毛泽东的秘书胡乔木、田家英也曾暂住此处。

过了静谷再往西就是"卐字廊"，这是一组典型的水上建筑，其间有几条回廊勾连着水榭亭台，像"卐"字一样曲曲折折。每逢夏季来临，回廊下的水中，有悠然自得的鱼群游弋，荷叶萋萋，莲花吐蕊，清香四溢，是中南海内娴雅而秀媚的一处景致。党中央入城后，刘少奇一家及杨尚昆曾先后住在这里。

丰泽园的东面就是勤政殿，这是南海里一处最高最大的建筑，在它向南敞开的大门上，悬挂有康熙题写的"德昌门"3个大字。它的建筑结构与丰泽园差不多，进门有过院，入二道门是主殿。主殿比颐年堂大很多，进去后有高而宽敞的过厅，过厅里铺着红地毯，两侧有玻璃橱柜，陈列着古瓷、古铜等文物。过厅尽头是正厅，正厅很大，旁边还有几个小厅。我们去时殿门紧闭，北平纠察总队已派人驻守（该总队由华北步兵学校的学员组成）。勤政殿后来成为新政协筹备会开会的重要场所，而连接勤政殿东侧的一栋叫政事堂的平房，成了新政协办事机构所在地。

过勤政殿向北就看到了中海。我们沿海边没走多远来到一处叫居仁堂的地方，看见路边和门前停放着几辆军用卡车，许多起义的国民党军官兵正在忙乱地向外搬东西，原来这里是傅作义的总部所在地。居仁堂是中南海里具有西洋风格的最庞大的一栋两层楼建筑，它的整个楼体结构、外部装饰与其周围的古建群落有着明显差异，极不协调。由于其外表的卓尔不群、内部陈设的欧化雍容，堪称西苑里最华贵、最漂亮的建筑。我后来得知，若不是一段民族屈辱的历史，这栋建筑根本不会出现在中南海里。

此处原本伫立着一组原汁原味的中国传统风格宫殿群落，是慈禧太后常驻跸的仪鸾殿。八国联军进北京后，联军统帅部就驻扎在仪鸾殿内，后因联军厨房失火，将仪鸾殿烧毁。慈禧回京后，接受列强建议，在仪鸾殿旧址新建了一座西式洋楼，专门用来接待、宴请外国女宾，以示和列强修好。洋楼分南前北后两个楼体，中间用双层走廊相连。洋楼的顶部、窗框处，均有欧化的雕花装饰。窗棂或镶以彩色玻璃，或饰以西式花卉图案。1904 年该楼竣工后，慈禧为之定名"海晏堂"。几年后袁世凯当政，把海晏堂作为自己的办公会客场所并更名为"居仁堂"。后来，傅作义总部撤走，中央军委搬进中南海后就在此办公。

我们沿海边马路继续向北，在不远处发现有几排平房，房顶上架满了各种天线，一看就知道是一处电台工作室，那里仍有傅作义部的军政人员在工作。此地后来改建成游泳池，毛泽东晚年曾居住于此地。

从宝光门往西就是中南海院中面积最大的一处建筑——怀仁堂。它那双重飞檐的门楼，红漆大门、红漆立柱、红漆门槛，加上它的大门南面有面很大的灰色砖雕大影壁，无处不显现出这座建筑的庄重和威严。我们接收中南海后，重点修缮的除勤政殿就是怀仁堂了。新政协第一次全体会议就是在这里召开的，新中国成立后一些重要的全国性会议也都在这里举行。

在怀仁堂附近，还有许多以堂命名的院落，如后来中央统战部入驻的迎春堂，李富春、谭震林、邓小平、陈毅等中央领导住过的庆云堂（大宅院可分住 4 户首长），彭德怀住过的永福堂，任弼时住过的锡福堂，董必武住过的益年堂，还有其他首长住过的来福堂、增福堂以及后来作为中南海业余文化学校校址的喜福堂等。这些宅院我们察看时，多是杂草丛生，陈旧不堪。因人地生疏，又没向导，我们只能随处漫游，见房屋就看，见门开着就进，最后转到中南海最北面的紫光阁附近。当时我们见到的紫光阁，古建上方的重檐有的地方已经塌陷，房檐上长满了杂草，门窗破损严重，后院的北门敞开着，一眼看到洞开的中南海北墙的一处小门，出了这座门可直通北海公园。此处无人防守，行人可自由出入。我们把这些情况都一一记录下来。

清理中南海的"老住户"

我们刚进中南海时每天开两顿饭，早上时间长。2 月 5 日，我利用晨练的机会独自跑到南海的新华门。在新华门内东侧围墙下，发现有一排平房，房前空地上停放着许多辆汽车。一问才知道这里是傅作义总部直属的一个汽车队，司机们为了生活大都离散，只有少数不愿离开的司机仍在车队守候。整个车队尚有各种车辆 32 部，由一个叫高鸿基的副队长负责守摊。解放军进城 5 天了，尚无任何单位接收他们，许多司机迫切希望新生的人民政府能给他们工作和生活的出路。发现这个车队三四天后，我受上级领导的委派接收了这个车队，该车队的接收为我们开展整治中南海、筹备新政协、成立政务院提供了便利的工作条件。

那天我还独自闯进了位于中南海东北角一处三面临水半岛上的

万善殿。万善殿是座红墙金瓦式的古建庭院，院内松柏苍翠，几棵巨大的银杏参天而立，殿宇楼阁极像一座皇家的寺院。万善殿的后面，临水还建有一座千圣殿，大殿里十分昏暗，借着破窗纸透进的光线，勉强看清里面坐着一尊尊怪脸佛像，其中一尊还长着八只手。万善殿院落的西门，顺台阶而下是个码头，隔水对面有座水中小亭叫水云榭，内有一块乾隆所题"燕京八景"之一的"太液秋风"碑刻。我在万善殿高大宽敞的正殿里发现有许多人居住，一问才知道是傅作义总部直属的一个军乐队，也在等待人民政府的接收。有意思的是1954年中南海成立了一个文工团，其驻地又设在了万善殿。

那天，我回到驻地吃过早饭已是10点多钟，齐燕铭和申伯纯来到丰泽园听汇报。我们把昨天和当天早上发现的情况做了详细介绍。齐燕铭听后急切地问："现在有没有咱们的部队驻防？"我说："到现在没有见到一名解放军战士，只是不时地能看见几个身着黑制服的旧警察在四处流动。"齐燕铭听后摇摇头："新中国成立前的旧警察，不经过审查能相信吗？中南海我们要派大用场，这么重要的地方不能留下空白，一定要由我们自己的部队驻防。"随后他指示申伯纯：（1）今天把收集的情况整理成文，尽快向军管会报告；（2）要求军管会派人督促傅作义总部人员限期搬出中南海并同时要求他们停止电讯工作上交电台；（3）立即联系我们的文化部门去万善殿接收傅作义的军乐队并及时撤离中南海；（4）傅作义的汽车队由交际处派人接收管理；（5）要求军管会尽快派我们自己的部队驻防中南海；（6）交际处的工作人员近日全部进入中南海，即时展开各项工作。

再勘中南海

2月6日，我们继续对中南海进行勘查。我们先后查看了东花厅、西花厅和瀛台岛上的房屋情况。东花厅和西花厅处在中南海的西北角，这里曾是清末摄政王府的旧址。后来，北洋政府时期的国务院、抗战后的国民党北平市政府也在此办公。新中国成立后，以周恩来为总理的政务院又将办公地设在这里。1949 年 10 月，周恩来从丰泽园搬入西花厅，其缘由之一是在此之前的 4 月中旬，他曾到西花厅看望一位生病住在此处的同志，进得院来看到满院叶茂花繁、芬芳吐蕊的海棠花，洁白而又淡含清香的海棠花给他留下深刻印象。政务院在摄政王府办公后，他就把家搬进西花厅并一直居住在这里。

与西花厅对称的是后来李先念入住的东花厅，其建筑格局和西花厅差不多，也分前后两进院子，房子也有雕龙绘画，只是正房坐南朝北，前院没有假山、水榭，却同样长着多棵海棠树，这里的海棠树是中南海里最大的几棵了。

在对中南海的勘查过程中，最值得描绘的要数位于南海中心的瀛台了。瀛台是个四周皆被碧水环绕的小岛，岛上的建筑设计完全是按照"蓬莱仙境"臆幻模式打造的。明朝时，此地称为南台，岛上林木深茂，只在最南端的地方建了一殿叫"昭和殿"，殿前临水有一小亭名澄渊。自清顺治年间始，岛上宫室渐次营造成为帝后避暑纳凉之所。"瀛台"之名，即为顺治帝御笔所题。康熙以后工程更盛，建成后的楼台亭阁相连相望，并在水边堆叠奇石，种植花木。

进瀛台须过一座汉白玉拱桥，此桥历史上曾是座能拉动的吊桥。过桥顺一慢坡台阶拾级而上，迎面便是翔鸾阁，此为入瀛台之正门。翔鸾阁背南而面朝北，高两层，宽 7 间，左右两边展延出双层回抱楼，各有 19 间，实际上是两座架在半空中的走廊。翔鸾阁后面是涵元门，入门院正中是涵元殿、香底殿，其两侧还建有藻韵楼和绮思楼，这四座建筑环拱中心是个大院落，当年康、乾两位帝王经常在这里赏宴王公宗室。我们接收中南海时，许多同志都曾住过瀛台并在此办公。交际处有几位同志曾住在岛上的补桐书屋和东北边的待月轩，据说乾隆当太子时曾在这里读书。院中原有两株老桐树，一株枯死后又补种了一株，所以此处为"补桐书屋"。待月轩是赏月的地方，乾隆闲来无事时，常来此等候东升之月。从这个院落向北，有个六角形的亭子，立在山岩之上、草木之中，名为镜光亭。

成立中南海办事处

2月7日上午，首先来到丰泽园的是华北人民政府社会部的李富坤同志（他受党中央委派，参与罗瑞卿组建中央公安纵队，开展警卫工作）。他来这里一是了解中南海的现状，二是勘察警卫部队进驻的营房和警卫点的分布设置。此时的中南海，除摄政王府仍有北平市旧政府和民政局因需在此滞留办公外，其他闲散人员已基本清出，上述两个部门也于4月初全部撤离中南海。李富坤走后不久，由新成立的中央公安纵队警卫一师一团正式驻防中南海，团长是何有兴。

同日上午，齐燕铭与金城、周子健及高铁英带领的交际处其他工作人员一并进入中南海，一时间丰泽园里人气旺盛，笑声一片，欣喜之情溢于言表。安顿下来后，大家随齐燕铭一齐察看了丰泽园和瀛台。随后齐燕铭召集开会做出几项决定：（1）申伯纯、金城去北京饭店主持工作，周子健在中南海主持工作；（2）交际处工作人员日渐增多，不能都挤占丰泽园，应尽快清理瀛台的部分房屋，将大部分工作人员的宿舍和厨房设在瀛台；（3）交际处的值班室设在丰泽园后院含合堂的一座两层小楼内；（4）进入中南海的工作人员马上进行职能设置和分工，尽快开展有效工作。

后经周子健与几位主要干部研究决定，将由石家庄、正定等地来的同志与从西柏坡、李家庄来的同志统一编组开展工作。当时拟定的主要工作有：（1）清查中南海内所有房产的位置、面积、家具设备等并登记造册绘图列表；（2）勘查所有房屋的破损程度，制定修复计划，联系修缮单位（年底前共修缮房屋 2 000 余间）；（3）联系北平市有关部门勘查修复中南海的电路、道路、上下水及安装电话等；（4）联系有关单位清运各处垃圾并适时组织清理中南海水中的杂草淤泥（新中国成立之初中南海里到处是露出水面的淤泥、杂草和垃圾，后组织部队清出海底淤泥达 16 万立方米。沿海边用石块砌起了护岸，杂草、垃圾也被彻底清运干净）；（5）加强与北平市军管会及警卫部队的联系，配合开展整治中南海的各项工作。

周子健在全体干部大会上宣布工作职能和各组人员名单后说："我们这一摊子，现在由我负责，我们主要是搞好中南海院内的工作，但也难免要与外界打交道，俗话说'名不正则言不顺'，我们总得有个名称才好，我的意见暂时叫'中南海办事处'如何?"大家听后一致鼓掌通过。周子健原本就是中央统战部的处长，中南海办事处成立后我们仍称他为周处长。就这样，我们最先进驻中南海的人自行设置机构，自己起了单位的名称。散会后有人跑到丰泽园的大门口，摘掉那块"中南海公园管理处"的旧招牌。从此，我们以中南海办事处的名义开展了对中南海的全面整治工作。

中南海办事处的成立，为党中央顺利进城、为新政协的胜利召开、为中央人民政府的及时成立，做出了重要贡献。

中南海办事处成立后不久，我于 2 月 21 日奉命调离办事处，随申伯纯进驻北京饭店，开始了筹备新政协会议、接待民主人士、管理北京饭店的新工作。

开国大典撷记

钱听涛

一张口号单

1949 年，我还是一个参军只有几个月的青年知识分子，分配在中央军委（对外称"劳动大学"）的外文训练班学习。这个训练班当时编为华北人民革命大学（简称华北革大）第四部，由两位红军干部江钟、王道益分任主任、政委。他们率领我们几百个大都是从京津沪等大城市中各大学选调出来的学生兵，跟随华北革大参加了开国大典。那天下午天阴，还下了点儿小雨。但 3 点多钟林伯渠宣布大会开始时，天忽然放晴。那时的天安门广场比现在小得多。我们群众队伍站在广场南部，只见一片红旗及纸糊的红灯的海洋，根本看不到天安门城楼。直到解放军检阅完毕，群众队伍也走了不少，已是夜色朦胧，正满天飞舞焰火时，才轮到我们走近天安门。我们高呼口号，高呼"毛主席万岁！"只见毛主席站在城楼上挥动着手，向我们用湖南口音高呼"人民万岁！"我们更激动地高呼"毛主席万岁！"上下呼应，声震天地。此情此景至今回想起来还十分激动。

游行队伍组织严密：大队、中队、小队。每小队发一张口号，我是领呼口号的小队成员，大会后这张油印的口号单就由我保存下来了。口号一共 30 条，北京市委宣传部将其印在白色毛边纸上。我深知这次中华民族史上旷古盛典的伟大意义，因此十分珍惜这张口号。几十年来，天南地北、风雨沧桑，我一直放在身边。直到年已古稀，在庆祝中华人民共和国成立五十周年的时候，我才献给中国革命博物馆（今国家博物馆）。他们派陈禹同志来家中，连同其他一些号外及新中国成立前大学里编印的报刊都作为珍品收藏去了。我感动万分，想不到这些纸片竟变成国家博物馆的藏品。

重新谛视这张口号单，其中"把革命战争进行到底！""消灭一切国民党残余匪帮！""统一全中国！""打倒帝国主义！""打倒封建主义！""打倒官僚资本主义！""发展新民主主义的政治！""发展新民主主义的经济！""发展新民主主义的文化！"这几条，使人陷入深沉的回忆。当时不要说台湾，连广州、海南、南宁及西南各地都未解放。彭德怀率领的一野大军刚解放兰州，正行进在河西走廊向新疆进军。参加开国大典的人们，当年既对解放战争取得的伟大胜利豪情满怀，又渴望迅速解放全中国，投入战斗。

两项更名、一句讹传

中共中央原来提出的新国家的国名是"中华人民民主共和国"。陈嘉庚在 1949 年 6 月 15 日新政治协商会议筹备会第一次全体会议上发表讲话，最后高呼"中华人民民主共和国万岁！"但在 7 月、8 月间讨论中央人民政府组织法草案时，有人提出国名中可去掉"民主"两字。周恩来在 9 月 7 日向已到北京的人民政协代表对筹备过程中的几个问题做了一个报告，报告中说："去掉的原因是感觉到'民主'与'共和'有共同的意义，无须重复，作为国家还是用'共和'二字比较好。辛亥革命以后，中国的国名是'中华民国'，有共和的意思，但并不完全，可以做双关的解释，而且令人费解。现在我们应该把旧民主主义和新民主主义区别开来。""今天，为了使国家的名称合乎国家的本质，所以我们的国名应该是'中华人民共和国'。"虽然周恩来做了报告，但在讨论中意见还不一致。童小鹏在《风雨四十年》中回忆，一直到政协会议9月21日正式召开后还是定不下来。9月26日乘全体会议休会一天，"国旗、国徽、国都、国歌、纪年方案审查委员会"在北京饭店开会，也讨论到国名。除了原来的"中华人民民主共和国"外，还有人说简称"中华民国"，又有人说应叫"中华人民民主国"。为慎重起见，周恩来及会议秘书长林伯渠特地邀请参加过辛亥革命的二三十人当天到东交民巷六国饭店座谈。他们大都已是耄耋老人，陈叔通（73岁）、张澜（77岁）、陈嘉庚（75岁）都主张用"中华人民共和国"。美洲侨领司徒美堂（81岁）更反对把"中华人民共和国"简称"中华民国"，他说他崇敬孙中山先生，也参加过辛亥革命，但对"中华民国"四个字绝无好感，蒋介石更把它弄得天怒人怨，现在应该抛掉这块招牌，光明正大地用"中华人民共和国"。还有一位前清进士周致祥，辛亥革命后"归隐"38年，生平不写民国国号，也主张不要简称，直接叫"中华人民共和国"。27日，全体会议对此一致通过。从此，一个新国家的名字诞生了。

还有一个人民政协的名称，也经历了一个变化。1949年6月开筹备会时还叫"新政治协商会议"。周恩来在9月7日做《关于人民政协的几个问题》的报告时，说明为什么叫政治协商会议，是因为沿用了1946年曾经存在过的旧的政治协商会议的名称，但从新政协的组织和性质来说，绝不是发源于旧政协。现在的新政协是在反帝反封建反官僚资本主义的革命斗争中形成的。因此在讨论新政协组织法时，感到用"新""旧"两字来区分不够明确，因此建议改用"中国人民政治协商会议"这个名称。9月16日新政协筹备会常委会第六次会议及17日新政协筹备会第二次全体会议均通过了这个建议，从这一天起新政协就正式更名为"中国人民政治协商会议"，一直沿用至今。

一句讹传是指许多书刊长期误认为毛主席的"中国人民从此站

起来了"，是在开国大典上于天安门城楼上讲的。以后许多学者已对此加以考证。严格地说毛主席讲的原文是"占人类总数四分之一的中国人从此站立起来了"。时间是 1949 年 9 月 21 日下午 7 时许，地点是中南海怀仁堂，场合是中国人民政治协商会议第一届全体会议的开幕式。到 20 世纪 60 年代编辑《毛泽东著作选读》时，才把这篇开幕词加了一个"中国人民站起来了"这个标题，"人"改为"人民"，"站立起来"改为"站起来"。因为这是一句长久震撼人心的名言，慢慢地就讹传为毛主席在开国大典上发出的名言。其实毛主席在开国大典上只宣读了一个《中华人民共和国中央人民政府公告》，在宣读这个公告前加了一句"中华人民共和国中央人民政府已于本日成立了"。这是我们已多次在影视镜头中听到的毛主席的洪亮的湖南口音的名言。但他在开国大典上的确没有讲过"中国人民从此站起来了"。

为什么有些中央人民政府委员未出席开国大典

人民政协第一届全体会议于 1949 年 9 月 30 日下午进行选举。选出中央人民政府主席 1 人：毛泽东；副主席 6 人：朱德、刘少奇、宋庆龄、李济深、张澜、高岗。委员为陈毅、周恩来等 56 人。但是当时还要举行人民英雄纪念碑奠基典礼和闭幕式，所以被选出的中央人民政府委员要到第二天下午才在中南海勤政殿召开第一次全体会议，而这时参加开国大典的 30 万群众已在天安门广场集合了。据 10 月 2 日《人民日报》报道，这次会议在下午 2 时举行，出席会议的成员"当即宣布就职，中央人民政府即于本日成立。中央人民政府委员会随即选林伯渠为秘书长，任命周恩来为中央人民政府政务院总理兼外交部部长，毛泽东为中央人民政府人民革命军事委员会主席，朱德为人民解放军总司令，沈钧儒为中央人民政府最高人民法院院长，罗荣桓为中央人民政府最高人民检察署检察长"。当讨论到即将宣读的中央人民政府公告时，张治中提出，公告中除提到主席、副主席的名字外，委员只提"陈毅等56人"，因为委员都是各方面代表人物，应把名字全部列上。全体一致同意。据记者回忆，因为公告已印好，毛泽东在天安门城楼上宣读时，只好把全部名字临时插入宣读。第二天《人民日报》公布公告时，当然已列入全部名字了。

值得注意的是，《人民日报》10月2日报道出席中央人民政府委员会成立会议的委员却只有44人，依次为陈毅、贺龙、李立三、林伯渠、何香凝、刘伯承、吴玉章、彭真、薄一波、周恩来、董必武、赛福鼎、陈嘉庚、罗荣桓、乌兰夫、徐特立、蔡畅、刘格平、马寅初、陈云、马叙伦、郭沫若、张云逸、邓小平、高崇民、沈钧儒、沈雁冰、陈叔通、司徒美堂、李锡九、黄炎培、蔡廷锴、彭泽民、张治中、傅作义、李烛尘、章伯钧、程潜、张奚若、陈铭枢、谭平山、张难先、柳亚子、张东荪。其余12个人又到哪里去了，为什么未能出席这样重要的历史性会议呢？

笔者一一查对史料，才弄清这12人的情况。聂荣臻因担任阅兵总指挥，正在天安门城楼前忙着做最后的检查，因此未能到勤政殿出席这次会议。此外叶剑英在赣南等待接收广州、林彪在湘南（一说在武汉），彭德怀在河西走廊，都在前线指挥作战。西北局习仲勋在西安、华东局饶漱石在上海、山东分局康生在济南、中南局邓子恢在武汉、东北局林枫在沈阳，他们因主持各地区工作，未能与会。另外，徐向前因病正在青岛休养，龙云已从昆明到了香港，救国会代表李章达还滞留在待解放的四川，也未能与会。

值得提出的是中共七大选出的五大书记之一任弼时，既不是中央人民政府委员，也未出席开国大典。原来他自4月12日在中国新民主主义青年团第一次全国代表大会上做政治报告时病倒后，一直在玉泉山休养。开国大典时他在玉泉山是通过听收音机里的实况广播来庆祝的。

大典在警备森严中举行

开国大典举行前，国民党反动政府还在广州。10月1日这一天，蒋介石在广州东山梅花村32号陈济棠公馆，也在收听北京的实况广播。他当然处心积虑地要进行破坏。政协代表民革中央执行委员杨杰已到香港，尚未来得及到北京，在9月19日即被国民党特务暗杀。尤其是国民党飞机那一阵常轰炸解放区大城市。5月4日就轰炸了北平南苑机场，毁伤飞机4架，烧毁房屋196间，死伤24人。开国大典要举行，防空是件大事。周恩来曾经设想把开国大典放在西郊机场举行。但这样的盛大典礼，举世瞩目，不在天安门前举行说不过去。直到9月2日，周恩来才向毛泽东、朱德、刘少奇写报告，决定还是在天安门前举行，得到同意，这样才定下来。如何保证安全，做到防空万无一失，就成了周恩来及当时兼任平津卫戍区防空司令员聂荣臻面前一件十分重大的任务。8月15日，军委航空局（那时空军还未正式建立）在南苑机场组建了一支飞行中队专门负责北平的防空。我记得参加开国大典时，上级就布置说，在典礼举行中万一遇见意外，一定要原地不动，听从指挥。据说当时受阅骑兵有1978匹战马，也都采取了特殊措施，要它们万一受惊不乱跑。此外在东观礼台上还临时建立了一个通信枢纽，用美式报话机开设了与受阅部队联络的无线电网；在阅兵指挥所开设有线电话总机，与天安门及广场各点通话，与南苑机场有专线电话；在北京饭店楼顶有航空指挥台，在东大桥、通县（今通州区）菜地都设立了防空电台。这是多么庞大、繁杂的防空措施。再加上其他保卫工作，可以想象，开国大典得以成功举行，永留史册，当时不知有多少人在操劳，付出了多少汗水，度过了多少个不眠之夜。

后　记

为庆祝中国共产党成立 100 周年，我们对近年来征集到的一些领导同志、亲历者、见证者的口述资料、回忆录进行了系统整理，选取与新中国成立以前党的一些重大事件和决策相关的内容，编辑为《新民主主义革命口述史》一书。

在本书策划、选稿、编辑、出版过程中，得到了各位作者的大力支持。原中共中央党史研究室主任、现任中共中央党史和文献研究院院长曲青山，原中共中央党史研究室副主任高永中，原中共中央党史研究室副主任、中共中央党史和文献研究院原副院长吴德刚担任本书的主编并给予了精心指导。中共中央党史和文献研究院第七研究部的刘荣刚、李树泉、谢文雄、张东明、刘一丁、孙迪、张晓飞等同志承担了具体的选编工作。中国人民大学出版社为本书的出版付出了艰辛劳动，在此表示衷心感谢。

由于编者水平有限，书中难免存在不当之处，欢迎广大读者提出宝贵意见。

编　者
2022 年 3 月

图书在版编目（CIP）数据

新民主主义革命口述史/曲青山，高永中，吴德刚
主编. --北京：中国人民大学出版社，2022.10
（"中国共产党口述史"书系）
ISBN 978-7-300-30908-8

Ⅰ.①新… Ⅱ.①曲…②高…③吴… Ⅲ.①新民主
主义革命-史料-中国 Ⅳ.K260.6

中国版本图书馆 CIP 数据核字（2022）第 142936 号

"十三五"国家重点出版物出版规划项目
"中国共产党口述史"书系
新民主主义革命口述史
曲青山　高永中　吴德刚　主编
Xin Minzhu Zhuyi Geming Koushushi

出版发行	中国人民大学出版社	
社　　址	北京中关村大街 31 号	**邮政编码**　100080
电　　话	010 - 62511242（总编室）	010 - 62511770（质管部）
	010 - 82501766（邮购部）	010 - 62514148（门市部）
	010 - 62515195（发行公司）	010 - 62515275（盗版举报）
网　　址	http://www.crup.com.cn	
经　　销	新华书店	
印　　刷	北京宏伟双华印刷有限公司	
开　　本	720 mm×1000 mm　1/16	**版　　次**　2022 年 10 月第 1 版
印　　张	42.25 插页 2	**印　　次**　2024 年 8 月第 2 次印刷
字　　数	546 000	**定　　价**　168.00 元